고하 송진우 일대기

獨立을 향한 執念

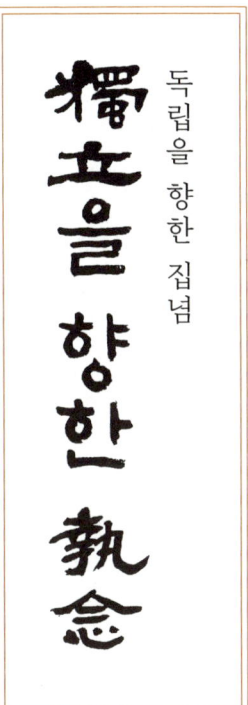

독립을 향한 집념

獨立을 향한 執念

고하 송진우(古下 宋鎭禹)
일대기(一代記)

A Biographical Portrait of Song Jinwoo

재단법인 **고하송진우선생기념사업회**

이야기의 숲

1945년 12월 피격 며칠 전 국민대회준비회 사무실(현 동아일보 건물) 정문을 나서는 고하

새로 간행하는 말씀

고하 탄신 100주년인 1990년에 전기(傳記) 증보판 『독립(獨立)을 향한 집념(執念)』과 자료문집(資料文集)인 『거인(巨人)의 숨결』, 그리고 김학준 교수가 저술한 『고하 평전(古下 評傳)』을 모아서 3권으로 『고하 송진우 전집(古下 宋鎭禹 全集)』을 발간 한 바 있다. 그 후 고하 선생의 일대기를 어린이도 쉽게 이해할 수 있도록 『항일독립과 민주건국의 등불 고하 송진우(2015)』라는 제목의 만화를 간행하여 크게 인기를 얻기도 했다. 또한 고하 선생에 대한 관심이 높아지고 연구가 활발해져서 여러 학자들의 연구 업적이 쌓이게 되었다. 이에 우리 기념사업회는 그 동안 나온 연구 업적과 해마다 추모식에서 유명 학자들이 발표한 기념 강연을 모아 『고하 송진우의 항일독립과 민주건국 활동에 관한 연구(2016)』라는 단행본을 출간하였다.

고하 전기는 정부도 없었던 일제 암흑시대에 동아일보를 짊어지고 국내 독립운동의 선구사가 되어 모든 희생과 탄압을 무릅쓰고 민족의 앞길을 열어간 고하 선생의 위대한 일생을 서술한 투쟁의 기록이다. 그러나 그동안 자료의 부족과 왜곡으로 고하 선생을 제대로 조명하고 알리지 못한 점이 없지 않다. 이번에 출간하는 일대기는 이전의 기록에서 크게 벗어나거나 달라지지는 않았다. 그렇지만 더욱 역사적 사실에 부합할 수 있도록 내용상 보완한 부분이 있음을 밝힌다. 다만 아무리 긴 세월이 흐르더라도 고하 선생이 어떤 탁월한 위업을 남긴 인물로만 각인되기보다 그의 고뇌, 정신 그리고 줄기찬 투쟁이 꼭 함께 기억되어야 함을 강조하고 싶다.

또한 우리 기념사업회에서는 새로운 시대에 발맞추어 고하 송진우 선생의 일생을 대한민국의 젊은이들이 편히 읽을 수 있도록 옛날 투의 문장 표현을 전반적으로 좀 더 현대식으로 바꾸었다. 그리고 누구나 쉽게 읽고 빠르게 이해할 수 있도록 일대기에 인용된 글에서 한문을 한글로 바꾸고 한문 표현을 우리말로 다듬는 데에도 역점을 두었다. 이 같은 현대화된 윤문작업은 한성대 상상력교양대학 교학부장 및 기초교양학부 학부장인 이상혁 교수의 전폭적인 노력과 도움이 있었기에 가능하였으므로 감사의 말씀을 드린다. 또한 거의 사라지고 없어진 고하 선생의 유품 중에서 여러 인연으로 수집된 사진 등을 보강하여 새로운 모습으로 편집하여 간행하기로 했다.

그와 아울러 고하기념사업회의 홈페이지(www.goha.or.kr)를 대폭 보강하고 다듬어 고하 선생의 일대기를 국민 누구나 편하게 홈페이지에서도 참조할 수 있도록 하였다. 아무쪼록 새로운 세대들이 고하 일대기에서 드러난 근대의 역사적 사건과 그 의미를 올바르게 이해하여 우리나라의 현대사를 정확하게 파악하는데 도움이 되기를 바란다.

끝으로 일대기가 출간되기까지 값진 수고를 해주신 박재옥 전 한양대 대학원장님, 김선태 ㈜토가디자인 대표님, 송종현 ㈜제이이즈워킹 대표님 등 여러분들께 깊은 고마움을 전한다.

2022년 1월
새단법인 고하송진우선생기념사업회

차 례

새로 간행하는 말씀 재단법인 고하송진우선생기념사업회 _ 7

간행사 동아일보 사장 김병관(金炳琯) _ 15

《古下 宋鎭禹 傳記》를 내면서 동아일보 사장 고재욱(高在旭) _ 18

서문 전 동아일보 편집국장 김준연(金俊淵) _ 24

서문 동아일보 사장 고재욱(高在旭) _ 25

책머리에
묘비명을 통해 본 일대기 _ 27

    1. 古下先生 宋君之碑(고하선생 송군지비) _ 29
       : 정인보 글 짓고 쓰다

    2. 고하(古下) 선생 송 군(宋君)의 비(碑) _ 32
       : 정인보 한자 원문을 이희승 번역하다

    3. 고하 동상 병풍석에 새겨진 일대기 _ 39

제1장 _ 사상의 형성

    1. '금가지' 소년 _ 46
    2. 스승 기삼연(奇參衍) 의병대장의 가르침 _ 60
    3. 신학문의 배움터로 _ 69
    4. 인촌 김성수(仁村 金性洙)와의 친교 _ 77
    5. 도쿄유학(東京留學)의 큰 뜻 _ 84

6. 이국(異國)의 학창(學窓) _ 91
7. 망국의 한 _ 100
8. 유학생친목회(留學生親睦會)와 잡지 '학지광(學之光)' _ 110

제2장 _ 3·1운동과 중앙학교

1. 중앙학교(中央學校)의 중흥 _ 122
2. 피 끓는 청년 교육자 _ 132
3. 내일을 위한 기초 학생조직 _ 144
4. 3·1운동 거사의 총본부(總本部), 중앙학교 _ 151
5. 도쿄 '2·8선언' 전후 _ 169
6. 천도교와 기독교 등의 합류 _ 180
7. 아! 기미년 3월 1일 _ 188

제3장 _ 옥중에서

1. 조서(調書)를 중심으로 _ 196
2. 예심결정서(豫審決定書)를 중심으로 _ 207
3. 신문보도를 중심으로 _ 239
4. 판결문을 중심으로 _ 268

제4장 _ 동아일보를 짊어지고(상)

1. 옥중에서 들은 동아일보 창간 _ 286
2. 동아일보 사장 취임 _ 296
3. 민립대학(民立大學) 설립운동과
   물산장려운동(物産獎勵運動) 전후 _ 310
4. '육혈포(六穴砲)' 권총 협박 사건과
   언론 탄압 저항의 민중운동 _ 327
5. 조그만 시련 _ 348
6. 범태평양회의 참석 _ 365
7. 명논설〈세계대세와 조선의 장래〉_ 378
8. 동아일보 2차 정간과 옥고 _ 408
9. 신간회(新幹會)와 고하 _ 422

제5장 _ 동아일보를 짊어지고(하)

1. 동아일보 제6대 사장으로서의 저항과 후원 _ 434
2. 타고르의 시(詩) _ 443
3. 광주학생항일운동 _ 448
4. 동아일보 창간 10주년 기념사업과 무기정간 _ 454
5. 애국가 대신 '조선의 노래' 제정 _ 463
6. 이충무공 유적보존운동 _ 466
7. 브나로드운동 _ 481
8. 만보산(萬寶山)사건과 만주사변 _ 494

9. 동아일보 사장 고하와 젊은 기자들 _ 510
10. 잡지 '신동아(新東亞)'와 '신가정(新家庭)' _ 514
11. 새 한글맞춤법의 보급과 실행 _ 521
12. 신사참배 거부 문제 _ 527
13. 일장기 말소사건 _ 532

제6장 _ 일제의 최후발악

1. 중일전쟁 _ 564
2. 동아일보의 강제 폐간 _ 586
3. 봄을 기다리며 _ 609
4. 일축한 정권이양교섭(政權移讓交涉) _ 632

제7장 _ 해방된 조국

1. 아아, 8월 15일 _ 648
2. 고하와 몽양(夢陽) _ 660
3. 국민대회준비회와 한국민주당(韓國民主黨)의 결성 _ 669
4. 미군정과 동아일보 복간 _ 688
5. 고하와 우남(雩南) _ 700
6. 고하와 임정(臨政) _ 705
7. 운명(殞命), 최초의 정치암살 _ 715

고하 송진우 선생 연보(年譜) _ 727

고하 송진우 선생 초상

간행사

　금년은 古下 宋鎭禹(고하 송진우) 선생 탄신 100주년이 되는 해이다. 선생은 中央學校(중앙학교) 교장으로서 3·1운동을 주도하였고 東亞日報(동아일보)를 짊어지고 우리 민족사상 가장 어두웠던 日帝(일제) 36년간 이 겨레를 지켰으며 해방 후의 혼란 속에서 대한민국 건국의 기초를 닦은 民族史(민족사)의 巨人(거인)이시다.

　선생이 해방 후 비극적인 암살로 마감한 쉰다섯 해의 짧은 생애는 역사의 어둠속을 헤치면서 독립에의 긴 여로를 줄달음쳐온 국권회복의 一生(일생)이었다. 선생은 이 민족에게 실로 모든 것을 바치고 갔다.

　古下 宋鎭禹 선생의 위대한 업적과 사상을 뚜렷이 나타내기 위하여 마침 창립 70주년을 맞은 東亞日報社는 그 기념행사의 일환으로 古下 선생 탄신 100주년 추모행사를 갖게 되었다. 그리하여 평소에 선생을 따르고 모시던 분들이 말씀하는 선생의 생애와 사상에 관한 강연회를 개최함과 동시에 古下 선생에 관한 3권의 책을 펴냄으로써 이 위대한 선각자의 탄신을 축하하는 행사를 갖게 되었다.

　첫째는 古下 선생의 傳記(전기)이다. 古下 선생의 전기는 1965

년에 본사에서 출간한 바 있으나 수집했던 자료가 해방 후에 불에 타고 6·25사변에 망실된 상황에서 당시 생존자들의 구술과 새로 입수된 자료를 토대로 펴낸 것이어서 부족한 점이 많았다. 그 후 고하선생기념사업회에서는 좀 더 자료를 수집하여 보완하고 애매한 곳을 명확히 하며 문장을 가급적 쉽게 한글로 풀어씀으로써 1965년판의 2배 가까이 증보한 新刊(신간)을 내게 되었다.

둘째는 古下 선생의 文集(문집)이다. 혹독한 일제의 탄압 속에서는 누구나 자기의 생각을 당당하게 말하고 글로 발표하는 일이 불가능하였을 뿐만 아니라 특히 古下 선생과 같은 민족지도자로부터 간단한 안부편지를 받는 것조차 주목의 대상이 되었기 때문에 古下 선생이 남기신 글은 많지 아니하다. 그러나 그동안 꾸준히 일제시대의 신문·잡지 등에 기고하신 글들을 수집해 본 결과 일찍이는 1915년 《學之光(학지광)》이라는 동경 유학생들의 기관지에 실린 〈思想改革論(사상개혁론)〉에서부터 앙케트에 대한 응답이나 간단한 글에 이르기까지 상당한 편수의 논문을 발굴해 낼 수 있었다. 古下 文集은 이같은 각종 논문 이외에 古下 선생과 대담한 기록이나 후일 다른 분들이 선생에 관하여 집필한 인물평과 일화 기타 관련 자료도 힘닿는 대로 수집하여 한 권의 책으로 묶은 것이다.

셋째로는 〈古下 宋鎭禹 評傳(고하 송진우 평전): 민족민주주의의 언론인·정치가의 생애〉이다. 이는 서울대학교에서 한국 현대정치사를 연구하여 人物評傳(인물평전)을 저술해온 金學俊(김학준) 교수가 그동안 수집한 자료와 연구결과를 토대로 집필한 評傳이다.

이 세 권의 책은 古下 선생이 독립항쟁과 민주건국의 민족사에 남기신 지대한 공적과 심오한 사상을 연구하는 데에 귀중한 문헌이 될 것으로 믿어 의심치 아니하여 선생의 탄신 일세기를 기념하여 발간하게 된 것이다.

아무쪼록 이 같은 귀중한 문헌이 정치적으로나 사상적으로 혼란한 이때에 널리 읽혀지기를 바라고 현명한 독자 여러분의 기탄없는 비판을 기대한다.

1990년 5월
東亞日報 社長(동아일보 사장)
김병관(金炳琯)

《古下 宋鎭禹 傳記》를 내면서

  10년의 시간이 지나면 강산도 변한다는 옛 말이 있는데 古下 선생께서 적 아닌 적에게 그 생애를 마친 지가 어언 20주년이 지났다.

  "조선은 宋鎭禹씨의 불행한 별세로 말미암아 큰 손실을 가져왔을 뿐만 아니라 조선독립을 하루빨리 할 수 있는 기회를 잃었고 오히려 독립하기 위하여서는 좀 더 많은 시련을 필요로 하게 될 것이다. 흉행자(兇行者)들은 조선 독립을 지연시키는 것 외에 아무런 결과도 가져오지 못할 것이다"

  당시 우리나라에 주둔하고 있던 미군 사령관 하지 중장이 고하 장례식에서 한 조사(弔詞)의 한토막이다.

  고하 선생이 세상을 떠나게 되신 후 선생을 추모하고 선생을 아끼는 선배, 동지, 후배까지 힘을 합쳐서 하루빨리 그 어려울 때마다 현명한 길을 밝혀주시던 선생의 기록을 엮어서 선생을 알고자 하는 인사에게 알려주고자 하였는데 이제야 겨우 그 결과를 보게 된 것을 죄송하게 생각하는 동시에 그간의 사정을 보고하여 이 전기를 읽을 분의 참고에 도움이 되고자 하는 바이다.

  선생 별세 당시는 신탁통치 문제로 국내는 반탁(反託)과 찬탁

(贊託)으로 혼란을 극한 때이었고 혹한 영하 20도의 추위에 고인의 유해를 선생의 필생의 동지이신 仁村(인촌)과 街人(가인) 두 선생이 현지를 답사하고 결정한 망우리 장지에 장사한 지 두 달 후인 1946년 3월 '고하 선생 유적현창회(古下先生遺蹟顯彰會)'가 국민대회준비회(國民大會準備會)와 한국민주당(韓國民主黨) 그리고 그 밖의 유지들의 합석회의에서 결정을 보게 되었던 것이다. 현창회(顯彰會) 위원은 두 단체에 소속한 분들 외에도 많은 인사가 참가하였다. 이러한 회합에서 결정한 일을 추진하려면 무엇보다도 비용의 갹출과 추진하는 인사가 언제나 앞을 서게 된다.

정세가 지극히 혼란하고 어떠한 사태가 언제 벌어질지 모르는 험악한 시기였다. 현창회는 망우리 묘지에 우선 표적을 하기 위하여 위당(爲堂) 정인보(鄭寅普) 선생의 문(文)과 서(書)를 겸한 수고를 빌어 작은 비석이나마 표적을 남길 수가 있었다.

그리고 곧 전기(傳記)를 편찬하기로 되어서 편찬위원으로는 김준연(金俊淵), 장택상(張澤相), 정인보(鄭寅普), 설의식(薛義植), 유홍(柳鴻), 김용완(金容完), 강병순(姜柄順), 고재욱(高在旭) 등 외에도 많은 인사가 선정되었다. 편찬사업은 곧 착수되어서 김준연, 고재욱이 실제 담당 간사로서 일을 보게 되었다. 전기를 편찬하는 것은 글을 잘 쓰는 것만으로도 될 수 없을 것이며 선기로서 역사적 또는 사회적 가치와 또 전기 인물의 사실적인 표현과 그리고 독자를 위하여서는 문학적인 흥미도 겸비되어야 한다고 판단하였기 때문에 맨 먼저 부딪친 난관이 집필자를 선정하는 일이 아닐 수 없었다.

여러 가지로 논의한 결과 첫째, 전기 인물의 역사적 배경을 이해하고 그리고 문학적 소양이 많고 또《김좌진 장군전(金佐鎭將軍傳)》을 쓴 일이 있고, 일부 인사들의 반대로 우남(雩南 李承晩) 전(傳)을 쓰고도 출판을 하지 못하였지마는 그러한 실적이 있는 시인 서정주(未堂 徐廷柱) 씨에게 기록을 위촉 담당시켰던 것이다. 1947년 봄의 일이었다.

고하 선생의 생애가 원래 비밀을 생명과 같이 알아야 하는 일제시대의 민족지도자였던 관계로 실재한 기록을 찾기에는 극난의 일이었기 때문에 당시 동아일보 지상에 사소한 일이라도 고하 선생께 관계된 것이면 협조·통보를 바라는 광고를 내고 하여 각계 인사들로부터 예상하지 못했던 귀중한 증거물이 모여 왔다. 그러나 체계 있는 전기 기록을 꾸미기에는 너무도 단편적인 것이었다.

필자 서정주 씨는 편찬회의 뜻한 바를 존중히 하여 당시 생존하여 계신 여러 인사에게 구술을 받기 시작하였다. 소란한 신탁통치문제가 미소공동위원회(美蘇共同委員會)를 서울에서 개최하면서 좌우의 대립은 더욱 심하여지고, 1년 이상을 끌어오던 이 회의가 마침내 분열되어 공산진영과 민주진영이 분명해지면서 국내에는 10·1대구폭동사건 등 꼬리를 물고 일어나는 험악한 정세로 인하여 국민 전체가 한동안 어리둥절한 채 지냈다.

1948년 역사적 5·10선거가 실시되어 남한에 대한민국정부가 수립되고, 그리고 여·순 반란사건이 진정된 후에야 이 전기 편찬의 일은 실질적으로 착수된 셈이다. 그러나 여기에 불행 중의 불행한 사태가 돌발하였으니 그것은 그동안 모여진 증빙물을 보관하고 있던 동아일보 발행소(구 경성일보사)가 공산분자의 방화로 모든 시설이 소실되면서 선생에 대한 기록도 오유가 되었던 일이다. 이 방화는 동아일보를 없애어 5·10선거를 방해하는 것이 목적이었는데 고하 선생 관계의 기록으로는 故 차상찬(車相瓚) 씨 댁에서《개벽(開闢)》지 등에 게재된 선생의 글과 기록을 정성껏 모아서 한 묶음 보내온 것과 필화사건으로 옥중에서 고생하실 때 인촌 선생에게 보낸 친필 서한, 그리고 그밖에 모아진 선생의 시축(詩軸), 사진 등 허다한 기록을 소실하게 되어 전기 편찬은 일대 암초에 걸리게 되었다.

그리하여 부득이 다시금 소년시절 이래 동지였던 인촌(仁村) 선생을 비롯하여 고하 선생이 동아일보사 사장이 되신 이래 24, 25년간을 한결같이 친교가 있고 또 박학강기(博學强記)로 유명한 정인보(鄭寅普)씨 외, 김병로(金炳魯), 백관수(白寬洙), 노병권(盧秉權), 현상윤(玄相允), 김준연(金俊淵), 장택상(張澤相), 현준호(玄俊鎬), 김동원(金東元), 서상일(徐相日), 구자옥(具滋玉), 설의식(薛義植)씨 등 고하 선생을 알고 친교가 있던 인사라면 누구를 물론하고 찾아가서 직접 그분들이 보고 들은 바 선생의 일생에 겪으신 여러 가지 경우의 기억을 구술 받아 모아놓은 것이 완전한 것은 되지 못하나마 선생의 편모를 짐작할 수 있는 사료가 노트에 기록되어 이의 정리 단계에 이르게 되었다.

여기서 또 봉착한 것이 편찬의 경비 갹출이었다. 선생을 흠모하는 고광표(高光表), 김상만(金相万), 김상형(金尙衡), 김승태(金昇泰) 등 몇 인사의 찬조를 비롯하여 그 밖의 여러분의 도움을 받았다. 그러나 노트를 정리하기 시작한 지 얼마 후인 1950년 6·25 동란을 맞이하였던 것이다. 서로 동서, 어디로 갔는지 알 길이 없었고 1·4 재후퇴 후 한참 만에 집필자 서정주 씨가 전주에 피난하여 있는 것을 알게 되어 그 집필을 요청하였으나 서 씨는 전쟁에서 받은 정신적 타격인지 그의 건강은 집필을 할 수 있는 형편에 있지 않았고, 1953년 수복 후에도 그의 건강은 쉽게 회복을 못 보았기 때문에 부득이 집필자를 달리 구하여야 하게끔 되었다. 그동안 부산 피난 시 얼마를 제하고는 매년 기일이면 추념식(追念式)을 유지(有志)들이 거행하는데 그때마다 전기 편찬인의 한 사람으로서 고인에게는 물론 일반 국민에게나 추모식 회합 인사들에게 죄스러움을 금하기 어려웠다.

여러 가지 곡절을 거쳐서 전 집필자인 서정주 씨에게서 노트와 그동안 일부 집필한 원고를 인계받게 되자 그 다음에는 소설가 이무영(李無影) 씨에게 그 수고를 위촉하였다. 1956년의 일이었다.

이무영이 담당한 지 2년 후 일단 원고는 탈고를 보았고 그 원고를 후일 다시 선정된 전기 편찬위원들, 즉 최두선(崔斗善), 김준연(金俊淵), 장택상(張澤相), 주요한(朱耀翰), 유홍(柳鴻), 김용완(金容完) 등 제씨와 필자도 그중 한 사람으로서 원고의 회람 수정 등으로 근 2년을 경과하게 되었다. 그리고 나서, 유족의 의견을 참고하고 또다시 검토하여 선생의 유덕에 흠이 적게 가도록 노력하여 본 것이 이 기록이니 독자의 넓은 이해를 바라 마지않는다.

역사학자로서 위당(爲堂)은 선생을 평하여 "그 지조(志操), 도량(度量), 판단력(判斷力), 식견(識見), 통솔력(統率力)에 있어서 역사적으로 보면 이충무공 이래의 처음 인물이며 그 후 언제나 이런 위재(偉材)를 우리나라가 가질 것인가"하고 선생을 추모하곤 하였다.

선생께서 가신 지 20주년이 지나서 오히려 더욱 선생의 존재가 아쉽고 한스럽기만 한 그 위대한 자취를 다 기록하기엔 너무도 어려운 일이며 더욱이 일제 36년간 국내에서 산 기록 그대로이신 그 흔적을 수록하기에도 어려운 일이 한 두 가지가 아니다.

후일 남북이 통일되면 좋은 자료가 더 많이 모아질 것이라 확신하거니와 더욱 토막토막이기는 하나마 우선 이 정도로 선생의 편모를 국민에게 전하려 하며 오직 불안스럽고 죄송한 마음을 금할 길이 없다.

1965년 12월
고하 선생전기편찬위원
고재욱(高在旭)

서문

　1945년 12월 30일 오전 6시 15분에 고하 송진우(古下 宋鎭禹) 선생은 56세를 일기로 불의의 참변에 의하여 급서하셨다. 해방된 지 5개월도 채 못 되어서였던 것이다.
　교육가로서, 언론인으로서, 정치가로서, 일언이폐지(一言以蔽之)해서 민족지도자로서의 선생은 앙지유고(仰之愈高) 찬지유견(讚之愈堅)이라고나 할까, 중언부언할 필요가 없는 것으로 나는 생각하고 있다.
　독자가 선생의 전기를 상독(詳讀) 음미하여 보면 이런 점이 자연히 해득(解得)될 줄로 생각된다. 그러므로 나는 장황하게 서문을 횡설수설 늘어놓는 것을 피하고 다만 지식인들이 전기를 일독하여 주기를 요청하는 바이다.

1965년 9월 3일
김준연(金俊淵) 識

서문

고하 송진우(古下 宋鎭禹) 선생과 나는 남다른 인연이 있었다. 학창시절에는 대선배로 선생의 지도를 받았고 사회에 나와서는 상사로 그분을 모셨다. 선생의 덕망이나 금도(襟度)에 대해서는 이미 세상에 널리 알려진 바와 같거니와 세계대세에 대한 정확한 분석, 역사의 진운에 대한 예리한 선견은 단연 타의 추종을 불허(不許)하였다.

선생은 인촌 김성수(仁村 金性洙) 선생과 더불어 형영상반(形影相伴)하여 뜻을 조국의 광복에 두고 일신의 안위를 초개같이 여기면서 암담한 속에서도 희망을 제시하여 곤고(困苦)에 처해서는 스스로 선봉이 되어 이를 감내하였다. 선생이 동아일보를 이끌고 일제의 식민통치에 시종일관 항쟁하고 민중의 각성을 외친 것도 조국광복을 위한 일념의 발로였다.

돌이켜보면 선생의 생애 55년은 일직선의 강직 그것이었다. 불의와의 타협을 몰랐고, 동요를 몰랐고, 더구나 굴종(屈從)이란 선생과는 너무나 기리가 먼 어휘였다. 실로 선생이야말로 우리 민속의 암흑기에 민중과 더불어 있으면서 낙망, 좌절이 일세를 휩쓰는 가운데서도 앞날을 똑바로 내다보고 군계일학(群鷄一鶴)같이 특립(特立)하여 항시 조국광복의 등불을 밝힌 선각자였다.

세태가 어지럽고 인심이 날로 각박하여 방향타를 잃은 일엽주를 방불케 하는 작금에 있어서는 더욱 선생의 풍모를 연상케 되고 그 적확한 선견과 청탁을 병탄(倂呑)하는 고사지풍(高士之風)이 아쉬울 뿐이다.

만약 선생이 지각없는 흉한의 총탄에 쓰러지지 않고 절세의 경륜을 실천에 옮길 수 있었다면 우리 역사의 진로도 달라졌고, 오늘의 현실도 다르지나 않았을까 하는 생각도 없지 않다. 선생이 가신지 20년이 지난 지금에야 그 전기가 세상에 나오게 된 것도 그 동안의 모진 세파의 탓이라 하더라도 만시지탄(晩時之歎)이 없지 않다. 후세에 깊이 전승되어 귀감이 되기를 바라 마지않는 바이다.

1965년 9월 5일
후학 고재욱(高在旭) 識

책머리에

묘비명을 통해 본 일대기

1. 고하(古下) 송진우(宋鎭禹)가 간지 많은 세월이 흘렀다. 고하는 1945년 12월 30일 자객의 흉탄에 쓰러진 뒤, 서울 교외 망우리 뒷산 산정에 자리 잡은 5백여 평의 남향 유택(南向幽宅)에 고이 잠들었다. 묘소에는 고하의 친우 위당(爲堂) 정인보(鄭寅普)가 글 짓고 글씨 쓴 한문 비석이 1946년 10월에 세워졌다. 이 비문은 고하의 인간과 업적-교육자로서의 고하, 언론인으로서의 고하, 항일투사로서의 고하 그리고 정치인으로서의 고하의 일대기이다.

2. 고하를 창황 중에 망우리 공동묘지에 모신 것을 송구하게 생각한 동지와 후배들이 고하 송진우 선생 천장추진위원회(遷葬推進委員會; 위원장 崔斗善)를 구성하고 각계의 성의를 모아 1966년 11월 11일 서울특별시 앙전구 신성동 산 43-2번지 지향산 기슭에 천장하고 1967년 10월 20일 위당(爲堂) 정인보(鄭寅普)의 한문 비석을 한글로 번역한 국문 비석을 추가하여 건립 제막하다.

3. 1983년 9월 23일 고하의 유덕을 기리는 각계 유지들이 고하 송진우 선생 동상건립위원회(명예위원장 윤보선(尹潽善): 위원장 유진오(兪鎭午))를 조직하고 각계각층의 성의에 힘입어 서울특별시 광진구 능동 소재 서울어린이대공원에 고하 동상을 건립하여 제막하다.

4. 고하의 신정동 유택이 부근의 신시가지 개발로 인하여 정숙하고 경건한 분위기가 해쳐짐에 따라 유가족과 동지 및 후배 여러분의 발의에 의하여 고하 송진우 선생 천묘장의위원회(遷墓葬儀委員會; 위원장 尹潽善)를 구성하고 국가보훈처 및 국방부의 협조를 얻어 서울특별시 동작동 소재 국립서울현충원 독립유공자묘역에 옮겨 모시기로 결정하다. 이에 따라 고하의 98회 탄신일에 약 일주 앞선 1988년 5월 3일 천묘장의(遷墓葬儀)의 의식을 거행하다.

5. 1988년 5월 3일 동작동 국립서울현충원으로 천장 시 위당 정인보의 글과 글씨로 지어서 망우리에 건립하였던 한문 비석과 양천구 신정동으로 제1차 천장 시에 번역하여 건립된 한글 비석은 그 크기가 국립묘지 규정에 어긋나서 함께 옮겨 모시지 못하고 전남 담양군 금성면 대곡리 소재 고하의 기념관 터에 따로 옮겨 세웠다.

고하가 생존한 최근세 50여 년간은 한국 역사상 일찍이 볼 수 없었던 혼돈과 파란이 중첩한 시대로서 고하의 생애는 이 거친 물결에 따라서 파문을 그리지 않을 수 없게 되었다. 그러므로 고하의 다사다난한 생애를 알자면 우선 고하가 생존한 50여 년간의 혼돈과 파란, 그리고 위기에 처했던 시대적 배경을 알아야 한다. 이것이 곧 고하의 일생을 올바르게 이해하고, 그 인간과 업적을 정당하게 평가하는 첩경이 될 것이다. 따라서 앞머리에 국한문 비문과 동상에 새겨진 일대기를 서론삼아 여기에 소개한다.

1. 古下先生 宋君之碑 (고하선생 송군지비)
: 정인보 글 짓고 쓰다.

友人 東萊 鄭寅普. 撰文書丹幷篆額.

世亂之久. 士患不自樹. 卽矜於節. 又鮮克以幹猷濟. 其兼而具者. 以普朋游. 有古下宋君. 君諱鎭禹. 生湖南之潭陽. 甲午難時五歲矣. 旣而鄕先輩多糾義. 雖敗. 風烈貤被林丘. 故君志嚮夙兆. 父壎. 文儒才. 君幾淬其良. 會. 昌平高氏. 延師敎婿英吉利語. 君亦從受焉. 高氏婿. 卽金君性洙. 二人深相得. 同學日本. 歸. 同辦中央學校. 又同立東亞日報. 其他大小. 無不偕. 校與報. 最聞. 又最勞君. 君間投獄者再. 金君輒代爲長. 以俟君. 君所治法科. 然尤留心經世方略. 喜談史感慨. 己未獨立宣言之役. 君在中央校已三年. 前年歐戰息. 民族自決議起. 遠近竊竊相咨報. 皆以中央校爲歸. 而校有特室待直夜.

君所處也. 金君與玄君相允恒在. 謂"戰端末自晳人. 其波及吾者淺. 然旣已言自決. 乘今而動. 卽徒死. 猶階後." 而域內方重足. 多以自於外便. 君力主自內. 卒皆同於君顧. 事祕. 無所得衆. 君介玄君. 展轉以通天道敎. 中斷且連. 而君所敎. 擧拒腕. 旣旦諸校氣類密布. 先是. 遊學生在江戶者. 謀欲發. 至是. 潛來求鉛活字. 亦因玄君. 以達君. 則冬一月也. 二月. 李公昇薰. 至自定州. 會金君所. 君告以故. 曰. "諾. 老夫今行矣." 數日復至. 則出囊倒寫. 皆私印也. 曰. "京以北牧師·長老著者. 盡是皆許吾矣." 李公因自往見天道敎主. 促之合. 佛敎亦應. 其資齎南北. 多由金君. 聯絡諸敎. 又多由玄君. 至策應滬·江戶·北美. 部署學生. 皆君總之. 三月一日. 宣言書發. 署名者被執. 君任後事. 後五日逮. 在獄凡三年. 出未幾. 長東亞日報. 君開爽. 而內善綜理. 報始紐於用. 君治之久. 能長財. 間推李公代. 李公去. 又爲長. 其接衆. 汎敬盡歡. 遇可否. 輒嶽嶽. 用是多忤. 然己未以後. 其秉大義以言亢宗者. 君實爲之雄. 報與日法吏氷炭. 記者數繫. 君嘗爭諸警務局. 至夜分歸. 則一子暴疾. 不時治殤矣. 普始與君汎汎. 君之以汎太平洋會議赴布哇也. 一別於京驛. 丙寅大喪. 君有密畫. 緣友某以及普. 事未就. 然義同夷險. 由是. 交漸密. 是歲. 西人某. 寄書報. 激吾人以繼厲. 君促使揭. 日人惡之. 報停. 旋解. 而君坐罰. 作踰年然後已. 久之. 或電傳"滿洲萬寶山田主. 殺韓佃戶. 盡矣." 有報受而張諸紙. 衆大譁. 爭聚擊華賈. 君歎曰. "誰爲此間. 今若是. 是代仇相殘也" 亟實言而播布之. 且慰遺華人. 信至. 果日軍僞爲之. 李忠武後孫貧. 邱壟幾不守. 君集衆助. 返其券. 益

置祭田. 建顯忠祠. 凡以報功作民. 而志士俠烈孤嫠之養. 與夫遠逮久繫. 通問訊. 資衣糒 必曲爲措注. 日人任韓事者. 前後五六輩. 君以爭而熟. 皆重君能. 欲賄之. 百方無所撓. 酒後絮言. 時自譽. 知者. 不謂過也. 自中日戰開. 熛延英美. 淫威益逞. 報廢. 君拘且二旬. 往時同志. 或冒然爲仇役. 而君委它避汚. 終乃引被自覆. 不見人. 日降前數日. 日總督以下. 得報慌懼. 密邀君. 委以治安. 君辭. 謂所知曰. "吾事當自吾. 焉有受敵委. 以爲治者哉." 降問至. 世事驟張. 君臥如故. 踰月起. 欲召集國民大會. 尋推主民主黨. 揩拄重慶臨時政府. 旣而. 雩南李公自美至. 白凡金公自重慶至. 徹識益明. 而忌者磨牙環起. 十二月二十八日壬申. 報美英中蘇限年管韓之議. 癸酉. 君謁金公. 謀擧國民而拒之. 甲戌未明. 君方寢. 特拳銃者入. 被數丸氣絶. 年僅五十六. 配. 柳氏. 無子. 以兄子英洙. 爲嗣. 君長中人豐白. 少須眉. 目長垂末蹙於眤. 若細而顧眄有威. 弱歲涉難. 中間世故轉謬. 一持樂觀. 謂 "敵亡可立俟." 金君嘗戲謂普. "勿信古下言. 立俟者. 今何如." 而君在報社所論載中國現狀與世界前途. 歷二十年而無不合. 其長識如此. 君人才也. 方因於踢蹜. 而猶以所守. 馭其猷. 乃漆齒初駴. 駸駸雲蒸龍變之會. 而蚑螟遽折. 嗚呼 "殄瘁"之詩. 周人己云. 然其時. 又未必如今也. 恫夫. 沒五日. 金君會同人. 葬之楊洲忘憂里. 銘曰. 朝之言. 立吾衹. 夕之言. 岠非類. 笑敖个踰. 酣號爰在. 歷之累紀. 載之萬變. 握臂憤山憤海爲顚. 苟非結乎至衷. 曷以貞夫始終. 哀吾道之蹇連. 忍使君爲文中之人. 檀君紀元四千二百七十九年十月 口建.

2. 고하(古下) 선생 송 군(宋君)의 비(碑)

: 정인보 한자 원문을 이희승 번역하다.

우인(友人) 정인보(鄭寅普), 글 짓고 글씨 쓰다

　세상 어지러움이 오래이면 선비는 스스로가 뜻을 세워 가지 못할까 근심을 하거니와 혹 절조를 자랑할 수는 있어도 지략과 포부를 갖춘 이는 드문데, 그 절조와 포부를 겸해 갖춘 이로 내 친구 중에 고하(古下) 송군(宋君)이 있다.

　군의 휘(諱)는 진우(鎭禹)로 호남 담양에서 태어났다. 갑오(甲午=1894) 동학난리 때에는 다섯 살이었다. 그때 많은 동향 선배들이 의병을 일으키니, 비록 싸움에는 패했으나, 그 의열(義烈)이 산천에 덮였으므로 군의 뜻하고 향하던 바는 이리하여 일찍부터 싹텄다. 아버지 훈(壎)은 글하던 선비였으므로 군은 그 장점을 이어받아 힘을 쓰던 중에 마침 창평(昌平) 고을 고 씨(高氏)가 스승을 청하여 그 사위에게 영어를 가르치니 군도 또한 따라 배웠다. 고 씨의 사위는 곧 김성수(金性洙) 군이었다.

　두 사람은 깊이 서로 친하여 일본에서 배우고 돌아와서 같이 중앙학교(中央學校)를 세우고 또 같이 동아일보사(東亞日報社)를 설립했으며, 그밖에도 크고 작고 간에 같이 일하지 않은 것이 없었으나, 그 중에도 학교와 신문이 가장 이름난 것이었고 또한 군이 가장 힘을 들인 것이었다. 군은 그 동안 감옥에 들어가기 두 번,

그때마다 김성수 군이 곧 대신 사장이 되어서 군이 옥에서 나오기를 기다렸다.

군이 배우기는 법과(法科)였지만 더욱 경세(經世)의 방략(方略)에 유의하고 역사를 담론하며 비분강개하기를 좋아했다. 기미(己未=1919) 독립선언 때 군은 중앙학교에 있은 지 이미 3년, 전 해에 구주대전(歐洲大戰)이 끝나고 민족자결의 논의가 일어나니 원근에서 은밀히 서로 연락을 하되 모두 중앙학교로 집중이 되었다.

학교에는 숙직하는 방이 있어 군의 거처하는 곳이었고, 김성수 군과 현상윤(玄相允) 군이 항상 여기에 모였다. 이들이 서로 말하기를 "전쟁은 백인(白人)에게서 일어났으므로 우리에게 미치는 영향은 적겠지만 이미 '자결'이라고 하였으니 이 기회를 타고 일어나면 헛되이 그대로 죽더라도 후일을 위한 길은 열린다"고 했다.

이때 국내는 꼼짝도 못할 형편이라 국외에서부터 거사하는 것이 좋겠다는 것이 중의(衆議)였으나, 군은 국내부터 일으킬 것을 억설하여 마침내 모두 군의 의견에 동조하게 되었다.

비밀 운동이라 대중을 끌어들일 길이 없었으므로 군은 현상윤 군을 중간에 넣어 여러 고비를 겪어서 천도교와 기맥을 통하게 되고, 그것도 중단이 되었다가는 다시 연결이 되곤 하였다. 군은 동지들을 분발케 하여 각 학교에 동지들이 많이 늘어박히기에 이르렀다.

이보다 먼저 동경 유학생들이 일어나기를 꾀하여, 이에 은밀히 사람을 서울로 보내어 연활자(鉛活字)를 구하니, 이때에노 현상윤

군을 통하여 군이 이것을 알게 되었다. 때는 1월이었다.

2월에 이승훈(李昇薰) 공이 정주(定州)에서 올라와 김성수 군 댁에 모였다. 군이 거사계획을 알리니, 이승훈 공은, "좋소. 내가 곧 돌아갔다가 오리다"하고 수일 후에 다시 와서 주머니를 털어 놓으니 모두 도장이었다. 그리고 말하기를 "서울 이북의 목사, 장로 중 저명한 자는 모두 나에게 거사에 가담할 것을 승낙하였다"고 하였다. 이승훈 공은 곧 천도교주를 찾아가서 운동의 합동을 촉구하고 불교계 역시 호응하기에 이르렀다.

이때 남북으로 연락하는 비용은 대개 김성수 군이 대었고, 여러 교파와의 연락은 현상윤 군이 맡았고, 상해, 동경, 북미와 연락하는 일, 학생들의 부서(部署)를 정하는 일에 이르기까지 모두 송 군이 총책임을 졌다.

3월 1일 선언서가 발표되고, 선언서에 서명한 이들은 모조리 붙들렸다. 군은 뒷일을 맡기로 되었으나, 5일 만에 붙들리어 옥에 있기 무릇 3년이었다. 옥에서 나오자 얼마 되지 않아 동아일보 사장이 되었다. 군은 개방적이고 호탕하지마는 안으로 행정에서 능하여, 신문사가 그 초창기에는 재정이 군색했으나 군이 오래 일을 보면서 넉넉하게 되었다. 잠시 이승훈 공을 사장으로 추대하였으나, 이 공이 사면하면서 다시 사장이 되었다.

군은 여러 사람을 대할 때 누구나 공경하고 마음껏 즐겁게 하였지만, 가부를 결정할 일을 당하면 곧 굳세게 주장을 하므로, 이로 인해서 남과 거슬리는 일도 많았다. 그러나 기미(己未) 이후로 대의(大義)를 잡고 언론으로써 겨레의 앞을 가로막고 나선 이 중에는 군이 실로 제 1인자였다.

신문과 일경(日警)과는 빙탄(氷炭)처럼 서로 용납이 되지 않아 기자들이 자주 붙들리어 갔다. 한번은 군이 경무국(警務局)에 가서 밤늦게까지 다투다가 집에 돌아와 보니, 외아들이 급환에 걸려 불시에 그만 아들을 잃고 말았던 것이다.

나와 군과는 처음엔 범범한 사이로서, 군이 범태평양회의(汎太平洋會議)로 하와이로 떠날 때 서울역에서 한번 전송한 일이 있었는데 병인(丙寅=1926)년 순종황제 국상(國喪) 때 군이 비밀 계획을 세워가지고 어느 친구를 통하여 나에게 의논하여 왔다. 거사는 이루어지지 않았으나 결과가 평온했건 험악했건 정의(情義)는 마찬가지여서 이때로부터 점점 친교가 두터워졌다.

그 해에 서양인 모(某)가 신문에 기고하여 우리들로 하여금 계속 힘쓸 것을 열렬히 권고해 왔다. 군은 재촉하여 그것을 게재케 하니 일인(日人)이 미워하게 되어 신문은 정간이 되고 곧 해제되었으나 군은 그로 인해 형벌을 받아 해를 넘긴 후에야 풀려 나왔다.

얼마 후 어떤 통신이 만주 만보산(萬寶山)에서 중국인 지주가 한인(韓人) 소작인을 모조리 학살했다고 전하니, 이 통신을 받아 이것을 크게 보도한 신문도 있어서, 이에 민중이 크게 소동을 일으켜 다투어 화상(華商)들을 습격했다. 군은 탄식하면서 "누가 이런 이간을 하였는가. 이것은 원수를 딴 곳에 두고 공연히 상잔(相殘)하는 짓이다"하고 급히 실정을 밝히는 글을 신문에 싣는 동시에, 화상들을 찾아서 위문도 하였다. 그 뒤 자세한 소식에 의하여 이 사건은 일군(日軍)이 일부러 꾸민 일임이 드러났다.

이충무공의 후손이 가난에 시달리다 못해 위토까지도 수호하지 못할 지경이 되었다. 군은 널리 성금을 거둬서 그 문권(文券)을 도로 찾고 제전(祭田)을 더 장만케 하고 현충사(顯忠祠)까지 세웠으니, 무릇 선열의 공에 보답함으로써 민심을 진작하기 위함이었다. 애국열사 유가족의 부양이라든가, 혹은 먼 곳에서 붙들려 왔거나 감옥살이 오래 하는 동지들에게는 면회를 하고 의복, 음식을 차입하는 등, 자상하게 뒤를 돌보기도 했다.

일인(日人)으로 한국 일을 맡았던 총독이 전후 5, 6명, 군은 이들과 다투는 가운데 서로 알게 되었는데, 그들은 군을 중히 여겨 매수를 하려고 백방으로 손을 써도 여기에 휘어넘어가는 일이 없었다.

술 먹은 뒤에는 말이 많고 가끔 자기 자랑도 나오곤 하였지만, 군을 이해하는 사람들은 그것이 과하다고 말하지는 않았다. 중일전쟁(中日戰爭)이 벌어져서 불꽃이 영(英)·미(美)국까지 번진 뒤에는 일본의 행패가 더욱 심하여지더니 마침내 신문이 폐간되고 군도 구속되어 20여일을 옥에 갇혔다. 이때 동지 중에는 불근신하게도 적을 위해 일을 하는 자도 나타났으나, 군은 딴청으로 더러운 것을 피하다 못해 이불을 뒤집어쓰고는 사람을 대하지 않았다.

일인이 항복하기 수일 전, 일제 총독과 그 부하들이 항복 소식에 접하자 황급히 군을 몰래 청하여 치안을 위임하니, 군은 이를 거절하고 친구에게 말하기를, "우리 일은 마땅히 우리가 할 것이지 어찌 적의 위탁을 받아 다스릴 수 있겠느냐"고 했다.

일본 항복의 소식이 들어오자 세상일이 모두 부풀어 오르기 시작했지만, 군은 전과같이 일체 모르는 체 하다가 1개월 만에 국민대회 소집을 계획하고, 이어 민주당(民主黨)의 당수로 추대되어 중경(重慶) 임시정부(臨時政府)를 지지하기에 이르렀다. 미구에 우남 이승만(李承晚) 공이 미국에서 오고 백범 김 구(白凡 金九) 공이 중경에서 들어왔다. 군의 주장이 더욱 분명해지자 그를 꺼려하던 자들이 이를 갈고 사방에서 일어났다.

12월 28일 임신(壬申)에 미(美)·영(英)·중(中)·소(蘇)는 한국을 몇 해 기한부로 신탁통치(信託統治)한다는 보도가 들어왔다. 29일 계유(癸酉)에 김 구 공을 찾아 거국적인 거부의 방법을 의논하고 돌아온 다음날 30일 갑술(甲戌) 새벽, 군은 아직 일어나지도 않았는데 권총을 갖고 들어온 자들에게서 몇 방의 총탄을 받고 숨이 끊어졌다. 이 때 나이 겨우 56이었다.

부인은 유 씨(柳氏). 아들이 없어 형의 아들 영수(英洙)를 후사(後嗣)로 삼았다. 군의 키는 보통이나, 얼굴이 크고 희며, 수염과 눈썹이 적었고, 눈이 길고 끝이 처져 눈꺼풀이 쭈그러졌고, 눈이 가느다란 깃 같으나 주위를 둘러 볼 때에는 위엄이 있었다.

어려서부터 난리를 겪고 중간에는 세상일이 비뚤어지고 잘못되었으나 항상 낙관을 갖고, "적의 망하는 것은 서서도 기다릴 수 있다"고 했다. 언젠가 김성수 군이 나에게, "고하의 말을 믿시 바시오. 서서 기다릴 수 있다 하더니 지금 이 꼴이 무엇이오"하고, 농담을 한 일도 있었지만, 군이 신문에 중국의 현상과 세계의 전도를 논한 것이 20년을 지나서도 맞지 않는 것이 없은즉, 그 식견의 탁월함이 이와 같았다.

군은 인재였다. 곤란에 빠져있을 때에도 그 지킬 것을 지켜 그 포부를 밀어왔다. 섬 오랑캐가 비로소 놀라 도망가고 이제부터 될 듯 될 듯이 구름이 일고 용(龍)이 조화를 일으키려는 그 때에 한번 뜻을 펴 보려다가 갑자기 꺾이었으니, 어허, "나라가 장차 곤궁해지겠다(邦國殄瘁)-〈詩經·大雅·瞻仰〉"라는 시는 주(周)나라 사람이 이미 지었다지만, 그때는 아직 반드시 지금 같다고는 할 수 없었다. 어허 슬프다.

군이 돌아간 지 닷 새 만에 김성수 군이 동지를 모아 양주 망우리(楊州 忘憂里)에 장사를 지냈다.

명(銘) - 아침의 말로 내 근본을 세우고, 저녁의 말로 비류(非類)를 막았도다. 웃고 떠들어도 한계를 넘지 않고, 취해 소리쳐도 그대로 있었도다. 지나기 여러 십년, 만 가지 변화를 겪었도다. 팔을 걷고 분해 일어나면, 산과 바다도 떨었도다. 깊은 마음속에 맺힌 것이 아니었다면 어찌 처음부터 끝까지 이처럼 곧을 수 있었으랴. 우리의 길이 비색한 것을 슬퍼하나, 차마 그대를 글 속의 인물로 만들고 말 수야 있으랴.

　　　　　　단군기원(檀君紀元) 4279년(丙戌=1946) 10월 일 세움.
　　　　　　　　(위 정인보의 한문 비문을 일석 이희승이 한글로 번역한 것)

3. 고하 동상 병풍석에 새겨진 일대기

　1910년 나라를 잃은 이래 일제의 압박에 신음하던 35년간 국내 적진 속에서 이 겨레를 이끌고 앞장서서 싸우시던 대표적 민족 지도자이며 광복 전후 공산당의 정체를 미리 간파하고 그들의 흉계를 봉쇄하여 오늘날 민주적 삶의 기초를 닦아주신 고하 송진우(古下 宋鎭禹) 선생, 독립운동가요 언론인이요 정치가요 교육자로서 지용(智勇)이 겸전했던 그 위대한 일생(1890-1945: 담양 출생)은 겨레를 위한 독립 쟁취의 혈투이었으며 투옥과 박해와 유혹과 모함의 가시밭길이었습니다.

　선생은 젊은 시절에 손문(孫文)이 제창한 3민주의의 영향을 받아 정치적 독립을 달성하기 위하여 민족주의로 무장하고 겨레의 자유와 권리를 신장하기 위하여 민주주의를 신봉하였으며 백성의 경제적 자립을 위한 민생주의를 추구하였고 이와 동시에 우리 민족의 문화적 독립을 위한 민문(民文)주의를 구국과 독립의 사상적 기초로 삼아 투쟁하였습니다.

　선생은 어려서 한학을 수학하고 일본 명치대학(明治大學) 법학부를 졸업한 뒤 1916년 중앙학교 교장으로 취임하여 인재양성에 힘쓰고 널리 민족정신과 독립사상을 일깨우면서 기회를 엿보던 중 1차 대전 말기에 민족자결주의가 제창됨을 계기로 민족독립운동을 계획하였습니다. 이때 불가능할 것처럼 보이던 천도교, 기독교, 불교 등 각 종단(各 宗團)과 학생 기타 국내 세력 간의 제휴를 이룩하고 일본, 중국 및 구미(歐美)에서 활동하던 지사들을 연결하여 민족대동의 기틀을 마련하고 3·1운동을 일으킴으로써 망국 10년 만에 회천대업(回天大業)의 민족항쟁을 주도하였습니다. 선생은 이 운동을 계속 확대하고 뒷일을 수습하기 위하여 독립선언서에 서명하지 아니하였으나 곧 구속되어 옥고를 겪었습니다.

출옥 후에는 인촌 김성수 선생과 함께 동아일보를 이끌고 이를 항일독립운동의 발판으로 삼아 이 민족에게 씌워진 멍에를 가로 멘 채 독립을 위한 줄기찬 항쟁을 선도하였습니다. 기미 독립선언 이후 7년 만에 순종(純宗)이 돌아가심을 계기로 6·10만세운동의 도화선을 만들었고 그로부터 10년 후에 다시 베를린올림픽에서 세계를 제패한 마라톤 선수 손기정(孫基禎)의 가슴에 달린 일장기를 지운 채 사진을 게재함으로써 일장기 말소사건을 일으킨 것 등은 끊임없는 독립투쟁의 일예(一例)에 불과합니다. 뿐만 아니라 일제가 우민정책(愚民政策)을 쓰려 하자 선생은 여러 해 동안 전국을 순회하며 계몽 강연을 하고 민립대학 건설의 추진, 문맹퇴치 운동의 전개, 여성지위 향상, 반상타파(班常打破), 지방색 해소(解消), 스포츠 보급, 유능한 기능인 및 우량 어린이를 찾아서 표창하는 등 우수한 민족 역량의 배양에 힘썼으며 일제가 백성의 재산을 뺏고 민족자본의 집성(集成)을 방해하자 선생은 물산장려운동을 일으키고 당시 범람했던 일제 물건의 배척 운동을 추진하며 빈곤타파와 농공병행(農公倂行) 등 국력배양에 헌신적으로 노력하였습니다.

일제가 문화말살 정책으로 언어, 문화 및 유적 등을 없애려 하자 선생은 새로 연구된 한글맞춤법을 널리 보급하고 신문학을 장려하며 '조선의 노래' 등을 제정하여 한글의 보존과 발전에 주력함으로써 문화민족의 긍지를 높이는 한편 단군, 세종대왕 및 충무공을 모시는 삼성사(三聖祠)의 건립운동을 펴고 이충무공 유적보존운동을 일으켜 아산 현충사(牙山 顯忠祠)와 한산도 전적(閑山島 戰蹟)을 중수(重修)하고 권율(權慄) 장군의 기공사(紀功祠)를 중건하는 등 민족의 얼을 고취하였습니다. 또한 일제가 민족말살정책으로 이민, 혼혈 및 창씨를 강요할 기미를 보이자 선생은 이에 결연히 대항하여 남북만주 및 중국에서 활약하는 독립군에게는 군자금을, 외지에 흩어진 이산동포들에게는 위문금을 모아 보내고 애국 열사들의 유가족을 부양하거나 옥고를 치르는 동지들을 자상하게 뒷바라지하기가 이루 셀 수 없었습니다. 특히 일제가 대륙침략을 위한 한중이간책(韓中離間策)으로서 만보산사건(萬寶山事件)을 일으켰을 때 선생은 저들의 저의를 미리 알아채고 그 허위 조작임을 폭로하여 국내 화교와 수십만 재만주동포(在滿洲同胞)들의 생명과 재산을 보전케 했고, 이를 계기로 한중 양 민족의 우호와 임시정부의 유지에 크게 기여함으로써 뒷날 한국독립에 도움을 주었습니다.

선생은 밖으로는 하와이 등지에서 열린 범태평양 민족회의에 대표로 참석하여 각국의 유력인사와 끊임없이 접촉하고 국제 친선에 힘쓰는 동시에 안으로는 미국 캐나다 등에서 온 선교사들의 종교 및 교육 사업에 대한 일제의 가혹한 탄압에 맞서서 신사참배 지시에 불응하고 종교의 자유를 주장하여 구미 제국과의 우의를 두텁게 하였습니다. 선생의 일생은 자나 깨나 민족보전과 독립달성 바로 그것이었습니다. 그러기에 내외 동포들은 선생이 이끄는 동아일보를 형태 없는 정부로 믿고 의지했으며 선생을 우리 민족의 등불로 믿고 따랐습니다.

패망을 앞둔 일제가 제1차로 선생에게 여러 번 통치권을 맡기려 하자 이를 거절한 다음, 광복을 맞자 국내외 국민의 역량을 총집결하기 위하여 국민대회준비회를 조직하여 민족진영의 모체로 삼았고 해외 망명 인사들이 귀국하자 환국지사후원회를 결성하여 힘껏 뒷바라지 하였습니다.

또한 일제시대 초기부터 국내에 침투해 온 공산주의의 실상을 간파하고 꾸준히 젊은이들을 올바로 계도(啓導)해 온 선생은 해방 후의 혼란을 틈 타 공산당의 적화야욕이 노골화되자 범민족진영을 통합하여 한국민주당을 창당하고 그 대표로서 수석총무에 취임하였으며 신탁통치안이 전해지자 반탁운동을 위한 대책 강구에 분망하던 중 1945년 12월 30일 반민족적 무리의 흉탄에 그 고매(高邁)한 일생을 마쳤습니다. 선생은 제1회 범태평양 민족대표자 회의에 참석한 후 귀국선상(歸國船上)에서 집필하신 <세계대세와 조선의 장래>라는 명논설에서 당시 한반도의 국제정치적 운명을 정확히 예언한 바 있습니다. 선생은 역사의 진운에 대한 예리한 판단력과 탁월한 식견을 갖춘 분으로서 민족불멸·일제필망·독립필지의 확고한 신념, 굳은 지조, 웅대한 포부와 경세방략(經世方略), 비범한 통솔력, 불굴의 투지와 넘치는 패기로 일본 제국주의 및 공산주의와 싸우며 암흑시기에 국내에 우뚝 서서 이 민족을 수호한 독야청청(獨也靑靑)의 기상이었습니다. 어느 사가(史家)는 임진왜란 때에는 무력하나마 정부가 있었지만 일제 침략 중에는 그나마도 없는 때에 선생이 이 겨레에게 희망과 신념을 심어주고 이끌어 왔으니 그 공적은 충무공 이후의 위업(偉業)이라고 찬양한 바 있습니다.

선생은 나라를 근심하되 자기 한 몸이나 가족을 돌보지 아니하였고 남에게는 항상 공경하는 자세로 마음껏 즐겁게 대하였으나 다른 한편 중인(衆人)을 압도하는 위엄이 있었으며 중요한 결정을 내릴 경우에는 말없이 심사숙고한 뒤에 자기의 주장을 당당히 내세웠습니다. 인품이 호탕하고 개방적일 뿐만 아니라 감흥이 일면 붓을 들어 능란한 솜씨로 한시(漢詩)를 짓곤 하였습니다. 선생이 하와이에 가시는 선상에서 얻은 시에 다음과 같은 것이 있습니다.

南北東西不見洲(사방을 바라보아도 뭍은 안 보이는데)
連天水色閑行舟(하늘과 맞닿은 물빛 속에 뱃길만 한가롭네)
安將眼卜太牛洋(언젠가 눈 아래 태평양 물로)
滌盡人間萬古愁(만고에 쌓인 인간의 근심을 씻어내볼까)

이제 선생이 가신지 38년 만에 그 서룩한 항일독립과 애국 반공의 유지를 후세에 전하여 길이 민족의 사표(師表)로 삼고자 이 곳에 뜻을 모아 동상을 세웁니다.

1983년 7월
고하 송진우 선생 동상건립위원회

* 이 일대기는 서울 광진구 능동 서울어린이대공원 소재 동상의 병풍석에 새겨 있음.

제 1 장

사상의 형성

1 '금가지' 소년

고하가 태어났던 1890년 무렵은 이른바 태평 10년의 후반에 속하는 시기였다. 그러나 그 이전 시기는 격랑의 소용돌이였다. 특히 1884년 12월의 갑신정변은 서구의 선진 문명을 받아들이는 실력 행사였다. 또한 세도정치의 폐해를 제거하고 꽉 막힌 이 나라의 문호를 개방하고자 하는 근대적 몸부림이었다. 청나라의 개입과 일제의 간악한 꾀로 인해 개화의 꿈은 무산된 3일 천하였다. 같은 해에 한성조약(漢城條約)[1]이 체결되었고, 전쟁 직전까지 갔던 청나라와 일본은 군대를 철수하였다. 다행히도 양국의 충돌 위기만은 모면하게 되었다.

임오군란이 일어난 후 대원군마저 청나라 군대에 납치된 상황에서 명성황후를 중심으로 사대당(事大黨)은 한층 더 가렴주구(苛斂誅求)에 혈안이 되어 있었다. 탐관오리들의 수탈은 날로 심해져

---

[1] 1884년(고종 21)의 갑신정변(甲申政變) 뒤처리를 마무리 짓기 위하여 일본과 맺은 조약.

서 민심은 극도로 악화되어 갔다. 곳곳에서 소요나 민란이 꼬리를 물고 일어났다. 그런데도 조정은 이를 못 본 척하며 근본 문제를 외면했다.

한편 청일 양국의 군대가 물러가자 호시탐탐 조선을 노리고 있던 러시아(露西亞)는 이 좋은 기회를 놓칠세라 자기 세력 모으기에 혈안이 되어 있었다. 이 나라 판도는 3국의 각축장이 되고 말았다. 잠시 조선에서 물러난 일제는 여전히 침략의 기회를 노리고 있었고, 청나라 원세개(袁世凱: 위안스카이)는 기고만장하여 끊임없이 조선을 간섭하였다. 조선의 국운은 하루가 다르게 먹구름에 싸여 가기만 했다.

태풍전야의 고요가 깃든 이 험난한 시기에 고하 송진우(古下 宋鎭禹)는 1890년(고종 27년) 음력 5월 8일 전남 담양군 고지면 손곡리(全南 潭陽郡 古之面 巽谷里)[현 금성면 대곡리 소노실]에서 아버지 훈(壎), 어머니 양 씨(梁 氏)의 8남매 중 다섯째로 태어났다. 위로 큰 형 진표(鎭杓), 둘째 형 종(鍾), 셋째 형 진동(鎭彤) 세 분과 누님 한 분[뒤에 전주 이 씨에게 출가], 아래로 누이동생 셋[큰 누이는 남양 홍 씨에게, 둘째 누이는 전주 이 씨에게, 셋째 누이는 울산 김 씨에게 각각 출가], 아들로서는 막내였다.

아명(兒名)은 옥윤(玉潤), 애칭은 '금가지'라 하였다. 금가지라는 이름은 태몽에서 나왔다. 양 씨 부인이 금빛 나는 가지를 채소밭에서 한 아름 따는 꿈을 꾼 지 얼마 되지 않아 태기가 있었기 때문이었다. 젊은 어머니는 금가지가 빨리 자라서 금과 같이 찬란하게

고하의 부친 송훈(宋壎) 선생 45세 경

고하의 큰 형 송진표(宋鎭杓)

2005년 12월 전라남도 문화재자료 제260호, 2012년 10월 국가보훈처로부터 현충시설로 지정된 담양 송진우 선생 생가

이 세상을 비춰주는 날이 있을 것이라 믿었다. 금가지의 성장은 온 집안의 즐거움이었다.

고하는 여덟 남매와 많은 친척들에게 지극한 우애와 의리를 지켰다. 그러나 내 가족, 내 친척이라고 해서 분별없이 후하게 대하지도 않았다. 형제 친척 사이에 경제적으로 도운 일은 적었지만, 조국 광복에 목숨 바친 혁명지사의 유가족을 부양하는 일에는 적극적이었다. 그뿐만 아니라 곤궁한 학자의 생계 보조는 그의 평생 사업의 하나이기도 했다. 겨레와 나라를 위해서 싸운 애국지사의 일에는 힘닿는 데까지 지원을 아끼지 않았다.

한 인간으로, 친구이자 동지로, 애국자로서 꿋꿋하고 슬기롭고 분명했던 고하의 일생은 이미 어린 시절의 생활환경에서 기인한 것이었다. 5대가 동거하는 대가족 생활을 통해서 고하는 평화를 존중하는 인격과 호쾌한 인간성을 형성해 갔다. 고하를 아는 사람은 그를 고집쟁이라고 했다. 그 고집은 성장하면서 '신념'으로 변하고, 그는 이 신념에 따라 생사를 무릅쓰고 실천에 옮겼다.

고하가 예닐곱 살 때의 일이었다. 형수가 형의 저고리를 마르다가,

"도련님, 나중에 이것으로 비단 주머니 하나 만들어 드릴게요."

라고 말하자 고하는 이를 듣자마자 당장에 만들어 달라고 졸랐다.

"아이, 도련님도… 누가 지금 해 준 댔나요? 형님 저고리 다 해 놓고서 만들어 준 댔지요."

이에 어린 금가지는 이내 바느질 그릇을 잡아 낚아챘다. 저고릿감을 밀어 치우며 비단 주머니를 만들어 내라고 졸라댔다. 그때 마침 형이 나타났다.

"옥윤아, 너 훌떡 벗고서 저 눈더미 속에 가서 한번 뒹굴고 오면 지금 해 줄게."

형은 그의 떼를 무마하느라고 한마디를 했다. 이 말에 옥윤은 문을 박차고 나가더니 옷을 훌훌 벗고 눈더미 속에 가서 뒹굴었다. 그리고 당당하게 말했다.

"그럼 이제 주머니를 해 주셔야지요."

형수는 할 수 없이 주머니를 먼저 만들어 준 후에 저고리를 마름질했다.

고하의 이런 고집이 커서는 의롭지 않은 일은 하지 않는다는 신념으로 변했다.

또한 송 씨 집안에서는 어느 가문보다도 조상을 받드는 일에 철저했고 제사는 경건한 일의 하나였다.

"옥윤아, 너는 일찍 자야지."

제사를 드리는 날이면 어른들은 으레 어린 옥윤을 일찍 재우려 했다. 그럴 때마다 옥윤은 "나도 제사 지낼 테야."라고 당돌하게 말했다.

"넌 아직 어리니까 제사를 안 지내도 괜찮다. 다음에 다 크거든 지내라."

"괜찮아요. 안 졸려요. 여기 보세요. 내가 어디 졸린 사람처럼 보여요?"

금가지는 잠을 자지 않았다. 기다리다 졸음이 오면 찬물로 세수를 하고 제사 시간을 기다리는 것이었다. 어른들은 어린 고하가 자기를 원했지만, 그럴수록 금가지는 어른들 앞에 얼굴을 내밀면서 끝까지 버티었다.

"갖가지 음식과 다양한 과일이 차려 있으니 그랬는지는 몰라도 제사를 지내는 날이 내게는 가장 기뻤던 날이었어."

고하는 나중에 집안 아이들에게 이러한 일화를 들려주곤 했다.

금가지는 장난이 심해서 추워지면 언제나 손등이 텄었다. 금가지는 '자치기'니 '사방치기', '도둑잡기', '연날리기' 등의 놀이보다 아이들을 모아 놓고선 제사 놀이를 가장 즐겼다. 자신은 으레 제주(祭主)가 되어 제사를 지냈다.

"우리 금가지는 세상이 아주 변하더라도 조상은 잘 받들 거야."

어머니 양 씨는 금가지를 이렇게 추켜세웠다. 금가지는 별로 싸우는 일이 없었다. 그러나 싸움하는 걸 보면 신바람이 나서 여름이고 겨울이고 저고리를 훌떡 벗어서 그것이 기폭인 양 흔들면서 부채질하기를 좋아했다.

"싸워라, 싸워라."

금가지는 이런 심술궂은 장난을 즐기기도 했다.

고하가 태어난 1890년은 겉으로는 평온한 듯했으나, 조선의 국운은 날로 기울어져갔다. 평화로운 송 씨 집과는 달리 대문 밖을 나서면 나라가 벌집 쑤신 듯이 소란스러웠다. 권력 쟁탈을 위한 당파 싸움과 세도정치의 적폐 때문에 국정은 날로 어지러웠다. 갑신정변이 끝나고 친청사대(親淸事大)의 족벌 권세는 그 절정에 달하였다. 관료들의 부패는 일상화되었고 뇌물의 양에 따라 관직이 주어지는 꼴이었다. 아무리 흉악범일지라도 뇌물만 주면 그 죄를 면하는 건 쉬운 일이었다. 특히 상대적으로 다른 지방보다 풍요롭고 부유한 호남에 부임하는 관리들은 뇌물과 수탈로 재산을 모았다. 상납을 통해 매관매직도 다반사였다.

이처럼 관리들의 학정에 시달린 농민들의 분노는 결국 폭발하고 말았다. 1894년에 전북 고부(古阜)에서 일어난 갑오 동학혁명이다. 원래 동학교(東學敎)는 보국안민(輔國安民), 제세창생(濟世蒼生)을 그 교리로 하였다. 그러나 국정이 문란해지고 외세의 침략 기운이 농후해지자 보국안민에 외세를 물리치는 결의와 신념으로 뭉쳐서 때가 오기만을 기다렸다.

그 즈음에 고부 군수 조병갑(趙秉甲)의 잔학무도한 학정에 격분한 농민들은 이곳 동학 접주(接主) 전봉준(全琫準-녹두장군)을 중심으로 분연히 일어났다. 갑오년 1월 10일의 일이다. 고부군의 관청은 한순간에 수라장이 되었다. 군수 조병갑만은 담을 넘어 도주했으나 약탈의 원흉들은 추상같은 벌을 받아야 했다. 전봉준은 약 10일 동안 관아에 머무르면서 악정을 깨끗이 징벌하고 자진하여 철수했다. 이른바 제1차 동학혁명이다.

전봉준 등이 물러가자 다시 들어온 관헌들은 주민을 적대시하고 닥치는 대로 감금하고 구타하고 처형하는 등 보복적 횡포를 일

삼았다. 무고한 양민들이 무더기로 곤욕에 시달리고 있음을 본 전봉준을 중심으로 또다시 동학 농민들은 결연히 일어났다. 이것이 제2차 동학혁명이다.

1894년 3월 25일 보국안민, 척양(斥洋), 척왜(斥倭)의 기치를 높이 들고 궐기하니 울분이 폭발한 수많은 농민군이 그 뒤를 따랐다. 순식간에 고부를 치고, 금구, 부안, 정읍 등 전북 일대가 차례로 격파되니 그 위세는 하늘을 찌를 듯했다. 4월 26일에는 전주성마저 함락되자 어찌할 바를 모르는 부패한 정권은 자력으로 사태를 수습할 힘이 없었다. 겨우 생각해 낸 것이 청나라 원세개에게 군대를 요청한 것이었다. 동학 농민군은 정치적 폐단을 말끔히 없애고 외세를 물리치는 것이 주목적이었다. 그런데 청나라 군대 요청 소식을 전해 듣자 이리를 쫓으려다 호랑이를 불러들이는 결과임을 깨닫고 자진하여 철수했다.

동학 농민군을 진압해 달라는 요청을 받고 출동한 청나라 군대는 결국 아산만으로 상륙했다. 구실만 있으면 조선을 침략할 기회만 노리고 있던 일본은 이때를 틈타 자신들의 군대를 진주시켰다. 10년 동안 준비한 힘으로 청나라 군대와 싸울 계획 아래 일본은 인천만으로 상륙했다. 그들의 일부 군대는 궁궐을 점령하고 다른 부대는 청나라 군대를 공격하며 남하했다. 청나라 군대는 자신들의 허세만 믿고 자만하다가 갑작스레 일본군의 공격을 받자 제대로 싸움도 못해 보고 도망가기 바빴다. 불과 2개월 만에 한반도에서 청나라 군대는 자취를 감추고 말았다.

한편 궁궐에 침입한 일본군은 왕실 재물과 각종 무기며 마필까지도 약탈했다. 국왕을 위협하여 친일 내각을 구성하는 한편 수탈 조약을 강요하여 체결시키기에 이르렀다. 일본의 만행과 조정의 허약함을 보다 못한 동학군은 삼남(三南)의 모든 군대를 동원하여 일본에 저항하기로 하고 불법적으로 침입해 온 일본을 격퇴하기로 한 것이다.

이해 9월 18일에 다시 일어난 동학군의 규모는 10만을 넘어섰다. 충청도를 시작으로 순식간에 전국으로 확산되었다. 약간의 화승총(火繩銃)과 죽창, 곤봉, 농기구 등으로 무장한 동학군이었지만 그 기세만은 하늘을 찌를 듯했다. 전라도와 충청도를 석권하고 승승장구하던 동학군은 공주성 결전에 임하게 되었다. 최신 무기로 무장한 일군과 관군의 연합군을 상대로 처절한 공방전이 전개되었다. 개전 7일 간의 일진일퇴 끝에 우금치 고지에서는 450여 차례의 쟁탈전이 벌어졌고 그 골짜기에서는 무수히 많은 사람들이 죽어갔다.

점점 힘이 약해진 동학군은 전멸되다시피 하였다. 피눈물을 머금고 달아나지 않을 수 없었다. 추격하는 일본에 쫓기어 순창까지 밀려났으며, 다시 봉기할 꿈은 사라지기 시작했다. 전봉준, 김개남(金開南), 손화중(孫華仲) 등 동학군의 지휘자들은 부하와 지방민의 배신으로 체포되었다. 그들은 하늘에 사무치는 한을 품은 채 목이 베이는 죽임을 당했다.

한편 청나라 군대를 공격하던 일본은 승기를 몰아 청국 본토인

금주반도, 산동반도까지 진출하였다. 이때 미국의 조정으로 강화 조약이 성립되었으니, 스러져 가는 청나라는 크나큰 굴욕을 당하고 말았다. 한반도에서 청나라 세력을 밀어낸 일본은 기고만장하여 친일 내각에게 제도를 개혁하도록 압박했다. 조선의 조정은 마지못해 계급을 타파하고, 과부의 재혼의 자유를 허용하는 등 11개 항의 개혁을 발표하였다. 이른바 갑오경장(甲午更張)이다.

일본은 강화 조약을 체결하기 위해 온 청나라 대표 이홍장(李鴻章:리훙장)을 저격하기도 했으며 위협과 공갈로 요동반도까지 점령했다. 일본의 이러한 만행을 보자 러시아, 프랑스, 독일은 그냥 보고 있을 수 없었다. 이들 세 강국은 요동반도의 반환을 강력하게 요구하였다. 압력에 못 견디어 일본은 결국 이를 청국에 반환한 것이다.

이와 같은 국제 정세는 즉각 우리 왕조에 영향을 주었다. 그동안 친일 내각에 거세되어 잠복해 있던 민 씨 일당 중심의 반일 세력이 다시 일어났다. 그들은 일본을 배격하고 친러시아 정책을 표방하면서 결국 김홍집(金弘集) 내각을 몰아냈다. 이것이 친러시아 박정양(朴定陽) 내각이다.

민 씨 일당이 집권하게 되자 청일전쟁까지 치르면서 한반도 침략에 혈안이 되어 있었던 일본은 그대로 있지 않았다. 1895년 8월 19일 밤, 일본 공사 미우라 고로(三浦梧樓)의 총지휘로 한성신보 사장 아다치 겐조(安達謙藏)가 인솔하는 일인 건달의 무리 50여 명은 국왕이 거처하는 경복궁으로 난입했다. 이를 제지하는 연대장

홍계훈(洪啓薰), 궁내대신 이경직(李耕稙) 및 수명의 병사와 궁녀들을 닥치는 대로 죽였다.

연이어 명성황후가 거처하는 옥호루로 침입하여 명성황후를 시해한 후 유해는 향원지 뒤 숲 속에서 석유를 뿌려 소각했다. 국모 시해의 비보가 전해지자 전국 방방곡곡은 술렁대기 시작했다. 통분을 참지 못한 백성들은 의병을 일으키기도 했다. 친일세력을 거부하고 저항하는 민심은 걷잡을 수 없이 뻗어나갔다.

한편 다른 한 패거리의 낭인들은 왕의 처소인 건청궁으로 난입하여 고종을 협박하여 명성황후를 폐위한다는 승낙을 받아내고 날이 밝자 삼삼오오 궁궐을 빠져나갔다. 이리하여 배일세력은 물러났고 친일세력인 김홍집 내각이 다시 등장했다. 고종은 다음해인 1896년 2월 11일 왕세자와 함께 정동 러시아 공사관으로 탈출하여 거처를 옮겼다. 이것이 이른바 고종의 아관파천(俄館播遷)이다.

어린 나이의 금가지는 세상이 어찌 돌아가든 연이나 날리고, 팽이나 치고, 제사놀이나 하면 그만이었다. 그러나 그가 여섯 살 나던 해, 즉 1895년 8월 20일, 명성황후가 일본 공사가 보낸 자객에 의하여 시해되었다는 소문이 번지자 방방곡곡에서 백성들은 수군대기 시작했다.

"왜놈들이 국모를 죽였대…"

이 끔찍한 이야기를 들은 금가지는 아무나 붙들고 물었다.

"왜놈, 왜놈이 왜 우리 국모를 죽였어요? 어째서 왜놈이 우리나라에 들어와서 남의 나라 국모를 죽이도록 내버려 두었나요?"

예닐곱 먹은 어린아이의 당돌한 질문이었다.

"응? 어머니 얘기해 줘..."

'주머니 사건'에서도 본 바와 같이 한번 말을 꺼내면 끝장을 보는 것이 그의 천성이었기에 며칠이 걸리든 몇 달이 걸리든 알고 나야만 직성이 풀리는 그였다.

"우리나라가 약하니까 왜놈들이 막 들어왔지"

어머니 양 씨는 이렇게 대답하는 수밖에 없었다. 대답이 미처 떨어지기가 무섭게 이번에는 치마끈을 잡고 어린아이답지 않게 꼬치꼬치 캐묻는 것이었다.

"어째서 나라가 약해졌어요? 우리나라에 들어왔으면 들어왔지 국모는 왜 죽이는데요?"

어른들은 어린 금가지에게 그런 이야기를 하지 않기로 서로 눈짓을 했다. 금가지는 다른 아이들과 달라서 감수성이 예민한 아이였다. 그래서 그런 이야기를 듣는다면 되새기고 또 되뇌이는 그였기에 어른들은 금가지에게 어떤 나쁜 영향이라도 주지 않을까 항상 걱정이었다.

"아가, 지금 이야기해도 넌 못 알아들어. 다음에 크면 다 얘기해 주마."

달래기도 하고, 아주 속일 수도 없어서 왜놈과 명성황후가 싸우다가 그랬다고 얼버무려 보려고도 했지만, 고집쟁이 금가지는 막무가내였다. 밥도 안 먹고 졸라대는 통에 하는 수 없이 어른들은 일본 낭인이 명성황후를 죽이게 된 경위를 대강 이야기해 주지 않을 수 없었다. 명성황후를 시해하게 된 원인을 들으면 금가지가 물러설 줄 알았으나 이번에는,

"그럼 왜 그 나쁜 놈을 그대로 살려 주었나요? 잡아다가 죽이면 되잖아요?"

끝이 없는 질문이었다. 하나를 얘기해 주면 그다음을 물었고, 그것을 알고는 또 다른 것을 묻곤 했다. 금가지는 이 사건에 관한 질문을 3년을 두고서 심심하면 끄집어낼 정도로 집요한 아이였다.

그때만 해도 정치는 혼란과 격변을 거듭하고 있었기 때문에 누가 어느 파에 속하여 있는지조차도 알 수 없었다. 서울이고 지방이고 방방곡곡에 밀탐꾼이 흩어져서 낮말은 새가 듣고 밤말은 쥐가 듣던 시대였다. 그래서 어른들은 혹시 금가지가 무슨 소리를 하여 남의 의심을 받을까 적지 않게 근심이 되기도 했다.

"아가, 너 그런 얘기 아무한테나 하면 큰일 난다."

이렇게 타이르면 금가지는 한술 더 뜨기도 했다.

"왜 어때? 그럼 입가지고 말도 못하나요? 그놈들은 모두 죽여야 해요."

금가지는 서슬이 시퍼렇게 달려들었다. 집안은 항상 금가지 때문에 조심스럽기만 했다. 혹시 낯선 사람이 들어오면 금가지를 끌고서 슬며시 자리를 피하기도 했다. 먹을 것을 주어서 내보내기도 했다. 특히 봇짐장수가 들어오면 금가지를 얼씬거리지도 못하게

했다. 당시 서울의 각 정파에서는 전국에 남녀 봇짐장수를 풀어서 소문을 수집하기도 했고, 다른 정파 사람들의 동정을 살피기도 했던 것이다.

2/ 스승 기삼연(奇參衍) 의병대장의 가르침

고종이 러시아 공사관에 피신해 있는 동안 러시아는 우리 삼림의 벌채권, 어업권, 채광권, 심지어는 우리 국토의 일부를 조차지(租借地)로 삼는 등 국가 민족자원을 약탈하기에 혈안이 되어 있었다. 우리나라 왕이 망명과 다름없는 처지에서 이런 일은 나라를 모조리 팔아먹는 것과 다를 바가 없었다. 뜻있는 국민들은 이에 분함을 금치 못했다.

갑신정변 당시 망명했던 서재필(徐載弼)은 10여 년 만에 귀국하여 독립협회를 조직하고 독립신문을 발간했다. 서대문밖 영은문(迎恩門) 자리에 독립문(獨立門)이 세워지고 격랑 속에서도 신문명은 밀물처럼 들어왔다. 그러나 조선의 집권자는 정권 유지에 급급한 형편이었다.

고종이 러시아 공사관으로 피신한 지 1년이 넘었지만, 무한정 외국 공관에 머물러 있을 수만은 없었다. 서재필 등 우국지사들의 강력한 권유로 1897년 2월 20일 고종은 1년 10일 만에 경운궁(慶

運宮-현 덕수궁)으로 돌아왔다. 또한 독립협회의 청원을 받아들여 같은 해 10월 12일 황제 즉위식을 환구단(圜丘壇-지금 조선호텔 후원, 사적 제157호)에서 거행하는 동시에 국호를 대한(大韓)이라 칭하고 연호도 광무(光武)를 사용하게 되었다.

고하가 글을 배우기 시작한 것은 그가 네 살 되던 때부터이다. 열네 살까지는 10년 간 주로 한학(漢學)을 공부했다. 그는 천재라기보다는 끈기 있고 근면했다. 고하에게 한문을 가르친 이는 이웃 마을에 살던 여문심(呂文心)이었다. 일곱 살부터는 성리학자이며 애국자인 기삼연(奇參衍)에게서 글을 배웠다. 기삼연은 저명한 성리학자 노사 기정진(蘆沙 奇正鎭)의 친족이었다. 그는 1895년 8월 국모 시해 사건과 이듬해 1월에 각지에서 의병이 일어났을 때 호남창의회맹소(湖南倡義會盟所)를 조직하고, 스스로 대장이 되어 항일 의병 전쟁을 지휘했던 의사이다.

그는 이 때문에 일인에게 쫓기어 이리저리 피해 다니다가 송씨 댁 사랑채에 기거하는 동안 잠시 고하를 가르쳤다. 그가 고하에게 미친 영향은 참으로 컸다. 고하의 사상을 정립하는 데 주춧돌이 된 것이다. 고하는 네 살 때부터 한학을 공부하여 일곱 살 때에는 이미 한시를 지었다.

저미분백수(低尾噴白水) (꼬리를 나지막하게 하고는 흰 물을 쏟고)
거두탱청천(擧頭撑靑天) (머리를 들고는 푸른 하늘을 괸다)

이 시는 기삼연 선생이 장난에 골몰하여 글 읽기를 소홀히 하는 옥윤을 불러다가 마을 앞에 놓여있는 물레방아를 두고 시를 지어 보라고 일렀을 때 지은 〈물방아〉다. 당시 남도에 흔히 있던 재래식 물방아를 읊은 것이다. 기삼연 선생은,

"분(噴)자를 사(瀉)자로 고쳐라."

이르고는, 한편으로 일곱 살에 불과한 옥윤의 천재적인 시적 감각과 높은 기상에 내심 크게 놀랐다. 여덟 살 무렵에는 같은 물방아를 두고 지은 시에 다음과 같은 시가 있다.

욕지창해량(欲知滄海量) (창해의 물이 얼마나 되는가를 알고자)
두송소계수(斗送小溪水) (작은 시냇물을 말로 되어 보내누나)

역시 표현이 웅대하고 기상이 호방함을 엿볼 수 있다. 고하에게 처음으로 애국 정열을 심은 이는 그의 아버지와 스승 기삼연이었다.

"소아(小我)를 버리고 대아(大我)에 살라."

이 말은 아버지 훈(壎)의 교훈이다. 대의(大義)에 살고 대아(大我)를 위하여 죽는다는 후일의 그의 인생관은 그의 타고난 천성이기도 했지만, 스승 기삼연과 아버지의 교훈으로 더욱 굳어졌다.

"옥윤아, 너는 저 고비산(古比山)처럼 꿋꿋하게 살아야 한다. 그리고 사람이란 남자답게 죽을 줄 알아야 한다."

스승 기삼연은 고비산을 가리키며 늘 이렇게 말하였다. 고하

라는 아호도 기삼연이 지어 주었다. 고비산 아래에서 낳았고, 고비산 같이 꿋꿋하게 살라고 지어 준 것이었다. 고하는 스승에게서 남자는 어떻게 살아야 하며 또 어떻게 나라를 사랑해야 하는가를 배웠다. 스승 기삼연으로부터 춘추대의와 위정척사론(衛正斥邪論), 대의명분론에 터잡은 성리학적 가르침을 받고 자라났다. 고하는 어려서부터 기억력이 좋았고 암기를 잘 했다. 그의 학문적 진도가 빨라지면서 기삼연은 그에게 특별히 소학에서부터 사서 육경 등 유학의 경전을 차례로 가르쳐 나갔다. 그리하여 열 살 무렵에는 화담(花潭), 퇴계(退溪), 율곡(栗谷)을 비롯한 조선조 거유(巨儒)들의 학문을 두루 배웠다. 후일 이승만과 김구는 고하의 박학한 유교적, 성리학적 지식에 놀라기도 하였다. 고하의 일생 경륜은 이 기삼연 스승에게서 얻은 것이 많았다고 해도 과언이 아니다.

"진환(陳桓)이 임금을 죽이자 공자께서도 목욕하시고 그를 칠 것을 청하셨으니, 두륜(斁倫)의 변(變)에는 이웃나라에서도 오히려 그렇거늘 하물며 내 나라 국모의 원수일까 보냐. 신하된 자 마땅히 몸을 바쳐 원수를 갚을 때다.(복이(伏以) 진환시군(陳桓弑君) 공자목욕청대(孔子沐浴請對) 두륜지변(斁倫之變) 재인국유재(在隣國猶再) 신혜(矧兮) 모후지수(母后之讐) 시신사상담지추(是臣子嘗膽之秋))."

이것은 기삼연이 의병을 일으켰을 때의 논고열읍문(論告列邑文)이라는 격문(檄文)의 일부이지만 그는 손곡리 고하 생가 사랑채에 들이앉은 뒤에도,

"아, 주욕(主辱)의 날에 죽지 않고 이렇게 살아 있다니… 이 못난 것이 오늘도 못 죽고 살아 있구나. 아, 이 못난 인간이 오늘 하루를 또 살았구나. 백성 된 자의 도리를 지키지 못함이 분해 나는 마땅히 죽어야 할 몸이로되 죽을 만큼 변변치도 못한 인간으로 태어났구나."

아침상을 받을 때나 자리에 들 때에는 으레 이렇게 탄식하며 눈물을 흘리는 기삼연은 갑자기 술을 찾아 마시고는 울분에 방바닥을 치며 통곡하기 일쑤였다. 글을 가르치다가도 불현듯 나라 일에 생각이 미칠 때면 근심이 가득하여 어지러운 마음을 가누지 못하였다.

"옥윤아, 그만 책을 덮어라. 사람이란 배우는 것만을 능사로 삼아서도 안 된다. 공부함은 목적이 있는 법이다. 목적 없는 공부는 아무런 값어치도 없단다. 이 목적이란 사람의 도리를 하는 데 있다. 사람의 사람 된 도리는 의리를 지켜야 하는 일이다. 부모님에 대한 의리, 동기에 대한 의리, 친구에 대한 의리, 스승에 대한 의리, 나라에 대한 의리… 이 많은 의리 중에서 가장 큰 의리가 나라에 대한 의리다. 너 봐라. 왜놈들이 남의 나라에 와서 국모를 저희 마음대로 죽였어도 끽소리 하는 사람이 없지 않느냐? 요새는 또 아라사(러시아) 놈들이 궁중에 들어와서 난장판을 벌이고 있다. 아라사의 앞잡이 이범진(李範晋)이 아라사 공사에게 붙어 다니더니 수병(手兵) 백 명을 궁 안에 넣어 상감과 세자를 저희 공관으로 모셔가지 않았느냐? 이제는 또 아라사 마음대로 내각을 만들어

놓는구나. 이완용(李完用)이란 놈은 도대체 어떻게 생긴 놈이기에 간에 가서 붙고, 쓸개에 가서 붙고 하는지 도무지 알 수 없는 놈이다. 이번에는 또 아라사 앞잡이로 총리가 되었으니 이놈이 나중에는 꼭 나라를 팔아먹을 놈임에 분명하다."

하고, 한탄하는가 하면 시를 짓다 말고 벌떡 일어나,

"옥윤아, 이리 따라오너라. 바람이나 쐬러 가자"

하고, 동구 바깥 큰 느티나무를 지나 산기슭으로 옥윤을 끌고 가서는 멀리 서울 쪽을 가리키며,

"옥윤아, 봐라. 저 서울 쪽 하늘이 벌겋지? 왜 그런지 넌 모르지? 이 나라 젊은이들의 핏빛이 하늘에도 서린 거란다. 지금 서울에서는 수많은 젊은 사람들이 이 나라를 바로잡자고 피를 흘리고 있단다. 너의 피도 붉겠지?"라고 말하기도 했다. 옥윤은 무어라고 대답을 해야 할지를 몰랐지만, 기삼연은 자기의 뜻이 이 어린 소년의 마음에 그대로 비치는 것에 만족하였을 것이다. 기삼연의 이러한 한마디는 고하도 스스로 모르는 사이에 한 자루의 예리한 칼로 그의 가슴속에서 달구어져서 벼리어지고 갈아졌다. 고하 일생의 경륜의 터전은 이때 이곳에서 마련되었다고 해도 지나친 말은 아니다.

"나라를 사랑할 줄 모르는 자는 심승만노 못하다. 네가 글을 읽고 쓰고 배우고 하는 것도 오직 너를 나라에 바치고 나라를 이룩하기 위함임을 명심해라. 아무리 글을 많이 배우고 읽었다 하더라도 그 글을 잘못 쓴다면 글을 배우지 아니함만 못하고, 도리어 제

몸을 욕되게 하는 수가 있단다. 그러기에 너는 배워야 하고, 배우되 그에 그치지 않고 배운 보람을 행해야 하며, 그러기 위해서는 성리(性理)의 원리를 깨우쳐야 하느니라."

기 선생은 귀에 못이 박히도록 이 말을 되풀이했다. 어린 옥윤은 처음에는 스승의 성리학설이 무슨 소린지 정확히 알아들을 수 없었으나, 나이를 먹어감에 따라서 그 뜻하는 바가 무엇인지 깨우쳐지기 시작하는 것이었다.

"옥윤아. 알아듣겠느냐? 이(理)라는 것은 하나 됨을 기약하지 아니하여도 저절로 하나가 되는 법이다. 다만 모두 다른 곳마다 도기(道器)의 분별만 잘 한다면 이(理)의 하나 되지 못함을 걱정할 것은 없어. 그러기에 글하는 자 평생의 박문약례(博文約禮)가 다 분수상(分殊上)의 공부요, 이일처(理一處)에 이르고 보면 일이관지(一以貫之) 한마디로써 다 이루어지니 역(易)의 괘효단상(卦爻彖象)이 모두 이 분수상(分殊上) 이야기요, 이일처(理一處)에 이르고 나면 태극생양의(太極生兩儀) 한마디로 되는 것이다. 그것을 뒷사람들이 몰라서 반드시 분수로 이(理)를 박아서 유무(有無)의 극한(極限)에 도망하였다."²

---

2 이야자(理也者) 불기일(不期一) 이자무불일야(而自無不一也). 단능어만수처절단(但能於萬殊處截斷) 득도기분명(得道器分明) 칙이지불일(則理之不一) 비단우야(非斷憂也). 시이(是以) 학자평생(學者平生) 박문약례(博文約禮) 개시분수상공부(皆是分殊上工夫). 이지어이일처(而至於理一處) 일이관지(一以貫之). 일구사시다(一句已是多). 시이괘효단상(是以卦爻彖象) 개시분수상설화(皆是分殊上說話). 내지후세(乃至後世) 인지성려익하(人之誠慮益下). 이후현위인지의교긴(而後賢爲人之意敎緊) 필득분수명(必得分殊明) 이이자일(而理自一) 칙개둔호유무한극의(則盖遯乎有無限極矣).

"봐라 옥윤아. 마치 손 하나를 쥐었다 폈다, 엎었다 뒤집었다 하는 것과 같이 몸뚱이 하나로 가고, 멎고 앉고 눕는 것과 같이 손은 오므리거나 펴거나 손은 하나뿐이오, 뒤집든 엎든 손은 하나뿐이지 둘은 아니지 않느냐? 몸뚱이도 역시 가거나, 멎거나, 앉거나, 눕거나 그 몸은 하나뿐이다. 그와 마찬가지로 이일(理一)이란 것도 분수(分殊) 밖의 것은 아니야"

이리하여 고하는 네 살부터 열네 살까지 10년 동안에 유학의 경전을 비롯하여 서화담, 이퇴계, 이율곡 등 조선의 위대한 유학자들의 학문을 차례로 섭렵했다. 그중에서도 가장 큰 감명과 영향을 받은 것은 노사 기정진(蘆沙 奇正鎭)의 성리학설이었다.

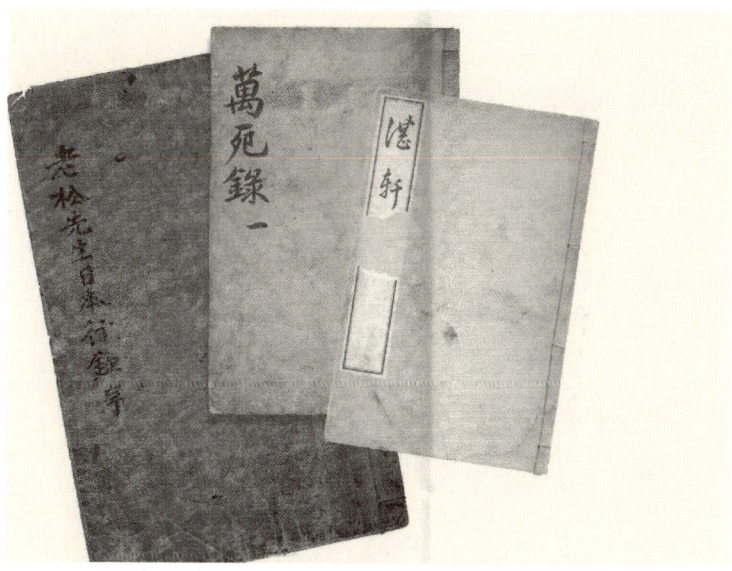

고하가 어린 시절에 즐겨 읽던 고전들

"만약에 우리의 처지가 태평성대였다면 나는 학자가 되었을지 모른다. 그중에서도 성리학에 몰두하게 되었을 것이다. 나는 한동안 그런 생각을 한 적도 있었다. 그러나 국내 국외의 모든 정세가 나로 하여금 정치에 관심을 갖게 만들었다."

뒷날 고하는 이렇게 술회한 일이 있었다.

"만약 기 선생이 의병대장이 되어 나설 만큼 극진한 애국자가 아니었더라면, 나도 역시 학문에 만족하였을지 모른다." 라고.

고하는 기삼연을 홀로 추억했다. 고하가 애국애족을 일생의 구호로서 삼은 것도 스승 기삼연의 민족관에서 출발한 것이며, 또한 그의 국가관에 터 잡은 것이었다.

3
신학문의 배움터로

고하는 기울어가는 조국의 처참한 운명을 보면서 자랐다. 이와 같은 격동 속에서 고하는 열네 살 되던 1903년(광무7년)까지 한학을 배웠다. 열네 살 때는 숙부 육(堉-아호 수산(守山))에게서 수학을 배우기도 했다.

고하가 열다섯 되던 해에는 러일전쟁이 일어났다. 영국은 러시아의 남하를 견제하고자 1902년 1월 일본과 영일공수동맹(英日攻守同盟)을 체결하였다. 이에 힘을 얻은 일본은 1904년 2월 8일에 러시아를 향해 선전포고를 하기에 이르렀다.

일본군은 선전포고와 동시에 중국 여순항(旅順港)을 봉쇄하였다. 연이어 황해 함대를 격파하고 다음 날에는 인천항에 정박 중인 2척의 러시아 함정을 무찌르고 인천으로 상륙했다. 일본군은 간발의 여유도 주지 않고 북진하였다. 청일전쟁에 이어 또다시 이 나라는 일본군의 군화에 짓밟히게 되었다.

북진을 계속한 일본군은 이듬해 1월에는 난공불락의 요새로 알려진 여순(旅順)을 함락하였고, 이어 3월 10일에는 봉천(奉天, 지금의 심양)을 점령했다. 이로써 극동에 주둔해 있던 러시아의 육군 주력은 섬멸된 것이다. 훗날 일본은 이날을 그들의 육군기념일로 정했다. 5월 27일에 러시아는 발틱함대를 동해 해역으로 돌려 최후 일전을 감행했다. 그러나 이 해전에서 일본에 섬멸되었다. 러일전쟁은 사실상 일본의 승리로 끝났다. 역시 일본은 훗날 이날을 해군기념일로 정했다.

혁명 전야의 러시아나 북진으로 국력이 쇠약해진 일본은 전쟁을 더 계속할 기력이 없었다. 이때 미국의 중재로 1905년 9월 5일 강화 조약이 체결되었다. 이른바 '포츠머스' 조약(Treaty of Portsmouth)이다. 그런데 이 조약 제1조에 "조선에 대한 일본의 우월권을 인정"한다고 규정한 것은 당시 조선을 일본이 마음대로 처리하겠다는 조문과 다름이 없었다.

일본은 이와 같은 러일 강화조약이 체결되자 바로 조선 침략의 독수(毒手)를 뻗어왔다. 특명전권대사 이토 히로부미(伊藤博文)는 1905년 11월 9일 당당한 기세로 서울에 와서 그들이 이미 마련한 조약을 체결하도록 조선을 위협하고 회유하기 시작했다. 이로부터 일주일 동안 일본으로부터 소름끼친 시달림을 받으면서도 고종과 일부 애국 각료들은 끝까지 반대하였다. 그러나 학부대신 이완용(李完用)을 비롯한 군부대신 이근택(李根澤), 내부대신 이지용(李址鎔), 외부대신 박제순(朴齊純), 농상공부대신 권중현(權重顯) 등은 책임을 고종 황제에게 넘기면서 일본의 뜻에 찬성하기에 이르렀다. 망국의 을사조약(乙巳條約)은 이처럼 어이없이 맺어지게 되었다.

이른바 을사보호조약이 조인되었다는 비보가 전해지자 민심은 극도로 혼란했다. 비분강개한 애국지사 중에는 자결로, 혹은 망명으로, 혹은 의병을 일으켜서 일제에 항거하였다. 그러나 국권을 회복하기에는 이미 너무 늦었다. 이와 같은 혼란과 격동을 앞두고 고하는 당시 조혼의 관습을 따라 부인 유(柳) 씨와 결혼했다.(1904) 고하는 딸을 하나 얻었으나 그만 세 살 때 잃었고, 20년 후에 부평결연(浮萍結緣)으로 소중한 한 아들을 얻었으나 그마저도 세 살이 못되어 잃었다. 뒤늦게 큰 형님의 아들 영수(英洙)를 사후양자(死後養子)로 맞아 후사(後嗣)를 잇고 있다.

자녀를 낳았으나 길러본 일이 거의 없다시피 한 고하였으니 가장으로는 정말 쓸쓸한 일생이었다. 그러나 그는 냉정할 것 같으면서도 훈훈한 인정이 있었다. 동료나 아랫사람이 자녀를 낳았다는 소식을 들으면 진심으로 축복을 보냈다.

"낳는 게 제일이 아니야. 잘 키워서 잘 가르쳐야지"

하고, 고하는 축하금을 보내는 일도 잊지 아니하였다.

소박한 가장의 행복을 누릴 수 없었던 대신에 고하는 보다 더 큰 사랑 속에서 그의 전 생애를 살았다. 고하가 혈육이 없었다는 것은 그 개인에게는 불행이었으나 민족에게는 도리어 득이었다 할까.

고하가 일생을 두고 아내와 금슬 좋은 부부로 사생활에 볼누하

고하의 부인 유차(柳次)

고하의 부인 유차(왼쪽에서 세 번째)와 고하의 누이동생들과 묘소 참배

지 못한 것은 아내에 대한 불만이 있었기 때문이 아니었다. 부인 유 씨는 고하의 삶의 반려자로 덕이 없거나 인물이 빠지는 여성은 아니었다. 그런데 왜 고하는 가정을 뒤로하고 부인과 따로 지내야만 했던가. 소년 시절의 고하는 다정다감한 편은 아니었지만 마음이 깊고 생각이 의젓한 성격의 소유자였다. 이런 성격은 그를 정치에 몰두하게 했다. 개인보다는 민족의 행복을 위해서 그 가정보다는 국가의 안위에 자신의 목표를 두게 했다. 다른 사람들이 그 나이에 달콤한 신혼 생활 속에 젖어있을 때 그는 가정을 버리고 집을 나왔으니 자신의 뜻을 펼칠 길을 찾아 나선 것이다.

고하가 결혼을 한 그다음 해가 바로 을사조약이 강제로 맺어지고 보호국으로 전락해 버린 슬픈 해였다. 고하는 이때 전남 장성 백양사로 들어가 다시 한학을 닦고 있었다. 이때의 스승 김직부(金直夫)도 그 당시 학자들이 대개 그러했듯이 국가의 존망에 무관심한 선비는 아니었다. 이 절집에서 수도 생활을 한 고하는 깊은 사색에 잠겼고 자신의 경륜을 쌓기 시작했다. 이 시기는 고하 인생의 새 출발을 약속한 때이기도 했다.

러일전쟁이 일본의 승리로 끝나자 시어도어 루즈벨트 미국 대통령의 주선으로 러일 강화회의가 열려 "조선 내에서 일본의 특수 지위를 인정"한다는 등의 소문이 성립되었다. 대한제국의 수권은 우리의 의사와 관계없이 일본의 손에 넘어갔다. 그리고 조선에서는 일본 통감부가 설치되었다. 첫 통감 대리는 하세가와(長谷川好道)였고, 그 이듬해 이도 히로부미(伊藤博文)가 정식 동감으로

부임해 왔다.

이 무렵 고하는 일 년 반에 걸친 백양사의 수도생활을 마치고 집으로 돌아왔다. 이때 서울을 다녀온 아버지 훈은 아들을 붙들고,

"나라는 이미 기울어졌어."라고 비분을 금치 못했다.

"우리가 정치를 잘못한 죄도 있지만, 왜인들의 '신학문'이 크게 우리를 압도한 것이야. 왜인들은 일찍부터 서양 문명을 받아들여서 그것으로 모든 무기를 장만하고 제도를 고쳤단다. 그로 인해 놀랄만한 강국이 된 거야. 우리는 꿈만 꾸고 있었지. 우물 안 개구리처럼 바깥세상이 어떻게 발전하고 있다는 것을 통 모르고 있었던 거야. 알려는 생각조차도 가져 본 적이 없었어. 그러는 동안에 왜인들은 서양 문명을 받아들이고 배워서 산업을 발전시키고 문화를 깨우쳤는데 우리가 그놈들을 따라갈 수가 있겠느냐. 이 얼마나 분통한 노릇이냐?"

"그러나 이제라도 늦지는 않았다. 우리만 굳게 뭉쳐서 노력하고 당파 싸움 안 하고 서로 마음을 모아 협력하여 신문명을 받아들인다면, 다른 민족이 백 년에 할 것을 우리는 2~30년 안에 회복할 수 있어."

"이제 남은 길은 하루라도 빨리 일인들이 배운 그 이상의 '신학문'을 배워야 한다. 학문으로나 산업으로나 우리가 앞서서 그들을 이기는 길뿐이다. 배우는 일보다 더 큰일은 없단다. 무엇보다도 영어를 먼저 배워야 한다."

훈은 아들을 타이르는 데만 그치지 않았다. 그 자신도 스스로 실천에 옮겼다.

훈은 과거를 보려고 여러 해 동안 서울에 머물러 있었다. 망국의 조짐은 날로 다가오는데 국정은 혼미와 격동 속에서 헤어나지 못했다. 이와 같은 나라꼴에 실망과 격분을 느낀 그는 서울 생활을 청산하고 고향으로 내려왔다. 우선 신학문을 배워야만 나라를 구할 수 있다고 생각한 그는 학교 설립을 주동하였다. 그는 적으나마 사재를 기울여서 경비의 일부를 담당하고 학교를 설립했다. 그리고 신학문 배우기를 실현하고 극심한 반대를 하는 시골 노인들을 설득하여 학교에 나오게 권고하기를 일삼았다. 이것이 바로 담양학교(潭陽學校)이다.

이때 창평(昌平-현재 담양군 창평면)에는 이미 신학문 수업을 위한 학교가 세워져 있었다. 이 학교는 영학숙(英學塾)으로 그 설립자는 전 동아일보 사장 심강 고재욱(心崗 高在旭)의 조부 고정주(高鼎柱)였다.

'신학문'을 배워야만 나라를 구하고 겨레가 살 수 있다는 아버지의 침통한 말씀을 들은 고하는 며칠 동안 울타리에 갇힌 사자처럼 집 근처를 배회했다. 울적함을 풀길이 없어 산으로 들로 혹은 물가로 떠돌아다니기도 했다. 그러나 주위를 둘러싸고 있는 울타리는 너무도 높고 튼튼했다.

"아버지, 저는 다시 절에 들어가지 않겠습니다."

아들의 말을 들은 아버지 훈은 어머니의 지나친 자애 때문이라고 오해했다. 그러나 이 오해는 곧 풀렸다.

"절에 보내는 대신 저를 창평으로 보내주세요. 창평에는 여러 친구들이 모여서 신학문을 배운다는데…"

"좋아, 네 뜻이 그렇다면 마음대로 해라."

아버지의 승낙이 떨어지기가 무섭게 이튿날 고하는 창평을 향해 떠났다. 고하의 나이 열일곱 살 때의 일이다. 을사보호조약은 고하에게 크나큰 굴욕감과 저항심을 가져다주었다. 이 조약이 조국 운명의 마지막임을 깨달을만한 나이이기도 하였다. 특히 아버지 훈의 교훈과 스승 기삼연의 가르침을 받고 자란 고하는 남달리 투철한 조국관과 애국심을 가지고 있었다.

더욱이 열혈 소년 고하를 울린 것은 황성신문(皇城新聞)에 주필 장지연(張志淵)이 쓴 〈시일야방성대곡(是日也放聲大哭)〉이라는 사설이었다. 그리고 보호조약이 맺어질 때 시종무관장(侍從武官長) 충정공(忠正公) 민영환(閔泳煥)이 비통한 유서를 남기고 자결한 사건은 더욱 소년의 가슴 속을 아프게 뒤흔들어 놓고 말았다. 고하의 입에서 신문이라는 말이 튀어나오기 시작한 것은 이때부터였다.

"정치를 하자면 신문이 아주 필요하지. 날카로운 필봉을 어찌 칼이 이기겠소? 아니면 총이 이기겠소? 글은 만인을 웃기고 울리고 죽이고 살릴 수 있지."

고하는 신문 사설들을 오려서 주머니에 넣고 다니며 말끝마다 황성신문과 장지연의 사설을 끄집어내었다. 그는 신문의 존재와 위력을 느끼고 그것을 동경하는 소년이 되어 가고 있었다.

4
인촌 김성수(仁村 金性洙)와의 친교

고하는 을사조약을 계기로 그 이듬해에 창평 영학숙(英學塾)에서 신학문의 연마를 시작하였다. 고정주가 세운 이 학교에는 그의 아들 광준(光駿)과 사위 김성수를 비롯하여 이 지방의 청소년들이 너도나도 모여들었다. 숙장(塾長) 이표(李瀌)는 영어에 통할 뿐 아니라 한문에도 능하여 신구학문을 도맡아 가르쳤다.

고하는 사귀기 힘든 소년이었다. 천성이 내성적이어서 친구를 사귀려 들지 않았다. 하루는 인촌(仁村) 김성수가 초립둥이 고하와 친구로 사귀자고 제의했다.

"진우(鎭禹), 우리 인제 허교(許交)하고 지내세."

"허교만 하면 무엇하겠소? 심교(心交)를 터야지. 심교가 터질 때까지는 그럴 것 없지 않수"

고하의 무뚝뚝하고 뜻깊은 대답이었다. 다른 사람들은 통성명만 하면 친구로 지내곤 했지만, 고하와의 허교는 상당한 시일이 걸렸다.

1905년 고하가 신학문을 배우기 위해 창평 영학숙 입학, 원 안은 창설자 고정주 공

그로부터 훨씬 뒤의 일이었다.

"이제 우리 허교하지?"

고하가 인촌을 향해 허교를 제의했다. 이 무뚝뚝한 소년 고하의 제의에 인촌은 무척 반가웠다. 알고 보니 고집이 셀 뿐 인정 있고 의리 있는 인물이었다. 그런지 얼마 안 되는 어느 날 저녁이었다. 달이 무척 밝은, 무더운 남도의 여름밤이었다. 고하는 그날 밤 비로소 인촌에게 마음의 깊은 곳을 이야기했다.

"자넨 이 나라가 어떻게 될 것 같나? 이렇게 남의 손에서만 놀다가 아주 나라가 없어지지 않겠나?"

고하는 처음으로 인촌에게 정치 이야기를 건넸다.

"내 눈에도 그렇게 밖에는 보이지 않네. 그러나 할 수 있나? 생각만 그러했지."

"그럼 자넨 보고만 있을 텐가?"

"보고만 있지 않으면 우리 나이에 무엇을 한단 말인가?"

"아니야, 오직 한 가지 할 수 있는 일이 있어. 공부야 공부. 하루 바삐 신학문을 닦아서 왜놈들보다 앞서야지. 그 도리밖에."

"나도 같은 생각일세."

"난 자네 같은 친구를 만난 것을 진심으로 기쁘게 생각하네. 우리 손을 잡고 공부를 하세."

밤이 깊도록 고하와 인촌의 이야기의 샘은 마를 줄을 몰랐다. 고하는 창평 영학숙에서 공부보다도 학생들에게 이야기하는 것을 큰 과업으로 삼았다. 공부가 끝나면 나무 그늘이나 혹은 달밤에 학도들을 모아 놓고 그의 스승 기삼연의 이야기로 화제를 이끌었다.

"기삼연 선생은 나의 가슴에 굵다란 장작을 넣어 주고 거기다 불을 붙여 놓은 셈이야. 선생은 학자이시면서도 의병을 일으키시어 스스로 대장이 되어서 왜놈을 무찌른 어른이었지."

이런 이야기에서부터 명성황후(明成皇后) 시해 사건의 경위 등 이야기는 꼬리를 물었다.

"남의 나라 놈들이 내 나라 궁중을 제 집처럼 드나들고 내 나라 국모를 시해해도 우리는 가만히 있어야 하니, 이것이 얼마나 비통할 노릇인가? 반드시 우리 손으로 원수를 갚아야 해."

이렇게 말하는 고하는 흥분하여 자기 가슴을 두드렸다.

"우리가 비분강개만 해서 쓸 데 있는가? 공부를 하세, 공부를..."

인촌은 옆에서 고하를 달래기에 바빴다. 이러한 고하의 비분강개는 그의 소년 시절부터 형성된 것이었다. 고하는 영학숙에 늘어

1907년 송진우가 김성수 백관수 등과 수학하던 내소사 청련암

간 지 3개월 만에 그만두었다. 그러나 영학숙에서 맺어진 인촌과의 우정은 그의 가슴 깊이 새겨졌다.

고하가 열여덟 되던 1907년(융희 원년) 봄에 이런 우정을 잊을 길 없어 부안(扶安) 줄포(茁浦)로 인촌을 찾아갔다. 그러나 그곳에는 인촌이 없었다. 인촌은 처가의 묘소지기 집과 창평읍 등지를 전전하다가 마침 이른 봄부터 경치 좋기로 이름난 변산(邊山)의 내소사(來蘇寺)로 공부하러 떠난 것이었다. 고하는 인촌이 있는 곳이라면 어디라도 찾아갈 셈이었다. 고하는 줄포에서 다시 내소사로 인촌을 찾아갔다.

"진우, 참 잘 왔네. 그러지 않아도 지금 이 사람과 자네 이야길 했었지. 자 인사를 하게나. 이 사람이 내가 늘 이야기하던 송진우이고, 이 사람이 백관수(白寬洙)야."

인촌이 인사시킨 소년은 바로 근촌 백관수(芹村 白寬洙)였다. 이때 근촌이 열아홉, 고하가 열여덟, 인촌이 열일곱으로 각기 한 살 차의 '자치동갑'이었다. 셋은 정말 좋은 친구가 되었다. 따로 선생을 모시지 아니하고 그들은 전에 배운 한학과 영어를 공부하고 혹은 토론을 즐겼다. 그리고 마음이 울적할 때면 산에 오르기도 하고, 냇가에 내려가는 것으로 큰 즐거움을 삼았다. 그러나 점점 기울어져 수평선 저 너머 가라앉는 석양의 붉은 해는 대한제국의 운명과 같았다. 을미사변(乙未事變), 을사조약(乙巳條約) 등의 사건은 기울어져 가는 조선조의 치욕이었고, 고별의 조종(弔鐘)이었다.

오늘날 변산팔경(邊山八景) 중에서 내변산(內邊山)의 절경, 청련암 외에도 개암사, 실상사, 월명암 등 변산 4대 절은 울창한 숲속에 조화를 이루며 더한층 빼어난 경치를 이룬다. 특히 월명암(月明庵)의 낙조(落照)는 낙산사(洛山寺)의 일출(日出)과 대조를 이루는 변산팔경 중의 으뜸이다. 크고 작은 섬들이 점점이 널려있는 황해로 떨어지는 해넘이는 멋진 경관이 아닐 수 없다. 실상사 남쪽에 높이 40여 척의 직소폭포(直沼瀑布)가 있다. 고하는 가끔 폭포 밑의 바위에 앉아 "이런 못난 인간들이 살아서 무엇하느냐?"고 자학과 한탄을 금치 못했다. 깊은 생각에 잠길 때면 엎치락뒤치락 밤이 새도록 잠을 이루시 못했나.

"이를 어찌하면 좋을꼬?"

고하는 누워 있다가도 가슴에 치미는 울분을 억누르지 못하고 밖을 뛰쳐나갔다. 뛰쳐나가면 산마루를 오르내리다 날이 새야만 돌아왔다.

내소사 청련암에서 공부하고 있는 고하, 인촌, 근촌 세 소년의 귀에도 헤이그 밀사 중의 한 분인 이준(李儁) 열사의 원통한 죽음이 전해졌다. 1907년(광무 11년) 2월 네덜란드의 수도 헤이그에서는 '제2회 만국평화회의'가 열리게 되었다. 이해 4월 고종 황제는 이상설(李相卨), 이준(李儁)에게 일제의 부당한 침략을 호소하는 친서와 신임장을 주어 은밀히 평화회의에 파견했다.

이상설과 이준은 모스크바를 경유하여 네덜란드로 갈 때 주러 한국공사관의 이위종(李瑋鍾)과 합류하여 세 사람이 헤이그에 도착한 것은 6월 25일이었다. 그러나 간악한 일제는 우리 대표단의 참석을 집요하게 방해했다. 뜻을 이루지 못하게 되자 이준은 투숙하고 있는 호텔에서 단식으로 목숨을 끊었다. 우리 대표들의 애절한 소망이 묵살됨을 본 네덜란드 신문인들은 국제협회에 나가 연설할 것을 주선해 주었다. 이에 이위종은 세계 언론인들을 상대로 〈대한제국을 위하여 호소한다〉는 제목으로 조국의 비통한 현실을 호소했다. 이 사건을 전해들은 고하는 망연자실, 하늘만 쳐다볼 뿐이었다. 그러나 다른 한편 그 크나큰 절망 속에서 도리어 원대한 희망을 얻었다. 나중에 고하는 집안사람들에게 이런 이야기를 한 일이 있다.

"헤이그 밀사 이야기를 듣던 순간은 암흑천지가 삽시간에 확 밝아진 것 같았어. 헤이그에서 이준 선생이 억울하게 돌아가셨다는 소식을 듣고서 나는 큰 희망을 가졌어. 이제는 우리나라도 바로잡힐 때가 있을 것이라 믿고…"

"그러기에 우리는 배워야지."

언제나 고하의 흥분을 쓰다듬어 주는 인촌의 말이었다. 그러나 그날만은 인촌의 이러한 말도 고하의 불붙는 가슴을 식혀 줄 수가 없었다.

"으으응…"

맹수의 신음소리와 같은 소리가 그의 입에서 나왔다. 조금만 더 흥분이 된다면 몇 사람을 그대로 둘 것 같지 않았다. 냉철하고 이지적인 인촌도 참다못해 고하의 손을 잡고 같이 울었다. 근촌도 울었다.

헤이그 밀사 사건이 있은 지 한 달도 채 못 되어 통감 이토 히로부미(伊藤博文)는 이 밀사사건의 책임을 추궁하고, 이완용(李完用), 송병준(宋秉畯) 등 주구들을 앞장세워 고종황제의 퇴위를 강요했다. 1907년 7월 18일 아침부터 어전회의를 열고 황제의 자리에서 물러날 것을 강요하기 시작했다. 고종이 이에 불응하자 이날 밤을 새워가면서 공갈과 협박을 멈추지 않았다. 기진맥진한 고종황제는 견디다 못하여 '대사를 황태자에게 대리케 한다'는 조칙(詔勅)을 승낙했다. 고종황제의 이 조칙은 고종이 자리를 물러난 게 아니라 섭정(攝政)이었다. 그러나 이들은 황제의 자리에서 물러난 것으로 날조하여 20일 양위식(讓位式)을 거행하게 했다.

"고종황제께서는 왜놈 손에 양위하셨어."

고하는 비탄한 나머지 땅을 치고 울었다.

5
도쿄유학(東京留學)의 큰 뜻

　고하, 인촌, 근촌 등 세 젊은이의 청련암 시절은 비록 짧은 기간이었으나 실로 뜻깊은 시기였다. 그저 공부나 하고 이야기나 나누고 경치 구경이나 하면서 비분강개만으로 나날을 보낸 것은 아니었다. 이 청련암 시절이야말로 고하에게는 장차 그 포부의 실천을 의논하는 시기였다. 이 시기는 맷돌의 한 짝과도 같은 인촌과의 우정을 두텁게 했으며 무엇을 할 것인가를 생각하고 의논할 수 있는 기회이기도 했다.
　그동안 정국의 소용돌이는 거세기만 했다. 고종이 물러난 지 사흘 뒤에는 이른바 정미조약(丁未條約·1907)이라 불리는 제3차 한일협약이 체결되어 일제의 내정간섭을 공식적으로 허용하게 된 것이다. 통감 이토 히로부미는 사실상 이 땅의 통치자로 군림하였다. 7월 말에는 나라의 군대마저 해산하게 되니 국권을 완전히 빼앗기고야 말았다.
　"왜놈을 물리쳐라! 매국노를 잡아 죽여라!"

이러한 일제의 침략에 대항하여 분노에 찬 군대의 대부분은 의병이 되었다. 이인영(李麟榮), 허위(許蔿), 홍범도(洪範圖), 차도선(車道善) 등이 각지에서 의병을 일으켜서 5년간이나 왜병과 싸웠다. 전라도 일대에도 예외일 수는 없었다. 고창, 정읍, 장성 등지에 의병이 일어나서 왜병과 대결하였다. 전투가 변산 방면으로 점점 확대될 기미가 있자 인촌의 신변을 걱정한 본가에서 빨리 하산하라는 전갈이 왔다. 세 젊은이는 앞으로 어떻게 할 것인가를 의논했다. 근촌은 기회를 보아 서울로 가자는 것이었고, 인촌은 부모님의 승낙을 얻어야 한다고 했으나 고하는 일본 유학을 주장했다.

"어째 하필 일본 유학인가?"

근촌은 걱정스러운 듯이 고하에게 물었다.

"적을 치자면 먼저 적을 알아야 한다는 이치에서이지. 그들에게 지지 않으려면 먼저 그들을 알 필요가 있어. 그래서 우리는 그들이 생각하는 이상을 생각해서 앞질러야 하지 않겠는가?"

고하는 인촌과 근촌을 번갈아 보면서 말을 계속했다.

"생각을 해보게. 우리는 정말 어리석었네. 이불 속에서 버둥거리고 앉아서만 큰소리를 했지, 우리가 무엇을 했단 말인가? 우물 안 개구리처럼 들어앉아서 무엇을 알겠는가? 산에서 내려가세. 이런 시골구석에 처박혀서 들리는 소문에 비분강개하여 보았자 나라가 다시 서는 것도 아니지 않는가? 자, 용기를 내세. 용기를! 인제 적의 심장을 파고 들어가세."

고하의 **일본 유학**의 결심은 확고한 것이있다. 고하는 인촌과 근촌의 결심을 들을 것도 없이 이튿날 아침 짐을 꾸렸다. 부모님의 승낙을 얻어서 셋이 같이 행동하자는 인촌의 제의를 받고 고하는 먼저 손곡리 본가로 돌아왔다. 고하가 떠나자 인촌과 근촌도 산에서 내려왔다.

신학문에 이해가 깊은 아버지 훈은 일본어를 배우려는 아들 고하의 의견에 동의했다. 고하는 우선 당시 담양학교의 일어교사 위계후(魏啓厚)를 찾아 초급 일본어 공부를 시작했다. 위계후(魏啓厚)는 고하의 부친의 누이의 아들로 고하와는 내외종 사이였다고 한다. 위 씨는 전남 영광의 지체 있는 집안의 자제로 신교육을 받은 후 담양학교에 부임하여 일본어를 가르쳤다.

어느 날 아버지 훈은 고하를 불러놓고,

"일본어를 배우자면 서울에 가야 하지 않겠느냐?"

고하는 더욱 용기를 얻었다. 서울 유학의 계획을 아버지에게 알렸다.

"서울에 가면 한성교원양성소(漢城敎員養成所)라는 곳이 있어. 거기 가서 입학을 하도록 해라."

아버지 훈은 기다렸다는 듯이 쾌락하고 유학 방법까지 자세하게 일러주는 것이었다. 고하는 여비와 식량을 가지고 서울 유학의 길을 떠났다. 고하는 먼저 줄포로 인촌을 찾아갔다. 인촌과 함께 일본으로 도망갈 계획이었다.

이 무렵 고하와 인촌의 일본 유학을 재촉한 또 하나의 사건이 있었다. 그것은 군산(群山)의 금호학교(錦湖學校)에서 신학문을 가르치는 한승리(韓承履)의 민권사상(民權思想)이었다. 한승리의 강연에서 인촌은 처음으로 '민권'이란 말을 들었다. 한마디로 백성은 임금의 정치를 비판할 권리가 있다는 것이었다. 지금까지는 오직 임금만을 위하여 백성이 살고, 임금의 정치는 어떠한 잘못이 있어도 비판은커녕 입 밖에 내어서도 죄가 된다고만 배워온 인촌은 이 '민권'이란 말에 귀가 번쩍 뜨였다. 그 당시의 사정을 인촌은 이렇게 회고했다.

"1907년 봄 흥덕(興德)의 우편주사(郵便主事)가 군산으로 가는 길에 줄포에 들렸어. 당시는 우편주사만 해도 새문명의 일꾼이었거든. 나는 그에게 '영어를 배우고 싶다'고 했지. 그는 '군산에 가면 영어를 가르치는 학교가 있으니 가보라'는 거야. 그래 조부님께 말씀을 올렸더니 의외로 수월하게 승낙을 해 주셔서, 군산 궁말 병원을 찾아갔더니, '예수를 믿으라, 예수를 믿으면 영어를 가르쳐 줄 수 있다'는 거야. 그래서 그만 돌아와 버리고 말았지. 예수 때문에 영어를 못 배우고 돌아왔지만, 그래도 배워야겠다는 생각은 간절했어. 기회를 엿보고 있는 참에 하루는 후포(後浦)에서 강연이 있다고 해서 갔더니만, 군산 금호학교(錦湖學校) 설립자인 한승리의 강연이 아니겠어! 한승리는 대한협회(大韓協會) 파견원의 자격으로 강연을 하는데 민권사상에 관한 내용이었어. 깊은 감명을 받고 밤에 여관으로 그를 찾아가서 영어를 배우고 싶다니까 군산 자기 학교로 오라는 거야. 내가 떠나기로 하자 근촌도 집에서 허락이 나서 동행을 했어. 한승리는 낮에는 물리와 수학, 밤에는 영어를 가르쳤는데 우리는 밤낮으로 다녔어. 한 반년쯤 배웠지."

인촌은 다시 소년 시절의 먼 기억을 더듬었다.

"그 뒤에 줄포에서 다시 고하를 만났어. 우리가 유학 갈 결심을 하게 된 것은 바로 그 해야. 우리가 다시 군산으로 가서 공부를 하고 있을 때인데, 하루는 홍명희(洪命憙)의 엄친 홍범식(洪範植)이란 분이 내 객주(客主)집을 찾아오셨어. 아마 집에 들렀다가 말씀을 듣고 찾은 모양이야. 그때 그는 금산 군수로 부임하던 길이었는데, 그때 데리고 온 소년이 바로 홍명희였지. 홍명희는 벌써 일본 도쿄(東京) 다이세이중학교(大成中學校) 유학생이어서 일본 이야기를 자세히 들었어. 이때 마침 고하가 줄포에 들렀다가 군산으로 나를 찾았기에 둘은 일본 유학을 결행한 거야. 그때 내 선친은 줄포에 영신학교를 설립하고 교육사업을 시작한 때이지만 일본 가는 데는 반대하셨어."

인촌은 금호학교에서 깎으라는 상투도 깎지 않았다. 사전 승낙도 얻어야 했지만 상투를 깎으면 일본 가는 계획이 탄로될까 우려했기 때문이었다. 또 한편 인촌은 군산 보통학교 선생인 박일병(朴逸秉)에게서 일본어를 배웠다. 하루는 박 선생을 이끌고 줄포 집으로 돌아갔다. 집안 어른들께 일본 유학을 허락하도록 조언을 해 달라기 위해서였다. 그러나 역시 실패했다. 때마침 군산학교 일본인 교장이 집을 찾아 주었다. 그 교장의 권고도 수포로 돌아갔다.

일본 유학을 결심한 인촌이 이처럼 애를 태우고 있을 때 마침 고하가 군산으로 왔다. 고하는 서울 유학을 간다고 집을 떠나서는 실은 일본 유학의 길을 준비했던 것이다. 인촌이 고하를 보자 일본 유학을 제의하거나 권유할 필요도 없게 된 것이다. 두 사람은 그 자리에서 일본 유학길로 떠날 준비를 서둘기로 했다. 한승리에게 부탁하여 도항(渡航) 증명서 발부 절차를 밟는 한편 인촌과 고하는 머리를 깎았다. 흥덕(興德)의 근촌에게도 두 사람의 결심을 알렸다.

그러나 근촌은 부모님의 승낙을 얻지 못하여 동행하지 못했다. 머리를 깎고 모든 준비를 갖추었고 부산행 배표를 샀다. 떠나려는 찰나 줄포 인촌댁에서 심부름꾼이 뒤좇아 편지를 가지고 왔다. 어머니 급환이니 곧 집으로 돌아오라는 사연이었다. 인촌은 일본행을 일단 연기하기로 하고 줄포로 향하려 했다.

"거짓말이야, 그대로 떠나세"

고하의 말에 인촌이 심부름꾼을 다그치니 거짓이었음을 실토하였다.

심부름꾼을 여관에서 하루 묵어가게 한 다음 고하와 인촌은 함께 연락선을 탔다. 내소사(來蘇寺)에서 일본 유학의 계획을 갖고 하산한 지 만 1년 만의 일이었다.

고하와 인촌이 일본으로 떠난 후 근촌은 집안 어른들의 걱정이 두려워 고하와 인촌과의 약속을 어기고 이듬해 북간도(北間島) 등지를 돌아왔다. 고하와 인촌이 일본 유학을 마치고, 서울에 돌아왔을 때 근촌은 법률전수학교(法律專修學校) 학생이었다.

고하가 일본 유학의 길에 올랐을 때에는 고하의 본가는 가세가 이미 기울기 시작한 때였다. 갑오 동학혁명 후 일본군에 쫓기어 산중으로 흩어져 있던 일부 동학군은 삼삼오오 패를 지어 화적떼로 변했다. 이들은 지방의 부유한 집을 습격하여 재물을 강탈하기도 했다. 조상의 산소를 파내어 놓고 막대한 금품을 요구하는 유골 흥정을 하기도 했다. 요즘의 어린이 유괴사건과 흡사한 것이다. 큰 부자는 아니었지만 수백 석 추수를 하던 고하의 본가도 몇 차례 이와 같은 사건을 당하게 되었다. 이때부터 가세가 기울게 된 것이다.

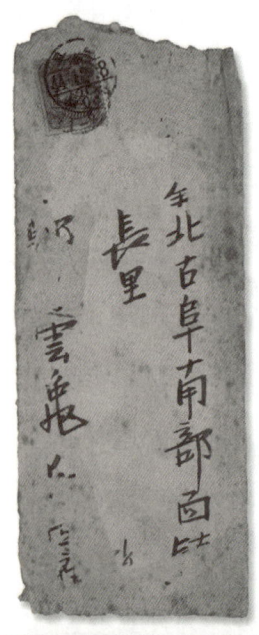

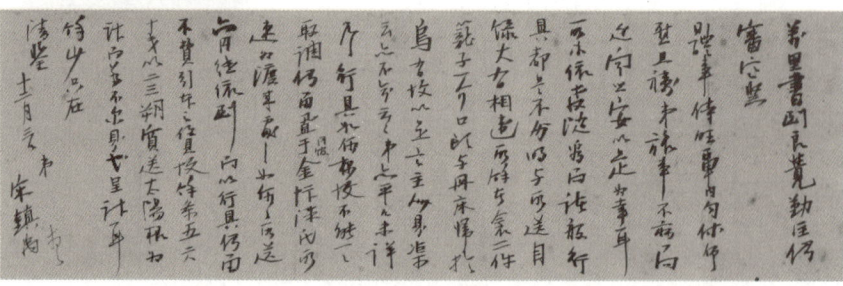

1911년 12월 8일 소인이 찍힌 고하의 친필 서간. 수신인은 전북 고부군 남부면 신장리 정운구 씨.

6
이국(異國)의 학창(學窓)

고하가 일본 도쿄(東京) 유학의 길에 오른 것은 1908년(융희 2년), 열아홉 되던 해 10월이었다. 고하는 흰 두루마기, 인촌은 꽃자주빛 두루마기를 걸쳤고 군산에서 산 아동 모자를 쓰고, 왜병의 고물 편상화(編上靴)를 신었다. 두 젊은이의 옷차림은 실로 가관이었다.

한편 줄포에서는 집안이 발칵 뒤집혔다. 돌아와야 할 사람은 오지 않고, 심부름꾼 혼자서 인촌이 머리 깎고 찍은 사진과 일본 유학의 길에 오른다는 편지만 들고 돌아왔기 때문이었다. 돈과 옷을 장만하여 다시 사람을 군산으로 보냈다. 그러나 고하와 인촌을 실은 배는 이미 떠난 뒤였다.

도망가듯 어른들 모르게 떠나온 젊은이들의 길이어서 떳떳치도 못하려니와 돈도 넉넉하지 않았다. 그러나 부푼 가슴을 안고 먼 길을 떠나는 두 젊은이에게는 모든 것이 새롭고 신기하기만 했다. 큰 배도 처음 타보았거니와 넓은 바다를 항해하는 것도 처음이었다.

군산항을 떠난 화륜선(火輪船) 시라카와마루(白川丸)는 다도해를 지나 부산을 거쳐 현해탄을 건넜다. 낯선 일본의 시모노세키(下關)에 상륙하였다. 꽃자주빛 두루마기의 인촌은 여러 사람의 구경감이었다. 더욱이 흰 두루마기의 고하는 큰 구경거리였다. 유난히 흰 두루마기가 뭇사람의 시선을 끌었기 때문이다. 가는 곳마다 구경꾼이 모여들었다. 말은 통하지 않고 답답하기만 했다.

두 젊은이는 일본 군인 하나를 만나 필담으로 의견을 교환했다. 이쪽에서 "도쿄하시착(東京何時着)"이라고 써 보이자, 그는 "명일 2시 반 도쿄착(明日二時半東京着)"이라고 쓰는 것이 아닌가. 둘은 그 일본 군인의 주선으로 승차권을 샀다. 이처럼 승차권만은 필담으로 살 수 있었지만, 허기를 극복하기가 몹시 힘들었다. 일본어는 조금 배웠다지만 통하지 않았다. 그런데 이때 "벤토"라고 소리치며 다니는 것이 필시 밥인 듯하였다. 고하와 인촌은 그것을 사기로 했다. 고하는 귀에 들리는 대로

"별똥!"

하고 외치며 일본인 장사꾼을 불렀다. 그러자 그도 "별똥"하고 도시락을 내밀었다. 일본어의 첫 실험이요, 첫 실패였다. 일어를 한마디도 못 알아듣는 고하와 인촌은 하룻밤 이틀 낮 만에 최후 목적지인 도쿄에 기차편으로 도착했다. 도쿄역전에는 인력거가 즐비하게 늘어서 있어 손님을 끌었다. 지리를 모르는 둘이서는 인력거를 타기로 했다.

인촌은 군산에서 소위 일본 '시바이'(연극)를 본 일이 있어서, 인력거나 인력거 타는 방법 정도는 알고 있었으나 고하는 처음 보고 처음 타보는 생소한 것이었다. 고하는 발을 놓는 발판에 올라앉았다. 발판에 앉으니 인력거꾼이 끌 수가 없다. 인력거꾼이 손짓을 하며 올라타라고 타일러도 들은 체도 하지 않는다. 일본어가 통하지 않기 때문이다. 인력거꾼은 "상 2등, 하 1등(上二等 下一等)"이라고 써 보였다. 아마도 상 2등의 상(上=좌석)은 2등이라 싸고, 하(下=발판)는 1등이라 비싸니 싼 윗자리에 앉으라는 뜻이었을 것이다. 그러나 고하는 '하 1등'에 탄다고 고집을 부렸다. 1등 손님이지 2등 손님이 아니라는 것이었다. 후일 인촌은 두고두고 웃으며 이때의 이야기를 했다.

고하와 인촌은 도쿄에 단 한 사람의 친지도 있을 수 없었다. 목표는 오직 인촌을 찾아온 일이 있는 벽초(碧初) 홍명희를 찾아가는 일이었다. 벽초는 다이세이중학교(大成中學校) 학생이었다. 둘은 벽초의 하숙집에 여장을 풀었다. 다음날 벽초의 안내로 도쿄 시가지를 구경했다. 조국의 현실은 너무도 초라한데 비해 일본의 발전은 괄목할 만했다. 선진 문명을 받아들인 것은 불과 20년밖에 안되는데 일본과의 국력의 차는 너무도 컸다. 고하와 인촌은 벽초의 권유로 세이소쿠 영어학교(正則英語學校)에 입학했다.

새 학문의 첫 관문이었다. 삼각형이니 정방형이니 모두 처음 듣는 낱말들이어서 무척 어렵게만 느꼈으나 곧 익숙해질 수 있었다. 어려운 것은 영어였다. 고하는 영어뿐만 아니라 일본어 때문에도 무척 고생을 했다. 일본어는 개인 교수까지 받아야만 했다.

고하는 인촌과 함께 세이소쿠 영어학교에서 중학교 입학 준비 과정을 마치고, 1909년 봄 벽초의 권고에 따라 킨죠우중학교(錦城中學校) 5학년에 편입학했다. 둘이는 이곳에서 본격적으로 대학입학 시험 준비를 했다. 이처럼 시험 준비에 여념이 없던 이해 10월, 소년 고하의 가슴을 흔들어 놓은 하나의 사건이 일어났다. 안중근 의사가 하얼빈역에서 이토 히로부미를 저격하여 살해한 사건이었다.

몇 해 전 을사조약(1905) 때의 민영환(閔泳煥)의 자결, 1907년에는 헤이그 밀사 이준(李儁) 열사의 순국과 보병대장 박성환(朴性煥)의 비장한 최후, 또 1908년에는 "일본이 조선을 보호국으로 한 것은 동양 평화에 도움이 된다."는 글을 샌프란시스코 신문에 쓴 친일파 미국인 스티븐스를 그곳 교포인 장인환(張仁煥), 전명운(田明雲) 두 열사가 암살한 사건 등이 있었다. 이러한 격동 속에서 킨죠우중학교 학생인 고하는 죽음 이외에는 달리 가슴에 맺힌 통분을 풀길이 없다는 생각을 갖게 되었다. '죽느냐 사느냐' 이런 고민 속에서 헤매고 있을 때, 이번에는 안중근 의사의 의거 소식이 전해진 것이었다.

고하는 이날 헌책방을 뒤지고 다녔다. 그날도 거의 저물 무렵이었다. 책방 밖에서 요란한 신문 호외 소리가 들려왔다. 웬만한 사건이 아니면 호외를 내지 않던 시절이므로 고하는 펼쳤던 책을 내어던지고 거리로 뛰쳐나왔다. 호외는 안중근 의사가 한국 침략의 원흉인 이토 히로부미를 저격한 기사였다. 호외를 주워든 고하는 순간 미칠 것만 같았다. 한 장의 호외를 손에 들고 하숙으로 달렸다.

"됐어, 됐어, 잘 했어."

고하는 안절부절 방안을 빙빙 돌며 이렇게 혼자서 뇌고 또 뇌었다. 호외를 쥔 손이 사시나무 떨 듯했다. 눈은 충혈되고 들뜬 사람 같았다. 고하는 마치 자기 자신이 이토 히로부미의 가슴에 총탄을 퍼부은 사람처럼 착각을 일으키고 있는 것 같았다.

이토 히로부미는 네 번이나 수상을 지냈고, 청일전쟁에는 강화 전권대사가 되어 이른바 마관조약(馬關條約)을 맺었었다. 그뿐만 아니라 러일전쟁에는 추밀원 의장의 신분으로 대한정책 수립에 앞장서서 을사보호조약을 강제로 체결하고, 초대 통감으로 한국에 군림한 바 있는 침략의 원흉이었다.

그는 헤이그 밀사사건을 트집 잡아 고종황제를 물러나게 하고 한국 군대까지도 해산시켰다. 우리의 입장에서는 철천의 원수요, 침략의 괴수였다. 그러한 그가 이번에는 추밀원 의장으로서 러시아의 재무장관 위테와 함께 당시 조선과 만주의 이권을 흥정하고자 하얼빈까지 갔다가 안중근 의사의 저격을 받은 것이다.

고하는 인촌과 함께 이 기쁨을 고기볶음으로 달랬다. 도쿄에 유학하고 있는 한국인 유학생 대부분이 끼리끼리 모여 축배를 든 것은 물론이다. 그러나 이와 같은 축제의 기분도 잠시였다. 이튿날이 되자 고하는 물론 도쿄 유학생들은 일본인들의 매서운 눈총을 받고 자중과 냉정으로 돌아가지 않을 수 없었다. 이토 히로부미는 우리 민족에게는 원수였지만 일본인들에게는 가장 위대한 정치가인 까닭이다. 곳곳에서 일본인들에게 폭행을 당하는 조선인이 많아졌고, 그들은 모두가 안중근 의사를 노려보는 듯한 눈초리로 우리 유학생을 취급했다. 옆으로 가면 슬슬 피하기도 하고, 어떤 자는 일부러 트집을 잡느라고 툭툭 치고 지나가는 것이었다.

"아무래도 무슨 일이 생길 것만 같아. 성수."

적반하장의 일본인들의 행패에 격분한 고하는 잠을 이루다 못해 인촌 쪽으로 돌아누우면서 몸부림을 쳤다.

"놈들이 우리를 대하는 눈이 달라졌어. 성수도 조심하게. 이런 때일수록 어엿해야 해. 떡 버티고 당당해야지. 비굴하게 보이다간 도리어 치이지. 약하고 못생긴 놈들이란 으레 약한 자한테 강하려 들고, 강한 자에겐 약한 법이니까."

고하는 인촌과 이렇게 말하며 승리자의 위엄을 흩트리지 아니하였다. 학교에 가서도 군자의 위풍이었다. 일본인 학생들이 모여서 수군대다가도 고하가 가면 쓰윽 비키었다. 고하를 훔쳐보던 선생도 눈이 마주치면 얼굴이 붉어져서 외면을 했다.

그러던 어느 날 일인 학생 하나가 고하에게 도전해 왔다. 옆에 있던 인촌도 가슴이 섬뜩했지만 일본인들도 무슨 일이 생기나 하여 불안한 눈치였다. 인촌이 고하 옆으로 가자 학생들 네댓 명이 둘러쌌다.

"송 군은 이번 안중근 사건을 어떻게 보는가?"

주위의 학생들은 긴장이 되어 숨을 죽였다.

"잘한 일이라고 생각하네."

이 대답에 모두들 깜짝 놀랐다.

"잘한 이유를 설명해 줄까? 간단하지. 우리의 안 선생은 조선 사람이야. 조선 사람이 조선 사람의 도리를 했으니 그보다 더 잘한 일이 또 있겠는가? 일본인도 일본인의 도리를 다했을 때 그를 받들듯이, 나도 같은 이론에서 이야기를 하는 걸세. 이의가 있으면 말해 보게."

고하의 정연한 논리에 일본인 학생들은 달아나듯 피하기 시작했다. 너무나 당당한 태도에 압도되어 도망을 간 것이다.

"기미와 에라이(그대는 장하다)"

그중의 한 일본인 학생은 고하에게 악수를 청하기도 했다.

역사의 수레바퀴는 그동안에도 조국에 불리하게만 움직여갔다. 안중근 의사의 의거가 있은 지 두 달 만인 1909년(융희 3년) 12월에는 친일 주구들의 모임인 일진회(一進會) 회장 이용구(李容九)와 그 일파 송병준(宋秉畯) 등이 한일합병을 정부에 건의하고 제창하였다. 이에 분노한 국민들은 곳곳에서 합병을 반대하는 국민운동을 일으켰다. 통감부의 가혹한 탄압에도 불구하고 국민들의 독립운동은 날로 격화되어 갔다.

이즈음 대한협회(大韓協會), 흥사단(興士團), 국민대연설회(國民大演說會) 등이 궐기하여 일진회를 성토하는가 하면, 국민대연설회장 허진(許薰)은 일본 수상 가츠라(桂 太郞)에게 일진회의 망동을 통렬히 비난하는 성명서를 보내기도 했다. 이즈음 매국 원흉 이완용은 천주교회당에서 집행된 벨기에 황제 추도식에 참석했다가 돌아가는 길에 평양 출신 이재명(李在明)의 칼에 맞아 부상을 당했다.

어수선한 이해를 보내고 1910년(융희 4년) 3월에 이르자 통감부가 한국에 임시토지조사국(臨時土地調査局)을 설치했다. 토지조사국은 우리 전국토를 샅샅이 측량해서 그 면적의 정확함을 파악한 뒤 일본인의 식민을 도모하자는 것이 주목적이었다. 조선에서 토지조사국이 설치되었다는 신문 보도를 읽은 고하는 이미 그것이 무엇을 의미하는지를 곧장 알 수 있었다. 분통이 터졌다. 이때 고하는 와세다대학(早稻田大學) 입학을 준비 중이었다.

"이미 장기는 진 장기야. 진 장기를 아무리 붙들고 있으면 무얼 해."

장기에 진 지금 대학이고 무엇이고 눈앞에 없었다. 고하는 귀국할 결심이었다. 성급히 짐을 꾸렸다. 인촌의 만류는 물론 그해 고국에서 갓 들어온 가인 김병로(街人 金炳魯)도 한사코 만류했다.

"진우, 다시 한 번 생각하게. 우리의 약속이 백 살 아니었나? 백 살의 5분의 1만을 살고, 우리가 패배할 수는 없지 않나. 자, 진정하게."

하고, 인촌은 말렸다.

'약속이 백 살'이란 언젠가 고하가 '성수. 우리가 백 살까지 살 수가 있을까? 백 살까지만 살 수 있다면 왜놈들의 머리를 밟고 올라서서 호령할 때가 있을 거야' 하던 말을 다시 끄집어낸 말이다.

옆에 있던 친구들도 한사코 말렸다.

"진우의 심정은 잘 알 수 있소. 그러나 어찌 진우뿐이오. 우리도 다 같소. 다 같은 심경이요. 우리는 싸워야 하오. 싸우지도 않고 손을 들 수는 없지 않소. 우리는 오직 배우는 것뿐이오. 먼저 배워서 가르쳐야 하오. 그 길만이 잘 싸우는 방법이오. 또 이길 수 있는 도리가 아니겠소? 진우가 기어이 돌아간다면 우리도 돌아가겠소."

"내가 졌소. 내 생각이 부족했소. 역시 우리는 배워야 하오"

이렇게 결심한 고하는 심기일전하여 다시 시험 준비에 몰두하였다. 1910년 4월이 되자 고하는 인촌과 함께 와세다대학 예과에 입학했다. 학제는 예과가 1년 반이고 본과가 3년이었다.

인촌은 고하의 이 무렵 도쿄 유학 생활을 다음과 같이 회고한 적이 있다.

"고하는 입학시험이란 어려운 관문을 눈앞에 두고서도 강연만 있다면 쫓아다녔지. 더욱이 새 사조와 세계 정치의 동향에 관심이 많았어. 그때는 무엇보다도 '민주주의'라는 용어가 무섭도록 매혹적이었어. '민주주의'란 말과 '민권'이란 말을 나는 열일곱 되던 해에 후포에서 들은 바 있지마는, 고하가 '민주주의'와 '민권'이란 말을 들은 것은 이때가 처음이있어. 일본어를 잘 해득하지 못하면서도 쫓아다녔어. 또한 이 방면의 책을 읽을 만한 어학 실력도 갖추지 못했으면서도 열심히 읽었어."

7
망국의 한

　고하와 인촌은 예비학교를 거쳐 와세다대학에 입학했다. 입학 시험은 정규 중학교를 졸업하지 못한 사람들만이 치르던 시절이다. 영어 시험관은 유명한 아베(安部磯雄)였다. 지리 시험에는 티베트(西藏)에 대하여 쓰라는 문제가 나왔다. 세계지리는 고사하고 국내지리도 체계 있게 배우지 못한 고하는 다만 "광차대(廣且大=넓고 또한 크다)"라고만 쓰고 시험장을 나왔다.

　이 무렵 고하는 인촌(仁村)과 가인(街人)을 통하여 설산 장덕수(雪山 張德秀), 기당 현상윤(幾堂 玄相允) 등과 가까워졌다. 설산은 고하나 인촌보다 수년 앞서 일본 유학을 와서 그때 와세다대학 학생으로 있었다. 고하는 도쿄에 유학하는 동안 많은 친구를 사귀게 되었다. 그중에는 일생을 통해서 동지로서 깊은 우정을 계속한 사람도 많았다. 이 같은 변함없는 우정은 고하가 간직한 친구를 사귀는 비결에서 비롯한 것이었다.

　"재주가 있는 사람이 그릇이 적어 놓으면 제 재주에 지고 만다.

칼로 이긴 자는 언젠가는 칼에 패하고, 재주로 이긴 사람은 또 언젠가는 재주에 패한다. 자기 꾀를 꺾는 꾀가 없으면 제 꾀에 넘어간다."

이 말은 고하가 도쿄 유학시절, 그러니까 약관 스무 살 때에 이미 정한 신조였다. 우정의 지속도 이 신념에 비추어 판단을 내렸다. 도쿄 유학을 끝낸 후에도 고하는 이 좌우명에 비추어 친구를 사귀고, 사람을 쓰고, 또한 거래를 했다. 중앙학교(中央學校)를 비롯한 교육사업, 동아일보를 중심한 일체의 문화 사업, 한국민주당 중심의 정치 생활, 이 모든 일에 그러하였다.

"누구는 재주가 있는 사람인데..."

고하의 경륜이 익어갈 때 측근들이 어느 누구를 추천하는 말을 내면 그럴 때마다 고하는 쓰다 달다 말이 없었다. 눈치를 채고 물러나면서도 측근들은 그처럼 재주 있는 인사를 왜 그렇게 하는가 하고 이유를 헤아릴 길이 없어 궁금해 했다. 그러나 시간이 흘러 해방을 전후하여 그들이 대체로 친일이나 좌익으로 쏠리는 것을 보고서야 고하의 혜안을 깨달은 예도 적지 않았다.

고하는 도쿄 유학 만 2년에 자신을 얻었다. 정치, 경제, 문화 등 각 부분의 새 사조와 지식을 받아들이는 데 대담했다. 마치 목마른 사람이 물을 마시듯 했다. 물과 누해 농안에 고하의 생각은 너무도 변모했다.

"우리가 이런 생각으로 저희들 나라에 와서 공부하는 줄 안다면 입학을 안 시킬 거야."

"그야 물론이지."

"저들은 무엇인지도 모르고 호랑이를 기르는 셈이야."

"정말 호랑이 구실을 해야지. 호랑이 구실을 못하는 날엔 저놈들을 위해서 쥐나 잡아 주는 고양이가 되고 말게."

고하와 인촌은 이런 말을 주고받았다. 고하의 눈에는 자기는 호랑이요 일본인은 고양이처럼만 보였던 것이다. 또한 그것은 고하가 변산 내소사 시절부터 입버릇처럼 "호랑이를 잡으려면 호랑이의 굴에 들어가야 한다."는 그의 지론대로 호랑이의 굴인 줄로만 알았던 도쿄에 와 보니 호랑이로 알았던 일본이 고양이로밖에 안 보였기 때문이기도 했다. 고하는 도쿄 생활 몇 달 만에 벌써 일본인과 일본 문화에 탄복하기보다는 모멸을 갖기 시작했다. 고하가 내소사 시절에 인촌과 근촌에게 일본인과 일본 문화를 낮게 평가하던 그 확신이 도쿄를 보고서 더욱 높아진 것이다.

"성수, 보게. 왜놈들이 무엇이 잘났어? 구미 문화를 받아들여 눈가림으로 제 민족을 속여먹고 있지 않는가? 일본 민족의 창의가 어디 있어? 성수, 그들에게서 지구력을 발견할 수가 있어? 시바이(芝居=연극)란 말 참 잘 만들었단 말이야. 모두 시바이야. 정치도 문화도 교육도 모두 바닥이 보이지 않는가? 물이 깊어야 고기가 크지. 왜놈들에 비하면 우리 민족은 깊이가 있고, 폭이 있고, 지구력이 있어. 끈기와 참을성이 있단 말이야"

"우리 민족은 그들보다 오랜 역사를 가졌어. 늦게 깨달은 것이 한이지만 한번 깨닫기만 한다면 저희들보다 앞설 수도 있을 것 아닌가? 우리 나이가 지금 스물. 백 살을 산다면 앞으로 80년이야. 80년이라면 우리는 저희 놈들의 8백 년 분을 거뜬히 해치울 수 있어. 당파 싸움 당파 싸움 하지만 그것도 일종의 지구력이야. 지구력이 없는 사람은 언제나 패하는 법이지. 민족도 마찬가지고 전쟁도 그렇단 말이야"

고하는 지구력 배양이 민족의 백년대계를 세우는 데 가장 중요한 과업이라고 역설했다. 그가 와세다대학에 들어가던 그해가 바로 저 원한과 치욕의 한일합병이 있던 해이다. 그해 3월부터 소위 토지조사사업을 시작하더니 5월에는 일본의 육군대신 데라우치(寺內正毅)가 통감으로 발령되었다. 데라우치는 부임 전인 6월에 미리 조선 정부의 경찰권마저 박탈하는 등 합방 후의 시정 방침까지 결정하였다. 데라우치가 7월 부임하자 통감부 경무총감 부령(府令)으로서 '집회 단속에 관한 건'을 반포하였다. 결사와 집회를 못하게 하는 한편 언론 탄압에 착수하여 대한민보(大韓民報) 등을 폐간시키고, 대한매일신보(大韓每日申報) 등엔 발행 금지의 처분을 내렸다. 드디어 한민족의 입과 귀를 틀어막고 만 것이다. 통감 데라우치는 이완용 등과 협의 하에 그들이 미리 마련해 온 합병 조건을 황제에게 제시하고 승인할 것을 요구했다. 8월 22일 아무런 저항도 없이 이른바 한일합병조약이 체결되었다. 1주일 후인 1910년 8월 29일에는 정식으로 발표되고 말았던 것이다. 이에 따라서 조선조의 마지막 국왕인 융희황제(隆熙皇帝) 순종으로 하여금 양국조서(讓國詔書)를 내리게 했다. 경술국치(庚戌國恥)였다. 고종 34년(1897) 10월 이래 쓰여 온 대한(大韓)의 국호는 13년 만에 다시 조선(朝鮮)으로 고쳐졌다. 통감부는 조선총독부(朝鮮總督府)가 된 것이다.

일본의 속국이 된 을사보호조약 이래 5년 동안 전국 각지에서 활약하던 의병들은 일본군의 가혹한 탄압을 받고 대부분은 만주나 러시아로 흩어졌다. 극히 적은 규모의 의병이 국내에 남아서 저항했으나 그 세력은 미미했다.

양국조서가 내리기 전에 고하는 이미 도쿄에서 이 슬픈 소식을 전해 들었다. 이때의 나이 스물하나. 남달리 강한 정열가요, 유달리 정치에 관심을 가졌던 청년 고하가 미리 짐작 못한 바는 아니었으나 이 놀라운 사실을 알았을 때 그 통분함을 어디에도 비교할 수 없었다. 이 무렵 고하는 걸핏하면 "호생오사(好生惡死: 살기를 좋아하고 죽음을 싫어하는 마음)는 인지상정(人之常情)"이라는 말을 입버릇처럼 하고 있었다. 안중근 의사가 중국 여순(旅順)의 일본 관동법원(關東法院)에서 형의 선고를 받고 형 집행에 앞서 재판장 '마자키'(眞崎)에게 한 말이다. 마자키가 안 의사의 참회를 권하자 안 의사는 이에 굴하지 않고,

"호생오사는 사람의 상정이나, 구차히 내가 살아남을 생각이 있다면 어찌 내가 이런 일을 하겠소. 그런 말은 두 번도 하지 마시오."

안중근 의사는 사형을 선고받고도 태연히 기도를 드리고 식사를 할 뿐 아니라, 평상시와 조금도 다름없이 지내다가 이 세상을

하직했던 것이다. 고하는 안 의사의 의거에 깊은 감명을 받았다. 그러나 국운이 이미 손댈 수 없이 기울어져 어찌할 수가 없이 되어 있었다.

"조국 없는 사나이, 조국 없는 유학생."

고하는 이렇게 자신을 부르면서 악몽이기를 바랐으나 현실은 역시 냉혹할 뿐이었다. 바로 눈앞에서 보기 추하게 생명을 잃은 대한제국이 영영 소생 불능하게 되어버린 것이다. 그날 고하와 인촌이 기숙하는 하숙에는 도쿄 유학생 네댓이 모여 있었다. 그러나 이 비통한 망국의 비보에도 누구 하나 입을 여는 사람이 없었다.

당시 도쿄의 우리나라 유학생 수는 3~4백 명 정도로 추산되었으나 이 적은 힘으로는 아무런 일도 할 수 없었다. 유학생들의 집결체로 1906년에 대한흥학회(大韓興學會)가 조직되었다. 1909년(융희 3년) 3월에 출간된 대한흥학회보(大韓興學會報) 제1호에 의하면 고하는 이미 회원으로 가입하고 있었다. 얼마 후에는 인촌, 창랑 장택상(滄浪 張澤相) 등과 함께 간사원(幹事員)으로 선출되었다. 이 유학생 단체는 합병 3개월 전인 1910년 6월 한일합병의 징후를 눈치 채고 이를 반대하는 결의문을 본국 정부와 국민에게 전달하려다가 일본 경찰의 탄압으로 뜻을 이루지 못하고 대한흥학회만 해산을 당했던 실정이었다.

그날 저녁 고하는 자취를 감추었다. 어디론가 사라져버린 것이다. 그 거취를 아는 사람은 아무도 없었다. 일심동체라고 누구나 인정하던 인촌까지도 모르니, 고하는 숨은 사람임에 틀림없었다.

고하의 성격을 아는지라 모두가 불안에 싸였다. 갈만한 곳을 모두 찾아 나섰으나 어디서도 찾을 수는 없었다.

"고하가 자결을 했다."

이런 소문이 떠돌았다. 그러나 고하는 죽지 않았다. 죽음의 길을 더듬어 가던 길이었다. 학우들 옆에서 말없이 일어서 나온 고하는 그 길로 도쿄역에 이르러 시모노세키행 기차에 몸을 실었다. 그는 고국으로 발길을 옮겼던 것이다. 고하는 친구들과 헤어질 때 죽음을 결심한 것이었다. 죽는 길밖에는 다른 도리가 없었다. 나라 없는 백성이 살 곳이 없었다. 비록 나라를 잃은 몸일망정 더러운 일본 땅에 묻히고 싶지는 않았다. 썩은 마음과 못생긴 한 몸뚱이를 스스로 조국의 흙속에 묻고 싶었다. 귀국길에 오른 고하는 연락선 갑판에서 몇 번이고 현해탄의 세찬 물결을 내려다보았다. 그러나 역시 원수의 발길이 잦은 이 푸른 바다도 그가 죽을 곳은 아니었다.

고하가 부산에 상륙한 것은 8월 24일이었다. 부산에서 군산까지는 하루 정도 걸리는 길이다. 고하가 군산에 닿은 것은 26일이었다. 죽을 자리를 찾아서 헤맨 것이다. 그의 첫 소원은 죽음이었고, 둘째는 고국 땅에 묻히는 것이었다. 고하는 담양가도(潭陽街道)를 헤매었다. 그는 마치 허수아비 같았다.

"나라를 망친 놈, 나라를…"

심각한 번민과 자학으로 자기 정신을 찾지 못한 고하는 저녁때에야 손곡리 집에 당도하였다. 변변한 인사도 없이 안채로 들어갔다. 문을 첩첩이 닫아걸었다. 집안 어른들은 어이가 없었다. 인사하는 태도는 둘째 치고, 어른들이 묻는 말에 대답도 없었다. 그러나 책망하기에는 아들의 행색이 너무도 심각했다.

"저 애가 웬일인가?"

집안에서는 야단들이었다. 고하의 아버지 훈은 짐작하는 바가 있었다. 이 시골에도 벌써 합병 조약이 굴욕적으로 체결되었다는 소문이 들어와 있었다. 고하는 만 사흘 동안 한 발자국도 문밖에 나오지 아니하였다. 하루에 한 끼도 제대로 들지 않았다. 세수도 하지 않았다. 물만 자꾸 마셨다. 사흘 동안을 단식하며 두문불출한 것이다.

고하가 문밖에 나온 것은 합병조서(合倂詔書)를 전해 들은 날이었다. 누구 하나 말을 건네지 못했다. 그도 말이 없었다. 우물에 가서 말끔히 세수를 하고 두루마기를 꺼내 입고 문밖을 나와 산으로 올라갔다. 불안에 싸인 가족들은 숨어서 지켜보다가 그 뒤를 밟았다. 고하는 선조의 산소에 성묘를 하고 얼마 동안을 엎드려 울었다. 열 사람의 민충정공(閔忠正公)도 좋고, 백 사람의 이준(李儁) 열사도 필요하지만 이때야말로 한 사람의 안중근(安重根) 의사가 더 있어야 하겠다는 생각에 도달한 것이다.

"그렇다. 안중근 의사의 뒤를 따르자."

정포은(鄭圃隱), 사육신(死六臣), 이충무공, 민충정공, 이준 열사, 이런 선열들을 숭모하던 이제까지의 고하는 안중근 의사를 더욱 추모하게 되었다. 소극적인 방법의 충절이 아니라 행동으로서 동쾌한 설욕을 해야겠다는 생각이었다. 며칠 동안에 고하는 딴 사람이 되었다. 결심을 굳힌 고하는 옛 스승 기삼연을 찾았다. 기 선생만은 어떻게 살 것인가를 가르쳐 줄 것만 같았기 때문이었다. 그러나 기삼연은 집에 없었다. 양국조서(讓國詔書)가 발표되었다는 소식을 전해 들은 기삼연도 어디론지 나간 채 이틀째 소식이 없다고 했다. 그로부터 기삼연의 소식은 영영 끊어지고 말았다. 전하는 바에 따르면 광주에서 옥사했다는 설도 있다.

"나라가 이 꼴이 된 때에 선생님도 한가하게 들어앉아 있을 수는 없었을 거야."

고하는 발길을 집으로 돌렸다. 집에서는 아버지 훈이 기다리고 있었다.

"기 선생에게 갔더냐? 내 그러려니 했지. 너의 깊은 생각을 나는 잘 안다. 좋은 생각이야. 사내자식이 그만한 의기는 있어야지. 그러나 이런 때일수록 격하면 못쓰는 법이다. 침착해야지. 너는 혹 기 선생과 의병이라도 일으켜 볼 생각이었는지는 몰라도 그 길만이 나라를 구하는 길은 아니다. 군대란 한때의 흥분이나 의분만으로 성공하는 것이 아니야. 조직이 있고 무기가 있고 또 군비(軍費)가 있어야 해. 방방곡곡에 미리 연락하여 의병을 조직하고 신식 무기를 갖추어야만 한다. 괭이나 호미만 들고서야 지금 왜놈들이 가진 신식 무기를 당할 수 있을 것 같으냐? 그런 무모한 짓은 나라를 구하는 길이 아니다."

"그건 어째서 그렇습니까?"

아버지의 훈계를 경청한 아들 고하는 반문했다.

"어째 그러냐고? 용기를 아주 꺾어 버리기 때문이지. 온 백성이 흥분하고 있는 때에 일어나라면 다 일어나긴 할 거다. 그러나 장대나 호미를 들고 나섰다가 몇 방 총소리에 골패짝처럼 쓰러질 것은 불을 보는 뻔한 노릇이야. 정말 나라를 위해서라면 목숨도 바칠 결심이 선 사람들도 그런 꼴을 당하면 그 뒤엔 다시는 용기를 못 낼 거야. 지금 무모한 개죽음을 당할 필요는 없다."

아버지의 말씀은 구구절절이 사리에 맞았다. 고하는 지금까지의 생각은 무모한 짓임을 깨달았다. 일시적 감정이나 잠시의 기분으로 일이 이루지는 것은 아니라는 사실을 자각했다.

"때를 기다리자. 때를..."

생각을 고쳐먹은 고하는 때를 기다리기로 작정했다. 그는 한겨울 내내 손곡리에 묻혀서 얽히고설킨 마음을 정리했다. '힘을 기르자.' 생각이 여기에 미치자 고하는 다시 도쿄로 건너갈 결심을 굳혔다. 이듬해 이른 봄, 그는 힘을 기르는 유일한 방법은 학업임을 깨닫고 다시 도쿄로 건너갔다.

8 / 유학생친목회(留學生親睦會)와 잡지 '학지광(學之光)'

"성수, 난 딴 사람이 돼서 돌아왔네. 과연 자네는 나보다 한 걸음 앞선 사람이야. 그러나 대기만성(大器晚成)이란 말도 있지 않던가. 하하하…"

고하가 스물두 살 되던 이른 봄, 다시 도쿄에 돌아온 길로 인촌에게 한 말이다. 인촌은 하숙에 들어오는 고하를 보는 순간, 이미 그는 깊이 깨우친 사람임을 발견했다. 첫째, 고하는 일부러 꾸며도 명랑한 표정을 못 짓던 위인인데 전에 보던 침울함이 없어졌다. 둘째, 모든 거동과 태도가 깊은 철학적 이치를 깨우친 사람의 그것이었다. 셋째, 항상 엄숙하고 깊은 사색에 잠긴 사람이었는데 웃음을 찾았다. 해학적인 말도 할 줄 아는 사람이 되었음에 놀랍고 또 반가웠다.

"고마우이. 잘 생각했네. 우리는 일체의 기분과 감상(感傷)을 극복해야 해. 감정에 지배될 시대가 아니야. 잘 말해 주었어. 그리고 잘 웃어 주었고…"

인촌은 그의 재출발을 진심으로 축복하여 주었다.

고하는 이때 그와 같이 일본으로 건너간 인촌의 동생 수당 김연수(秀堂 金秊洙)와 셋이 한방에서 하숙을 하며 학업을 계속하게 되었다. 고하는 와세다대학을 한 학기 만에 자퇴하고 메이지대학(明治大學)으로 적을 옮겨서 법과를 선택했다. '와세다'에서 '메이지'로 학적을 옮긴 것은 와세다를 반년이나 쉰 이유도 있었지마는 환경의 변화를 도모하자는 데 있었다. 또한 이제부터 일본인들과 싸우자면 새로운 정치나 법률을 이해하여야 한다는 생각에서였다. 새로운 제도란 법치주의, 법치국가를 말한다. 법을 알고 법을 이해해야만 이를 잘 이용할 수도 있고, 법률에 입각하여 투쟁할 수도 있다고 생각했기 때문이다.

후일 어느 후배가 고하에게 묻기를,

"선생님께서는 정치 지도자이신데 어째서 도쿄 유학 시절에는 정치과를 택하지 아니하셨습니까?"라고 하자,

"이 사람아, 정치는 고등 상식이야."

라고 대답한 바 있다.

"새 송진우가 된다."

고하는 스스로 새사람이 되기에 노력했고 대하는 사람마다 이같은 대도로 나왔다. 과거의 고하는 남과 별로 사귀는 일이 적었다. 오직 스스로 위치를 지키고 홀로 사색했다. 사람이 많이 모이는 자리에는 되도록 나가지 않았다. 한 마디로 고하는 고독을 즐겼고 사색에 몰두하였다. 그러나 망국이라는 충격적인 사건을 겪

은 반 년 만에 그는 딴 사람이 되어 도쿄로 돌아갔다. 고하의 성격 변화에는 아버지의 훈계가 크게 작용했다. 그 첫 깨우침은 이제부터 광복운동(光復運動)을 하려면 조직을 가져야 한다는 것이었다. 조직을 갖자면 먼저 인재가 있어야 했다. 인재를 구하자면 널리 친구를 사귀어야 했다.

이제부터의 광복운동은 과거의 의거(義擧) 관념에서 벗어나야 한다. 첫째, 한두 사람 또는 한두 단체의 광복운동이 아니라 전 민족적인 집단 운동이라야 할 것이다. 둘째, 그 어떤 한 부분을 통한 광복운동이 아니라 정치, 경제, 산업, 문화 등 각 부분이 병행해야 한다는 점이다. 그러기 위해서는 교육사업을 해야 했고, 산업을 일으켜야 했다. 동시에 금융기관과 신문, 출판기관을 가져야 했다. 이런 것이 한겨울 동안 손곡리 집에서 구상한 새로운 광복운동의 근본이념이었다. 이와 같은 고하의 의견에 인촌도 전적으로 찬성했다. 설산도 좋은 구상이라 했다.

방대한 사업을 추진시키자면 먼저 일본에 있는 조선 유학생들의 단결이 필요했다. 이 단결을 위하여 착수한 것이 '유학생친목회(留學生親睦會)'인 바 이 친목회는 곧 이루어져서 유학생의 단결을 가져오게 했다. 유학생친목회를 조직하기까지 우선 고하는 청년 학생층에서 능력 있는 친구들을 사귀기로 했다. 육당 최남선(六堂 崔南善)을 비롯해서 설산 장덕수(雪山 張德秀), 가인 김병로(街人 金炳魯), 애산 이인(愛山 李仁), 무송 현준호(撫松 玄俊鎬), 해공 신익희(海公 申翼熙), 조소앙(趙素昻) 등은 이 무렵에 사귄 알찬 친구들이었다. 또한 고당 조만식(古堂 曺晩植)과 민세 안재홍(民世 安在鴻)을 알게 된 것도 이 무렵의 일이었다. 그리고 낭산 김준연(金俊淵)은 귀국 1년 전에 알게 된 친구였다.

"도쿄 유학 시절 우리의 유학생은 아마 약 80여 명쯤 되었을 거야. 변두리에 싼 하숙집을 구한다고 해서 와세다대학 근처에 대개 모여 살았지. 이 당시에 유학생 중 리더는 단연 고하였어. 많은 유학생들이 그에게서 자유 독립사상의 깨우침을 받았어. 고하는 언제 봐도 포용력이 있고 은근한 정이 있기 때문에 나는 마음속으로 걸물이라고 생각했어. 그런데 귀국 후에는 그의 필화 사건의 변호를 두 번이나 맡아 일본에 있을 때보다 국내에서 더욱 가깝게 지내게 되었지."

당시 메이지대 법과에 다니던 애산 이인(愛山 李仁)의 말이다.

고하가 두 번째로 일본으로 건너간 당시에 도쿄의 조선 유학생 수는 무려 3~4백 명에 달했다. 합방 전 몇 십 명에 불과했던 유학생 수가 갑작스레 불어났다. 이유는 개화 물결을 타고 신학문을 배우고자 몰려왔다. 대부분 지주급 자식들이 유학을 왔지만, 고하처럼 뜻을 세워 고학할 작정으로 건너온 학생들도 더러 있었다.

이때, 유학생 사회에서는 출신도 별 모임 단체가 많았다. 합방의 해까지는 대한흥학회(大韓興學會)라는 단체로 통합되어 있었다. 그러나 곧 해산되어 버리고 지역별로 각기 모임을 갖고 있었다. 모임으로는 전라도의 호남다화회(湖南茶話會), 함경도의 철북친목회(鐵北親睦會), 평안도의 패서친목회(浿西親睦會), 황해도의

해서친목회(海西親睦會), 경기, 충청도의 삼한구락부(三韓俱樂部) 등의 친목 단체가 존재했다.

"인촌, 전에 유학생 사회에 대한흥학회란 단체가 있었다는데 무슨 이유로 해산되었는지 알고 있나?"

어느 날 학우 몇몇이 쓰루마키(鶴卷)에 있는 인촌 하숙집에 우연히 모인 자리에서 무송 현준호는 대한흥학회 해산 얘기를 갑자기 꺼냈다.

"글쎄, 듣기로는 통감부의 장난이란 말이 들리고 있지. 자세히는 모르지만 초대 통감이었던 이토 히로부미가 안중근 의사에게 저격되고, 또 한국의 지식인 사회가 그즈음 이상스럽게 움직이자 모든 한인 단체들에게 주목을 기울이라는 일본 당국의 긴급 명령이 내려진 모양이야. 이런 차에 대한흥학회란 유학생회가 배겨날 순 없었지 않았을까?"

"무슨 일이야? 무송."

고하가 여느 때와 달리 심각한 표정을 짓고 있는 무송의 얼굴을 쳐다보면서 참견했다.

"일본에 온 지 얼마 안 되지만 처음부터 난 이상한 생각이 들었어. 왜 하나로 된 유학생회가 없이 각 도별 친목회만 있는가 하고 말야. 얼마 전 대한흥학회가 일본과 합방되던 6월에 해산되었다는 얘기를 듣고 비로소 난 무언가 깨달은 바가 있었어. 내가 보기엔 대한흥학회 해산은 일종의 일제의 간교한 술책이야. 한국인 지식인이 모인 집단을 분열시키려는 하나의 조작이라 말할 수 있지."

무송은 단일 유학생회를 두지 않은 것은 언젠가 또다시 일제에 항거하는 힘이 되지 않을까 두려워해서 분산시키려는 일제의 저의에서 나온 것임을 설명했다.

"그렇다면 어떻게 하겠단 얘기야?"

묵묵히 앉아있던 가인(街人) 김병로가 무거운 입을 열었다.

"어떻게 하다니?"

"무송의 뜻은 아마 뭉치라는 얘기일 거야."

인촌이 눈에 빛을 띠며 좌중을 둘러봤다.

"결과는 뻔하지 않을까? 이미 기존 유학생회를 해산한 일본이 또 나선다 할 때 가만 있을 것 같지 않은데…"

김병로가 다시 입을 열었다.

"그것은 가인의 속단이야. 무송이 잘 쓰는 손자병법에서도 말했듯이 '실즉허(實卽虛) 허즉실(虛卽實)'이란 말도 있잖아. 총독부가 들어서고 조선 전국에 헌병대를 풀어 놓은 지금의 일본은 어쩌면 안심하고 있는지도 몰라. 그들의 무력에 스스로 안심하고 있는 이 때 오히려 틈은 많은 법이야. 최근 2~3년 사이에 상황은 많이 달라졌어."

"그거 좋은 생각인데. 드디어 무송의 손자병법과 삼국지 실력이 터져 나오는데… 하하."

고하가 무송을 바라보며 너털웃음을 터뜨렸다.

결국 인촌 하숙집에서 이런 논의를 통해 고하는 곧 실천으로 옮기기로 했다. 행동적이고 포섭력이 강한 고하는 유학생 사회에서 사심이 없는 열정과 의기에 불타는 청년으로 통했다. 그래서 그가 나서는 것이 유리하다고 판단했다. 각 도별 친목회를 하나의 유학생회로 구성하기 위한 중요한 임무를 띠고 나선 고하는 곧 평남 출신의 조만식(曺晩植)과 경기 출신 안재홍(安在鴻) 등을 만나 얘기를 꺼냈다. 이들의 협조를 구했다. 뿔뿔이 흩어진 유학생 단체를 하나의 강력한 단체로 만들자는 얘기였다. 조만식, 안재홍은 곧 고하의 뜻을 받아들여 유학생회 연합체를 구성할 것을 결의하였다. 그리고 각 도 친목회장들과 접촉하여 1912년 4월 드디어 1차 연합체가 구성되었다.

무송과 인촌의 예견은 적중했다. 합방을 전후해서 도쿄에 있는 조선 유학생 동태를 하나하나 체크하던 도쿄 경시청 형사들의 눈길이 이즈음 들어서 갑자기 뜸했다. 그도 그럴 것이 중국이 연초에 공화제를 선포한데 이어 이해 8월에는 군국주의의 상징인 메이지(明治) 천황이 죽고 다이쇼(大正) 천황이 뒤를 잇는 등 국내외 정세가 급변하여 한 곳으로만 관심을 쏟을 수 없는 형편이었다.

이 틈을 이용하여 일차적으로 연합체를 구성한 유학생회는 같은 해 10월 28일 조선유학생친목회(朝鮮留學生親睦會)를 전격적으로 발족시켰다. 발족 당시 모인 학생 수는 97명이나 됐다. 이 조선유학생친목회는 1919년에 이르러 백관수(白寬洙), 김도연(金度演), 나용균(羅容均), 최팔용(崔八鏞) 등이 주동이 돼 일으킨 도쿄 유학생 2·8독립운동으로 이어지는 맥이 되었다.

또한 고하는 조국의 광복운동은 조선 사람만이 독자적으로 움직여서는 큰 효과를 거두기가 힘겨움을 깨달았다. 그래서 청일전쟁 등 여러 가지 일로 일본에 대립적인 감정을 가지고 있는 중국 유학생과도 연대하여 긴밀한 연락을 갖기로 했다. 당시는 중국의 신해혁명(辛亥革命, 1911) 후 혼미한 정치 정세로 중국 유학생들이 다른 한편으로 초조한 모습을 하고 있을 때였다.

"중국 사람들이 지금은 저래 보여도 다 제 나라로 가서는 한자리 할 사람들이야. 다 우리 독립운동에 도움이 될 사람들이야."

이런 생각과 함께 고하는 '유학생친목회' 산하 단체로 '호남유학생다화회(湖南留學生茶話會)'를 만들었다. '친목회'에서는 총무로, '다화회'에서는 회장의 일을 보게 되었다. '유학생친목회'와 '호남유학생다화회'는 조국 광복운동의 산실이 되었다.

고하는 '유학생친목회'가 단순한 사교모임이나 연락 장소에 그치는 것을 지양하기 위해 '유학생친목회' 기관지를 발행할 것을 제의했다. 그리하여 유학생 기관지《학지광(學之光)》이 창간되었다. 이는 한일병합 이후 조선인에 의하여 우리말로 편집된 최초의 사상교양 잡지이다. 고하는 〈학지광〉의 편집인을 맡아보았다. 또한 유학생 개인의 일도 도맡아 보았다. 구대한제국(舊大韓帝國) 정부가 파견한 관비 유학생의 관비 지급 문제로 일본 성부 문부성과 끈질긴 교섭 끝에 기어코 이를 받아냈다. 도쿄 유학생 사이에서 고하의 존재는 실로 컸으며 그의 활동도 또한 다방면이었다.

이 무렵 서울의 기호학교(畿湖學校)가 경영난에 빠져 유지가 곤란하다는 소식을 전해들은 고하는 도쿄를 중심으로 일본 유학생들에게 기호학교 재건을 위한 기부금 모집을 호소하기로 했다. 고하의 노력은 주효하여 현준호(玄俊鎬)가 거액을 기부하고 많은 유학생들의 모금 운동이 이루어져 예상 이상의 자금이 모였다. 그래서 고하가 대표가 되어 서울에 기부금을 전달했다.

그러나 고하는 곤란할 정도로 학비가 궁했다. 사철 꾀죄죄하게 때 묻은 '모멘가스리'(무명으로 지은 일본 옷)를 입고 주머니는 늘 비어 있었다. 하지만 그 기개만은 조금도 위축되지 않았다. 그 와중에도 일본 궁성(宮城)을 가리키면서 나중에 우리가 박물관으로 쓸 집이니까 잘 위해 두어야 한다느니, 하늘이 무너져도 솟아날 구멍이 있다느니 하고 다녔다. 그의 태도며 정신만은 당당하고 의젓하기만 했다. 이와 같이 고하는 자로(子路)의[3] 품격이 있었다.

1904년 러일전쟁 후부터 일본 국민들은 그들 위정자들의 번(藩) 중심의 파벌 정치에 대한 불만을 정치 집회를 통하여 토로하고 있었다. 그런데 이 연설회 경청은 유학생 중 그 누구도 고하를 따르지 못했다. 대학 강의를 거르면서까지 찾아다니는 그는 밤에 그의 하숙집에서 낮에 들었던 연설 요지를 마치 연사라도 된 듯 열띤 목소리로 흉내를 냈다. 또한 그의 하숙방에는 항상 신문 잡지 등에 실린 논설들이 어지럽게 나뒹굴었다. 같은 메이지(明治) 대학을 다닌 탓으로 무송과 고하는 곧잘 함께 연설회에 가곤 했

---

[3] 공자의 제자 중 가장 뛰어난 10인 중의 한 사람. 본명은 중유(仲由)이다.

다. 그러던 어느 날, 그 날도 고하는 무송더러 좋은 연설이 있다고 함께 가자고 했다.

마침 서양사 강의를 받으러 가던 무송은 강의를 들을 욕심으로,

"고하, 이젠 연설회 구경은 집어치우지. 연설회 구경 백 번 해도 말솜씨만 배울 뿐이지 별 이득이 없잖아. 괜히 시간낭비인 것만 같고…"

"그 무슨 소리지 무송. 연설회에는 각종 사람들이 다 모이는 곳이야. 또 연사 역시 그들 정치가들의 비리를 꼬집는 비판자들로 일본을 가장 잘 알 수 있는 곳이 바로 그곳이야. 호랑이를 잡으려면 호랑이 굴로 들어가야 한다는 우리 옛 속담도 있듯이 우리 땅을 짓밟은 일본을 알려면 연설회 이상 좋은 곳이 없어."

무송은 그만 입을 다물지 않을 수 없었다. 그만큼 무슨 일에서나 항상 고하는 잃어버린 조국을 의식했다. 일본 신문에 우리 의병들이 일본 헌병들에게 붙잡혔다는 보도가 나올 때는 울분을 참느라 얼굴이 붉으락푸르락하기도 했다. 이 열기가 일생 고하를 애국운동으로 몰았는지도 모른다. 자로의 기개는 이렇게 살았어도 육신에는 한도가 있었다. 심신이 극도로 쇠약해진 고하는 졸업을 앞두고 병마에 쓰러졌다. 이듬 보틀 고열보 귀국하는 수밖에 노리가 없어서 졸업장도 받지 못한 채 고국으로 돌아와야 했다. 지나치게 몸과 정신을 혹사한 데서 얻은 병이었다.

요양 생활은 거의 1년이나 끌었다. 그러나 완쾌한 몸도 아니있

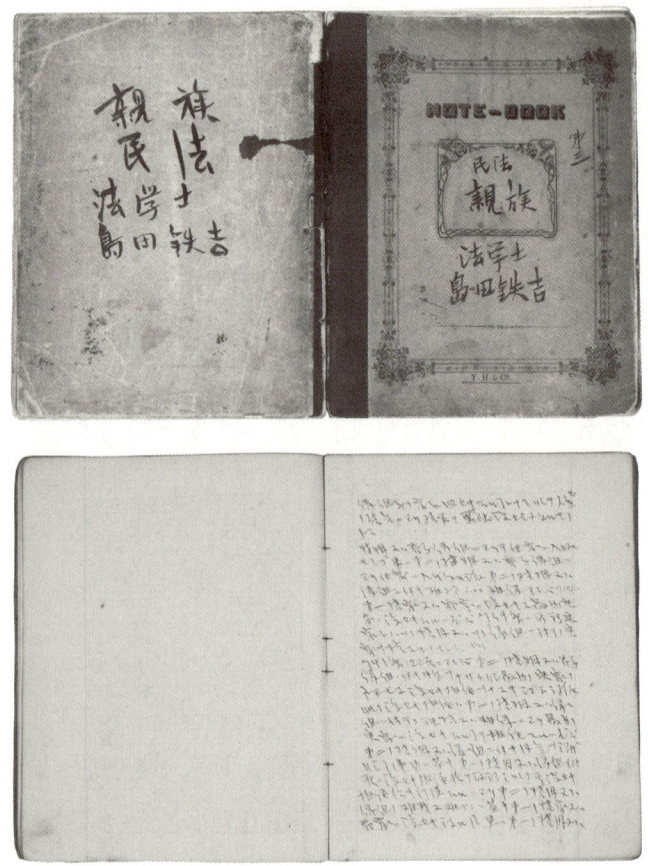

메이지대학 법과 재학 중 받아쓴 고하의 강의노트

는데 다시 도쿄로 건너가서 메이지대학을 졸업했다. 1908년 가을 함께 일본 유학길에 올랐던 인촌이 와세다대학을 졸업하고 귀국한 1년 후인 1915년 7월의 일이었다.

제2장

3·1운동과 중앙학교

1 중앙학교(中央學校)의 중흥

1914년 7월, 졸업을 앞두고 병중이었던 고하는 고향에서 요양을 하고 있었다. 그 무렵 인촌은 와세다대학을 졸업하고 고향에 돌아와 있었다. 고하의 신병을 걱정한 인촌은 의사를 대동하고 오기도 했고 약재를 구해 오는 등 여러 번 문병을 왔다. 이때마다 병석에 누워 있던 고하는 인촌에게 속히 서울로 올라가서 도쿄에서 둘이 계획한 사업을 실천하라고 재촉했다. 고하와 인촌은 이미 도쿄 유학 시절에 장기적인 광복운동의 방향에 대한 약속이 되어 있었다.

인촌이 서울로 올라온 것은 1914년 가을이었다. 이 무렵의 서울의 사립학교들은 그 대부분이 경영난으로 문을 닫았다. 남아있다 해도 폐교나 다름없는 상태에 있었다. 갑신정변, 갑오경장 이후 이 땅에는 근대적 교육기관이 활발하게 설립되기 시작했다. 갑신정변 다음 해인 1885년에 기독교의 감리교파 선교사인 미국인 아펜젤러(Henry G. Appenzeller:1858-1902) 목사가 처음으로 중등

교육기관 배재학당(培材學堂)을 세웠다. 이후에 기독교 등 종교 단체의 학교, 정부의 관립학교, 일반 민간의 사립학교 등이 경향 각지에서 계속 생겨났다.

서당 시절과는 달리 일반 국민들도 점차 교육열이 높아져서 학교를 신문명의 요람으로 생각했다. 외세의 압박을 의식한 교육자들도 학교를 민족 사상을 일깨우는 발판으로 삼아서 이곳에서 열심히 학생들을 가르치고 지도했다.

1905년 이른바 을사보호조약이 체결된 이후 일본은 우리 민족 교육기관인 학교의 설립과 운영에 제동을 걸었다. 1908년에는 사립학교를 인가제(認可制)로 하여 기왕에 세워진 기존 학교를 5분의 1로 줄였다. 이어 1910년 한일합방 후로는 우리 민족을 노예화할 속셈에서 초등교육만으로 충분하다는 우민정책(愚民政策)을 쓴 것이다. 그래서 1911년에 제정된 조선교육령(朝鮮敎育令)에 따라 일본인은 소학교 6년, 중학교 5년이었지만, 조선인은 보통학교 4년, 고등보통학교 4년으로 교육 기간이 축소되었다. 학제에서부터 그들을 따라가지 못하게 한 것이다. 이와 같은 차별 정책으로 우리 사학(私學)들은 거의 소멸되어 갔다. 종교 단체에서 설립한 몇몇 학교만이 겨우 명맥을 이어가고 있었다.

이런 때에 교육사업을 목표로 서울로 올라온 인촌은 자청하여 가시밭길을 걸어가고 있었다. 한 달이 넘도록 각 학회와 학교 등을 알아보고 나서는 새로운 사립학교를 설립하기로 마음을 정했다. 학교 설립과 운영에 필요한 계획을 세우고 교명을 '백산학교

(白山學校)'로 정하여 조선총독부 학무국에 설립 인가를 신청했다. 그러나 그들의 정책이 그러했던 만큼 그 설립 인가 신청은 기각되고 말았다.

이 소문이 퍼지자 재정난으로 운영이 어렵게 된 몇몇 학교들이 인수해 줄 것을 교섭해 왔다. 그중에는 중앙학회(中央學會)에서 운영하는 중앙학교(中央學校)도 들어 있었다. 학회라는 것은 조선조 말에 높아졌던 교육열에 호응하여 설립된 교육기관의 경영체들이다. 한편으로는 물밀듯이 들어오는 일본의 세력에 대항하여 합법적으로 싸우려는 민족운동의 조직체이기도 했다. 이와 같은 성격의 학회가 여러 곳에 생겼으나 학회들이 학교를 설립할 겨를도 없이 대한제국이 일본에 병합되는 바람에 학회는 학회대로 유명무실하게 되었다.

중앙학교는 원래 기호학회(畿湖學會)에서 1908년 사립기호학교(私立畿湖學校)를 설립하여 경영하다가 호남학회(湖南學會), 교남학회(嶠南學會), 관동학회(關東學會) 등이 합쳐진 중앙학회(中央學會)와 융희학회(隆熙學會), 기호학회(畿湖學會)가 다시 합쳐서 만들어진 학교였다.

인촌은 학교 설립 계획이 좌절된 때에 이 중앙학교의 인수 권유를 좋은 기회라고 생각했다. 우선 중앙학회의 관계자인 회장 김윤식(金允植)을 비롯하여 이상재(李商在), 유근(柳瑾), 유성준(兪星濬) 등 여러 선배 인사들과 만나 인수 절차 및 향후 학교의 운영 등을 의논했다. 이때 학교보다 학회 유지에 중점을 두려고 하는 인사들 사이에서 여러 가지 논란이 있었다. 그러나 학회보다는 학교를 살려야 한다는 인촌의 주장이 주효하여 뜻을 이루게 되었다.

중앙학교를 인수하기로 합의를 본 인촌은 그 길로 고향으로 내려가서 생부와 양부 두 어른에게 그간의 경위를 보고 드리고 필요한 출자를 요청했다. 처음부터 인촌은 한두 마디로 출자의 승낙이 이루어질 것으로 생각하지는 않았다. 끈질긴 설명과 간청을 거듭하고 마침내는 단식까지 하여 두 분의 마음을 움직이려고 부단히 노력했다. 그 결과 두 분의 승낙을 얻음으로써 중앙학교 인수의 부푼 꿈은 드디어 실현을 보게 되었다.

그러나 완고한 부친의 승낙을 받는 난관보다 더 큰 난관이 중앙학교 인수를 가로막고 있었다. 고하나 인촌에게는 도쿄 유학 시절부터 일본 경찰의 미행이 붙어 있었다. 당시의 똑똑한 도쿄 유학생치고 미행이 붙지 아니한 사람이 별로 없었다. 그렇지만 고하와 인촌은 특별히 경계하는 요시찰 인물인 만큼 첫 사업은 그 출발점부터 난관에 봉착한 것이다. 총독부 학무국장 세키야(關屋貞三郞)는 인촌이 제출한 중앙학교 인수 청원서를 여러 가지 이유를 내세워서 물리쳤다.

"조선인의 교육은 조선총독부가 하지 않는가? 그대들은 실업(實業)이나 하시오."

세키야는 딴전을 부렸다. 그러나 인촌은 실망하지 않고 수없이 찾아갔다.

"아직도 단념을 안 하고 있나? 그럼 어디 다음에 또 와 보시지."

세키야는 진이 떨어지면 제풀에 물러나리라고 생각하는 눈치였다. 한편 일본 정부의 방침으로, 조선 사람은 초등교육 정도에 그치게 하되 일본인 교사를 파견해서 감독하게 할 것, 특히 배일(排日)사상을 품은 자의 교육 참여를 금지할 것 등의 중앙 정부의 비밀지시를 받고 있는 총독부 학무국은 경찰과 직통하고 있었다. 따라서 고하와 인촌을 중심으로 항일 사상이 투철한 청년들의 동향에 관해서 자세히 알고 있었음은 물론이고 이들의 동태를 살피는 미행도 끈질기게 자행되었다.

인촌도 그런 눈치를 못 챈 것은 아니었다. 그러나 허가를 안 해 주는 것은 일제의 방침이고, 허가를 얻고자 하는 것은 이쪽의 계획이니 굽힐 수는 없었다. 인가가 나지 아니하여 우울해하던 어느 날 신문에서 와세다대학 당시의 교수인 나가이(永井柳太郎)와 다나카(田中穗積) 등이 서울에 체류 중임을 알고, 인촌은 여관으로 그들을 찾아갔다. 두 스승은 인촌의 정중한 인사에 답하며,

"졸업 후에 무슨 사업이라도 하는가?"

하고 묻는 것이었다.

"도쿄 유학 당시부터 교육사업을 하려고 했는데, 막상 졸업을 하고 나와 보니 조선 사람에게는 학교 인가를 해 주지 않는군요. 이것은 중앙 정부의 방침인 것 같기도 하고요."

인촌이 넘겨짚자 나가이는 펄쩍 뛰면서 인촌의 말을 가로막았다.

"그런 어리석은 소리가 어디 있나?"

"아 그러세요. 사실 지금 학교 하나를 맡아보려고 청원서를 총독부에 내고 있는데 잘 허가가 나오지 않습니다."

"내가 말해 주겠네."

나가이와 다나카는 인촌의 후원자가 되기를 자청했다. 나가이나 다나카는 원래 자유주의자였기 때문에 어느 정도의 융통성은 있었던 것이 아닐까? 뒷날 두 사람 중에서 다나카는 법률대가로, 나가이는 정치가와 웅변가로 일본 사회에 이름을 크게 떨쳤다.

이리하여 두 교수의 도움으로 겨우 학교 인가를 얻기는 했으나, 다음에는 교원 허가를 가지고 말썽을 부렸다. 물론 도쿄에서부터 불온사상을 품고 있다는 것이 주된 이유였다. 인촌은 변명도 했고 달라붙기도 했다. 생전 처음으로 요릿집에 일제 담당자를 끌어내어 술자리도 벌였다.

"이것도 독립운동이니까..."

오라면 가고 가라면 돌아서고, 요리를 사라면 사면서 인촌은 그에 어울리지 않는 '출물(出物)꾼'[1] 노릇까지 자처하며 그것을 전혀 개의치 아니하였다. 학교 허가 하나 맡는 것도 독립운동의 하나라고 생각했던 것이다.

한편 인촌이 중앙학교의 인수를 위하여 이처럼 노심초사, 동분서주힐 때 와병 중에 있던 고하는 나소의 자도가 있자 불편한 몸을 이끌고 도쿄로 건너가서 1915년 7월 메이지대학 법학부를 졸

---

1   회비나 잡비 따위를 혼자서 모두 내는 사람.

업했다. 메이지대학을 마치기 위해 도쿄에 머물고 있던 고하는 1915년 5월, 창간에 참여했고 편집에도 관여한 바 있는 도쿄유학생 기관지 '학지광(學之光)'에 〈사상개혁론〉(思想改革論)이라는 논문을 발표했다. 이 글은 고하가 직접 집필하고 학술 잡지에 발표한 첫 논문이다.

인촌은 곧 담양으로 고하를 찾았다. 목마르게 기다리고 있을 고하와 기쁨을 나누려는 생각에서였다. 고하는 아직 병중이었다. 고하가 몇 걸음도 못 옮겨 놓는다면 모르거니와 그렇지 않다면 끌고 올라올 작정이었다. 인촌은 일이 뜻대로 안될 때마다 고하를 생각했다.

"진우가 곁에 있었다면…"

모든 일이 꼬이고 있다는 것을 알리기만 하면, 고열(高熱) 아니라 길에서 쓰러지는 한이 있더라도 달려와 줄 고하였기 때문이었다.

"송진우를 좀 불러대시오."

학교 허가 운동을 돕던 민세 안재홍(民世 安在鴻)은 혼자 애를 태우는 인촌을 보다 못해 이렇게 권고하기도 했다.

"이런 사정 이야기를 하면 당장 뛰어올라올 테지. 하지만 우리가 좀 더 고생을 하지. 잘못 하다가는 그 사람 건강을 회복하기가 더 어려울 거야."

이렇게 하여 미루어 왔던 것이다.

오래간만에 인촌과 고하는 담양 고하의 본댁에서 정답게 만났다.

"아, 저런 몹쓸 놈들."

고하는 인촌에게서 그 사이의 경과를 듣고는 분노를 참지 못했다.

"좋은 시련이었네. 지금까지는 그자들을 겉으로만 보아 왔지만 이번엔 그자들의 마음속까지 속속들이 들여다 볼 수가 있었거든."

"'겉볼안'이라더니, 놈들의 뱃속도 저희들 상판 같겠지 뭐. 깊은 물고기야 못 잡는다지만 얕은 물의 고기야 놓칠까봐."

"나 그 덕에 이번에는 명월관(明月館)엘 다 가 보았네."

"원님 덕에 나팔 불었네그려."

고하와 인촌은 소리를 내어 크게 웃었다.

인촌은 막상 내려와서 보니 건강이 완전히 회복되기까지 고하는 한동안 더 요양을 필요로 할 만큼 쇠약해 있었다.

"인제 다 된 셈이니 한 달 동안은 별로 할 일도 없네. 나도 이제 한 달만 쉴 작정일세."

하루를 묵고 이튿날 홀로 떠날 작정인 인촌의 말에,

"쓸데없는 소리. 솥 떼어 놓고 3년 보낼 작정인가?" 하고,

고하는 앞장을 서는 것이었다.

"하늘이 우리에게 기회를 준서야. 분골쇄신이란 말도 오히려 부족하지. 눈을 뒤집고 일을 해야지. 이것이 우리로 하여금 민충정공처럼 자결하지 못한 답변이 될 것이요, 안중근 의사처럼 교수대에 오르지 못한 설명이 되어 주는 거요. 죽어서 민족에에 이바

지하는 것도 애국의 한 방편이지만, 살아서 적과 싸워 이긴다면 이 얼마나 좋은 애국인가? 성수, 자네는 돈만 끌어대 주게. 학교도 하고, 신문도 하고, 공장도 차리고... 학교에서 열 명, 백 명의 충무공이 나오고, 백 명, 천 명의 안중근 의사가 나와 준다면 우리가 망국일(亡國日)에 죽지 않은 보람도 있을 것이 아닌가."

"일하세. 돈은 내가 전라도를 팔아서라도 댈 것이니..."

고하와 인촌은 지나간 날 변산 내소사 청련암에서 소년 시절처럼 잡은 손에 힘을 부쩍 주었다.

여기서 고하의 병 치료에 대해서 한마디 하고자 한다. 고하는 망국의 비보를 전해 듣는 순간부터 울화병을 얻어 메이지대학 졸업을 앞두고 병으로 자리에 누웠다. 졸업시험도 불편한 몸으로 치렀고, 일본 유학을 마치고 귀국하여서도 병석에 누워 있었다. 고하의 집안에서는 크게 걱정하여 좋다는 약이면 빼지 않고 구해다 썼고, 용하다는 의원이 있으면 어디든지 멀다 않고 불러다 보였다. 그러나 백약이 무효로 차도를 볼 수 없었다.

이럴 지음 사상의학(四象醫學)[2]의 대가이며 전남 순천에 거주하는 박양산(朴梁山)을 알게 되었다. 그는 고하를 사상의학적으로 볼 때 태음인(太陰人)이라 진단하고 처음 약간의 약을 쓰고 난 후에는 열이 아주 많은 사람이라고 했다. 그는 경상도 양산(梁山) 군

---

[2] 사상의학이란 19세기 후반 당대의 의술대가인 함흥출신 이제마(李濟馬)가 연구한 의술. 인체를 사상(太陽·太陰·少陽·少陰)으로 구분한다는 것으로 현대 의학으로 치면 체질 의학을 뜻한다.

수를 지낸 바도 있는 학자였으며, 이제마의 사상의학에 조예가 깊었다. 그동안 많은 사람의 난치병을 고쳤고 많은 제자도 길러냈다. 그의 치료를 받으면서 고하의 병은 점차 회복되어 갔다. 그 후 고하는 한의학의 원전인 동의보감(東醫寶鑑)과 사상의학에 관한 한방의서인 동의수세보원(東醫壽世保元)을 틈틈이 읽었다. 세상을 떠나는 날까지 책상 위에서 이 책들을 내려놓지 아니했다.

서울로 올라온 고하는 완쾌되지 않은 몸을 이끌고, 동분서주 바쁜 나날을 보냈다. 인촌은 백만 대군이라도 얻은 듯 기뻐했다.

"자네가 큰일을 다해 놓았는데 내가 할 일이 뭐가 있겠는가?"

"아닐세. 큰일은 이제부터야. 앞으로 학교 안의 일은 자네가 맡아 주어야겠어."

처음 고하가 맡은 직책은 교무(敎務) 일이었다. 인촌은 평교사로 영어와 경제를 담당했다. 고하가 중앙학교로 온 지 얼마 안 돼서 학감으로 있던 안재홍(安在鴻)이 학교를 떠났다. 그 바람에 그 뒤를 이어 고하가 학감(學監)이 되었다. 1916년의 일이다.

이때의 교장은 석농 유근(石儂 柳瑾)이었다. 유근은 용인 출신으로 한학자로서 문장에 능하여 장지연(張志淵), 남궁억(南宮檍) 등과 황성신문(皇城新聞)을 창간하고 주필을 거쳐 수년 간 사장직에도 있있다. 병합 전사시 몇 개 학교의 교상직을 역임한 바 있는 교육계의 원로이기도 했다. 1917년 3월 교장 유근이 사임하자 인촌이 뒤를 이어 교장이 되었다. 인촌이 이 자리에 앉게 된 것은 학교 건물의 신축의 시급힘 때문이있다.

2 / 피 끓는 청년 교육자

1915년 4월 인촌이 중앙학교를 인수할 때 학교는 화동 138번지[3] 홍수렛골에 있었다. 교사(校舍)는 한옥을 개조한 것으로 건평 80평가량의 기와집을 교실로 쓰고 별채는 교무실로 사용했다. 또 수업 연한은 본과가 3년이고 교원 양성을 위한 특과가 1년 반이었다. 1908년 개교한 이래 인촌이 인수할 때까지 7년간에 이 학교를 졸업한 학생 수는 약 3백 명 남짓이었고, 재학생 수는 7~80명에 불과했다. 인촌이 이 학교를 인수하게 되자 일반의 기대는 커져서 신입생 수는 전 년의 2배로 늘어났다. 더욱이 이해 11월이 되자 총독부의 고등보통학교령(高等普通學校令)에 따라 3년이던 수업 연한이 4년으로 늘어서 학교 시설의 확장이 시급했다.

고하가 중앙학교에 부임한 얼마 후 인촌은 여러 곳을 물색한 끝에 1917년 6월, 계동(桂洞) 1번지인 지금의 중앙고등학교 터를

---

[3] 전 경기고등학교 자리이고 지금의 정독 도서관 자리의 일부이다.

교사 자리로 정하고 토지를 사들였다. 당시 이 일대는 수목이 울창한 산골짜기였다. 숲속에는 뒤에 상하이 임시정부의 군무총장(軍務總長)을 지낸 노백린(盧伯麟) 장군이 거주했다는 기와집이 한적하게 있었다. 이 집의 일부는 얼마 후에 고하와 기당 현상윤(幾堂 玄相允)이 거처하는 숙직실이자 3·1운동의 산실이 된 곳이다.

인촌은 학교 터 매입 기금을 마련하기 위해서 쌀 한 섬에 6원 하던 때에 8천 8백 원이라는 거액을 마련해야 했다. 이는 전적으로 양 부친의 뒷받침으로 이루어진 것이다. 이 자리는 화동 교사에서 멀지 않은 곳이었다. 그다지 높지도 않은 조용한 곳이어서 학교 터로서 아주 적당했다. 대지를 사들여 땅을 고르는 작업이 시작되고 교사 신축 공사도 빠르게 진행되었다.

이때 고하는 학생들에게 신축 교사를 짓게 된 경위와 지어야 할 의의를 설명했다.

"제군! 우리는 새집을 짓는다. 누구의 집인가? 여러분들의 집이다. 주추를 놓는다. 누구 집의 주추인가? 여러분이 배울 집의 주추다. 여러분이 배우고 나가면 여러분의 후배들이 배우러 들어올 것이다. 이 후배란 바로 먼저 사회에 나간 여러분의 뒷받침을 해 줄 사람들이다. 여러분이 아무리 잘나고, 지혜가 있고, 용감하다 해도 여러분만으로는 이 세상을 살아갈 수가 없다. 여러분만으로는 여러분의 이상을 살릴 수도 없다. 장차 여러분은 이 민족을 이끌어갈 사람들이다. 2천만이라는 크나큰 가솔을 이끌어갈 여러분을 도와줄 사람들이 다시 들어 올 배움의 집이다. 여러분이 민족을 위해서 싸울 때, 민족의 적과 피투성이가 되어 싸울 때, 여러분의 힘이 부쳐 기진맥진해졌을 때, 여러분의 의기를 북돋아 줄 수 있는 정포은(圃隱 鄭夢周), 여러분의 주위를 포위한 적을 무찔러 줄 이충무공, 여러분의 위치와 정의를 세계에 호소해 줄 이준, 안중근, 이런 동지를 길러 줄 집이 바로 오늘부터 우리가 착공하기로 한 새 교사인 것이다."

고하의 이 말에 학생들은 모두들 팔을 걷었다. 너도나도 수업을 마치면 팔을 걷고 공사장으로 나섰다. 터를 닦고 흙을 나르고, 돌을 깨고 벽돌을 날랐다. 전교생 80명의 학생과 선생까지 앞을 다투어 공사장으로 나갔다. 인촌도 터를 닦았고, 고하도 돌을 날랐다. 나라를 세우는 공사라고 생각하고 선생과 학생이 한 몸이 되어 힘을 쏟았다.

고하는 낮에는 선생님이었고, 오후에는 공사장을 감독하는 우두머리였다. 그뿐만 아니라 밤이면 학생들 집을 찾아다니는 비밀교사였다. 누구 한사람 불평을 하지 않았다. 누구 하나 몸을 아끼지 아니하였다. 누구 하나도 차별하지 아니했다. 고하는 서울에 올라온 후 줄곧 학교 숙직실에서 기거했다. 식사는 인촌과 같이 계동 김사용(金思容)의 집에서 해결했다. 얼마 후 이 숙직실에는 기당도 같이 있게 되니 이곳은 뜻있는 청년의 집회소와도 같은 공간이었다.

대지를 사들인 날로부터 불과 5개월만인 1917년 11월 새 교사가 준공되었다. 학교 건물이 완공되자 학생들은 모두 중앙학교 학생임을 자랑으로 여겼다. 어느새 중앙학교는 경성에서 인기 학교로 등장했다. 우거진 숲속 산비탈에 부속 건물까지 합쳐서 건평 3백 평의 붉은 벽돌 2층집이 서게 된 것이다. 민족의 자본으로 이 민족의 손에 의하여 이룩된 최초의 벽돌집 교사였다. 낙성식을 할 때에는 대략 3백여 명의 학생으로 정원이 늘어났다.

학무국장인 세키야(關屋)도 낙성식에 초대되었는데 깜짝 놀라는 눈치였다.

"송진우와 김성수는 암적 존재다. '스미니 오케나이 야쓰라'(만만히 봤다간 큰 코 다칠 놈들)이다."

세키야는 고하와 인촌을 무서운 존재로 보기 시작했다. 처음 학교를 인가해 줄 때만 하더라도, 땅을 사고 집을 짓는다고 할 때에도 세키야는 두 사람이 무슨 단합을 해서 학교를 경영하겠느냐고 비웃었다.

"제까짓 애송이 '센진(鮮人)들이'[4] 무얼 하겠다고…"

집터를 사고 선생과 학생들이 한 덩어리가 되어 집터를 닦고, 돌을 나른다는 보고와 함께 대학 출신 부잣집 자식들이 공사장 한 귀퉁이 하숙방에서 인부들과 같이 먹고 자고 공사 감독을 한다는 정보를 세키야는 이미 듣고 있었다. 그런데 신축 학교 건물이 완공되자 이처럼 방자하고 오만했던 그의 선입견은 뒤집어졌다. 두 사람을 대하는 그의 태도는 현저하게 정중해졌다.

---

[4] 일본인이 당시 우리나라 사람을 낮잡아 멸시하여 부르는 말.

1917년 12월 1일, 화동 구 교사에서 계동 새 교사로 이사를 할 때 학생들은 학교 비품들을 직접 날랐다. 학생들이 줄 서서 가는 모습을 본 시민들은 새로운 희망으로 이들을 바라보았다. 신축된 중앙학교가 당시 서울의 명물로 등장했다는 기사는 1917년 12월 10일 간행된 '반도시론(半島時論)'에서 엿볼 수 있다. 여기에는 교사(校舍)가 신축되기까지 그 경위와 규모 등이 상세하게 기록되어 있다.

중앙학교가 눈부신 발전을 하는 것을 보자, 총독부 학무국에서는 일본인 교사를 써야 한다고 주장했다.

"너희 학교는 내용도 충실하고 건물도 훌륭하므로, 특별히 우리 교사를 파견키로 했으니 감사히 알라."

총독부가 중앙학교에 일본인 교사를 파견하려는 이유는 감시가 목적이었다. 말하자면 정보원을 심어놓고 조그마한 트집이라도 잡히기만 하면 폐교 처분까지라도 내리기 위해서였다. 이밖에도 총독부는 갖은 명목을 붙여서 학교 일에 간섭하고 압력을 가했다. 그렇게 압박할수록 저항하는 힘도 강해져서 중앙학교는 날로 성장하고 번영했다.

중앙학교는 학교 규칙이 엄한 학교로 발전해 갔다. 교모와 교복도 제정했다. 선생과 학생은 일본 해군 장교복과 비슷한 제복으로 맞추어 입었다. 이때까지는 대부분 학생들이 한복을 입었었다. 처음 교복을 입게 되자 학생 중에는 바지의 앞뒤를 구별 못해서 곤란을 겪었다는 일화도 있다. 선생도 학생도 머리는 빡빡 깎았다. 그런 제복을 입고 머리를 깎은 이유는 일제에 대한 항거의 인상을 풍기고 있었다.

"누가 중앙학교를 허가해 주었느냐?"

일본인들 사이에서 책임 문제가 논란되었다. 그럴수록 구실을 안 주려고 학교는 더욱 고심을 했다. 고하도 수업 시간에 '조선'이니 '조선 민족'이니 하는 낱말은 되도록이면 삼갔다. 그 대신 자신이 존경하던 을지문덕, 을파소(乙巴素), 김춘추, 정몽주, 이순신 등 민족 영웅들의 이야기를 해 주었다.

"하늘이 준 기회, 하늘이 준 사업."

고하는 이 기회와 이 사업을 위하여 정열과 신념으로 일에 임했다. 그러나 그의 주위에는 모두가 적이었다. 가장 무섭고 큰 적이 총독부였다. 눈에 보이지 않는 철사줄이 그를 얽매고 있었고 형체 없는 방해물이 그의 행동들을 제약했다. 그뿐만이 아니었다. 적은 안에도 있었다. 전 경영자 측에서는 나날이 발전하는 중앙학교를 질시의 눈으로 바라보았다. 그들은 호시탐탐 모함의 구실을 찾으려고 애썼다.

일찍이 고하가 도쿄 유학 시절, '학지광(學之光)' 1915년 5월호에 <사상개혁론(별명 '공교 타파론(孔敎打破論)')>이란 글을 게재한 일이 있었다. 그 글의 목적은 민족정신을 높이는 데 있었다. 지난날 지나치게 공자, 맹자만 찾다보니 국민이 약해졌다는 내용이었다. 다시 말하면 구미(歐美)의 새로운 사조를 받아들이기 위해서는 하루빨리 묵은 껍질을 벗어야 한다는 것이었다. 이 <공교타

파론〉은 국내 유림(儒林)에서 말썽이 되었다. 유성(儒聖) 공자(孔子)를 모독하였다는 것이었다. 구미 각국이 날로 발전하는 것을 모르는 이들은 지나간 이야기로 고하를 비난하기 시작했다.

고하는 도쿄 유학 시절에도 자신의 신념을 잃지 않았다. 누가 뭐라고 해도 못들은 척했고, 누가 방해를 해도 개의치 않았다. 오직 그의 신념에 따라 행동하고 일에만 열중하였다.

"경술년에 이미 죽었어야 할 몸이 아직까지 살아 있으니, 일로써 속죄를 해야 하지 않겠는가!"

고하는 입버릇처럼 말하고 또 외웠다. 일하는 것을 그는 속죄라고 생각했다. 속죄 의식으로 일에 임했고, 매사를 처리했고, 일본인들과도 맞서 싸웠다. 그러한 고하에게는 두려운 것이 없었다. 총독부도 무섭지 않았고, 헌병과 경찰도 두렵지 않았다. 유학 시절의 고하의 강직함과 자존심도 일본인과 그 국민성에 대한 비판에서 온 것이었다.

"역사와 전통이 없는 문화가 무슨 소용이 있어? 사람이고 국가고, 연륜이 필요하지. '가케우동'(가락국수)의 '앗사리한'(산뜻한) 맛 이외에 일본 문화에서 배울 것이 무엇이 있어? 얕은 물속의 피라미 새끼에서 어찌 깊은 물에 사는 잉어의 기풍을 찾을 수 있어?"

고하는 당시 일본 문화를 까마귀가 공작 깃을 빼다 꽂은 것으로 평가절하했다. 또 일본인을 얕은 물속의 피라미로밖에 보지 않았다.

"물이 깊어야 고기가 크지."

밝은 두뇌와 올바른 판단력, 끈기 있는 지구력은 활동의 원동력이 되었다. 또한 일에 대한 신념이 되었다. 한편 그것은 그의 교육 이념이기도 했다. 그는 정열의 화신이었다. 이 기백과 신념, 그리고 정열로 이 나라의 기둥이 되고, 들보가 되고, 주추가 될 청소년을 가르쳤다.

고하는 강의실에 들어가면 으레 그 독특한 강직한 자세로 학생들에게 민족애와 조국애, 그리고 동지애를 강조했다. 청년 교육자 고하의 강의는 그대로 강연이요, 사자의 울부짖음이었다.

"여러분은 학문을 닦는 사람이다. 학문은 무엇 때문에 닦는가? 자기를 위해서 닦는다. 그러면 이 자기는 어디에 속해 있는가? 여러분의 가정에 속해 있다. 여러분의 가정은 어디에 속해 있다고 생각하는가?"

고하는 숨 돌릴 겨를도 없이 단숨에 불을 뿜을 듯 강연을 했다.

"그렇다. 여러분은 개인이되 개인이 아니다. 육체적으로는 독립되어 있지만 그 어디에고 매어있다. '사람인(人)'자가 왜 서로 버티는 형상을 하고 있는지 아는가? 서로 버티어야 한다. 개인과 개인이 버티고, 조직된 단체와 단체가 서로 버티고, 온 겨레가 서로 버티고 버티어야만 이 민족이 산다. 불행하게도 여러분은 나라가 망한 세대에 태어났다. 그러나 바꾸어 생각하면 여러분은 참 좋은 세대에 태어났다고 할 수도 있다. 그것은 여러분은 진실로 산 보람을 느낄 수 있는 세상에 태어났기 때문이다. 여러분은 일을 할 수 있는 세상에 태어난 것이다. 이 일이란 쉬운 것이 아니다. 벅찬 일이다. 그러나 그것이 값이 있다. 행복한 사람은 한평생 불행을 면할 수 있을지 몰라도 위대하다고 볼 수는 없다. 여러분은 평범한 안일과 행복을 바라는가? 그렇지 아니하면 위대한 생을 바라는가? 어느 쪽인가? 저 김달수 군은 어떤 인생을 바라는가?"

고하는 학생들의 의견을 묻고 또 의견에 대답했다. 교실은 선생과 학생의 토론장이 되는 것이었다. 고하는 교단에서 학생들에게 이 나라 역사를 가르치고 민족의 나아갈 바를 가르쳤다.

"민족이란 광맥이나 물줄기와 같은 체계를 갖는다. 우리는 단군 이후로 삼국시대와 통일신라, 고려, 조선을 통해서 우리의 고유한 전통과 정신을 세계 인류 속에 흘러 들여보낸 위대한 민족이다. 물줄기나 빛은 경우에 따라서는 장애가 생기어 가려지기도 하고 빛이 흐려지기도 한다. 그러나 그렇다고 해서 그 빛 자체의 본질이 변한 것은 아니다. 백두산에서 흘러내린 물은 혹은 지상을 따라 흐르기도 하고 혹은 땅속에 스며들어 눈에 보이지 않을 때도 있다. 지금 우리는 불우하고 암흑 속에 살고 있다. 그러나 이것은 마치 물이 땅속으로 흐르고 달이 태양을 가리는 것과 꼭 같다. 언제나 물은 흐르고 있고, 또 언제고 태양은 달을 벗어날 것이다. 우리 민족도 이 물처럼 지금도 흐르고 있다. 이것을 잘못 알고 물이 끊어졌거니, 영원히 태양이 없어졌거니 생각하는 것처럼 어리석은 일은 없다. 태양이 죽던가? 민족이란 이 태양과 같은 섭리에서 유지되는 것이다."

고하는 이 민족이 처한 현실을 이처럼 부르짖었다. 민족을 태양에, 변절과 배신을 일식(日蝕)에 비겼다. 잠시 태양이 일식으로 인해서 어두워졌다고 변절과 배신을 한다면 마치 일식을 보고 자살을 하는 사람과 꼭 같은 어리석은 짓이라고 비유했다.

"단군이 그 슬기로운 광명을 비쳐주지 않았다면 고구려도, 통일신라도 없고, 고려도 없었을 것이 아닌가? 오늘날 여러분이 있다는 것도 선조가 있고 부모가 있기 때문이다."

그는 민족의 연면함을 설명하고 다시 민족불멸론(民族不滅論)을 펼쳤다.

"여러분들에게 일시 자손이 끊어졌다고 여러분은 자살을 할 것인가? 마찬가지다. 여러분에게 현재 자손이 없다 해도 선대부터 내려온 피는 언제나 여러분의 혈관에 흐르고 있다. 우리도 지금 그런 처지이다. 오늘은 암흑시대이지만 이 일식이 걷히고 찬란한 광명이 비칠 날이 있다. 이것은 신의 섭리요 진리인 것이다. 민족이 영원히 멸망하는 법은 없다. 여러분은 조금도 초조해할 것이 없다. 여러분은 4천 년이란 긴 역사를 두고 닦아온 굳건한 지반 위에 앉아 있는 것이다. 일본은 지금 칼과 총으로 우리의 목을 누르고 있다. 그러나 칼과 총으로 남을 정복하는 것을 하늘이 허락한 일이 없다. 우리 겨레 전부가 일본의 노예가 되기를 바랄 수는 없다. 우리 모두가 원치 않는 노예 생활을 누가 감히 강요할 수 있겠는가? 민족은 절대로 멸망하지 않는다."

학생들은 고하의 한 마디 한 마디를 굶주린 지시의 주머니 속에 간직해 넣었다. 그들의 땀구멍을 뚫고 살 속으로 스며들어 한 민족으로서의 피와 뼈가 되었다. 그의 이와 같은 가르침은 그들의 가슴에 새겨질 뿐 한 마디도 학교 밖에 새어 나가지 않았다. 일본 경찰은 우리 사람이 경영하는 각 기관에 여러 방법으로 밀정을

1922년 3월 18일 중앙고보 제1회 졸업기념 사진.
앞줄 왼쪽 여섯 번째부터 김성수, 최두선, 송진우, 현상윤

침투시키고 정보를 수집하고 있었다. 중앙학교도 예외일 수는 없었다. 그럼에도 불구하고 단 한 사람의 배신자나 이단자도 생기지 않았다는 것은 고하의 덕망의 소치이기도 했던 것이다.

또한 고하는 학생들에게 혼례는 단군(檀君)과 세종대왕(世宗大王), 그리고 이순신(李舜臣) 장군을 모신 앞에서 거행되어야 한다고 주장했다. 말하자면 고하의 주장은 단군과 민족 문화의 상징인 세종대왕과 임진왜란의 영웅 이순신 장군을 한 자리에 모셔 놓음으로써 우리가 단군의 자손임을 깨닫고 세종대왕의 높으신 업적을 이어받으며, 이순신의 충(忠)과 의로움, 그리고 용기와 지혜를 받들자는 취지에서였다.

이와 같은 뜻에 따라 고하는 1917년부터 경향 각지에 동지를 모으고, 자금을 조달하여 삼성사 건립기성회(三聖祠建立期成會)를 조직했다. 고하가 '삼성사'를 세우는 국민운동을 일으키자 총독부는 눈살을 찌푸렸다. 고하는 모르는 척 성금을 모으고 '삼성사'의 터를 서울 남산에 잡을 것을 추진했다. 이에 당황한 총독부는 부랴부랴 일본 천황의 명령으로 남산에 신사(神社)를 세운다는 것을 공포하기에 이르렀다. 이것이 소위 조선신궁(朝鮮神宮)이었다. 지금의 남산 야외 음악당 자리에서 8 · 15해방까지 서울을 내려다보고 있었다. 남산이 뜻과 같이 되지 아니하자 고하는 북악산, 삼청공원 등을 계획하였으나 그것도 일제의 방해로 뜻을 이루지 못하고 말았다.

3 / 내일을 위한 기초 학생조직

중앙학교가 계동 새 교사로 이사한 다음 해인 1918년 3월이 되자 인촌은 교장을 사임하고 평교사로 물러났다. 이를 이어 고하가 교장으로 취임했다. 이때 중앙학교는 튼튼한 기반 위에 서서 눈부시게 발전하고 있었다. 교사진도 일본인을 압도했다. 학교와 인연이 깊었던 최규동(崔奎東), 이중화(李重華), 이광종(李光鍾), 이규영(李奎榮), 권덕규(權悳奎) 등 당대의 대가들이 모여 있었다. 일본 유학에서 돌아온 인촌을 비롯하여 최두선(崔斗善), 이강현(李康賢), 현상윤(玄相允), 고희동(高羲東) 등과 국내에서 명성이 높던 변영태(卞榮泰), 유경상(劉敬相), 유태로(劉泰魯), 조철호(趙喆鎬), 나원정(羅元鼎), 박해돈(朴海敦) 등등 쟁쟁한 교사들이 모여 교편을 잡고 있었다.

고하는 교장이 되어서도 봉급은 월 30원이었다. 이것은 자신이 결정한 것이다. 그러나 다른 교사들에게는 후하게 책정했다. 예를 들면 수학 담당인 최규동에게 80원을 지급하는 등 다른 학교에서 볼 수 없는 대우였다. 고하는 교장을 맡고 있으면서도 강의를 멈추지 아니했다. 더욱이 교단에서만 학생들에게 이 나라 역사를 가르치고 이 민족의 나아갈 길을 강의하는 것이 아니었다. 그의 가르침은 교단을 내려와서 비로소 본격화했다. 수업이 끝나면 교원으로서 또는 교장으로서 임무가 끝난 것이 아니라 가정 방문을 통해 학생들을 지도하였다. 고하, 아니 송 교장은 일일이 학생의 집과 하숙을 찾아다녔다.

"뭘 하느냐?"

"누구십니까?"

"내다. 나, 송진우다."

교장이 하숙에 찾아올 리도 없고, 또 송진우라고 할 리도 없었다. 학생은 다만 친구들의 장난으로만 알고 있었다.

"에이 이 사람, 들어오게."

문을 열고 보면 틀림없는 송 교장이었다.

"아, 선생님께서 어떻게 여기를…"

"들어가도 좋은가? 난 자네들이 지금쯤 뭘 하고 있나 보려고 왔네."

고하는 방안에 들어와서 기웃거려 보고 학비가 어려운 눈치면 얼마 되지 않는 돈이나마 슬며시 방석 밑에 넣어 주기도 했다.

"아, 이 사람, 바늘구멍으로 황소바람이 들어온다는데 이런 걸 좀 바르고 살지. 어서 안에 들어가서 밥풀을 좀 가져오게."

분구멍이 뚫어져 있으면 장호지를 발라 주었다. 그리고는 사람이 난 도리가 무엇이며, 어떻게 사는 것이 가장 잘 사는 것인가를 일깨워 주었다. 우리가 지금은 왜놈들에게 짓밟혀서 굴욕적인 생활을 하고 있지만 언젠가는 이 불합리를 반드시 시정하여 줄 것이라는 것을 학생들에게 불어넣어 주었다.

"우리는 그때를 앉아서만 기다려서는 안 된다. 기회는 언제 올는지 모른다. 이 문제는 단독으로 해결할 문제가 아니다. 세계의 자유와 평화를 사랑하는 나라와 손을 잡고 세계정세의 변화에 응하여 때때로 움직여야 한다. 때는 기필코 언젠가는 온다. 때가 왔을 때 비로소 준비를 하다가는 시간적으로 도저히 따라갈 수가 없다. 그러니 우리는 언제나 모든 준비를 갖추고 대기하고 있어야 한다."

고하는 민족독립이 가까워 옴을 다짐하고 역설했다.

"그래 어떤가? 우리가 일어나야 할 때가 오면 자네도 목숨을 내어놓고 나와 함께 일할 수 있겠는가?"

고하는 학생들의 결의를 촉구하는 것이었다. 이야기를 하면서도 아랫목에 손을 대어보고 방이 차면 주인을 부르기도 했다.

"성이 다르고 이름이 다르지 우리 자식이나 동생과 무엇이 다르겠습니까. 댁의 자제가 다른 데 가서 저 같은 처지에 있을 때, 그 집 주인이 내 자식처럼 잘 돌보아 주었다면 얼마나 고맙겠습니까? 또 따지고 보면 내 자식, 남의 자식이 어디 있겠어요. 저것들이 공부를 잘 해서 우리나라가 잘 돼야 우리네가 늙어서 고생이 적지요."

고하는 나이 어린 학생들이 객지에 와서 공부를 하니 내 자식처럼 돌봐 줄 것을 하숙집 주인에게 당부하고서야 자리를 뜨는 것이었다.

"아니, 그 양반이 정말 중앙학교 교장 선생님이신가요?"

주인은 고하가 돌아간 뒤에 너무 수상하여 학생에게 다져 묻는 것이 일쑤였다. 고하의 가정 방문은 한 달에 한두 번이 아니라 거의 매일의 일과였다. 밤낮을 가리지 아니했다. 하루 평균 스무 시간의 과중한 근무에도 잘 견디었다. 그러나 피곤하면 눈을 감고 조는 듯이 쉬었다. 직원회의를 하다가도 졸았다. 학생들에게 필기를 시켜 놓고도 꾸벅꾸벅 졸 때가 있었다. 그래서 학생들은 '잘 조는 교장' 또는 '간식(間食) 교장'이라는 별명을 붙였다. 그러나 고하는 조는 것이 아니었다. 학생 지도 문제며 학교 운영 문제 등 계획과 설계를 구상하는 시간이었던 것이다.

중앙학교 3백여 명 학생들은 고하에게서 참으로 크게 감화를 받았다. 스승과 제자 사이에 '사제제일주의(師弟第一主義)'로 뭉쳤고, '민족일가주의(民族一家主義)'로 하나가 되었다. 점차로 학교 규칙이 확립되고 기반이 닦아졌다. 이렇게 고하가 학생들을 하나로 뭉치게 하고 단합을 촉구한 것은 내일의 민족독립을 위함이었다. 한마디로 말하면 조직의 전조전을 폈던 것이다. 언제 어디서 도화선에 불이 붙기만 하면 폭발할 태세가 갖추어져 가고 있었다.

1918년 1월 윌슨 미국 대통령은 제1차 세계대전의 종결을 위한 '14개조 평화 의견'을 발표했나. 그 속에는 '민족자결(民族自決)'

이라는 대원칙이 포함되어 있었다. 그보다 조금 앞서 1917년 9월에는 뉴욕에서 25개 약소민족 대표자 회의가 열려 한인 대표도 여기에 참석했다. 그리고 세계대전의 종결을 확인하는 평화회의가 프랑스 파리에서 열린다는 소식이 국내에 전파되었다. 이에 고하의 흥분은 점차 고조되어 갔다. 손 모아 빌고 기다리던 기회였다. 이 같은 기회가 있을 것을 미리 알고 그 대비책에 심혈을 기울인 그였다. 교단에서 열변을 토하면서 그의 열정은 강해졌고, 얼굴에는 희망의 빛이 떠돌기 시작했다.

때가 오면 제때에 동원하기 위해서 고하는 학생들의 연락반 조직에 착수했다. 명목은 학교에 비상사태가 일어났을 때 긴급 소집을 위한 대비책이라고 했다. 학생들의 주소를 지역적으로 분리하여 '반'을 조직했다. '반'에는 반장을 두어 교원의 명령에 따라 언제라도 움직일 수 있도록 했다. 총 책임자는 고하로 하고, 만일을 위해서 서로 간의 연락은 모르게 만들었다. 오직 위아래의 연락망이었다.

1918년 가을에는 우선 조직의 정비를 위해서 가장 믿을 수 있는 몇몇 학생을 수업이 끝난 후에 그의 숙소인 학교 뒤 단칸방 숙직실로 불러들였다. '연락반'의 최후 검토와 조직의 상황을 파악하기 위해서였다. 고하는 시험 삼아 밤에 열 명의 학생에게 비상소집을 하였다. 한 시간 10분 만에 전원이 모였다. 인력거를 타고 오는 학생도 있었다. 고하는 "고맙다. 기쁘다."는 말 이외에는 형용할 말을 찾지 못했다. 고하와 학생들은 굳어진 표정을 풀고 소집에 관한 의견 교환을 가졌다.

"이제부터 추운 겨울에 들기 시작해서 시내에 불이 잦기에 한 번 시험해 본 거야. 전교생을 학교에 모으자면 얼마나 걸릴까?"

"세 시간이면 될 것 같습니다."

고하는 만족했다. 그리고 모인 학생에게 미리 준비한 호떡과 사과를 내놓았다. 그리고는 한민족으로 태어난 이상 한민족답게 값있는 생을 가져야 한다는 말을 잊지 않았다. 학생들은 감격했다. 저마다 민족독립의 멍에를 질 대열의 전위대가 될 것을 마음 속 깊이 새겼다.

고하의 조직은 학생을 중심으로 한 대내적 조직에서 사회 저명 인사를 중심으로 한 대외적인 조직으로 발전했다. 고하를 중심으로 구국운동은 본격적인 단계에 이르렀다. 동시에 한민족 대표를 '예비 평화회의'에 파견해야 하겠다는 운동이 움트기 시작했다. '예비 평화회의' 다음에는 파리에서 본격적인 평화회의가 열릴 것이 틀림없었다. 고하는 더욱 초조했다. 기회는 이때라고 생각했다. 외국에 망명한 구국의 동지나 선배가 그리웠다. 그러나 손쉽게 연락할 도리가 없음을 안타깝게 생각했다.

고하는 울안에 갇힌 사자가 되어 포효했다.

"으으응… 으으응…"

고하는 해외의 망명 동지들과의 연락이 되지 않아 애태우며 몸 부림쳤다. 고하 주위의 가장 가까운 동지인 인촌 김성수, 기당 현상윤, 백농(白儂) 최규동(崔奎東) 등도 고하와 같은 심정이있다. 때

마침 중국 상하이와 미국에서 보낸 밀사가 서울에 들어왔다. 대내적으로 학교, 대외적으로 일반사회, 그리고 해외와의 종적 연결이 이루어지기 시작했다. 계획은 그 발화점에 접근했다. 온 민족이 궐기한 3·1운동의 거사 계획은 이와 같이 무르익어가고 있었다.

4
3·1운동 거사의 총본부(總本部), 중앙학교

　일제의 침략을 받은 이 나라에는 오직 굴종과 착취만이 강요되고 있었다. 초대 총독 데라우치(寺內正毅)가 공언한 조선 통치의 기본 방침은 무단정치(武斷政治)였다. 이 방침은 제2대 하세가와(長谷川好道) 총독 시대에도 그대로 계승되었다. 총독을 중심으로 조선총독부의 손과 발은 헌병과 경찰이었다. 헌병사령관의 지휘 아래 헌병대장, 헌병, 경찰관 또는 그들의 앞잡이들로 구성된 헌병보조원의 움직임은 민족운동을 그 싹에서부터 짓밟고 탄압했다.

　한편 이 민족의 수탈 기관으로는 1908년에 설립된 동양척식주식회사(東洋拓殖株式會社)란 것이 있었다. 합방 전인 1908년 설립된 이른바 동척(東拓- 동양척식주식회사의 줄인 말)은 식민지 조선에서도 호남이나 황해도 등 주로 비옥한 농토만 골라 혹은 헐값으로 매수하고 혹은 고리채에 저당으로 잡아 강탈하는 수법으로 농토를 빼앗았다. 그리하여 조선으로 이민을 온 일본인들에게 낮은 금리로 융자를 해 주고 농토를 그들에게 넘겨주있다. 땅을 잃고 빈

1919년 3·1운동을 주도한 중앙학교 숙직실(현 중앙고등학교 3·1기념관)

1919년 중앙학교 3·1운동 책원지 표석(1919년 3·1운동을 주도한 숙직실 터)

손이 된 조선인들은 살 곳을 찾아 만주로 넘어가고 혹은 날품팔이를 하고자 일본으로 건너갔다. 결국 이리저리 떠돌아다니며 구걸을 하는 상황에까지 이르렀다.

일제는 비단 토지 수탈에만 그치는 것이 아니었다. 천연자원인 삼림, 어장, 광산 등의 독점은 물론 생활필수품의 상거래까지도 독점하며 폭리를 취했다. 그뿐만이 아니었다. 노동자와 봉급생활자에 대한 처우에도 차별이 만연하였다. 제도적으로 일본인들에게는 후대를 하고 특전을 주는 반면 조선 사람들에게는 봉급에서 60% 차등을 두어 박봉으로 허덕이게 했다. 노예화나 다름이 없었다. 일제가 이 나라를 침략한 지 10년, 우리 민족의 생활은 물적, 심적으로 한계에 다다랐다. 더 참고 견딜 수 없는 지경에까지 이른 것이다.

1914년 7월, 유럽에서는 독일, 오스트리아, 이탈리아 등의 동맹국과 러시아, 프랑스, 영국 등의 연합국 사이에서 전쟁이 일어났다. 이때 독일까지 진격했던 러시아의 패전 전후로 중립을 지키고 있던 미국이 1917년 2월 연합국 측에 가담했다. 극동에서는 일본이 연합국 편에 가담하여 독일이 지배하고 있던 중국의 칭다오와 남양 군도를 점령했다. 이른바 제1차 세계대전이다.

이 전쟁의 두드러진 결과는 다음 두 가지를 들 수 있다. 그 하나는 국제 정치 및 경제 무대에서 미국의 화려한 등장이다. 다른 하나는 러시아에 역사상 처음으로 사회주의 혁명이 일어나고 공산주의 국가가 수립된 것이다. 1917년 3월 게렌스기 등이 중심이 되어 혁명을 일으켜 잠시 공화정부가 수립되었다가 11월 레닌 등이 중심이 된 소비에트연방의 공산주의 국가가 성립된 것이다. 그 후 미국은 세계 자유민주주의 수호자로, 소련은 공산주의 종주국으로 상반된 노선을 걸어가게 되었다.

막대한 물량을 투입하여 미국이 이 전쟁을 승리로 이끌면서 전후 처리 문제의 일환으로 당시 윌슨 대통령은 국제연맹(國際聯盟:The League of Nations)의 결성을 제창하고 강화 14개조를 제시했다. 그중에는 민족자결원칙이 들어 있었다. 즉 한 민족의 운명은 그 민족 스스로 결정한다는 것이다. 윌슨의 14개조가 발표된 지 10개월이 지난 1918년 11월, 독일에 혁명이 일어나 제정(帝政)이 무너지면서 1차 대전도 끝을 보게 되었다. 미국과 중국 등지에 망명하고 있던 조선인 지도자들은 1918년 11월부터 절호의 기회를 잡아 활발한 움직임을 구체화하기 시작했다.

윌슨의 제창에 의한 강화회의(講和會議)는 1919년 1월부터 파리에서 열렸다. 이후에 윌슨 미국 대통령의 민족자결론(民族自決論)이 나라 안에 들어오자, 총독부와 경찰은 경계의 눈초리를 번득였다. 그들은 단속이란 구실 아래 마수를 뻗치기 시작했다. 사상이 불온하다고 판단되는 인물에 대해서 점차 압박의 정도가 심해졌다. 중앙학교와 고하, 그리고 인촌도 대상 밖일 수는 없었다.

고하의 일상생활에 감돌던 망국의 우울은 1918년 10월에 접어들면서 점점 걷히기 시작했다. 평소에 이상주의자로서 정의와 형평을 주장해온 고하는 우드로 윌슨의 민족자결주의에 고무되어 민족독립의 서광이 보이기 시작했다고 생각했기 때문이다. 고하는 그 서광을 찾아 중앙학교와 국내의 조직을 정비하는 한편, 조직을 확대하고 국외와도 연락을 시도했다. 연락이 여의치 않아 초조하기는 했으나, 결코 우울해하지는 않았다.

그날도 조직의 중심이 될 학생들을 숙직실에 불러 놓았던 날이다. 바로 그때였다. 밖에서 망을 보던 학생이 뛰어들어 와서 수상한 인적의 접근을 알렸다. 고하는 만일을 위해서 학생들을 뒷문으로 도망치게 했다. 고하가 앞문을 열고 나가 보니 인촌이 보낸 심부름꾼이었다. 인촌은 심심하니 술이나 한잔 나누자고 사람을 보낸 것이었다. 고하는 계동으로 인촌을 찾았다. 여기서는 뜻밖에도 여운홍(呂運弘)이 미국에서 이승만 박사의 비밀 명령을 받들고 상하이를 거쳐 국내로 들어온 것이었다.

"눈이 빠지게 기다렸소. 그래 어떻게 되었소?"

고하는 뛸 듯이 기뻤다. 금방 독립이 된 것처럼 가슴이 벅찼다.

우남 이승만(雩南 李承晩)의 비밀 내용은 이러했다. 윌슨 미국 대통령이 구상한 민족자결론의 원칙이 정식으로 제출될 이번 강화회의를 이용하여 우리 민족의 노예 생활을 만방에 호소하고 자주권을 회복시켜야 한다. 미국에 있는 동지들도 이 구국운동을 추진시키고 있으니 국내에서도 이에 호응하기 바란다는 내용이었다. 그리고 중국의 망명객들은 파리에서 열릴 강화회의에 민족 대표로서 김규식(金奎植)을 파견하기로 결정하였으니 국내에서도 이 구국운동에 호응하여 정신적으로나 물질적으로 협조해 달라고 부연했다.

　진정으로 기다리고 바라던 소식이었다. 국내 일은 우리가 맡아서 할 테니, 정세가 달라지는 대로 다시 연락해 주길 바란다고 우남의 연락에 대한 회답을 했다. 이를 전후하여 고하를 중심으로 한 국내 세력은 고하와 기당이 묵고 있는 중앙학교 숙직실을 총본부로 하여 활동을 개시하고 있었다. 그동안 해외에 흩어져 있는 동포들도 제1차 대전의 뒤처리 대책에 대한 소식을 듣고 산발적으로 점차 조직 활동을 이어갔다.

　미국 워싱턴에서는 이승만과 도산 안창호(島山 安昌浩) 등을 중심으로 여러 가지로 대책을 모색하는 한편 미국 대통령에게 우리의 독립을 갈망하는 서한을 보내고 이승만, 정한경(鄭翰景) 등을 파리로 보낼 계획을 세웠다.

　중국 상하이에서는 이곳에 망명하고 있던 신규식(申圭植), 여운형(呂運亨) 등이 중심이 되어 파리에서 열릴 예정인 강화회의에 우사 김규식(尤史 金奎植)을 대표로 보낼 것을 의논하였다. 그리고 미국 등지에서 연락 닿는 대로 국내외 여러 곳에 밀사를 보내어 그동안의 소식을 전하는 등 국내외에서 독립운동을 일으킬 것을 계획했다.

　한편 일본 도쿄에 유학 중인 백관수(白寬洙), 김도연(金度演), 나용균(羅容均), 송계백(宋繼白) 등은 1차 대전 직후 급변하는 열강의 동향을 살피면서 정기총회, 학술토론, 졸업 축하 등등을 구실로 빈번한 모임을 가졌다. 이 자리에서는 해외 선배 동지들의 활동에 호응하고 시기를 포착하여 적절한 운동을 벌이고자 동지를 규합하고 거사 계획을 의논했다.

1918년 12월 초 일본에서 발행되는 《재팬 애드버타이즈먼트》와 아사히신문(朝日新聞)에는 미주의 동포들이 이승만과 정한경을 민족 대표로 파리 강화회의에 파견하기로 결정하고 그 경비까지 모았다는 등의 기사가 실려 있었다. 여기에 자극을 받은 도쿄 유학생들은 서둘러 본국 지도자들과 연락하여 대책을 세우고자 송계백을 서울에 파견하여 고하 등을 만나게 했다. 이즈음 천도교 측이나 기독교 측에서도 해외 정세의 동향에 대한 소식을 여러 방면에서 듣고 있어서 그들 나름대로 무엇인가를 도모해야 한다는 생각에 가만히 기다릴 수만은 없었다. 그러나 결정적인 대책이나 기회를 잡지는 못하고 있었다.

이 운동은 국내의 어느 한두 종파나 단체의 힘만으로는 성공할 수도 없었고, 또 국외에서도 몇몇 사람이 운동을 제창하고 호소한다고 해서 그 효과를 기대할 수는 더욱 없었다. 여기에 국내에서 주된 민족 세력이 단결하여 거사를 일으키고 국외에서 이에 성원을 보내면서 이를 배경으로 활동하는 것이 가장 이상적인 운동이 될 것이었다.

그리하여 이 운동을 거족적이며 역사적인 운동으로 선개해 나가려면 당시 국내에서 가장 두드러진 단체인 천도교와 기독교의 두 교파를 우선 규합하는 것이 지름길이라고 고하는 생각했다. 그 과정에서 다소의 우여곡질은 있있으나 고하와 그 동지들의 열징적인 노력으로 대아(大我)를 위하여 서로 연대하게 되었고 독립 쟁취의 길로 큰 걸음을 내딛게 된 것이다.

와신상담 끝에 고하가 목이 타게 기다리던 기회는 드디어 왔다. 고하의 심정은 미칠 것 같이 기뻤다. 바로 독립이나 될 것 같이 안절부절못했다. 들뜬 마음이 바빴다. 그러나 이럴 때일수록 침착해지는 것이 고하의 특징이기도 했다.

고하는 인촌과 기당 등과 함께 자신의 숙소인 중앙학교 숙직실에 자주 모여 거사를 위한 회합을 거듭했다.

"피 제사라도 한번 지내보자."

고하의 말을 기당이 받아서 물었다.

"어떻게 하면 가장 효과적일까?"

고하는 눈을 감고 입만 느리게 움직이고 있었다.

"무슨 묘안이 없을까?"

인촌이 고하와 기당의 얼굴을 두루 쳐다보았다. 고하는 깊은 생각에 잠길 때, 으레 하는 버릇으로 여전히 눈을 감고 있었다. 잠시 후 고하는 눈을 뜨고 말했다.

"천도교를 움직이자."

"천도교?"

"그렇지. 아직까지 우리 국내에는 이보다 더 큰 조직이 없어. 동학혁명이 실패는 했지만 그만큼 기세를 올린 것도 그만한 조직이 있었기 때문이야. 만약에 천도교가 움직여 주기만 한다면 기독교도 움직일 거야. 그리고 학생 동원은 내가 맡겠어."

고하의 계획은 그 자리에서 의견의 일치를 보았다. 고하는 아무리 큰일을 당해도 즉석에서 정확한 판단과 뛰어난 기지를 발휘하는 사람인지라, 이번에도 미리 준비나 해 둔 것처럼 곧 실천안을 제시했다.

"천도교를 동원하자면 먼저 천도교의 교주인 의암 손병희(義菴孫秉熙)를 움직여야 해. 그러나 우리가 의암과 직접 접촉을 하자면 먼저 교주의 세 눈동자라고 하는 권동진(權東鎭), 오세창(吳世昌), 최린(崔麟) 이 세 사람을 만나야 해. 그런데 우리 셋 중에서 그 사람들과 접촉을 하자면 먼저 기당이 최린을 만나는 것이 첩경일거요."

고하는 기당과 고우 최린(古友 崔麟)과의 관계를 잘 알고 있었기 때문이었다. 기당은 평북 정주(定州) 출신으로 평양 대성학교를 다니다가 백오인사건(百五人事件)[5]으로 학교가 문을 닫게 되자 서울로 올라와서 최린이 교장으로 있는 보성학교를 다녔다. 보성학교를 마친 후 일본으로 건너가 도쿄(東京) 와세다대학을 졸업하고 귀국하여 중앙학교 교사로 재직하고 있었다. 그러므로 기당과 고우는 사제지간이었다. 기당의 증언에 따르면 기당은 고우를 찾아가서 그동안의 경위를 설명하고 거사에 가담할 것을 종용했다. 최린은 회의적 태도로 말끝을 흐렸다.

---

5   1911년 일제가 무단통치의 일환으로 민족운동을 탄압하기 위하여 1907년 초에 안창호, 이동녕, 이승훈 등이 조직한 비밀 항일단체인 신민회 간부를 체포하면서 사건을 확대 조작하여 최후로 105명의 애국지사를 투옥한 사건.

"지금 사람들은 너무 이기적이어서 모두 자기들 앞가림만 하려 드는 세상이란 말이야. 우리가 바라는 대로만은 되어 주지 않아. 더욱이 구미(歐美) 사람들의 이기주의는 극단을 치닫고 있어. 먼저 러일전쟁 때만 보아도 그렇지 않았나. 또 그 꼴이 되기 쉬워. 윌슨 대통령은 그렇게 구상하고 있을지 모르지만, 어디 윌슨 마음대로 돼야 말이지."

기당은 그렇지 않다는 것을 역설했다. 미국에 있는 이승만과 정한경 두 분이 평화회의에 참석하기로 되어 있는 등 그동안 전해 들은 해외 소식을 설명해도 최린은 승낙을 하지 않았다. 그러나 전연 가망이 없는 눈치는 아니었다. 고하는 기당을 앞세워 일주일에 평균 두 번꼴이나 찾아다니며 권유했다. 고하의 끈질긴 설득에 마침내 최린도 움직였다. 최린은 가담의 뜻을 표명하면서 의암에게는 직접 말할 단계가 아니니 조금만 참아 주면 우당 권동진(憂堂 權東鎭), 위창 오세창(葦滄 吳世昌)의 동의를 얻어 셋에서 이 계획을 손병희에게 말하겠다는 것이었다. 그리고 육당 최남선(六堂 崔南善)도 함께 참가시키는 것이 좋겠다는 의견도 덧붙였다. 다음은 육당을 교섭할 차례였다. 고하는 이번에도 기당을 특사로 보냈다.

"나는 정치를 모르는 사람이오."

육당은 기당의 권유를 여러 가지 이야기 끝에 거절했다. 고하는 육당의 말을 전해 듣고도 실망의 빛이 조금도 없었다. 육당이 지금은 반대 의사를 표하지만 이 민족적인 거사를 끝내 방관하지 않을 것이라고 믿었기 때문이다.

그 뒤 얼마 되지 않아서 밤을 이용하여 고하의 숙소를 찾은 밀사가 있었다. 중앙학교 교사로 있다가 도쿄 유학을 떠난 백관수가 보낸 일본 유학생 송계백(宋繼白)이었다. 그는 고하를 보고 조용히 할 말이 있다고 했다. 고하는 송계백을 앞세우고 숙소에서 그리 멀지 않은 인촌의 자택으로 자리를 옮겨갔다. 방으로 인도하자, 송계백은 쓰고 있던 학생 모자 안을 뜯고서 얄따란 비단 수건을 내어놓았다. 그 삼팔주(三八紬) [6] 수건에는 잔글씨가 가득 쓰여 있었다.

"됐다."

고하는 깨알 같은 글씨를 읽어보기가 무섭게 무릎을 쳤다. 고하의 추측대로 도쿄 유학생들이 작성한 '독립선언서(獨立宣言書)'가 아닌가. 고하는 독립선언서를 읽고 크게 감격했다. 국내와는 달리 일본에서는 해외 연락이 좀 더 자유롭다고는 하지만, 학생의 몸으로 국내보다도 먼저 발족을 한 데 고하는 한편 놀라웠고, 한편 기쁘기도 했다.

송계백은 조심스럽게 말문을 열어 전말을 이야기하였다. '독립선언서'의 초안은 백관수가 작성하고 춘원 이광수(春園 李光洙)가 고쳐 수정했다는 것이다.[7] 그리고 이것을 인쇄하고자 하나 도

6 　중국에서 생산되는 올이 고운 명주.
7 　송계백이 이때 학교 선배인 기당을 찾아왔다고 기록한 데도 있으나 여기서는 당시의 여러 가지 정세로 미루어 백관수의 구술을 따랐다. 선언서 작성도 춘원이 진담한 것처럼 기록한 서적이 있으나, 여기서는 역시 백관수와 상산 김도연(常山 金度演) 등의 구술에 의거하였다.

쿄에서는 한글 활자를 구할 방법이 전혀 없으니 조속히 국내에서 활자를 구해 보내 달라는 것이었다. 그리고 독립선언은 국내와 긴밀한 연락을 취해 같은 날 같은 시간에 발표했으면 좋겠다는 의견이었다.

"활자뿐이겠는가"

고하는 송계백의 손을 힘주어 잡고 굳은 어조로 말했다. 송계백도 손을 잡힌 채 감격한 표정을 금치 못했다. 도쿄로부터 연락을 받은 고하는 한층 더 용기를 얻었다. 천도교와 기독교가 움직여 주지 않으면 학생들만으로 거사를 일으킬 결심이었다. 서울에서 학생 동원에는 고하가 자신을 가지고 있기도 하였지만, 그것도 똑같이 못한다면 중앙학교 학생만으로 실행에 옮길 각오였다. 도쿄에서 온 밀사 송계백을 하숙에 숨겨 두고 이튿날부터 고하와 기당은 다시 치밀한 계획을 짜고 활동을 개시했다. 활자는 육당이 경영하는 출판사 신문관(新文舘)에서 얻기로 하고, 육당을 찾기로 했다.

"육당은 문학가이니만큼 이것을 읽어보면 거절하지 않을 거야."

육당은 외출 중이었다. 고하와 기당이 찾더라는 전갈을 전해 듣고, 육당은 중앙학교로 그들을 찾아갔다. 숙직실로 안내된 육당은 고하가 보여주는 삼팔주 수건을 내려 읽으면서 점차 얼굴에 감격의 표정이 돌았다. 육당은 감격한 나머지 읽다 말고 두 번이나 쉬고서 또 읽었다. 얼굴이 붉으락푸르락하더니 선언서를 쥔 손이 떨리기 시작했다. 고하는 육당의 옷소매를 넌지시 잡아 끌었다.

"육당, 어떻게 하시겠소. 우리 같이 합시다."

고하가 말하자,

"합시다."

육당도 힘찬 한 마디로 동조할 것을 쾌락했다. 육당은 주먹으로 책상을 치면서 국내에서 사용할 '독립선언서'는 자신이 쓰겠다고 다짐했다. 고하와 육당은 떨리는 손을 맞잡고 한참 동안이나 서로 말이 없었다. 고하와 기당의 눈에도 육당의 눈에도 감격에 벅찬 눈물이 괴었다.

"일전에 내가 그렇게 사양한 것을 사과하오. 그때는 일이 이렇게까지 진척된 줄을 미처 몰랐소. 그러지 않아도 오늘 고하를 찾은 것은 그동안 어떻게 진척이 되어 가는지 궁금해서 좀 듣고 싶어 온 것이오. 우리가 안하면 누가 하겠소. 활자는 내가 구할 테니 아무 걱정 마시오. 최린에게는 내가 가지요. 아니 그럴 것 있나요. 우리 셋이 함께 갑시다."

육당이 말끝을 맺자,

"권동진, 오세창, 최린 중에서는 최린이 가장 강경파니까, 최린 씨가 움직여만 순다면 나머지 두 사람도 그대로 있지는 않을 거요."

고하는 최린의 성격까지 분석하면서, 우선 최린부터 찾을 것을 강조했다. 최린이 동의만 한다면 권동신, 오세창노 연이어 움식일 것 같았고, 또한 교주 손병희의 동의를 얻는 건 더 수월할 것으로 믿었다. 고하는 곧 기당에게 이 '독립선언서'를 갖고 최린에게 가도록 했다. 그날 밤 기당은 '독립선언서'를 몸에 깊이 지니고, 최린을 찾아가서 사실의 전말을 이야기하고는 삼팔주 수건의 '독립선언서'를 내어 보였다. 이를 본 최린도 육당처럼 흥분했다.

"좋아, 좋아. 장한 일이야."

일은 순조롭게 진행됐다. 권동진과 오세창에게도 '독립선언서'를 보이고 동의를 얻은 다음 최린은 셋이서 의암을 만나 이 거사 계획의 뜻을 전하겠다고 했다.

"내일 안으로는 어떻게든지 방도를 취할 테니, 내일 저녁에 내 집에서들 만나지."

기당은 최린과 약속하고 돌아와서 다시 고하와 인촌을 찾았다. 기당의 보고를 들은 고하는 일이 점차 성사될 것을 직감했다. 그러나 인촌은 별로 최린을 신임하는 눈치가 아니었다. 이튿날 최린을 방문하기까지 고하는 몹시 초조했다. 지루할 만큼 시간은 더디게 흘렀다. 고하와 기당은 중앙학교를 떠나 약속 시간에 최린을 찾았다. 대문에 들어서는 순간 최린의 얼굴에서 기쁜 빛을 읽을 수 있었다.

"대성공이요, 대성공!"

최린은 고하와 기당의 손을 번갈아 잡으면서 말했다.

"의암 선생도 크게 감동하시며 젊은이들이 이렇게 하는데, 우리가 그냥 있을 수 있느냐고 그러십니다."

최린은 술상을 차리게 했다. 술을 권하면서 의암을 만나기까지의 경로와 회담 내용, 그리고 의암의 의견까지 덧붙여서 소상하게 설명하는 것이었다. 이때 육당도 뒤미처 달려왔으므로 4인이 참석하게 되었다.

"우리는 이번 일이 단번에 성공되리라고는 보지 않소. 그래서 현재의 우리 재정과 인원을 나누어 반은 제1차에, 나머지 반은 제2차에 소비하고 동원할 계획이오. 이것은 의암 선생의 의견이시지만, 내 생각에도 그렇게 하는 것이 옳지 않은가 하는데 어떠시오?"

"좋은 방침입니다."

최린의 의견에 고하와 기당 그리고 육당도 찬성했다. 이때 고하를 더욱 감격시킨 것은 의암이 제1차에 참가하겠다는 의견이었다. 이튿날 밤에도 네 사람은 축하 술을 나누며 거사 대책을 협의하고 실천 방안을 다음과 같이 세웠다.

첫째, 독립선언서를 다량으로 인쇄해서 살포하고 전국에 발송할 것.

둘째, 파리 강화회의와 세계 각국에 조선 독립에 관한 의견서를 발송할 것.

셋째, 일본 정부와 일본 귀족원, 중의원(衆議院) 및 조선총독부에 의견서와 항의서를 발송할 것.

그러나 가장 중대한 문제에 봉착했다. 거사 당일 독립선언서가 뿌려지고, '독립만세' 소리가 삼천리에 퍼지면 놈들이 무력을 사용할 것이니 이 무력에 어떻게 대항하느냐의 문제였다. 결국 무력 항쟁 대신 비폭력 항쟁의 방향으로 중론을 모았다. 이쪽에서 폭력으로 나가지 않는 한 저희가 무력을 쓸 리가 없고, 만일 이쪽에서 폭력을 쓰기로 한다면 무기도 없이 너무 많은 희생자를 내게 될 것이라는 염려 때문이었다. 비폭력 항쟁으로 민족적인 의사를 전 세계에 선포하고 잠자는 민족의식을 일깨워 주자는데 의견의 합치를 보았던 것이다.

"우리는 이 운동에 직접 참가할 각오를 해야 하겠지만, 뭐 유행성 감기에 걸린 셈 치지요."

최린은 농담까지 할 수 있을 만큼 마음의 여유를 가졌다. 네 사람은 다시 이번 운동에 월남 이상재(月南 李商在), 좌옹 윤치호(佐翁 尹致昊), 춘고 박영효(春皐 朴泳孝) 등 원로급을 가담시키기로 합의하였다. 거물급으로 의암 손병희 한 사람만으로는 미흡했다. 국내외적으로 되도록이면 거물급이 많이 참여하는 것이 효과적이라고 생각했고 합의했다.

"그러면 어떻게 한다?"

"박영효는 내가 맡지요. 이상재, 윤치호는 육당이 맡으시면..."

고하는 최린의 걱정을 받아서 자기 의견을 제시했다. 즉석에서 육당도 응낙했다. 이리하여 밀사 송계백이 국내에 들어온 지 불과 며칠 동안에 구국항쟁인 3·1독립운동의 거사 계획은 거짓말처럼 단시일에 무르익어갔다. 육당이 주선하기로 한 활자도 구해졌고, 자금도 조달되어 송계백을 도쿄로 돌려보낼 수 있었다. 고하는 송계백을 통해 백관수에게 보내는 비밀 지령을 다음과 보냈다.

첫째, 거사는 신중에 신중을 기할 것.
둘째, 도쿄에서 준비가 다 되었다 해도 절대로 먼저 거사하지 말 것.(도쿄는 간단하지만 국내는 넓으니만큼 준비 기간이 필요하기 때문임.)
셋째, 적어도 거사하기 일주일 전에 연락할 것.
넷째, 일체의 연락은 전보로 할 것. 비밀 암호는 주식시장이나 미곡거래소에서 쓰는 용어, '샀다'를 '궐기한다'로, '가격'은 '날짜'로 할 것. (즉 '3·1에 샀다'하면 '3월 1일에 궐기한다'는 뜻임.)
다섯째, 비밀 누설에 특히 유의할 것.

이리하여 송계백은 다시 현해탄을 건너 바삐 일본 도쿄로 떠났다. 1918년 섣달그믐 무렵의 일이었다.

한편 이 무렵의 상황과 관련된 일화 하나를 여기에서 소개한다. 3·1운동이 지나고 10년도 더 지난 뒤의 일이다. 고하는 동아일보 사장으로, 기당은 중앙학교 교장으로서 계속되는 일세의 탄압에 굳건히 항거하고 있을 때 두 동지는 서로 찾으며 당면한 일들을 의논하곤 하였다. 어느 날 기당이 원골(현 苑西洞)의 고하 집 사랑으로 고하를 찾아 들어서지,

"아, 우리 문지기가 오시는군, 오늘도 파수(把守)를 잘 좀 부탁하오."

코를 찡긋하고 웃으며 반갑게 기당을 맞이하였다. 고하의 이러한 인사말에

"그게 무슨 소리요, 이래도 내가 3·1운동 주모자의 한사람인데…"

기당은 당당하게 응답하였다. 3·1운동 계획을 모의할 당시 계동 중앙학교 숙직실을 집합 장소로 삼아 국내외의 주요 인물들의 출입이 잦았었다. 일본 경찰을 조심하기 위해서 동지 중 한 사람이 학교 정문 옆에 서 있는 은행나무 노목(老木-지금도 있음.) 뒤에 은신하고 밤에 사람의 왕래를 살피곤 하였다. 이 파수꾼 역할을 주로 기당이 전담하다시피 한 데서 연유한 고하와 기당 두 사람만의 유머였다. 이를 보면 고하는 동지에게도 이와 같은 유머로 대할 여유가 있었던 것 같다.

5
도쿄 '2·8선언' 전후

　　최린의 집에서 고하, 최린, 기당, 육당이 거사를 모의한 지 4~5일 지난 어느 날 밤의 일이었다. 계동 골목에서 중앙학교를 향하여 올라가는 30세 전후의 두 젊은이가 있었다. 두 청년은 고개를 푹 수그리고 어깻죽지가 축 처진 걸음걸이였다. 무슨 사연이 있어 깊은 생각에 잠긴 것 같았다. 그들은 최린을 만나고 돌아오는 고하와 기당이었다. 원로급 인사들을 찾아가 거사에 참여해 줄 것을 요청했으나 거절을 당하고 낙심하여 돌아오는 길이었다.
　　고하가 담당했던 박영효(朴泳孝)는 고하의 청으로는 들어줄 것 같지가 않았다. 그래서 유길준(兪吉濬)의 아우인 유성준(兪星濬)을[8] 대신 보냈다. 그러나 박영효는 한 마디로 거절이었다.
　　"나는 그런 일엔 참견 못하겠소."
　　유성준에 앞서 의암도 직접 박영효에게 속을 떠본 일이 있었

---

[8] 칙임참여관(勅任參與官)을 지낸 인물.

다. 이때에도 박영효는

"뭐, 내가 그런 일에까지…"

박영효는 이때도 거절을 했던 것이다.

또 육당이 담당한 윤치호(尹致昊)와 이상재(李商在)도 거절했다. 윤치호는 육당의 설명을 듣고는 얼굴까지 붉히면서,

"나는 인제 너무 늙어서 감옥 생활에는 더 견딜 수가 있어야 말이지."

윤치호는 나이를 먹은 핑계를 대며 점잖게 거절했다.

제1차 후보자 교섭은 완전히 실패였다. 그러나 고하를 비롯한 네 사람은 실망하지 아니하고 제2의 후보자로 한규설(韓圭卨), 윤용구(尹用求) 두 사람을 골라서 교섭하기로 했다. 윤용구는 육당이 맡고, 한규설은 고하가 맡았다. 육당은 윤용구를 직접 만났으나 윤용구는 바로 거절했다. 한규설은 고하가 유진태(兪鎭泰)를 통해서 의사를 타진했다. 이때 한규설은,

"암, 해야지. 저희들이 우리 땅을 거저 빼앗아 갔으니 총독에게 도로 내놓으라고 해야지."

이렇게 흔쾌히 승낙하고 독립선언서를 발부할 계획까지 합의를 했으나, 그 뒤 윤용구와 연락한 후 태도가 돌변해 승낙을 뒤집고 말았다. 들어오는 보고마다 서글픈 소식뿐이었다. 참여하든 안 하든 간에, 이제는 비밀이 누설되지 않을까 걱정이 되었다. 최린의 안방에서 네 사람은 서로 얼굴만 쳐다볼 뿐 침통한 표정이었다. 오랜 침묵 끝에 최린은 좌중을 향해 무거운 입을 열었다.

"육당! 일이 이쯤 되었으니 우리 의암만 모시기로 하세. 우리끼리 중심이 되어 추진하는 게 어떻겠소. 사내자식들이 일을 시작했다가 말 수는 없잖소. 시작이 반이라는데…"

최린이 팔을 걷고 나서자, 육당은 한참 동안 생각하다가 뜻밖의 말을 했다.

"난 광문회(光文會)와 신문관(新文館) 일 때문에 못하겠소."

육당의 이 한 마디에 방안 공기는 찬 기운이 돌았고 숨이 막힐 지경이었다. 최린은 육당의 말을 듣고 한동안 말을 잃었다. 침묵 끝에 최린은 좌중의 고하를 향해 무거운 입을 열었다.

"고하! 고하는 어떻게 하겠소?"

고하도 잠시 말이 없었다. 이제 시작한 것이나 다름없는 중앙학교의 일을 위시하여 여러 가지 일들이 주마등처럼 그의 머리를 스쳐갔다. 그러나 나라를 찾고 민족을 지키는 일이 더 중했다. 천장만 쳐다보던 고하는 최린 쪽으로 얼굴을 돌리며 천천히 시선을 옮겼다.

"합시다."

고하는 한 마디로 말끝을 맺었다. 최린은 고하의 말에 용기를 얻고, 다시 육당에게 권유했으나, 육당은 역시 못하겠다고 거절했다. 끝내 육당이 거절하는 바람에 이번에는 최린도 그만둘 뜻을 표명했다.

"해야만 할 것보다 안 해야 할 것이 더 많은 세상이기는 하나 옳다고 생각하고 하기로 작정한 일이라면 죽는 한이 있더라도 끝끼지 해내야만 하오. 그러므로 육당이나 고우(최린)의 주저는 다 부질없는 것이오. 한번 옳다고 작정한 것인 이상 거사는 기어코 해내야 한다고 생각하오."

이리하여 고하의 절규에도 불구하고 구국운동은 완전히 수포로 돌아갔다. 고하와 기당은 최린의 제안대로 일단 중단하기로 하고 숙소인 중앙학교 숙직실로 힘없이 돌아오던 길이었다.

1차 포섭 대상이었던 이상재, 윤치호, 박영효의 거절, 2차 포섭 대상이었던 한규설과 윤용구의 거절, 이 거절 사태에 실망하고 지쳐서 육당이 운동 참가에 사양의 뜻을 표하고 다시 최린이 대열에서 떨어져 나가니 모두 허망한 일이 되어 버렸다.

고하는 밤이 깊도록 잠을 이루지 못했다. 옆에 누운 기당도 잠을 이루지 못하고 뒤척거리기만 했다.

"현 형, 일어나시오."

고하는 기당을 깨우면서 일어났다. 고하는 기당에게 초지일관의 의지를 밝혔다.

"최린은 단념하자고 했지만, 나만은 단념을 못하겠소. 사내자식으로 태어나서 한번 마음을 먹었으면 끝까지 해야지. 목숨이 다 무엇이오? 사람이 죽으면 한번 죽지 두 번 죽겠소? 한번 끙끙 앓다가 죽으나, 목이 댕겅 잘려 죽으나 한번 죽긴 다 마찬가지야. 도리어 무서운 병을 앓다가 고통 속에서 죽기보다는 목이 잘려 죽는 편이 낫겠지. 어떻게 하겠소?"

"합시다, 해요."

"고맙소. 그런 결심만 선다면 무얼 못하겠소. 다시 시작해야지. 육당은 한규설, 윤용구가 나자빠지는 통에 겁을 집어먹었지만, 지금쯤 몹시 후회하고 있을 거요. 최린도 체면이 있지 않소. 최린도 반드시 후회하고 있을 거요."

"그렇다면..."

"내버려 두었다가 한 4~5일 지나서 찾아가 보시오. 육당도 그동안 생각이 많을 거요."

고하와 기당은 다시 기회를 엿보기로 했다. 시간이 흐르면 자연스럽게 해결될 것 같은 예감이 들었다. 첫 실패는 고하에게 새로운 깨달음을 낳게 했다. 이 거족적인 운동에 진작부터 기독교를 뺄 수 없다고 생각했다. 고하는 지금까지 지나치게 천도교에만 전념한 나머지 기독교 쪽을 소홀히 한 것이 후회스러웠다. 기독교의 대표적 인물인 정주(定州)의 남강 이승훈(南岡 李昇薰)을 생각한 것이다.

"우리는 지금까지 너무 천도교에만 기대를 했는데, 그건 잘못인 것 같소. 천도교가 백만이라는 그 수효만을 생각했던가 싶소. 기독교도 있지 않소? 기독교도는 그만큼은 못 된다지만 적지 않은 수이니 남강을 불러서 한번 상의해야 할 것 같소. 그리고 나중에 육당을 찾아가서 이 이야기도 좀 의논해 보는 것이 어떻겠소. 어쨌든 며칠 후에 육당을 찾아가 보오. 그때쯤엔 지난번 생각이 달라져 있을 거요."

고하의 밀대로 기당은 4~5일 지난 뒤 삼각동의 육당을 찾았다. 육당은 기당을 뜻밖에도 반가이 맞아주면서 내실로 끌고 들어갔다.

"두 분이 날 욕 많이 했을 거요."

"그럼 우리 다시 한 번 추진시켜 봅시다. 고하도 여간 통분해 하지 않았어요."

"그렇지 않아도 고하와 둘이 많이 욕하려니 했소. 그날 그렇게 보내 놓고 많이 생각했소. 그래 공문 운동(空文運動)을 생각해보는 중이오."

"공문 운동이라니요?"

"우리의 독립선언서를 찍어서 해외로만 내어보내자는 것이지요. 최창식(崔昌植) 군을 곧 상하이로 보낼 생각이오. 신익희 군도 곧 보내겠소."

"글쎄 그것도 좋지만 실재 인물의 서명도 없는 그런 공문서(空文書)를 세계 각국에 보낸다는 것도 너무 무책임한 것 같습니다. 고하의 의견은 아주 이번에 천도교만을 생각할 것이 아니라, 정주(定州)에 있는 남강을 불러 기독교와 합작하는 게 좋겠다는 생각입니다. 나도 이것은 좋은 의견이라고 봅니다."

기당의 말에 육당은 무릎을 치면서 찬성을 했다.

"거참, 좋은 생각이오. 우리가 하필이면 천도교만 상대로 할 것은 없지요. 종교는 다르다 해도 다 같은 조선 민족끼리니 합작을 아니 할 리도 없고, 또 기독교만을 이런 운동에서 빼 놓는다면 그네들에 대한 대접도 아니지요. 고하 말대로 그렇게 추진하는 것이 어떻소?"

고하, 기당 그리고 육당의 합의가 성립되자 이번에는 기당이 김도태(金道泰)를 찾도록 했다. 김도태를 찾은 것은 그가 남강(南岡)과 같은 고향 사람이었기 때문이었다. 당시 김도태는 수하정(水下町-중구 삼각동 근처)에 있는 선우전의 집에서 정노식(鄭魯湜)과 같이 머물고 있었다. 기당은 남강에게 보내는 육당의 서신을 김도태에게 전하면서 정주에 다녀올 것을 부탁했다. 이것이 1919년 1월에서 2월 초까지 벌여온 교섭의 경위이다.

이에 앞서 장덕수(張德秀)와 함께 상하이에서 몰래 들어온 선우혁(鮮于赫)은 선천의 양전백(梁甸伯), 정주의 이승훈(李昇薰), 평양의 길선주(吉善宙) 등 기독교 지도자들을 만나 국외 정세를 알렸다. 그리고 국내에서도 궐기하기를 부탁하고 돌아섰다. 이리하여 기독교는 각파끼리 궐기할 것을 생각하고는 있었지만 아직은 큰 세력이 되지 못하여 기회를 기다리고 있었다. 여기서 각파의 결합과 동시에 천도교와 손을 잡게 되면 민족적 대규모 운동을 일으키는 건 가능한 일이었다.

이 무렵 민족운동을 일으킬 수 있는 또 하나의 사건이 일어났다. 헤이그 밀사 사건(海牙密使事件)으로 이미 합방 전에 폐위를 당한 뒤 덕수궁에서 생활을 해 온 고종이 1월 21일 갑자기 승하했다. 총독부의 발표로는 뇌일혈이라 했으나, 항간에서는 일제가 사람을 시켜서 독살하였다는 풍문이 나돌았다. 가뜩이나 일본에 대한 분노가 들끓고 있던 차에 고종의 독살설은 크게 충격을 주었다.

그 진상이야 어찌 되었든 이때야말로 절정에 이른 국민의 반일 감정을 이용하여 민족운동을 일으킬 수 있는 절호의 기회였다. 그 생각을 한 고하와 기당 등은 어떠한 일이 있어도 기어이 성사할 결의를 굳혔다.

이렇게 국내에서는 대외 여건과는 다르게 조직의 일이 순조롭지는 못했다. 고하, 기당, 인촌이 밤마다 중앙학교 숙직실에 모여 좋은 대책을 궁리하고 있을 무렵 일본 도쿄에서 고하에게 전보가 왔다.

"2·8 샀다!"

고하는 전보를 받은 순간 가슴이 덜컥 내려앉는 충격을 받았다. 국내에서는 아직껏 틀도 잡지 못하고 있는데 도쿄에서는 벌써 거사일을 결정한 것이었다. '2·8 샀다'란 고하와 근촌 사이에 미리 약속되었던 암호 전보로 2월 8일에 거사를 하겠다는 연락이었다. 이때는 김도태가 육당이 보내는 서신을 남강에게 전하고자 정주로 내려가고 있을 무렵이었다.

여기서 잠시 이야기를 도쿄로 옮겨 그곳의 유학생들이 움직여 온 자취를 더듬어 볼 필요가 있다. 1918년 11월, 제1차 세계대전은 종말을 고하고 이듬해 봄 파리에서 열리는 강화회의에서는 윌슨 미국 대통령의 '민족자결의 원칙'이 강화 조건의 하나로서 제시되었다. 이에 발맞추어 미국과 중국에 있는 지사들이 민족대표를 파리에 파견한다는 소식도 들어왔다.

이 소식을 전해 듣고 자극을 받은 재일 유학생들 사이에서는 몇 사람만 모이면 파리에 파견될 민족대표의 이야기뿐이었다. 그들은 이 민족대표를 전적으로 지지한다는 모임이나 결의가 있어야겠다는 의견으로 점차 집약되었다. 요컨대, 유학생이나 혹은 국내에서 호응하지 아니하면 외국 사람들은 단순한 약소민족의 불평분자나 망명객들의 잠꼬대로밖에 보지 아니할 것이니, 유학생들 스스로 민족대표를 지지한다는 결의가 있어야겠다는 방향으로 의견의 일치를 보았던 것이다.

이런 중론은 드디어 유학생 중 김안식(金安植), 김현준(金賢準) 등에 의해서 현실화되었다. 김안식과 김현준이 도쿄 간다구(神田區)에 하숙 중인 정광호(鄭光好)와 최원순(崔元淳) 등을 찾음으로써 실천에 옮겨진 것이다. 그들은 독립운동의 전위대가 되기를 결심했다. 김안식과 김현준은 학업도 중단하고 곧 독립운동 자금 모집을 위해 귀국했다.

그들은 애석하게도 뜻을 이루지 못하고, 빈손으로 다시 도쿄에 돌아왔다. 도쿄에 남았던 정광호와 최원순은 평소에 선배로 받들던 백관수를 찾았다. 얼마 아니 가서 백관수를 중심으로 '조선독립청년단'(朝鮮獨立靑年團)이 조직되었다. 백관수(白寬洙), 최팔용(崔八鏞), 윤창석(尹昌錫), 송계백, 김철수(金喆壽), 김도연(金度演), 최근우(崔謹愚), 이종근(李琮根), 이광수(李光洙), 김상덕(金尙德), 서춘(徐椿) 등을 대표로 선출함으로써 조직은 구체화되었다.

이리하여 그들은 조직과 자금 조달 방법, 거사일과 독립선언서 기초 등을 협의하고, 국내와의 연락을 시도했다. 그리고 파리 강화회의 대표로 우남, 도산, 정한경, 김규식 등과 함께 대표를 증원하여 파견할 것을 결의했다. 자금 조달은 백봉 나용균(白峰 羅容均)이 담당하고, 독립선언서 기초는 근촌(芹村 白寬洙)과 춘원(春園 李光洙)이 맡았다. 중국 상하이와의 연락은 최팔용(崔八鏞)의 몫이었고, 국내와의 연락은 근촌의 책임이었다. 근촌의 비밀 명령을 받들고 송계백이 본국에 잠입해서 고하와 인촌 및 기당과 접촉했다. 고하의 주선으로 거사에 필요한 자금의 조달과 독립선언서를 인쇄할 활자를 얻었으며 필요한 지시를 받고 도쿄로 돌아왔다.

송계백(宋繼白)과 정노식(鄭魯湜)이 사선을 뚫고 가져온 활자는 물샐 틈 없는 일본 경찰의 감시와 그 앞잡이들 때문에 애석하게도 사용하지 못했다. 그러나 선언서는 등사판에 프린트로 찍을 수 있었다. 프린트는 와세다(早稻田) 하라베에(原兵衛)의 숲속에 비밀 장소를 정하고 정광호와 최원순 등의 책임 아래 광주(光州) 출신 유학생 10여 명이 밤낮으로 일주일 동안 1만여 부를 찍었다. 선언서 보관은 최원순이 책임지고, 정광호는 도쿄와 국내에서 동시에 거사할 수 있도록 비밀 명령을 받들고 귀국했다. 그러나 국내 사정은 고하와 도쿄 유학생들이 생각하고 바라는 대로 진척되지는 못했다.

근촌은 2월 초에 서울의 고하에게 2월 8일의 거사를 암호 전보로 연락했다. 국제 정세의 동향을 비교적 빨리 그리고 자유롭게 알 수 있는 도쿄 유학생들은 파리 강화회의에 대한 성원에 중점을 둔 이 시기를 가정 적당한 시기로 판단했기 때문이다.

1919년 2·8 독립선언의 주도자들

2월 8일 오후 2시, 도쿄 간다(神田) 고이시카와(小石川)에 자리 잡은 조선기독교청년회관(朝鮮基督敎靑年會館) 대강당에는 학우회(學友會) 총회를 구실로 하고 조선독립청년단원인 유학생이 전부 모였다. 윤창석(尹昌錫)의 사회로 대회가 시작되어 근촌이 '독립선언서'를 낭독하였다. 이어서 김도연(金度演)이 결의문을 낭독하고 조선독립만세 제창을 끝으로 학생들은 거리로 몰려나와 시위를 벌였다. 마침내 역사적인 2·8독립선언이 이루어진 것이었다.

6 / 천도교와 기독교 등의 합류

도쿄 유학생들의 2·8선언이 있은 뒤 고하는 초조했다. 국내에서의 거사 계획이 일본 경찰에 발각될 우려 때문이었다. 김도태의 연락을 받은 남강은 2·8선언이 있은 지 이틀 뒤인 2월 10일 부랴부랴 서울에 올라와 우선 계동의 인촌 집에 들렀다. 남강은 합병 전에 일본에 저항하다가 통감부의 미움을 사서 강제로 제주도에 귀양을 간 적도 있었다. 일제가 날조한 데라우치(寺內正毅) 암살을 계획한 '105인 사건'에도 관련되어 투옥된 일도 있는 애국지사였다.

남강은 고하와 인촌 및 기당에게서 거사 계획을 듣고 나더니 크게 감격하여 즉석에서 승낙을 했다. 고하는 남강의 승낙을 받자, 기독교 측 대표의 서명을 받아 줄 것을 요청했다. 남강은 이것도 서슴지 않고 승낙했다.

"하지만 난 돈이 없소. 노자를 좀 꾸려 주시오."

고하는 인촌과 상의하여 남강의 노자를 넉넉히 마련했다. 남강은 질풍처럼 관서 지방을 두루 순방했다. 이렇게 되어 고하의 걱정과 우울이 좀 펴진 듯싶었으나 다시 암초에 걸리게 되었다. 그토록 기대한 남강이 지방을 순방하고 서울에 와서는 기독교 단독으로 구국운동을 일으킬 계획을 세운 것 때문이었다. 그것은 남강이 우연히 길에서 같은 기독교도 박희도(朴熙道)를 만난 데 기인했다. 남강과 자리를 같이 한 박희도가 중앙기독교청년회를 중심으로 감리교와 장로교만으로도 능히 거사할 수 있다고 말했다. 감리교는 박희도의 집에서 모임을 갖고, 장로교는 함태영(咸台永)의 집에서 모임을 갖고 서로 단합하기로 한 것이다. 그리고 남강은 다시 관서 지방을 순방하면서 정주(定州)와 선천(宣川)을 거쳐 평양의 신홍식(申洪植), 길선주(吉善宙) 등을 만났다. 거사에 참여할 것을 확인한 후 혹은 날인을 받거나 직접 인장(印章)을 위임받기도 했던 것이다.

남강의 태도 변경을 자극한 또 하나의 이유는 최린과 최남선의 불투명한 태도에도 있었다. 천도교 측을 대표하여 모의해 오던 최린의 태도가 모호한 데에 대한 의아함, 고하의 계획대로 천도교와 기독교를 연결하는 역할을 해온 최남선의 선명치 못한 태도에 남강은 더욱 의심을 품게 된 것이다. 다시 말하면 이쪽의 성의를 남상이 의심한 데서 기인한다. 서로의 마음을 헤아리지 못하여 서먹서먹한 가운데 며칠이 지나갔다. 고하는 남강이 묵고 있는 여관으로 여러 차례 찾았으나 만족할만한 결론을 얻지 못했다. 벌써 2월 21일, 날짜만 흘러갔다. 고하는 이와 같은 기미를 눈치채고 육낭에게 달려가서 남강을 천도교 측에 소개할 것을 재촉했다.

"남강을 우리가 그렇게 대접할 수야 없지 않소? 하루바삐 남강을 찾아가서 소개를 시켜 주오."

고하는 육당을 재촉하여 둘이서 남강을 찾았고, 남강은 고하의 설명을 듣고 수긍했다. 고하와 육당은 다시 남강을 동반하여 재동(齋洞)으로 고우 최린을 찾아갔다. 고하, 기당, 육당의 주선으로 남강과 고우는 각각 기독교와 천도교를 대표하여 회담을 가졌다. 서로의 조직과 자금 조달 등, 세부적인 대책을 협의하게 되면서 결론에 접근해 갔다. 기독교 측에서 요구한 것이지만 천도교에서 기독교 측으로 상당액의 자금이 전달된 것도 이 무렵의 일이었다.

남강은 구국운동이 순조롭게 가고 있다고 판단했던지 이 운동이 성공만 되면 사후 대책의 하나로 미리 정부 조직을 해 두어야 할 것이 아니냐는 뜻까지 표명했다. 이에 고하는 그 문제 등은 거사가 성공한 뒤 해외에 망명 중인 애국지사와 국내 인사가 한자리에 모여 논의할 의제이니 뒤로 미루어도 늦을 것이 없다고 역설했다. 우선 항쟁의 실천 계획에 집중하는 것이 시급함을 강조했다. 이 회담은 고하가 제시한 의견의 방향으로 기울어졌고 서로 화기애애한 가운데 합의를 보았다. 비로소 고하의 우울과 걱정은 어느 정도 해소되는 듯하였다. 1919년 2월 24일의 일이었다.

고하, 인촌, 기당, 육당, 그리고 고우와 남강의 노력으로 천도교와 기독교 등 국내의 큰 세력들이 합작을 한 뒤, 다시 거사 날짜와 거사 장소, 독립선언서의 인쇄, 서울과 지방의 연락 그리고 시민의 동원 절차 등을 숙의 끝에 다음과 같이 결정했다.

첫째, 거사는 고종황제(高宗皇帝)의 국장일(國葬日)인 3월 3일에 이틀 앞선 3월 1일로 할 것.
둘째, 3월 1일 정오를 기하여 탑골공원에서 독립선언서를 선포하고 만세를 부를 것.
셋째, 독립선언서는 3만 매를 찍어서 서울과 각 지방에 발송할 것.
넷째, 서울 및 각 지방에서 일제히 시위운동을 전개할 것.
다섯째, 일본 정부와 일본 귀족원, 중의원 및 조선총독부에 독립선언서와 의견서를 보낼 것.
여섯째, 상하이에 사람을 보내어 그곳 동지들과 협의하여, 파리강화회의와 미국 대통령에게 독립선언서를 보낼 것.
일곱째, 선언서에 서명할 대표의 비율은 천도교 15명, 기독교 16명, 불교 2명, 도합 33명으로 할 것.
여덟째, 독립운동은 비폭력 시위로 할 것.

거사 일을 3월 1일로 정한 것은, 국장을 보고자 각 지방에서 많은 군중이 모여들 것이므로 이들을 전부 시위운동에 참여하게 하는 것이 효과적이기 때문이다. 독립선언서에 서명할 민족대표 33인은 천도교, 기독교, 불교에서 각각 추천한 각파의 대표로 충당했다. 이들 대표 가운데에는 직접 처음부터 이 운동의 정면에서 활약한 인사도 있었고, 거사 직선까지 대표로 선출된 것을 전혀 모르고 있던 인사도 있었다. 또한 대표단에 들려고 해도 선정되지 못한 인사도 있었다.

민족대표를 33인으로 정한 것은 불교의 33천(天)을 의미한 것은 사실이지만 그 밖의 특별한 뜻은 없었다. 각 단체의 수가 다른 것도 특별한 의미를 가진 것이 아니라 서로 절충한 결과인 것이다. 민족대표 33인은 제1차 거사의 대표이고 뒤이어 제2차, 제3차로 이어지는 거사까지 계획했다. 고하나 기당이 제1차 민족대표로서 서명하는데 빠진 것은 이런 이유에서였다. 그들은 만일의 경우와 민족운동의 장래를 위하여 제2차, 제3차의 예비 계획을 세운 것이다. 그러므로 뒤에 일본 경찰에 붙잡혀 취조를 당할 때에 32인[9] 외에 제2진 16인을 합친 48인 사건으로 다룬 이유도 여기에 있었다.

여기서 특기할 것은 제1차의 민족대표 33인 중 불교 대표가 참여하게 된 일화이다. 불교 대표의 한용운(韓龍雲)과 백상규(白相奎 또는 龍城)가 이름을 올리게 된 것은 실로 우연한 일이었다. 기독교와 천도교의 대표 회의가 최린의 집에서 열릴 때마다 빠짐없이 찾아오는 한 청년이 있었다. 머리를 삭발하고 초라하게 차린 젊은 선사(禪師), 그가 바로 시인 만해 한용운(萬海 韓龍雲)이었다. 그는 회의 때마다 남보다 앞서 와서 회의장 한 구석에 앉아 조용히 결과만 주시할 뿐이었다. 별로 이렇다 할 말도 없었다. 그러한 그가

---

9   33인 중 한 사람 김병조는 상하이로 망명했다.

하루는 드디어 말문을 열었다.

"당신들이 하는 일에 우리 불교도 참가시켜 주시오"

한용운은 천도교 측의 최린, 기독교 측의 이승훈, 함태영 등의 권고로 회의에 참석했지만, 누구 하나 거들떠보지 아니하였다. 처음에 좌중은 혹시 밀정이 아닌가 의심하여 경계까지 했다. 그로 인해 회의 장소를 옮기려고까지 했으나 한용운의 신분은 곧 밝혀졌다. 만해는 이날 회의에서,

"우리도 이번 일에 참가시켜 주시오"

남이야 듣든 말든 이 말을 되풀이하고는 자리를 떴다. 한용운의 의지와 소원은 마침내 이루어져서 백상규와 함께 불교를 대표하여 33인의 민족대표로 참가하기에 이르렀다. 민족대표 33인의 제1차 대표가 선출되고 제2차, 제3차 계획까지 설계는 용의주도하게 짜여졌다. 최남선이 담당한 '독립선언서' 초고와 수정이 2월 26일에 끝났다. 그리고 바로 천도교가 경영하는 보성사(普成社)에서 인쇄를 마쳤다. 선언서는 지금의 종로구 장사동(長沙洞) 근처에 있는 일본인 여관 2층에 숨어서 초안을 작성했다고 기당은 회고한 바 있다. 인쇄의 일부가 완료된 것은 27일 밤이었다.

일이 여기까지 진척되자 해외에 보낼 문건의 전달자로 안세환(安世桓)과 임규(林圭)를 일본 도쿄에 파견키로 했다. 이들은 일본어로 번역된 '독립선언서' 및 의견서를 가지고 일본 정부와 국회 양원에 제출할 임무를 띤 것이었다. 또 현순(玄楯)과 김지환(金智煥)을 각각 중국 상하이로 따로따로 급파했다. 이 둘을 따로 보낸

것은 함께 가다가 혹시 둘이 다 체포될 경우를 예상해서였다. 다행히 현순이 신의주를 무사히 통과하는 것을 보고 김지환은 신의주에서 되돌아왔다.

다음은 '독립선언서'의 지방 발송을 서둘러야 했다. 최린의 고안으로 책임을 맡은 남자 동지 이외에도 천도교와 기독교의 여신도를 많이 동원했다. 여신도들은 장사꾼 차림 등으로 변장하고 실, 물감 등을 담은 보따리에 인쇄된 '독립선언서'를 차곡차곡 넣어서 전국 방방곡곡으로 발걸음을 재촉했다.

모든 계획이 순조롭게 진행되어 이제는 이날의 행동대원으로 학생조직을 짜야 했다. 고하는 1918년 겨울부터 만일을 대비한 학생조직을 만들어 놓았다. 고하는 경성법률전수학교(京城法律專修學校)의 주익(朱翼) 등을 통해서 이미 각 학교 사이에 조직망을 구축해 놓고 있었다. 곧 이들 학생 대표들과 접선할 수 있었다. 학생 대표들은 28일 승동(勝洞)예배당에 모였다. 각급 학생 대표들의 부서 선정을 마쳤다. 전문학교 대표로 경성의전(京城醫專)의 한위건(韓偉健), 보성전문의 강기덕(康基德), 연희전문의 김원벽(金元璧), 중학교 대표로는 보성학교(普成學校)의 장채극(張彩極), 경신학교의 강우열(康禹烈), 중앙학교의 장기욱(張基郁) 등이 선출되었다.

승동예배당에서 학생들의 회합이 있던 28일 밤, 천도교주 의암 손병희의 집에서는 민족대표들이 마지막 모임을 가졌다. 3월 1일의 거사 준비의 현황과 조직, 동원 계획 등을 확인했다. 그리고 '독립선언'의 선포식장으로 이미 정했던 탑골공원은 많은 학생이 동원되므로 이를 변경하여 그 근처에 있는 인사동의 명월관(明月館) 지점인 태화관(泰和館)에서 거행할 것을 결정했다. 성사 후 뒷일을 맡을 지도자도 선정했다. 고하, 기당, 육당, 송암 함태영(松巖 咸台永) [10], 그리고 의암의 사위 정광조(鄭廣朝) 등이 선출되었다. 고하는 제2차 거사의 책임자로 뽑힌 것이다. 생명을 건 거사의 움직임 속에서 3월 1일 전야는 마침내 밝아오기 시작하였다.

---

10 1952~1956년에 제3대 대한민국 부통령을 지냈다.

7
아! 기미년 3월 1일

　드디어 3월 1일은 밝았다. 구름 한 점 없이 맑은 날, 마음속까지도 환히 비칠 듯한 쾌청한 날씨였다. 3월 1일 정오, 독립선언문 선포식장으로 정해진 인사동 명월관 지점 태화관에는 이날 낮에 귀한 손님들이 모임을 갖는다는 전갈을 받고 바삐 움직이기 시작했다. 종로구 인사동 194번지에 [11] 위치한 이 집은 조선조 세종의 손녀사위의 집으로 지어진 후 여러 차례 주인이 바뀌었다. 인조(仁祖)가 능양군(陵陽君) 시절에 이 집에서 자랐고, 철종(哲宗) 때는 안동 김씨의 세력가 김흥근(金興根)이 살았다. 헌종(憲宗)의 경빈 김씨(慶嬪 金 氏)가 입주하기도 했다. 순화궁(順和宮)이란 궁명은 이때 붙여진 이름이다.

　경빈 김 씨가 세상을 떠나자 이완용의 형 이윤용(李允用)이 들었다가 경술국치 후 이완용도 여기에 기거했었다. 그러나 이완용

---

[11] 인사동에서 서울예식장으로 넘어오는 마루턱으로 지금은 태화기독교 사회복지관 자리이다.

이 옥인동에 양옥집을 짓고 이사한 후 얼마 동안 비어 있다가 황토마루 명월관(세종로 지금 동아일보사 자리)이 소실되자 이곳 순화궁으로 옮기고 지점격으로 태화관(泰和館)이라 이름을 붙였다.

정오가 가까워 오자 민족대표들이 모여들기 시작했다. 천도교의 손병희, 최린, 권동진, 오세창, 임예환(林禮煥), 권병덕(權秉悳), 이종일(李鐘一), 나인협(羅仁協), 홍기조(洪基兆), 나용환(羅龍煥), 이종훈(李鐘勳), 홍병기(洪秉箕), 박준승(朴準承), 김완규(金完圭), 양한묵(梁漢黙), 기독교의 이인환(李寅煥=昇薰), 박희도(朴熙道), 최성모(崔聖模), 신홍식(申洪植), 양전백(梁甸伯), 이명룡(李明龍), 이갑성(李甲成), 김창준(金昌俊), 이필주(李弼柱), 오화영(吳華英), 신석구(申錫九), 박동완(朴東完), 불교의 한용운(韓龍雲), 백상규(白相奎)의 29인이 이 엄숙한 자리에 모였다. 33인 중 길선주(吉善宙), 정춘수(鄭春洙), 유여대(劉如大), 김병조(金秉祚) 4인은 참석하지 못했다.

정오가 되자 태화정(太華亭=태화관 남측에 있는 정자) 동쪽 처마에 태극기가 걸렸다. 정자의 문은 남쪽으로 나 있었지만, 해 돋는 쪽을 택하여 동쪽에 걸은 것이다. 예정된 정오보다 2시간 늦은 오후 2시부터 식은 진행되었다. 일동은 근엄한 자세로 태극기를 향하여 경례했다. '독립선언서' 낭독을 생략하고 이종일이 선언서 백 장을 탁자 위에 놓고, 한용운이 길게 기행식의 인사말을 한 뒤에 그의 선창으로 '대한독립만세'를 외쳤다.

한편 태화관의 '독립선언'보다 앞서 정오를 기해 파고다공원에서 학생들이 대한독립만세를 외치는 함성은 천지를 진동했다. 공원에 모였던 수천 명의 학생들은 길거리로 쏟아져 나갔다. 무엇 하나 가진 것 없고, 의지할 권력조차 없었으나, 그들의 용기와 힘은 막혔던 강물이 터짐과 같이 거리로 쏟아져 나갔다.

"대한독립만세!"

"대한독립만세!"

마치 활화산의 커다란 분화구와도 같이 목청이 터지도록 외치고, 또 외쳤다. 10년 동안 가슴에 맺힌 한을 토해냈다. 파고다공원에서 거리로 쏟아져 나온 시위 대열 일부는 대한문(大漢門) 앞으로, 일부는 남대문을 거쳐 의주가도(義州街道)로, 또 한 대열은 창덕궁 앞으로, 또 일부는 남대문을 거쳐 진고개(지금의 충무로) 방면으로 휘몰아갔다. 그동안 억눌려 살아온 시민들의 울분이 드디어 폭발한 것이다. 앞장선 학생들의 시위에 용기를 얻은 시민들은 만세를 부르며 대열에 합류하니 서울 전역은 순식간에 학생과 시민들로 인산인해였다.

"만세! 만세! 만세!"

하늘도, 땅도, 산천도, 초목도 우주 만물이 모두 우리와 함께 만세를 불러 주는 것 같았다. 천지가 진동하는 세찬 소리, 함성, 절규는 남녀노소의 구별도 없었다. 직업의 귀천도 학식의 유무도 중요하지 않았다. 부엌에서 뛰어나온 아낙네도, 시골에서 올라온 상투 튼 노인들도, 어린 손자의 손을 이끈 할머니도, 행상인도, 설렁탕 그릇을 멘 배달꾼도, 주인도, 점원도 오직 한마음 한뜻으로 만세를 외쳤다. 행렬은 눈사람처럼 불어나서 서울 전역은 온통 시위

인파로 뒤덮였다. 실로 오랫동안 억눌려온 민족의 한, 민족의 울분이 무서운 기세로 폭발한 것이다.

정오부터 오후 2시 반경에 이르는 동안까지는 이들 시위 행렬의 군중만이 서울을 자욱이 뒤덮고 휩쓸었다. 일본 경찰은 뜻하지 않았던 거대한 물결 앞에 넋을 잃었다. 한동안은 멍하니 바라다만 볼 뿐 감히 손을 대지 못했다. 그들은 너무도 돌발적이요 그러면서도 크고도 치밀하고 대담한 이 사태를 처리할 만한 명령 계통을 세울 준비가 되어 있지 않았다.

길거리에서 목이 터져라 만세를 외치며 행진하는 시위 물결을 몇몇 영국과 미국 사람들만이 사진기에 분주히 담았다.

"한국인, 이제는 살았소. 한국인, 이제는 살았소."

그들은 군중을 향해 소리쳤다.

남대문 앞을 지난 시위 군중은 일본인들이 모여 사는 진고개로 행진해 갔다. 이때 진고개 어귀에서 군중의 전진을 가로막고 선 경찰과 헌병은 발포를 시작했다. 작은 무기조차 없는 비폭력 군중에게 총을 쏘고 군도를 휘두르는 이들의 잔인무도함을 본 군중은 투석으로 맞섰다. 그러나 밀리고 쫓기는 격돌도 잠시, 시위 군중은 많은 사상자를 내고 일단 후퇴하지 않을 수 없었다.

경찰과 헌병은 해산하는 시위 군중을 체포하기 시작했다. 곳곳에서 애국시민들은 끌려갔다. 혹은 팔을 비틀리고 혹은 포승에 묶이어 헌병이 탄 말 뒤에 질질 끌려가는 모습도 보였다. 선언식을 마친 민족대표들은 태화관 주인 안순환(安淳煥)에게 조선총독부에 연락하도록 일렀다. 안순환은 원래 궁내부(宮內部) 주임관(奏任官) 및 궁중의 주방장 일을 보았다. 그러나 나라가 망하자 벼슬을 사퇴하고 나와 명월관을 설립한 사람으로 열렬한 항일 사상가였다.

안순환이 전화로 연락한 지 잠시 후 경찰과 헌병들이 인력거를 타고 태화관에 들이닥쳤다. 그러나 민족대표들은 태연한 자세로 이들의 무례함을 꾸짖고 자동차를 가지고 오라고 호령했다. 그들은 가져온 승용차 7대에 나누어 타고 필동에 자리한 경무총감부로 연행되었다. 또한 이날 일본 도쿄에 파견된 밀사는 일본 정부와 국회에 '독립선언서'와 '의견서'를 우편으로 발송했고, 중국 상하이에 파견된 밀사의 연락을 받은 망명 지사들은 파리 강화회의와 미국 대통령에게 '독립선언서'를 각각 전송했다. 태화관에 참석했던 민족대표 전원이 체포되고, 시위 행렬이 일제의 총칼에 흩어지고 짓밟혔다. 피를 흘린 1차 거사에 이어 2차, 3차로 이어지는 거사가 각 지방에서 계속되고 있었다.

다음 거사의 지도는 고하의 책임이었다. 고하는 3월 1일 밤 중앙학교 뒷산에 연락 장소를 정하고 학생 대표들을 소집했다. 고하는 이 자리에서 학생 대표들에게 일본인들의 본토 철수를 요구하는 운동, 일본인과의 물품 매매를 거절하는 철시(撤市) 운동, 총독부에 납세거절(納稅拒絕) 운동, 관공리(官公吏) 사직(辭職) 운동, 일본인들의 손으로 운영되는 사업 기관에 비협력(非協力) 운동, 일본인들이 세운 공장에서 동맹파업(同盟罷業), 학생들의 동맹휴학(同

김현수(고하의 며느리)가 쓰고 그린 한반도 모양의 독립선언서와 뻗어나는 무궁화

盟休學) 등의 지령을 내렸다.

당시 철시에 얽힌 회고담을 이희준(李熙晙)은 이렇게 말한다. 종로와 남대문 일대의 큰 상점에는 대체로 연락이 되어 3월 1일 정오부터 철시를 했지만 미처 연락이 안 된 일부 점포들은 문을 열어놓고 있었다. 이 소식을 들은 고하는 상업계의 대표급 되는 인사에게 완전 철시하도록 연락하라고 일렀다. 이리하여 서울 중심에 있는 점포들은 모두 문을 닫음으로써 철시에 협조하였다고 한다.

이 운동은 모두 고하를 중심한 배후 잔류파, 즉 파상적인 거사를 위해 '독립선언서'에 서명하지 않았던 민족대표들이 주로 학생들과 함께 일구어낸 항거 운동이었다. 서울에서 일기 시작한 시위운동은 전국 방방곡곡으로 불길처럼 번져나갔다. 이날의 여운은 여러 달을 두고 계속되어 시위운동의 횃불은 꺼질 줄을 몰랐다.

그 많은 희생을 치러야 했던 3·1운동의 결과는 국내에서는 이른바 문화정치를 표방함으로써 무단정치(武斷政治)의 완화를 가져왔다. 해외에서는 흩어져 있는 동포들의 단결을 촉구했으며 마침내는 중국 상하이에서 대한민국임시정부(大韓民國臨時政府)의 수립에 이르렀다. 이 정부는 끊어졌던 주권을 다시 회복해 해방될 때까지 법통을 이어온 독립 상징이자 항일운동의 구심점이었고, 쇠퇴한 힘을 다시 찾아온 위대한 민족독립의 기틀로 우뚝 섰다.

제 3 장

옥중에서

1
조서(調書)를 중심으로

3·1운동의 뒷일과 제2, 3차 투쟁을 맡은 잔류파들도 마침내 물 샐틈없는 수사의 그물에 걸려 하나 둘씩 체포되었다. 고하는 민족대표들이 체포된 뒤 며칠 동안 이리저리 피해 다니며 학생대표들에게 투쟁 방법을 계속 지휘했다. 일제가 옥죄어 오자 몇몇 후배들에게 뒷일을 부탁하면서 고하는 그들을 피해 몸을 옮겼다. 이 당시 고하에 대한 일화 한 토막을 1960년 4월 스코필드 박사는 다음과 같이 말했다.

"고하가 체포되기 며칠 전인 1919년 3월 3일 무렵에 서울역 앞에서 제2차 시위가 있었어요. 평양 등지에서 올라온 백여 명의 학생과 서울 학생들이 함께 주동한 이날의 시위는 만여 명으로 불어났지요. 고하는 몸을 피하여 학생들을 격려할 겸 나왔다가 당시 서울역 건너편에 위치한 세브란스 의학전문학교에 들렀어요. 나와 인사를 나누는데 고하를 뒤따라 미행하던 형사가 들어오는 것이 보였어요. 고하는 재빨리 타이프라이터 앞에 앉아 태연히 타자를 치는 척했어요. 방에까지 들어온 형사는 주위를 두리번거리다가 고개를 갸우뚱하면서 돌아갔지요. 고하는 빙긋 웃으면서 다시 저와 이야기를 나누고 갔어요."

스코필드(Frank W. Schofield, 한국명 석호필(石虎弼, 1889-1970)) 박사는 영국 태생으로 카나다에서 수학한 후 1916년 조선에 건너와 세브란스 의전에서 세균학을 가르쳤다. 3·1운동이 일어나자 위험을 무릅쓰고 일제의 포악상을 필름에 담아 세계 각국에 알렸다. 한편 그도 또한 우리의 독립운동에 적극 협력하기도 했다. 고하와 인연이 있었던 그는 1918년 5월 고하에게 "내 친구 송진우"라는 서명을 넣은 조그마한 성경책을 선물로 주기도 했다. 1920년 일제의 강압으로 캐나다로 건너가 토론토대학 교수로 재직하다가 1958년 한국 정부 수립 10주년 기념 축하차 38년 만에 내한했다. 그는 한국에서 영주할 것을 결심하고 다시 1969년 내한하여 서울 의대(醫大) 외국인 숙소에서 요양하던 중 1970년 노환으로 별세하였다.

마침내 고하에게도 일제의 독수가 뻗어왔다. 밀정의 밀고로 3월 중순경 고하는 그의 처소인 중앙학교 숙직실에서 남산에 있는 왜성대(倭城臺)[1]로 끌려갔다. 그들은 무슨 이유 때문인지 기이하게도 한밤중에 인력거에 태워서 데려갔다. 고하가 왜성대 경무국에 들어서자, 앞으로 뚜벅뚜벅 걸어오던 경찰 수사관은 고하를

---

[1] 지금의 중구 예장동 근처로써 전 총독부가 있던 곳이다.

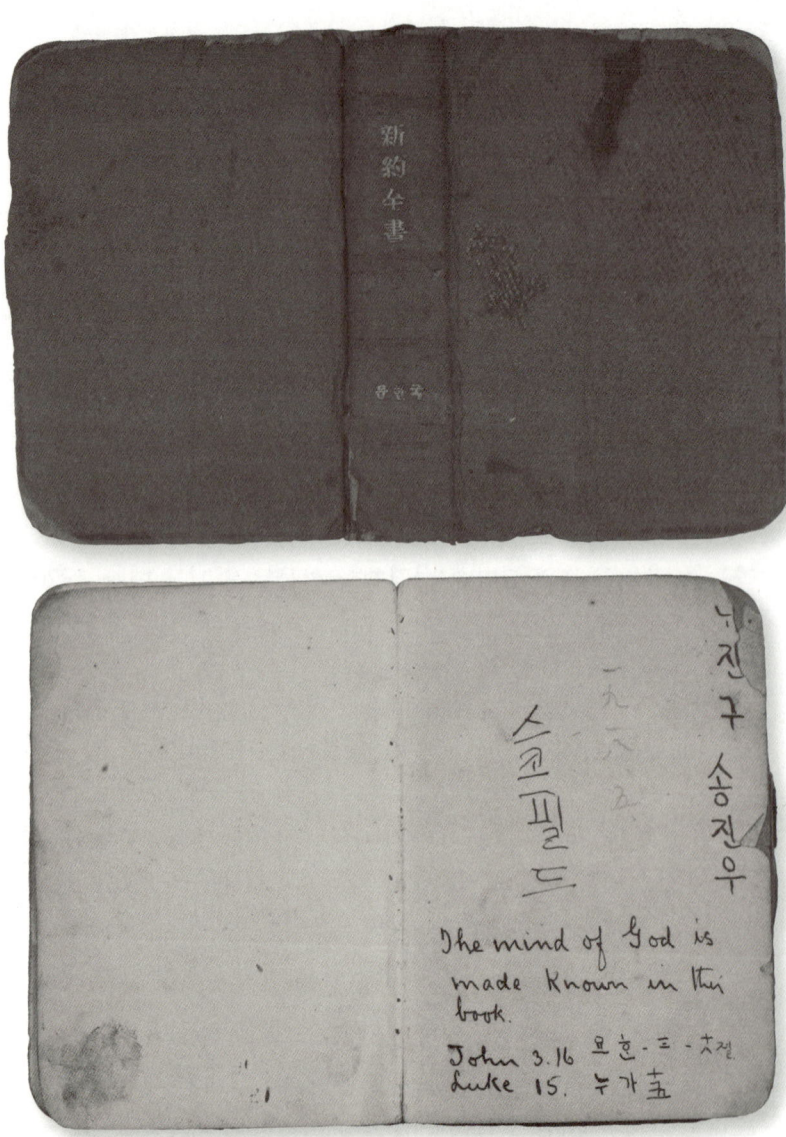

1918년 5월 스코필드 박사가 고하에게 선물로 준 성경

가로막으면서 스스로 자기를 소개했다.

"나는 미와(三輪)요. 송진우는 교육자이니 교육자답게 정직하게 말하시오."

고하는 한마디로 응수했다.

"난 모르오."

대꾸가 떨어지기 무섭게 미와는 고하를 고문실로 끌고 갔다. 미와의 입에서는 욕설과 조롱이 쏟아졌다. 다음에는 고하의 옷을 벗기고 속옷도 벗겨 발기발기 찢고 발가벗겨서 세웠다. 그리고는 깍지를 끼게 하고 고문실 밖으로 끌어내서는 분간할 수 없는 캄캄한 어둠 속에 밀어 던졌다.

고하가 땅에 쓰러지는 순간 뭇 개들은 짖어대며 몰려들었다. 사지와 몸뚱이를 가리지 아니하고 물어뜯고 또 발톱으로 할퀴었다. 예상하지 못한 바는 아니었지만 이렇게 잔인무도하리라고는 미처 생각하지 못했다. 고하는 맹견들의 습격으로 피투성이가 되면서도 단 한 마디의 비명도 지르지 않았다. 필사적으로 고통을 참았다. 입술을 깨물고 용케 견디었다. 고하는 얼마 후에야 고문자들에 의해 피투성이가 된 채 고문실에서 다시 수사실로 끌려갔다.

"맛이 어떤가? 그 정도는 약과이니 하루 이틀 잘 생각해 보시지."

일본 경찰 수사관은 고하를 다시 감방에 집어넣었다. 서울의 3월 중순은 아직도 몹시 기온이 찬 계절이다. 맨신창이의 몸으로 추위를 견디기란 여간한 고통이 아니었다. 고하는 다시 한밤중에 수사실로 끌려 나왔다. 전날과 똑같은 질문에 전날과 똑같은 대답이었을 뿐이었다.

"그렇다면 각오하라."

수사관은 물을 흠뻑 적신 가죽조끼를 고하에게 입히고 석탄이 활활 타고 있는 뜨거운 난로 불 옆에 앉혔다. 가죽조끼는 물기가 마르면서 바짝바짝 죄어들었다. 가슴이 터질 것만 같고 두 눈이 튀어나올 것만 같은 고통이었다. 고하의 입에서는 끊어져 들어가는 가쁜 숨소리가 흘러나왔다. 그는 점점 의식이 흐려지기 시작했다.

고하는 뼈마디까지 조여드는 고통을 참고 또 참으면서도 끝내 입을 열지 아니하였다. 죽는 한이 있어도 입을 열지 아니할 각오였다. 모진 고문을 가하면 으레 자백하리라고 믿었던 그들은 고하가 자백은커녕 얼굴빛조차 변하지 않는 것을 보고 몹시 당황했다. 고하의 굳은 의지와 초인적인 인내력 그리고 한결같은 신념에는 그들도 어쩔 수 없었던지 작전을 바꾸었다.

가죽조끼를 입힌 고문이 있은 지 며칠 뒤의 일이었다. 잡혀온 민족대표들과의 대질신문이 시작됐다. 그들은 고문으로는 자백을 얻지 못할 것을 짐작하고 인정(人情)에 호소하는 전략으로 고하의 입을 열게 할 작정이었다. 고하 앞에 민족대표 중 한 사람이 나타났다. 미와의 물음에 한 민족대표는 자백한 내용을 순순히 되풀이하는 것이었다.

"나는 어쩔 수 없이 다 고백했소."

그는 고하에게 자백할 것을 종용했다. 일이 이쯤 된 이상 고하는 모든 사실은 숨길 수 없음을 짐작했다. 혼자만이 자백의 사실을 모르고 있었을 뿐 3·1운동의 전모는 벌써 폭로되어 있었다. 일부 심히 거꾸로 되거나 왜곡된 자백도 없지 않았으나, 드러난 사실을 혼자서만 감추려 해도 될 일이 아니었다. 더 이상 고집을 부리고 비밀을 지킬 수 없었다. 그러다가는 오히려 동지들이 혹독한 고문을 당할 것은 뻔한 이치였다. 고하는 생각을 돌리고 비로소 머리를 끄덕였다. '옳다'는 표시였다.

자백의 내용은 맨 처음 천도교가 중심이 되어서 3·1운동을 일으켰고 나중에 고하 등이 참여한 듯이 진술되어 있었다. 동지들을 위하여 죽음을 택할지언정 끝까지 비밀을 누설하지 아니할 결심에서 전후가 뒤바뀐 진술이 나와 있었지만 고하는 구태여 바로잡을 생각을 하지 않았다. 미와는 고하가 사실을 시인하자 그제야 약간의 친절을 베풀었다. 의자를 권하기도 하고 담배를 피우라고 내밀기도 했다.

"송 선생은 고문으로는 안 돼."

그리고 저희들끼리 떠들며 히죽거렸다. 도저히 견디기 어려운 모욕이자 치욕이 언사 그대로였디. 심문, 고문, 대질신문 등의 반복 끝에 드디어 '조서'(調書)가 작성되었다. 이병헌(李炳憲) 편저 『3·1운동 비사(祕史)』에서는 다음과 같이 채록되어 있다.

송진우 취조서

(경찰조서 생략)

다이쇼(大正) 8년 4월 18일
경성지방법원 검사국
검사 카와무라 시즈나가(河村靜永)
서기 마츠모토 효우이치(松本兵市)

"연령, 신분, 직업, 주소, 성명, 본적지, 출생지는?"
"송진우, 31세, 사립중앙학교 교장, 주소 경성부 계동 1번지, 본적지 전라남도 담양군 수북면 남산리, 같음"
"위기, 훈장, 종군기장, 연금, 은급 또는 공직을 가졌는가?"
"없다."
"지금까지 형벌을 받은 일은 없는가?"
"없다."
"중앙학교 교장은 어느 때부터 근무했는가?"
"대정 7년(1918) 4월 10일부터 근무했다."
"중앙학교 교장이 되기 전에는 무엇을 했는가?"
"동교 교사로 있었다."
"경성에서 제일 친하게 교제한 사람은 누구누구인가"
"김성수, 최두선, 유태로, 이중화, 최규동 등이며 이들은 중학교의 교원이다. 기타 일본 유학생으로 있을 때 알게 된 사람으로 관청이나 교육 방면에 수십 인이 있다."

"일본에 유학했는가?"

"그렇다."

"어느 학교에서 공부했는가?"

"명치대학이다."

"피고는 최린, 최남선과 같이 금번에 조선독립을 계획했는가?"

"계획한 일은 없고 야소교(기독교)와 천도교가 독립운동을 하는 것을 알았다."

"피고는 이승훈을 아는가?"

"작년 4월경 이승훈이가 경영하는 정주 오산학교 관계로 상경했을 때 심재덕(沈載德)의 소개로 알았다."

"최린 및 최남선과 만난 일이 있지 않는가?"

"있다. 금년 1월 말경이라고 생각된다. 일본서 발행하는 신문에 파리 강화회의에서 미국 대통령이 민족자결이란 문제를 제창했다는 기사를 보고, 현상윤과 같이 지나는 말로 우리 조선도 독립운동을 했으면 어떠할까 했더니 현(玄)은 아무 대답이 없었다. 그 후 날짜는 기억할 수 없으나 이삼일 후라고 생각한다. 최린이가 중앙학교로 와서 현하 시국을 말하고 있을 때 최남선도 와서 독립운동을 할 것을 말했다."

"그 전말을 자세히 말하라."

"그때 이 운동을 하려면 구한국시대 원로들과 상의하는 것이 어떠한가 해서 박영효, 윤용구, 한규설 등을 만나 보기로 했으며 나는 2월 2, 3일경엔가 박영효한테 가서 경성방직주식회사(京城紡織株式會社=오늘의 경방) 설립의 말을 하고는 최린이 독립운동을 할 것을 말하더라고 하니, 박영효는 조선도 문화 정도가 진보하게 되면 헌법도 실시하게 되고 자치도 하게 될 것이라는 말을 하면서, 조선독립을 민족자결에 의하여 운동한다는 것은 시기상조라고 이야기했다. 결국 그 교섭은 실패했다. 최린은 나와 최남선을 보고 우리끼리 운동을 하자고 하므로 나는 교육자의 자격으로 있기 때문에 그 취지는 찬성하나 참가할 수는 없다고 했으며, 최남선 역시 자기도 문학을 연구하는 만큼 참가할 수 없다고 했던 바, 최린은 '금후에는 이 일에 대해서 다시 말하지 않겠다' 하고 일어설 때 최남선이가 자기는 참가하지 않지만, 야소교와 제휴하는 역할을 하겠다고 했다. 그는 현상윤을 시켜 정노식과 같이 있는 김도태를 정주로 보내서 이승훈을 불러오게 했다. 최남선은 다른 사정이 있어서 내가 이승훈을 만나 최남선의 말을 대신한 일은 있다."

"무슨 말을 했던가?"

"천도교에서 지금 독립을 계획하고 있는데, 야소교도 그런 의사가 있는가 물었더니 이승훈은 그 일로 최남선이가 만나자 하더냐고 물으므로 최남선이를 만나 자세한 것을 들으라고 했다."

"그 후 최남선이가 이승훈을 만났는가?"

"만났을 줄 안다."

"피고는 김성수에게 조선 독립운동의 말을 하지 않았는가?"
"김성수는 향리에 가 있었다."
"그 후 최린과 종종 만났는가?"
"만난 일은 없다."
"피고는 금번 독립운동을 어떻게 생각하는가?"
"나는 직접 활동을 하지 않았지마는 조선 사람으로서는 당연히 할 일이라고 생각한다."

위 피고인 송진우

다이쇼(大正) 8년(1919) 5월 23일
경성지방법원 예심부
예심판사 나가시마 유루조우(永島雄藏)
서기 이소무라 진베에(磯村仁兵衛)

"성명은?"
"송진우다."
　(검사국 문답과 동일하므로 중간 생략.)
"피고의 가족은?"
"가족은 시골에 있고 나는 계동 1번지 중앙학교 숙직실에서 독신 생활을 하고 있다."

"피고의 학력은?"

"명치대학 법과를 졸업하고 중앙학교 교사로 있다가 작년에 교장이 됐다."

"최린과 최남선은 언제부터 알았는가?"

"동경 있을 때 알았다."

"피고는 최린, 최남선과 같이 조선 독립운동을 계획했는가?"

"그렇다."

"어떤 동기로 운동할 것을 계획했던가?"

"금년 1월경 내가 최린을 방문했을 때, 신문지상에서 민족자결주의 기사를 봤으며 최린이가 민족자결주의를 조선에 적용해서 독립하는 것이 좋다고 하므로 나는 찬성했다."

(이하는 검사 심문과 답변이 동일하므로 약함.) [2]

위 피고인 송진우

---

[2] 고등법원 예심판사 쿠스노키(楠常藏)의 조서는 지방법원 예심판사 나가시마(永島雄藏)의 조서와 동일하므로 생략하기로 한다.

2
예심결정서(豫審決定書)를 중심으로

고하가 체포되어 끔찍한 고문을 받고 경찰 조서가 꾸며지는 동안 삼천리 방방곡곡에서는 만세 시위가 불길처럼 번져갔다. 사전에 조직되어 있던 평양, 진남포, 안주, 선천, 의주, 원산 등지에서는 서울과 같은 날인 3월 1일에 궐기했지만 그 외의 지역에서는 시차를 두고 연쇄적으로 번져갔다. 어떤 지방에서는 한 번으로 끝난 것이 아니라 수차례, 혹은 10여 차례나 궐기했다. 3월 1일부터 4월 초까지 한 달 남짓 사이에 전국 212개 부군(府郡)에서 궐기한 횟수는 1,542회였고 연인원수는 약 200만 명이었다. 특히 천도교와 기독교 또는 유교의 세력이 강한 지방일수록 시위운동이 격렬했다.

따라서 그 피해 상황도 적지 않았나. 3월 1일 선전에서 군경의 발포로 12명 이상의 사상자를 낸 것을 비롯하여 각 지역에서 그들의 무차별 발포로 사망이 7천 5백여 명, 부상 약 1만 6천여 명에 달했다. 그들에게 체포되어 체형(體刑)을 받거나 수십, 수백 대의

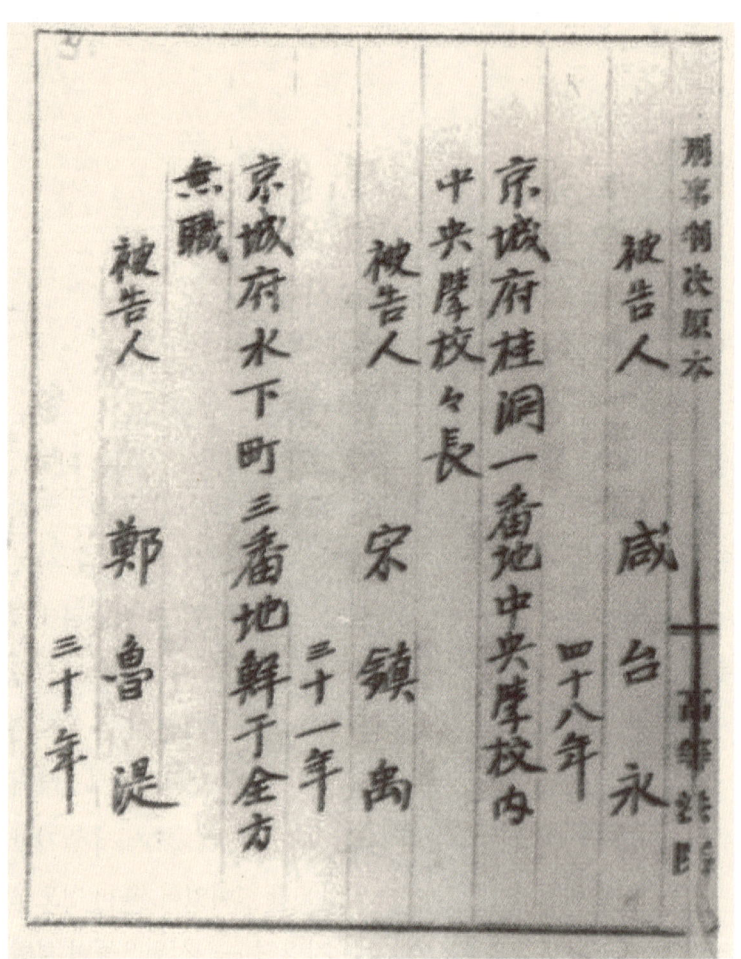

1920년 3월 22일(다이쇼 9년) 3·1운동 후 1년 반 동안 구속되었다가 받은 판결문 사본

태형(笞刑)을 맞고 나온 숫자는 셀 수도 없이 많았다.

아무튼 '독립선언서'에 서명한 33인 중 32인과 후사를 담당한 16인, 모두 48인의 민족대표는 경성지방법원에 '출판법' 및 '보안법' 위반 혐의로 기소되어 나가시마(永島雄藏) 판사의 손에서 무려 여섯 달 동안이나 예심을 받았다. 그해 8월 1일이 되어 예심은 종결됐다. 예심판사는 '출판법' 및 '보안법' 위반의 죄목이 부당함을 이유로 '내란죄'를 적용하고 관할을 바꾸어 고등법원으로 사건을 이송했다. 내란죄가 적용되자 모두들 극형을 면치 못할 것으로 관측했다. 그러나 약 1년을 두고 고등법원 특별형사부에서 예심한 결과 '내란죄'가 아닌 '보안법' 및 '출판법' 위반으로 종결되었다. 이에 다시 다음 해 1920년 3월 22일, 예심결정서를 첨부하여 관할법원인 경성지방법원으로 다시 돌려보냈던 것이다.

중형의 '내란죄'를 적용하지 않고 '보안법' 및 '출판법' 등의 가벼운 죄목으로 낮춘 데는 다음과 같은 정치적 이유가 있다고 판단된다. 일본은 조선을 강제로 점령한 이후 그들은 무단정치로 조선을 다스려왔다. 그러나 이에 대한 조선 민족의 저항이 점차 심해지고, 이번 3·1민중 봉기의 원인도 여기에 있음을 깨달은 일본 정부는 시정 방향을 이른바 문화정책으로 바꾸면서 48인에 대한 형(刑) 적용도 달리한 것이 아닌가 한다.

47인 예심결정서

(〈東亞日報〉 1920. 4. 6~13)

무직	손병희(孫秉熙)	60세
보성고등보통학교장	최 린(崔 麟)	43세
천도교 도사(道師)	권동진(權東鎭)	60세
천도교 도사(道師)	오세창(吳世昌)	57세
천도교 도사(道師)	임예환(林禮煥)	56세
천도교 도사(道師)	권병덕(權秉悳)	53세
천도교 월보과장	이종일(李鍾一)	62세
천도교 도사(道師)	나인협(羅仁協)	49세
천도교 도사(道師)	홍기조(洪基兆)	56세
무직	김완규(金完圭)	44세
천도교 도사(道師)	나용환(羅龍煥)	57세
천도교 장로(長老)	이종훈(李鍾勳)	65세
천도교 장로(長老)	홍병기(洪秉箕)	52세
천도교 도사(道師)	박준승(朴準承)	55세
기독교장로파 장로	이인환(승훈)(李寅煥(昇薰))	56세
중앙기독교청년회 간사	박희도(朴熙道)	31세
기독교북감리파 목사	최성모(崔聖模)	47세
기독교북감리파 목사	신홍식(申洪植)	49세
기독교장로파 목사	양전백(梁甸伯)	51세

농업	이명룡(李明龍)	48세
기독교장로파 목사	길선주(吉善宙)	52세
세브란스연합의학교부속병원 사무원	이갑성(李甲成)	34세
기독교북감리파 전도사	김창준(金昌俊)	31세
기독교북감리파 목사	이필주(李弼柱)	52세
기독교남감리파 목사	오화영(吳華英)	41세
기독교신보사 서기	박동완(朴東完)	35세
기독교남감리파 목사	정춘수(鄭春洙)	45세
기독교남감리파 목사	신석구(申錫九)	46세
승려	한용운(韓龍雲)	42세
승려	백상규(용성)(白相奎(龍城))	57세
평양기독교서원회 총무	안세환(安世桓)	33세
무직	임 규(林 圭)	56세
기독교남감리파 전도사	김지환(金智煥)	29세
서적출판업	최남선(崔南善)	31세
기독교 장로	함태영(咸台永)	48세
중앙학교 교장	**송진우(宋鎭禹)**	**31세**
무직	정노식(鄭魯湜)	30세
중앙학교 교사	현상윤(玄相允)	28세
농업	이경섭(李景燮)	45세
면(綿)제조판매업	한병이(韓秉益)	29세

보성사공장감독	김홍규(金弘奎)	45세
무직	김도태(金道泰)	29세
천도교 대도주(大道主)	박인호(朴寅浩)	66세
천도교 금융관장	노헌용(盧憲容)	53세
수원삼일여학교 교사	김세환(金世煥)	32세
보성법률상업전문학교 생도	강기덕(康基德)	31세
연희전문학교 생도	김원벽(金元璧)	27세
기독교 목사	유여대(劉如大)	42세

위 내란 피고 사건에 대하여 고등법원장의 명을 받은 예심판사 조선총독부 판사 쿠스노키(楠常藏), 동 나가누마(永沼直方)로부터 제출한 소송 기록 및 의견서를 조사하여 고등법원 검사장 대리 조선총독부 검사 쿠사바(草場林五郎)의 의견을 들어 결정함이 아래와 같음.

주 문

경성지방법원을 본건의 관할재판소로 지정함.

이 유

제1. 비교하기조차 어려운 세계대전이 종국에 가까워 점차 평화의 서광이 나타나려 함에 즈음하여 다이쇼(大正) 7년(1918) 1월 상순 미국 대통령 윌슨은 강화(講和)의 기초 조건으로 14개조를 제창한지라, 그중에 식민지 문제 등 주권에 관한 사항은 민족자결주의에 따라 해결할 취지의 조항이 있을 뿐 아니라, 폴란드 민족의 독립을 승인하려는 취지와 대소국가의 정치적 독립 및 영토보전을 담보하기 위하여, 국제연맹을 조직하는 취지의 조항이 있고, 그 후 다이쇼 8년(1919) 1월 중 프랑스 파리에서 강화회의가 개최되어 연합 각국 강화위원은 같은 곳에 모여 대독(對獨) 강화조항을 심의하고, 미국 대통령 윌슨도 역시 프랑스에 건너가 친히 강화회의에 참석하여 그 주창의 철저에 노력하게 된 바, 일·한 합병의 결과 조선이 독립을 잃었음에 평소 불만을 가진 천도교 성사 피고 손병희, 동 교도의 유력자인 보성고등보통학교장 피고 최린, 천도교 도사 피고 권동진, 동 피고 오세창은 이번의 강화회의는 전란의 결과를 처리하는 동시에 영구평화를 위하여 세계의 개조를 도모함인즉, 윌슨이 제창한 민족자결주의는 이번 전란의 중심이 된 유럽 각지의 민족뿐 아니라 세계 일반의 민족에도 또한 응용될 것이므로 이번 기회를 이용하여 조선민족이 궐기하여 독립 욕망의 치열함을 표시하여 구미 각국의 주시를 야기하고 또 미국 대통령의 뜻을 움직이게 할진대 조선의 독립은 폴란드 민족의 독립과 동일하게 강화회의의 의제에 올려 그 승인을 얻고자 하기에 이르렀고 특히 그 당시 재외 조선인 중 이미 독립운동을 시도하기 위하여 프랑스 파리에 건너간 자가 있다는 풍설 및 동경에 있는 조선 유학생 중 독립운동을 하는 자가 있다는 풍설이 빈번히 조선 내에 전파되고 또한 상하이에 체류하는 조선인으로 서선 (서부 조선) 각 지방에 와서 독립운동을 선전한 자가 있어 이로 인하여 경성 기타 각지의 인심이 점차 동요하여 각처에 독립운동 발발의 징조를 보인 시기이므로 좋은 기회를 놓칠 수 없다고 생각하여 동년 1월 하순 손병희의 주소에서 여러 차례 회합 모의한 결과 조선으로 하여금 제국의 기반에서 벗어나 한 독립국가로 형성하게 되기를 기도하고 그 수단으로 먼저 동지를 규합하여 조선 민족 대표자로 손병희 등의 명의로서 조선의 독립을 선언하고 또한 선언서를 비밀리에 인쇄하여 조선 전도에 배포하여 민중을 선동하여 왕성하게 조선독립의 시위운동을 일으키게 하여서 조선민족이 어떻게 독립을 열망하는지를 표시하고 일면, 제국 정부, 귀·중양 의원, 조선총독부 및 강화회의의 열국 위원에게 조선독립에 관한 의견서를 제출하고 또 미국 대통령 윌슨 씨에게 조선독립에 관하여 진력을 요청하는 취지의 청원서를 제출하기로 정하고 그 계획의 실행에 관하여는 최린으로 하여금 담당하게 하기로 함으로써 동년 2월 상순 밤 최린은 이전부터 친한 중앙학교장 피고 송진우와 사제의 관계가 있는 동교 교사 피고 현상윤 및 송진우의 매개로 회견하게 된 역사 전공자 피고 최남선과 최린의 주소에서 회합하여 전기 계획을 송진우 외에 위 3명이 이미 이에 찬동하였으므로 그 후 양 3일을 지나 위 4명은 야간에 재차 경성부 계동 중앙학교 내 송진우의 거소에서 회합하여 그때 숙의한 결과 박영효, 윤용구, 한규설, 김윤식 등 구한국시대 요로에 있던 지명의 자 및 기독교도를 권유하여 동지를 삼고, 이 같은 자 및 손병희 이하 천도교도 중 주요한 자를 조선 민족대표자로 하여 그 명의로써 독립선언을 하고 그리고 그 명의로써 독립선언서, 의견서 및 청원서를 작성하기로 하고, 각 서면의 기초는 최남선이 담당하고 또한 구시대의 인물에 대한 교섭은 최린, 최남선 및 송진우가, 그리고 기독교 측에 대한 교섭은 최남선이 담당하게 되었으므로 그 후 최린, 최남선, 송진우는 위 윤용구 등에 대하여 각기 교섭을 시도하였으나 결국 요령을 얻지 못하고 중지하고, 최남선은 기독교도의 동지를 구하고자 먼저 그 지기인 평안북도 정주군(定州郡) 기독교 장로파의 장로 이승훈이라는 이인환에게 교섭을 해보기로 하여, 동월 7일경 현상윤으로 하여금 이인환이 설립한 오산학교 경영의 일에 핑계 대고 동인의 상경을 촉구하게 하였으므로 현상윤은 피고 정노식의 집에 다다라서 정노식에 대하여 같은 곳에 하숙한 정주군인 피고 김도태로 하여금 정주군 갈산면 익성리 이인환의 집에 이르러 위 최남선의 말을 이인환에게 전달하게 할 것을 의뢰하였으며, 정노식은 최남선, 최린 등이 조선 독립운동을 기획하여 그 동지를 구하기 위하여 기독교도인 이인환에게 교섭을 시도할 필요상 동인을 불러오는 사정을 알면서 그 계획의 실행을 방조하기 위하여 위 의뢰에 응히고 즉일 피고 김도태에게 대하여 정주에 다다라 이인환에게 위 전언을 위한 일을 의뢰하며, 김도태는 위 사정을 알고 같은 방법으로 방조하기 위하여 이를 승낙하고, 동월 8일 경성을 출발하여 그다음 9일 정주에 도착하여 이인환의 수소로 향하는 도중 지인인 같은 곳 오산학교 교원 박현환(朴賢煥)을 만나 동인에게 그 당시 이인환이 중요한 일이 있어서 평안북도 선천(宣川)에 이르러 부재인 것을 듣고 사정을 알지 못하는 동인에게 이인환에 위 전언을 의뢰하였으므로 동인은 특히 선천에 도착하여 이를 이인환에게 전하였으므로 이인환은 동월 11일경 급거 경성에 올라왔는데 최남선은 관헌의 주목을 피하기 위하여 자신이 회견치 않고 송진우로 하여금 동일 자기를 대신하여 계동 김성수 별택에서 이인환과 회견하고, 전기 계획을 고하여 기독교 측의 참가를 구하고 또한 동지 규합을 부탁케 한 바, 이인환은 즉시 이를 승낙하고 동지를 규합하기 위하여 즉일 경성을 떠나 평안북도 선천에 돌아가서 동월 12일경 기독교 장로파 목사 피고 양전백의 주소에서 동인 및 그 당시 장로회에 출석하기 위하여 선천에 모인 기독교 장로파 장로 피고 이명룡, 동 목사 피고 유여대, 동 목사 김병조 등과 회합하여 송진우에게 청취한 전기 계획을 고하여 찬동을 구한 바 위 3인은 이미 동지가 되기를 승낙하고 유여대·김병조는 독립운동에 관하여 만사를 이인환에게 일임하고, 또 필요한 서류에 날인하게 하기 위하여 각자 그 인장을 동인에게 예탁하고, 양전백, 이명룡은 이인환의 주의에 의하여 친히 독립운동의 모의에 참여하기 위하여 경성에 올라가기로 하고 오히려 이인환은 동월 14일 평양 기홀병원(記忽病院)에서 기독교 장로파 목사 피고 길선주, 동교 감리파 목사 피고 신홍식 등과 면회한 다음 전기 계획을 고하여 찬동을 구한 바 두 사람이 이미 동지가 되기를 승낙하고, 이인환의 주의에 의하여 스스로 경성에 올라가 독립운동의 모의에 참여하기로 하였다. 그 후 17일경 재차 경성에 올라와 소격동(昭格洞) 김승희(金昇熙)의 집에 투숙하고, 즉시 사람을 파견하여 송진우에게 상경한 취지를 통지하매 동인은 한두 번 위 여인숙을 내방하였으나, 그 태도가 열심이 결한 듯하며, 그 말하는 바가 요령을 얻지 못함이 있고, 또 최남선도 용이하게 이인환과 면회치 아니하므로 이인환은 내심에 의혹을 가졌던 때에 마침 중앙청년회 간사 피고 박희도를 만나 조선 독립운동에 기독교 측의 동지자와 회견코자 하는 의사를 부탁하였으므로 동인은 이를 승낙하고, 동월 20일 밤 경성부 수창동(需昌洞) 그 주소에 기독교 남감리파 목사 피고 오화영, 동 목사 피고 정춘수, 동 북감리파 감리사(監理司) 오기선(吳箕善) 및 신홍식 등이 이미 독립운동의 동지자를 집합하고, 자기도 그 자리에 참여하고 이인환과 회합하여 독립운동의 일을 협의한 결과, 경성 및 각 지방에서 기독교의 동지자를 구하여 이와 함께 일본 정부에 독립청원서를 제출하기로 하고, 그 동지 모집을 하고자 정춘수로 하여금 원산 방면을 담당하게 하였고, 그날 밤에 따로 기독교 장로파 피고 함태영의 주소에 동인 세브란스병원 사무원 피고 이갑성, 평양 기독교서원 총무 피고 안세환, 기독교 장로파 조사 오상근(吳相根), 동 목사 현순(玄楯) 등 모든 독립운동의 동지자가 회합하였으나 하등 결의한 바가 없었다. 더구나 그 다음날 2월 21일 최남선은 이인환을 그 전기 숙소를 방문하고 함께 최린의 집에 가서 최린과 회견하게 하였는데, 그때 최린은 이인환으로부터 그 전날 밤 박희도 집에서 기독교도의 동지가 회합하여 기독교 측에서 독립운동을 행하게 된 일을 듣고 독립운동은 민족 전체에 관한 문제이므로 종교의 이·동을 불문하고 합동함이 옳다는 의견을 말하고 간절히 합동을 구하였으므로 이인환은 동지와 협의한 후 승낙 여부를 결정하고 회답할 취지를 약속하여 오히려 운동비의 융통을 요구하고 돌아온바 최린은 즉일 손병희에게 금 5,000원을 기독교 측에 대여할 것을 요구하자, 동인은 이를 승낙하고 천도교 대도주 피고 박인호 및 동교 금융관장 피고 노헌용에게 위 사정을 고하여 동 금액의 지출을 구한 바, 위 두 사람이 이미 전기 독립운동에 찬동하고 뜻에 참가하여 이의 없이 천도교의 보관금 5,000원 지출의 절차를 종료하고 그 다음날 22일 현금 5,000원을 최린에게 교부하였으므로 동인은 이를 휴대하고 즉시 이인환의 숙소에 도착하여 동인에게 교부하였다. 앞서 이인환은 그 전날 밤 즉 2월 21일 최린과 회견 후 경성 남대문외 세브란스병원 구내인 피고 이갑성 집에서 박희도(朴熙道), 오기선(吳基善), 오화영(吳華英), 신홍식(申洪植), 함태영(咸台永), 경기도 수원군 삼일여학교 교사 피고 김세환, 안세환, 현순과 회합하여 밤새도록 협의한 결과, 독립운동에 천도교 측과 합동할 여부의 문제에 관하여는 우선 천도교 편의 운동방법을 확실히 알아본 후 가부를 결정할 것이요, 그 일에 관하여는 이인환 및 함태영에게 만사를 일임하기로 결정하고 다음에 독립청원서의 제출에 대하여 동지자를 모집하고 이에 첨부할 지면에 서명날인을 얻기 위하여 이갑성을 경상남도, 김세환을 충청남도에 파견하기로 하고, 또 파리에서 열리는 강화회의의 형세를 탐문하여 이를 보도하게 하고, 유럽에 서면을 발송하는 경우의 편의를 계획하고자, 현순을 중국 상하이에 파견하여 두기로(동월 23일 현순은 위 사명을 입을 다물고 경성을 출발, 상하이에 부임하였다) 하였으므로, 이인환은 그 다음날 22일 최린에게 금 5,000원을 수령한 후, 함태영과 같이 최린 집에 도착하여 독립운동의 방법에 대하여 천도교 편의 의향을 확실하게 탐문한바 최린은 기독교 편의 계획과 같이 독립청원서 제출만으로는 불충분한즉, 독립선언을 행치 아니할진대, 합동의 필요가 없다 말하였으므로 이인환, 함태영은 동일 오기선, 박희도, 안세환과 함태영 집에서 회합하여 숙의한 결과 천도교 편의 주장을 용납하여 독립선언을 행하기로 결정하고 그다음 다음날 24일 이인환, 함태영은 최린 집에 와서 합동을 승낙한다 통지하였으므로 이에 조선독립운동에는 천도교 편과 기독교 편의 합동이 성립하였다.(오기선은 독립선언에 반대했으므로 당일 이후 탈퇴) 그리하여 이인환, 함태영은 합동의 교섭 이래 기독교 편의 대표자로 동지간에 인정되었으므로 종래 천도교 편의 대표인 최린은 위 두 사람과 협의한 후 독립선언은 국장으로 인하여 수십만의 민중이 경성부에 집합한 국장의 전전일인 1919년 3월 1일 오후 2시로 정하고, 동 일시를 기해서 경성부 파고다공원에서 선언서를 낭독하여 이를 행하고 그 선언서를 비밀리에 다수를 인쇄하여 경성에서는 독립선언의 당일 이를 공중에게 배포하여 만세를 부르고 또 이를 각

지방에 분송하되, 그 분송할 시 경성에서 행하는 독립선언의 일시 및 선언서 배포 순서를 전달하게 하여 각 지방에서도 경성을 모방하게 할 것. 선언서 기타 서류의 기초, 선언서의 인쇄는 천도교 편에서, 선언서의 배포 분송은 천도교 편, 기독교 편에서 각기 담당하고, 또 제국정부 귀·중 양 의원에 대한 서면의 제출은 천도교 편에서, 미국 대통령, 열국강화위원에 대한 서면의 제출은 기독교 편에서 각기 담당하기로 하고, 또 조선 민족대표로 각 서면에 연명할 자는 천도교 측, 기독교 측에서 각 수십 명을 한정하기로 하고, 기독교에서는 가급적 다수의 동지자를 모집·연서하게 하기 위하여 전기와 같이 각기 사람을 보내 동지 모집에 종사케 하였으나 이 협정에 의하여 당해 계획을 변경하게 되었다. 더하여 독립운동에 참가를 구하는 불교도도 위 연명에 추가하기로 결정하였다. 이에

(1) 최남선은 동월 상순경부터 빈번히 최린과 회합 협의한 후 첫머리에 '조선의 독립국 됨과 자주민 됨을 선언하노라'라 게기하고, 조선의 독립은 시대의 대세에 순응하고, 인류 공동 생존권의 정당한 발동으로 어떤 물건이라도 저지 억제하기 불능하므로 그 목적을 달하기 의심하지 아니하므로 조선민족은 의당히 최후의 일인, 최후의 일각까지 독립의 의사를 발표하고, 상호 분기하여 제국의 기반을 벗어나 독립을 의도하지 아니치 못할 의사로, 국헌을 문란하고 독립의 시위운동을 도발할 문사(文辭)를 기재한 선언서를 제국정부, 조선총독부, 귀·중 양 의원에 제출할 조선독립에 관한 의

견서(령 제330호의 419, 동 420에는 통지서의 표제가 있으나 그 내용에 의하여 의견서가 인정함) 제국의 조선에 대한 정치 정책을 없는 말을 지어 욕하고 미국 대통령 윌슨 씨의 인격과 그가 주창한 민족자결주의를 극력 찬양한 미국 대통령에 송치할 청원서 및 강화회의에 참석한 열국 위원에게 제출할 의견서 초안을 동월 26일경까지 작성하여 이를 최린에게 제출하여 즉시 그것을 손병희·권동진·오세창 등에게 보여 그 동의를 얻었다.

(2) 손병희, 권동진, 오세창은 공모한 후 동월 25일경부터 27일경까지 그간에 당시 천도교의 기도회 종료 보고, 또 국장(國葬) 배관(拜觀)으로 인하여 경성에 모인 천도교 도사 피고 임예환, 동 피고 나인협, 동 피고 홍기조, 동 피고 박준승, 경성에 있는 천도교 도사 양한묵(예심 중 사망), 천도교 도사 피고 권병덕, 천도교도 피고 김완규, 천도교 도사 피고 나용환, 천도교 장로 피고 이종훈, 동 피고 홍병기 등 10명에 대하여, 또 오세창은 천도교 월보과장 피고 이종일에 대하여 독립운동에 관한 전기 계획을 고하고, 그 찬동을 구하며 이미 동지가 되기를 승낙하고, 또 선언서 기타 서면에 조선민족 대표로 손병희 등과 같이 명의를 게재하기에 동의하였다.

(3) 이인환, 박희도, 오화영, 이필주, 함태영, 안세환과 당일 독립운동의 계획을 듣고 이에 찬동하여 동지에 참가한 기독교 북간리파 목사 최성모(崔聖模) 및 동지를 모집하고자 동월 26일 한강의 인도교상에서 회합하여, 선언서 기타의 서류에 명의를 게재할 기독교 편의 동지자를 대략 전형하고, 또 안세환을 독립 의견 진술

을 위하여 동경에 파견하기로 하였다.

(4) 이인환, 박희도, 이갑성, 오화영, 최성모, 정춘수의 7명을 정하고 함태영은 연명자가 체포되는 경우에 그 가족 보호의 소임을 맡기 위하여 연명자 중에 참가하지 않기로 하고, 제국정부, 조선총독부, 귀·중 양 의원에 제출할 서면에 날인하기 위하여 함태영은 당일 출석한 다른 9명에게서 각기 인장의 예탁을 받고 또 이인환에게 당일 결석한 유여대, 이명룡, 김병조 3명의 인장을 맡고, 오히려 예전부터 영치하였던 양전백, 길선주, 신홍식의 각 인장을 휴대하고 그날 밤 최린의 집에 이르렀으나 위 각처에 제출할 서류가 아직 정돈되지 못하였으므로 이에 날인하기 불능하므로 후일 서류 정돈 후 이에 첨부하게 하기 위하여 연명자의 성명을 열기한 별개의 지면에 각기 날인하였다.

(5) 강원도 양양군 통천면 신흥사(新興寺) 승려 피고 한용운은 동월 24일부터 27일까지 그간에 최린에게 전기 독립운동의 계획을 듣고 또 동인의 집에서 전기 각 서류의 초안을 보고 그 계획에 찬동하였고, 또한 한용운은 경상남도 합천군 해인사(海印寺) 승려 피고 백상규에게 위 계획을 고한 바 동인도 이에 찬동하여 동지에 참가하기로 되어, 동월 27일 한용운은 최린의 집에 이르러 전기 연명자의 성명을 열기한 지면에 날인하고, 또 백상규에게 위탁을 받은 동인의 인장도 동 지면에 날인하였다.

(6) 최린, 오세창, 임예환, 권병덕, 나인협, 홍기조, 김완규, 나용환, 홍병기, 박준승, 양한묵의 11인은 동월 27일 손병희의 첩 댁인 재

동 김상규(金相奎) 집에 회합하여 일동이 선언서, 기타 서류의 초안을 보고 그 취지에 찬성하여 전기 연명자의 성명을 열기한 지면에 각기 날인하고, 또 손병희는 집안사람에게 자기의 인장을 지참하여 동 지면에 날인하였다.

(7) 이종일은 동월 27일 자기가 사장인 천도교의 인쇄소 경성부 수송동 보성사(普成社)에서 동사 공장 감독 김홍규(金洪奎)에게 명하여 먼저 최남선이 경영하던 인쇄소 신문관(新文館)의 직공으로 하여금 판을 짜게 하여 최린 집에 보내 있던 독립선언서의 원판을 최린 집으로 가져오게 한 다음 이에 의하여 독립선언서의 인쇄를 명한 바 김홍규는 손병희 등이 조선독립운동에 관하여 작성한 국헌 문란의 기재가 있는 독립선언서로 당해 관청의 허가를 얻지 않은 줄 알고도, 다시 정을 알지 못하는 동사 인쇄 직공 신영구(申永求)에게 그 인쇄를 명하여 독립선언서 21,000매를 그날 밤 11시경까지 인쇄, 다음날 이를 이종일에게 교부하였다.

(8) 박희도, 이갑성은 독립운동의 실행에는 학생 등의 힘을 비는 것이 편리하다 생각하던 터에 경성에 있는 학생 등도 시국에 관하여 동요하는 중임을 들어 알고 전문학교 생도 중의 유력자 연희전문학교 생도 피고 김원벽, 보성법률상업학교 생도 피고 강기덕, 경성의학전문학교 생도 한위건 등과 때때로 회합하여 일면 손병희 등의 독립운동 계획을 고하고, 일면 학생 등의 동정을 탐문하여 암암리에 그 분기(奮起)를 종용하였던 바, 동년 2월 중 학생 등두 별개로 독립선언서를 작성하고, 독립선언을 행할 기획이 있음

을 듣고 동월 22, 23일경 박희도는 김원벽에게 대하여 학생단의 독립운동을 일시 중지하고, 손병희 등의 독립운동에 참가 원조하기를 권유한즉, 동인은 강기덕, 한위건 등과 모의를 하여 이를 승낙하게 되어 동인 등은 동월 28일 경성부 승동(勝洞)예배당에 중학 정도의 대표자로 지목할 생도 십 수 명을 소집하고, 동일 강기덕이가 세브란스의학전문학교 생도 김성국(金成國)의 손을 거쳐 이갑성에게 영수한 독립선언서 1,500매를 동인 등에게 100매씩 분배하고, 다음날 3월 1일 오후 2시 손병희 등은 경성 파고다공원에서 독립선언을 행할 터이므로 이에 참가하고, 또 동 시각 경성 시내에서 독립선언서를 공중에게 배포할 것을 선동하였다.

이리하여 제반의 준비가 일단 정돈되었으므로 연명자 일동이 대면하여 최후의 회담을 행하고자 동월 28일 밤 경성부 재동 손병희 집에 양전백, 길선주, 이명룡, 김병조, 정춘수, 나인협, 홍기조, 양한묵, 백상규를 제외한 연명자 일동이 회합하고 함태영도 이에 참가하였다. 그때 독립선언 당일 파고다공원에 학생 등이 집합하게 되었음을 듣고 당일의 소요를 염려하여 급히 독립선언의 장소를 경성부 인사동(仁寺洞) 명월관(明月館) 지점으로 변경하고, 당일 이갑성으로 하여금 조선총독부에 전기 의견서를 제출토록 하기로 하고, 또 당일 회합의 장소를 떠나지 않고 일동이 조용히 묶이기를 약속한 후 3월 1일 오후 2시경 독립선언서의 연명자 중 길선주, 유여대, 김병조, 정춘수의 4명을 제외한 29명이 모두 위 명월관 지점에 회합하여 이갑성은 우선 사람을 시켜 조선총독부에 전기 의견서를 제출하게 하고, 이종일은 그 인쇄한 독립선언서 약 100매를 탁상에 놓아 참석자의 열람에 제공함으로써 선언서 낭독을 생략하고 한용운은 일어나서 일장 식사(式辭)를 함으로써 일동이 이로써 독립선언이 종료하였다 하여 만세를 삼창하고, 장차 식탁에 이르고자 할 즈음에 동소에 출장한 경찰관에게 일동이 체포되었다. 또 이와 거의 동시 경에 김원벽, 강기덕 등으로부터 전시와 같이 선동된 중학 정도의 생도 등은 각자 그 학교로부터 다수의 생도를 인솔하고 파고다공원에 향하는 도중 독립선언서를 각호 또는 통행인에게 배포하고, 파고다공원에 집합하고 도(道)를 나누어 시위차로 시내 각 방면에 맥진하며 '독립만세' 혹은 '만세'를 연호하여 손병희의 시위운동에 대하여 크게 기세를 돋우었다.

(1) 이종일은 그 인쇄하게 한 독립선언서 중 2,000매를 동년 2월 28일 보성사 간사인 경성부 수송동(壽松洞) 인종익(印宗益)에게 교부하여 그중 500매는 전라북도 전주군(全州郡) 천도교구실에 지참하고 또 잔여는 충청북도 충주(忠州)에 지참하여 밤에 공중에 배포하도록 명령하였으므로 인종익은 (가) 동일 전주군 천도교구실에 이르러 그중 1,700매를 동 교구실 금융원 김진옥(金振玉)에게 교부하여 전주교구 관할의 각 교구에 분송하여 공중에 배포하라 명령하였으므로 김진옥은 동일 내 약 200매를 전라북도 임실군(任實郡) 교구실에 지참하여, 동교실장 한영태(韓永泰)에게 교부하여 동소에서 동년 3월 2일 이를 공중에 배포하기로 의뢰하고, 잔여 전부는 천도교도 전주(全州) 고사정(高砂町)에 사는 민영진(閔

泳鎭) 외 수명으로 하여금 동일 밤 전주읍내 도로에서 공중에게 배포하고, (나) 잔여 300매를 휴대하고 청주(淸州)에 이르러 다음 3월 1일 체포되었고, (i) 그중 2,000매를 동 28일 경성부 팔판동(八判洞) 천도교도 안상덕(安商悳)에게 교부하여 강원도, 함경도에 가서 도회지에 배포하라 명령하였으므로 동인은 동일 평강군(平康郡)에 이르러 그곳 천도교구장 이태윤(李泰潤)의 집에서 동인에게 그중 약 700매를 교부하여 공중에게 배포할 것을 의뢰하고, 잔여 약 1,300매는 다음 3월 1일 함경도 영흥군(永興郡) 천도교구실에 지참하여 동실 수직인 김모에게 교부하여 공중에게 배포하기를 의뢰하고, (ii) 약 3,000매를 동 28일 주소 미상 천도교도 김홍렬(金洪烈)에게 교부하여 평안도에 지참하여 각처에 배포케 하고, (iii) 50여 매를 다음 3월 1일 천도교실 편집원 경성 가회동(嘉會洞) 이근(李瑾)에게 교부하여 반포를 의뢰하였으므로, 동인은 그 후 수일간에 국장 배관차 경성에 온 지인 십 수 명에게 각 1매씩 분배하였다.

(2) 이경섭은 동년 2월 28일 이종일로부터 전기 독립운동의 계획을 듣고 이에 찬동하고 동지에 참가하여, 이종일로부터 전기 독립선언서 1,000매를 수취하여 황해도 서흥군(瑞興郡) 천도교구실에 가서 동교도 박동주(朴東周)에게 그중 750매를 교부하여 해주(海州)와 사리원(沙里院)에 배포하고, 잔여는 수안(遂安)에 배포할 취지와 경성에서는 3월 1일 오후 2시를 기하여 손병희 이하가 독립을 선언하고 그 선언서를 배포하면서 만세를 호창하겠으므로 지

방에서도 이를 본받아 선언서를 배포하여 다중과 함께 만세를 호창할 취지를 전달하라는 명을 받았다. 이경섭은 동년 3월 1일 서흥군에 있는 위 박동주 방에 이르러 전시 이종일의 선언을 고하고, 독립선언서 750매를 동인에게 교부하여 동도 해주와 사리원에서 공중에게 배포할 취지를 의뢰하고, 또 동일 동도 수안군 석교리에 이르러, 그곳 천도교구장 안봉하(安鳳河), 동교도 김영만(金永萬), 한청일(韓淸一), 홍석정(洪錫禎) 등에게 대하여 전기 이종일의 전언을 고하고, 선언서 약 250매를 동인 등에게 교부한 후 그 절반을 수안에 배포하고 또 나머지 반을 곡산(谷山)에 배포할 것을 홍석정에게 의뢰하고, 아울러 그 즈음에 위 선언서를 각 리 동에 배포하고 다중이 집합하고 만세를 호창하면, 조선독립 목적을 달함을 얻겠으므로 노력하기를 권고하였는데, 그 후 3월 4일경 수안군 송항리에서 체포되었다.

(3) 이갑성은 동년 2월 28일 (i) 김창준으로부터 독립선언서 약 600매를 수취하여, (甲) 동일 중 45매를 세브란스의학전문학교 생도 이용설에게 교부하고, (乙) 다음 3월 1일 내 400매를 전기 이갑성의 집에서 세브란스의학전문학교 생도 이용설에게 교부하여, 동인으로 하여금 그중 200매를 대구부(大邱府)의 목사 이만집(李萬集)에게, 나머지 200매를 마산부(馬山府) 학교 교사 임학찬(任學瓚)에게 각기 교부하라 명하였으므로 이용설은 (가) 동일 대구부 남성정(南城町) 이만집의 집에 이르러 그중 200매를 동인에게 교부한 바 동인은 동월 8일 동부 남산정(南山町) 김태련(金泰鍊)에

게 의뢰하여 동소 서문(西門) 외의 시장(市場)에서 공중에 배부하고, (나) 동월 2일 마산부 표정(俵町) 임학찬 방에 이르러 동인에게 잔여 200매를 교부한 바, 동인은 이를 이형재(李炯宰)에 교부하고, 동인은 다시 그중 30매를 김용환(金容煥)에게 교부하여 동인은 동월 3일 마산부 무학산(舞鶴山)에서 이를 군중에 배부하고, (丙) 동일 경 잔여 200매를 김병수(金炳洙)에게 명하여 군산(群山) 박연세(朴淵世)에 송부하여 경성에서는 3월 1일 독립의 선언을 행하겠으므로, 군산에서도 독립운동을 행할 뜻을 전언하라는 의뢰를 받았으므로, 동인은 다음 3월 1일 군산부 박연세 방에 이르러 선언서를 동인에게 교부하고, 또 위 전언을 고하여 동인은 동월 23일경 이를 같은 곳에서 공중에 배포하고 (ii) 이종일로부터 독립선언서 1,500매를 수취하여 전기 김성국의 손을 거쳐 피고 강기덕에게 교부하였다.

(4) 김창준은 동년 2월 28일 이종일 및 함태영으로부터 독립선언서 약 900매를 수취하여 그중 300매는 동일 경성부 낙원동(樂園洞) 자택에서 이계창(李桂昌)에 명하여 평안북도 선천군(宣川郡) 기독교회에 송부하게 한 바, 동인은 동일 밤 위 교회에 이르러 같은 곳 신성학교(信聖學校) 교원 김지웅(金志雄)에 교부하고, 잔여 600매는 동일 이갑성에게 교부하였다.

(5) 함태영은 동월 28일 이종일로부터 독립선언서 약 1,200~1,300매를 수취하여 동일 그중 반은 평양부의 기독교회의 용인(傭人)에 교부하고 나머지 반은 김창준의 집에 송부하였다.

(6) 한용운은 동월 28일 이종일로부터 독립선언서를 3,000매를 수취하여 중앙학교 생도 오택언(吳澤彦) 외 수명으로 하여금 동년 3월 1일 경성시 각호에 배포하게 하였다.

(7) 오화영은 동년 2월 28일 (i) 김창준으로부터 독립선언서를 약 100매를 수취하고 사람을 시켜 동일 경기도 개성군(開城郡) 목사 강조원(姜助遠) 장소에 송부하게 한 바 동인은 이를 동시 사립 호수돈여자고등보통학교 서기 신공량(申公良)에게 교부하여 동인은 같은 곳에서 사람을 보내 공중에 배포하게 하고 (ii) 전기 박희도의 집에서 독립선언서 약 200~300매를 수취하여 기독교 전도사 곽명리(郭明理)로 하여금 원산부(元山府)에 지참하게 한 바 동인은 동일 같은 곳에 가지고 돌아와 동 목사 이가순(李可順)에게 교부하고, 동인은 다음 3월 1일 원산부 시장에서 낭독 배포하였다.

(8) 유여대는 앞에 게재한 것과 같이 선천에서 이인환의 권유에 의하여 조선독립운동에 찬동하고 그 동지자가 되었다. 그 운동 방법에 대하여는 전적으로 동인에게 일임하고 그 주소 평안북도 의주군(義州郡) 의주면 홍서동에 귀환하여 시기의 도래를 기다리던 중, 동년 2월 27일경 같은 곳에서 평안남도 정주군 덕흥교회 영수 조형균(趙衡均)을 상봉하였다. 경성에서는 동년 3월 1일을 기하여 독립선언을 행하고 각 지방에서도 경성을 본떠서 동일 거행하게 되어 당일 이전에 경성에서 동 선언서의 송부가 있을 취지를 들어 알고 동일 의주읍내의 공지에서 만난 학생 기타 700~800명의 군중에 대하여 당일 선천방면에서 송부해온 독립선언서를 낭독하

고 일동과 같이 만세를 고창하면서, 동 선언서 200매를 군중에게 배포하다가 헌병에게 체포되었다.

(9) 정춘수는 동년 2월 20일 박희도의 집에 회합하던 그다음 날 21일 경성을 출발하여 원산에 귀환하여 그 담당한 동지자 모집에 종사 중, 동월 25, 26일경 이갑성으로부터 천도교와 합동이 성립하여 독립선언을 행하게 된 것과 또 그때 오화영으로부터 동년 3월 1일 독립을 선언한다는 각 통지를 받아 그 취지를 양지한 바, 동월 28일 밤 전기 곽명리가 경성에서 지참한 독립선언서를 보고 동 선언서 연명자 중에 자기의 성명이 게재됨을 안 후 동인과 앞에 말한 이가순에게 그 배부처를 독려하고, 그다음 3월 1일 경성에 나타나 동지자가 체포되었음을 듣고 동월 7일 종로경찰서에 출두 자수하였다.

(10) 피고 임규는 최남선에게 앞에 말한 독립운동의 계획을 듣고, 또 독립선언서 기타 서류의 초안을 보고, 위 계획에 찬동하여 동지자가 된 후 동경에 가서 조선독립에 관한 의견서를 제국정부, 귀·중 양 의원에 제출하기를 담당하고, 동년 2월 26일 최남선에게 한문과 한글을 섞어 작성한 위 의견서 및 독립선언서의 초안을 수취하여, 의견서는 이를 '가타카나' 혼용의 '국문'으로 번역하고, 선언서에는 국문으로 각주를 달아 동월 27일 의견서에 첨부할 연명자 33명의 기명 날인(단 정춘수의 날인을 결함)이 있는 앞에 보인 지면 3매를 수취하여 가지고, 동일 오후 8시 경성부 남대문역을 출발하여 동년 3월 1일 동경역에 도착하여 동경 시외 어느 애장

가(角笞相馬)에 묵으며 동년 3월 3일 전기 번역문의 의견서 각주가 붙은 선언서 각 3통을 깨끗이 써서, 의견서에는 통고문이라는 표제를 게기하고 위 연명자의 기명날인이 있는 지면을 각각 첨부하여 내각, 귀·중 양 의원에 각기 우송하고, 그 후 조선으로 돌아가기 위하여 동월 9일 동경역에서 기차에 탑승할 때에 체포되었다.

(11) 안세환은 동년 2월 27일 오전 8시 경성부 남대문역을 출발하여 동년 3월 1일 동경역에 도착하여 간다구(神田區) 스루가다이(駿河臺) 여관 용명관(龍名館)에 투숙하며 동월 4일 경시청에 출두하여 경시총감과 면회하고, 조선 독립의 이유가 있음을 누누히 변론하고 그다음 5일 동시 간다(神田) 경찰서에 체포되었다.

(12) 김세환은 동년 2월 21일 이갑성의 집에서 밤새도록 회합할 때에는 천도교와 합동하여 독립선언을 행할 여부의 문제 해결에 대하여, 이인환과 함태영에게 일임하기로 결의하고, 그 담당한 독립청원서에 서명 날인할 동지 모집차로 그다음 22일 경성을 출발하여 충청남도 및 경기도 수원군(水原郡)에 이르러 동지 모집에 종사하다가, 3월 1일 경성에 귀래하여 동월 13일 체포되었다.

(13) 김지환은 동년 2월 22일경부터 동 24일경 간에 오화영, 이인환으로부터 조선독립운동의 계획을 듣고 이에 찬동하여 동지자가 되어 강화회의의 열국 위원에 송부힐 의견서 및 미국 대통령에 송부할 청원서에 각 초안 및 독립선언서를 중국 상하이 체재 현순 처소에 중국 우편에 의하여 우송할 터인즉, 중국 안동현 목사 김병농(金炳穠)의 집에 이르러 동인에게 위탁히기를 딤당하고, 동월

28일 위 각 서류를 함태영으로부터 수취하고 동년 3월 1일 경성부 남대문역을 출발하여, 동일 신의주역에 하차하여 국경인 철교를 거쳐 중국 안동현 김병농의 집에 도착하였으나, 동인이 출타하였으므로, 그 아들 김태규(金泰圭)에게 위 각 서류를 교부하여 중국 우편에 붙여 중국 상하이에 있는 현순 처소에 송치하기를 부탁하고, 그 후 경성에 귀환하기 위하여 3월 3일 백마역에 도착하였을 즈음에 체포되었다.

본건의 독립운동은 위에 적은 바와 같이 기획 또 수행된 바, 당시 독립의 사조가 조선 내에 가득차고 인심의 동요가 전기와 같음으로써 만신도의 갈앙(渴仰)하는 천도교 성사 손병희의 명을 게재한 독립선언서는 특히 민중 선동의 효과를 나타내어 홀연 조선 내 도처에 독립 시위운동이 일어나지 아니함이 없고, 독립만세의 소리는 경향각지에 시끄러워, 민중의 망동이 여러 날 점점 더하여 일시 그 저지할 바를 알지 못할 상태를 야기하기에 이르렀다.

제2. 전기와 같이 피고 이경섭은 피고 이종일의 명에 의하여, 다이쇼(大正) 8년(1919) 3월 1일 전기 황해도 수안군 수안면 석교리에 도착하여 전기 천도교구장 안봉하, 동교도 한청일, 홍석정 등에게 독립선언서 250매를 교부하고, 경성에서는 3월 1일을 기하여 독립선언을 행하고 만세를 호창하게 되었으므로 당지에서도 독립선언서를 배부하고, 다중이 집합하여 만세를 호창하라 전한 바 위 선언서의 취지에 자극 선동되어 그다음 2일 동리 수안 천도교구실에서 안봉하가 주모자가 되어 한청일, 홍석정 등 십 수 명의 천도교도가 서로 모의하고 동 교도를 규합하여, 조선독립의 시위운동을 행하기를 계획하였으나, 당해 참가자 중의 대부분은 헌병대에 체포 구금되기에 이르렀으므로 그 체포를 면한 천도교도 이영철(李永喆), 홍석정, 한청일 등은 숙의한 후 다중을 인솔하고 헌병분대에 도착하여 만세를 창화(唱和)하며 동분대의 퇴거를 강요하여 시위운동을 치열하게 하기를 계획하고 동군 수안면(遂安面), 대천면(大千面), 오동면(梧桐面), 연암면(延岩面), 공포면(公浦面) 등의 천도교도에게 동 시위운동의 계획을 통하였으며, 그다음 3월 3일 오전 6시경 그 계획에 찬동하여 동 천도교구실에 회집한 천도교도 130~140명의 군중은, 홍석정, 한청일 등 7명 지휘하에, 또 동일 오전 11시경 위 계획에 찬동하여 같은 곳 천도교구실에 회집한 천도교도 약 100여 명은 천도교도 이동욱(李東郁), 오관옥(吳觀玉) 두 사람의 지휘하에 동일 오후 1시경 역시 위 계획에 찬동하여 회집한 동 교도 150~160명은 한청일, 홍석정 등 지휘 하에 거의 대부분 위 각 시각 도합 삼도에 수안 헌병분대 사무실에 쇄도하여 독립만세를 고창하며 다수의 위세를 보여 협박하고, 동분대의 퇴거를 강요하였는데 피고 한병익은 다중의 헌병대에 집래(集來)함은 전시와 같이 다중의 위세에 의하여 시위운동을 행하여 협박으로 동 분대의 퇴거를 구하는 취지를 양해하고, 선시 3월 3일 오후 1시경 그 부친 한청일과 홍석정 등이 지휘자가 되어 다중과 함께 수안헌병대에 집래(集來)하였을 즈음에 이에 부화수행(附和隨行)한 자이라.

제3. 피고 박인호, 이종일은 범의(犯意)를 계속하여, 위 제1에 기재한 독립선언의 취지를 조선 내에 보도하고 계속하여 조선인에 대하여 조선독립의 사상을 고취하며, 그 시위운동을 선동하게 하기 위하여 천도교 월보 편집원 이종린(李鍾麟), 사립 보성법률상업전문학교장 윤익선(尹益善)과 공모하고, 독립신문의 비밀 발간을 기획하여, 다이쇼(大正) 8년(1919) 2월 28일 이종린은 경성부 송현동(松峴洞) 천도교 중앙총부에서 손병희 등의 독립선언의 전말을 기술하고, 또 조선독립의 사상을 고취하여, 국헌을 문란할 취지를 게재한 원고를 작성한 후 박인호는 그 신문의 사장으로 윤익선의 명의를 게재하기를 종용하여 동인은 이를 승낙하고, 이종린은 동년 3월 1일 동부 수송동 근처 앞에 말한 천도교의 인쇄소에서 피고 김홍규로 하여금 사장 윤익선의 명을 게재한 전기 취지를 기재한 독립신문을 인쇄하게 하고, 김홍규는 독립신문에는 국헌을 문란할 취지의 기재가 있으며 또 동 신문에는 소관 관청의 허가를 얻지 않은 비밀 발간의 내부 정세를 알면서, 전 범의를 계속하여 동일 동소에서 그 인쇄를 동 직공에게 명하여 인쇄하게 한 바, 이종린은 이 인쇄물 전부를 경성부 재동 김상규, 고용인 임준식(林準植)에게 교부하여 그 배포를 명하였고, 동인은 동일 오후 2시경 이를 경성부 파고다공원에 가지고 가서 공중에 배포하였다.

제4. 피고 김원벽, 강기덕은 위에 말한 한위건과 동년 2월 28일 경성부 승동예배당에서 경성에 있는 각 전문학교 및 중학 정도의 학생 중 주요한 자 등과 회합하였을 즈음에 다음 3월 1일의 시위운동에 계속하여 동월 5일 학생단에서 제2회의 독립 시위운동을 행하기로 대략 결정하였는데, 그 후 위 3명이 공모하고 전 범의를 계속하여 더구나 3월 5일 오전 9시를 기하여 경성부 남대문역전(南大門驛前)에서 독립시위운동을 결행하기로 하고, 각기 각 학교 생도에게 그 취지를 통지하였으므로 동일 오전 9시경 동소 광장에 피고 등의 통지에 의하여 모인 학생들과 이 기획이 있음을 알고 집합한 자가 무려 수만이라. 김원벽, 강기덕은 인력거를 타고 차 위에서 위 군중의 선두에 서서 조선독립이라 크게 쓴 기를 흔들면서 군중을 지휘하여 이와 함께 독립만세를 절규하면서 남대문 방면에 향하여 행진하다가 경찰관에게 체포되었다.

이상의 사실은 일건 기록에 비추어 이를 인정하기 족하나 원래 범내란(凡內亂)의 교사죄(敎唆罪)가 성립함에는 폭동을 수단으로 삼아 정부를 전복하며, 또는 국토를 참절(僭竊)하고 기타 국헌을 문란할 목적을 달성할 것을 교사한 행위가 있음을 필요로 하는 것이다. 고로 단순히 조선민족된 자는 최후의 일인, 최후의 일각까지 독립의 의사를 호상 분기하여 제국의 기반을 벗어나고 조선의 독립을 계획하고 의도하지 않을 수 없는 것임을 격려 고무하기에 그치고, 따로 폭동을 수단으로 삼아 조선독립의 목적을 달하기를 교사하였음이 아닌 경우에는, 비록 그 격려 고부로 인하여 혹시 폭동으로 수단을 삼아, 조선독립의 목적을 달하려는 움직임에 나서는 자가 있다고 가정할지라도, 이는 전혀 그 자의 자발적 의사에서 나선 것이라 말하겠으므로 물론 위 격려 고무한 자에게 내란죄의 교사가 있다 할 것이 아니다.

그런데 전시 제1에 기재한 피고 등의 행위는 조선의 독립을 기획하여 그 수단으로 일면 동지를 규합하여 조선 민족 대표자로 손병희 등의 이름으로 조선의 독립을 선언하고 또 그 선언서를 비밀히 인쇄하여 조선 전도에 배포하여 민중을 선동 고무하여 독립의 시위운동을 일어나게 하고, 또 다른 일면으로 제국정부, 귀·중양 의원, 조선총독부 및 강화회의의 열국 위원 등에게 조선 독립에 관한 의견서를 제출하고 또 미국 대통령 윌슨에게 조선의 독립에 관한 진력을 요청하는 취지의 청원서를 송부하는 계획하에 그 실행을 기하기로 공모한 후 독립선언서를 작성 배포하며 선언식을 거행하고 또 독립 만세를 호창할 것을 전달한 등의 행위를 하였음에 불과하며, 또 그 작성 배포한 독립선언서 중에는 조선민족은 최후의 일인, 최후의 일각까지 독립의 의사를 발표하고 호상 분기하여 제국의 기반을 벗어나고 조선의 독립을 계획하고 의도하지 아니하지 못할 일을 격려 고무하는 취지를 기재하였으나, 별로 이 폭동을 일으키거나 폭동을 수단으로 하여 조선독립의 목적을 달성하는 일을 교사한 글이 없으므로, 그 독립선언서를 배부하며 또 독립 만세를 호창할 일을 전달한 것, 이로서 내란죄를 교사한 것이라 할 바 아니라. 따라서 그 배부 또는 전달을 받은 자로 혹시 폭동을 수단으로 조선 독립의 목적을 달성하려는 움직임을 나타내는 일이 있을지라도 이는 그 자의 자발적 의사에 의하여 결정한 것이라 말할 것이므로 위 피고 등의 행위는 내란죄의 교사로서 논함을 얻지 못할 것이다. 또 내란죄는 정부를 전복하며 또는 국토를 참절(僭竊)하고 기타 국헌을 문란할 것을 목적으로 폭동을 함에 의하여 성립하는 고로 폭동을 함이 있을지라도 이미 말한 목적을 달하는 수단으로 행함이 아닌 때에는, 내란죄를 구성하는 일이 없는 것이다. 그런데 전시 제2에 기재한 수안헌병분대 사무실에 습래(襲來)한 행위와 같은 것은 조선의 독립을 희망함을 나타내어 국헌을 문란하는 목적을 가진 자됨이 명백하나 그럼에도 불구하고 조선 각지에서 일어난 예를 모방하여 조선인으로서 조선독립의 희망이 치열함을 세상에 발표하는 수단으로 행하였음에 불과하고 이로서 곧 조선독립의 목적을 달하는 수단으로 실행한 것은 아니다. 즉 최초부터 단순히 다중이 취합하여 독립만세를 고창하여 수안헌병분대의 퇴거를 강요함으로써 시위운동의 방법으로 삼았음에 그치고 별로 이 조선독립의 목적을 달하는 수단으로 하였음이 아닌 고로 소요죄(騷擾罪)를 구성하는 것은 있으나 내란죄(內亂罪)를 구성하는 것이 없으니 따라서 피고 한병익의 부화수행한 행위도 역시 내란죄의 부화수행으로 논할 필요가 없다. 그런즉 본 건은 고등법원의 특별권한에 속하지 않으나 그럼에도 불구하고 위 피고 등의 행위 중 피고 정노식, 김도태, 김홍규, 한병익을 제외한 이외의 피고 행위는 모두 보안법 제7조, 대정 8년(1919) 제령(制令) 제7항 제1조 제1항, 출판법 제11조 제1항 제1호 제2항의 죄에, 피고 정노식, 김도태의 행위는 모두 보안법 제7조, 대정 8년 제령 제7호 제1조 제1항, 출판법 제11조 제1항 제1호 제2항, 형법 제62조의 죄에, 피고 김홍규의 행위는 출판법 제11조 제1항 제1호 제2항의 죄에, 피고 한병익의 행위는 형법 제106조 제3호의 죄에 해당하여, 지방법원의 권한에 속하는 것이므로 형사소송법 제305조에 따라 경성지방법원을 본건의 관할재판소로 지정하고, 사건을 동법원에 송치함에 상당하다 하여 주문과 같이 결정하는 것이다.

고등법원 특별형사부에서

재판장 총독부판사 와타나베 토오루(渡邊 暢)
총독부판사 이시카와 타다시(石川 正)
총독부판사 요코다 토시오(橫田俊夫)
총독부판사 미즈노 노스케(水野之丞)
총독부판사 하라 세이테이(原 正鼎)

3
신문보도를 중심으로

　이리하여 지방법원에서는 고등법원에서 송부된 '47인 예심결정서(豫審決定書)'를 받아서 4개월 동안 심의했다. 예심 서류를 쌓아 놓으면 그 높이가 족히 10여 미터는 되는 방대한 기록이었다. 판사 3인과 검사 6인이 매달렸고 변호사로는 한국인 허헌(許憲), 정구창(鄭求昌), 최진(崔鎭), 김우영(金雨英), 신석정(申錫定), 일본인으로 하나이(花井卓藏), 오오쿠보(大久保雅彦), 기오(木尾虎之助) 등이 변론을 했다. 드디어 적용 법률은 '출판법(出版法)' 및 '보안법(保安法)'으로 인정되어 공판은 7월 12일 상오 9시부터 경성지방법원 서울 정동 철도부(鐵道部) 아래층 법정에서 제1심이 개정되었다. 아래 기사들은 당시 동아일보의 보도 내용이다. (동아일보 1920.7.12.)

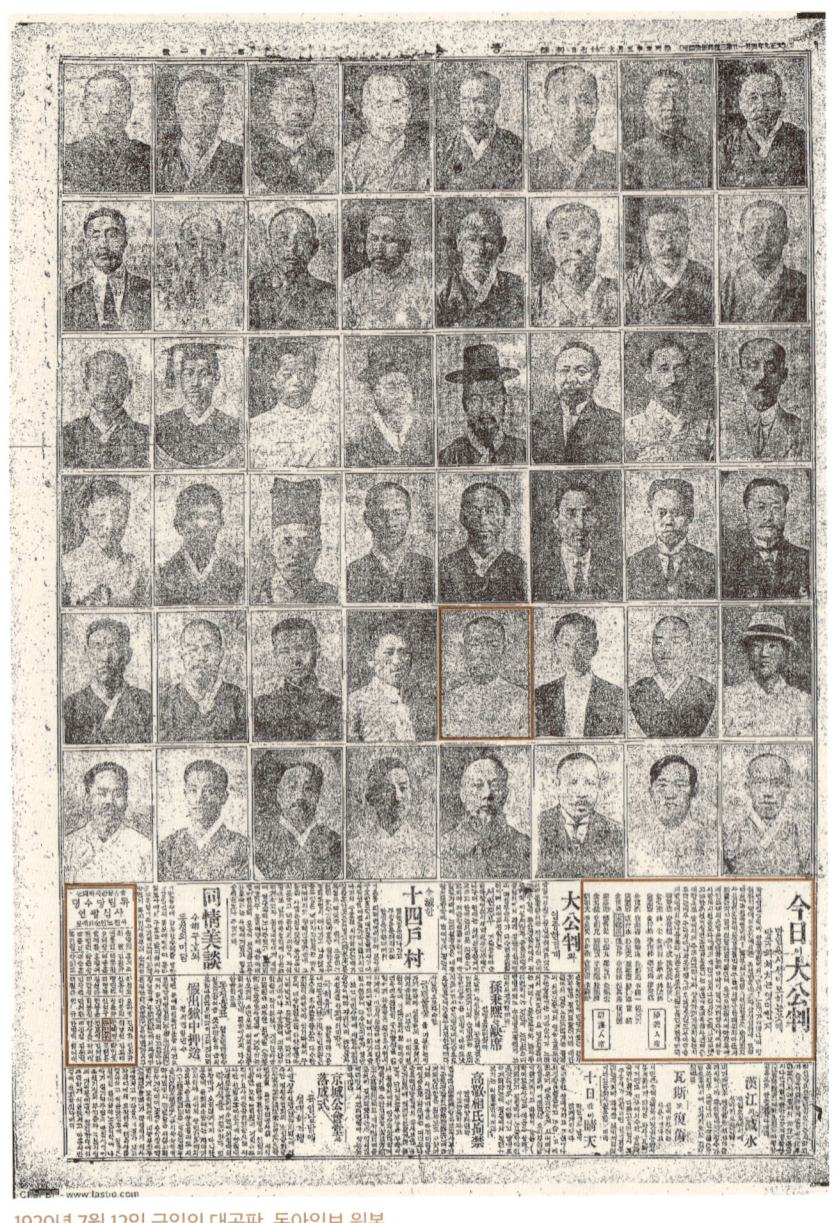

1920년 7월 12일 금일의 대공판, 동아일보 원본

금일의 대공판

만인의 시선이 모이는 곳에
당국의 처치는 어떠할지

작년 3월 1일에 탑골 공원에서 '만세' 소리가 일어나며 명월관 지점 제1호실에서는 조선 민족 대표자 33인이 모여서 '조선독립 만세'를 부르고 독립을 선언한 후로 손병희 외 47인은 서대문 감옥 돌벽 널구들에서 답답한 더위와 아픈 추위를 겪은 지 열여섯 달과 열이틀 만에 오늘 오전 8시에야 감옥에 매인 그네들의 운명을 결판하는 제1막이 열리게 되었다. 이에 세상 사람의 시선은 모두 이네들의 재판이 어찌나 될까 하는 데로 모였고 또한 조선이 생긴 후로 처음 열리는 공판이오. 더욱이 사건이 중대하므로 당국자의 주의도 크려니와 장차 하회가 어찌 될는지 우리는 매우 주목치 아니치 못하겠으며 오늘 정동 철도부 아래층의 법정에서는 다음 표와 같은 순서로 48인을 앉게 한다더라.

한병익(韓秉益)	안세환(安世桓)	이갑성(李甲成)	홍병기(洪秉箕)
오세창(吳世昌)	김홍규(金弘奎)	임 규(林 圭)	김창준(金昌俊)
박준승(朴準承)	임예환(林禮煥)	김도태(金道泰)	김지환(金智煥)
이필주(李弼柱)	이인환(李寅煥)	권병덕(權秉悳)	박인호(朴寅浩)
최남선(崔南善)	오화영(吳華英)	박희도(朴熙道)	이종일(李鍾一)

손병희(孫秉熙)	노헌용(盧憲容)	함태영(咸台永)	박동완(朴東完)
최성모(崔聖模)	나인협(羅仁協)	최 린(崔 麟)	김세환(金世煥)
송진우(宋鎭禹)	정춘수(鄭春洙)	신홍식(申洪植)	홍기조(洪基兆)
권동진(權東鎭)	강기덕(康基德)	정로식(鄭魯湜)	신석구(申錫九)
양전백(梁甸伯)	김완규(金完圭)	김원벽(金元璧)	현상윤(玄相允)
한용운(韓龍雲)	이명룡(李明龍)	나용환(羅龍煥)	유여대(劉如大)
이경섭(李景燮)	백상규(白相奎)	길선주(吉善宙)	이종훈(李鍾勳)

대공판과 엄중한 경계

금일 48인 단속을 맡은 서대문경찰서는 작일부터 준비에 분망한데 용산경찰서에서 경부 이하 20여 명과 종로·본정 양 경찰서에서 각각 경관 20여 명과 제3부 순사가 다수 응원할 터이며 서대문경찰서는 서원 전부가 출동하여 금일 아침 여섯시 새벽 전부터 두 대로 나누어 한 대는 서대문경찰서에 모이고 한 대는 서대문파출소에 모여 제반 정리를 할 터이며 당일 길거리에 늘어설 경관은 네 경찰서를 합하여 백여 명의 경관이 출동할 터인즉 법정계로는 전무후무한 대 경계를 할 터이라. 대한문에서 정동으로 들어가는 골목과 서대문 통에서 정동으로 들어가는 골목에는 기마 순사가 늘어서서 경계할 터이요 정동 골목에는 거리거리 붉은 모자와 칼자루를 번쩍이는 경관이 늘어섰으며 법정 내외도 수십 명의 경관이 늘어서서 경계하더라.

(東亞日報 1920.7.13)

**조선독립운동(朝鮮獨立運動)의 일대사극(一大史劇)
만인의 주목할 제1막이 열리다**

경신(庚申) 7월 12일 오전 9시 10분부터
경성 정동(貞洞) 철도부 아래층 특별법정에서,
피고는 조선민족대표자(朝鮮民族代表者) 48인,
손병희는 신병으로 인하여 결석으로
개정벽두에 문제가 된 공소불수리(公訴不受理)
거리거리 칼자루를 번쩍이는 수백 명의 경관
큰 재판의 광경을 보려 하는 백오십의 방청객
그 중에는 가족을 걱정하는 13인의 부인도

표면으로는 고요한 듯하던 바다에 독립선언이라는 큰 돌을 던져 독립운동의 큰 물결을 일으킨 조선국민 대표 33인 및 그중에 그 세획에 참여하였던 사람을 총합하여 독립당 수령 48인의 운명을 결정하고자, 일찍이 보지 못하던 대공판은 7월 12일 오전부터 경성부 정동 조선총독부 철도부 아래층 특별법정에서 열리게 되었다. 세상의 이목이 모두 이 공판으로 모이고 개었던 하늘이 비를 다시 내리시며, 이번의 대공판은 무엇을 의미함인가. 이 공판의 결과는 조선민족에게 어떠한 느낌을 줄 것인가. 생각할수록 중대한 일이라 하겠으며 공판 당일의 이른 아침, 어제 하루 개던 일기는 무슨 뜻으로 다시 흐리고 가는 비조차 오락가락하는데, 지방법원 앞에서 전쟁을 하다시피 하여 간신히 방청권 한 장을, 어떤 사람들은 일곱 시경부터 공판정을 향하여 들어온다. 순사, 간수가 호위한 중에 방청권의 검사는 서너 번씩 받고 법정 입구에서 엄중한 신체 수사를 당하여 조그만 바늘 끝이라도 쇠붙이만 있으면 모두 다 쪽지를 달아 보관하는 등 경찰의 경계는 소위 엄중을 지나서 오히려 우스울 만큼 세밀하였다. 오전 일곱 시 반쯤 되어 150명의 정원인 방청석은 한 자리도 빈 구석이 없이 가득 찼는데 열세 명의 부인 방청객 중에 함태영(咸台永) 부인의 얼굴에 눈물 흔적이 오히려 새로움은 무정한 사람도 느끼게 하며, 자기의 친족 되는 사람인가 하고 참혹한 밀짚 용수에 알고 싶은 얼굴을 감추고 들어올 때마다 방청석으로부터 고개를 길게 내밀고 법정을 바라다보는 그 근경…, 그네가 되어 보지 않으면, 그네의 마음을 알 길이 누가 있을까.

제1장은 연회(宴會)와 흡사
무수한 경비 순사의 호위 속에
무쇠 수갑과 삼바로 매이기는 하였으나

평시와 같이 화기가 만면하여 들어오는
사십칠인의 조선 일류 명사들

　선언서 서명자의 제일인이 되는 손병희는 옥중의 고초로 중병을 얻은 풍증으로 기동치 못하므로 이날 법정에 그 얼굴을 보이지 아니함은 사극(史劇)의 일막에 적지 않게 흥미를 감하였으니, 그 이외 47인이 법정 안에 들어앉은 광경은 얼른 보기에 굉장하다. 오늘이 옥중에 몸이 매인지 1년 반 만에 처음 공판이라고 구차한 가족들도 눈물 젖은 새 옷을 차입하여 매일 깨끗한 여름옷을 일신하게 바꾸어 입혔는데 그중에 김원벽(金元璧) 군은 광동포의 조끼 적삼 바람이오, 홍기조(洪基兆), 유여대(劉如大)의 무명 수의가 지극히 더워 보이나, 부채 바람에 날리는 이승훈(李昇薰)의 백수는 만당에 청량한 기운을 보내이는 듯하더라. 오전 여덟시에 몇 차례에 나누어 자동차에 실려 오던 47인이 다 법정에 좌정하였다. 법정문에 피고인이 들어설 때 방청인은 모두 다 놀란 눈을 굴렸다. 혈기는 빠지고 뼈만 남은 두 팔목에는 예전에 대문에나 잠깐 쓸 듯한 철수갑을 잠그고도 굵은 삼줄이 오히려 그 위를 얽었으며, 오죽하여 하얗던 그 얼굴이 술독 이외에서는 구경도 못하던 용수 속에서 나타날 때에는, 비복 고생의 수름은 약간 얼굴에 쌓였으며 살갗은 부푸하게 들떠 있으나 그네 얼굴에는 만면의 화기 있는 웃음이 가득하다. 만면 화기로 서로 동무와 목례를 하며 방청석을 돌아보며 웃는 모양이 조금도 고동스러운 기색이 없으며, 아무리 보아도 심판을 받으러 온 죄인의 태도라고는 생각지 못하겠다. 피고석 맨 앞에 앉은 이 사건의 사실상 수령 중 한 사람인 최린의 긴장한 얼굴과 권동진의 유장한 태도가 어깨를 나란히 한 의자에 앉았고 그다음 열다섯 장교의(長交椅)에는 세 사람씩 45명이 늘어앉았는데, 정한 옷에 심상한 얼굴로 안경 쓴 사람은 안경 쓰고, 부채질을 할 사람은 부채질하는 모양이 평시에 무슨 회석에서 모인 듯하게 피고인의 얼굴과 태도는 심상하나 최남선, 임규의 수염 없는 사람이 세치는 늘어지고 그 외에도 수염 없던 사람이 몰라보도록 수염을 늘인 사람이 많으며, 노헌용, 이명룡의 수염이 놀랍게 세었으며, 오세창의 머리도 많이 세었으며, 박인호는 아주 백수로 변하였다. 작년 3월이 엊그제 같은데, 이 사람들의 얼굴이 이와 같이 흰 것을 보면 옥중의 생활이 어떠한지, 그네의 마음을 얼마나 소비하였는지, 대강은 짐작할 수 있을 것 같다.

대공판 제1일에
지방법원 앞의 대혼잡
방청석을 얻고자 다투는 군중
무시무시한 경관대의 대활동

오랫동안 고대하던 공판에 피고의 얼굴이라도 보고자 방청권을 얻으러 들이밀리는 피고의 가족과 학생의 떼는 12일 오전 3~4

시 날도 새기 전부터 지방법원 앞에 구름같이 모여든다. 어저께 개이었던 하늘은 또다시 금시에 쏟아질 듯이 찌뿌듯하게 흐리었는데 밝는 날 아침에 방청권을 얻고자 밤새도록 방청권을 얻는 꿈을 꾸다가 새벽닭이 우는 소리와 함께 깬 그들은 세수할 사이도 없이 아침밥 먹을 사이도 없이 급한 걸음으로 지방법원 앞으로 왔다.

그들은 다투어가며 문 앞으로 가까이 모여든다. 이날 종로경찰서에서는 수십 명의 경관이 출동하여 번쩍거리는 칼자루와 붉은 테 두른 모자로 의기양양하게 경계하는 모양과 기마 순사의 사람을 헤치는 모양은 금시에 제2회 독립운동이나 일어날 듯이 야단법석이며, 붉은 테 하나만 두른 경관도 그러한 단속을 맞이할 때는 경무국장 이상의 권리를 부리건마는 더구나 붉은 테를 둘씩이나 두른 경부님들의 안경 속으로 노려 뜨는 눈동자는 금시에 사람을 잡아먹을 듯이 살기등등한즉 십여 명 순사는 먼저 지방법원 문 앞으로 두 줄로 세우기를 시작하는데 원래 사람 수효가 표 얻은 정원보다 몇 곱이나 되는 터이라 어느덧 일백오십 명의 정원 수효가 차게 됨에 한 장의 표를 얻고자 단잠을 못자고 새벽부터 와서 기다리던 부인네도 미쳐 날뛰는 군중에게 뒤로 밀리어 부질없이 빈손으로 돌아서게 됨에 벼르고 별러 방청권을 얻고자 하던 그들은 하도 기가 막힌 지 경관에게 백방으로 애걸하나 살기등등한 경관 떼들은 간단없이 등을 밀어내어 쫓고 그리하여도 아니 물러가는 사람은 기마 순사가 밀로 헤치는 모양은 작년 3·1운동

이래 처음 보는 광경이요, 더욱 붉은 테를 둘씩이나 두른 경부의 기우뚱거리고 다니는 태도는 참으로 당당하였고, 이에 따라 붉은 테 하나만 두른 일본인 순사님도 콧등어리가 우뚝하여 이리 왔다 저리 갔다 하는 양은 참 무서웠다.

이러한 어려운 중에도 구사일생으로 정원 일백오십 명은 차례차례로 들어가서 방청권을 탈 때 표가 삼십여 장이나 모자라서 올라가는 일백오십 명 속에 끼였으니까 떼어 놓은 당상이라고 안심하던 사람들은 의외에 해산을 당하고 어찌하여 일백오십 명의 표가 30장이나 부족하니 이것은 재판소에서 그렇게 표를 모자라게 보냈을 리는 만무하고 이것은 필연 도적놈이 따로 있는 것이라고 분개하는 불평 소리가 자자하더라.

엄중한 정동(貞洞)의 경비
백여 명의 경관대의 경비는 귀인의 행차가 지나가는 듯

평시 같으면 인마의 왕래하는 것까지 희소하던 정동골목도 이 날은 전무후무한 대경계이었다. 먼저 대한문으로 좇아 들어가면 고등법원 정문 앞에 십여 명의 경관과 기마 순사가 섰으며, 그리고 돌아 공판의 법정이 있는 철도부 아래층으로 들어가는 문어귀에는 더욱 경계가 심하여 수십 명의 경관과 기마 순사 4~5인이 매우 무섭게 떡 버티고 서있고 군복 입은 군인이 말을 타고 서서 경계하는 것은 얼른 보기에 전쟁 같기도 하였으며, 배재학당에서 나오는 문어귀에는 두 명의 순사가 서서 경계하고, 그 뒤로 올라가면 법정으로 들어가는 뒷문에도 1명의 기마 순사가 서있고, 문어귀에는 역시 두어 명의 경관이 섰으며 법정 구내와 법정 안을 경계하는 경관은 무려 4~5명이 늘어서서 경계가 엄중하며, 다시 서대문 통으로 나아가면 거리거리에 경관이 좌우로 늘어서서 눈동자를 굴리고 군도자루를 붙잡고 장승같이 서있으며, 이화학당 앞에는 여학생이나 나올까 겁이 남인지 기마 순사 한 명이 눈을 딱 걷어붙이고 서 있고 그리고 나가다가 서대문 통에서 정동으로 들어오는 골목에도 순사가 늘어서고, 다시 의주동에서 서대문 감옥까지 무수한 경관이 늘어서서 엄중히 경비함은 참으로 누구나 겁이 안날 수 없었다. 하여간 경관이 어찌 몹시 많이 늘어섰는지 엊그제 홍수에 순사 사태가 쏟아졌는가 의심할 만큼 수효만은 무려 수백여 명이 되겠으며 그 엄중히 경계하는 모양은 사이토(齋藤) 총독이 민정시찰을 하는가 의심할 만큼 서슬이 푸르고 바람이 세더라.

(東亞日報 1920.7.14)

전개된 독립운동(獨立運動)의 제1막
조선민족대표(朝鮮民族代表) 47인의 공판
제2일에는 최린과 8명만 심문

공안방해의 이유로 방청은 일시 금지
극비밀리에 4인을 심문한 내용은 무엇?

　소요 당시에 인연 깊은 경무총장 안도(安藤) 씨의 특별 방청은 말없는 곳에 무슨 말을 하는 듯 피고는 누구나 청산유수같이 태연히 진술하더라. 대공판의 첫날은 재판관의 신문이라는 것이 대개 격식에 지나지 못하고 변호사의 '공소불수리(公訴不受理)'의 주장이 고개를 이룬 외에는 대개 평범하여 과연 큰 연극의 첫 막을 보는 듯이 분량으로든지 용적으로든지 굉장하다는 감상만 깊이 주었을 뿐이었으나 제2일부터는 조선독립운동의 큰 파란을 일으켜 세계의 이목을 진동하던 독립선언을 행하기까지의 사실을 심문하는 날이라 방청석이 여전히 만원됨은 물론이오, 피고인의 얼굴빛도 첫날보다는 매우 긴장하여졌다. 8시 55분에 재판이 열린 후 호명을 마치고 사실심문에 들어가 침착한 최린은 재판장의 물음에 응하여 찬찬한 걸음을 법관석 앞으로 옮기더라.

최린부터 신문 개시

최린은 사실을 거침없이 진술
신문 중에 재판장은 방청 금지

"피고는 보성고등보통학교장은 언제부터인가?"

"명치 44년부터인 줄로 생각합니다."

"종교는 역시 천도교를 믿는가?"

"예."

"언제부터"

"역시 명치 44년(1911)부터인 줄로 생각하오."

"천도교의 임원 된 일이 있는가?"

"없소"

"천도교주 손병희와 언제부터 알았나?"

"명치 35년(1902)에 독학 목적으로 일본에 갔는데 그때에 손이 오사카에 있고 자기도 병으로 오사카에 있어서 처음 알았소."

"그때 안 뒤에 이후 무슨 은혜를 받았는가?"

"그 후에 금일까지 교분을 계속한 바, 정은 부자, 의는 사제와 다름이 없은즉 자연 은혜 입은 것도 적지 않소."

"명치 43년(1910) 일한합병조약에는 어떠한 감상을 가지고 있었는가?"

"신성한 법정에서 의논되는 말을 많이 할 수 없으나 간단히 나의 참 마음을 말하리다. 내가 본래 일본에 대한 감정으로 말하면 대단히 양호히었소. 명치 35년(1902)에 일본에 갔다가 병으로 돌아왔고 37년(1904)에 당시 일본 공사 하야시(林權助)가 귀족 자제 50명을 골라서 일본에 유학을 시키라 권하여 학부대신 이재극(李載克)이 선발로 자기도 일본에 가서 중학교부터 선문학교까지 일본의 교육을 받았으므로 일본에 대한 감정이 양호하였소. 또 일본이 대륙 정책을 시작한 이래 일청·일러 양 전쟁(日淸日露兩戰爭)에 일본 국민의 노력에 경복하였으며 또 일본이 동양 평화를 위한다 함에 동감이오. 공명하였소. 그 뒤에 일·한 합병이 되었는데 조선의 합병으로 말하면 두 전쟁의 결과로 인하여 동양 삼국의 세력이 평균치 못한 결과로 인하여 조선이 그 틈에 끼어서 자립할 힘이 없어 조선은 조선의 조선이 되지 못하고 일본의 조선이 되어 버렸소. 일본에 합병되게 된 것은 내가 극 반대를 품었으나 대세의 시킴이라 개인의 힘으로 어찌할 수 없었소."

"그러면 그 뒤에 불평은 있었나?"

"그 불평은 일본의 조선에 대한 정책은 나의 생각한 바와 자꾸 다르므로 나의 감정은 점점 심해졌소."

"그러면 일한합병 당시 피고는 불평을 품었을 뿐 아니라 그 뒤에도 점점 감정이 심하였지? 구주전쟁이 거의 완결될 대정 7년(1918) 1월경 미국 대통령 윌슨이 교전국의 강화 기초조건으로 열네 가지를 들었음을 알았나? 또 대정 8년(1919) 1월 파리에 강화회의가 열리게 되어 각 교전국 대표자가 그곳에 모이는데 미국 대통령 윌슨도 자신이 강화회의에 참석함을 알았는가?"

"그것은 당시 각 신문으로 알았소."

"대정 7년(1918) 11월 28일경 피고와 권동진, 오세창 세 명이 손병희의 가회동 집에 가서 독립운동의 의논을 한 일이 있나?"

"있는가 생각하오."

재판소는 결정으로서 이로부터 최린에게 대하여 신문할 말은 공공질서와 치안을 방해할 염려가 있으므로 조선형사령 제32조, 조선재판소구성법 제15조에 의하여 방청을 금지한다 선언하여 방청인을 퇴출케 하고 그로부터 비밀 공판을 시작하였는데 때는 9시 15분이더라.(아침 9시 반)

방청을 금하고 대신문(大訊問)

네 사람에 대한 중요한 신문
다 각기 격렬한 진술이 있었다.

최린의 신문을 개시한 후 즉시 방청을 금지한 후 최린, 권동진, 오세창, 최남선에 대하여 그 사람들의 품은 배일사상 및 독립운동을 일으키려고 당초에 마음을 낸 이유와 계획을 결정한 내력에 대하여 한 시간 반 동안이나 신문을 계속하였는데 방청이 금지되었으므로 자세히 내용을 알 수 없으나 세 사람들은 다 각기 조선은 독립하지 아니하면 안 되겠다는 이유와 당초에 계획하던 일을 기탄없이 말하였는데 그중에는 매우 흥분하여 "조선 사람이 니라를 잃어버리고 원통히 여기는 것도 당연한 일이오, 잃어버린 나라를 회복하려는 것도 당연한 일이라"고 당당히 진술한 사람도 있으며 여러 가지로 자기의 소감을 말하였으나 공개를 금지한 공판인고로 이에 보도할 자유가 없음이 유감이며 비밀 신문을 마친 후 열 시 사십오 분에 재판장은 이로부터 방청을 다시 허가한다 선언하고 즉시 휴게에 들어갔더라.

최린(崔麟)

오전 열한 시 십오 분에 휴게를 마치고 재판장은 개정을 선언하고 방청을 허락한 후 다시 최린으로부터 사실의 신문을 계속하여 독립계획을 구체적으로 착수하던 사실에 대한 문답에 들어갔다.

"피고는 대정 8년(1919) 2월 상순 어느 날 저녁, 중앙학교장 송진우와 중앙학교 교사 현상윤과 송진우의 소개로 역사 전공자 최남선과 재동 68번지 피고의 집에 모인 일이 있는가?"

"그리하였소."

"그래서 그 회합에서 송과 최와 현의 3명에게 이때까지의 계획을 말하였는가?"

"대강 말하였소."

"다른 세 명이 모두 피고의 말에 찬동하여 같이 일을 행하기로 하였나?"

"그리하였소."

"그 만난 지 3, 4일 후 다시 계동 중앙학교 안 송진우의 유숙하는 곳에 전번과 같이 모인 일이 있는가?"

"그리하였소."

"그 회합에서 네 명이 숙의한 후 박영효, 윤용구, 한규설, 김윤식, 윤치호 등 구한국시대의 요로에 있던 사람과 예수교 사회의 유력자를 모아서 독립운동을 계획하자고 하였는가?"

"그는 그 전에 말한 바 송진우의 집에 모인 것은 전날 만나서 이야기한 것을 대강 보고도 할 겸 자세히 의논도 하려 한 일이오."

"그러면 이월 초순에 피고의 집에 모였을 때에 그런 일을 의논하였는가?"

"그는 그때에 교섭하여 보자는 말은 있었으나 확정한 것은 아니오."

"송진우 집에 모였을 때에는 확실히 결정하였는가?"

"내게서 그동안에 결정한 것을 들으려고 모인 것이 주요한 목적이었소."

"결정한 것은 무엇인가?"

"그것은 당초에는 다만 이야기하였음에 지나지 못하므로 구체적으로 의논할까 한 일이오."

"그러면 처음에 피고의 집에 모였을 때에 구한국 요로 대관에게 교섭을 하여보자 하여 그것을 실행하기로 하고 그 결과의 보고를 들으려 함인가?"

"그러나 김윤식과 윤용구는 그 전인가 그 후에 어떻게 되었는지 자세히 모르나 박영효는 자기가 교섭하겠다고 송진우가 말하는 것을 들었습니다."

"송의 집에서 모였을 때에 기독교 편에도 이 교십을 하여 독립운동을 같이 하도록 하자는 말이 있었는가?"

"없었소."

"그 이전에도?"

"없었소."

"그러면 어느 때?"

"훨씬 그 뒤에 구체적으로 결정된 뒤의 일이오."

"천도교주 손병희 이하 천도교의 주요 인물이 중심이 되어 독립 선언을 하고 그 선언하는 방법으로 선언서, 의견서, 청원서를 작성하자는 일은 송의 집에서 결정한 일인가?"

"그것은 내가 미리 결정한 바이오. 모였을 때에는 윤치호, 박영효가 승낙을 아니하였으므로 우리가 중심이 되어 선언을 함이 어떠한가 한 바, 최남선은 자기의 경영하는 사업이 사회에 책임이 있으므로 이 운동의 표면에는 나서기가 어렵다 하였고, 송진우는 자기가 교장인 중앙학교의 일로 인하여 역시 운동의 표면에는 나서기 어렵다고 말한 바, 자기는 최는 학자의 생활을 한다 하였으므로 이 운동의 표면에 나서는 것은 자기의 본의가 아닌 듯하므로 최에 대하여는 의논한 일을 취소하자 하고, 송진우에게는 대사를 행함에 중앙학교를 위함이 무엇인가 하고 말을 하였는데 이것은 역시 금일까지 말한 것은 전부 취소를 하자, 경찰의 주목을 피하려고 표면으로 관계를 끊자는 뜻에서 나온 일이오."

"그러면 처음 1월 초순에 피고의 집에 모였을 때에 구한국시대의 요로자의 의견을 들어보자 하여 그 의견을 듣기는 피고와 최남선과 송진우 세 명이 담당하였는가?"

"그렇소."

"그래서 세 명은 모두 자기의 담당한 사람에게 교섭을 하였는가? 피고는 누구에게 교섭을 하였는가?"

"나는 한규설에게 교섭을 하기로 하였소."

"최남선은 누구에게 교섭을 한다고 하였나?"

"최는 김윤식, 윤용구 두 사람인 듯하오."

"송진우는?"

"박영효인 듯하오."

"각 담당한 사람에게 교섭을 하였으나 모두 요령을 부득하였으므로 송의 집에 모여서 보고를 하였는가?"

"예, 박영효와 윤치호는 분명히 독립운동의 표면에 나서는 일은 반대인 줄 알았소. 그리고 다른 이야기도 하라고 한 일이오."

"그리고 독립선언서, 의견서, 청원서를 작성 기초하는 일은 최남선이 담당하였는가?"

"그것은 이월 초순에 모였을 때에 난 말이오."

"피고의 집에 모였을 때에 최남선은 기독교 편에 대하여 합동으로 독립운동을 하자고 교섭하는 것이 좋다고 말을 한 일이 있었나?"

"그리하였소."

"최는 그 연고로 이인환(李寅煥)에게 교섭을 한 모양이나 그것은 누가 하게 한 일인가?"

"그것은 기억이 없소. 나중에 알았소. 본래 기독교 편에서도 독립운동을 행하려고 의논한 일이 있다 함을 들었소."

"그래도 천도교 편과 합동하라고 권유하는 일은 최남선이 담당한 것이 아닌가?"

"담당을 하였는지 아니하였는지 최와 기독교 편과의 관계는 내가 자세히 알지 못하오."

"그러면 당초에 최가 기독교 편에 교섭을 한다고 피고들이 의논한 것은 아닌가? 이인환이 최남선의 주선으로 경성에 오게 된 결과 천도교 편과 합동하게 된 것을 보아도 최남선이 그것을 담당한 것이 아닌가?"

"그것은 자세히 기억치 못하오."

최남선(崔南善)

최린의 신문을 마친 후에 재판장은 최남선을 불러서 심리를 시작하였다. 이때까지 최린의 단정한 태도와 침착한 음성이 최남선의 당당한 태도와 우렁찬 목소리로 갈아들었다.

"피고는 대정 8년 2월 초순 재동 최린의 집에서 송진우, 현상윤, 최린과 만난 일이 있나? 어느 날인가?"

"있습니다. 1월 21일로 생각합니다."

"그 모였을 때에 최린으로부터 손병희 등이 조선독립을 계획하여 선언서를 만들어서 인쇄 반포하고 조선독립을 승인할 의견서를 만들어서 일본 정부, 일본 귀족원, 중의원, 조선총독부와 강화회의에 보내고, 또 청원서를 만들어서 미국 대통령 윌슨에게 보내서 조선이 독립하려는 뜻을 세계에 보이고 조선독립운동을 행할 계획이 있다는 말을 들었는가?"

"그때에는 그런 자세한 말은 듣지 못하고 손병희가 조선의 독립선언을 할 의사가 있다는 말을 들었었습니다. 그러나 이런 일을 할 때에는 천도교 뿐 아니라 적어도 조선민족 전체에 대표될 만한 교육계, 종교계로 말하여도 기독교 편과 합하여 선언을 하고 운동을 행하는 것이 좋을 줄로 말하였습니다."

"선언은 무슨 선언인가?"

"물론 독립선언이지요."

"그때에 독립선언을 하는 데는 구한국시대 요로에 있던 박영효, 윤용구, 한규설, 김윤식, 윤치호 등의 의견도 들어보자고 말한 일이 있었는가?"

"그때에 박영효, 한규설, 윤용구의 말은 났었습니다."

"그 교섭은 최린, 송진우와 피고의 세 명이 나누어 맡아 가지고 하기로 결정하였는가?"

"그는 내가 만나기 전에 최와 송의 사이에 그런 말이 있었던 것 같고, 내가 갔을 때에는 윤치호에게 교섭을 하여 보라는 말을 받았습니다."

"그래서 피고는 윤치호에게 교섭을 하였는가?"

"그러나 그날은 일시적 담화에 지나지 못하고 구체적으로 결정한 것은 아닌 고로 한규설과 박영효에게 교섭한 결과도 들어가지고 더 일층 구체적으로 의논을 하자 하여 송진우의 집에서 만나기로 하였습니다."

"또 그때에 손병희 이하 천도교의 중요자가 그 명의로 조선독립을 선언하고 독립선언서를 작성 인쇄하여 각도에 널리 반포하고 의견서를 만들어 일본 정부, 양의원, 총독부, 강화회의에 보내고 청원서를 지어 미국 대통령에게 보내기로 결정한 후 그 서류의 작성은 피고가 담당하기로 하였는가?"

"그것은 수일 후 송진우 집에서 만나 여러 가지 이야기 후에 결정한 것이오."

"그리고 또 기독교 편에 대한 교섭은 피고가 교섭을 담당하였는가?"

"그것도 그때에는 결정한 것이 아니라 송진우에게 모였을 때에 한 말이오"

"그러면 송의 집에서 만났을 때에 서류의 기초와 기독교 편에 대한 교섭을 담당하였는가?"

"그리하였소."

"그러나 지금 최린은 기독교 편에 대한 교섭을 최남선이 그때에 담당한 일은 모른다 함은 무슨 일인가?"

"그것은 사실을 최린이 잘 기억치 못한 듯합니다. 그때에 그런 결정이 없었다면 표면에는 서지 아니하려고 작정한 사람이 무슨 까닭으로 이인환에게 교섭을 하겠소?"

"송진우에게 모였을 때에 피고도 표면으로는 이 운동에 나서

지 않고 송진우도 학교의 관계가 있는 고로 표면에 서기 어렵다고 두 명은 일시 이 운동을 중지하자는 말을 하였는가?"

"이 말씀을 하려면 그보다도 수일 전 처음에 최린의 집에 모이게 된 일로부터 말씀하지 아니하면 안되겠습니다."

하고, 최남선은 자기가 이번 조선독립운동을 참여하게 된 일을 일장 진술을 하였다.

"본래 최린과 사귀기는 서로 친하게 안지가 오랬으나 근년에 이르러는 별로 자주 왕래가 없었지마는 최린도 조선 사람이고 자기도 조선 사람인 까닭에 '조선독립'이라는 이상을 가슴에 품고 있기는 최린이나 자기나 조금도 다름이 없던 터인데, 그때 송진우의 소개로 최린의 집에서 최린을 만나 보게 되어 조선독립운동의 일에 관하여 여러 가지로 이야기도 듣고 여러 가지로 이야기도 한 일이 있었는데 그때에 이야기가 최린이나 자기나 물론 조선의 독립운동에 대하여는 절대로 찬성인고로 최린은 이심전심(以心傳心)으로 독립운동을 개시하면 자기도 으레 표면에 나서서 일을 할 줄로 믿었던 모양이올시다. 그러나 그 뒤에 송진우에게 모여서 구체적으로 함께 의논을 하자 함에 당하여는 자기의 태도를 분명히 하였습니다. 본래 자기는 학자로 세상에서 학자의 태도로 조선민족을 위하여 진력하고자 함인즉 조선민속의 독립운동을 한다는 일에 대하여는 어디까지든지 찬성이요, 힘이 있는 대로 조력할 것은 다시 말할 것도 없는 일이지마는, 자기가 학자루 이 사회에 진력하려는 책임을 지비리고까지 독립운동의 표면에 나설 수는 없는 줄로 생각하여 그 뜻을 분명히 최린에게 말하였으며, 또 그때 곁에 있는 송진우는 가부간 태도를 분명히 말하지 아니하므로 이다지 중요한 일에 당하여는 운동에서 서든지 그 의견을 분명히 말하는 것이 당연하고 수서양단(首鼠兩端)으로 태도를 희미하게 가지는 것은 옳지 않다고 말하였더니 송진우도 역시 중앙학교에 대한 자기의 책임이 중대한고로 표면에 서기가 어렵다고 말하였습니다. 그러한 뒤에 최린이 자기에게 대하여 그러면 운동의 표면에는 서지 아니할지라도 독립선언을 행하려면 제일 필요한 것은 선언서인데 그 선언서를 지을 적당한 사람이 없으니 그대가 선언서를 지으라 하였으나 기위 운동의 표면에 서지 아니하는 이상에는 아무쪼록 이 운동에 대하여 관계를 깊이 맺지 아니하는 것이 좋을 줄로 생각하여 최린 자신이 선언서도 짓는 것이 좋지 아니하냐 한즉, 최린의 대답이 자기는 요사이 너무 분주하여 도저히 붓을 잡을 겨를이 없다 하고, 자꾸 권하기도 하며 또 조선 사람이 조선의 독립할 의사를 세계에 발표하는 선언서에 대하여는 조선 사람의 의사를 여실적(如實的)으로 발표하여 조선 독립의 정당한 이유를 세상에 선언하지 아니하면 안 될 것인데, 조선 사람의 참마음 참뜻을 가장 정확하게 발표할 선언서를 짓는 것은 자기가 담당하는 것이 옳겠다는 스스로 믿는 마음도 있어서 마침내 최린이 지을 선언서를 손만 빌려서 자기가 짓기로 한 것이올시다."

"또 그 외에 의견서와 청원서도 쓰겠다고 하였는가?"

"그랬습니다."

"그것도 지금 말한 것과 같은 뜻으로?"

"그렇소."

"그러면 거기서 관계를 끊은 것은 아니고 표면에 서지만 아니 하였지 이면에 서서 선언서와 기타 서류를 작성하고 기독교 편에 대하여 합동으로 독립운동을 행하도록 교섭하는 일만 담당함인가?"

"그렇소."

"그 결과로 피고는 기독교 편의 동지를 모집하고, 먼저 이전부터 알던 평북 정주군 기독교 장로 이승훈이라 부르는 이인환에게 대하여 교섭하기로 작정하였는가?"

"그렇소."

"그래서 2월 7일 현상윤으로 하여금 이인환이 경영하는 오산학교의 일을 의논할 필요가 있으니 급히 경성으로 올라오라고 기별을 하게 하였는가?"

"그리하였소."

"현상윤은 최린의 집에 모였을 때에도 같이 있었으므로 피고가 이인환에게 심부름하라고 하는 정말 뜻을 알았겠지?"

"지언 알았겠지요."

"그래서 현상윤이 경성 수하정 3번지 선우전의 집에 묵고 있는 정노식에게 말을 하여 정노식이 한 집에 유숙하는 김도태로 하여금 정주의 이인환을 방문하게 하여 김도태가 2월 8일 경성을 떠나서 2월 9일 정주에 도착하여 이인환을 찾아가는 중도에 오산학교 교사 박현환을 만나서 이인환이 중요한 볼일이 있어 선천에 가 있음을 들어 알고 박현환에게 이인환을 찾아보고 급히 경성으로 올라오도록 말하여 달라고 부탁한 일을 모르는가?"

"그 일은 그 뒤에 들었소."

"그러나 정노식이 피고와 최 등이 조선독립운동을 하려고 도모하여 이인환의 합동을 요구하는 줄을 알고 김도태를 정주에 보낸 줄을 아는가?"

"그것은 모르겠소."

"또 김도태도 그 사정을 알고 2월 8일 경성발 9일 정주에 도착하여 오산학교 교사 박현환을 만나 이인환이 당시 선천에 가 있음을 듣고 이인환에게 보낼 전갈을 이에게 전하여 달라고 부탁한 줄을 아는가?"

"중간의 경과는 도무지 모르겠소."

"그 결과 이인환은 2월 10일 경성에 올라오는 줄을 알았는가?"

"알았습니다."

"그러나 피고가 직접으로 이인환을 만나지 아니한 것은 무슨 일인가?"

"그는 송진우도 자세히 아는 일이요. 이인환이 먼저 송진우를 만났으므로 송진우와 이야기를 하라고 송진우에게 부탁한 일이오."

"송진우로 하여금 피고의 대신으로 이인환과 만나게 한 것인가?"

"이인환이 먼저 송진우를 찾았으므로 자기가 따로 만날 것 없이 송진우와 직접으로 이야기하는 것이 좋을 줄로 생각한 일에 지나지 못하오."

"송진우는 계동 김성수의 별택에서 이인환과 만나서 상의한 일을 알지 못하는가?"

"모르오."

"그때 송은 이에게 향하여 독립운동을 계획하니 기독교도 천도교가 합동을 하여야 기독교 편에서도 무수한 사람이 독립선언서에 서명을 하고 함께 운동을 하자고 하였는가?"

"자세히는 듣지 못하였으나 대개 그런 말을 하였을 듯하오."

송진우(宋鎭禹)

최남선의 신문을 마친 후에는 송진우의 신문에 들어가서 최린과 최남선에 대하여 처음에 묻던 말과 같이 최린의 집에서와 중앙학교 안에서 네 사람이 만나던 전말을 묻고 계동 김성수의 별택에서 이인환과 면회한 결과 이인환이 찬동하였느냐 물어서 그렇다 대답하였고, 최린의 진술을 들은즉 피고는 중앙학교의 관계가 있어 운동의 표면에는 서지 않겠나 하고 말하였다 하니 과연 사실인가? 하는 재판장의 심문에 대하여,

"물론 본래부터 독립운동에 대하여는 절대적으로 찬성이오, 그러나 나의 개인 이름을 내지는 않겠나고 생각하였소."

1920년 7월 14일 전개된 독립운동의 제일막, 조선민족대표 47인의 공판, 동아일보

"그러면 독립운동에는 절대로 찬성이나 선언서나 기타 서류에 기명은 아니한다 함인가?"

"예."

그 뒤에 이인환과 교섭하던 말을 자세히 물어서 신문을 마치었다.

현상윤(玄相允)

최남선과의 관계.

다음에는 현상윤의 신문에 들어가 현상윤과 최린, 최남선, 송진우 사이의 관계를 묻고 최린의 집과 중앙학교에 모였던 말을 묻고, 최남선의 부탁으로 이인환에게 기별하던 전말에 이르러,

"2월 7일경 최남선으로부터 정주군 기독교 장로파 장로 이인환에게 그가 경영하는 오산학교의 일을 청탁하고 독립운동의 일

로 오라고 부탁하여 달라는 말을 들었는가?"

"독립운동에 대한 일이라고는 듣지 못하였소."

"독립운동을 위하여 교섭하는 것인 줄 알았겠지?"

"몰랐소."

그 뒤 정노식에게 부탁하여 정노식과 동거인인 김도태로 하여금 이인환을 정주로 찾아가게 한 일에 대하여는 재판장의 신문대로 사실을 대답하고, 정노식과 김도태에게 대하여 이인환을 경성에 부르는 일은 실상 독립운동을 위함이라는 말을 하였느냐고 묻는 말에 대하여는 말한 일이 없다 하더라.

정노식(鄭魯湜), 김도태(金道泰)

다음에는 정노식과 김도태를 차례대로 불러 정노식에게는 이인환에게 김도태를 보내는 전말에 대하여 신문하였는데 정노식은,

"자기는 이인환을 부르는 목적이 독립운동을 위함인 줄 알았으나 김도태에게는 그런 말을 아니하였소."

하고, 김도태는 그러한 줄도 모르고 또 정주에서 오산학교 교사 박현환을 만나서 이인환에게 말을 하여 달라고 부탁할 때에도 독립운동에 관한 일은 말하지 아니하였다 하여 신문을 마치고, 다음에 다시 최린을 불리시 민저 방청을 금시하였을 때에 신문한 일에 대하여 다시 몇 마디를 묻고 오후 1시 30분에 폐정하였더라.

(東亞日報 1920.7.14)

4

판결문을 중심으로

　공판은 계속되어 7월 14일 3일째에는 남강 이승훈 외 5인의 신문이 있었고, 7월 15일 4일째에는 길선주 외 14인의 신문이 있었다. 5일째인 7월 16일에는 개정 벽두에 변호사 허헌(許憲)이 재판 절차법 상의 착오를 발견하고, '공소불수리신청(公訴不受理申請)'을 제기하였다. 7월 17일 6일째 되던 날 변호사와 검사 간에 법 이론에 관한 격론이 있은 뒤에 공판은 중단되었다. 그리하여 8월 9일 경성지방법원 제1형사부 판사 다치카와(立川三郎), 호리(堀直喜), 다자이(太宰明) 등에 의해 '공소불수리'의 결정이 선고되었다. 이에 불복하여 경성지방법원 검사국 검사정(檢事正) 고오츠(鄕津友彌)는 복심원에 항소했다.
　공소불수리 여부를 둘러싸고 판사와 검사 사이에는 논전과 욕설이 오고 갔고, 얼마 후에는 지방법원장 데시가와라(勅使河原建之助)와 검사정 고오츠는 사건에서 손을 떼게 되었고, 판사 다치카와는 좌천되었다. 이리하여 복심원의 공판은 1920년 10월 20

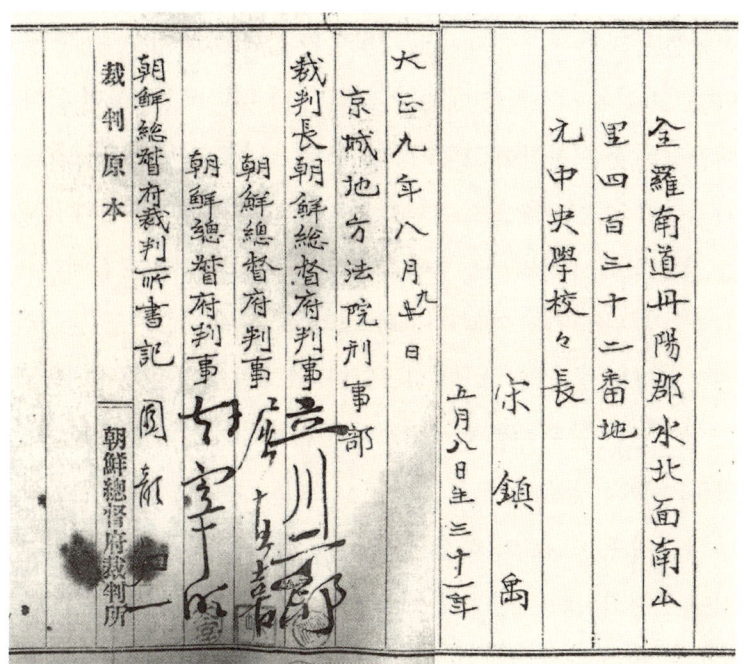

1920년 8월 9일(다이쇼 9년) 조선총독부 재판소 판결

일 경성 복심원 정동 분실에서 열렸다. 첫날 공판은 츠카하라(塚原)의 심리 아래 검사 미즈노(水野)의 입회, 변호사 최진(崔鎭), 허헌, 기오(木尾) 등의 관여로 개정되었다. 복심원에서도 '공소불수리'를 신청하였으나 재판장은 얼굴에 약간의 경련과 비웃음을 머금으면서 변호인의 주장을 묵살하고 사건에 관한 사실 신문으로 직접 들어갔다. 첫 신문은 최린부터 시작되었다.

고하는 9월 21일 2일째 공판에서 신문을 받았다. 고하는 한·일 합병에 반대하고 독립을 주장하는 독립운동의 계획과 최린,

최남선 등과의 관계를 대체로 지방법원 심리 때와 비슷하게 진술했다. 그 외에 사소한 일에는 오래 되어 다 잊어버렸다고만 했다. 재판장은 젊은 사람이 그렇게 기억이 없느냐고 비웃었다. 고하는 기억력이 없는 것을 스스로 탄식하는 듯이 최린과 최남선과의 말을 잘 참작해서 처리하면 좋겠다는 의견을 덧붙였다. 항간에서는 고하와 재판장 간의 기억력 문답(記憶力 問答)에 대하여 '멍텅구리 송진우'라는 별명까지 한때 나돌았다. 고하는 공판정에서 시종일관 잘못된 사실 관계를 바로잡거나 동지들과의 연락 관계를 애써 말하려 들지 않았다.

나중에 동아일보가 폐간되고 집에서 쉬고 있을 때, 늘 가까이 지낸 역사학자인 위당 정인보(爲堂 鄭寅普)와 호암 문일평(湖岩 文一平)은 여러 차례 고하에게 3·1운동의 진실된 내막과 고하의 역할에 관하여 물었다. 그들은 후세의 역사를 올바르게 기록하기 위하여 고하가 진술해 줄 것을 간청했다. 그러나 고하는 지금 자기가 입을 열면 그 명예에 손상을 입을 인사들이 많으니 후일 은퇴한 뒤에 밝히겠다고 했다. 그러나 고하가 한창 일할 나이에 불의의 저격을 당하여 세상을 떠나고 말았으니 그 진상은 영원히 묻혔다. 그리고 그의 갑작스러운 죽음은 참으로 애석한 일이 아닐 수 없었다. 복심원 공판은 일사천리로 진행되어 공판이 시작된 지 불과 10일 만인 9월 30일 판결이 선고되었다.

3·1 독립선언서 사건에 대한 판결문

〈논 고〉

손병희(孫秉熙)

    천도교주로서 일·한 합병 후 불평불만을 품고 각 지방 교인을 지도하되 표면으로는 종교 신앙을 목표하고, 안으로는 배일사상을 고취하여 시외 우이동(牛耳洞)에 별장 봉황각(鳳凰閣)을 신축하고 교인 중 두령 도사 급 제1회에 21인을 수련시키고 그다음 49인, 105인 등 총계 500인에게 성심수련을 실시하여 각 지방 전반 교인에게도 21일, 49일, 105일 등 수십 회에 걸쳐 기도를 시행하여 자신도 일반 교인과 같이 실행할 때 포덕천하(布德天下), 광제창생(廣濟蒼生), 보국안민(輔國安民) 등의 목적을 달할 것을 하늘에 염원하는 한편, 정신통일(精神統一), 영육일치(靈肉一致), 심신쌍전(心身雙全), 행동일치(行動一致)의 교훈을 지도하는 동시에 일반 교인에게 국권 회복의 사상을 항상 뇌리에 주입시켜 시기가 오기만 하면 일령지하(一令之下)에 행동을 개시하기로 하였다. 그러자 세계대전이 종식되고 파리에서 강화회의가 개최되며 미국 대통령이 민족자결주의를 주창함에 호응하여 부하 중 가장 신임하는 최린, 권동진, 오세창 등과 협의하고 독립운동을 착착 준비하며 독립운동비를 각 교인에게 분배하여 모집할 때 표면으로는 교당 신축을 빙자하고 시내 경운동에 큰 건물이 신축을 착수하였으며,

일방적으로는 독립운동에 대하여 천도교인 뿐만 아니라 각 종교 단체와 구한국 원로, 기타 유수한 인사를 망라하고자 추진 중 야소교와 손을 잡기 위해서 이승훈에게는 최남선을 중간 역할을 하게 하여 최린으로 하여금 서로 협의하게 하고 비용까지 지불하였다. 또 불교의 한용운과도 연락을 취하여 동지로 규합한 후 동지자로 33인을 구성하고 독립선언서를 작성하여 비밀히 천도교의 인쇄소 보성사에서 인쇄하여 각처에 배포하고 3월 1일 명월관 지점에서 동지 33인이 회합하여 독립선언서의 발표식을 거행하였다.

최린(崔麟)

천도교인으로서 동교에서 경영하는 보성고등보통학교의 교장으로 손병희, 권동진, 오세창과 같이 독립운동을 협의하였으며 손병희로부터 독립운동에 대한 제반사를 권동진, 오세창과 3인이 맡아 가지고 기독교 측과 불교 측과 교섭하여 합동 성공한 후 최남선에게 독립선언서를 기초하도록 그 취지와 문장에 대하여 지시하고 독립선언서를 인쇄 반포하는 동시에 손병희와 3월 1일 행동을 같이 하였다.

권동진(權東鎭), 오세창(吳世昌)

천도교의 장로로서 최린과 같이 손병희의 지휘에 의하여 천도교인 중 도사 급을 권유하여 독립운동에 참가하도록 하였고, 선언서를 인쇄하여 각지에 배포하며 3월 1일의 행동에서 주된 역할을 하였다.

이인환(李寅煥) (이승훈(李昇薰)이라는 별명을 사용한다)

기독교 측의 유력한 자로서 일·한 병합 후 데라우치(寺內) 총독 암살사건에도 관계하던 일이 있어 복역 중 특사로 감형되어 출옥한 후에도 항상 불평을 품고 있다가 세계대전이 종료되면서 미국 대통령이 14개조를 제창한 민족자결이란 조항이 신문지상에 기재되자 조선독립을 계획하던 중 최남선의 초청에 의하여 경성에 와서 송진우를 만난 다음 최린과 서로 의논하고 다시 평북으로 가서 동 교회 목사들과 협의하고 평양으로 와서 길선주 외 여러 목사와 협의한 후 다시 경성에 와서 함태영과 협의하는 한편 박희도, 이갑성 등과도 협의하였으며, 천도교 측으로부터 5,000원을 받아서 운동비로 사용할 때 그 출납을 박희도에게 일임하고 3월 1일의 선언서 발표에 중요한 역할을 하였으며 선언식에 참여하였다.

한용운(韓龍雲)

불교 측의 유력한 자로서 독립선언시의 분포를 담낭하여 경성 시내에 약 3,000매를 배포하였으며 3월 1일 명월관에서 독립선언식을 할 때 우리가 무사히 독립선언을 발표함은 지극히 경하하는 바이며 또는 독립을 위하여 더욱 노력함을 비린다는 연실을 하고

'조선독립만세'를 선창하였다.

이종일(李鍾一)

천도교에서 경영하는 인쇄소 보성사 사장으로 독립선언서 21,000매를 오세창 지휘에 의하여 하룻밤에 인쇄하고, 또 그 분포를 담당하여 조선 각도에 분배하였으며 3월 1일 독립선언식에 참여하였다.

이갑성(李甲成)

이인환 및 함태영과 밀의하고 경상남북도와 전라북도에 동지를 모집하러 갔었고, 선언서를 총독부에 제출할 것을 담당하였으며 학생들과 연락을 하여 전기 각지에 선언서를 배포하고 선언식에 참여하였다.

오화영(吳華英), 김창준(金昌俊)

독립선언서를 경성 시내와 개성 방면에 배포하였고 독립운동 준비를 이인환, 함태영, 이갑성, 박희도 등과 협의하였으며 선언식에 참여하였다.

박희도(朴熙道)

중앙청년회 간사로서 기독교 측의 운동자 간부로 금전출납을 담당하였고, 학생들과 청년들에 대하여 독립운동에 대한 협조를 요구하였으며 선언식에 참여하였다.

임예환(林禮煥), 나인협(羅仁協), 홍기조(洪基兆), 김완규(金完圭), 나용환(羅龍煥), 이종훈(李鍾勳), 홍병기(洪秉箕), 박준승(朴準承), 권병덕(權秉悳)

　천도교 장로·도사로서 권동진, 오세창의 권유에 의하여 손병희의 승낙을 얻고 독립운동에 참가하였으며 선언식에 참여하였다.

백상규(白相奎)(일명 백용성)

　불교인으로서 한용운의 권유에 의하여 독립운동에 참가하여 선언식에 참여하였다.

정춘수(鄭春洙)

　기독교 목사로서 독립선언서에 서명날인하고 원산에서 독립운동을 지휘하여 3월 1일 많은 군중을 모아 놓고 선언식을 거행하게 하였다. 시간 관계로 경성 명월관의 선언식에는 참여하지 못하고 추후 경무총감부에 자수하였다.

유여대(劉如大)

　기독교 목사로서 이승훈의 권유에 따라 독립선언서에 서명날인한 후 3월 1일 경성 명월관에서 거행한 선언식에 참여하지 않고 의주에서 독립운동을 지휘하여 3월 1일 만세를 부르고 독립을 선언하였다. 의주 헌병대에 체포되어 의주지방법원 검사국에 일건 서류와 같이 송치되어 검사의 취조를 받고 경성지방법원 예심에 회부되었다.

양한묵(梁漢黙)

예심 중 사망하여 공소면제가 되었다.

길선주(吉善宙)

기독교 목사로서 독립청원서를 총독부에 보내는 것을 찬성하고 안세환에게 인장을 준 후 자신은 황해도에 간 사이 독립선언을 하였으나 자신은 선언에는 찬성하지 않았다.

김병조(金秉祚)

독립선언서에 서명날인한 후 해외로 망명하여 체포치 못하였으므로 기소를 중지한다.

함태영(咸台永)

기독교의 가장 유력한 자로서 이인환과 같이 독립운동에 대한 준비와 기독교 측의 모든 관계를 담당하고 각 목사들과 수십 회에 걸쳐 협의하여 천도교와 합동할 것을 추진하였으며, 현순을 상하이로 보내서 파리 강화회의에 조선독립선언서와 기타 미국 대통령과 열국 대표에게 서류를 발송하게 하였고, 또 안세환을 일본에 보내는 동시 독립선언서를 각 지방에 배포하는 것을 담당하고 3월 1일 이후 수감된 사람의 가족을 원조하는 한편 운동을 계속할 목적으로 독립선언서에는 서명하지 않았으나 독립운동에 중요한 역할을 하였다.

강기덕(康基德), 김원벽(金元璧)

경성학생단의 주모자로 독립운동에 참가하여 그 학생을 동원하여 선언서를 배포하였으며 3월 1일 파고다공원에서 군중이 모인 가운데 솔선하여 명월관 지점으로 가서 33인에게 공원으로 와서 발표하라고 요구하였고 또한 3월 5일 남대문 앞에서 인력거를 타고 태극기를 들고 군중을 지휘하며 만세를 부른 사실이 있다.

이경섭(李景燮)

천도교인으로서 이종일의 부탁으로 독립선언서를 가지고 황해도 수안에 가서 사리원, 곡산 등에 배포하고 독립만세 부를 것을 지휘하였다.

최남선(崔南善)

문회인으로시 기독교 측 이인환을 경성으로 오라는 통지를 김도태에게 시켰고, 기독교와 천도교를 합동케 하였으며 독립선언서를 기초하였다.

박인호(朴寅浩)

천도교 대도주로서 손병희의 명령에 의하여 노헌용에게 명령하여 5,000원을 기독교 측에 지불하였다.

노헌용(盧憲容)

천도교 금융관장으로서 박인호의 명령으로 5,000원을 기독교 측에 독립운동비로 지불하였다.

송진우(宋鎭禹)

중앙학교 교장으로서 독립운동에 관해서 최남선, 최린 등과 협의하였고, 동교 교사 현상윤과도 협의하고 정노식과 협의한 후 김도태를 선천에 보내어 이인환을 경성으로 오게 하였다.

임규(林圭), 안세환(安世桓)

최린과 함태영에게서 부탁을 받고 일본 동경에 가서 청원서를 정부에 제출하였다.

김지환(金智煥)

현순에게 보낼 서류를 가지고 함태영의 명령에 의하여 안동현까지 갔었다.

김세환(金世煥)

수원 삼일여학교 교사로서 박희도의 부탁으로 충남, 수원, 이천 등지에서 동지 모집을 하였다.

〈판 결 선 고〉

다이쇼(大正) 9년(1920) 9월 30일 오전 10시부터 경성복심법원 정동 분실에서 츠카하라(塚原) 재판장의 주심으로 개정하고 판결을 선고하였다.

피고 손병희, 최린, 권동진, 오세창, 이종일, 이인환, 최남선, 함태영, 김홍규 이하 각 피고는 범죄 후 법령에 의하여 형을 변경한다. 형법 제8조, 제6조에서 신구 두 법을 비교하여 그 가벼운 것을 적용한다.

피고 임예환, 나인협, 홍기조, 김완규, 나용환, 이종훈, 홍병기, 박준승, 권병덕, 이경섭, 한병익, 이인환, 양전백, 이명룡, 박희도, 최성모, 신홍식, 이필주, 박동완, 신석구, 유여대, 백상규, 강기덕, 김원벽은 신법에 의하면 대정 8년 세령 제7호 제1조 제1항에 해당하고, 구법에 의하면 조선형사령 제42조로서 보안법 제7조에 해당하고, 피고 손병희, 최린, 권동진, 오세창, 이종일, 이갑성, 김창준, 오화영, 한용운은 조선형사령 제42조와 출판법 제11조에 해당하고, 피고 정춘수는 형사령 제1조에 해당하고, 피고 함태영은 구법 제1조 제1항에 해당하고, 피고 중 이승훈은 형법 제62조에 해당하여 아래와 같이 선고한다.

피고 손병희, 최린, 권동진, 오세창, 이종일, 이인환, 한용운은 각 징역 3년에 처함.
피고 이갑성, 김창준, 오화영은 각 징역 2년 6개월에 처함.
피고 임예환, 나인협, 홍기조, 김완규, 나용환, 이종훈, 홍병기, 박준승, 권병덕, 양전백, 이명룡, 박희도, 최성모, 신홍식, 이필주, 박동완, 신석구, 유여대는 각 징역 2년에 처함.
피고 정춘수, 백상규는 각 징역 1년 6개월에 처함.
피고 길선주는 무죄를 선고함.
피고 양한묵은 공소회부 중 사망하였으므로 공소권을 상실하고, 피고 김병조는 체포하지 못하였으므로 기소 중지를 선언함.
피고 함태영은 징역 3년에 처함.
피고 최남선은 징역 2년 6개월에 처함.
피고 강기덕, 김원벽은 각 징역 2년에 처함.
피고 이경섭은 징역 1년 6개월에 처함.

전기 피고들에 대하여 각각 미결구류 360일을 본형에 통산하고, 피고 박인호, 노헌용, 송진우, 현상윤, 정노식, 김도태, 임규, 안세환, 김지환, 김세환은 각각 무죄를 선고하고 압수된 물품 중에서 영 제282의 3인 선언서 7매는 이것을 압수하고, 그 나머지는 각각 소유자에게 반환한다.

위에서 본 바와 같이 3·1운동의 민족대표 47인(처음엔 48인이었으나 김병조가 해외로 망명했기 때문에 47인)은 체포된 이래, 심문, 고문, 예심을 거쳐 공소불수리(公訴不受理), 그리고 지법(地法)에서 고법(高法), 다시 지법, 지법에서 복심원의 일 년 반 동안의 심리 끝에 형이 확정되었다.

고하를 비롯하여 현상윤, 김도태, 정노식 등 배후에서 독립운동을 모의하고 획책한 사람들이 무죄 선고를 받게 된 것은 '보안법' 및 '출판법'상 모의나 획책에 가담한 자는 직접 처벌하는 조문이 없었기 때문이다. 다시 말하면 '보안법' 및 '출판법'은 표면에 나타난 행위자만을 벌하는 법이기 때문에 법리 기술적인 이유로 고하 등은 무죄가 선고된 것이었다. '독립선언서'에 서명하고도 병으로 인하여 3월 1일 선포식에 참가하지 못한 길선주가 무죄선고를 받은 것도 같은 이유에서였다. 만일에 '내란죄'로 다스렸다면 모의나 획책에 참여한 자들도 결국엔 극형을 면치 못했을 것이다.

이상 조서, 옥중생활, 신문기사들을 통해 볼 때 3·1운동은 그 모의에서 중심인물이 고하, 현상윤, 최린, 최남선, 함태영의 5인으로 볼 수 있다. 초기에는 각 단체를 초월해서 고하, 기당, 인촌 등의 모의로 시작한 것이 전체 운동으로 발전되게 한 가장 기본적인 동기이자 원동력이 되었다고 볼 수 있다. 그중에서도 고하는 외부에 노출되는 대표가 아니라 항상 적절한 구상을 하고 동지들의 일을 뒤에서 도왔다. 그리고 끝까지 자기희생으로 동지들을 감싸 준 일관된 태도를 보인 인물이었다. 고하는 1920년 10월 1일 1년 반의 미결감 생활을 끝내고 서대문 교도소에서 출소했다.

고하가 감옥에 있는 동안 동아일보는 어렵사리 창간되었다. 그러나 고하는 출옥 후 고향으로 내려가서 몇 달 동안 고문의 후유증으로 나빠진 건강을 추스르고 정신적으로 과거와 현재 및 미래를 정리할 시간을 가졌다. 고하는 감옥에 있는 동안 김규식 등 조선인대표단원의 입장이 거부당한 소식을 듣고 국제정의에 실망함과 동시에 국제사회의 냉혹함을 느낀다. 이후 고하는 점차 이상주의 대신 합리주의적이고 현실적인 사고관을 갖게 되었으며 작은 일 하나라도 세부조건을 보고 신중하게 판단하게 되었다. 독립운동을 추진할 때에는 단독 추진보다 항상 국제정세의 흐름 속에서 치밀한 준비는 물론 해외에서 활동 중인 독립운동가들과도 긴밀한 연락을 해야 된다는 것을 인식한다. 또한 독립운동의 방법을 바꾸어 이상주의보다는 교육중심주의, 계몽주의, 신중론을 주장하였다. 고하는 고향에서 정양 후 서울에 올라와서 동아일보의 운영에 긴밀하게 협조하면서도 활발하게 전국적인 대중강연에 힘을 쏟았다. 주로 젊은이에게 희망을 주거나 민족계몽강연에 주력했다. 우선 1921년 4월 7일 조선노동공제회가 종로중앙기독교청년회에서 주최한 강연회에서 "무력, 금력, 노력"이라는 주제로 열변을 토했다. 같은 4월 11일에는 고학생갈돕회 주최 강연회에서 당대의 선진지식인인 장도빈(張道斌), 최팔용(崔八鏞) 등과 함께 청년들에게 큰 감화를 주었다. 또한 같은 달 4월 22일에는 대종교(大倧敎) 주최의 단군어천(檀君御天) 기념식의 일부로 진행된 강연회에 참석하는 등 매우 활발한 활동을 하였다.

또한 전국을 순회하면서 강연하는 프로그램에도 적극 참여하였다. 동년 6월에는 장덕수(張德秀), 오상근(吳祥根) 등과 함께 청년연합회강연단의 일원으로 밀양, 마산, 김해 그리고 부산 등을 방문하면서 청년들의 각성을 촉구하는 연설을 했다. 주로 '신사상(新思想),' '청년과 성공,' '신유심론(新唯心論),' '인생관' 등의 제목으로 임석(臨席)한 경찰의 검열을 피하면서도 청년에게 희망을 심어주는 강연을 하여 모여든 수백 명의 청중에게 커다란 인상을 남겼다.

제4장

동아일보를 짊어지고
(상)

1 옥중에서 들은 동아일보 창간

앞의 기록에서 본 바와 같이 3·1운동 주모자 48인 중 손병희 등 8인에게는 징역 3년이 선고되었다. 최남선 등 4인에게는 2년 6개월, 임예환 등 19인에게는 2년, 정춘수 등 3인에게는 1년 6개월의 징역형을, 고하, 기당 등 20인에게는 증거불충분 또는 법 규정의 미비라는 이유로 무죄가 선고되었다. 그러나 고하는 구속에서 확정판결이 있기까지 1년 6개월 동안 옥고를 치렀다. 일제가 비교적 가벼운 형량으로 다스린 것은 법 정신을 존중해서가 아니라 날로 높아지는 국제여론 때문이었다. 또한 겉으로 조선민족에 대해 관대함을 보이는 척하며 당사자들을 회유하려는 고도의 책략에 따른 것이었다.

3·1독립선언 만세 시위는 국내에서만 일어난 것이 아니었다. 만주의 서북간도(西北間島), 노령(露領) 등지에서도 현지 관헌의 제지를 무릅쓰고 여러 곳에서 들불처럼 번졌다. 멀리 미주의 교포들도 필라델피아에 있는 독립기념관 앞에 모여 독립선언식을 거행

했다.

　이와 같은 국내외의 치열한 독립투쟁은 임시정부 조직을 앞당겼다. 3월 21일에는 노령 블라디보스토크에서 손병희를 대통령, 박영효를 부통령, 이승만을 국무총리로 하는 노령정부(露領政府)가 선포되었다. 4월 10일에는 상하이에 이승만을 국무총리로 하는 상하이정부(上海政府)가 수립되었다. 또한 4월 23일에는 국내 13도 대표 24인이 서울에서 비밀 집회를 개최하였다. 이 모임에서는 이승만을 집정관 총재(執政官總裁), 이동휘(李東輝)를 국무총리로 선임하는 한성정부(漢城政府)가 선포되기도 했다.

　또한 서북간도와 노령에 흩어져 있던 우리 의병들도 다시 활기를 띠고 강력한 집단을 형성했다. 압록강 대안의 서간도에는 이상룡(李相龍), 이청천(李靑天) 등이 서로군정서(西路軍政署)를, 또 조맹선(趙孟善), 박장호(朴長浩) 등이 광복군사령부를 조직했다. 두만강 대안의 북간도(北間島)에는 최진동(崔振東), 홍범도(洪範圖) 등이 국민회군(國民會軍)을, 서일(徐一), 김좌진(金佐鎭) 등이 북로군정서(北路軍政書)를 창설했다. 노령에는 이범윤(李範允), 문창범(文昌範), 이동휘(李東輝) 등이 무장 단체를 조직하여 혹은 현지에 파견된 일본군과 전투를 벌였다. 그들은 국경을 넘어와 일본 관공서를 습격하는 등 무장 독립운동을 활발하게 전개했다.

　고하와 인촌, 기당 등이 중앙학교의 조그마한 숙직실에서 계획한 독립운동은 이와 같이 엄청난 결과를 가져온 것이다. 국내에서 일제는 이 사건을 계기로 8월 12일자로 조선총독 히세기와(長

谷川好道)를 해임하고 해군 대장 사이토(齊藤實)를 후임으로 임명하였다.

8월 19일에는 관제(官制) 개정을 공포하면서 일본 천황은 칙어를 통하여 '그 (조선) 인민을 애무(愛撫)하기 일시동인(一視同仁)…' 운운했고, 수상 하라(原敬)는 담화 형식으로 '일본인과 조선인은 다 같이 그들 신민으로서 정사상(政事上)에서 차등이 없을 뿐 아니라…'고 밝히면서 무단정치(武斷政治)에서 이른바 문화정치로 전환을 국내외에 선포하기에 이르렀다. 신임 총독 사이토가 언론·집회·결사·출판의 통제를 어느 정도 완화하고 민간 신문의 발행을 허용할 내용도 포함되어 있었다.

한일병합 후 기존 민간 신문들은 모두 도태되었다. 총독부 기관지인 국문판 〈매일신보(每日申報)〉, 일어판 〈경성일보(京城日報)〉와 영문판 〈서울프레스〉가 있을 뿐이었다. 이때야말로 민간 신문 발간의 절호의 기회였다. 고하와 인촌은 일찍이 도쿄 유학 시절부터 언론 기관의 필요성을 절실하게 느껴왔다. 산업·금융 등의 경제 기관도 필요하지만 신문을 통하여 선진국의 근대적인 민주 국가 사상을 전하여 일반 국민을 일깨우고 국민과 지도자의 사이를 얽어놓아 민족의 단결을 꾀하자는 데에 그 목적이 있었다.

총독부가 조선인 계열 민간 신문 발행 허가 방침을 공식으로 밝힌 것은 사이토 부임 직후인 그해 9월 초였으나 민간 신문이 허가될 것이라는 풍문은 그 전부터 들려왔다. 일본 유학생들이 여름 방학에 귀국하여 확실한 정보를 전해준 것이다. 이와 같은 추세에 따라 인촌을 중심으로 민족주의 계열 신문을 발행할 계획이 추진되기 시작한 것은 7월경부터였다.

이 무렵 민간 계열 신문을 발간하고자 하는 몇 개의 모임이 있었다. 그중에는 하몽 이상협(何夢 李相協)과 추송 장덕준(秋松 張德俊) 등이 신문사를 설립할 자금을 얻기 위하여 백방으로 노력하고 있다는 소식이 들려왔다. 이상협은 서울 출신으로 보성학교를 나와 신문 업계에서 활동했으며 편집·인쇄·광고 및 판매 등을 두루 아는 언론인이었다. 장덕준은 재령(載寧) 출신으로 설산 장덕수(雪山 張德秀)의 친형이며 명신학교(明新學校)를 나와 일본어로 발행되는 평양 일일신문의 조선어 부분 주간을 지낸 언론인이었다.

이상협과 장덕준은 민족 사업을 하는 인촌을 움직여 보고자 당시 중앙학교 교장으로 있던 각천 최두선(覺泉 崔斗善)에게 이 뜻을 전하도록 했다. 최두선의 전언과 석농 유근(石儂 柳瑾)의 권유를 받은 인촌은 신문 발간의 마음을 굳혔다. 유근은 언론계의 원로이며, 인촌이 중앙학교를 인수했을 때 교장으로 추대한 바도 있었다.

이리하여 인촌을 중심으로 신문 발행 계획은 급속도로 진행되었다. 마침내 1919년 10월 9일에 조선총독부 경무국에 신문 발행 허가 신청을 제출했다. 제호는 '동아일보(東亞日報)'라고 했다. 유근이 제안한 이 제호는 조신민족의 독립과 발전은 동아 전국을 무대로 삼아야 하며 일본에 종속되는 것이 아닌 동아시아의 일원임을 강조하기 위한 것이었다.

신문 발행 허가 신청을 낸 뒤 3개월만인 1920년 1월 6일자로 총독부는 〈동아일보〉의 발행을 허가했다. 이때 총독부에 제출된 민간의 신문 발행 허가 신청은 10여 건에 달했다. 그러나 그중에서 동아일보, 조선일보, 시사신문(時事新聞)만이 같은 날짜로 허가된 것이다. 원래의 성격은 〈동아일보〉는 민족계로 규정되었고,[1] 〈조선일보〉는 비정치적인 실업 신문을 지향하기로 되어 있으며, 〈시사신문〉은 친일 신문으로 출발했다.

발행 허가가 나온 지 8일째 되는 1920년 1월 14일 주식회사 동아일보사 발기인 총회가 열렸다. 이때의 발기인은 모두 78인으로 전국 13도에서 고루 망라되었다.

〈경기〉

박영효(朴泳孝) 장두현(張斗鉉) 이응선(李應善) 장춘재(張春梓) 임면순(任冕淳) 박용희(朴容喜) 김우영(金雨英) 이강현(李康賢) 이경세(李慶世) 이상협(李相協) 김병태(金炳台) 현준호(玄俊鎬) 김성수(金性洙) 고윤묵(高允黙) 나홍석(羅弘錫) 이정렬(李定烈)

〈충북〉

유세면(劉世冕)

〈충남〉

이상덕(李象德) 김영복(金永福) 정재원(鄭在源) 성원경(成元慶)

〈전북〉

김기중(金祺中) 정해로(鄭海魯) 박창진(朴昌鎭) 이철환(李鐵煥)

---

[1] 재등실(齋藤實) 문서 20, 고등경찰연표 참조.

홍종철(洪鍾轍) 은성우(殷成雨) 김기동(金箕東) 강방현(康邦鉉)

변광호(邊光鎬) 정봉수(鄭鳳洙) 박정식(朴正植)

〈전남〉

박하일(朴夏馹) 김형옥(金衡玉) 고하주(高廈柱) 고광일(高光馹)

박이규(朴珥圭) 김영수(金榮洙) 이재혁(李載赫) 서맹수(徐孟洙)

〈경북〉

정충원(鄭忠源) 김승묵(金昇黙) 최준(崔浚) 손수문(孫秀文)

〈경남〉

문상우(文尙宇) 안희제(安熙濟) 김시구(金時龜) 윤상은(尹相殷)

윤병호(尹炳浩) 윤현태(尹顯泰) 지영진(池榮璡) 김병규(金秉圭)

허걸(許杰) 김홍조(金弘祚) 이종순(李鍾淳) 이종화(李鍾和)

손영돈(孫泳暾) 문영빈(文永斌) 김종원(金宗元) 이병목(李炳穆)

최연무(崔演武)

〈강원〉

이봉하(李鳳夏)

〈황해〉

김영택(金泳澤) 이승준(李承駿) 이운(李雲) 장덕준(張德俊)

장덕수(張德秀) 이태건(李台健) 이충건(李忠健)

〈평남〉

이효건(李孝健)

〈평북〉

오희원(吳熙源) 최준성(崔浚晟) 이규증(李規曾) 상희봉(張熙鳳)

〈함남〉

김순선(金舜善) 김효택(金孝澤)

〈함북〉

이종호(李鍾浩)

이 발기인 총회에서는 주식회사 동아일보사의 자본금 총액을 100만 원으로 하고 4회로 분할하여 납입하며, 사옥은 100평 대지에 건평 130평의 3층 벽돌 건물을 신축하기로 했으나, 우선은 화동(花洞) 138번지의 중앙학교 구교사를 쓰기로 했다. 또 이 자리에서는 다음과 같은 구성원으로 부서를 결정했다.

〈사장〉

박영효

〈편집감독〉

양기탁(梁起鐸) 유근(柳瑾)

〈주간〉

장덕수

〈논설반 기자〉

이상협 장덕준 진학문(秦學文) 김명식(金明植) 박일병(朴一秉)

〈편집국장〉

이상협-사회부장·정리부장 겸임. 진학문-정경부장·학예부장, 장덕준-통신부장·조사부장

〈영업국장〉

이운(李 雲)-경리부장 겸임, 임면순(任冕淳)-서무부장, 남상일(南相一)-광고부장, 판매부장 유태로(劉泰魯)

위와 같이 구성원이 결정되자 간부들은 신문사의 강령으로 다음과 같이 3가지를 천명하였다.

1. 조선민중(朝鮮民衆)의 표현기관(表現機關)으로 자임(自任)하노라.
2. 민주주의(民主主義)를 지지(支持)하노라.
3. 문화주의(文化主義)를 제창(提唱)하노라.

동아일보 창립 당시의 주권(株券)과 1920년 4월 동아일보 창간 동인 일동

1920년 1월 6일 발행 허가를 받았고, 2월 6일 주식회사 설립 허가를 받은 동아일보사는 3월 1일 자로 창간호를 발행할 계획이었다. 그러나 발기인의 자금 납입 실적이 예상외로 저조했다. 또한 일본에서 들어오기로 한 윤전기도 창간일에 도착하지 못했다. 부득이 당초의 예정일에서 한 달이 늦은 1920년 4월 1일(전일 석간) 비로소 고고의 소리를 내며 창간호가 발행되었다. 이때 고하는 3·1운동 죄목으로 옥중에서 고생하고 있었을 무렵이었다.

위와 같은 신문사 강령을 바탕으로 창간사의 집필은 주필인 장덕수가 맡았다. 아래의 창간사 〈주지(主旨)를 선명(宣明)하노라〉는 표현을 약간 수정하고 문장을 다듬어 완성한 것이다. 1920년 4월 1일 자 〈동아일보〉의 창간사를 요약하면 다음과 같다.

한일합병이 있은 지 10년, 그동안 일대 악몽에 사로잡혔던 우리는 사상도 희망도 억제당하고 문명의 유지 발전도, 민족의 의사 표시도 억압만 당해 왔다. 우리는 이와 같은 피압박 민족의 여망을 덜어주고자 동아일보를 펴내는 것이며 그 열망에 부응하고자 앞에 말한 3대 주지(主旨)로 출발하려는 것이다.

윤전기가 일본에서 늦게 도착하는 바람에 조판과 지형(紙型)까지의 공정은 사내의 시설에서, 인쇄는 대동인쇄주식회사(大同印刷株式會社), 신문관(新文館), 박문관(博文館) 등에서 얼마 동안 제작할 수밖에 없었다. 윤전기가 들어온 것은 그해 7월 하순이었다. 이 당시 〈동아일보〉는 타블로이드 배대판(倍大版) 4면(창간호는 8면)이었으며, 구독료는 월 60전이었다.

경험 없는 신문 사업 경영에는 그 열성에 정비례하여 어려움도 많았다. 인촌 한 사람만을 의지하고 시작한 동아일보사 초기의 운영은 날마다 빚 독촉은 물론이고 분주한 나날의 연속이었다. 문화 사업과 민족독립운동의 사업을 병행하는 신문 경영의 길은 험난하기만 했다.

2 / 동아일보 사장 취임

　1년 반의 옥고를 겪고 고하가 감옥에서 나올 무렵까지 동아일보는 주식회사의 설립에 이르지는 못했다. 그러나 그 규모가 적은 것에 비해 신문 발행은 힘겹지만, 힘차고 꾸준하게 계속되고 있었다. 고하는 감옥에서 나오자마자 인촌, 설산, 하몽 등 동아일보 간부진의 따뜻한 영접을 받았다. 인촌 댁에서 고하를 환영하는 만찬이 열렸을 때 설산은

　"형님께서 출감하셨는데 신문사 인쇄기가 돌아가지 못해서 면목이 없습니다."

　고하의 출옥 1주일 전 <제사 문제를 재론하노라>하는 사설 때문에 신문이 정간 중임을 가리키며 설산이 미안해하자 고하는 이렇게 말했다.

　"내가 오히려 당신들을 위로해야 되겠군. 그렇지만 '동아'의 숨이 아주 끊어진 것은 아니잖소? 더욱이 여기 인촌이 있으니 여러분은 붓끝에 녹이나 안 슬도록 해요."

고하는 출옥 후 1920년 10월 1일 서울에 머무르지 않고, 곧장 고향으로 떠났다. 출옥 직후 선배나 동지들은 구미(歐美) 시찰, 혹은 장기 요양 등을 권했다. 곧바로 신문을 같이 하자는 간곡한 요청도 있었다. 그러나 고하는 건강도 건강이려니와 앞으로 할 일에 대한 정확한 방향을 잡아야 할 시간적인 여유가 필요했다. 무슨 일보다도 먼저 치러야 할 인사가 있었다. 그것은 1919년 9월에 옥중에 있을 때, 돌아가신 어머니에 대한 자식의 도리였다. 고하가 3·1운동의 민족대표의 한 사람으로 체포되었다는 소식을 듣고도 어머니만은 한 방울의 눈물도 흘리지 않았다고 한다.

"장한 내 아들…"

어머니는 아들 고하의 신변만을 걱정할 따름이었다. 어머니는 아들이 당하는 무서운 고문과 옥중 고생을 생각하고 상심 끝에 병석에 누우셨다. 그해 9월 초 마을에 큰물이 들던 무렵 어머니는 세상을 떠나셨다.

"저기 우리 옥윤이가 온다.…"

어머니는 막내아들 고하를 애타게 찾으시면서 운명하셨다.

고하는 어머니에 대한 불효의 한을 마음 깊이 새겼다. 그 후 고하는 친구와 더불어 취할 때면 으레 어머니에의 불효를 자책했다. 그러나 어머니의 별세는 고하 한 몸의 한 일일뿐, 그 앞에는 당장 가로놓인 여러 겹의 번뇌가 기다리고 있었다. 그 중에도 조국의 운명이 가장 큰 문제였다.

국제적인 어떤 힘을 얻기 전에 독립은 어렵게 되었나. 일본이 조선에서 손을 떼기 전까지 제국주의 세력은 이 나라에서 떠나지 않을 것이 틀림없었다. 그러므로 한 민족의 독립운동은 세계의 여론을 움직이고 국민 자체의 정신을 계몽하는 데 그칠 뿐 바로 독립을 쟁취하지 못함이 분명했다.

그러한 역사적 반전은 언제쯤일까? 지금은 아무도 예상할 수 없다. 또 점치고 앉았을 필요도 없다. 그러나 때는 반드시 오고야 만다. 당장 눈앞에 다가와 있지 아니할 뿐이다. 언젠가는 불을 보는 것과 같이 뚜렷이 내 앞에 나타나 보일 것이다. 고하는 무신론자이었으나, 역사의 신을 믿었다.

국가와 민족을 중심으로 세계는 바쁘게 움직이고 있었다. 일찍이 일본과 세력을 겨루던 중국이나 러시아 등이 일본의 세력 확장을 내버려두지 않을 것이다. 세계가 일본에 굴복할 리도 없었다. 한편 일본은 불완전한 전통과 준비가 부족한 일을 한 번에 추진하려는 초조함 때문에 홀로 줄달음질을 칠 기세였다. 그러나 그 실력의 한계를 넘어서 세계적 제재를 받기에 알맞은 국면이었다.

요컨대, 청일전쟁과 러일전쟁을 대담하게 꾸며온 것을 보아도, 또한 조선을 삼킨 기세를 보아도 일본은 오래지 않아 중국에 손을 뻗치는 무모한 짓을 하기가 쉬운 민족이다. 그것은 일본이 오래전부터 꿈꾼 야망이기도 했다. 그렇게만 된다면 늙은 중국은 물론이고 세계의 큰 국가들은 자기들의 피해를 우려해 일본을 그대로 두지는 않을 것 같았다. 일본이 다시 세계의 간섭 속에 허덕일 날이 올 것이 틀림없었다. 밤이 가면 새벽이 올 때를 기다리듯이 마음

편하게 기다려도 좋았다. 그것은 일본의 민족성과 정치성, 또한 급속도로 전개되어 가는 동양의 세계 무대화 추세로 보아도 한 번에 분명하게 알 수 있는 일이었다. 그리 멀지 않은 장래에 있을 것만 같았다.

"그럼 어떻게 할 것인가?"

고하는 생각이 여기에 미치자 여러 날을 궁리했다. 직접 미국과 유럽을 무대로 활동해 보는 것도 좋을 것 같았다. 미국과 유럽 여러 나라 정치가들을 두루 찾아 한국의 사정을 설명하고, 모든 국제 회합을 통해서 동양과 세계 평화를 위해 일본의 제압을 주장해서 동의를 얻고 싶었다. 또 그것은 틀림없이 이루어질 것도 같았다.

"세계는 분명히 일본에 대한 인식을 새롭게 하여 경계하게 될 것이다. 그러면 한민족의 나아갈 길은 민중을 계몽하고 인도하면서, 항일의 한길을 걸어가는 그것뿐이다."

고하는 또한 국내 운동도 역시 해외와 긴밀한 관계를 통해서만 비로소 성과를 거둘 수 있다고 판단했다. 세계 순방의 길을 떠날까. 국내에 머물러 있을까? 뒤의 것을 택한다면 이전과 같이 자기를 믿고 밀고 나가기만 하면 그만이고, 앞의 것을 택한다면 그렇게 쉬운 일 같지는 않았다. 고하는 두 개의 길을 앞에 놓고 구체적 결론을 얻지 못한 채 한 해 겨울을 고향에서 보냈다.

고하는 한 겨울을 고향에서 보내면서도 그가 민족에 봉사한다는 신념만은 잃지 않았다. 그리하여 담양 고을 사람들과 더불어학교 설립기금을 모으는 운동에 앞장서기로 했다. 기금 모집에 나서면서 은연중 국권 회복의 실력을 갖추려면 먼저 후학들을 가르쳐야 되고 학생들은 열심히 배워야 한다고 생각하고 그는 교육기관 설립의 필요성을 강조했다. 이 사실이 담양경찰서에 항일운동으로 탐지되어 고하와 고광준(高光駿)은 1920년 겨울부터 1921년 초까지 유치장 신세를 졌다. 고하는 유치장 속에서 비로소 구국운동과 구국항쟁, 그리고 장래의 방향에 대한 결론을 얻었다. 그것은 국내의 구국운동과 함께 언제나 국제무대와의 긴밀한 연계 관계를 잃지 말 것과 해외에 있는 망명 동지 선배들과의 끊임없는 연락을 가지기로 마음먹은 것이다.

고하는 유치장에서 풀려나온 얼마 후, 인촌이 보낸 인촌 재혼 청첩장을 받았다. 1921년 1월 하순경의 일이다. 1919년 가을 아내를 잃고 외롭게 지내오던 인촌이 새로운 아내를 맞이하게 된 것이다. 고하는 지체 없이 서울로 향했다. 고하가 상경한 뒤로 도맡은 일은 주로 동아일보사를 법인으로 만드는 일이었다. 창간된 지 1년도 못되는 동안 동아일보가 걸어온 길은 험난한 가시밭길이었다.

1920년 4월 10일 창간호를 발행한 지 얼마 되지 않아서 〈조선부로(朝鮮父老)에게 고(告)함〉이라는 제목의 논설에서 당시 늙은 가장들이 가정에서 자신의 힘을 잘못 사용하는 것과 자녀들에게 야만적인 혼인을 강요하는 것을 비판하는 내용이었다. 그것은 종래의 유교 사상에 젖은 계층을 비판하거나 공격한 것이었다. 그 뒤를 이어 권덕규(權悳奎)가 집필한 〈가명인(假明人) 두상(頭上)에 일봉(一棒)〉이라는 논설은 급변하는 세상에 뒤진 국내의 부패한 유림들을 통렬히 공격한 것이었다. 이러한 논설들은 곧 전국 유림들의 반감을 사게 되었고 마침내는 영남, 호남지방에서는 동아일보 불매 동맹 운동까지 일어났다. 이로 인하여 사장 박영효는 그해 7월 1일 그 자리를 물러났다.

박영효의 뒤를 이어 제2대 사장으로 인촌이 취임한 지 얼마 안 되는 그해 9월 24일과 25일 이틀에 걸쳐 사설 〈제사 문제(祭祀問題)를 재론(再論)하노라〉에서 일본이 가장 존엄하게 섬기는 소위 세 가지 신기(神器)에 대하여 일격을 가하였다. 이에 앞서 동아일보는 이미 총독부 경무국 당국으로부터 십여 차례 발매 금지를 당하였다. 8월 중순에는 총독부 당국이 발행인 이상협을 불러다가 '금후 발매 금지를 당할 만한 기사가 실렸을 때에는 발행 정지의 행정처분을 내리겠다'고 위협하기도 했는데, 때마침 일본 황실과 신기를 비판하고 공격한 것이었다. 이 때문에 1920년 9월 25일 〈동아일보〉는 제1차 무기한 발행 정지의 행정처분을 당했다.

발행 정지 처분을 받은 지 108일 만인 1921년 1월 10일 정간 처분만은 해제되었으나, 자금의 궁핍으로 신문을 계속 발간할 수 없었다. 3개월 반의 정간 중에는 사원들의 봉급도 지급되지 못했다. 이때 조선 왕조 말의 중신이었던 민영달(閔泳達)이 재간행을 위한 응급 경비로 5천원을 내놓았다. 민영달은 을미사변 이후 관계를 떠나 합방 때에도 일본이 남작의 작위를 주려 했으나 이를 거절한 인물이다. 이 자금은 나중에 동아일보사가 주식회사로 전환될 때 그 액수를 그의 사위인 홍증식(洪璔植)의 출자분으로 인정하고 그는 영업국장 자리에 앉았다.

이렇게 해서 다시 간행된 신문이 나온 것은 정간이 해제된 지 40일 만인 2월 21일이었다. 거의 5개월 동안이나 신문을 내지 못한 것이다. 천신만고해서 다시 신문 발행은 가능했으나 재정난은 여전히 풀리지 않았다. 이와 같은 난관의 기본적인 해결책은 주식회사 설립을 조속히 실현하는 길밖에 없었다.

동아일보사의 주식회사 설립을 위하여 참여한 동안에도 고하는 때때로 중앙학교에 들러 강의도 했다. 또한 신문과 잡지에 논설을 기고하여 민중을 계몽하고 근대적 사상을 전파하는 데도 힘썼다. 이때 그의 신분은 중앙학교 강사였다. 1921년 3월호 〈청년(靑年)〉 창간호(1921년 3월 12일 창간)에 기고한 남녀 교제에 대한 명사의 의견에서 당시 고하의 진보된 남녀 윤리관을 엿볼 수 있다.

남녀교제에 대한 명사의 의견

중앙학교 강사 송진우

남자나 여자나 동일한 사람이라, 사람과 사람의 교제하는 것이 정당한 사실이다. 그러나 우리 사회에는 습관의 제재가 엄하였으므로 그 잘못된 사상을 들어 확론하려 한다.

(1) 양성의 조화 = 남녀교제를 반대하는 이유는 흔히 풍기의 문란이니 이성이 서로 추구함은 생리상 원칙이라 악수(握手) 교화(交話)하는 것이 연모의 정과 난륜(亂倫)의 변을 이끌어내겠다 함이다. 그러나 이는 마음속에 유기자류(有妓者流)의 근시안적 피상적 입장이다. 신사 숙녀의 교제는 음심을 가진 여자나 탕자(蕩子)의 유희가 아니라 지식을 서로 공유하며 선악을 서로 경계하여 이성으로 교(交)하고 신념으로 접(接)하나니 도리어 남의 강함과 여의 부드러움이 서로 감화를 미치며 화기를 발하여 원만한 사회가 현출될 것이다.

(2) 문화의 속진(速進) = 개성의 발전은 인류의 중대한 문제다. 여자를 요리 도구나 재봉틀이나 보모차로만 간주하던 옛 습관을 논할 필요가 없거니와 지금까지 남자만 전횡하던 사회운동을 그 범위를 확대하여 공동협력하면 문화의 발전이 배나 빠를 것이니 만일 공동협력이 필요하다 하면 그 전제로 남녀교제를 긍정할 것이다.

요컨대 남녀교제를 반대하는 논거는 윤리상 원칙이 아니오, 성욕적 관계이다. 인류의 원시상태를 추상하면 무지몽매한 남녀가 교잡 동거하였으므로 음분이 유행하고 질투가 다투어 일어나 풍기가 문란하고 편한 날이 적은지라 철인(哲人) 성자(聖者)가 이에 비추어 남녀칠세부동석이라 하는 엄한 법을 제정하게 된 것도 그 시대 그 사회에는 적응한 방법이었다. 그러나 도덕의 발전이 진보하고 문화의 범위가 확대된 현대에 이르러서는 성인이 다시 일어나서도 남녀교제를 정론이라 할 것이다.

고하는 홀로 혹은 인촌과 함께 전국의 지역 유지들을 찾아가서 신문사에 출자와 주식회사 설립에 참여해 줄 것을 권유했다. 회사 정관을 고쳐서 처음에 정한 자본금 100만 원을 70만 원으로, 제1회 납입금도 17만 5천 원으로 줄였다. 그러나 실제로 들어온 돈은 15만 원 남짓이었다. 부족한 금액 중 1만 5천 원은 신구범(愼九範)이, 1만 원은 양원모(梁源模)가 새로 출자해 주식회사 동아일보가 성립되었다.

주식회사 발기인은 55인이 되어 1920년 1월 처음 발기인보다는 상당히 변화가 있었다. 당초 발기인 78인 중에서 계속 발기인이 된 사람은 겨우 33인이었고 이번에 새로 발기인으로 참여한 사람은 22인으로 모두 55인이었다. 발기인 명단은 다음과 같다.

〈경기〉
박영효(朴泳孝) 장두현(張斗鉉) 박용희(朴容喜) 장학규(張學圭)
송진우(宋鎭禹) 장현중(張鉉重) 이상협(李相協) 김병태(金丙台)
장덕수(張德秀) 신구범(愼九範) 홍증식(洪璔植) 김성수(金性洙)
고윤묵(高允黙)
〈충남〉
성원경(成元慶)
〈전북〉
신석우(申錫雨) 조중환(趙重煥) 문종구(文鍾龜) 이동석(李東錫)
강방현(康邦鉉) 김기중(金祺中) 정해로(鄭海魯) 강대식(姜大湜)

신용식(愼慵植) 은성우(殷成雨) 김기동(金箕東) 장현식(張鉉軾)
정은종(鄭殷鍾) 박정식(朴正植) 박희식(朴禧植)

〈전남〉

현준호(玄俊鎬) 박하창(朴厦昌) 고하주(高厦柱) 양원모(梁源模)
박현경(朴賢景) 오완기(吳完基) 정수태(丁秀泰) 김종필(金鍾弼)
박정환(朴正煥)

〈경북〉

최 준(崔 浚)

〈경남〉

윤상은(尹相殷) 윤현태(尹顯泰) 지영진(池榮璡) 허 걸(許 杰)
김홍조(金弘祚) 이종화(李鍾和) 손영돈(孫永暾) 정재완(鄭在浣)
이병목(李炳穆)

〈황해〉

이승준(李承駿) 이 운(李 雲) 이태건(李台健) 이충건(李忠健)

〈평남〉

김찬영(金瓚永) 이규증(李規曾) 장희봉(張熙鳳)

재정상의 어려운 고비를 넘으면서 동아일보는 주식회사의 조
직을 서둘러 1921년 9월 14일 드디어 '주식회사 동아일보사 창립
총회'를 열게 되었다. 여기까지에는 인촌의 힘도 힘이려니와 고하
의 뒷받침이 또한 컸다. 창립총회는 이날 서울 돈의동의 명월관
에서 열렸다. 예정했던 자본금 100만 원을 70만 원으로 줄여서 총

주주 256인 중, 출석 주주 49인 (위임 주주 207인)이 모인 가운데 이사 10인과 감사 5인을 다음과 같이 선출했다.

이 운(李 雲 9,066원 납입), 장덕수(張德秀 8,893원 납입),
김찬영(金瓚永 8,681원 납입), 송진우(宋鎭禹 8,615원 납입),
이상협(李相協 8,261원 납입), 성원경(成元慶 8,181원 납입),
장두현(張斗鉉 8,049원 납입), 정재완(鄭在浣 7,900원 납입),
신구범(愼九範 7,507원 납입), 김성수(金性洙 1,788원 납입).

현준호(玄俊鎬 8,440원 납입), 장희봉(張熙鳳 8,210원 납입),
박용희(朴容喜 8,087원 납입), 이충건(李忠健 8,056원 납입),
허 헌(許 憲 7,935원 납입)

15일 계동의 인촌 집에서 열린 이사회에서 고하는 '주식회사 동아일보사' 초대 사장에 선출되었다. 역대로 보면 박영효, 김성수에 이어 제3대 사장이었다. 부사장에 장덕수(주필 겸무), 전무에 신구범, 상무에 이상협(편집국장 겸무)이 선출되었다. 고하의 이때 나이 32세. 고하는 사장으로 혹은 고문으로, 혹은 주필로 시세와 상황에 따라 지위의 변동은 있었지만 실질적으로 동아일보를 이끌어갔다. 그가 별세한 1945년 12월까지 25여 년을 동아일보와 고락을 같이했다. 그러기에 동아일보 하면 고하를 연상하고 생각할 수밖에 없었다. 고하가 사장직에 취임한 지 약 한 달 만인 10월

15일에 다음과 같은 취임사를 발표했다.

본보의 과거를 논하야 독자 여러분에게 한 말씀 드립니다.
본사에 취임한 지 월로 계산하여 3개월이 넘고, 일로 셈하여 백일에 달하도다. 그러나 잔무의 정리와 여용(餘冗)의 수습으로 인하야 일말의 예사(例辭)가 없음은 어찌 유감이 아니랴. 본보의 창설이 1년이요 7개월이라. 그동안 장해도 많았으며 곤핍도 많았도다. 그러나 이에 불구하고 독자의 수가 수만에 달하며 사원의 수가 백 명에 이르니 분위기가 쓸쓸한 우리 사회에 있어서는 호대한 기관이요 일종의 광명이라 하겠도다. 그리된 유래와 까닭이 어떠한가. 본사의 발전을 기도하는 우리는 냉정한 태도로 사고할 필요가 있도다.
제1 시대의 산물이니 수년을 넘는 유럽대란이 끝나고 평화의 서광이 발현하여 개조의 정신과 해방의 사조가 전 세계에 크게 넘치는지라 침울에 침울이 쌓이고 고민에 고민을 더하여 암중에서 모색하고 미로에서 방황하던 우리 민족의 사상계가 쇠약한 원기를 경장(更張)하려 하며 피곤한 신경을 항진(亢進)하려 하니, 이에 순응하여 민족의 표현기관으로 본보가 탄생된지라 이 곧 천하의 동정이 집중된 까닭이며,
제2 주주 각위의 열성이니 본보가 창립된 지 몇 달에 불과하여 재계의 공황이 엄습하매 무성하게 늘어선 각종 회사가 파산이 빈번할 뿐만 아니라, 개인 간 대차도 곤란한 시기를 맞이하여 이익

을 구하는 길이 박하고 경영의 난을 각오하면서도 그 신용을 다하며 제 차지로 만든 물건을 기울여 경제계 대세의 역류를 불구하고 본사가 주식회사로 성립되었나니, 이것은 다 주주 제씨의 공에 후하고 사에 박하여 의를 존중하고 이익을 가벼이 여기는 열성 때문에 나온 것이라, 저는 독자 제씨와 더불어 경의를 표하는 것이다.

제3 간부 제씨의 노력이니 예수 가라사대 '사람은 빵으로만 사는 것이 아니라' 하심과 같이 세상사는 금전으로만 계산하는 것이 아니외다. 본보가 삼대 강령을 제창하여 강직하고 기탄없이 말하는 논지와 정정당당한 필법으로 세상에서 살아나가는 길의 험준함을 돌파하며 대세의 귀추를 통찰하여 진리를 천명하고 허위를 배척하며, 시비를 비교 판단하여 선악을 포폄하며, 미는 감상하고 추는 염피(厭避)하니 이제야 사회가 정론을 얻고 민중이 귀향(歸向)을 정하였도다. 이것은 다 학식과 경험이 풍후하고 품성이 고결한 간부 제씨에게 신세진 바 많도다.

그러나 좋은 말이 지나쳐도 백락(伯樂)의 눈에 띠우지 아니하면 둔한 말과 같고, 기둥이 서도 좋은 목공이 쇠핍(衰乏)하면 무용지물과 다름없으니, 아무리 시대의 조류가 급변하고, 경제의 상황이 양호하고, 간부의 노력이 용장하다 할지라도 독자 제씨가 일 년을 하루와 같이 애독하신 성력(誠力)이 없었으면 어찌 과거의 좋은 결과를 기대하였으리까. 원래 본보는 일당 일파의 정략상 시설이 아니라, 13도를 망라한 사백여 주주의 공동경영이며, 일인 일가의 사론(私論) 편견이 아니라 이천만 민중의 공의 공론을 표현하는 기관이외다. 물론 개인과 개인 간에는 이해의 배치도 있겠고, 감정의 차별도 있겠고, 지방에 따라서 습관의 상위도 있겠으나, 동일한 역사와 동일한 언어와 동일한 지경에 처한 우리는 반드시 공통된 이해점이 있으리로다. 이 곧 이천만 민중의 공리(公利)며 공해(公害)라 본보의 사명은 공리는 어디까지든지 주장하며 보호할지요, 공해는 어디까지든지 배척하며 방어할지니, 이러한 의미에 있어서 본보는 이천만 민중의 공유물이외다.

그러므로 본보를 애호함은 즉 자기를 애호함이요, 본보를 배척함은 즉 자기를 배척한다 하여도 과언이 아니라 하나이다. 그러므로 본보가 독자 제씨에게 대하여 애호와 동정을 구함은 의무뿐 아니라 권리이며, 또한 독자 제씨가 본보의 착오된 점에 대하여 비평을 내리시어 충고를 발하는 것도, 권리뿐 아니라 의무라 하노라. 다만 앞길이 험준하고 요사스러운 떼가 종횡하는 이 사회, 이 시대에 처하여 어떻게 하면 본보의 사명을 완전히 할까, 이 곧 주주 제씨와 사원 일동과 독자 제씨와 같이 협조 공명하여 토의 연구하고 노력할 바외다. 저는 지식이라면 비어 있고, 경험이라면 실패뿐이외다. 그러나 이천만 민중으로 같이 서며, 같이 일어나며, 같이 노하며, 같이 기뻐하며, 같이 슬퍼하며, 같이 즐기려 하는 한조각의 조그만 정성만 가시고 본사의 아름다운 종복이 되려 하오니 양찰하소서.

3

민립대학(民立大學) 설립운동과
물산장려운동(物産獎勵運動) 전후

고하가 동아일보 사장에 취임하자 편집국, 영업국, 1공장 체제에 서무·경리국을 신설하였다. 이에 편집국장에 이상협(李相協), 영업국장에 홍증식(洪璔植), 서무·경리국장에 양원모(梁源模), 공장장에 최익진(崔益進)을 임명하였다. 법정 편집인 겸 발행인을 이상협에서 한기악(韓基岳)으로, 인쇄인을 이용문(李容文)에서 최익진으로 교체하였다.

한편 고하는 특히 본사, 지사, 지국 사원들의 화합에 주력했다. 인화는 본래 중앙학교장 때부터의 신조였지만, 사원 사이의 화합은 이 민족의 인화와 단결을 촉구하는 첩경이라고 생각했기 때문이었다. 조선 중엽부터 벌어진 당파싸움에 대하여 비판적이었던 고하는 3·1운동 이후 이 민족은 수 없는 불행과 재난에 시달려온 나머지 저마다 남의 단점만을 꼬집는 세태를 보고만 있을 수 없었다. 이러한 민족적 불행 앞에서 고하는 한 사람 한 사람의 장점

하나라도 화초 가꾸듯이 키워 나가야 한다고 생각했다. 고하는 우선 동아일보사의 사훈 5개항을 만들어 민족적 시범을 보이고자 했다.

첫째, 제3자의 악평을 하지 말고 될 수 있는 대로 좋은 사실만을 들어서 호평할 것.
둘째, 남을 대할 때 면박을 주지 말 것.
셋째, 거짓말을 말 것.
넷째, 맡은 일을 정성껏 처리할 것.
다섯째, 돈에 깨끗할 것.

"얼굴에 흉이 많은 곰보라도 자세히 살펴보면 반드시 예쁜 구석이 한두 군데는 보이는 것이오. 그런 만큼 이 험난한 식민지 시절의 어려운 생활에서 우리 동아일보 기자들은 남의 결점만 보고 탐하지 말고 그 장점될 만한 것들을 잘 살펴 찾아내서 그걸 늘 칭찬해 주고 육성해 가도록 해야 합니다."

사원들은 이를 당시 혼란한 사회를 극복하는 처세의 교훈으로 받아들여 따랐다. 시인 서정주 등은 이 교훈을 가훈으로 삼기도 히었다. 고하는 대한제국 말기 이래 국내외에서 각각 자기 출신 지방을 중심으로 파벌을 조직하여 기호파(畿湖派), 관서파(關西派), 관북파(關北派), 영남파(嶺南派) 등 여러 갈래로 갈라져서 서로 대립하고 헐뜯고 디투고 있는 실정에 낙담했나. 이러한 대립이 계속되면 될수록 민족의 역량은 무익한 데로 소모되고 일본 당국이 바라는 함정에 빠지는 결과가 될 것을 근심하였다. 더욱이 3·1운동 이후 해외에 세워진 임시정부 내부의 대립, 미국에 망명하고 있는 지사들 사이의 대립 상태를 듣고 보고 있는 고하는 동지들에게 국내에서만이라도 이러한 지방색을 없애야 한다고 역설하였다. 각 기관에서는 같은 인재이면 다른 지방 출신자를 우선적으로 채용할 것도 강력히 권하였고, 고하 스스로도 동아일보 사원 채용 방침의 하나로 삼았다. 그 주장은 곧 실천에 옮겨졌다. 고하는 자신이 상대하는 사람들에게도 씨족 상호간에 비난하거나 부정하는 태도를 고쳐 나가야 한다고 강조했다.

그 하나의 사례로 고하는 1922년을 전후하여 '자녀중심론(子女中心論)' '민족개조론(民族改造論)' 등으로 일부 민중의 비판 속에서 움직일 길이 없던 춘원 이광수(春園 李光洙)를 옹호하여 소설 《가실(嘉實)》을 동아일보에 연재하도록 했다. 그를 동아일보에 촉탁기자(囑託記者)로 입사시켜 문학의 길을 넓혀 준 것을 들 수 있다. 이 사실은 춘원도 다음과 같이 회고하였다.

"이때에 아마 송고하(宋古下)라고 기억되는데 소설 쓴 것이 있거든 동아일보에 하나 게재하라고 하였다. 고하는 물론 동아일보 사장이었다. 이 말은 언론에서 완전히 축출된 나에게는 비할 데 없이 고마운 말이었다. 그래서 《가실》을 동아일보에 보냈더니 그것이 며칠 동안 게재되었다. 아마 그것은 고하가 나를 세상에 끌어내려는 호의에서 오래 생각한 끝에서 나온 것이다"[2]

제1차 세계대전 이후 온 세상은 세계 경제공황의 심한 영향을 받았다. 더욱이 일제의 착취 아래에 허덕이는 식민지 조선의 경제적 타격은 극심했다. 이와 같은 악조건 하에서 동아일보는 창간한 지 반년 만에 장기간의 '정간'을 치르고 났으니 그 재정 형편은 말이 아니었다. 사장직에 취임한 고하는 중앙학교 교장 시절에 지급한 봉급의 전례와 같이 명목으로는 약간 달랐지만, 자기 봉급과 지금까지 주간으로 있었던 부사장 장덕수의 봉급을 사실상 같은 금액으로 책정했다. 이것은 고하의 인간을 대하는 태도와 그 정신의 일면이며 아울러 금전에 있어서 담백함을 엿보게 하는 것이기도 했다.

고하가 사장에 취임해서 회사 내부의 기구 개편, 지사 확장 등 분주한 나날을 보내고 있던 때의 일이다. 1915년 미국 샌프란시스코에서 제1회 회의를 가진 바 있던 만국 기자대회의 제2차 대회를 미국 하와이에서 개최될 예정이었다. 대회장 월터 윌리암스 박사의 이름으로 조선에는 동아일보에만 참가 초청장을 보내왔다. 대단히 뜻있는 일이고 좋은 기회였다. 따라서 이 초청에 응하고 중역회의에 제안하여 당시 조사부장 김동성(金東成)을 파견하기로 결정했다. 여비는 당시 신문사 형편으로는 감당하기 어려운 금액인 2천 원을 지급히고 또 2친 원을 추가 책정했넌 것이다. 4천 원이면 당시 논 16,000평 정도의 거액에 해당했다. 총독부의 방해

---

2 박계주·곽학송 공저, 《春園 李光洙》 중의 〈가실과 선도자〉에 언급되어 있다.

로 출발이 늦어져서 1921년 9월 27일 서울을 떠나 일본 요코하마를 거쳐 하와이 호놀룰루에 도착했다. 10월 11일부터 열린 회의에는 부득이 하루 늦게 참석하게 되었다.

이와 같이 많은 우여곡절을 겪고 어렵게 참석한 김동성이 부회장에 당선되었다. 김동성은 세계 각국에서 모인 2백여 명의 기자단을 통해서 한국의 실정과 민족정기의 건재함을 알리고, 10일간의 회의를 마쳤다. 이어 미국 본토로 건너가서 워싱턴 군축 회의를 취재한 후, 이듬해인 1922년 1월 14일에 귀국 서울로 돌아왔다.

독립된 국가별로 여러 사람이 부회장에 당선되기는 했으나 주권을 빼앗겼고 일본은 물론이고 일본과 친한 국가들의 방해가 심했던 처지에서 그가 부회장에 당선된 사실은 특기할만한 일이 아닐 수 없었다. 김동성에게 명예로운 일일뿐만 아니라 사실상 조선을 독립된 민족으로 세계가 인정한 것이다. 김동성의 부회장 당선 소식이 신문을 통해서 알려지자 일반 국민은 감격하고 흥분했다.

고하는 이와 같은 기회를 놓치지 아니하고 감격하는 독자나 일반 대중의 감정을 한군데로 모으기에 노력했다. 신문 지상을 통하여 이 소식이 축하 광고로 알려지자 그해 10월 하순부터 연말까지 이제까지는 볼 수 없던 많은 인사의 호응이 이어졌다. 예상했던 것보다 대단한 성과를 거두었고 그 수입도 적지 아니하여 신문 경영에 큰 도움을 가져왔다. 이 축하 광고에 뒤이어 1922년 신년 인사 광고가 전보다 비교가 안될 만큼 많아졌다. 당시 11단 4페이지 지면에 각 페이지마다 4단에서 8단 혹은 전면을 광고로 차지하는 성황을 이루었다. 또한 고하는 동아일보 사장으로서 전국적으로 수많은 강연 요청에 힘닿는 데까지 적극적으로 응하였다. 사장이 된 후 얼마 안 된 1921년 11월 3일 대종교 청년회 주최 강연회에서 '종교와 인생'을 주제로 공개강연한 것을 시작으로 혼자 또는 당대의 명사인 최린, 현상윤, 박희도, 박일병, 김원벽, 윤익선 등과 팀을 짜서 전국 각지를 순회하였다. 고하는 사장으로 선임되기 전인 이해 5월부터 주로 호남과 호서지방과 관서지방에서 50여 회의 시국강연을 베풀어 성대한 환영과 많은 성과를 거두었다. 고하가 참가한 강연회는 새로운 지식과 정보에 목말라 하는 대중으로부터 커다란 환영을 받았다. 고하는 순회강연 중에 '우리 민족의 나아갈 길은 천 리의 아득한 길이다. 그렇다고 미리 겁을 먹고 주저앉으면 아주 퇴보하고 말 것이다. 아무리 험한 가시밭길이라도 우리가 단결하고 합심해서 나아가면 반드시 우리의 뜻은 이루어질 것이다. 그러므로 우리는 목표를 향해서 한걸음씩 꾸준한 노력을 기울여 나가야만 한다. 희망을 가지고 백 리를 갈 사람은 백 리에 대한 준비를, 천 리를 가야 할 사람은 여기에 대한 마음 사세를 가다듬고 우리가 다 함께 나아가자'고 호소했다. 수많은 청중에게 깊은 감명을 주었다. 그 뒤 오랫동안 많은 젊은이들의 대중 강연에서나 웅변대회에서 고하의 이 말은 자주 인용되었다. 또한 조선체육회 주최 삭송 스포츠대회에 동아일보사가 후원을 하게 됨에 따라 젊은 선수들을 격려하고 시상을 하는 경우도 늘어났다.

신문사 내부가 조금씩 정비되고 안정되어가자 고하는 계속해서 당시 동양에서는 가장 상공업이 발달한 경제 중심지인 일본의 도쿄, 오사카 등지의 광고를 개척하여 수입을 올렸다. 다른 한편으로는 지방 지국의 조직 확장에 따라 발행 부수도 계속 늘어갔다. 1923년경부터 신문사 재정 상태는 눈에 뜨일 만큼 호전되었다. 1926년 광화문 네거리의 사옥 신축을 위한 제2차 자금 납입을 할 때까지 그동안 여러 가지 파란을 겪었으나 재정 상태는 계속하여 좋은 성적을 지속하였다. 여기에서 고하의 기업 경영 자세가 적극적이고 대국을 판단하는 식견의 일면이 있음을 엿볼 수 있다.

고하는 김동성이 '만국 기자대회'와 '워싱턴 군축회의'에서 가지고 온 영사 환등기로 동아일보 발기 '재외동포위문(在外同胞慰問) 전조선 순회 환등영사 대강연회(全朝鮮巡廻幻燈影寫大講演會)'를 개최했다. 1922년 3월 6일부터 12월 3일까지 무려 10개월 간 전국을 돌며 열린 이 강연회를 약칭으로 재외동포 위문회라고 불렀다.

기록 환등을 비춰가면서 급변하는 세계정세와 민족의 나아갈 길을 제시하고 동시에 만주, 노령(露領), 미주, 멕시코 등지로 이주하여 갖은 고생을 겪고 있는 수백만 명의 동포를 위문하는 행사였다. 또한 그들에게 교육기관을 세워주는 기금을 모집하려는 사업이기도 했다. 고하의 계획은 이 민족적 정신 사업을 통해서 국내에서 해외동포에 대한 동정과 이해심을 높이고, 국민의 애국애족 정신을 강화하려는 데 있었다. 강연회가 열리고 고하의 발자취가 거쳐 가는 곳에 동아일보의 발행 부수는 급속히 늘어났다. 국내의 여론과 인심은 동아일보에 집중되어 가고 있었다.

강연 담당 연사는 사장 고하, 주필 장덕수, 전무 신구범, 조사부장 김동성 등 4인이었다. 강연지는 서울을 비롯하여 제1회로 신의주, 선천, 안주, 강계, 개천, 평양, 진남포, 안악, 은율, 송화, 장연, 해주, 재령, 사리원, 남천, 개성 등 평안도와 황해도 지방이었다. 제2회로 부산, 동래, 울산, 경주, 대구, 밀양, 김해, 마산, 통영, 삼천포, 진주, 하동, 예천, 영동, 조치원, 청주, 공주, 천안, 안성, 수원, 이천, 여주, 원주, 강릉, 춘천 등으로 경상도, 충청도, 경기도, 강원도 지역이었다. 제3회는 목포, 함평, 나주, 광주, 화순, 능주, 보성, 순천, 여수, 광양, 동복, 창평, 담양, 영광, 정읍, 고창, 이리, 전주, 군산, 강경, 대전, 금산 등으로 전라도와 충청도 지방이었다. 제4회는 청진, 성진, 북청, 홍원, 함흥, 정평, 영흥, 원산, 철원 등 함경도와 강원도 북부 지방으로 전국 주요 도시를 망라했다.

이 사업을 통하여 모인 입회금과 입장료 합계 45,223원 36전 중에서 잡비를 제한 30,568원 63전과 물품 433점은 세계 각지에 흩어져 있는 재외동포에게 골고루 전달되었다. 이리히여 낯선 이역 동포들의 가슴에 조국에 대한 그리움과 애국심을 북돋워 주었다. 이것은 외국 사람들 앞에 버젓한 자랑이었다. 만주와 간도에는 이로 말미암아 기념비까지 세워지게 되었다.

고하는 이 대강연회의 출발에 앞서 2월 15~16 양일간에 걸쳐 서울 명월관에서 동아일보사 제1회 지국장 회의(支局長會議)를 가졌다. 고하가 사장으로 취임한 이래 창간 당시의 지국 26곳은 대폭 늘어 49곳이 되었다. 그 지국 산하의 분국(分局) 41곳까지 합쳐서 총 90곳의 전국적인 보급 조직망을 갖추었다. 판매 조직망은 서울을 비롯하여 북으로 웅기, 혜산진, 후창은 물론 만주 안동현(安東縣)까지, 남으로는 부산, 여수, 완도는 물론 제주도 성산포까지 전국을 덮었다.

고하는 1922년 여름에 접어들어서 7월 25일부터 9월 9일까지 이상협을 일본 니이가타(新潟)에 특파하여 니이가타현 거류 동포 학대 사건을 취재 보도하게 하였다. 그리고 그해 초겨울에는 안창남(安昌男)의 고국 방문 비행 행사를 갖기도 했다.

1903년 미국 라이트 형제가 비행기를 완성한 후 20년 만에 안창남은 일본 도쿄 근처에 있는 고쿠리(小栗) 비행학교에서 고등 비행술을 습득한 최초의 한국인 비행사이었다. 그의 고국 방문 비행은 그가 1921년 여름부터 주최를 의뢰해 와서 성사된 것이었지만, 고하는 이 사업을 범민족적인 사업으로 삼아 그를 환영했다. 고하는 이를 계기로 민족 능력을 선전하고 민족의식을 고취하는 기회로 삼으려고 했다. 그는 우선 국내 실업계, 교육계, 언론계 등 각계를 망라하여 '안창남 고국 방문 비행후원회'를 조직하고 성금을 모집하였다. 마침내 그 비행은 1922년 12월 11일 서울 여의도 비행장에서 실현되었다.

그러나 이 사업의 경비를 결산한 결과 후원회의 여러 사람들이 모은 돈을 쓰고도 6,214원 48전의 손해를 보게 되었다. 신문사 주최 민족 사업이 넓게 전개되는 반면 연이어 발생하는 압수, 정간, 발매 금지 등 행정처분의 사고가 끊일 날이 없었다. 넉넉지 못한 자금으로 신문을 발간하기 때문에 대체로 사장 이하 모든 사원들은 때로는 한 개 5전짜리 호떡으로 점심을 때우기가 예사였다.

그뿐만 아니라 고하는 독신 기자들과 같은 하숙방 생활도 했다. 주색(酒色)과 속물적인 생활을 멀리하고 있기 때문에 가끔 한 방에서 숙식을 같이 하던 친구나 기자들은 고하를 성적(性的) 무능력자로 오인할 정도였다. 초기 동아일보 기자로 있으면서 사장인 고하와 같이 생활을 했던 한 사람은 '언제인가 고하가 깊이 잠들어 있을 때 몰래 이불을 들치고 살펴본 결과 다시는 그가 성적 무능력자이니 하는 사람들의 말을 단연 부인했다'는 일화가 있을 정도였다. 그만큼 고하는 동아일보 사장 취임 이래 그의 바쁜 공적인 생활로 인해 이처럼 사적인 생활을 거의 돌보지 않았던 것이다.

고하는 3·1운동을 계기로 전국에 거세게 팽배한 교육열과 향학열을 한길로 인도해야 할 필요성을 느꼈다. 해가 바뀌어 1923년 3월에는 유지인사의 발기로 '조선민립대학기성회(朝鮮民立大學期成會)'가 창립되었다. 고하는 뒤에 말할 이상재, 이승훈, 조만식, 한용운, 유진태, 현상윤 등 30명으로 구성된 중앙집행위원의 한 사람으로 활동하기 시작했다. 이 민립대학운동은 당시 객관석

인 사정도 큰 영향을 가져왔지만 또 다른 이유는 멀리 20여 년 전의 국채보상운동(國債報償運動)에 기원을 둔 것이었다.

1906년 이후 당시 대한제국 정부가 일본으로부터 빌린 1,300만 원을 갚을 길이 극히 어렵게 되자 1909년 자연발생적으로 국내에서 '국채보상운동'이 민간 주도로 대구와 동래에서 먼저 시작되었다. 이 운동은 삽시간에 전국으로 번졌다. 모금 방법의 하나로 금주와 금연 운동까지 일어났다. 이리하여 경향 각지에서 답지한 현금과 귀금속이 600만 원의 거액에 달하였다. 그러나 이 운동은 1910년의 한일합방으로 나라의 슬픈 종말과 함께 종지부를 찍어야 했다.

이에 국채보상금으로 모금된 600만 원의 뒤처리를 위해서 윤치호(尹致昊), 유원표(劉元杓), 남궁억(南宮檍), 박은식(朴殷植), 노백린(盧伯麟), 양기탁(梁起鐸) 등의 유지들이 한자리에 모여 의논한 결과 이 돈을 각자에게 돌려주지 말고 민립대학의 설립기금으로 돌리기로 했다. 그리하여 '민립대학기성회'를 조직하여 데라우치(寺內) 총독에게 설립인가를 요청했으나 허가가 되지 않고 시일만 흘러갔다. 그 뒤 3·1운동 직후 1920년 사이토(齋藤) 총독 때에 두 번째로 민립대학 설립할 것을 타진했다. 그러나 사이토는 한일 양쪽 민간인의 합동으로 설립하자는 주장을 내세워 우리 쪽에서 허가신청을 철회하고 말았다.

이와 같은 우여곡절을 겪었으나 민립대학 건립운동은 활발하게 추진되었다. 그것은 1922년 1월에 일본이 식민지 조선에 그들

자녀의 교육을 주된 목적으로 일본 본국과 같은 전문학교, 대학교를 세우고 여기에 약간의 조선인도 수학의 기회를 주도록 하는 학제로 조선교육령을 개정한 것이었다. 이것은 조선인을 조종하기 위한 고등정책의 일환이기도 했다. 이에 고하는 우리가 일본이 세우는 관립대학보다 먼저 민립대학을 세워서 민족정신을 높여 우리 자제들을 보호하자는 계획이 있었다. 2월 초에는 〈민립대학의 필요를 제창하노라〉하는 사설을 동아일보에 실어서 유지의 궐기를 촉구한 바 있다.

이에 호응하여 민립대학운동은 사회단체나 교육기관, 그리고 이름 있는 인사들에 의하여 논의가 활발히 진행되었다. 1922년 11월 23일 서울 수표정(水標町)에 있던 조선교육협회(朝鮮敎育協會)에서 각계 인사들이 모여서 '조선민립대학기성준비회'가 결성되고 다음과 같은 공문을 신문지상에 게재하였다. 그리하여 전국적인 규모로 발기인을 선출하여 본격적인 운동으로 들어가게 되었던 것이다.

이천만 부로(父老), 형제, 자매에게 삼가 아룁니다.
각 신문에 누차 보도된 바와 같이 민립대학기성준비회(民立大學期成準備會)를 조직하여 전국 각 단체에 공명(共鳴)되기를 구하였던 바 혹은 단체의 연합으로, 혹은 개인의 합동으로 도처에서 대찬(大贊)을 주심은 깊이 감사하는 바이오나, 단체 조사의 불충분으로 혹 누락된 지방과 수신인의 부재로 빈신된 지방에는 그 군청으로 통첩을 발하고 발기인 모집을 의뢰하였으나 아직 소식이 전달되지 못한 지방이 간혹 있음을 발견하고 다시 신문지상으로 앙고(仰告)하오니 우 각지 부로·형제·자매는 동심 협력하시와 아래와 같이 발기인을 선발하여 주시옵소서.

一. 발기인은 1군에 2인 이상 5인 이내 선정하시되 그 자격과 방법은 귀 군에 일임함(단 귀 군내 각 단체 협의 선발하심을 요함)
二. 당선된 발기인은 별지 승낙서에 주소·씨명·연령을 기입 날인하여 본회로 송부하시고 발기총회에는 반드시 출석하옵소서.
三. 발기인 총회 시 발기인의 경성 체류 중 숙박료는 본 준비회의 부담으로 함.

이 호소에 호응하여 전국에서 선정한 발기인은 총수 1,170명에 달하였다. 드디어 1923년 3월 29일부터 사흘 동안 '민립대학발기인 총회'가 종로 2가에 있던 조선중앙기독교 청년회관(YMCA)에서 열렸다. 이 총회에서 중앙집행위원(中央執行委員)으로 이상재(李商在), 이승훈(李昇薰), 조병한(曺炳漢), 김탁(金鐸), 고원훈(高元勳), 강인택(姜仁澤), 한용운(韓龍雲), 최린(崔麟), 한인봉(韓仁鳳), 김한승(金漢昇), 오달세(吳達世), 유인식(柳寅植), 조만식(曺晩植), 이춘세(李春世), 유성준(兪星濬), 고용환(高龍煥), 송진우(宋鎭禹), 정노식(鄭魯湜), 김우현(金佑鉉), 백남운(白南雲), 유진태(兪鎭泰), 이갑성(李

甲成), 남궁훈(南宮薰), 남홍윤(南洪允), 강백순(姜栢淳), 주익(朱翼), 홍성설(洪性偰), 현상윤(玄相允), 김정식(金貞植), 허헌(許憲) 등 30인과, 감사위원으로 장두현(張斗鉉), 이하용(李河用), 김일선(金一善), 김병로(金炳魯), 유양호(柳養浩), 김성수(金性洙), 김윤수(金潤秀)의 7인이 선출되었다. 각지 집행위원은 각 지방 발기인들이 협의하여 결정하고 중앙에 보고하기로 하였다. 또한 앞으로 만 1년 만에 설립기금 1천만 원의 모금을 달성할 것을 결의하였다. 이리하여 성립된 '민립대학기성회'는 곧 이상재를 위원장에 추대하고, 지방 단위로 지방부를 설치하고 중앙에서는 기금 모집을 위해 지방 유세의 길에 오른 것이다.

조선총독부는 이에 자극을 받았는지 이 운동을 좌절시키기 위한 목적이었는지 갑자기 조선에 관립대학을 둔다는 방침을 먼저 발표하였다. 1924년 4월에는 벌써 대학 예과(豫科) 학생을 모집하여 경성제국대학(京城帝國大學)을 개교하기에 이르렀다. 민립대학은 총독부의 설립 인가가 끝내 나오지 아니하여 경성제대 예과의 발족과 함께 흐지부지되고 말았다. 어쨌든 지금까지 없던 대학이 우리나라에 처음으로 서는 계기가 된 것이다. 이처럼 민립대학 설립운동은 서울 시내 수표동에 있는 조선교육협회 회관에 '조선민립대학기성준비회'(朝鮮民立大學期成準備會)라는 간판을 붙이는데 끝났다.

이 운동은 목적한 결과는 얻지 못했으나, 3·1운동 이후 처음 경험한 범민족운동이었다. 이 때 민간 신문이 몇 개 있었다고는 하나 민족 대변지로는 동아일보가 하나 있을 뿐이었다. 그러므로 이 운동은 동아일보의 적극적인 지원으로 진행될 수밖에 없었다. 이때 역시 고하가 그 정신적 배경이었음은 더 말할 것도 없었다.

민립대학운동이 문화적인 면에서 민족적 의식운동이자 항일운동이라고 한다면, 3·1운동 이후 서울이나 평양 등지에서 끈질기게 일어난 물산장려운동(物産奬勵運動)은 경제적인 항일 운동이라 할 것이다. 1922년 11월 초 동아일보는 그 사설에서 "민족운동은 공막한 규호(叫號)로 가져올 수 있는 것이 아니라 우리의 생활문제를 철저히 인식하는 데서 민족운동의 출발점을 찾아야 한다"고 경제적인 민족운동을 제창하고 역설하였다.

다시 11월 12일과 13일 사설에서는 "일본은 조선통치에 있어서 경제적 도태주의(淘汰主義)를 쓰고 있으므로 우리는 생활 의식에서 깨어서 경제적 자위책을 강구하고 철저히 경제적 백병전(白兵戰)을 하라. 또 인도의 간디가 방직품 국산을 장려함과 마찬가지로 우리 조선인은 어려운 여건 밑에서도 '외화의 제한과 국산의 장려를 철저히 행하는 것은 우리의 생존상 취할 유일의 방책(方策)'이라 하고 국산장려운동을 전개할 것을 강력히 주장한 바 있다.

이에 호응하여 여러 곳에서 많은 단체가 생기고 이 운동은 실천에 옮겨졌다. 1922년 1월 9일에는 수십 개의 단체가 모여 '조선물산장려발족준비회(朝鮮物産奬勵發足準備會)'를 조직하고 20일에는 창립총회를 열었다. 이 회의는 3·1운동에 관련한 인사를 중심으로 국산 장려의 이론적인 지도자와 민족기업가, 학자, 언론인이 모였다. 이 회의의 실천 사항으로는 자급자족, 국산장려, 금주금연 등을 결의하고 그해 음력 설날인 2월 16일을 물산장려일로 정했다.

고하는 이 단체의 책임위원으로 선출되었다. 2·8선언 관계자 백관수(白寬洙), 김철수(金喆壽), 3·1운동의 한용운(韓龍雲), 정노식(鄭魯湜), 이종린(李鐘麟), 이론가이면서도 실천가인 조만식(曺晩植), 명제세(明濟世), 설태희(薛泰熙), 나경석(羅景錫), 그리고 기업가 중에서는 김덕창(金德昌), 김윤수(金潤秀), 장두현(張斗鉉), 고유상(高裕相), 학계 언론인으로서는 최원순(崔元淳), 유광열(柳光烈), 이순탁(李順鐸) 등도 동참하였다.

2월 16일 물산장려일에 회원들은 옷고름 대신 단추를 단 무명 두루마기에 고무신, 미투리 혹은 편리화(便利靴)를[3] 신고 말총 모자를 썼으며 서울, 평양 등지에서는 전단을 뿌리며 시가행진도 했다. 이 운동은 각계에 큰 영향을 주게 되어 어느 지방에서는 금주단연회(禁酒斷煙會)가 조직되었다. 옷차림 유행에 가장 민감하고 앞장서서 가던 화류계 여성들까지도 무명옷을 입기도 하였다.

본래 이 운동이 일본의 물품을 거부하는 계획임을 알고 있는 총독부는 음성직이며 끈질긴 방해 공작을 벌였다. 또한 국산품을 생산할 수 있는 근대적 공장 시설이 없었던 실정이어서 이 운동을

---

3   바닥은 고무, 울타리는 검정 헝겊으로 만든 신발을 가리킨다.

항구적으로 발전시켜 갈 수는 없었다. 그러나 민족 전체에 구국 독립운동은 정치 운동만이 아니라 국산품 애용, 국산품 생산 운동도 한 가지 길임을 일깨워준 큰 계기가 된 사건이었다.

4
'육혈포(六六砲)' 권총 협박 사건과
언론 탄압 저항의 민중운동

고하는 일제 지배 하의 모진 압박과 고난 속에서도 그의 성격과 포부에 알맞은 활동 무대를 얻었기에 자신의 지략과 정력을 쏟아부었다. 그 보람으로 동아일보는 단시일 내에 본궤도에 올랐다. 사장이자 고문으로 또는 주필로, 때로는 편집국에서 일선 기자들과 먹고 자고 인쇄 공장에서 직공들과 함께 팔을 걷어올리고 조판을 하기도 했다. 또는 신문 보급과 판매 일선에서 독려의 노고를 아끼지 않았다.

인촌은 신문사의 일을 모두 고하에게 일임하였다. 그만큼 고하의 실력을 믿었던 것이며, 두 사람은 깊은 우정으로 맺어졌다. 두 분의 두터운 우의는 세상이 다 잘 아는 일로 그 일화도 많거니와 후세대에게 주는 교훈이기도 하다. 현민 유진오(玄民 兪鎭午 전 고려대 총장)는 다음과 같이 회고했다.

세상이 다 알듯이 인촌과 고희의 두 분은 친한 친구 사이었을 뿐 아니라 둘도 없는 동지로 일심동체가 되다시피 하여 일생을 보 낸 분들이었다. 매사에 인촌은 안에서 계획을 세우고 자금을 대며 참모의 일을 맡아 보았다면 고하는 밖에서 장병을 지휘하여 전투 에 참여하는 사령관의 일을 보신 셈이다. 따라서 겉보기에는 풍모 나 뱃심이나 활동에 있어서나 고하가 형 노릇을 하는 것 같았지만 내용으로는 인촌이 형이 아니었던가 생각된다.

고하는 호방하고 인촌은 해학을 좋아해서 술자리 같은 데서 두 분이 맞붙으면 상대를 사뭇 헐뜯는 것 같은 농담이 벌어지는 때도 흔히 있었다. 이를테면 고하는 필화 사건으로 형무소에 간 걸 떠 올리며 '인촌은 돈으로 동아일보 사장을 했지. 나는 내 몸뚱이로 사장을 했단 말이야'라고 내던지면, '여북 미련했으면 몸뚱이로 사장을 한담'하고 인촌이 받아치는 것이다.[4]

또한 인촌의 장남인 동아일보 명예회장 일민 김상만(一民 金相 万)은 이렇게 술회하였다. 선친께서는 언젠가 친구들과 환담하는 자리에서 이런 말씀을 하신 일이 있었다. '지금 도하(都下)에 있는 각 신문들이 경영주가 자주 바뀜으로서 운영난에 허덕이고 있지 만, 동아일보만은 경영이 연면(連綿)한데다가 고하의 배짱과 지략 으로 민족지로서 확고한 자세와 기반, 그리고 전통을 세우게 되었 다'고[5] 회고했다. 인촌과 고하 선생 두 분 사이를 세상에서는 흔히 들 서로 뗄 수 없는 사이라고 하니 두 분 사이가 둘도 없는 관계였

4   兪鎭午 '仁과 知의 指導者'〈東亞日報〉1962.2.18. 참조.
5   김상만, 선친을 생각하면서'〈東亞日報〉1970.4.1. 참조.

음을 알 수 있는 것이다.

또한 초기에 전무와 이사로 재임한 바 있는 양원모는 '두 분은 가끔 대충돌을 일으켜서 그때마다 옆에서는 이제 두 분이 영영 절교하는가 걱정을 하기도 했지만 그 이튿날 아침에 계동의 인촌댁 사랑에를 가보면 언제 왔는지 고하 선생이 인촌 선생과 머리를 맞대고 무엇인가 열심히 숙의를 하는 장면을 보게 되곤 했지요'라고 회고하기도 했다.

또한 고하의 아들 원남 송영수(苑南 宋英洙)도 다음과 같은 일화를 소개했다. 인촌 선생은 자주 원서동 고하댁에 오셔서 놀다 가시기도 하셨고, 무슨 일을 상의하시기도 하셨다. 한번은 밤늦게까지 이야기를 하시던 중 두 분의 언성이 높아졌다. 이윽고 인촌께서는 화가 치미셨는지 문을 휙 닫으며 "나는 간다." 하시고 흰 고무신도 신지 않은 채 총총히 나가셨다. 나는 송구해서 선생의 신발을 들고 원서동과 계동 사이의 마루터기까지 뛰어가서 "선생님 신발 가져왔습니다." 하니 인촌 선생은 당신 발을 내려다보시고는 "오, 영수냐?" 하시며 신발을 받아 신으시고는 다시 원서동으로 돌아오셔서는 언제 그런 일이 있었느냐는 듯이 한 이불 속에 누우셔서 이야기를 계속하셨다.

두 분의 우정은 그 깊이를 헤아릴 수 없었다. 인젠가 두 분이 크게 언쟁을 벌였을 때 옆에 있던 사람이 인촌에게 "고하 선생을 그렇게 대접해도 괜찮겠습니까?" 하고 걱정스럽게 묻자 "고하는 조선 총독이나 상대하지 나 같은 건 상대가 안 되는 조선의 인물이야"라고 대답했다. 두 분은 그만큼 존경과 신뢰가 밑에 깔려있었다.

고하가 중앙학교 교장으로 재직할 때, 경성고공(京城高工 지금의 서울공대)을 졸업하고 경성방직주식회사에 근무한 바 있는 의당 유홍(衣堂 柳鴻) 의원은 함께 재직할 때, 고하와 인촌의 사이를 아래와 같이 회고했다. 이는 유홍 자신의 회상이기도 하지만 그의 눈에 비친 고하와 인촌의 교우 관계에 관한 생생한 기록이기도 하다.

당시 고하와 인촌의 동료나 후배들에게 두 사람은 누가 앞이고 누가 뒤가 아니라 몸만 다를 뿐 한 덩어리로 보였고 그렇게 생각했다고 한다. 인촌을 뿌리(根)라고 보면 고하는 줄기(幹)이었고 인촌을 이(理)라고 하면 고하는 기(氣)라고 볼 수 있다. 그러기에 인촌에게 한 말에 대한 결론은 오히려 고하에게서 얻었고 고하에게서 들은 말은 반대로 인촌에게서 결과를 보았던 것이다. 두 지도자의 별세 후 회고담을 말하는 사람들 사이에 다소나마 기억이나 견해에 차이를 보이는 것은 성격적으로 서로 반대인 고하와 인촌을 접촉하는 과정에서 각자의 주관적 느낌이 다른 데에 따른 것이다.

고하와 인촌은 소년 시절 이래 물체와 그 그림자처럼(形影相伴) 서로 사귀고 큰일을 도모하였던 것인데 고하는 인촌처럼 부잣집 자제가 아니기는 하나 인촌이 사재를 민족 부흥을 위한 공공사업에 쓰면서도 겸손하면서 물질적 희생을 마다하지 않은 데에 더욱 경의와 우정을 갖게 되었다. 그 반면에 인촌은 도쿄 유학 시대는 물론 3·1운동 이래 고하의 탁월한 조직력, 지도력 및 판단력에 관하여 더 없는 경의의 우정과 신뢰를 가졌던 것이다. 그 한 예로 누구나 인촌을 찾아서 공적인 일은 물론 사적인 일에 대해서도 상의를 하게 되면 반드시 고하를 찾아보고 그 의견을 듣도록 하라는 인촌의 말을 많이 듣곤 하였다. 이러한 경우 고하는 대체로 사정을 듣고 난 뒤에 보통의 일에 대해서는 곧 시원하고 명확한 판단이나 조언을 해주었던 것이다.

고하와 인촌은 세상 사람이 알 수 없을 정도로 말다툼이 잦았다. 많은 경우 가족들까지도 놀라게 할 만큼 언쟁(言爭)이 심할 때가 흔했다. 가족은 물론 옆에서 보던 인사들도 그 우정에 대하여 적지 않은 걱정을 할 정도인데 몇 시간 지나지 아니하여 언제 말다툼이 있었느냐는 듯한 느낌을 줄 정도로 화기가 감도는 속에 공사 간의 일을 의논하고 처리하곤 하였다. 사람들은 무엇에 홀리고 속은 것 같기만 하였다. 옆에서 지켜본 사람들의 공통된 증언은 두 분의 격한 언쟁은 항상 큰일의 방향이나 방법에 대한 견해 차이가 중심이었지 어느 인물의 개인적 문제를 둘러싼 험담이 아니었다고 한다.

고하와 인촌의 깊은 우정을 말하는 중에 잠깐 짚고 넘어가야 할 일이 있다. 인촌은 독립운동 사업의 일환으로 경방(京紡)이나 중앙학교, 또는 보성전문(고려대학교 전신) 등을 경영했다. 동아일보사는 물론이거니와 어느 사업이고 고하와 긴밀한 상의를 거치지 않은 것이 없었지만 고하가 동아일보사 이외의 기관의 임원이나 경영 단체의 대표가 된 일이 없다. 물론 인촌의 간곡한 권유가 없었던 것은 아니었지만 고하는 언제 투옥이나 구금될지도 모르고, 보성전문이나 경방 등 업체의 성장에 지장이 올 것을 염려하여 권고를 거절한 것이다.

이것은 고하의 성격 탓이라고 일부 인사들은 평하기도 하지만 고하는 동아일보를 항일운동의 총사령부요, 민족독립 추진의 본거지로 생각하고 그 운영에 온갖 심혈을 기울였던 것이다. 그 벅찬 일을 고하가 아니고 해낼 수 있었을까? 고하는 공적 생활에 바쁜 나머지 사생활을 돌보지 못하면서도 선배나 동지, 그리고 후진의 일이라면 손이 닿는 대로 걱정하고 힘닿는 데까지 돌보아주었다.

민립대학운동이 본격화하기 시작하던 1923년 3월, 고하는 인촌과 상의하여 부사장 겸 주필이던 설산 장덕수(雪山 張德秀)를 미국 특파원 자격으로 유학의 길로 떠나보냈다. 이때 인촌은 설산 가족의 생계를 돌보기로 하고 그를 안심시켰다. 그해 5월에는 동아일보 1천 호의 기념사업, 7월에는 '하와이 조선인 사정 강연회'로 분주했다. 이 무렵 1923년 9월 정오쯤 일본 도쿄에서 큰 지진이 일어났다. 잘 알려진 관동대지진(關東大地震)이었다. 이 지진으로 도쿄를 중심으로 요코하마 등 관동지방이 불바다가 되어 수만의 인명 피해를 입었고 많은 가옥과 시설이 불에 타서 완전히 생지옥과도 다름없었다. 교통은 마비되고 상수도와 전기마저 파괴

되어 아수라장이 되었다.

　이때 우리 유학생과 교포 수만 명이 이 지방에 살고 있었다. 유학생보다도 교포가 많았던 것은 제1차 세계대전 당시 호경기를 누렸던 일본 산업 공장이 값싼 일꾼으로 조선에서 노동자를 모집해 간 관계로 오사카 다음으로 이 지방에 조선 노동자들이 많이 체류하고 있던 까닭이다.

　이 지진 소식이 조선에 전해지자 조선 민중들은 큰 충격을 받았다. 유학생 또는 재일 거류민의 안부가 걱정되었던 까닭이다. 거기에다 관동 지방 일부 우익과 깡패들이 중심이 되어 조선 사람들이 일본인을 해치려고 상수도에 독약을 넣었다는 등, 폭동을 일으켜 일본인을 죽이고 어느 곳을 파괴했다는 등 터무니없는 유언비어가 퍼졌다. 이에 흥분한 일본인들이 조선 사람을 보는 대로 닥치는 대로 일본도와 몽둥이로 살상하는 일이 크게 벌어졌다. 유학생의 일부는 학교가 개학 전이라 아직 도쿄에 도착하지 않은 학생도 있었지만 이미 도착한 학생도 숨어서 간신히 목숨을 유지한 사람이 많았다. 이 소문이 조선 안에 전해졌기 때문에 조선 민중들의 충격은 더했다.

　동아일보사에서 고하는 당시 편집국장인 이상협을 현지에 급파하여 동포의 안부를 일일이 자세히 조사하여 장기간 보도를 하도록 하였다. 이 신문 기사를 본 조선 내의 친척과 친구들은 낙담을 하기도 했으나, 무사하다는 소식에 안심을 하기도 하면서 동아일보를 통해 그 사건에 대한 사실도 알게 되었다. 당시 혼란을 틈

타서 헌병 아마가스(甘粕) 대위가 무정부주의자인 오오스기(大杉條)를 살해한 것도 이 무렵이다.

당시 도쿄의 조선기독교청년회 간사(朝鮮基督敎靑年會 幹事)로 있던 최승만(極熊 崔承萬)은 나중에 다음과 같은 회고담을 남겼다.

"관동대지진에 청년회관 건물도 타버려서 이것을 복구해 보려고 귀국하여 고하와 상의를 하였지요. 고하는 기부금을 낼만한 사람을 연락해 줄 뿐만 아니라 같이 찾아가서 소개해 주었어요. 기부금을 얻게 되면 이 사실을 매일 지면에 크게 보도하여 기부한 사람의 생색을 충분히 내주는 등 고하의 노력으로 의외의 좋은 성과를 거두어서 도쿄의 청년회관을 복구할 수 있게 되었어요. 이것만 보아도 고하 선생이 애국애족에 자기의 몸을 돌보지 않고 노력하는 것을 알 수 있었지요."

해가 바뀌어 1924년, 이 해는 고하로서는 조그마한 시련의 한 해였다. 이해 4월, 고하는 친일파 박춘금(朴春琴)의 '육혈포' 권총의 협박을 받고 있었다. 이어 몇 해 동안 편집국장으로 고하를 도와 동아일보의 발전에 힘써 온 이상협이 사내의 중견 간부 상당수를 이끌고 회사를 떠나기도 했다. 좌익 계열의 모략중상을 입게 된 것이었다. 이러한 여러 사건으로 인하여 고하는 그해 5월에는 동아일보 사장직을 사퇴하기에 이르렀다. 박춘금의 육혈포 권총 협박 사건의 경위는 대략 다음과 같은 것이었다.

이 당시 동아일보는 전국 각지에서 활발하게 일제에 저항하는 청년 운동이나 소작쟁의(小作爭議) 등을 민족적 견지에서 충실히 보도하고 또 신랄하게 논평하고 있었다. 또한 3·1운동 이후 헌병경찰제도가 없어지고 보통경찰 제도로 바뀐 뒤로 불법적으로 간섭, 검거, 구타 또는 고문 등은 표면상으로는 없어진 것으로 되어 있었으나, 현실은 여러 가지로 그대로였다. 이에 대한 민중의 항거도 언론의 입장에서 당연히 보도 대상이었다.

그러한 예의 하나로, 1924년 3월의 순천(順天) 경찰 성토대회 사건 같은 것을 들 수 있다. 이때 순천경찰서에서는 경찰이 황전면(黃田面)의 농민대회장 박중임(朴重臨)과 노동대회원 김재봉(金在鳳) 등 5인을 절도 용의자로 몰아서 구금하고 몽둥이로 때리는 등 혹독한 고문을 한 사건이 있었다. 이 불법 사건에 대하여 순천군의 농민대회연합회, 노동자대회, 순천청년회, 순천연학회 등 여러 청년 단체가 궐기하여 경찰을 성토하는 대회를 열었다. 경찰의 불법과 죄악상을 폭로했다. 동아일보에서 이러한 사실들을 낱낱이 보도하고 논평한 것은 물론이다.

동아일보가 총독부 당국에게는 눈엣가시였음은 물론이다. 심지어 총독부에서는 '동아일보 때문에 총독 정치가 30년 늦어지고 있다'는 소리까지 나올 정도였다. 그래서 그들은 사회주의 운동을 방관하고 민족주의 세력을 약하게 하고, 다른 한편으로는 부지런히 친일파를 결속시켜서 친일단체를 구성하게 했다. 그 단체로 하여금 민족운동을 하는 사람과 민족운동 단체를 억압하자는 의도였다. 그들이 얼마나 동아일보를 미워하여 탄압하려고 온갖 방법을 썼는지는 1924년,《개벽(開闢)》잡지 제44호에 게재된 기사에서도 어렵지 않게 찾아볼 수 있다.

"신년 벽두의 조선의 사회운동"이란 제하에 진주 청년회관에서 3일간 열린 경남 노농운동자 간친회(懇親會) 결의사항 중 특수문제로서
동아일보 문제에 대한 건
(1) 대중운동을 무시하는 편협적 보도를 문책할 일
(2) 2천만 민중의 표현기관이란 선언을 취소케 할 일
(3) 재외동포 위문금의 부당한 처리에 대하여 질문한 후 대책을 결정할 일.(노농단체 연합기관에 그 실행을 위임할 일)

경무국은 친일단체의 육성에 전력을 기울여서 친일단체들이 표면상 스스로 규합 운동을 일으키도록 했다. 그 결과 총독부의 원조 아래 1924년 3월 박해묵(朴海默)의 조선소작인상조회(朝鮮小作人相助會), 김명준(金明濬)의 국민협회(國民協會), 박병철(朴炳哲)의 유민회(維民會), 박춘금(朴春琴)의 노동상애회(勞動相愛會), 박해원(朴海遠)의 조선경제회(朝鮮經濟會), 유문환(劉文煥)의 교풍회(矯風會), 이희간(李喜侃)의 동광회(同光會), 정진홍(鄭鎭弘)의 유도진흥회(儒道振興會), 김상설(金相卨)의 청림교(靑林敎), 예종석(芮宗錫)의 대정실업친목회(大正實業親睦會), 신석린(申錫麟)의 동민회(同民會) 등 11개 단체의 대표들이 서울 남산 경성호텔에 모여 각파유지연맹(各派有志聯盟)을 결성하고 선서식을 거행했다.

(1) 관민일치(官民一致), 시정개선(施政改善)

(2) 대동단결(大同團結), 사상선도(思想善導)

(3) 노자협조(勞資協調), 생활안정(生活安定)

그리고 위와 같은 소위 3대 강령을 가결하여 통과시켰다. 이 연합단체의 결성은 처음부터 한민족의 독립사상을 말살하는 것이 그 주요한 근본 목적이었다. 이에 동아일보는 이 친일단체의 정체를 폭로하는 한편 〈소위 각파유지연맹(各派有志聯盟)에 대하여〉라는 사설에서 '관민야합(官民野合)의 어리운동(漁利運動)'이라고 통렬히 꾸짖었다. 이것이 육혈포 협박 사건의 직접적인 원인의 하나였다.

한편 총독부는 동아일보 타도를 위하여 도쿄의 경시총감에게서 무술에 능하고 소위 황민(皇民) 사상이 투철하다는 노동상애회 부회장 박춘금(朴春琴)을 소개받았다. 그를 1924년 1월 하순에 조선으로 오게 하였는데 박춘금은 매일 경무국장 마루야마(丸山鶴吉)의 관용차를 타고 육혈포 권총을 지니고 다녔다. 이 노동상애회라는 단체는 일본 도쿄에 본부를 둔 친일파 단체로 일본 정부의 앞잡이가 되어 조선인 노동자 탄압에 협력하는 악질 단체였던 것이다.

박춘금은 귀국 후 두 달 동안에 동아일보에 7~8차례나 찾아와 동아일보에서 '재외동포 위문금' 명목으로 모집한 3만여 원을 노동상애회 사업비로 내놓으리고 사장 고하와 인촌에게 터무니없는 협박을 일삼고 다녔다. 어떤 때에는 몽둥이를 들고 머리를 수건으로 동여맨 10여 명의 불량배를 데리고 나타나기도 했고, 혹은 고학생을 매수하여 데리고 나타나기도 했다. 당시 동아일보사 경리국장이었던 양원모(梁源模)는 이 사건을 다음과 같이 회고했다.

세상에 알려진 이른바 권총 협박 사건이 있기 약 일주일 전인 3월 28일 경이다. 그동안 4~5일간 매일 몇 차례씩 들락날락하던 박춘금은 고하를 명월관에서 만나자고 했다. 이때 그들의 요청을 거절하면 오히려 약하게 보일 염려가 있겠기에 고하는 약속 시간까지 명월관으로 나갔다. 이때 동아일보사 직원 약 40명도 고하에게 어떠한 위해가 있을 것에 대비하여 각자 몽둥이며 방망이 등을 숨겨가지고 고하가 들어있는 방이 아닌 방에서 대기했다. 박춘금 등 무뢰한 일당 10여 명은 인력거꾼이 입는 웃옷인 '합비'를 입고 나타나서 박춘금이 고하와 만나는 바로 옆방에 진을 치고 있었다.

박춘금은 고하를 위압하기 위하여 그가 차고 다니는 단도를 빼어 요리상에 꽉 꽂아놓고는 관동지진으로 피해를 입은 동포들에게 주겠으니 3천 원만 내놓으라고 졸랐다. 고하는 사리에 맞지 않는 그의 요청을 거절하자 이번에는 정치부장 민태원(閔泰瑗)을 불러오라고 협박했다. 민태원 정치부장을 불러오라고 하는 것은 앞서 말한 소위 각파유지연맹(各派有志聯盟)에 대한 동아일보 사설을 트집 잡는 것이었다.

"당신들 노동상애회는 친일단체인 만큼 이런 돈이 아니더라도 당국의 협조를 받을 수 있지 않은가?"

마치 미친개와도 같은 박춘금의 협박에 고하는 타이르듯이 말했다.

"나같은 사람도 잘 이용하면 쓸모가 있을 것입니다."

얼마 동안 횡설수설하던 그는 태도를 돌변하여 하소연하는 언사로 말하는 것이었다.

고하는 단신으로 두 시간 남짓 모진 협박을 받고 자리를 떴다. 그로부터 한 일주일이 지난 4월 3일경이다. 박춘금은 고하와 인촌이 도쿄 유학 시절부터 안면이 있던 유민회의 이풍재(李豊載)를 시켜 조선소작인상조회의 채기두(蔡箕斗)와 나홍석(羅弘錫), 국민협회의 이병렬(李炳烈), 조선경제회의 박해원(朴海遠) 등 5명과 함께 만나 옛날 회고담이나 나누자고 하면서 고하와 인촌을 식도원(食道園)으로 초청하였다. 고하와 인촌은 무슨 꿍꿍이속이 있는 것으로는 짐작했지만 그들의 요청을 거절하면 옹졸한 것 같고 또 약점을 보이는 것 같아 제시간까지 식도원으로 갔다. 술이 한두 잔 오고 간 다음 채기두는 문제가 된 이른바 '각파유지연맹'으로 이야기를 끌고 갔다. 그는 동아일보가 그들 연맹원에게 인신공격을 했다고 억지를 쓰면서 지상을 통해서 사과하라고 강요했다.

"이 나라 이 사회의 누구에 대해서도 인신공격을 하지 않는 것이 우리 회사의 방침이지만 주의와 주장이 틀릴 때는 그것이 누구이든 어디까지나 싸우는 것이 신문의 사명이오."

고하가 이같이 말하자 옆방에서 대기하고 있던 박춘금이 10여 명의 불량배를 데리고 우르르 몰려왔다.

"우리 사업을 방해하는 놈은 죽여버린다."

큰소리를 지르면서 고하와 인촌에게 폭언을 퍼부었다. 이어 접시가 날아가고 맥주병이 박살이 나고 종업원들은 아우성을 치고 별안간 아수라장이 되었다. 계획적인 이들 불량배는 기고만장의 자세로 난동을 부리는데 고하와 인촌은 앉아서 당하는 수밖에 도리가 없었다. 한 차례 행패를 부린 그들은 뒤엎어진 요리상을 다시 차려오게 해 놓고는 공개 사과를 강요했다.

"우리는 죽어도 그런 요구를 들어줄 수 없다."

이렇게 한마디씩 하고는 이들이 무어라고 하던 침묵으로 일관했다. 그들은 옆방으로 가서 상의를 하더니 요구 조건을 약간 고쳐가지고 나왔다. 지상 공개 사과를 하지 않는 대신 동아일보사의 사장인 고하는 연맹 앞으로 사과문을 보내고 인촌은 전일 요구했다가 거절당한 일금 3천 원을 내놓으라고 졸라댔다.

"이 정도의 요구도 못 들어준다면 이 박춘금이라는 인간을 아직 몰라보기 때문일걸."

하면서 지난번과 같이 단도를 요리상에 박아 놓고 옆구리에서 육혈포 권총을 꺼냈다.

"못 듣겠어?"

두 눈에 핏발이 선 박춘금은 상을 치면서 권총을 두 사람에게 겨누었다.

"쏠 테면 쏴 봐!"

가소로움을 금치 못한 고하는 가슴을 내밀며 말했다.

위압에 압도당한 박춘금은 너털웃음을 치면서 총구를 내려놓았다.

"그렇게 간단히는 쏘지 않지. 밤은 기니까."

허세를 부리며 장기전으로 들어갈 모양이었다.

"5전, 10전씩 국민의 총의로 모은 돈인 만큼 함부로 쓸 수는 없으며 재일동포 위문금도 우리들의 연락 기관인 기독교청년회 등을 통해서 전달할 방침이오."

이렇게 거절했으나 불량배들은 고하와 인촌을 둘러싸고는 번갈아 가면서 욕설과 야유를 퍼붓고 강요했다.

점점 밤은 깊어가는데 평온하게 자리가 수습될 가망은 희박했다. 이들 폭력배의 배후에는 총독부가 있어서 어디다 구원을 청할 수도 없는 고립무원(孤立無援)의 안타까운 처지였다. 이들은 민족적인 양심이나 인간으로서의 상식조차도 통하지 않는 불량배들이니 사리를 가릴 만한 상대가 아니었다. 결국 고하는 개인의 자격이라는 것을 강조하고 인신공격은 유감이었다는 짤막한 글을 써 주었다. 인촌도 개인의 자격이라는 것을 강조하고 3천 원을 주겠다고 약속함으로써 무려 3시간여의 협박과 폭행에서 풀려났다.

이날 밤의 폭행 사건을 《인촌 김성수전(仁村 金性洙傳)》에서는 다음과 같이 기록하고 있다.

"고하보다는 그래도 덜 당한 인촌도 집에 돌아와 살펴보니 양복과 조끼, 와이셔츠와 그 안의 얇은 내의까지 왼쪽 가슴께가 한 줄로 찢긴 단도 자국이 있었다."

다음날 아침 고하와 인촌은 상의한 끝에 3천 원을 보따리에 싸 들고 총독부 경무국장 마루야마(丸山)를 찾았다. 이 자리에서 지난 2월 초순부터 박춘금 일당이 동아일보사에 와서 행패를 부린 일에서부터 지난밤에 식도원에서 일어난 일들을 이야기한 다음에 돈 보따리를 마루야마 앞에 내밀며 인촌이 말했다.

"내가 3천 원을 주겠다고 한 것은 그자의 육혈포가 무서워서가 아닙니다. 그자를 곱게 보고 후원을 아끼지 않는다는 마루야마 국장의 체면을 생각한 것이니, 이 돈을 연맹파에게 줄 때 경무국장께서 입회해 주시든지 직접 전해주시든지 하면 다행이겠습니다."

"아니, 그 돈을 왜 내게?"

배짱이 세고 후안무치(厚顔無恥)한 마루야마도 당황하지 않을 수 없었다. 지난밤 식도원의 일은 이미 보고를 들어 알고 있으면서도 돈을 직접 자기에게 가져올 것으로는 생각지 못했던 것이다.

"나는 전혀 모르는 일인데, 아무튼 1주일 안으로 박춘금을 퇴거시키겠소."

마루야마는 두 사람에게 약속했다.

물론 두 사람은 3천 원을 되돌려 받아가지고 돌아왔다. 박춘금의 육혈포 권총 협박 사건은 당시 일제가 언론기관에 대해 자행하던 압수, 검거, 처형, 집회 금지 등 압박에 대한 탄핵운동으로 번져갔다. 이 민중운동은 이 뒤 4개월 동안에 여러 차례에 걸쳐 일어났다.

우선 4월 9일 민간 신문, 잡지, 사상 단체 대표들 40여 명이 서울 유일관(唯一舘)에 모여 '노동상애회' 등 친일단체를 응징할 것과 동아일보에 대한 언론 모독 및 고하, 인촌 두 사람에 대한 폭행과 인권 유린의 소행을 밝힐 것을 총독부 당국에 요구하는 결의를 하였다. 아울러 이종린(李鍾麟), 김기전(金起田), 김철수(金喆壽), 안재홍(安在鴻), 양원모(梁源模), 고한(高漢), 김원벽(金元璧), 김승묵(金昇黙), 김양수(金良洙), 이대위(李大偉) 등 10명의 실행위원을 선출하여 4월 하순 '민중대회 발기인회'를 열기로 하였다. 4월 22일, 드디어 서울 경운동 천도교기념관에서 발기인회를 가지려 했으나 종로경찰서는 집회 금지로 이를 막아버렸다.

이어 6월 8일에는 서울 수표동의 조선교육협회관(朝鮮敎育協會館)에서 민간 신문을 비롯한 사회단체 등 대표 31인이 모여서 '언론집회압박탄핵대회(言論集會壓迫彈劾大會)'를 가졌다. 이 대회에서 선출된 실행위원들은 다시 서울 경운동 천도교회당에서 '언론집회압박탄핵대회'를 가질 예정이었으나 치안 유지를 이유로 금지를 당하고, 6월 28일 다시 조선교육협회관에서 각 단체 대표자 100여 명이 모였다.

"우리는 언론 및 집회에 대한 당국의 무리한 압박을 공고한 결속으로써 적극 저항할 것이며, 만일 우리의 언론과 집회를 압박하는 자가 있다면, 그것은 곧 우리의 생존권을 박탈하는 자이다."

굳은 탄핵 결의를 채택하고, 7월 20일을 시작으로 전국 각지와 해외의 필요한 곳에서 일제히 '언론집회압박탄핵연설회'와 시위운동을 전개하기로 결의했다. 그러나 일본 경찰의 철저한 봉쇄로 끝내 뜻을 이루지 못하였다. 이때 동아일보는 이 대회에서 채택한 탄핵 결의문을 보도하였으나 곧 압수되는 등의 사태까지 빚어냈지마는 아무튼 고하와 인촌이 받은 육혈포 협박 사건은 이렇게까지 한민족의 지지를 얻어서 확대되어 갔던 것이다. 이 사건을 계기로 일어난 민중 투쟁은 한국신문사의 빛나는 한 페이지로 기록되어 있는 것이다.

이 박춘금 육혈포 협박 사건에 대해서 《개벽(開闢)》지에 게재된 기사를 여기에 옮겨 싣고자 한다. 이 사건과 관계되는 부분만 발췌하여 보면 다음과 같다.

서울에 나타난 세 가지 일을 들어
시골 계신 나가오 댁(長尾宅) 형님에게

서울 네 눈이

(전략)

형님, 최근에 생긴 경성의 3대 사건이라 하면 대개는 짐작하실 듯합니다. 물론 사람 놈들의 일인데 소위 '각파유지연맹'이란 그것이 하나이고(여기에는 식도원 사건, 민중대회라는 사건까지 포함됨) '노농총동맹'이 그 둘째요, '청년총동맹'이 그 셋이외다. 늘

하는 말이지만 사람 놈들이란 참말 기기괴괴 이상망측한 놈들이에요. 그놈들의 말과 같이 아마 만능인가 봐요. 더구나 조선사람 놈들이 그런가 봐요. 이놈들은 독립에도 능하고 의뢰에도 능하고 배일에도 친일에도 능하고, 자치에도 융화에도 능하고 또 주의에도 능한 듯해요.(중략)

글쎄 이것 보세요. 이완용 같은 자는 오히려 철저한 자이외다.(중략)

소위 각파유지연맹(국민협회, 상애회 등 그따위 부일파(附日派) 십일단)이란 것이 지난달 하순에 조직되지 않았습니까. 순 조선놈들끼리요. 아니 일본놈도 섞였습니다. 관민일치, 대동단결, 노자협조 이런 강령을 표방하고 독립은 가공(架空)이오 사회주의는 몽상(夢想)이라 하여 바로 세계가 저의 손아귀에 들어오는 듯이 떠들지 않았어요.

소위 경성호텔인가 무언가 한데서 개회식을 한다기에 어떤 놈들이 모여 무어라고 떠드나보자 하고 반송댁(盤松宅) 형님을 보내어 알아오라 하였습니다. 그는 다녀오는 길로 깔깔 웃으며

"참 웃음이 나데, 여보게 들어보게" 하면서 이렇게 말합디다.

"몰래 숨어들어가 보려니까 키다리 김가 놈, 일본놈 같은 박가 놈, 심술궂은 채가 놈 이놈 저놈 사오십 놈이 보였는데 김가 놈은 사회를 하고 채가 놈은 선언을 낭독하고 고가 놈은 경과를 보고하고 박가 놈은 감상을 말하는데 정말 가증도 하고 더럽기도 하고 억분도 나서 못 보겠데.

물론 그놈들과 나와는 상관이 없으니까 공연한 트집 같지만 아무리 쥐라는 명색을 가졌기로 그래도 조선 쥐인데 어찌 의분이 없겠는가 말이야. 이때 정말 뜻있는 조선 놈이 있더라면 실로 밸이 터져 죽었을 걸세. 그놈들이야말로 정말 일본놈 이상의 일본놈인데. 한바탕 떠들고 나서는 술이니 과자니 한바탕 먹는 판인데 어떤 빌어먹을 놈들이 대었는지 설사가 나리만치 굉장히 차려놓았데. 맥주 가져 오너라, 정종 가져 오너라, 위스키 가져 오너라, 주풍(酒風)이 일어났는데 그중에 박가 놈은 기고만장하여 팔을 뽐내며 이러구 저러구 하더니 허리춤에서 단도를 꺼내 들며 일본말로 'コレがボクノイノチダ(이것이 내 생명이다)'하고 바로 장한 듯이 누가 무서워나 할까 하고 도리어 비겁한 시위를 하는 꼴이야말로 더럽다 못해 가소롭데. 어찌 우스운지…"(중략)

이리하여 서로 떠들기 시작하니 즉 조선일보란 놈이 떠들고, 동아일보란 놈이 떠들고, 시대일보 또는 개벽이란 놈도 말하고 - 이리하여 재(灰)인지 불(火)인지 세상은 미지근(溫昧)도 안한데 여러 놈이 들어붙어 키(箕)질을 하니 재속에도 불이 있었는지라 이러구저러구 왁 떠들기 시작했습니다. 이렇게 되니까 본래 - 뒷 장단이 있는지라, 아니 뒤에는 돈뭉치가 있고 권력이 있고 절대 금물인 무엇까지도 가진지라 이놈들은 기고만장하여 무법천지같이 횡행하였습니다. 즉 식도원이란 요리집에서 유문환(劉文煥)이란 자를 불러 (조선경제회원으로 십일단 연맹에 가입하였다가 탈퇴하였다고) 죽도록 때려주고 송진우, 김성수란 자를 그 장소에 또 불러다가 때리고 차고 흉기(?)로써 위협까지 하여 송이란 자에게는 잘못되었다는 사서(私書)를 받고 김이란 자에게는 3,000원이란 금전을 강요하여 일장풍파를 일으켰다 합니다. 이 일이 세상에 발표되자 사람 놈들은 더욱 분개하여 당국이란 자들을 비난하며 폭행자 그자들을 소진(掃盡)한다 하며 동아 측 그자들을 비겁으로 몰며 민중대회가 무언지 소위 민중대회란 것을 발기하여 지금까지 떠들썩하고 있습니다.(중략)

　대개 이렇습니다. 사람 놈들의 하는 짓이란 것이… 그 돈 3,000원을 우리 쥐들에게 주면 강냉이나 조 같은 것을 한 백석 사가지고 두둑이 노나 먹지요. 그리고 저희 집 담벽에 구멍이나 아니 뚫지요. 하하. (하략)

(開闢 1924. 5월호)

5 / 조그만 시련

　육혈포 협박 사건의 파문은 동아일보 사내에까지 뜻하지 않은 방향으로 번졌다. 이 사건이 있은 지 20여 일이 지난 4월 25일, 상무이사 겸 편집국장인 이상협 등이 고하의 인책을 요구하고 사표를 제출했다. 민족의 대변지인 동아일보의 사장이 일본에 부역하는 무리들에게 사과를 한다는 것은 있을 수 없는 일이라는 것이 그 이유였다.

　동아일보를 잡으려던 1차 음모에서 도리어 망신만 당한 마루야마와 '각파유지연맹'은 제2차로 총독부 기관지인 매일신보(每日申報)를 시켜 사회면 톱으로 이 사건을 다루게 하여 야비한 욕설과 중상으로 인신공격을 하게 한 것이다. 매일신보가 고하의 사과문이라 해서 동판을 떠서 게재한 사진은 그날 밤 고하가 박춘금에게 써 준 '증문'(贈文)이라는 이름을 붙인 쪽지였다.

　"사담(私談). 주의 주장은 반대하나 인신공격한 것은 온당하지 못한 줄로 증함. 대정 13年 4月 2日 宋鎭禹"

그 정도의 엄청난 협박 속에서도 우선 서두에 사담이라고 못을 박고 또 서명에서도 동아일보 사장이 아닌 개인의 이름으로 되어 있는 것을 감안할 때 그에 대한 비판은 후세의 역사가에게 맡길 일이다. 또 하나의 원인은 아직 초창기라 여러 기반이 갖춰져 있지 못하고 일본의 언론 탄압은 거듭되어 재정이 어려운데다가 아직 사업 경영에 경험이 적은 청년들의 모임으로서 기업 경영의 합리화보다도 나라를 걱정하는 감정과 열성만으로 모든 일을 감당하고 처리하려고 한 데서 생긴 부작용이었다. 그로 인해서 영업국장 홍증식(洪璔植)을 중심으로 김모, 민모, 그리고 기자 상당수가 고하와 결별하지 않으면 안 되었다. 이에 고하도 도의적인 책임을 지고 전무 신구범과 함께 사장직을 물러났다.

고하가 잠시나마 동아일보 사장직을 떠난 것은 그 때문만은 아니었다. 1920년 이래 민족운동과 병행해서 혹은 뒤를 이어, 젊은 학생과 청년, 특히 일본 유학생들 사이에서 신사조인 사회주의 사상이 물밀듯 침투하여 들어왔다. 이후 어느 시기까지는 사회주의 사상을 가지지 않으면 지식인 대우를 못 받았을 정도로 일부 청년 지식층 계급 사이에 퍼져가고 있었다. 그 무렵은 극히 적은 숫자나마 일부 열성적인 실천가도 있는 반면에 변변하게 연구도 하지 못한 청년 학생들이 머리를 필요 이상으로 길게 기르고, 색안경을 낀 채 굵은 '사쿠라'(벗나무) 몽둥이를 지팡이 대신 짚고, 한길을 활보하며 사상가인 체 '주의자(主義者)'인 체하던 때였다. 혈기에 찬 젊은 기자들 사이에 이러한 사조가 침투하지 아니할 리가 없었다. 또 이 시기를 전후하여 고하의 신문사가 문화 운동, 민족운동의 한 중추적 역할을 사명으로 하는 것은 두말할 것도 없지마는 그 반면에 동아일보 기업의 경영 합리화 방침에 반감을 가진 젊은 기자들이 많이 동아일보를 떠난 것이다.

구한말 경부터 한일합병 이래 일본은 노골적으로 경제 약탈의 마수를 뻗쳤다. 그러나 1919년 3·1운동을 치르고 난 조선민족의 민도나 민족의식은 높아져 갔다. 더욱이 국제여론에 힘입은 바도 커서 국내외에서의 항일운동은 좀 더 고조되고 다각화되었다. 그러나 기미년 이후 수단 방법을 가리지 않는 일제의 탄압과 유혹을 이기지 못한 채 지식인들은 민족의 장래에 절망하기도 했다. 혹은 일제의 교활한 책략에 빠져서 본의이건 아니건 일제의 품에 안기거나 또는 유혹에 빠져드는 지도적 저명인사의 수가 늘어가고 있었다.

국내 3·1운동의 중심적 인물 중에서도 그와 같은 인사가 있어서 후에 이 사실을 알게 된 민중은 놀라는 한편 분노와 허탈에 빠지는 사태도 있었다. 이럴 때마다 같은 동지로서 운동을 계획하고 지도하던 고하의 상심은 형언할 수 없었다. 서로 잘 알고 친한 사람을 사이에 놓기도 하고, 혹은 직접 만나는 등 여러 가지 방법으로 그들의 마음을 돌려보려고도 하고, 일자리를 주선해 주기도 하였으나 한번 떠난 그들의 태도는 더욱더 멀어만 가는 듯하였다.

고하와 가까운 사이였던 송계 노병권(松溪 盧秉權)은 당시의 상황을 다음과 같이 술회했다.

"3·1운동의 중심인물 중에서도 고하와 가장 긴밀한 관계에 있던 인사들이 일제에 매수되어 변절하는 것을 본 고하의 비통과 상심은 말할 수 없었지요. 고하 자신도 누구 못지않은 감시를 받았고, 음으로 양으로 사업은 물론 사생활까지도 방해와 구박이 막심할 때이지요. 자신이 그러한 처지에 있으면서도 고하는 변절하는 옛 동지들의 마음을 돌려보려고 여러 가지로 손을 썼지요. 나도 고하의 간곡한 부탁과 그 우정에 감격하여 그동안 연구하던 조선상고사(朝鮮上古史)에 대하여 지도를 받던 인사를 찾아가서 고하의 말을 전하고 자기 나름대로 그의 마음을 돌이켜 보려고 여러 번 만나 권고한 일이 있습니다. 별로 기대한 만큼의 효과는 얻지 못했지만요."

민족운동의 수준과 수단이 높아가고 넓어지면서 지사(志士)들의 의견에도 보수적인 인사와 진보적인 인사로 나누어져서 시국관, 민족관 혹은 역사관에 있어서 의견을 달리하는 경우도 자주 생기게 되었다. 또한 일제의 민족 지도자 사이를 이간하는 정책은 비단 민족진영에 한한 것만은 아니었다.

1917년 11월 러시아에서 공산혁명이 성공하고 이 혁명의 중심인물인 레닌은 그가 주장하는 '마르크스·레닌주의' 즉 국제공산주의를 실현하기 위해서 소비에트 사회주의 연방이 중심이 되어 형식적으로는 각국에서 모여든 지도적인 공산주의자나 일부 민족주의자까지도 규합하여 '코민테른'(국제공산당)을 조직했다. 이어 각국, 각 민족에 그 지부를 조직하도록 자금을 공급한 바, 특히 후진국이나 피압박 민족에 비밀결사로서 공산당 지부를 조직하게 하였다.

이들 공산당 지부는 그 민족의 일부 젊은 층의 결사이며 탄압자에 대한 반항 단체였다. 이른바 '코민테른'은 조직된 각국, 각 민족의 지부에 모든 것을 지시하고 각 지부는 이 지시 명령에 절대 복종해야 하며 이를 어기거나 이에 대한 반대는 일체 허용되지 아니했다. 명령이나 지시를 거역한 자에 대한 코민테른의 보복 조처는 문자 그대로 처참 가혹한 것이었다. 그러므로 각국 혹은 각 민족 내에 조직된 공산당은 소련 공산당의 완전한 지배하에 움직이는 산하조직인 것이다. 즉 국가나 민족 단위의 주권은 조금도 인정되지 않는 것이다. 그 규약이나 행동 강령은 아래와 같이 변함없는 근본 원칙으로 레닌주의의 핵심이었다.

1. 폭력혁명(暴力革命)
2. 프롤레타리아 독재(獨裁)
3. 민주집중제(民主集中制)

제2차 세계대전 전후까지 각국, 각 민족의 공산당이 소련을 조국이라 부르고 '소련'의 지령이나 행동이나 결정 사항은 비록 그것이 자기 나라의 실정이나 일반 사리에 위배되는 일일지라도 무조건 추종해야만 했다. 설령 스스로 행동하려고 결정한 방침일지라도 소련의 지시가 있으면 헌신짝 버리듯 뒤집는 사례가 흔히 있었는데 이는 당시 코민테른의 지도 정책이 절대적이었음을 말하는 것이다.

러시아의 공산혁명 이전에도 조선이나 중국, 일본인들 중에 공산당이나 사회주의 정당에 관여한 사람이 없었던 것은 아니다. 특히 조선 사람 중 한일합병을 전후하여 시베리아 등지로 망명한 인사들 중에는 일찍 공산혁명에 참가한 사람이 있었다. 1918년 러시아 극동지방 하바롭스크에서 이동휘(李東輝) 중심의 한인사회당(韓人社會黨)이 조직되었고 임시정부 국무총리가 되어서는 상하이에 와서 고려공산당(高麗共産黨)을 조직한 바도 있다.

그러나 그 당시의 망명객들은 거의 대부분이 공산혁명 참가에 뜻을 두기보다 민족의식이 더 강했던 관계로 공산당의 힘을 빌려 조국광복에 도움이 될 수는 없을까 하고 협조했던 것이 사실이다. 코민테른은 이러한 사정을 역이용하여 극동에서는 중국 상하이를 활동의 중심지로 삼았다. 당시 상하이는 쇠망해 가는 청나라의 영토이지만 열강 각국이 이를 분할 점령하여 조계(租界)를 설정하였다. 그 조계는 점령한 나라의 영토로서 치외법권 지역이었다. 그리히여 이 조계 내에는 다른 나라의 망명객이 많이 숨어 들어왔는데 본국에서 도망쳐 나온 정치범이나 국사범(國事犯), 또는 이를 잡으려는 밀정 등이 우글거렸다. 특히 한일합방 후 본국을 떠난 한국 망명지사가 이곳에서 주로 프랑스 조계에 모이게 되었고, 기미년 이후는 이곳에 임시정부가 설치되기도 했다.

1921년 소련은 상하이에서 극동민족대회(極東民族大會)를 열고 각 민족대표를 참가하도록 하였다. 5월 8일에 열린 극동 민족주의자 그룹회의에 참석한 박치순(朴致順), 이동휘 등이 중국, 일본 등의 대표들과 같이 참석한 것이 국제공산주의 회의에 참가한 최초의 기록으로 남아 있다. 그 이전에 임모라는 사람이 '코민테른'의 밀사로 일본에 파견된 기록도 있기는 하다.

조선 사람으로서 당시 공산주의자들은 민족의식, 국가의식이 아직도 뿌리가 깊었다. 또 국내외의 민족주의 인사들도 조국 독립을 추진하면서 약소국가나 약소민족을 도와주겠다는 소련이나, 소련과 밀접한 관계를 가지고 있는 사람들을 처음부터 적대시하지는 않았고 또 그럴 필요도 없었다. 그러나 시간이 흐를수록 서로의 주장과 감각에서 석연치 못한 데가 생기게 되어 한데 뭉쳐지지는 못하였던 것이다.

조선 안에 공산주의자가 들어오고 그 운동이 형태를 보이게 된 것은 1922년경부터이다. 그것은 1922년 7월 일본에 공산당이 조직되고 이것이 코민테른 일본 지부로 인정되기 전후하여 일본에 있는 조선 유학생 사이에 이 사상이 퍼지기 시작했다. 이들이 본국을 자주 왕래하면서 국내의 학생과 청년들 사이에 공산주의 사상이 침투했는가 하면 또 다른 면으로는 상하이나 하바롭스크 등지를 거쳐서 귀국한 망명객들의 수가 늘어나면서부터 그 사상의 물결이 퍼져갔다.

도쿄 유학생인 원종린(元鍾麟), 김약수(金若水), 정태성(鄭泰成) 등이 조직한 조선 유학생 동우회가 국내에 들어와서는 일본 노동단체와 손잡고 계급투쟁의 행동 실천을 선언한 것이 공산계급운동의 시초이다. 이들은 적은 일본 제국주의가 아니라 일본과 조선의 지주와 자본가이며 따라서 민족주의자도 적대시하였다.

이 새 사상에 물든 젊은 층과 국내에서 갖은 곤경을 치르면서도 일본 정치에 계속 항거하고 있는 지도자들 사이에는 시대적인 감각 차이도 없지 않았지만 점차 사상의 대립이 깊어간 것도 이 시대의 특징이다. 더욱이 중국 상하이나 북쪽에서 본국으로 들어온 인사들 중에는 깊은 연구도 없이 새 사상에 동조하고 '주의자'인 체하는 것이 시대의 감각을 가진 것처럼 행세하고 일종의 우월감까지도 있어서 국내의 지도자층과 사이도 좋지 못했던 것 또한 사실이다. 또 다른 면에서 가난에 쪼들리며 살아온 일부 민중에게 공산주의는 막연한 기대와 맹목적 동조를 하기엔 매력적인 이념이었다.

국내에 있어서 신구대립이 점차 싹터가는 것을 이용하여 총독정치는 재래의 민족진영과 이 새로운 층과의 마찰을 조장하고 있었다. 민족주의자 중에서도 새 사상에 뒤질세라 그 이념을 추종하는 무리들을 충동질하였다. 이와 같이 조선 민중 사이에 생긴 신구사상(新舊思想)의 대립과 충돌을 더욱 부추겨 민족 자체의 분열을 일삼게 하는 총독부의 정책은 공산당이 민족진영뿐만 아니라 총독 정치에 조직적인 항거 세력이 될 때까지 계속되었다.

초기의 공산주의자의 공격은 고하가 운영하고 있는 동아일보에 그 화살이 집중되었다. 고하는 몰지각한 사회주의자들의 비행도 엄정히 비판 보도하는 데에 힘썼지만 그 뒤에 숨어서 이를 직간접으로 조종하는 일제에도 감시를 게을리하지 않았다. 한편으로는 민족진영의 분열을 막기 위하여 여기에서 이탈하려는 지도급 인사들을 적극적으로 돕고, 붙들고, 혹은 협조하는 데에 힘썼다. 자질과 기백 있는 국내외의 청년 유학생들에 대한 직장을 알선하는가 하면 자기 몸을 돌보지 않고 이 청년들과 끊임없이 접촉을 하면서 그들의 이탈을 막기에 힘썼다. 그중 대표적인 것이 동아일보나 여러 사립 전문학교 혹은 중학교 선생님 등으로 재직하다가 나중에 대부분이 민족진영의 지도자로 일하게 된 것을 보면 짐작할 수 있다.

앞서 말한 바와 같이 동아일보는 지방에 흩어진 일부 몰지각한 '주의자'들의 움직임을 자세히 조사 보도한 일이 있었다. 여기에 반감을 가진 그 동조자들이 주동이 되어 각지에서 동아일보 불매동맹을 일으키는가 하면, 고하를 사회주의 세력의 반대파 대표자로서 공격을 집중하기도 했다. 그들은 고하를 공격하는 근거로 그가 주재한 '재외동포 위문 강연' 당시에 수입된 의연금과 약소 민족운동을 돕기 위해서 소련 공산당으로부터 장덕수에게 송금했다는 자금을 장덕수가 횡령하고, 더욱이 그는 그 자금으로 해외 유학을 떠났다는 등 터무니없는 소문을 날조하기도 했다. 이 소문은 도쿄 유학생들 사이에도 끈질기게 나돌아 고하를 공격하는 구실로 삼았다.

　1920년 6월 이동휘(李東輝) 상하이 임시정부 국무총리는 모스크바에서 열린 전로중국노동자회의(全露中國勞動者會議)에 그의 심복인 한형권(韓馨權)을 파견하였다. 그는 레닌과의 회견에서 임정이 공산주의를 채택하겠음을 밀약하고 운동자금으로 60만 루블 어치의 금괴를 받았다고 한다. 이 중에서 약 20만 루블 어치는 모스크바에 있는 박치순에게 맡기고 나머지를 가지고 상하이로 돌아왔다. 이동휘는 이 자금이 그가 조직한 고려공산당에 송금된 것이라는 이유로 임정이 모르게 이 돈을 사용하다가 결국 임정 내부에서 큰 말썽을 자초하게 되었고 고려공산당 내부에서도 분쟁의 씨앗이 되었다. 불분명한 자금의 용도와 행방을 추궁받자 이동휘는 그중 일부를 국내 공산당의 조직자금으로 송금했다고 해명함으로써 말썽은 서울에까지 번졌다. 자금의 유입 사실 자체도 불분명하고 돈을 받았다는 사람도 밝혀지지 아니하였음에도 불구하고 이동휘에게서 이봉수를 거쳐 5만 원이 장덕수 또는 최팔용에게 전해졌다거나 또는 이동휘에게서 김철수(金綴洙)를 거쳐 장덕수 또는 최팔용에게 전해져서 잡지 《신생활(新生活)》의 창간에 사용되었다는 등의 풍문이 있었다. 소위 '사기 공산당 사건(詐欺 共産黨 事件)'이 이것이다.

　이리하여 다른 이유도 겹쳤지만 고하는 1924년 5월에 동아일보 사장의 직에서 물러났다. 이어 인촌도 이사직을 사임하였다. 이 공백 기간을 메우기 위하여 감사인 허헌을 이사로 하여 사상직무대리를 맡게 했다. 이어서 1924년 5월 14일 명월관에서 임시 주주총회를 갖고, 이사에 이승훈과 벽초 홍명희(碧初 洪命憙), 그리고 허헌(許憲), 윤홍렬(尹洪烈), 양원모(梁源模) 등 5인을 선임하고 사장에는 남강 이승훈(南岡 李昇薰)이 추대되었다. 남강은 구한말부터 우국지사였고, 3·1운동에는 고하의 권고로 기독교계를 규합하여 참가한 대표적 인물이다. 또 그는 비록 고하보다 25~26살 많은 대선배였으나, 독립운동 전선에서는 서로 굳게 믿는 동지였다.

남강이 동아일보 사장에 취임하기 석 달 전인 2월 18일은 남강의 회갑이었다. 이 때 고하는 이 선배의 회갑을 축하하기 위하여 기념품과 함께 서화첩을 만들어 벽초를 통해 보냈다. 이 서화첩은 위창 오세창(葦滄 吳世昌)을 비롯하여 관재 이도영(貫齋 李道榮), 석정 안종원(石丁 安鍾元), 성당 김돈희(惺堂 金敦熙), 춘곡 고희동(春谷 高羲東), 이당 김은호(以堂 金殷鎬), 심산 노수현(心汕 盧壽鉉), 청전 이상범(靑田 李象範) 등 당대 명가의 서화로 꾸며진 것이었다. 이 서화첩의 서두에는 고하 자신이 다음과 같은 기념사를 한글로 써서 실었다. 고하가 남긴 유일한 한글 필적이다.

남강 이승훈 선생 회갑 기념문

거짓을 모르고, 게으름을 모르고, 몸과 집을 모르고, 오직 나라와 의를 위하여 생각하고, 다니고, 말하고, 일하고, 옥에 들어가기에 늙으신 남강 선생은 우리 민족의 은인이요, 모범이시다. 이 어른

거즛을 모르고 게으름을 모르고 몸과 집을 모르고 오즉 나라와 의를 위하야 생각하고 다니며 말하고 일하고 옥에 들어가기에 늙으신, 남강선생은 우리민족의 은인이오 모범이시다 이어른을 거념하기야 우리동포의 가슴에 새김에 잇거니와 이번 륙십일수를 축하함을 긔회로하야 사모하고 오래 살아일하소서 하는 참뜻을 표하고져 이것을 밧들어드린다

敎生降生一九二四年二月十八日 東亞日報社長 宋鎭禹 謹書

1924년 2월 18일 고하친필-남강 이승훈 선생 회갑기념 화서첩의 첫머리에 실린 축사

을 기념하기야 우리 동포의 가슴에 새김이 있거니와, 이번 육십 일수를 축하함을 기회로 하야, 사모하고, 오래 살아 일하소서 하는 참뜻을 표하고저, 이것을 받들어 드린다.

구주강생 1924년 2월 18일

東亞日報 社長 宋鎭禹 謹書

남강이 동아일보 사장에 취임하면서 주필 겸 편집국장에 홍명희, 영업국장에 양원모 등이 임명되었고 사원에도 적지 않은 변동이 있었다. 논설반 기자에 윤홍렬(尹洪烈), 조동호(趙東祜), 정인보(鄭寅普), 정치부장에 최원순(崔元淳), 경제부장에 한기악(韓基岳), 지방부장에 구연흠(具然欽), 정리부장에 조동호, 논설반 겸 조사부장에 이승복(李昇馥), 만화반 기자에 노수현, 촉탁기자에 선우전(鮮于全)과 이관용(李灌鎔) 등이었고, 업무 방면으로는 서무부장에 김철중(金鐵中), 사업부장에 홍성희(洪性憙) 등이 있었다. 또한 후일 공산당 당수가 된 박헌영(朴憲永)이 당시 영업국에 사원으로 있었다.

이와 같이 동아일보는 다시 정비되었지만 가을에는 인촌을 다시 동아일보 고문으로 추대했다. 다시 얼마 뒤인 이해 10월 21일 명월관에서 주주총회를 열고, 임기가 만료된 임원을 교체한 결과 김성수, 장덕수, 홍명희, 윤동렬, 허헌, 양원모의 6인을 선출하였다. 이들은 인촌을 사장에 추대하고, 고하와 남강을 고문으로 맞왔다. 이리하여 이해 4월 이래의 사내 파동은 5개월 만에 마무리 되었고 새로운 안정과 도약을 기약하게 되었다. 해가 바뀌어서 1925년 4월 주필 겸 편집국장 벽초 홍명희는 육당 최남선이 경영 부진으로 손을 뗀 《시대일보(時代日報)》를 맡아 동아일보를 떠났다. 그의 뒤를 이어 고하는 고문에서 주필의 직을 맡게 되었다.

동아의 사장이 남강에서 인촌에게로 돌아가게 결정된 1924년 10월의 동아일보 주주총회에서는 또 하나의 중요한 결의가 이루어졌던 것을 기록해 두지 않을 수 없다. 이때 동아일보사 정관 중에 '주주(株主)는 조선인(朝鮮人)으로 한(限)함'이라는 일항(一項)이 첨가된 것이다. 한민족의 표현 기관으로 출발한 동아일보는 이리하여 그 조직의 성격을 이렇게 문서화한 것이다. 이 무렵 고하는 〈무엇보다도 '힘'〉이란 제목 아래 우리 국민의 단결을 주장하고 민족의 봉공심(奉公心)을 호소하는 글을 《개벽(開闢)》지에 기고한 바 있다. 우리 민족의 가장 큰 단점이며 결점을 지적한 것이다. 그 전문을 여기에 옮겨 싣는다.

무엇보다도 '힘'(最近의 感)

宋鎭禹

왜 오늘날 우리가 약자가 되었는가 하면 누구든지 그 답안에는 심히 간단하고도 명료하게 하리라. 다못 힘이 없으니까 약자가 된 것이라고 할 것이다. 이에 우리로 하여금 약자가 되는 것을 가장 광영으로 생각하고 또한 행복으로 생각한다면 두말할 것도 없거니와 만일 그렇지 아니하고 약자가 되는 것이 인생의 고통이며 또한 사회의 한 비극이라 하면 우리는 하루라도 약자가 되지 아니하기를 맹세하여야 할 것이며 또한 그 방법을 연구하여야 할 것이다.

과연 우리에게는 힘이 없다. 모든 사물의 원동력이 될 만한 힘이 없는 것이 사실이다. 물론 힘에는 완력도 있겠고 금력도 있겠지만 우리의 오늘날 요구하는 힘은 단결력이다. 단결력이 없으므로 약자가 된 것이다.

보라! 왜소한 대화종(大和種)이 어찌하여 거대한 구미인과 경쟁하며, 또한 무산자만으로 조직된 노농러시아(勞農露國)가 어찌하여 자본주의의 열강을 능히 대항하는가? 물론 개인으로는 구각(軀殼)의 대소를 따라 완력의 우열도 있을 것이며 또한 사회의 제도에 의하여 금력의 유무도 현수(懸殊)할 것이다.

그러나 단체적으로서 능히 경쟁할 뿐만 아니라 도리어 능가하려 하며 능히 대항할 뿐만 아니라 도리어 정복하려 하는 것이 그 무슨 까닭인가. 오직 그네에게 단결력이 있을 뿐이다. 그러면 오늘날 우리가 무슨 주의니 사상이니 하여 여하히 선전하며 여하히 고취한다 할지라도 이 모든 주의와 사상을 실현할만한 단결력이 없어서는 빈승(貧僧)의 공염불에 불과할 것이다.

우리가 지나간 3·1운동의 실제적 경험을 고찰하여 보아도 명료할 것이다. 선전이 부족한 것도 아니며 사상이 박약한 것도 아니

건마는 최후의 공(功)을 주(奏)치 못한 것은 물론 대세의 관계도 없지 않을 것이나 이 운동을 통일하여 계속할 만한 중심적 단결력이 부족하였든 것이 거짓이 아닌 사실이다. 그러므로 우리는 이렇게 주장하고 싶다. 무엇보다도 모든 주의와 사상의 실현에 토대가 되고 근저(根底)가 될만한 '힘', 곧 단결력을 준비하지 아니하면 아니 될 것이라고 본다.

보라. 대전 이후의 러시아와 독일(露獨) 양국이 전에 없는 변란과 개혁을 계속하면서도 의연히 자체의 생존권을 유지하는 것은 양 민족의 단체적 훈련이 무엇보다도 위대한 것을 간파할 수 있으며 중국과 묵국(墨國: 멕시코)이 금일까지 만성적 혁명병에 걸려서 온갖 추태를 연출하는 것도 개중의 소식을 전하는 것이 아닌가.

요컨대 문제는 단결력이다. 환언하면 단결력은 각 개인의 심력(心力)이다. 심력, 곧 봉공심(奉公心)이 발달된 민족은 강자가 되어 우자(優者)가 되고, 봉공심이 박약한 민중은 약자가 되며 천자(賤者)가 되는 것이다.

오늘날 우리의 결함은 봉공(奉公)의 부족이다. 봉공이 부족하므로 분규가 생기며 시기에 터잡아 모든 악을 행하게 된다. 이리하여 단결을 파괴하게 된다. 결국 우리를 약하게 한 자는 우리요, 다른 사람은 아니다. 그러면 우리가 약하여 자멸할까, 강하여 자립할까. 이것이 곧 우리가 우리의 운명을 자결(自決)하는 분기점이다.

만일 강자가 되자면 힘이 있어야 되겠고, 힘이 있자면 단결하여야 되겠고, 단결하자면 각 개인의 봉공심을 환기하지 아니하면 아니될 것을 더욱 실감하는 바이다.

《개벽(開闢)》 총 46호(제5권 4호 1924년 4월 1일 발행)

6 / 범태평양회의 참석

사장에 인촌, 주필에 고하가 취임하여 안정을 되찾은 동아일보는 다시 눈부시게 비약했다. 동아일보는 이보다 앞서 고하의 사장 재직시에 이미 창간 4주년 계획을 잡고 있었다. 사내에 동요가 일어나기 직전인 1924년 4월 1일에 동아일보 발전 기념사업으로 (1) 지방판 발행 (2) 사옥 신축 (3) 윤전기 증설 (4) 각 지방 순회 등이 구상되었던 것이다. 이 중 첫 번째 계획인 지방판 발행은 그해 4월 1일부터 중앙판, 삼남판(三南版), 서북판(西北版)의 세 지역을 중심으로 시작되었고, 나머지 사업은 이듬해부터 구체적으로 실현되었다.

육혈포 권총사건 이전 해 3월 중순 경 신축 사옥의 부지로 동아일보 광화문통(光化門通-지금 世宗路) 139번지의 대지 4백여 평을 7만 원에 사들였다. 그러나 박춘금의 육혈포 권총사건과 뒤이어 일어난 사내 파동으로 사옥 신축은 무기한 연기되었다. 현재 위치의 동아일보 신축 사옥은 우여곡절 끝에 1925년 9월에 착공하여

1925년경 일본 도쿄에서 김성수와 함께

1926년 12월에 준공되었다.

증설을 계획했던 윤전기는 1924년 12월에 일본 도쿄 기계회사에 주문한 상태였다. 해가 지나 1925년 4월 25일에 당시 돈 15,000원으로 구입하여 설치되었다. 5월 9일부터 인쇄를 개시하게 되었는데, 이 기계는 한국 신문 역사상 최초의 자동 타첩식(自動打疊式) 최신 윤전기였다.

각 지방 순회 일정은 1925년 1월부터 시작되었다. 이 사업은 지방에서 별로 알려지지 않은 상황을 샅샅이 파헤치는 것을 제일의 목적으로 삼았다. 교육, 산업, 사상계를 비롯하여 각종 단체와 관공서를 방문하여 각 계층의 생활 상태는 물론이고 애환, 기이한 이야기, 풍경, 오래된 지방 유적까지도 일일이 조사하여 신문에 발표한 문화 사업이었다. 1925년 1월부터 3월까지 제1진으로 선발된 기자는 남대(南隊=경상도 일원)에 유완희, 북대(北隊=평안도 일원)에 임원근이었고, 김동환 기자가 나중에 보충되었다. 이 사업은 그 뒤에도 상당 기간 계속되었다. 제1회 실적으로 전국 지국 및 분국 중 5개소에서 기자 5명을 선발하기도 했다.

또한 한국 신문계 최초의 실험으로 소설, 논문 등의 현상 모집을 시도한 것도 이 무렵이다. 소설과 논문에 각각 1천 원씩 상금을 걸고, 소설은 '춘향전' 개삭, 논문은 '경제 파멸의 원인 현상 및 그 대책'을 주제로 공표하였다. 마감일인 1925년 3월 말까지 소설은 수십 명의 응모가 있었으나, 입선권에 드는 작품이 없었다. 이에 춘원 이광수에게 부탁하여 《춘향(春香)》이라는 제복 아래 그해 9

월 말부터 개작된 춘향전을 96회 연재하였다. 논문의 경우 서울의 배수성(裵秀星=裵成龍)이 입선하여 1925년 8월부터 연재되기도 하였다.

한편 고하는 주필로 취임한 즉시 동아일보 회사의 노래를 공모했다. 2천만 '민중의 표현 기관'과 '민주주의'와 '새 문화의 건설'이라는 3대 회사 강령을 담아내고, 부르기 쉽고 알기 쉬우면서도 아름다운 노래가 되기를 원했다. 그러나 응모 작품 가운데 마땅한 작품이 없어 이광수가 작사하고, 김영환(金永煥)이 작곡한 동아일보의 노래가 다음과 같이 탄생했다.

동아일보 사가(東亞日報社歌)

(東亞日報 1926. 1. 16)

일(一)
이천만(二千萬) 가슴속에 졸던 자유혼
깨어라 소리치어 자유의 소리
나날이 새 힘 자라 새는 날마다
영원히 외치도다 자유의 소리

후렴
동아일보(東亞日報) 동아(東亞)의 종소리 자유종소리
이천만(二千萬) 자유혼의 외치는 소리

만국에 울려라 만세에 울려라

이(二)
이 붓대 보았는가 정의의 붓대
의(義) 아닌 것 보고는 못 참는 붓대
차라리 의에 싸워 꺾일지언정
곧고 곧은 그 절개 휘지 못 하네

삼(三)
횃불은 들렸도다 진리의 횃불
삼천리(三千里) 우리 강산 두루 비추려
옛 역사 새 정신 타는 광명은
천만대(千萬代) 내려 전할 진리의 횃불

사(四)
원컨대 북이 되어 사랑의 꾸리
끝없는 실을 끌고 동포의 가슴
낱낱이 들며나며 이천만 혼을
찌리라 새 조선의 빛난 깃발로

이 무렵 일제는 이른바 치안유지법(治安維持法)을 공포하였다. 일본에 공산주의가 들어온 것은 1921년 여름, 소련이 상하이를 중심으로 극동 민족대회를 주최한 후 운동자금을 지원하며 코민테른 일본 지부를 조직하고 결성한 것이 시초이다. 1922년부터는 완전한 것은 아니지만 날이 갈수록 조직은 커 가기 시작했고 행동강령은 다음과 같았다

1. 자본주의 제도 부정
2. 천황제를 포함한 국가 체제의 부정
3. 농민·노동운동의 극대화

이러한 과격한 사상과 행동은 극한 사태를 빈번하게 일으켜 사회불안을 조성하기도 하였다. 이 사태를 철저히 단속하는 법으로 치안유지법이 제정된 것이다. 주로 공산주의자들에게 무거운 벌을 가하는 것이었다. 그러나 우리 내부의 민족운동과 사회운동에도 이 법이 확대 적용되었다. 이 전부터 내려오던 총독부 명령(制令) 위반으로 처벌을 받게 되었다. 한 마디로 혹독한 탄압이었다. 1925년 5월 12일부터 시행하게 된 이 악법의 공포에 대해서 잡지 《개벽(開闢)》은 총 60호(1925년 6월호)에서 국내 명사들의 설문(設問)을 모아 게재한 바 있다. 이 기사를 통하여 당시 고하의 생각을 엿볼 수 있다.

치안유지법의 실시와 금후의 조선 사회운동에 관한 설문
1. 조선사회운동의 금후 추세 여하.

2. 조선사회운동의 금후 방침 여하.

3. 사회운동과 민족운동과의 금후 관련 여하.

이 설문에 응답해 온 인사는

조선농총동맹(朝鮮農總同盟) 권오설(權五卨),

조선청년총동맹(朝鮮靑年總同盟) 이 영(李 英),

신흥청년동맹(新興靑年同盟) 조봉암(曺奉岩),

서울청년회 이정윤(李廷允),

화요회(火曜會) 김 찬(金燦),

사회주의동맹(社會主義同盟) 김해광(金解光),

북풍회(北風會) 신 철(辛鐵),

동아일보사 송진우(宋鎭禹),

변호사 이 인(李仁),

시대일보사 홍명희(洪命憙),

경성청년회 송봉우(宋奉瑀),

조선일보사 신일용(辛日鎔)

宋鎭禹의 답

1. 첫째는 표면운동보다 이면운동이 치열하여 갈 것이며, 둘째는 재래이 분규로 혼잡히었던 운동선(運動線)이 외국의 압박으로 인하여 각국의 반성을 촉구하는 동시에 통일 단결의 기운을 양성할 것이다.

2. 외부선전보다 내부이 조지을 긴착(緊着)케 하여 실제직 세력

을 수립하는 것이 필요치 아니할까.
3. 외래의 공통된 압박과 현하의 공통된 생활불안으로 인하여 더욱 제휴협조의 관계가 발생할 것이다.

(이상 설문에 대한 회답 문답이 宋鎭禹의 회답과 대부분 대동소이한데 특히 제3설문에는 조봉암과 이영의 의견이 동일하였다.)

고하가 동아일보 발전에 전력을 기울이고 있을 때, 이번에는 외국에서 초청이 있었다. 그것은 미국 하와이에서 열리는 제1회 '범태평양회의(汎太平洋會議)'의 초청이었다. 이 회의는 태평양 연안에 산재해 있는 각 민족 단체 대표들이 모여서, 제1부에서는 문화·종교·교육·사상·습관·예술 문제를, 제2부에서는 경제와 상업 문제를, 제3부에서는 인종과 인구 문제를, 제4부에서는 정치 문제를 각각 토의하기로 되어 있었다. 여기에 초청된 곳은 조선을 비롯하여 미국, 호주, 캐나다, 일본, 중국, 필리핀, 뉴질랜드 등이었다.

이 '범태평양회의'에 고하는 한민족 대표의 일원으로 신흥우(申興雨), 유억겸(兪億兼), 김양수, 그리고 미국에 머물러 있는 서재필(徐載弼), 김활란(金活蘭) 등과 함께 참석하기로 되었다. 주필인 고하는 동아일보 특파원 자격을 겸하여 장도에 올랐다. 여행 도중에 일어난 여러 가지 사항과 회의 상황을 신속하게 보도하기 위해서였다. 일행 중 국내 대표 4명은 총독부의 시비로 여권 발급이 예정보다 늦어져서 1925년 6월 15일에야 일본 요코하마를 거쳐 미국

1925년 제1회 하와이 호놀룰루에서 개최된 범태평양회의 참석,
일제의 침략과 만행을 규탄한 서재필과 한국대표단 (오른쪽 끝이 송진우)

여객선 '프레지던트 윌슨'호로 떠나게 되었다. 고하는 출장길에 오르자마자 서울에서 부산까지의 여정과 창경환(昌慶丸)에서의 일박(一泊) 그리고 마관(馬關)에서 도쿄까지 가는 길을 소상하게 4회의 특파원 보고를 실었다. 가는 도중에 대표들은 소회의를 열고, 범태평양회의에서 한민족 대표가 제출하고 토의할 의제를 의논히고 디음과 같은 기본 원칙을 결정했다.

첫째, 약소민족 문제의 합리적 해결,
둘째, 경제적 제국주의의 디피,

셋째, 각 민족의 국수적(國粹的) 교육주의를 타파하고, 인류 평등의 대원칙에 기본을 둘 것.

고하는 항해 도중에 배 위에 서서 망망한 태평양의 거센 물결을 바라보았다. 꿈결같이 지나간 지난날의 일들과 앞으로 닥쳐올 헤아릴 수 없이 많은 일들 때문에 그는 깊은 생각에 잠겼다. 이때 고하는 태평양 선상에서 한시 1수를 지었다.

남북동서불견주(南北東西不見洲)
(사방을 바라보아도 뭍 가는 안 보이는데,)
연천수색한행주(連天水色閑行舟)
(하늘과 맞닿은 물빛 속에 뱃길만 한가롭구나)
안장안하태평양(安將眼下太平洋)
(언제려나 눈 아래 태평양 물로)
척진인간만고수(滌盡人間萬古愁)
(만고에 쌓이고 쌓인 인간의 수심을 깨끗이 씻어 볼까)

고하는 여객선상에서 열리는 무도회(舞蹈會)를 난생처음 보았다. 남녀가 껴안고 돌아가는 춤이 어쩐지 이상하고 야릇하게만 보였다. 춤추는 사람들은 모두 백인 남녀들뿐이었다. 일행은 배를 탄 지 9일 만인 6월 24일, 회의가 열리는 하와이의 호놀룰루에 상륙했다. 도착하자마자 하와이에 있던 우남 이승만(雩南 李承晩)을 비롯하여 교민총단(僑民總團), 지방단(地方團), 동지회(同志會) 동포들의 따뜻한 영접과 이 단체들이 주최하는 환영 만찬에 참석했다. 우남은 이 자리에서 인촌의 안부를 물었다.

"두 분이 국내에서 얼마나 고초를 겪고 있소? 모든 고초를 당하는 것을 들을 때마다 여러 동지들과 같이 당하지 못함을 항상 유감으로 생각하고 있소."

우남은 고하와 인촌을 위로하고 또 찬사를 아끼지 아니하였다. 우남과의 해후는 고하가 도쿄 유학 시절 이래 15년 만의 일이었다. 이에 앞서 고하는 다른 사람을 통하여 이승만이 쓴 〈자유와 단결〉이라는 제목의 논설을 입수하여 1924년 4월 23일자 동아일보에 게재하는 등 간접적인 연락은 계속하고 있었다.

고하는 하와이에 체류하는 동안 틈 있는 대로 우남을 만나서 국내와 국제의 여러 가지 문제에 대하여 의견을 교환했다. 우남은 고하의 손을 잡고 회의가 끝나더라도 이곳에 머물러서 같이 일하자고 간곡히 권하는 것이었다. 그러나 고하는 국내 문제를 저버릴 수 없는 사정을 이야기했다.

"국외 문제는 박사께서 맡으셔서 잘 해 주시고, 국내 문제는 저희들이 하겠습니다."

고하는 도착하자마자 오아후대학 기숙사에 여장을 풀고 11일간의 양상생활(洋上生活)이라는 제목의 현지보도를 부지런히 송고(送稿)했다. 팔린톤 총독의 환영사 외에 각국 대표의 연설은 물론 각 분과위원회 활동을 자세히 보도했다. 한민족 대표 4인은 우남과 긴밀한 연락을 취하는 한편, 6월 26일 '범태평양회의'에 제출할 최종 안건을 토의하고 한민족 대표의 주장이 담긴 기조문(基調文)을 채택했다. 대표들은 회의에 참석하면서 한민족의 억울한 사정을 토로하고 호소하며 일제의 만행을 규탄했다.

첫째, 조선에 대한 민족 평등의 원칙,
둘째, 교육 문제,
셋째, 경제 문제,
넷째, 조선·만주에 대한 인종적 감정을 제거하는 방법.

- 조선에서는 현재 입법기관이 없이 일본 총독이 제령(制令)을 공포·시행하고 있으며, 그 제령을 일본 천황(天皇)이 사후 재가(裁可)하는 형식을 취하고 있다. 이 제령에 의하여 형(刑)을 받고, 또한 '재가'가 거부되더라도 '제령'이 발표된 후 받은 형은 사면(赦免)의 혜택이 없다. 일경(日警)은 재판의 수속을 밟지 않고, 즉결 처분으로 형량(刑量)의 경중을 막론하고 집행한다. 이로 인하여 1년에 몇 만 명이 희생된다.
- 조선의 교육 문제는 현재 조선총독부의 교육령에 의하여 실시되고, 일본 천황에 충성을 다하게 하는 교과과정(敎科課程)으로 실시할 뿐만 아니라, 일어(日語)를 강요한다. 요컨대 인격이나 인류의 도의를 망각하고, 일인(日人)에게 동화(同化)되기를 강요하고 있다.

- 조선에서는 현재 모든 경제정책이 조선의 산업 발전에 기여하기는커녕, 조선의 재산을 일본의 정치적·경제적 권익 확충에 제공하는 데 오용(誤用)되고 있다. 그리고 동양척식회사(東洋拓殖會社)는 구한국시대에 공동으로 설립된 것인데, 한일합병(韓日合倂) 후에는 일인을 한국에 이민시키는 데 이용하는가 하면 농지를 그들 이민의 소유로 돌리는 운영 방침으로 움직인다.

고하가 동아일보 특파원으로 크게 활약한 것은 그뿐만이 아니었다. 각국의 명사 대표들의 회견을 기사로 작성하여 동아일보로 보내어 보도하도록 했다. 미국 존스 홉킨스대학 교수 윌로비의 〈내부적 단결을 하라〉, 미국 캘리포니아주에서 발행되는 《프레스노 리퍼블리칸》지 사장 노웰의 〈3·1운동의 대중의 유혈(流血)은 위대한 흔적이다〉, 호주 멜버른대학 교수 로버츠 박사의 〈문제의 해결은 민족 자체에 있다〉, 미국의 유명한 신문기자 윌리엄 화이트의 〈조선의 전도에는 찬란한 광명이 있다. 낙심은 금물이다〉, 미국 하버드대학 교수 윌슨의 〈고통의 폭발은 각성의 표징(表徵)이다〉, 필리핀의 변호사 베니테스의 〈찬란한 옛 문화와 끈기 있는 국민성으로 민족적 향상을 기원한다〉 등이 비로 그것이다.

7 명논설 〈세계대세와 조선의 장래〉

고하는 하와이의 범태평양회의를 마치고 그해 8월 하순에 귀국했다. 그는 귀국 도중에 생각해 온 바대로 곧은 천성과 사색, 체험에서 얻어진 신념과 역사관, 하와이 회의에서의 연설 자료를 바탕으로 〈세계대세와 조선의 장래〉라는 선각적인 예언을 담은 논설을 썼다. 민족 지도자로서 조선민족의 장래에 대한 고하의 소신을 피력한 주장이었다. 이 논문은 귀국 후 8월 28일부터 15회에 걸쳐 동아일보에 연재되었다.

세계대세(世界大勢)와 조선(朝鮮)의 장래(將來)[1]

(東亞日報 1925.8.28.-9.6)

1

우리는 조선 사람이다. 그러므로 고기가 물을 떠나서 살 수 없는 것과 같이, 새가 수림(樹林)을 떠나서 살 수 없는 것과 같이 도저히 조선을 떠나서는 또한 조선을 잊어버리고서는 일각일초라도 설 수가 없고 살 수가 없다. 이리하여 자거나 깨거나 듣거나 보거나, 잊으려 하여도 잊을 수 없는 것이 현하(現下) 우리 동포의 심리적 상태인가 한다.

그러면 조선을 위하여 웃을 사람도 우리 동포요, 또한 조선을 위하여 곡할 사람도 우리 형제일 것은 물론이다. 이러한 의미에 있어서 조선 과거의 흥체적(興替的) 사실(史實)을 추구하며 또한 조선이 세계 구성의 일부인 이상에는, 현하의 세계와 조선과의 영향 관계의 현상을 그대로 냉정하고 엄숙하게 관찰하여서 조선민족의 당래(當來)의 운로(運路)를 개척 노력하는 것이 무엇보다도 긴차절(緊且切)한 문제일 것이다.

2

물론 조선의 장래를 논구(論究)하는데 있어서는 외부적으로 중요한 영향 파동이 관계를 가진 세계적 대세도 요긴한 재료가 될 것이다. 그러나 그보다도 더욱 중차대한 관계를 포함한 것은 내부적으로 조선민족 자체의 과거 역사상 흥체성쇠(興替盛衰)의 인과 관계이다. 이러한 의미에 있어서 우리는 먼저 과거 4,000년간 흥체성쇠의 사실을 개괄적으로 한바니 하려고 하는 바이다.

물론 과거의 조선에는 표면적으로 관찰하면 단군 대황조가 등

---

1   이 논문은 근대 한국 명논설(近代韓國名論說) 66편 중의 하나로 신정되어 1967년 〈신동아〉 월간지 별책 부록으로 간행되었다.

극조판(登極肇判)하신 이후로 기자(箕子)·기준(箕準)의 조선도 있었고 위만(衛滿)의 조선도 있었고 또한 진한, 변한, 마한과 고구려, 신라, 백제의 분열된 조선도 있었다. 이리하여 이를 통일 조직하였던 신라의 조선과 또한 이를 통일 계승하여 온 고려의 조선과 이조의 조선이 있었던 것도 역사적 사실이었다.

3

그래서 4,000년을 통하여 역사적 변천과 정치적 흥체가 반복무상하였다. 그러나 언제든지 조선인의 조선이라는 관념은 없어져 본 일이 없었으며, 또한 실체적으로 상상할 수도 없었던 것은 엄숙한 사실이다. 환언하면 삼국의 분열은 그 당시 정치 당로자(當路者)의 분열이며 신라·고려·조선의 멸망도 또한 그 당시의 왕위 교대의 흥망변천에 불과하였던 것은 분명한 사실(史實)이 아닌가. 어찌 그러냐 하면, 역대 왕조의 변천 흥체에 따라서 만일 조선이 멸망하였다 하면, 어찌하여 4,000년 이래로 조선민족의 문화가 의연히 보전될 수 있었으며, 또한 조선민족의 혈통이 엄연히 존재할 수가 있는가. 다시 일례를 들자면, 미국의 민주·공화 양당이 경쟁 교체하여 미국의 정권을 접수상전(接受相傳)하는 동안에 혹은 공화당이 승리를 득하며 혹은 민주당이 실패로 돌아가도 누구든지 결코 미국 자체의 동요 흥체로는 보지 아니할 것이 아닌가. 이러한 의미에서 역대 왕조 자체의 정치적 흥망에 불과한 것이고 결코 조선민족 자체의 전체적 멸망, 근본적 멸망을 의미하는 것이 아닌 것을 이에서 굳게 단언하는 바이다.

4

　우리는 전란(前欄)에서 역대 왕조의 흥폐는 정권쟁탈의 수단 방법에 불과하였고, 조선민족 전체의 문화 및 생활에 들어서는 직접의 변화와 영향이 없었던 것을 설파하였다. 이것은 역대 왕조가 항상 민족생활의 토대에서, 또는 민중문화의 발전에서 정권을 운용하며 경륜을 시설(施設)하는 것보다, 왕가 자체의 발전 또는 정권 유지의 목표에서 정치적 이상이 국한되었던 사실이었다. 그러므로 역대 왕조의 흥폐에 대하여 그 당시 왕조의 특수적 은총을 받는 특권계급을 제하여 놓고는 일반적 민중은 그다지 직접으로 생활상 이해의 감수성이 희박하였을 뿐만 아니라 도리어 어떤 왕조에 대하여는 그 포학무도로 인한 정치적 변혁을 기대하였던 적도 없지 아니하였다.

　그러나 이러한 역대적(歷代的) 사실에도 특히 우리들이 주의를 기울여 보아야 할 것은 과거 무상한 정치적 변혁에 언제든지 이민족의 세력으로 오랜 동안 간섭 혹은 통치하는 것은 절대적으로 거절하여온 사실이다. 이것은 원래부터 조선민족의 혈통이 극히 순수하고 또한 언어와 예속(禮俗)이 이민족의 그것에 비하여 항상 탁월 우수하였던 관계인가 한다. 회고하여 보라. 이세민(李世民)의 정예로도, 수 양광(隋楊廣)의 강포(强暴)로도, 혹은 안시성의 척영(隻影)이 되며 혹은 청천강의 고혼이 되지 아니하였느냐.

5

그러면 최근의 정치변혁의 사실(史實)은 여하한가. 반도의 정권이 조선에 귀속한 이후 임진·병자의 양대 전역(戰役)이 있었다. 이리하여 민력의 피폐가 극도에 달하였었다. 그러나 이를 개혁제도(改革濟度)할 거완(巨腕)의 정치가가 없었던 것도 사실이거니와 세계의 대세는 제국주의의 발흥과 동양항로의 발견으로 인하여 서력동점(西力東漸)의 대세를 순치(馴致)하였었다. 이리하여 은사국(隱士國)의 조선은 점차로 세계적 조선이 되어가며 폐쇄하였던 반도는 졸지에 열강의 각축장으로 되려 하는 형세가 현저하였었다. 이러한 기운을 간파하고 4,000년 이래의 신기축(新機軸)을 전개하여 일대 변혁을 시도하려 하였던 것이 지금으로부터 30년 전의 갑신정변이었다. 그러나 시운이 따라주지 않아서 우리의 선각 김옥균(金玉均) 일파는 천추의 한을 품고 마침내 남의 나라에서 불귀의 객이 된 것은 아직도 우리의 기억이 생생하지 아니한가.

그러나 이것도 또한 극소수의 각성으로써 4,000년 이래의 굳어온 민족 전체의 사상을 근본적으로 일시에 개혁하려 하였던 것이니, 어찌 무리가 아니랴. 이후의 형세는 어떠하였던가. 계속된 조선의 학정과 팽배한 서세(西勢)의 동점은, 혹은 종교로, 혹은 상선으로 도천(滔天)의 세를 보여주었다. 이리하여 동학당을 중심으로 한 민중적 반란이 일어났었다.

그러나 이 또한 쇄국(鎖國)·양이(攘夷)의 구사상에서 그 운동의 배태가 생긴 결과 한갓 일청전역(日淸戰役)의 대사단(大事端)을 야기하였을 뿐이오, 민중 자체에 대하여는 하등의 수확이 없었던 것이 사실이었다. 이 곧 갑오동란이 아닌가.

6

그러면 그 후 형세는 어떠하였는가. 수천 년간 지배받는 지위에서 복종과 압제에 굳어온 민족의 두뇌는 신문화에 대한 각성이 지둔(遲鈍)할 뿐 아니라, 소위 도솔의범(兜率儀範)의 지위에 처한 귀족계급은 사리와 당쟁이 분골탐닉(奔汨耽溺)한 결과 4,000년 이래의 조전부수(祖傳父授)하여 온 정치적 권력은 일로전역(日露戰役)의 종언으로 인하여 이민족의 수중에 이전하게 되었다. 이 곧 경술의 합병이 아닌가. 그러나 이에서 당약한담(瞠若寒膽)이 된 조선민중은 다시금 현대의 문명에 대하여 경이의 눈을 뜨는 동시에 민족적 의식을 또다시 발견하게 된 것이 아닌가. 이 곧 1919년 3·1운동의 발단인가 한다.

7

적어도 1919년의 3·1운동은 조선민족에 대하여 4,000년 이래 윤회 반복하여오던 동양적 생활양식을 정신상으로나 문화상으로니 정치상으로니 근본적으로 민중적으로 파괴 건설하려 하는 내재적 생명의 폭발이었다. 그러므로 조선 역사에 있어서 처음 보는 운동인 만큼 그 의의가 심장하고 그 관계와 영향이 중차대한 것도 물론일 것이다.

어째 그러냐 하면 과거 수천 년간의 역사상으로만 표현된 여러 가지 많은 개혁과 전란이 있었으나, 그 내용과 실질에 있어서는 소수계급의 정권쟁탈의 변혁이 아니면 존주양이(尊周攘夷)의 사상에서 배태되며 출발하였던 것은 거짓 아닌 사실(史實)이었다. 그러나 최근 3·1운동의 일건에 이르러서는 그 내용과 형식을 일변하여 적어도 사상의 근저가 세계적 대여론인 민족적 자존과 인류적 공영의 정의 인도의 관념 하에서 전국적으로도 민중이 칼 뒤에 쇠사슬이 있더라도 의연히 서며 태연히 움직였던 것은 어찌 조선민족의 혁신운동 사상에 일대 기적이 아니며 일대 위관(一大偉觀)이 아니랴.

8

그러면 이러한 기적(奇蹟)과 위관(偉觀)을 연출케 한 그 원인이 어디에 있을까. 이곳에서 한마디 논의를 해보고자 하는 바이다. 물론 조선의 혁신운동은 그 기원을 갑신정변에서 구하는 것이 정당한 경로일 것이다. 왜 그러냐 하면 갑신정변의 사상적 근저가 재래의 정권여탈(政權與奪)과 존주양이적(尊周攘夷的) 사상과는 그 범주를 달리하여 적어도 현대문명을 긍정하여 민족적 복리를 기도(企圖)하는 점에서 기인된 까닭이라 한다.

물론 그 운동의 토대가 극소수계급의 각성에서 출발하였으므로 상유(桑楡)의 공(功)을 거두지 못한 것은 천추의 한사(恨事)라 할지라도 그 개국존민(開國尊民)의 큰 이상에 관하여서는 암벽으로부터 낙하된 물체가 그 목적지에 달하기 전까지는 저지할 바를 알지 못하는 것과 같이 이래 30여 년을 통하여 일파가 만파가 되며, 사어(私語)가 여론이 되며, 혹은 독립협회가 되며, 혹은 자강회가 되며, 혹은 대한협회가 되며, 혹은 학교와 학회가 되어 일진일퇴 일축일장(一縮一張)의 무수한 변동과 허다한 시련을 경과한 것이 과거의 사실이었다. 그러나 더욱이 조선민족의 급격한 충동을 일어나게 하고 가속의 각성을 촉진케 하였던 것은 경술의 대변(大變)이다.

9

이리하여 조선민족은 회심반성(會心反省)의 기회를 만들었으며, 또한 구문화(舊文化)에 대한 반항을 시도하였었다. 촌숙(村塾)이 학교로 변하며, 도련님이 생도로 변하며, 이래 10년간을 사회적 세포인 개성의 변화를 야기하게 되었다. 또한 동시에 데라우치(寺內) 총독은 구문화군의 무력적 반항사상의 전환책으로 부지런히 동화주의의 신식교육을 여행(勵行)하였었다. 그러나 데라우치의 무리한 동화정책(同化政策)은 4,000년 동안의 훈련된 민족적 정신을 파양(破壤)하기에 너무나 미약할 뿐만 아니라 도리어 민족적 감정을 자격(刺激)하는데 있어서 그 공효(功效)가 막대하였던 것을 이에 기탄없이 단언하는 바이다.

그리하여 그 소위 동화정책은 도리어 민족의식을 환기하는 일방으로 일반적으로 보급된 신식교육은 신문명의 긍정과 민중석

각성을 비상하게 촉진하였었다. 그러면 무수한 세포의 변화가 일어나는 동시에 전체의 변동이 생기는 것과 같이 사회조직의 토대가 되는 허다한 개성이 근본적으로 개혁 각성이 되는 동시에 어찌 전체 사회의 대변혁이 없으랴. 이 곧 3·1운동의 기원이다. 혹은 3·1운동을 미국 선교사의 교사(敎唆)라고도 하며 혹은 천도교 일파의 선동이라 하나, 이것은 조선민족의 정신과 또한 조선사회의 사정을 몰각한 단견자류(短見者流)의 예어(囈語)에 불과한 것이오, 그 실은 조선민족의 내재적 생명이 세계적 신문화에 접촉되어 폭발된 일대 각성의 소리인 것임을 단언하는 바이다.

10

과거 30년간을 통관하면 민중적 운동을 3기로 나눌 수 있으니, 제1기는 종교적 배타운동의 갑오의 동란이요, 제2기는 정치적 근왕사상(勤王思想)의 의병운동이요, 제3기는 민족자유의 3·1운동이다. 그러나 종교적 배타운동과 정치적 근왕사상이 실제상으로 실패로 돌아갔을 뿐만 아니라 사상상으로도 민중의 여론을 조성하지 못하고 계속적 승리를 얻지 못한 것은 그 정치적 이상과 논리적 가치가 도저히 현대의 신사조에 대조하여 볼 때 그 사상적 근저와 토대가 너무도 박약하고 배치되었던 까닭이 아닌가 한다.

11

그러나 민족 자유의 3·1운동만은 전란에서 소개한 바와 같이 그 동기와 사상이 내적으로 민족적 복리를 기도하는 점에서 외적으로 세계적 사조에 순응하는 점에서 설령 일시적으로 완벽의 공을 거두지 못하였다 할지라도 조선민족의 양심적 발동으로 보아서 또한 세계 인류의 사상상 공명(共鳴)으로 보아서 확실히 도덕적 승리인 것은 속일 수 없는 사실이다. 그러면 현하의 정태(情態)는 어떠한가.

과거를 회고하면 조선사회가 갑신의 혁신운동을 필두로 하여 10년만큼 사회적 대변동을 야기케 하는 것은 본래의 상례이다. 생각해보라. 갑신정변에서 갑오동란까지, 갑오동란에서 갑진·을사의 의거에서 경술의 합방까지, 경술의 합방에서 기미의 3·1운동까지, 마치 예정적 행동과 같이 사회적 변동이 발생된 것이 분명한 사실이 아니냐. 이것은 결코 이상야릇한 운명의 마술이 아니라 현대의 어느 사회와 어느 민족을 물론하고 구시대에서 신시대에로 넘어가는 과정에서 늘 보아왔고 흔한 예가 있던 사실인가 한다.

보라, 일본의 유신시대에 존왕양이(尊王攘夷)의 논쟁과 서남충돌(西南衝突)의 전란이 어찌하여 생겼으며 미국에는 독립전쟁 후에도 왜 남북전쟁이 있었으며 현하의 중국에 어찌하여 단비(團匪)의 난과 혁명의 진(戰)과 봉(奉)·직(直)의 나툼이 계속 끊이지 않는가를. 그 이유는 구세력의 파괴와 신문화 수립의 접촉점에 처한 사회의 불가피할 현상인가 한다.

12

하물며 반만년 역사적 배경을 가지고 동양 전국(全局)의 주요지(樞要地)에 처한, 아니 구아미(歐亞美) 3대륙의 세계 도로의 중심점에 있는 조선민족의 사회가 정치상으로나, 문화상으로나, 사상상으로나, 경제상으로나, 시시각각으로 외세의 자극을 받고 내부의 충동을 야기함에 있어서랴. 원래 조선민족에게는 고유 특수한 선입적(先入的) 문화가 있었다. 이리하여 한참 동안 신구취사(新舊取捨)의 고민이 있었던 것도 사실이었다. 그러므로 신구취사의 번민시대(煩悶時代)에는 자주적 변혁보다 타력적 변동이 자주 있었다. 이 곧 일청·일로의 양대 전역(戰役)이 그것이며 경술의 대변(大變)도 그것이다.

그러나 조선민족은 1919년의 3·1운동을 신기축(新機軸)으로 하여 민중적으로 새 기운을 탔고, 새 빛을 보았다. 그 표증으로 첫째는 교육적 각성이요, 둘째는 경제적 의식이다.

보라. 3·1운동 이후로 아무리 벽향궁촌(僻鄕窮村)의 농노취온(農老炊媼)이라 할지라도 자제교육에 대한 갈앙추구(渴仰追求)의 열이 여하히 항진(亢進)하였으며 또한 재래의 역사적 감정으로만 훈련되었던 민족운동은 그 내용을 일변하여 경제적 의식 곧 생활의 토대 위에서 그 근저를 발견하게 된 것은 확실히 일대 진보인 것을 단언하는 바이다. 이에서 과거 경술사변 이래의 10년간 보통교육의 보급으로 3·1운동의 자주적 대변동을 야기하였다 하면 이로부터 3, 4년을 불과하여 또한 사회조직의 일대 변동이 발생될 것도 선지탁견(先知卓見)이 아니라 할지라도 누구나 예측할 바가 아닌가. 그 이유는 민중의 지식 정도가 더욱 진보될수록 더욱 보급될수록 사회조직의 변화가 더욱 빈번하여 갈 것은 진화의 법칙인 까닭이다.

13

우리들은 전란(前欄)에서 조선민족의 내부적 진화로 인한 사회조직의 자연적 변화를 논하였다. 그러나 조선반도가 세계 구성의 일부분이며, 또한 조선민족이 인류 전체의 일부분인 이상에는 세계대세의 추이가 직접 간접으로 조선사회에 파급이 될 것은 물론이며, 따라서 조선사회의 변동도 세계대세의 추이에 막대한 영향이 될 것도 상상할 수 있다. 회고컨대 조선 문제로 인하여 발단한 서남전쟁은 일본 정계의 변혁을 어떻게 야기하였으며 또한 조선 문제로 인하여 돌발된 일청·일로의 양대 전역이 동양전체의 풍운과 국제정국의 파란을 어떻게 야기하였는가.

이리하여 근인(近因)에 있어서는 청조의 패망을 초래하였고, 원인(遠因)에 있어서는 슬라브족의 수모로 인하여 구주대전의 발단을 만들지 아니하였는가.

14

최근에 있어서도 미국 대통령이 제창한 민족자결 문제가 어떻게 조선민족의 신흥기분(新興氣分)을 조장하였으며 또한 이로 인하여 일본 정계의 시청(視聽)을 어떻게 용동(聳動)케 하였는가. 이로 보면 조선 문제는 동양의 난관이며 세계의 논점인 것은 물론일 것이다.

　우리들은 이에서 다시 세계대세의 추이(趨移)상으로 관찰한 조선 문제의 경과를 먼저 논하고자 하는 바이다. 원래 조선 문제는 전란에서 상술한 바와 같이 조선민족 자체가 현대문명에 대한 이해와 각성이 느린 점에서 무참한 희생을 당하게 된 것은 물론이다. 그러나 이것도 또한 과거의 형세를 추구하여 보면 우리 민족 자체의 책임뿐만 아닌 것도 상상할 수가 있다. 생각해보라. 동양 전체의 지리적 관계로 보아서 조선반도는 중·일 양국 간에 개재한 중립지대가 아니냐. 그러므로 대륙으로부터 수입된 구주의 문명은 중국 고유문화의 저항으로 인하여 전파의 힘이 박약하였고, 해양으로부터 유출된 미대륙의 문화도 일본의 유신대업을 촉진하였을 뿐이 아닌가. 이리하여 그 중간에 개재한 우리 민족은 쓸데없이 쇄국(鎖國)의 장몽(長夢)에 처하였던 것이다. 만일 그 당시의 일본의 위정가로 하여금 동양 전국(全局)의 백년대계에 착안하고 또한 선진자의 책임을 자각하여서 성심성의로 동양 각 민족의 공존공영을 도모하게 되었던들 결코 조선과 중국에 금일과 같은 무참한 현상이 없을 뿐만 아니라 일본 자체도 금일과 같은 세계적 고립의 위지(危地)에 서지 아니하였을 것은 물론일 것이다.

15

그러면 이래 일본의 동양 전국에 대한 태도와 정책은 어떠하였던가. 두말할 것 없이 일·영 동맹을 국제외교의 중추로 하여 동양 평화의 보장이라는 미명 하에서 문화상으로 은총이 특히 깊은 조선의 합병을 단행하고, 한 걸음 더 나아가 영국과의 협조 하에서 중국의 이권을 쌍분농단(雙分壟斷)하려 하던 것이 과거의 정책상 대본(大本)이 아니었던가. 이리하여 수수산목(袖手酸目)이 되어 있던 미국으로 하여금 기회균등과 문호개방주의의 제창을 하게 만들지 아니하였더냐. 만일 현하 미국의 배일적 감정을 해부하여 본다면 심각한 인상과 동기는 그 당시 일본의 방약무인한 침략정책이 그 누(累)를 끼치지 아니하였는가 한다.

물론 그 당시의 침략적 제국주의는 일본에만 한하였던 것은 아니다. 19세기로부터 20세기 벽두에 이르기까지는 과연 침략적 제국주의의 전성시대이었던 것도 속일 수 없는 사실(史實)이었다. 아프리카 대륙에 있어서 열강의 임의적 분할이 단행되었었고, 태평양에 있어서 군도의 쟁탈병합(爭奪倂合)이 극렬하였었고, 러시아에 있어서는 핀란드합병을 단행하던 시기가 아니었던가. 이로 보면 조선 문제도 그 당시 세계대세의 희생이 되었던 것도 일면의 관찰일 것이다. 그러나 일본의 입지에 있어서 동양 진국의 백년내계를 위하여 역사 문화의 특수적 관계를 위하여, 또한 도래하는 세계적 인류 문제를 위하여, 조선 문제의 희생이 과연 득책(得策)이었을까 생각할 뿐이다.

16

　19세기 벽두로부터 20세기 벽두에 이르기까지 약 1세기 간에 걸쳐 격렬 신랄하던 열강의 침략적 제국주의는 건곤일척의 구주 대전으로 인하여 급전(急轉)의 파탄이 발생하였고, 또한 최후의 말로를 고하게 되었다. 대전의 책임에 대하여 연합국 측과 동맹국 측의 시비의 논쟁이 한두 번이 아니었던 것도 사실이었다. 그러나 만일 춘추(春秋)에 무의전(無義戰)이라는 필법으로 엄정한 비판을 내린다 하면 그 실은 폭력으로 폭력을 대치하는 데 불과하였던 것이 대전의 진상일 것이다. 여하간 이와 같은 불합리한 살육적 전쟁이 4, 5년을 계속한 결과 수백억의 전비와 누백만의 생명을 수포와 같이, 초개와 같이 운소무산(雲消霧散)하여버린 구주의 문명은 최후의 파탄을 고하게 된 것이 과거의 사실이 아니었던가.

17

　이에서 세계의 인류는 번민·회오·우수의 기회를 만들었었다. 이리하여 일면에 있어서는 폭로(暴露: 포악한 러시아)의 붕괴로 인하여 경제적으로 레닌의 사회주의가 실현되었고, 타면에 있어서는 강독(强獨:강한 독일)의 굴종으로부터 인도적 견지에서 윌슨의 민족자결주의가 제창되었던 것이 아닌가. 그러나 이와 같은 급격한 변화는 역사상 실례로 보아서 으레 반동적 기분을 야기하는 것이 일상적이었다. 이것은 물리학상으로도 실증할 수가 있다. 급전 직하하는 물체가 도리어 공기의 파동을 받아 최후의 요동을 야기하는 것과 무엇이 다르랴.

이른바 세계를 개조하려는 국제연맹의 최후의 균열이 생긴 것도 사실이며, 또한 신흥의 적로(赤露: 공산주의 러시아)를 적대하기 위하여 노령(露領)의 시베리아방면에서 연합의 군대가 출동하였던 것도 사실이 아닌가. 그러나 세계 인류의 대여론(大與論)·대이상(大理想)에 기초한 주의와 실현은 결코 시간적 반동으로 저지할 수 없으며, 또한 무력적 제재로 억압할 수 없는 것이 역대의 사실이다. 이것은 지나간 18세기의 프랑스의 혁명사와 미국의 독립전쟁이 우리들에게 명백한 실증을 예시한 바가 아닌가. 전후의 4, 5년 동안에 잔촉복명(殘燭復明)의 반동적 기세의 대두에도 불구하고 인류의 대이상에 관하여는 조금도 저지할 바를 모르고 풍선(風船)의 순로(順路)와 같이 진전하여 가는 것이 지금의 대세가 아닌가.

18

보라, 민족운동에 있어서는 발칸반도의 작고 큰 여러 나라의 독립을 비롯하여 폴란드의 독립, 아일랜드의 분립(分立)이 계속 완성되었고 또한 인도의 비협동운동과 필리핀의 독립운동도 비록 운동의 과정에 있으나 그 기운과 형세가 갈수록 맹렬하고 확대되는 것은 속일 수 없는 사실이며, 노동운동에 있어서도 대전란을 한번 겪은 후 적로(赤露:공산주의 러시아)의 완성은 물론이거니와 국제적으로나 국내적으로 노동문제가 중심의 논제가 되었을 뿐만 아니라 실제적으로 각국의 정계가 점차로 노동문제를 중심으로 하여 회전할 조짐이 현저한 것은 지금의 대세가 아닌가. 그러므로 현재의 반동적 기분은 각국 정계를 통하여 특권계급의 인습적 타력(惰力)의 최후 발작에 불과한 것이요, 결코 세계대중의 이상과 여론이 아닌 것을 이에서 단언하는 바이다.

19

만일 유럽의 전란이 세계인류에게 대하여 기여한 바가 있다 하면 이것은 침략적 군국주의 붕괴일 것이다. 이로 인하여 군국주의의 쌍벽인 폭독(暴獨: 포악한 독일)과 강로(强露: 강한 러시아)의 붕괴를 완성한 것이 사실이었다. 그러면 군국주의의 신참견습(新參見習)으로 동양방면에 있어서 이르는 곳마다 조아(爪牙)를 현실로 나타내던 일본의 형세는 어떠하였던가.

유럽대전 당시로부터 파리 강화회의의 전후에 이르기까지는, 실로 일본의 전성시대이며 또한 득의의 시절이었었다. 내정에 있어서는 전시무역의 성황으로 인하여 수입된 금화는 넉넉히 여러 해의 묵은 빚을 보상하기에 그 여유가 작작하였고, 외교에 있어서도 연합 동맹 양측의 염불급타(念不及他)의 기회에 처하여 동양방면의 세력부식에 자유자재한 활동을 할 수 있었던 것이 사실이었다. 하물며 전승국의 일원으로 5대 강국의 반열에 참가하여 종래로 동양방면에만 국한되었던 실제적 세력이 졸지에 유럽정국에까지 유력한 발언권을 얻게 된 것은, 극동의 하나의 작은 나라로서 그 광영과 득의(得意)를 누구나 상상할 바가 아니냐.

20

그러나 흥진비래(興盡悲來)하고 락극생애(樂極生哀)는 인간세상의 상사(常事)이다. 대전 당시의 21개조의 대중외교(對中外交)는 다만 중국인으로 하여금 절치의 한을 품게 하였을 뿐만 아니라, 세계 열강의 시기와 질시의 초점이 되었던 것이 아니냐. 또한 시베리아 출병은 다만 막대한 국비의 소진이 되었을 뿐만 아니라, 일본의 군국주의의 선전을 제물에 완성하였던 것이 아니냐. 이리하여 영·미의 제휴로 워싱턴회의가 개최되었고, 워싱턴회의의 결과로 일면에 있어서는 국제외교의 금과옥조이던 일·영동맹이 파괴되었으며, 타면에 있어서는 군비 제한으로 군국주의의 수족을 절단하게 된 것이 아닌가. 게다가 공전(空前)의 대진재(大震災)는 일본으로 하여금 극도의 치명상을 받게 하였다. 근 백 억의 재화와 기십만의 생명이 초토의 오유(烏有)로 돌아간 것이 아닌가. 이에 대하여 표면으로 동정을 내세우고, 이면으로 미소를 발하였던 것이 과연 그 누구이었던가. 진재(震災) 후 반년을 못가서 준열한 배일 법안을 통과하고 계속하여 해군 대연습의 고압적 시위운동을 연출한 것은 평소에 극동 방면에 호시탐탐히고 있던 미국이 아니냐. 과거의 전성(全盛)을 회고하고 현재의 고위(孤危)를 상기할 때에 과연 일본 국민의 울분이 어떠하였을까.

21

그러나 일본의 내정은 어떠한가. 재래로 군국주의를 유일한 신조로 신봉하는 일본 사회는 세계적으로 군국주의가 붕괴되는 동시에 일대 공황이 일어났으며 일대 태풍이 엄습하였었다. 하물며 군벌파의 대중외교와 노령(露領) 출병의 연차 실패로 인하여 국위(國威) 국재(國財)를 아울러 세계적으로 손실케 한 양대 사건에 대하여 수년간 쌓였던 울분을 억제해왔던 일반사회에는 반항의 기세가 날마다 치열해지고 또한 자본주의의 발흥으로 인하여 사회주의의 수입(輸入)이 가속도로 증가되어가는 것도 사실이다. 이리하여 중추를 잃은 일본의 사상계는 날마다 악화 격화되어 가는 것이 현하의 정태(情態)가 아닌가. 이에서 사상적 완화책으로 '보선(普選)'이 단행된 것이다. 그러나 보선의 단행으로 인하여 과연 어느 정도까지 사회의 안정을 이룰 수 있을 것인가, 이 곧 우리가 주목하는 바이며 또한 보선의 실시 후 일본의 정계에 붉은 러시아(赤露)의 사회주의적 색채가 농후하여질 것인가, 혹은 미국의 자본주의가 그대로 적용될 것인가, 이 곧 일본의 운명을 결정할 분기점이 될 것이다. 여하간 이로부터 3, 4년을 지나지 않아 정치적으로나 사회적으로나 일대 변혁이 생길 것은 우리의 상상하는 바가 아닌가.

22

세계대세의 조류는 확실히 지중해에서 대서양으로, 대서양에서 태평양 방면으로 이동하여 오는 것이 과거의 사승(史乘)에 비추어 뚜렷하고 역력한 사실이다. 만일 19세기를 프랑스 문화의 확충시기라고 하면, 20세기는 적로(赤露)사상의 발전시대라는 것이 정당한 견해일 것이다. 자본주의의 모범인 미국과 사회주의의 대표적인 적로(赤露: 공산주의 러시아)가 태평양을 사이에 두고 양자가 상대하여 발흥되는 것은 과연 불원한 장래에 그 무엇을 암시하고 있는가. 협조할까. 충돌할까. 이 곧 태평양상의 일말의 의운(疑雲)이 되어 있는 것은 속일 수 없는 사실이다. 세계대세의 운명이 이에서 결정될 것이며 또한 인류의 문화상 총결산이 이에서 감정(勘定)될 것은 상상키 어렵지 아니한가.

23

그 중간에 처하여 제일 딱하고 애처로운 경우는 일본의 현상이다. 두말할 것 없이 일본은 국제적 중산계급이다. 거대한 자본을 포옹한 미국과 경쟁 발전하는 것도 실력이 불허하는 바이며, 그렇다고 적나라하게 세계적으로 난봉행세를 하는 붉은 러시아와 제휴 협조하는 것도 일층 위험을 느끼는 바가 아닌가. 이에서 좌고우면(左顧右眄) 회오번민(悔悟煩悶)하는 것이 일본 현재의 정태(情態)인가 한다. 하물며 일면에 있어서는 미국의 자본적 제국주의는 날이 가고 해가 갈수록, 혹은 이민문제로 혹은 중국문제로 반목의 도가 증가하며 충돌의 계기가 촉진되는 것이 사실이며, 타면에 있어서는 일·러조약이 성립된 이래 경원적(敬遠的) 태도로 외교적 사령(辭令)이 호상 교환되나, 입국(立國)의 기초와 주의가 근본적으로 불상용(不相容)할 관계에 있는 이상에는 충돌의 위험성은 또한 불가피할 형세가 아닌가. 이로 보면 사상적으로 자본적으로 좌우협공을 당하고 있는 일본의 형세는 실로 위란(危卵)의 느낌이 없지 아니하다.

24

그러면 유럽열강의 동양정국에 대한 태도는 어떠한가. 무어라고 하든지 유럽의 중추세력은 독·불 양국일 것이다. 양국의 역대적(歷代的) 감정과 전후의 형세가 상호견제와 현상유지에 급급한 이상에는 동양 방면에 대하여 어느 시기까지는 활대진취(闊大進取)의 활동을 하지 못할 것은 피할 수 없는 정태(情態)일 것이다. 그러나 영국으로 말하면 특수한 입장에 처하여 독·불 양국에 비하여 전후의 상처가 그다지 심하지 아니할 뿐만 아니라 항상 전통적 점진정책으로 동양 방면에 대하여 부단한 주의와 감시를 행하는 것이 분명한 사실이 아닌가. 대전 후에 바로 미국과 제휴하여 일·영 동맹을 파괴하는 동시에 미국의 신흥기예의 세력을 아무쪼록 태평양 방면에 집주(集注)케 하여, 일본의 충돌을 촉(促)한 후, 도도히 어부지리를 취하려 하는 것이 영국의 노활(老猾)한 극동정책이 아닌가. 이것은 태평양상의 풍운을 예기하여 싱가포르 군항건설의 일건으로만 보아서도 개중(個中)의 소식을 엿볼 수 있다 할 것이다.

25

이렇게 보아오면 미·러 충돌의 도정(途程)에 있어서 일·미 충돌이 전제가 될 것은 상상키 어렵지 않다. 그러면 과연 충돌의 도화선은 어디에 있을까. 이 곧 중국 문제이다. 만일 발칸반도가 과거 유럽의 미와(謎訛)라 하면 20세기의 중국 문제는 확실히 동양 정국의 일대 위험일 것이다. 그러나 발칸반도 문제는 유럽대전으로 인하여 불완전하나마 그 해결을 고하였거니와 중국 문제는 아직까지도 의문이며 위험하다. 여하간 중국은 일대 미인(美人)이다. 그러므로 세계열강의 회장(懷腸)의 연(戀)과 추파의 정(情)을 받는 것이다. 원래 미인 자체가 주동적 능력이 없는 만큼 이를 완롱아수(玩弄阿隨)하려 하는 음부(淫夫) 탕자(蕩子)도 많을 것은 사실이다.

이리하여 질투도 생기며 투쟁도 생기는 것이 아닌가. 이와 같이 중국의 무한한 부원(富源)과 허다한 이권은 열강의 좋은 투자처(投資處)며 대발전지이다. 이리하여 영국의 추파가 되며 일본의 위협이 되며 미국의 수연(垂涎)이 되며 붉은 러시아의 원조가 되는 것이 아닌가.

그러면 중국의 현상은 어떠한가. 아직도 민중의 각성이 철저치 못한 현하에 있어서 장(張)·풍(馮) 양 파의 세력접촉점에 선 단기서 정부(段祺瑞政府)는 실로 바람 앞의 등불인 느낌이 없지 않다. 그러나 민중에 따라서 자주배외(自主排外)의 운동이 날로 치열하여 갈 것은 정확한 사실일 것이다. 금번의 상하이 사건은 그 무엇을 의미하는 것이며 일·영의 배척에 대하여 미국의 동정과 러시아의 암조(暗助)는 벌써부터 열국의 종횡 암투의 서막이 시작된 것이 아닌가. 이로부터 3, 4년을 경과하면 붉은 러시아(赤露)의 내부적 실력이 충일하여 외부적 활동이 활발할 때에, 미국 해군의 확장 계획이 완성될 때에, 영국의 군항 계획이 확립될 때에, 중국 정계가 동요될 때에, 중국 방면의 한 점 암운(暗雲)이 태평양상의 풍우를 대작(大作)케 할 것을 그 뉘가 보증하랴.

26

우리는 이상에서 조선 내부의 사회적 변혁과 세계대세의 추이와 동양 정국의 위기로 보아서 4, 5년을 지나지 않아 태평양을 중심으로 한 세계적 풍운이 야기될 것을 논단하였다. 물론 주관적 속단일지는 알 수가 없으나 만일 과거의 역사가 현하 대세의 산모(産母)며 미래의 대세가 또한 현재 사실의 파종(播種)이라 하면 결코 견강부회(牽强附會)의 공론이 아니 될 것을 확신하는 바이다. 그러나 다만 논점은 시간문제일 것이다. 어찌하여 복잡다단한 세계문제가 4~5년을 전후로 하여 언제 야기될 것인가 하는 점일 것이다. 그러나 우리가 4~5년 전후를 예언하는 것도 결코 황당무계한 공상(空想)에서 입론한 것은 아니다. 대개 인간사회의 10년이라 하는 시기는 개인으로나 국가로서나 일대 계획을 세워 준비와 조직을 완성하는데 있어서 비교적 가장 필요한 장기간이다. 그러므로 월왕(越王) 구천(勾踐)은 10년의 성취(成聚)로 인하여 회계(會

稽)의 치욕을 설욕하였고 선조(宣祖)의 이문성(李文成)은 외적의 침입을 원려(遠慮)하여 10년의 의병을 주장치 아니하였던가. 이러한 의미에 있어서 1919년의 세계적 대전의 종식으로 1929년까지 곧 이로부터 4, 5년만 경과하면 10년의 만기가 될 것은 물론이다. 그러면 대전의 종식으로부터 그동안 10년간에 그 사회 그 민족의 노력 여하에 따라서는, 피폐된 국력도 부활될 것이며 소침된 원기도 진작될 것은 물론일 것이다. 하물며 현하의 교통기관의 발달과 사상전파의 영향이 과거의 시대에 비하여 가일층 신속해지고 민활하여 시각으로 급전 격화하는 것이 현대의 특색이 됨에랴.

27

그러면 이와 같은 멀지않은 장래의 세계대세의 변동을 예상하고 또한 동양 정국의 화란(禍亂)을 추단(推斷)할 때에 가장 특수한 사정을 가진 일본과 조선의 관계는 어떻게 진전될 것인가. 이 곧 우리의 중야경경(中夜耿耿)에 장우태식(長吁太息)하는 바다. 과거의 일본이 백종(白種)의 영국과 제휴하여 동양의 동색 민족을 혹은 압박 혹은 위협함을 능사로 하였던 것이 현하 동양 정국의 화를 가져온 계기가 아닌가. 만일 과거의 일본으로 하여금 당초부터 동양 각 민족의 공존공영의 원대한 계획을 획책케 하였던들, 결코 현하의 일본 자체가 고립의 위기에 처하지 아니하였을 뿐 아니라, 유럽 대전으로 인하여 파탄된 살벌적(殺伐的) 문명과 피폐된 백색 민족을 유도 계발하여 세계 개조의 인류의 대위업을 농양 민족의 선도 하에서 완성할 것이 아닌가. 이 어찌 천고(千古)의 한사(恨事)가 아니랴. 그러나 과거는 과거인지라 추궁할 필요가 없거니와 현하에 있어서 일본 인사(日本人士)의 감상이 어떠하며 소견이 어떠한지 우리가 절문(切聞)코자 하는 바이다.

적어도 조선 문제의 해결은 동양 전체 문제 해결의 전제가 되며 또한 요건이 될 것은 물론이다. 왜 그러냐 하면 가장 민족적 관계가 밀접하고 문화적 은택(恩澤)이 막심한 조선민족을 유린 압박하는 것은 아무리 일본 민족의 전체 의사가 아니요 도요토미(豐臣秀吉)·데라우치(寺內正毅) 배의 군벌일파의 배은몰의적(背恩沒義的) 행동이라 할지라도 적어도 반만년 역사적 배경과 이천만 민중의 총명을 가진 조선민족으로서는 뼈에 사무치는 한이 될 것은 물론이 아닌가. 툭하면 일본 인사 중에는 이러한 말을 한다. 이조(李朝) 학정(虐政)하에서 지내던 조선민족이 총독정치의 생명 재산의 안전보장으로 인하여 만족할 것은 물론이라 한다. 이것이 과연 일본 인사의 조선민족에 대한 심리적 관찰이라 하면 우리는 차라리 그 어리석음을 가엾게 여길 뿐이다.

현대의 조선인이 과거의 조선인이 아닌 것도 물론이거니와 설령 이조의 학정이 현대에 재현된다 할지라도 조선인은 그 개혁을 절규할 것이 아닌가. 하물며 총독 정치와 이조 정치가 민족적 감정에 있어서 그 근저가 아주 다름에 있어서랴. 이것은 현하의 일본 인민이 과거의 전제정치에 대하여 반항하던 경로를 돌이켜 기억하면 반성할 바가 아닌가. 둘째는 일본의 위정가로 하여금 조선

문제를 운위할 때는 반드시 국경 경비 문제와 사단증설(師團增設)의 필요를 역설하는 것이다. 과연 그들의 소견과 같다 하면 어찌하여 폭로(暴露)·강독(强獨)이 일전의 파멸에 불감(不堪)하였던가. 여하간 조선 문제를 그대로 두고는 중·일 친선도 공염불이며 동양 평화도 구두선에 불과할 것을 단언하는 바이다. 적어도 이천만 민중의 예리한 심인(心刃)이 일본의 약처급소(弱處急所)를 수(隨)하여 기회대로 현로(現露)될 것은 현하의 정태(情態)가 아닌가. 이 곧 일본 인사의 반성을 촉구하는 바이다.

28

그러면 우리 민족의 세계대세에 처하는 포부와 조선의 장래에 대한 경륜은 어떠할 것인가. 객관적으로 조선의 장래가 어떻게 되리라 하는 것보다, 일보를 나아가 주관적으로 조선의 장래를 어떻게 할까 하는 것이 주의의 초점이며 문제의 목표가 아닌가. 일언으로 폐(蔽)하면 조선민족의 포부는 어디까지든지 웅위(雄偉)하여야 할 것이며 또한 어디까지든지 원대하여야 할 것이다. 이것은 우리 조선의 동양 각 민족에 대한 전통적 주의와 방침이었으며 또한 우리 형제와 인도(人道)와 문화를 애호하는 유전적 천성인가 한다. 회고하여 보라. 북으로 중국의 인의를 존중하고 동으로 일본의 문화를 계발하여 항상 동양 평화의 선구가 되며 또한 동양 문화의 선봉이 되었던 것은 역사적 사실이 우리에게 예증하는 바가 아닌가.

때때로 수·당의 겁운(劫運)과 일·청의 악몽이 있었으나 이것도 또한 조선민족의 자주적 살벌(殺伐)이 아니요, 외적의 야만적 발작에 대한 정의적 제재이며 인도적 방위였던 것은 정확한 사실이다.

29

우리는 구미의 자유정신과 과학문명을 애호하는 바이다. 그러나 옆 나라를 도탈(盜奪)하고 인혈을 흡취하는 수성만행(獸性蠻行)은 어디까지든지 배척하고 몰아내지 않으면 아니 될 것이다. 만일 이러한 짐승같은 야만적 습관을 그대로 긍정한다면 인류사회는 결국에 강도의 발호에 불감(不堪)할 것이며, 평화의 제단은 마침내 목축의 유린에 불과할 것이 아닌가. 그러므로 우리는 민족적 정의와 인도적 평화의 유지 발전에 대하여는 어디까지든지 민족적 의혈을 불사하여야 할 것이며 전국적 동원을 행치 아니하면 아니 될 것이다. 이러한 의미에 있어서 우리로 하여금 설령 일본을 배척한다 하면 일본의 군벌일파의 침략적 군국주의를 배척하는 바이며, 또한 붉은 러시아(赤露)를 친근한다 하면 그들의 평등정신을 애호하는 바가 아닌가.

혹은 만일 동아의 풍운이 일어나고 이리하여 일·미의 충돌이 발생할 시에는 미국의 세력 하에서 조선의 해방을 희망하며, 혹은 일로·일중의 충돌을 예기하여 로·중 양국의 원조 하에서 민족의 자유를 촉망(囑望)하나 이것은 결코 조선민족의 전통적 정신에 배치될 뿐 아니라 우리의 양심이 또한 불허하는 바이다. 왜 그러냐 하면 우리에게는 자주적 정신이 있는 까닭이다. 자유는 어디까지든지 자주적 행동이며 자력적 해결이 될 것이다. 결단코 타력적 원조와 사대적 사상의 지배와 용인을 불허하는 바가 아닌가.

30

　물론 우리는 타민족의 인도적 동정과 정의적 원조를 불사(不辭)하는 바이다. 그뿐만 아니라 현하의 일본으로도 작비금시(昨非今是)의 진리를 번연(飜然)히 회오(悔悟)하고 자진하여 조선 문제의 인도적 해결을 단행한다면 우리는 결코 역사적 감정에 얽매어 배척할 필요가 없을 것이 아닌가. 우리의 주의와 목표는 언제든지 민족적으로 자유·생존·평화의 3대 이상에서 그 출발점을 삼을 것이요, 결코 증오, 배척, 침략적 관념에 지배될 것은 아니다. 이러한 의미에서 우리는 첫째로 민족적 자유를 해결할 것이요, 둘째는 사회적 생존권을 보장할 것이요, 셋째로 세계적 평화에 노력할 것이 아닌가. 이 곧 조선민족의 웅위한 포부가 될 것이며 또한 원대한 경륜이 될 것이다. 거연(遽然)히 소강(小强)을 유지하고 동색 민족을 박해하며 사리(私利)를 농(弄)하여 인류의 평화를 교란하려 하다가 최후의 파멸을 자초하던 러시아와 독일 양국의 전철에 비추어 또한 이를 견습 모방하던 일본 문명의 파탄을 증거로 삼아 반성 자오(自悟)할 바가 아닌가.

31

　우리가 이러한 포부와 경륜을 가지고 도래할 세계적 변국에 처하여 어떠한 수련을 가하여 어떠한 준비를 행할 것인가. 두말할 것도 없이 사상적 수련과 민족적 단결이다. 첫째로 우리의 사상계는 복잡한 것이 사실이다. 이를 정리하여 통일하는 데 있어서는 조사와 비교와 연구가 필요한 것은 물론이며, 둘째로 이렇게 정리 통일이 된 사상하에서 중심적 단결을 작성(作成)하여서 우리의 일빈(一嚬)·일소(一笑)와 일동(一動)·일정(一靜)이 단결적 배경에 의하여 발하며 행하게 되는 것이 현하 급무가 아닌가. 어떠한 명배우라 할지라도 무대가 없으면 교기절예(巧技絶藝)를 연출치 못하는 것과 같이 인류는 단체적 배경과 사회적 토대가 없으면 그 천재와 재능을 발휘치 못할 뿐만 아니라, 아무리 웅위한 포부와 원대한 경륜을 가졌다 할지라도 활용의 길이 끊길 것이며 실현할 날이 없을 것이다.

　이러한 의미에 있어서 우리는 외세의 파동보다 타력의 원조보다, 중심세력의 확립과 자체세력의 해결을 절규 역설하는 바이다. 요컨대 조선 문제는 민족 자체의 단합이 확립하는 그날로부터 해결될 것을 확신하는 바이다.

　이 논설은 앞으로 벌어질 국제 정세의 급격한 변화를 예언한 글이다. '적의 적'을 통하여 '적'을 견제하는 수단으로서 중국은 물론이려니와 사상적으로 어울릴 수 없는 소련까지도 약소민족을 돕는다면 어떤 계기와 기회를 포착해서 일종의 공동보조도 가능함을 암시했다. 고하의 그와 같은 자세는 '일본제국주의타도(日本帝國主義打倒)'만이 그의 당면의 목적이었던 데 기인한다. 그래서 고하는 중국과 소련에 대하여 연락을 가지기에 애썼을 뿐만 아니라 신문 사설이나 논설로 중국과 소련의 편을 들어 그들로 하여금 일본에 반감을 갖도록 노력했다.

고하의 이 논설은 총독부가 꺼리고 싫어할 게 분명했는데 이상하게도 신문의 정간 처분은커녕 압수와 삭제도 당하지 않았다. 도리어 원문을 일본어로 번역한 책자로 발행하여 총독부와 일본 본토 관계자까지 살피고 검토하여 연구 자료로 삼았다. 그것은 호의가 아니었다. 한민족의 지도자가 생각하고 관찰하여 얻은 정치, 경제, 문화 그리고 세계의 변천 과정을 검토하고 분석하자는 데에 그들 목적이 있었기 때문이다. 이 논문을 실은 '조선 및 조선민족'이라는 책자는 일반에게는 이 논문이 삭제된 채 발행되었던 것을 보면 그들의 의도를 쉽게 짐작할 수 있다.

그 후 일제는 이러한 주장을 어렵게 접하면서 고하의 일거수일투족을 더욱 심하게 경계하고 있었다. 그래서 고하도 몸을 조심할 수밖에 없었다. 이 몸조심은 고하가 비겁하거나 나약해서가 아니라 스스로 자세를 올바르게 가짐으로써 이 민속과 농아일보를 키울 수 있고 앞으로 올 민족 해방의 역군을 키울 수 있다는 긍지 때문이었다.

8 동아일보 2차 정간과 옥고

1926년 3월 1일은 3·1운동 제7주년 기념일이다. 뜻하지 않게도 3월 3일 소련의 국제농민본부로부터 조선 농민에게 보내온 전보 메시지가 도착했다. 고하는 이 전보 메시지를 번역하여 3월 5일 동아일보에 실었다.

**국제농민본부로부터
조선농민에게 본사를 통하여 전하는 글월**

"오늘 귀 국민의 슬픈 기념일을 당하여 국제농민회본부(國際農民會本部)는 세계 40개국의 조직된 농민 단체를 대표하여 가장 깊은 동지로서의 동정을 농업 국민인 조선 동포에게 드리노라. 이 위대한 날의 기념은 영원히 조선의 농민에게, 그들의 역사적인 국민적 의무(國民的義務)를 일깨워줄 것을 믿으며 자유를 위하여 죽은 이에게 영원한 영광이 있을지어다. 현재 재감(在監)한 여러 동지와 분투하는 여러 동지에게 형제적인 사랑의 문안을 드리노라."

1926년 3월 1일
돔바르톰 브스네씨엔스키

이 전보는 또 다시 총독부 당국에게 동아일보를 탄압할 구실을 주었다. 그에 따라 이해 3월 7일부터 무기정간(無期停刊)의 행정처분을 받았다. 동아일보는 창간 직후의 제1차 무기정간에 뒤이어 제2차로 무기정간이 되는 것이다. 고하가 메시지를 게재한 것은 논설 <세계대세와 조선의 장래>에서 설명된 바와 같은 고하의 정치적 복선이 깔린 의도에서였다. 무기정간과 동시에 주필 고하는 보안법 위반으로, 편집인 겸 발행인 김철중(金鐵中)은 신문지법 위반으로 각각 불구속 기소되었다.

공교롭게도 동아일보가 제2차 무기정간을 당하고 그로 인해 고하가 불구속 기소된 4월 26일에 조선 왕조의 마지막 왕 순종 황제가 승하했다. 재위 4년 만에 국권을 빼앗기고 통분한 나날을 보내다가 오랜 병고 끝에 세상을 떠난 것이다. 그것은 조선이 건국한 지 519년이 되는 해이며 일제의 침략으로부터 나라를 잃은 지 17년째 되는 해였다. 순종이 승하했다는 소식이 전해지자 돈화문 앞은 전국에서 몰려든 조문객으로 인산인해를 이루었다. 오열하는 곡성은 산천을 울렸다. 순종의 죽음은 3·1운동 이래 속으로만 애태우던 일반 국민의 애국심을 또 한 번 밖으로 끌어냈다. 애국심은 큰 바다의 파도와 같아서 바람이 세차면 거세게 몰아칠 기세였다. 국장일은 6월 10일로 결정되었다.

고하는 밤기운 속에 그믐달이 넘어감을 보는 것 같은 허전함을 느꼈다. 도저히 그대로 있을 수는 없었다.

"어떻게 해서라도 새로운 아침을 가져 왔으면,,, 조국 독립의 새 아침을 가져올 수 있게 하는 터전이 되었으면 좋겠다."

이것은 고하가 품은 생각이었다.

암담함과 허전함 그리고 안타까움 속에서 기상천외의 계획을 생각해 냈다. 치욕적인 한일합병은 일본인들의 총칼에 의하여 이루어진 것이고, 고종의 뜻이 아니었음을 일일이 자료를 들어 세상에 다시 선포하려는 계획이었다. 3·1운동과 같은 민족운동을 일으키는 한편 평화를 사랑하는 세계의 양심에 호소하여 가물거리는 민족의식을 높이고자 했던 것이다.

그 방법은 첫째로 고종이 1919년 1월 22일 간악한 일본인의 독약 그릇으로 승하할 때, 그의 며느리 윤비(尹妃)에게 남긴 명령(遺勅)처럼 꾸몄다.

"한일합병 조인은 짐의 뜻이 아니라 강제인 것이요, 짐은 그 사실을 기록하여 파리 강화회의에 제출하려고 준비 중에 왜정과 매국배들의 독을 마시고 죽어가니, 너는 이 사실을 기회를 보아 세계에 알려, 양해를 구하고 백성에게 알려 각성을 재촉케 하라."

위와 같은 내용으로 고종이 남긴 유칙을 지어내는 것이었다.

고하가 이런 유칙의 상대자로 윤비를 택한 것은 순종 승하 뒤에 남은 왕족 중에서 제일 어렵게 모실 증인으로 윤비를 생각한 것 외에는 별다른 이유는 없었다. 글은 위당 정인보(爲堂 鄭寅普)에게 의뢰하기로 하였다. 고하가 당돌하게 이런 계획을 생각하게 된 것은 고종이 한을 품고 돌아가실 때 유언을 남겨 왕족과 국민에게 호소하였다 하여도 별로 죄가 될 것이 못되고, 의심하지 않을 것이라고 믿었기 때문이었다. 한일합병과 3·1운동 등 기록에서 보는 바와 같이 한일합병은 고종이 일본의 폭력과 이완용 등의 위협으로 이루어진 것이고 그 뒤에 그 사정을 베르사유의 세계 평화회의에 내놓으려다가 1919년에 고종이 독살을 당한 것이라는 말이 유력한 상황이기도 했다.

둘째의 방법은 그 유언을 발표하기 전에 윤비와 조선조 말엽의 중신이었던 윤모의 사전 양해를 얻을 계획이었다. 고종 승하 후에 그 유언은 윤비의 손에서 윤모에게 넘어왔었으나 왜정의 감시 속에 발표의 기회를 얻지 못하고 비밀히 보관되어 온 것처럼 꾸민다는 것이다. 그리고 윤비로 하여금 고종이 남긴 유언을 공개하기 직전에 그 발표 지연의 책임을 지고 자살을 기도하도록 계획했다.

"좀 빡빡하기는 하지만, 이렇게라도 해서 일을 꾸며보는 수밖엔 도리가 없소. 일이 되는 날이면 그래도 세계는 우리가 불법 점령되고 있는 사실을 확실히 알게 될 것이오."

이렇게 고하는 위당에게 고종의 유언을 꾸며 달라고 의뢰했다. 그리고 고하는 유진태(兪鎭泰)를 통해 윤모에게 계획 안건을 선하여 협력을 구했다. 다른 한편으로 접촉할 수 있는 각 단체나 교육기관 간부들에게도 유언 발표와 동시에 시위에 가담할 것을 종용했다. 또한 학생들에게는 6월 10일 국장에서 애국의 의지를 높일 것을 요청했다.

그러나 일은 고하의 계획대로 되지 않았다. 윤모는 유진태에게서 고하의 계획을 듣고 안절부절못하며 공포에 사로잡혔다. 윤비에게 그 뜻을 전달하는 것조차 거절했다. 윤모와의 접선이 실패하자, 고하는 오랜 친구요 동지인 유억겸(兪億兼)을 생각하여 그를 중간에 세워 윤비와의 접선을 시도했다. 그는 밖으로는 연희전문학교 부교장이요, 안으로는 순종과 동서지간이었다. 유억겸도 여러 가지로 이 일을 주선하여 보았으나 끝내 뜻을 이루지 못했다.

한편 고하는 계획이 예정대로 진행될 것을 전제로 고종의 유언 공개 및 발표의 호외 발행도 준비하고 있었다. 3월 7일에 제2차 무기정간을 당했던 동아일보는 4월 21일부터 해제가 되어 신문을 발행하고 있던 중이었다. 그러나 이 호외 살포는 신문의 정간 정도로는 끝나지 않을 것이며 모든 책임을 지고 상상할 수 없는 고초를 겪을 각오도 이미 한 상태였다. 민족정신을 높이는 일에 자기 자신의 몸 정도를 던지는 것은 아무 것도 아니었다.

이처럼 고하는 자기 한 몸을 바쳐서라도 일제의 침략상을 다시 한 번 세계만방에 고발하고, 점차 침체되어가는 민족정신을 일깨우고자 했다. 그러나 그 뜻이 이루어질 수 없게 되자 고하는 허탈과 의분을 다시 한 번 씹어야 했다. 이 무렵에는 해외에서 잠입한

1926년 6월 10일 6·10만세운동

좌익 세력이 앞서 5월 1일의 메이데이 노동기념일에 궐기하려고 했으나 이 계책도 발각되어 수포로 돌아갔다. 6월 10일의 순종 장례식 날을 기하여 일어난 6·10만세운동은 애국 학생들의 노력에도 불구하고 전체적으로 산발적 궐기에 그치고 말았다.

    장례식 날의 궐기를 목표로 중앙고등보통학교 학생 이동환(李東煥), 박용규(朴龍圭), 이선호(李先鎬), 유면희(柳冕熙), 중동학교 학생 김재문(金載文), 황정환(黃廷煥), 곽대형(郭戴炯), 중앙기독교청년학관 학생 박두종(朴斗鍾), 연희전문학교 학생 이병립(李炳立), 박하균(朴河均), 경성제대 예과학생 이천진(李天鎭), 천도교의 박래원(朴來源), 권동진(權東鎭), 손재기(孫在基), 박래홍(朴來弘), 백명천(白明天) 그리고 인쇄소 직공 민창식(閔昌植), 이용재(李用宰),

김항준(金恒俊)과 자금 조달의 권오설(權五卨) 등이 모의하여 격문을 5만장 인쇄하고 태극기를 만들어서 6·10만세운동을 주도하였다.

6월 10일의 순종의 장례식 날이 밝았다. 종로3가의 단성사 극장 앞, 동대문 앞, 창신동 앞, 신설동 앞 등 국장의 행렬이 지나갈 예정지인 길목을 중심으로 순종을 실은 큰 상여가 창덕궁을 나선 오전 8시 반을 전후해서 '대한독립만세' 소리는 3·1운동이 있은 지 7년 만에 이 강산에 또 한 번 메아리쳤다. 그러나 이 사건으로 주모자 이동환, 이병립, 박하균 등이 체포되고 그 여파는 전국으로 파급되어 전국에서 천여 명의 연루자가 잡혀서 투옥되었다.

6·10만세운동을 전후하여 고하는 동아일보 제2차 무기정간의 책임으로 불구속 기소된 사건의 재판을 받고 있었다. 재판 중임에도 불구하고 고하는 동아일보 주최 '순종 인산(因山) 실황 근사(實況謹寫) 활동사진(活動寫眞)'을 가지고 전국을 순회하고 공개하도록 했다. 이와 같은 활동사진의 공개도 고하는 민족운동의 하나로 생각한 때문이었다.

재판 결과 1심에서 고하는 징역 8개월, 김철중은 징역 4개월의 선고를 받고 불복하여 항소하였다. 그리하여 2심에서 고하는 징역 6개월, 김철중은 금고 4개월의 실형을 받았다. 조선일보 필화사건으로 복역하고 출옥한 김형원(金炯元)과 함께 고하는 11월 12일 명월관에서 잡지 및 신문기자를 총망라한 기자협회 무명회(無名會) 주최로 열린 송영 연회를 받은 그 이튿날 서대문 형무소에

1926년 9월 8일 경성복심법원에서 보안법 위반죄로 징역 6월의 선고를 받았다.
이때 신분은 상민, 직업은 신문기자로 기록되어 있다.

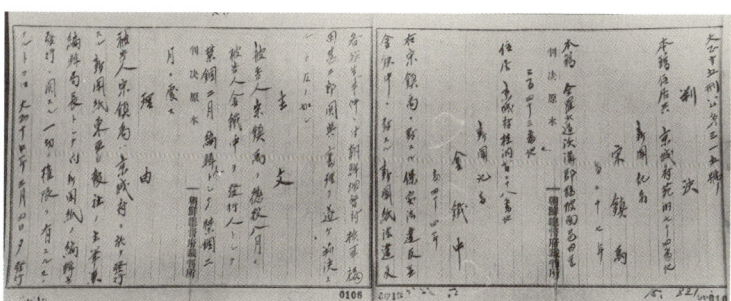

서대문형무소에 수감한 판결문

제4장 _ 동아일보를 짊어지고(상) _ 415

수감되었다.

이날 연회에는 그 다음 날 감옥으로 들어가는 고하를 위로하기 위하여 명창 박녹주(朴綠珠)가 초청되어 수궁가를 불렀다. 고하가 박녹주의 소리를 특히 좋아했기 때문이었다. 고하는 그중에서도 육자배기와 흥타령의 '무정방초'를 좋아했는데 나중에는 하도 많이 들어서 어느 정도 이를 흉내 낼 줄도 알게 되었다. 고하는 박녹주의 창을 들을 때마다 당시 젓대[2] 제1인자인 박종기(朴鍾基)를 아울러 초청하여 반주를 하도록 부탁하였다. 그리고 언제나 '박명창' 또는 '박젓대'라고 부르면서 이들의 재능을 한껏 격려하였다.

고하가 서대문형무소에 입감하고 한 달 후인 그해 12월 10일 서울 광화문 139번지에 건축 중이던 동아일보 신사옥이 준공되었다. 준공된 그 다음날 동아일보는 창간이래 사용해 오던 서울 화동 138번지의 셋방살이 옛 사옥에서 새 건물로 옮겨 앉았다.

새 사옥은 황토마루(黃土峴 지금 世宗路) 네거리, 전날 명월관(明月館)의 옛터에 섰다. 대지는 총 420평 1홉, 3층 철근 콘크리트 구조물로 지진과 화마에 견딜 수 있도록 단단하게 지어졌다. 근대부흥식 건물로 당시 서울에서는 최신식 건물의 하나로 손꼽혔던 것이다. 1925년 7월 27일에 기공한 이래 1년 5개월여에 동원된 연

---

2   우리나라의 전통적인 목관 악기 가운데 하나. 삼금 가운데 가장 큰 것으로, 묵은 황죽(黃竹)이나 쌍골죽으로 만든다. 음역(音域)이 넓어서 다른 악기의 음정을 잡아 주는 구실을 한다.

인원수 14,050명, 총 공사비 147,200원이 소요되었다. 신사옥을 건축하는 동안 고하 등의 투옥과 동아일보의 제2차 무기정간 등으로 경제적 타격은 이만저만이 아니었다. 건축비의 차질을 가져온 바도 있었으나, 얼마 지나지 않아 해결되었다. 새 건물에 감격한 고하는 옥중에서 그 소식을 듣고 기쁜 나머지 많은 어려움을 극복해 온 인촌에게 다음과 같이 감격의 옥중 서한을 보냈다.

사(社)를 떠난 지가 벌써 한 달이요, 나흘이 넘었습니다. 그동안 건강이 여전하시며 사내의 모든 형제들도 다름없이 건강한 몸으로 꾸준히 분투하옵니까.

새집 이사는 예정과 같이 11일에 아무 고장 없이 순성 되었사온지 해를 거듭하여 깨어진 창과 무너진 벽만 남은 낡은 집에서 고생을 하다가 아름답고 깨끗하고 튼튼하고 쓸모 좋은 새집으로 옮아간 쾌감과 기분이 과연 어떠합니까.

동고(同苦)하던 사내 여러 형제의 즐거워할 광경을 상상하니, 그윽이 적막한 중에도 저는 기꺼운 웃음을 웃게 되나이다. 이것이 모두 형님께서 평소에 땀 흘리고 애쓰시던 보상임을 생각하옵고 더욱 건강과 행복을 비옵니다.

저는 절대한 운명의 지배 아래서 외로운 그림자를 벗 삼아 엄한(嚴寒)의 폭위(暴威)에 저항을 계속할 뿐이오나 다행히 별고 없사오니 안심하옵소서.

날마다 날마다 시키는 일을 하고, 먹고 자던 나머지, 한두 시간을 이용할 수 있사오니 책이나 많이 보내 주십시오. 그전에 보낸 것은 다 받았사오니, 윤리학(倫理學), 동서철학사(東西哲學史), 서양역사(西洋歷史), 서양문명사(西洋文明史), 철학개론(哲學槪論) 등으로 대개는 우리집 책상에 있사오니 그중 페이지 수효가 많은 놈으로 보내 주시옵소서. (下略)

1926년 12월 16일 상오 11시
서대문형무소에서 宋鎭禹

고하는 옥중에서 잠을 이루지 못하는 밤이 많았다. 민족을 향한 근심과 걱정이 겹친 고독을 풀길이 없었다. 이럴 때엔 한시에 손을 대어 마음을 달랬다.

옥중야야불성면(獄中夜夜不成眠)
(옥중에 갇힌 몸이 밤마다 잠 못 이루나니)
우국상심기적년(憂國傷心幾積年)
(나라 근심에 상한 마음 몇몇 해나 쌓였던고.)

(이하 잃어버림)

이때 밖에서는 3·1운동의 동지이자 동아일보 제4대 사장을 역임하고 고문으로 물러나서 오산학교 경영을 맡고 있는 정주(平北定州)의 남강 이승훈(南岡 李昇薰)은 감옥에 수감된 고하가 겪고 있는 어려움을 하와이에 있는 우남 이승만에게 알렸다. 우남은 다음의 한시를 써서 인편으로 이승훈에게 보냈다. 그리고 이승훈은 고하를 위로하기 위하여 이것을 족자로 만들어 보내왔다.

일가정전월(一可亭[3]前月) (일가정에 비친달 빛이)
사인부득면(使人不得眠) (사람을 잠 못 이루게 하는구나.)
배회환독좌(徘徊還獨坐) (거닐다 다시 홀로 앉아)
무어앙청천(無語仰靑天) (말없이 푸른 하늘만 바라본다.)

고하의 옥중 서한에서 보는 바와 같이 그는 젊은 시절에 다하지 못한 독서로 고통을 잊고 시간을 보냈다. 또한 학문 연구와 함께 정신 수양에도 힘썼다. 옥중에서 그가 열심히 책을 읽고 학문에 몰두한 것은 그의 인생 경륜에 많은 도움이 되었다. 밖에서는 영어의 몸이 된 고하를 위해 써 달라고 여러 독지가들이 위문 금품을 신문사에 보내왔다. 고하는 옥중에서 겨울을 보내고, 해가 바뀐 1927년 2월 7일 일왕 히로히토(裕仁)의 즉위 기념의 특사로 석방되었다.

1926년 6월 6·10만세운동 사건으로 국내가 뒤숭숭하던 때 미국에 살고 있는 송재 서재필(松齋 徐載弼) 박사는 고하에게 위안과 격려의 글월을 보냈다. 영문으로 된 것으로 6월 12일자로 보내온 것이었다. 당시 〈신동아〉 부록에 번역하여 실렸고, 총독부가 꺼려

---

3 '一可亭'은 남강의 산정

하는 부분은 삭제하였으나 대체의 뜻은 미루어 짐작할 수가 있다. 우리말로 번역된 그 전문은 다음과 같다.

宋鎭禹 선생 귀하

서재필(徐載弼)

　지난 여름 호놀룰루에서 일별 후에 매양 글을 올리려 하였으나 오늘까지 시간이 없어 뜻을 이루지 못하였습니다. 일전에 들은 즉 동아일보가 정간을 당하였다 하니 그 이유는 분명히 알 수 없으나 하여간 언론의 자유가 없는 사회의 어떠한 법률에 저촉된 것인 줄 알고 불상사에 대하여 동분(同憤)을 금치 못하던 바 이제 해제의 소식을 들으니 오히려 더 늦지 않은 것만 다행입니다. 선생과 기타 제위가 이같이 자주 곤고(困苦)를 당하게 되는 것은 개인으로는 유감이지마는 민족 전체에 대하여는 도리어 ○○할 일이라고 믿습니다. 오직 이런 역경의 교훈을 받아야만 조선민족은 자유와 정의의 가치를 해득하고 인류의 이상 사회를 출현시키기에 노력할 것입니다. 우리는 과거에 자유와 정의를 위하여 노력하지 못하였으므로 지금 그것을 못 가진 것이외다. 선생과 기타 제위가 이런 시련을 당하는 것은 조선민족의 과거의 허물을 보상하는 동시에 장래에 올 날을 위하여 길을 닦는 것인 줄 압니다. 선생은 마땅히 생각할지니 선생이 ○○ 된다 하면 이는 개인 때문에 됨이 아니요 조선의 언론의 자유를 위하여 ○○ 됨인 것이외다. 언론의 자유를 위하여는 위대한 인물들이 자진하여 ○○ 되기를 주저하지 아니할지오. 따라서 조선이 선생의 지금 고초 받는 동기를 이해하고 감사할 날이 올 것이외다. 현재의 언론계의 고통에서 장차 ○○○○○할는지 누가 예언하리까. 세계상에 어떠한 사실이든지 그를 위하여 분투하는 용사가 없이 성공된 법이 없습니다. 언론의 자유를 위하여 선행(先行)의 ○○로 인하여 ○○의 날이 올 것을 나는 확신합니다.

 ○에 있거나 사무를 보거나 선생은 조선민족에게 합작적(合作的) 정신을 고취하며 물질 및 정신상으로 분투 맹진해야 할 것을 알려주어야 하겠습니다. 우리 민족은 아직 분투의 일을 하기 전에는 그 장래는 암흑합니다. 우리는 일하여야 하겠습니다. 일하되 합하여야 되겠습니다. 그것이 오직 우리를 살리는 길이외다. 명년의 태평양회의에 출석하게 되면 다시 거기서 대안(對顔)할 줄 압니다. 마지막으로 사건이 속히 해결되기를 바라며 회신을 고대하면서 그칩니다.

9
신간회(新幹會)와 고하

　동아일보 제2차 정간의 이유는 위에서 언급한 바와 같이 국제 농민본부 메시지를 동아일보에 게재한 것 때문이었다. 그 책임을 지고 고하가 두 번째 옥고를 치르고 석방 직후인 1927년 3월 30일, 뜻밖의 부고가 고하에게 전해졌다. 민족진영의 원로인 월남 이상재(月南 李商在) 옹께서 78세를 일기로 세상을 떠났다는 슬픈 소식이었다. 73개 사회단체의 명의로 9일장의 사회장(社會葬)을 엄수하기로 결정이 되었다. 고하는 사회장 준비위원의 한 사람으로 장례의 일을 보았다. 고하는 월남의 별세를 진심으로 슬퍼하는 애절한 심정을 만사(輓詞)로 표시했다.

　　풍세회해도만천(諷世詼諧倒曼倩)
　　(세상을 풍자하는 해학은 만천(曼倩)을 [4] 앞섰고,)

---

[4] 만천은 한무제의 신하로서 해학 잘 하기로 유명한 동방삭의 자(字)이다.

애시초췌억영균(哀時憔悴憶靈均)

(슬플 때에는 초췌함이 영균(靈均)을⁵ 생각케 하네.)

세한잔백감조락(歲寒殘柏堪凋落)

(추운 절기에 쇠잔한 잣나무도 참아 이울고 지니,)

포유임풍총망신(蒲柳臨風總忘神)

(갯버들처럼 못난 이 몸 바람에 치어 도무지 정신을 차릴 수 없네.)

선생우국불우신(先生憂國不憂身)

(선생은 나라를 근심하되 몸은 돌보지 아니하였고,)

두백심단노익진(頭白心丹老益眞)

(머리는 희되 마음은 붉어 늙을수록 더욱 참되었네.)

금일예연기아거(今日翳然棄我去)

(오늘날 홀연히 우리를 버리고 가시니,)

경도악랑자미진(鯨濤鱷浪自迷津)

(고래와 악어 같은 거센 풍랑에 갈피 못 찾네.)

월남을 떠나보낸 고하의 심정은 암담했다. 그러나 그의 뒤를 이을 이 민족이 건재하다는 신념과 의지 그리고 동아일보와 고하가 있는 한 민족진영은 흩어지지 않고 뭉치리라는 신념과 결의가 강해서 고하는 다시 용기를 찾았다.

3·1운동의 선풍이 이미 가라앉은 지 오래되었다. 서울이나 시

---

5 영균은 전국시대에 나라를 근심한 나머지 멱라수(汨羅水)에 빠져 죽은 굴원(屈原)의 자(字)이다.

골을 막론하고 새 학문 새 사조를 탐구하는 새로운 기풍이 팽창하였다. 방방곡곡에 사립학교가 세워지고 있었으며 외국 유학생 수도 놀랄 만큼 늘어가고 있었다. 그런데 민족주의 진영은 주로 천도교, 기독교, 불교 등 각 종교 단체별로 활동할 뿐 통합된 단체를 결성하지 못했다. 일부 지도자 중에는 이러한 사태를 안타까워하며 3·1운동 당시 중요한 역할을 했던 인물들을 중심으로 어떠한 형태의 단체를 구성할 것을 주장하기도 했다. 그러나 고하는 3·1운동 당시 주동자 중에는 변절한 인사가 나타나고 있어서 이들과 손을 잡을 수는 없다고 판단했다. 그래서 그는 일체의 단체 구성에서 초연하였고, 오직 동아일보 육성에 힘을 기울였던 것이다.

국내 사회는 1920년 이래 중국과 일본을 비롯하여 세계적으로 사회주의 운동이 유행하면서 그 이념은 국내에도 물밀듯이 들어왔다. 드디어 1922년 4월경부터는 우리 독립운동 진영에도 민족주의자와 사회주의자가 분열하기 시작했다. 그 후 전국 각지에서는 봄바람에 돛을 단 듯이 사회주의 색채가 강한 단체들이 계속 출현했다. 당시 집회 결사의 자유가 막혔던 시대에 이처럼 수많은 사회주의 경향의 단체가 표면에 나타났다는 것은 민족주의와 사회주의자 사이를 이간질하고 민족 분열을 조장하려는 총독부의 정책에 기인했다.

이 틈을 타서 사회주의는 성장하여 다시 공산주의로 방향을 잡았다. 드디어 1925년을 전후하여 국내에서 공산당 조직을 갖게 되었다. 이제는 총독부 당국도 그것을 조장하거나 방임하지는 않왔다. 1926년 초부터 1927년 초까지 거의 1년 동안에 걸쳐 국내는 물론 중국, 만주, 일본까지 광범위하게 검거의 손이 뻗쳤다. 조선공산당(朝鮮共産黨) 및 고려공산청년회(高麗共産靑年會) 사건(세칭 제1차 공산당 사건)이 그것이다. 여기에 관련된 주동 인물은 박헌영(朴憲永), 홍증식(洪璔植), 김재봉(金在鳳), 조봉암(曺奉岩), 박일병(朴一秉), 송봉우(宋奉瑀), 유진희(兪鎭熙), 김약수(金若水), 김찬(金燦), 권오설(權五卨), 김단야(金丹冶) 등이었다.

이들은 각지에서 농민 운동과 동맹파업 등을 주로 지도 선동하였다. 그런데 그 당시 이 운동과 파업 등은 이 땅의 민중의 눈에는 일종의 독립운동으로 간주되었다. 또한 본의는 아니었지만 실제로 일부 민족주의자들도 공산주의의 가면을 쓰고 민족운동의 방편으로 이에 가담하여 활동한 것도 사실이다.

공산주의 운동의 수뇌부가 대부분 검거되자 그 검거망에서 빠진 남은 공산주의자들은 민족주의 진영에서 민족단일전선(民族單一戰線)의 기치 아래 모여들었다. 그들과 민족주의 세력은 민족진영과 손을 잡고 2월에 신간회(新幹會)를 결성하였다. 바꾸어 말하자면 공동의 적, 공동의 목표인 '일본 제국주의 타도(日本帝國主義打倒)'만이 현실의 당면 과제였기 때문에 민족주의자를 비롯한 공산주의자와 그 동조자가 뭉쳐서 공동전선(共同戰線)을 편 것이다. 사실상 당시 항일운동에서 민족주의자와 공산주의자를 엄격히 구별하기가 곤란하기도 했다. 요컨대, '코민테른'의 인민전선운동(人民戰線運動), 중국의 국공합작운동(國共合作運動)과 비슷한 작선을 모방한 것이다.

이리하여 신간회 대표 및 주요 간부는 주로 민족진영의 투사들로 구성되었다. 실무 책임자급은 공산주의자나 소장파 논객들이 차지했다. 공산주의자들은 상투적인 수법으로 신간회를 역이용했다. 그들은 신간회를 표면적 간판으로 내세우면서 소위 민족주의자 중의 좌파들을 포섭하고, 점차 우파를 배척하여 민족진영의 분열을 꾀했다.

그들은 동아일보와 고하를 우파라고 규정하고 신간회(新幹會) 운동에서 배제하려고 덤벼들었다. 반면 공산주의자는 기회가 있을 때마다 동아일보사에 입사하여 사내에 조직을 결성하는 침투작전을 게을리 하지 않았다. 고하는 그것을 알면서도 공산당원을 받아들였다. 그 이유는 그들의 사상을 민주주의로 전환시키자는 데 있었다. 고하는 사람을 쓰고 움직이는 데 남달리 이해와 포용력을 가진 성격이었다. 고하의 품에 들어간 사람이면 좀처럼 그를 배신하거나 변절을 하지 않았다. 고하는 당시 공산주의 운동에 종사하는 인물들에게까지도 씻을 수 없는 감화력을 주었다. 그들이 저절로 그의 인격적 영향 아래 있게 하는 힘을 발휘하기도 했다.

그 한 예로 낭산 김준연(朗山 金俊淵)을 들 수 있다. 낭산은 당시 공산주의 운동의 최고 지도 인물이었다. 그러나 뒷날 낭산은 동아일보의 편집국장, 주필 등 중역으로 재임하는 동안 고하의 인격에 감화되어 마침내 고하와 같은 노선을 갖게 되었다. 고하와 낭산은 물론 그 전에도 서로의 우정과 정의는 두터웠다. 그런데 낭산이 고하의 인격에 감화된 계기는 그가 동아일보 편집국장에 취임 직후 'ML당'(마르크스레닌당) 사건으로 붙잡힌 이후의 일이다.

일본 경찰은 낭산이 동아일보에 오기 전에 이미 그가 ML당의 책임 비서였고 공산당에 깊숙이 관계하고 있음을 탐지하고 있었다. 그런데 막상 낭산이 동아일보 편집국장에 임명되자 그들은 매우 놀라서 동아일보와 조선공산당 사이에 무슨 관계가 있는 것이 아닌가 더욱 의심하기 시작했다. 일본 경찰은 고하를 불렀다.

"당신은 김준연을 어떻게 알고 썼는가?"
"그는 성격이 온순하고 학문과 덕망이 있고, 신사상을 이해하는 좋은 사람이어서 썼소."

경찰과 고하의 문답은 낭산을 채용한 경위에 대한 것이었다. 낭산은 고하에게서 일본 경찰과의 문답을 전해 듣고 즉시 당 중앙위원회를 소집하였다. 그리고 낭산은 어유부중(魚游釜中)의[6] 형편을 들어 당 조직의 개편을 주장하여 실현했다. 이 소식은 또 어떻게 새어 나갔는지 총독부 경무국에 탐지되었고 고하에게로 전해졌다. 그러나 고하와 낭산은 이 일에 서로 조금도 구애받지 않고 신문 일에만 종사했다. 또한 피차간에 어색한 감정이나 모순을

---

6   물고기가 솥 속에서 논다는 뜻으로, 목숨이 붙어 있다 할지라도 오래 가지 못할 것을 비유하는 말이다.

느끼지 않았다. 그것은 비록 서로 사상은 달랐지만 일제 타도라는 최종 목표가 같았기 때문이었다.

그러나 낭산은 이듬해인 1928년 2월 3일 종로서에 불려갔다. 고하의 보증으로 일단 풀려 나왔다. 이것은 아마 일본 경찰이 이들 사이의 우정을 시험해 보기 위한 것으로 추측된다. 그러나 3일 후에 다시 체포되어 7년 형을 받았다. 낭산은 1928년부터 7년 후인 1934년에 형기를 다 채우고 출옥한 후에 잠시 쉬고 나서 다시 동아일보사 주필로 복귀하였다. 그 후 고하와 낭산은 이심전심으로 뜻하는 바가 통했다. 이때 낭산의 귀추에 큰 관심을 가지고 지켜보고 있던 일본 고등경찰은 고하에게 낭산이 다시 동아일보에 입사한 경위를 따져 물었다.

"그것은 우리 동아일보사가 그대들을 위해서 한 것이나 다름이 없소. 만일 우리가 그 사람에게 직장을 주지 않으면 일본 정부가 그를 등용할 리는 만무하니 그때에는 낭산은 부득이 상하이나 다른 곳으로 망명하게 될 것이 아니오? 그렇게 되면 낭산은 일본에 던질 폭탄을 만들게 될 것인데 낭산은 전부터 동아에 있던 사람이고 해서 다시 돌아온 것이니 거기에 대해서 너무 성가시게 굴지 마시오."

고하의 이 말에 고등경찰은 더 할 말이 없었다고 한다. 이것이 낭산의 문제를 해결하는 데 있어서 그 유명한 고하의 폭탄 문답

(爆彈問答)이었다. 낭산에 비견할 것은 아니지만 동아일보에서 광고부원 또는 지방부 기자로 있는 박헌영(朴憲永)도 그 한 예로 오랫동안 고하의 영향을 받았지만 박헌영은 끝내 고하를 배신한 경우라서 낭산과는 달랐다. 고하의 이런 포섭력에 공산주의자들은 총독부의 민족 분열 정책에 편승하여 더욱 동아일보와 고하를 질시하기 시작했다. 그래서 고하의 민족운동 또는 동아일보의 사업을 방해하려는 일부 몰상식한 젊은 무리도 적지 않았다.

이리하여 고하는 때로는 공산주의 청년들의 돌팔매질도 받아야 했다. 그 한 예로 동아일보사 함북 지국장 회의를 주재하려다가 테러를 당한 사건을 들 수 있다. 고하가 회의장에 들어가려는데 때마침 입구에 몽둥이를 들고 지켜선 공산 청년들이 있었다. 그들은 막무가내로 조폭처럼 몽둥이로 고하를 때리고 짓밟았다. 고하는 유혈이 낭자한 채 쓰러졌다. 피가 온몸에 흘러 얼굴조차 잘 알아보지 못할 정도가 되자 물러섰다. 고하는 아무런 반응도 괴로운 기색도 보이지 않았다. 고하는 얼룩져 내리는 피를 닦고, 회의장에 들어가서 단상에 올라 끝내 회의를 진행하여 마쳤다.

이렇게 고하는 신간회(新幹會) 안에서 공산주의자들의 사주를 받은 테러를 당하면서도 신간회에 남았다. 그리고 공산주의자들이 획책하는 민족 분열 공작에 굴하지 않으면서 잠시도 손을 떼지 않았다. 고하는 언제나 "지금은 이럴 때가 아니라"고 공산주의자들에게 민족 단결을 호소했던 것이다.

이즈음 함남 장진강(長津江) 일대에서 종독부의 토지수용령(土

地收用令)으로 인해 농민들이 총독부에 대한 진정을 낸 사건이 있었다. 동아일보와 고하 등에게도 그 사건이 전보로 전달되었다. 장진강 수력발전소 건립을 위해 장진강 일대의 농민들 소유의 주택은 물론 선조 이래 지켜 내려오는 전답을 총독부가 거의 빼앗다시피 시가보다 엄청나게 싼 부당한 가격으로 매입한다는 내용이었다. 그리고 토지 매수에 응하지 않는 농민은 불온분자로 낙인을 찍어 검거하여 구속함으로써 농민들이 불안과 공포로 갈피를 잡지 못한다는 것이었다.

이에 고하는 신간회를 움직였다. 이때야말로 좌우익 할 것이 없이 민족 단결을 과시하자는 것이었다. 고하는 신간회 간부와 조선일보 사장 우창 신석우(于蒼 申錫雨), 주필 민세 안재홍(民世 安在鴻)과 변호사 회장 가인 김병로(街人 金炳魯) 등에게 연락하여 사태 수습책을 숙의했다. 서울 견지동의 조선일보사에서 일동은 자리를 같이했다. 우선 사태 수습의 첩경으로 현지를 답사하기로 했다. 조사단 대표로 김병로를 선정하고 신문사 보도원으로 동아일보 기자 김동진(金東進), 조선일보 기자 김을한(金乙漢) 등을 파견키로 했다. 기자들은 이들 조사단의 현지 조사를 토대로 부당하게 내려진 토지수용령의 불법 행위와 시가보다 싸게 매입하는 처사를 규탄하는 기사를 대대적으로 보도했다.

또한 이 무렵에 동아일보가 중점을 둔 것의 하나는 '전조선수리조합답사(全朝鮮水利組合踏査)' 보도였다. 1927년 8월 30일부터 9월 3일까지 전국 수리조합 전역에 걸쳐 특파원을 보내서 그 실태를 조사하고 비판함으로써 총독부 농업 정책에 경종을 울린 것이었다. 이때 전북은 김준연(金俊淵), 평북은 김동진(金東進), 경남은 서춘(徐椿), 충남북은 박찬희(朴瓚熙), 평남은 유지광(柳志光), 함남북은 한위건(韓偉健), 경북은 김두백(金枓白), 강원도는 국기열(鞠琦烈)이 각각 담당하였다.

고하도 손수 붓을 들어 사설과 칼럼을 통해서 일본 총독부의 부당한 사실을 규탄했다. 동시에 고하는 이 민족이 당면한 과제는 일본 제국주의 타도가 공동 목표라는 것과 일시적인 주의와 이념의 차이로 민족 분열을 가져올 수 없다는 이론을 제시했다. 이리하여 신간회 안의 공산주의자들도 고하의 인격과 수완, 그 이론에 감탄하여 고하를 다시 우러러보기 시작했다.

제 5 장

동아일보를 짊어지고
(하)

1 /
동아일보 제6대 사장으로서의 저항과 후원

　1927년 10월 22일, 동아일보 중역실에서 열린 정기 주주총회에서 인촌은 사장직을 자진 사퇴하고 고하가 그 후임으로 선임되었다. 1921년부터 1924년까지 제3대 사장을 역임한 이후 고하는 두 번째로 동아일보 제6대 사장에 취임하였다. 주주총회에서는 이사로 허헌, 김성수, 송진우, 장덕수, 양원모 그리고 임정엽을 선임하고, 감사로서 장현식(張鉉植)과 현상윤을 선임했다. 이어 개최된 중역회의에서는 고하를 사장으로, 장덕수를 부사장으로 선임하고, 김준연을 편집국장, 이광수를 편집고문으로 임명하여 진용을 갖추었다. 그가 두 번째 사장으로 재임한 기간은 1936년 8월 일장기 말소사건(日章旗抹消事件)으로 동아일보가 제4차 무기정간의 강제 처분을 당한 1936년까지 10년 동안이었다. 고하는 이 사건으로 동시에 사장직의 퇴임을 강요받았다. 이 기간은 일본 군국주의가 한반도를 완전히 장악하고 중국 대륙에 손을 뻗치면서 이 땅의 민족운동과 사상운동을 심하게 탄압하던 시기였다.

또한 이 시기는 국내외에서 독립운동을 위한 저항운동이 극에 달한 때였고 동아일보는 이를 하나도 빼지 않고 상세히 보도하려고 노력하였다. 동아일보 기자들은 총칼 대신 붓으로 싸우는 독립투사였고 애국지사였다. 기자들이 기사를 썼다가 일제에 압수당하는 일은 다반사였다. 기자들은 기사가 삭제되는 것을 오히려 영광스럽게 생각할 정도로 사명감과 자부심이 대단했다. 당시 기자였던 노산 이은상(鷺山 李殷相)의 회고담이다.

"1934년으로 기억되는데 제가 평안도 강동에 있는 단군릉(檀君陵) 참배 기사를 썼다가 검열에 삭제된 적이 있었지요. 그날 고하 선생께서 저를 보고 '오늘도 상을 탔구먼' 하시며 빙그레 웃으시던 모습이 눈에 선합니다. 당시 동아일보가 국내외 독립운동을 보도하고 지원하여 민족문화 보존과 계승에 앞장선 활약은 우리 역사에 길이 빛날 것입니다."

고하는 사장 취임 직후인 1927년 12월 12일부터 30일까지 만주 일원의 백만 한인 교포의 생명과 권익 옹호를 위하여 김우평(金佑枰) 특파원을 보내어 그 실태와 현황 그리고 일본 관동군의 행패를 조사하게 하였다. 그리고 그 사실과 시비를 가리고 일세의 비위를 파헤쳐 보도하는데 주력하였다. 또한 1928년 10월 장제스(蔣介石)의 국민당 정부주석 취임을 취재차 주요한(朱耀翰)을 난징(南京)에 특파하여 한중관계와 국제정세에 목마른 독자에게 부지런히 자세한 기사를 보내도록 하였다.

　이 무렵을 전후해서 고하는 조국 광복 운동자와 그 가족의 구호에도 앞장섰다. 그가 추진한 이 사업은 모두 은밀하게 진행된 일이기 때문에 아무도 자세히 알 수가 없었다. 다만 해방 후 단편적으로 발표된 기록에서 일부의 흔적을 알 수 있을 따름이다. 월간지 〈대화(對話)〉 1976년 12월호에 게재된 양근환(梁槿煥)의 13년 옥중기, '조선혼은 죽지 않는다'에서 그에 대한 일화는 다음과 같이 추려볼 수 있다. 합방 직후 시사신문(時事新聞) 사장 민원식(閔元植)은 열렬한 친일 언론인이었다. 그는 총독부의 앞잡이가 되어 소위 국민협회라는 친일단체를 조직하였다. 이 조직을 통해 그는 총독 정치에 적극 협조하는 한편 조선을 일본의 한 지방으로 편입하고 지방 자치를 실현하기 위한 교섭차 일본으로 건너갔다. 민원식 등 일행은 도쿄 스테이션 호텔에 머물고 있던 1921년 2월 14일, 도쿄에서 고학하고 있던 황해도 연백 출신 애국 청년 양근환에게 죽임을 당했다.

　양근환은 곧 일경에 체포되어 무기징역을 선고받았다가 유기 20년으로 감형되어 옥고를 겪었다. 그 무렵 그의 딸 정자(貞子)는 초등학교를 졸업하게 되었다. 양근환은 정자의 진학 문제를 여러 곳에 편지로 호소했으나 아무런 회답도 받지 못했다. 생각 끝에 동아일보사 고하에게 재차 편지를 띄웠다. 이에 고하는 "만사를 안심하시압. 귀형에게까지 염려를 시키게 되어 죄스럽습니다. 불일내로 영양(令孃)을 방문하여 곧 입학 주선을 하겠습니다."라는 회신을 보냈다.

이리하여 정자는 고하의 주선으로 상급학교인 배화여학교(培花女學校)에 진학했고 졸업할 때까지 고하의 도움을 받았다. 1933년 2월 양근환은 13년간의 옥고를 치르고 가석방되어 조선으로 귀국하였다. 고하는 양근환에게 생활 자금을 주어 자립을 도왔으나 안타깝게도 그는 술이 과하여 여러 차례의 지원에도 불구하고 재기에 실패하고 말았다. 해방 후 일부에서는 고하가 양근환을 소홀히 대한 것처럼 왜곡하여 전해진 바도 있었으나 그것은 사실과 다른 이야기다.

또한 고하는 김상옥(金相玉)의 아들도 챙겨주었다. 중국 상하이에서 잠입하여 일본 경찰과 수일간에 걸쳐 총격전을 벌여 총독부 당국의 간담을 서늘하게 하고 자결한 김상옥(金相玉)의 아들을 동아일보에 입사시켰다. 또한 그 집안 살림을 돌보기도 했다. 대한민국 임시정부의 요인 백범 김구의 어머니인 곽낙원(郭樂園)을 아들의 망명지인 중국으로 건너갈 수 있도록 뒷받침하기도 했다. 또한 1925년 12월 망명지에서 생활고로 부득이 귀국하던 백범의 부인과 큰아들 인(仁)이 인천항으로 상륙하자 그들을 고향인 황해도 사리원까지 무사히 가도록 물심양면으로 돌보기도 했다. 고하는 감옥에 갇혀 있는 조소앙(趙素昻)의 백씨에게 사식을 넣어 수는 등 눈에 띄지 않는 일들을 도맡기도 했다. 그뿐만 아니라 도산 안창호(島山 安昌浩)가 체포되어 귀국한 후부터 1938년 서울대학병원에서 별세할 때까지 정성껏 뒷비리지 하였다. 고하는 도산뿐만 아니라 몽양 여운형(夢陽 呂運亨)도 후원한 일이 있다. 몽양의 가석방을 주선하는가 하면, 1933년에 몽양을 조선중앙일보(朝鮮中央日報) 사장으로 취임하도록 뒷바라지를 서슴지 않고 맡았던 것이다. 낭산 김준연(朗山 金俊淵)이 옥고를 치르는 동안 그 가족을 보호하기도 하였다.

고하의 이와 같은 보살핌은 해방 후까지도 계속되었다. 대한제국 말기에 일어난 헤이그 밀사사건에 관여한 주러 대한제국 공사관(駐露 大韓帝國 公使館)의 서기관 이위종(李瑋鍾)의 직계 손자가 해방 직후 당시 이발사로 어렵게 사는 것을 알고 그를 재정적으로 지원해 주었다. 그가 오랫동안 간직한 사신임명장(使臣任命狀) 원본을 고하에게 제공하자 고하는 귀한 문헌을 간직하고 있음을 칭찬하면서 나라일이 잘 정돈되면 반드시 필요하게 될 것이니 잘 보관하라고 당부한 일도 있었다.

고하는 1933년 임정 요인이었고 대한민국 초대 부통령을 지낸 성재 이시영(省齋 李始榮) 선생의 차남 이규열과 서차희의 혼인식 주례를 서기도 했고, 그 장남을 동아일보에 취직 시켜 생계를 해결하도록 도와주기도 하였다. 이시영 선생은 조선시대 명문가의 후손으로 1910년 국권을 빼앗겼을 때 6형제분이 만주로 망명해 형님 우당 이회영(友堂 李會榮)과 함께 사재를 털어 신흥무관학교 전신인 신흥강습소를 세우고 독립군 양성에 힘쓰는 등 독립운동을 주도한 인물임은 역사적으로 알려진 사실이다.

고하는 애국지사나 그 가족을 적극적으로 돌보아주는 일 이외에도 비밀리에 만주 벌판이나 중국 또는 소련 등지에서 독립운동을 하는 인사들과 긴밀한 연락을 유지하였다. 자연스럽게 국내에서 그들과 교섭하고 호응하여 독립자금을 송금하는 일에 전력을 다하였다. 원래 비밀리에 이루어진 일들이라서 기록이 거의 없으나 광복회장을 지낸 이강훈(李康勳)의 회고담은 고하의 이런 선행과 실천을 명확하게 뒷받침한다.

"저는 동아일보 창간 이듬해 고향인 강원도 김화(金化)에서 18세의 나이로 분국장(分局長)을 맡으면서 동아일보와의 첫 인연을 맺었지요. 약 8개월간 신문 보급을 하니까 일제의 압력이 그렇게 심할 수가 없어요. 탄압 때문에 할 수 없이 북간도로 떠났습니다. 그때 겉으로는 사범학교에 다니면서 내면적으로는 김좌진(金佐鎭) 장군의 비밀 조직에 들어갔는데 그곳에서 동아일보와 제2의 인연이 생겼지요. 주식회사로 개편된 후 첫 사장에 취임한 고하 송진우 선생이 수차례에 걸쳐 독립운동 자금을 보내온 것입니다. 제가 신민부(新民府)에서 자금을 관리했는데 처음에는 1926년 5월 목단강(牧丹江)역으로 약 6천 원을 보내와서 이를 수령했고, 두 번째는 1928년 9월 돈화현(敦化縣) 이도량자(二道梁子)에서 액수는 기억하기 어려우나 상당액을 받았어요. 1929년 2월에 우리가 만주 산시(山市)에서 소만국경으로 본부를 이동하려 할 때 1만 원을 보내왔고 또한 1930년 1월 27일 김 장군이 별세하자 만장(輓章)과 함께 다시 1만 원을 보내왔지요. 확실히 고하로부터 온 것만 이처럼 네 차례였고 기타 익명으로 비밀 통로를 통해 보내온 것도 수차례나 되었어요. 해방 후 윤봉길(尹奉吉), 이봉창(李奉昌), 백정기(白貞基) 등 세 의사의 유해를 고국에 모셔다가 장사를 지내고자 고하 선생을 만나 김좌진 장군의 이야기를 하던 감격은 지금도 생생합니다."

특히 고하가 두 번째로 송금한 자금은 북간도와 국내에 침투한 일본인 정상배의 사살에 중점적으로 사용되었다. 김좌진 장군은 고려의혈단(高麗義血團)을 조직하여 최인화(崔仁化), 안용(安湧), 이기수(李起洙), 김기천(金基天), 이명량(李明亮), 이환(李煥) 등의 애국지사가 '육혈포' 권총으로 무장하고 북간도에서 활약하는데 큰 활력소를 제공하였다.

뉴욕의 교민 사회에서 허정(許政), 장덕수(張德秀), 김양수(金良洙), 김도연(金度演), 윤홍섭(尹弘燮), 최순주(崔淳周), 서민호(徐珉濠) 등이 중심이 되어 신문 발간을 계획하고 있었다. 제호를 삼일신보(三一申報)로 정하고 교민 사회의 공기(公器)로 3·1정신을 계승 발전시킨다는 취지에서 한글로 발간하기로 하였다. 그러나 미국에서 한글 활자를 구할 수가 없어서 거의 절망에 빠지게 되었다. 이때 동아일보 부사장 겸 주미 특파원 자격으로 유학 중인 장덕수가 동아일보 사장인 고하에게 긴 부탁의 편지를 썼다. 일본 당국의 검열을 염려하여 그저 국문 활자가 급히 필요하다고 쓴 장덕수의 편지를 받은 고하는 그 행간(行間)에 숨어있는 의도를 곧 알아

차렸다. 얼마 후 동아일보사가 이역만리 미국으로 보낸 소포 꾸러미를 뜯어 본 장덕수는 고하가 국문 활자를 보낸 것임을 확인하였다. 그는 이를 사용하여 1928년 6월 29일 삼일신보의 창간호를 낼 수 있게 되었다. 이처럼 고하는 국내는 물론 만주, 중국 또는 미주에 있는 애국지사들의 독립운동을 지원하고 그 가족을 돌보는 일에 밤낮으로 노력을 다하였다.

1932년에는 조선의 여자교육에 으뜸가는 이화여자전문학교(현 이화여자대학교)를 돕자는 각계 유지와 교수 및 학부형의 회합이 12월 15일 정동교회에서 열렸다. 교회와 언론계 및 기타 교육계의 유지인 윤치호, 김성수, 유억겸, 신흥우, 최두선, 오긍선, 유진태와 고하 등 80여 명이 모여 '이화여자전문학교후원회'를 조직하기로 하고 그 임시의장에 윤치호를 선임하였다. 아펜젤러 교장도 참석하여 축사를 했다. 후원회는 사무를 본격적으로 추진하기 위한 준비위원으로서 신흥우, 유억겸 및 고하를 선정하였다. 이들의 주도로 12개조의 후원회 정관이 통과되고 25명의 위원을 선출했다. 이화여전(梨花女專)은 여자대학을 목표로 새 교사를 교외 애기능(연희전문 부근) 터에 세우기로 하고 이미 매수한 부지에 아펜젤러 교장이 미국에 돌아가 모금해온 기금과 합하여 70만원으로 우선 다음해 봄부터 본관, 음악관, 기숙사 등부터 건축하기로 계획하였다. 고하는 여성교육의 중요성을 인식하여 이 일에 열심히 참여하여 진두지휘하였다.

고하는 브나로드운동을 내년 강력하게 실시함과 동시에 한말

(韓末) 사료(史料) 수집 운동과 미국 컬럼비아대학에 설치될 '조선 도서관'에 보내기 위한 귀중 도서 수집 운동도 열심히 추진하였다. 한말 사료 수집 운동은 그해 8월 9일부터 12월 말까지 을사조약에서 경술국치에 이르는 동안의 인물과 사건을 중심한 기록, 사진, 필적, 유물 등의 수집이었다. 미국 컬럼비아대학에 보낼 귀중 도서 수집 운동은 그해 11월 17일부터 12월 말일까지 국학의 차원에서 정치, 경제, 문화 전반에 걸친 것으로서 주목할 만한 운동이었다.

2
타고르의 시(詩)

1929년 초 때마침 인도의 애국자이자 독립운동의 투사인 동시에 시인인 라빈드라나트 타고르가 일본에 잠시 들른다는 외신이 전해졌다. 고하는 이 기회를 놓치지 않고 타고르를 초빙할 계획을 세웠다. 타고르는 1929년 3월 캐나다의 여러 곳을 방문하고 고국 인도로 귀국하는 도중에 일본에 잠시 머문 것이었다. 타고르가 일본에 들른 것은 도쿄에 인도 독립운동 망명객 여럿이 있었기 때문이었다. 그중의 대표자인 찬드라 보스는 일본에 망명한 후 다른 여러 나라 망명객들의 경우와 마찬가지로 일본 협객(俠客)의 지도자 도오야마(頭山滿)의 보호를 받고 있었다.

도오야마는 군국주의 일본에서 재야의 수상(首相)이라고 불릴 만큼 막강한 힘을 가진 존재였다. 각계각층에서 절대적 권위를 유지하고 있는 '낭인(浪人)'이었다. 도오야마의 보호를 받은 사람 중에는 중국의 황싱(黃興), 쑨원(孫文), 장제스(蔣介石) 등과 한국의 김옥균(金玉均), 박영효(朴泳孝) 등이 있었다. 보스는 도오야마의 직계 소오마(相馬)가 경영하는 서양요리집 나카무라야(中村屋)에 투숙하고, 소오마의 딸과 결혼까지 하고 있는 처지였다. 타고르가 보스를 찾은 것은 앞으로의 인도 독립운동의 새 국면의 타개에도 있었지만, 보스의 불우한 처지를 위로하기 위해서였다.

고하의 계획은 이 위대한 인도의 투사이자 시인인 타고르를 조선으로 초청하려는 것이었다. 그래서 고하는 도쿄지국장 이태로(李泰魯-개명 후 常雨)를 시켜 당시 도쿄의 조선기독교청년회 총무로 있으면서 보스와 왕래가 있던 최승만(崔承萬)으로 하여금 타고르의 조선 방문을 타진하도록 했다. 최승만은 보스와 함께 타고르를 방문하고 고하의 의향을 전했다. 타고르는 고하의 초청에 진정으로 감격하면서도 여행 일정 관계상 다음 기회를 약속하고 동아일보를 통하여 한민족에게 바치는 그의 시 한 수를 보낸다고 하였다.

타고르의 시는 면담 직후 얻지는 못하고 그가 떠나는 3월 28일 요코하마 부두에 정박 중인 엠프레스 오브 에이시아호에서 최승만이 받아 본국으로 우송한 것을 4월 3일 동아일보에 게재하였다.

> In the golden age of Asia,
> Korea was one of its lamp-bearers,
> And that lamp is waiting
> To be lighted once again

For the illumination

In the East.

일찍이 아시아의 황금 시기에,

빛나던 등촉(燈燭)의 하나인 조선,

그 등불이 다시 한 번 켜지는 날엔

너는 동방의 밝은 빛이 되리라.

타고르의 기사와 시가 게재된 후, 이 시는 널리 번져서 '빛나던 아시아의 등불이 다시 켜지는 날엔 동방의 빛이 된다,' '동방의 빛이여, 너의 이름은 조선이다' 라고 읊조리면서 이 나라의 젊은이들은 앞날을 스스로 위안하고 격려했다.

1929년에는 일본 정부가 우리나라에 처음으로 세운 경성제국대학(京城帝國大學)의 제1회 졸업식이 거행되는 해였다. 때마침 순수 민간인으로 고하가 초청을 받았다. 철저한 관학(官學)에서 철저한 민족주의자인 고하를 초대한 것은 상상 밖의 일이었다. 총독 이하 고관들이 즐비하게 참석한 졸업식에서 총장인 마츠우라(松浦鎭次郞)는 고하에게 축사를 요청하였다.

"내가 지금 총장 마츠우라 군에게서 소개를 받은 송진우요. 나는 나의 과거 학생 시절의 이야기를 몇 마디 하겠는데 이것이 학창을 떠나는 제군에게 참고가 되면 다행이겠소"

고하는 이렇게 축사를 시작하였다. 졸업식이 끝난 후 기사 취

1928년 일본 교토에서 열린 제3회 범태평양회의에 참석.
왼쪽부터 백관수, 송진우, 윤치호, 유억겸, 김활란

재를 위해 따라간 기자가 고하에게 다가섰다.

"제국대학 총장을 공식 석상에서 '군'이라고 부르는 것은 실례가 아닐까요?"

기자가 고하에게 따져 물었다.

그러자 고하는 이렇게 반문했다.

"그 사람이 자기 나라에서는 훌륭한 고관이요 각하(閣下)이지만, 내가 말한 것은 우리 민족 전체를 대표해서 한 것이니, 조금도 실례될 것은 없소. 신문기자는 그런 호흡쯤은 곧 분간해야 하오."

당시 총장은 총독이나 총감과 같이 일왕이 임명하는 관리(親任官)였다.

이즈음을 전후해서 고하는 바쁜 나날을 보내고 있었다. 우선 신문사 사업으로 여러 가지 전국대회를 개최하였다. 1928년 10월 그는 일본 교토(京都)에서 열린 제3회 범태평양회의(汎太平洋會議)에 백관수(白寬洙), 유억겸(兪億兼), 김활란(金活蘭), 윤치호(尹致昊) 등과 같이 참석하는가 하면, 제17회 신문협회(新聞協會) 회의에 참가하여 평의원 4인 중의 1인으로 선출되어 동분서주해야 했다.

3 광주학생항일운동

고하가 범태평양회의와 신문협회 회의에서 돌아온 1929년 11월 3일, 광주(光州)에서 조선 학생들과 일본인 학생들 사이에 큰 충돌이 일어나 전국적으로 번진 광주학생사건(光州學生事件)이 폭발했다. 이 충돌 사건은 삽시간에 전국에 파급되어 민족운동으로 확대되었다. 이 광주학생의거의 전말은 대강 이러하다.

1919년의 3·1운동이 있은 지 10년, 일제의 압박으로 축적된 민족 감정은 폭발할 분화구를 찾던 때이다. 1929년 6월 26일 통학생들을 태운 기차가 운암(雲岩)역(지금의 북광주역)을 지날 때 농촌에서 개를 잡아 그슬리는 것을 본 일본인 학생 곤도(近藤)는 조선인은 '야만'이라고 조롱하면서 기차에 탄 조선인 학생들을 싸잡아 비난했다. 이때 광주고등보통학교 학생 10여 명이 격분하여 곤도를 뭇매질했다. 경찰이나 학교 측도 이날의 사건을 알았으나 불문에 부쳤다.

이후 일인 학생들이 복수할 기회를 엿보던 중, 10월 30일 오후

5시 반경 광주와 나주 사이를 운행하던 기차간에서 사건이 일어났다. 일본인 학생 후쿠다(福田修三)는 광주여학교 학생 박기옥(朴己玉), 장매성(張梅性), 이광춘(李光春) 등 세 여학생들의 길게 땋아 늘여진 머리꼬리를 낚아채며 희롱했다. 이를 본 광주고보 2학년생 박준채(朴準埰-박기옥의 사촌동생)가 격분하여 후쿠다를 때리니 둘 사이에 격투가 벌어졌다. 기차가 나주역에 도착하자 역전 파출소 일본인 순사 모리타(森田)가 박준채만 연행해 가자 다른 학생들이 몰려가 격렬하게 항의를 하였다. 다음 날인 31일 아침 박준채 등 조선인 학생들이 기차에 오르자 또 일본인 학생들과 패싸움이 벌어졌다. 이번엔 여객 전무의 만류로 끝났지만 쌍방의 감정은 극도로 악화돼 있었다.

11월 3일은 일요일이었으나 일제의 명치절(明治節)이기도 하여 각 학교에서는 기념식을 가졌다. 식이 끝나자 광주고보 학생들은 일제 타도를 외치며 일부는 일본인 신문인 광주일보사(光州日報社)를 습격하여 기물 등을 파괴하였다. 또 다른 일부는 광주역으로 몰려가서 일본인 학생들을 닥치는 대로 때려 패싸움이 벌어졌다. 이때 급히 출동한 경찰은 많은 조선인 학생들을 구타하고 체포해갔다.

그러나 이 사건은 삽시간에 전국으로 확대됐다. 서울의 경성제국대학을 위시하여 서울, 인천, 개성, 함흥, 원산, 정주, 부산, 진주, 대구 등지의 각급 학교로 확대됐다. 활활 타오른 불길처럼 순식간에 번진 이 사건은 194개 학교에서 5만 44명이 동맹휴학으로 투쟁에 참가했다. 이중 560명이 퇴학 또는 최고 5년의 체형을 받았고, 2,330여 명이 무기정학 처분을 받았다. 광주감옥에 수감된 학생들은 조직적인 옥중 투쟁을 벌였다. 수많은 광주 시민이 이에 호응하여 크게 혼란스러워지자 일제는 130명의 수감 학생들을 모두 대구형무소로 이감했다.

1926년 9월 광주고보(光州高普-光州西中-현재 광주일고)에는 성진회(醒進會)란 애국단체가 비밀리에 조직되었다. 성진회는 신간회 등 사회단체와도 긴밀한 연락을 맺고 애국과 독립정신을 서서히 일깨워 갔다. 그러나 성진회의 중심 학생들이 졸업하면서 주축을 잃게 되자 광주고보, 농고, 사범학교 학생들이 모여 독서회를 조직했다. 표면상으로는 민족문화연구라고 했으나 이면에는 독립정신을 기르는 항일단체로서 성진회 정신이 계승되고 있었다. 이 광주학생의거는 계획된 항일독립투쟁으로 그 배후에는 성진회의 작용이 적지 아니했다.

또한 이 사건의 불씨는 광주학생들의 의거에서 이루어졌으나, 이 의거가 전국으로 확대된 이면에는 고하의 역할이 아주 컸다. 1976년 10월 15일자 전남매일신문에 게재된 인물개화(人物開化)에서 최인식(崔仁植)의 술회를 일부 정리하여 아래와 같이 소개하고자 한다.

(전략) 당시 조선일보 기자였던 최인식은 광주학생사건이 중앙에서 그 보도가 금지되자 기사 취재를 팽개친 채 서울에서 학생

사건을 다시 일으킬 것을 당시 도쿄상대 재학생인 장석천(張錫天)과 결의하고 자금 조달을 위해 호남은행의 설립자였던 무송 현준호(撫松 玄俊鎬)를 찾아갔다. 최인식 등이 무송을 찾아갔을 때는 마침 목포지점으로 출타 중이었다. 이때 호남은행 이사이자 신간회 전남지회장인 정수태(丁洙泰)[1]를 만나 비밀리에 일금 5백 원을 얻어가지고 서울로 올라왔다. 인촌을 찾았으나 1주일 전에 유럽 여행을 떠났다는 얘기를 듣고 종로구 원서동의 고하 송진우를 찾아갔다. 강영석(姜永錫), 이항발(李恒發),[2] 최인식 등이 12월 중순 고하 집을 찾았을 때는 마침 장덕수, 최창학(崔昌學), 현상윤 등이 함께 모여 시국 얘기를 나누고 있던 중이었다.

"당신이 조선일보 최인식이오?"

"예, 그렇소."

방에서 만난 최인식은 자초지종을 얘기하고 거사 자금의 지원을 요청했다.

"얼마면 되겠소?"

"한 3천 원 정도 필요합니다."

"3천 원이라…"

고하는 그렇게 큰돈이 어디 있느냐 하며 손님이 있음을 이유로 다음 날 만날 것을 약속하고 헤어졌다. 다음 날 고하가 손님을 집 대하기 위하여 명월관 요리집에 있을 때 이들은 그곳에서 고하를

---

1 정래혁 전 국회의장 선친이다.
2 해방 후에 전남 나주 제헌 국회의원이 되었다.

만났다. 고하는 고개를 끄덕이며 장덕수 등이 있던 방으로 내려갔다. 잠시 후 다시 돌아온 고하는 갑자기 최인식을 향해 언성을 높였다.

"당신들도 참 속이 없구려. 내게 무슨 돈이 있다고 이렇게들 찾아다니오? 남에게 돈 잘 주는 내 친구 호남 갑부 현준호도 이렇듯 쓸데없는 돈은 안줄거요."

고하의 고함소리에 아랫방에 있던 이들이 우루루 몰려와 화를 벌컥 내고 있는 고하를 말렸다. 최인식 등은 기분이 상했다. 평소 들어왔던 고하와는 태도가 너무 달랐기 때문이다. 화가 난 이들은 제대로 인사도 하지 않고 밖으로 나오고 말았다. 이들이 밖으로 나설 때 최인식의 등을 두들긴 고하가 호주머니에 무언가를 넣어 주었다.

"저녁도 못 먹고 돌아다니는 사람들도 있구만."

불만을 간직한 채 밖으로 나온 최인식은 고하가 조금 전 손을 넣은 호주머니 속을 살피니 3천 원이란 돈이 나왔다. 이들은 깜짝 놀랐다. 그제서야 고하의 참뜻을 알 수 있을 것 같았다. 최인식 등이 요구한 3천 원은 현상윤, 최창학 등 사회 유지가 보는 앞에서 저녁밥 값이란 명목으로 이들에게 주어진 것이었다. 당시 3천 원이면 서울서 5칸 기와집을 살만한 큰돈이었다.

장석천과 최인식 등은 이 돈을 1930년 1월 4일 일어난 전국 학생 사건 자금으로 사용했다. 그 후 이들 중 장석천(전남 완도 출신)은 일본 경찰에 곧 체포되었으나 입을 굳게 다문 바람에 배후자는 영원히 밝혀지지 아니했다. 나중에 광주에 내려온 고하에게 이 사실을 전해들은 무송은 최인식에 대해 주의 깊게 바라보기 시작했고 이 사건을 계기로 그 후 최인식과 여러 일을 함께 하기도 했다.(후략)

4 / 동아일보 창간 10주년 기념사업과 무기정간

광주학생의거는 3·1운동과 6·10만세운동에 이어 민족적인 항일투쟁이었다. 그러므로 고하의 진두지휘 아래 동아일보는 연일 이 사건을 대대적으로 보도했다. 이로 인해서 동아일보는 편집국장 송아 주요한(頌兒 朱耀翰)이 경찰에 잡혀가 구속되는 사태까지 일어났다. 일제의 만주 침략 전야에 일어난 광주학생사건이 날로 전국에 번져가고 민심은 걷잡을 수 없이 극도로 거칠어진 1930년 4월 동아일보는 창간 10주년을 맞이했다. 고하는 1927~28년경부터 이미 민족운동이나 사상운동의 탄압이 심해지자 이에 억눌려서 이 민족의 방향 감각을 잃어가는 것을 안타까워했다. 이에 그는 동아일보만이라도 창간 10주년을 핑계로 문화 운동을 표방하고, 그 그늘에서나마 민족운동을 일으켜야 되겠다는 결의를 다지고 있었다. 그래서 창간 10주년 기념사업을 여느 때보다도 범위를 넓혀서 성대하게 치르기로 했다.

그러나 고하는 창간 10주년을 기념하기 전인 1927년 제6대 동아일보 사장이 된 이래 정부가 없는 대신 다각도로 국민의 의식을 깨우치기 위한 각종 사업을 구상하고 실천에 옮겼다. 우선 재만동포(在滿同胞) 사정을 조사하기 시작하였고, 함경남도 장진강 수력발전공사에 따른 토지강제수용 반대운동을 지지하는 운동을 벌였다. 1929년 9월에는 제1회 전국학생수상경기대회를 개최하였다. 이 대회는 동아일보가 폐간되면서 중단되었으나 해방 후 부활하여 오늘날 수영부문에서 한국 신기록의 산실이 되었다. 제1회 전조선 남녀학생작품전을 개최하여 젊은이들의 체육과 예술의 면에서 등용문의 기회를 만들어주었다. 그보다 몇 해 앞선 1923년 6월 전조선여자정구대회를 창설하여 국내 최초의 여성공개 스포츠경기를 도입하였다. 이 대회는 해방 후에 부활되어 지금에 이르고 있다. 뿐만 아니라 1924년 10월에는 제1회 전조선 학생웅변대회를 개최하였다.

창간 10주년 기념식의 시작은 유명을 달리한 추송 장덕준(秋松 張德俊)의 추도식이었다. 고하가 3·1운동 주모자의 한 사람으로 아직 옥중에 있을 때, 만주 간도에서는 봉오동전투 혹은 청산리전투 등으로 우리 독립군이 일본 군경을 격파하고, 또 그해 가을에는 훈춘(琿春)의 일본 영사분관이 습격당하는 일까지 일어났다. 일본은 그 보복으로 훈춘을 중심으로 간도 일대의 한인 교포를 무차별 학살하기 시작하여 그 사상자는 수만에 달했다. 이때 동아일보는 장덕준을 특파하여 현지 취재를 하게 하였던 바, 그는 일본군에게 유인되어 그해 11월에 학살되고 말았던 것이다. 처음에는

1923년 6월 전국 여자 연식정구 대회장의 모습

단지 '행방불명'이라 했던 장덕준 피살 사건도 이제는 만 10년이 되었다. 늦게나마 그를 위한 추도식을 거행하자는 것이었다.

다음은 창간 10주년 기념으로 조선어문 공로자를 비롯하여 농촌 사업, 농촌 교육 등의 공로자를 표창했다. 또 만 10세까지의 우량아(優良兒)의 표창, 시(詩), 문(文), 서(書), 화(畫)의 공모, 활동사진(영화) '정의(正義)는 이긴다'의 공개 상영, 10년 근속사원 및 지국장의 표창 등 대규모의 다채로운 기념행사가 마련되었다. 1930년 4월에 시작한 제1회 동아마라톤대회는 신문의 강제폐간과 함께 중단되었다가 해방 후 부활되어 우리나라가 마라톤 강국으로 부

전국 여자 연식정구 대회장인 송진우 동아일보 사장(검은 양복), 고하 좌측이 이길용 기자

상하고 국민이 마라톤에 관심을 갖게 하는데 커다란 공헌을 했다. 뿐만 아니라 암담한 미래에 고민하는 젊은이들을 격려하기 위하여 동아일보사 학예부 주최로 전조선 남녀 전문학교 졸업생 대간친회를 주최하여 그들의 기를 살려주기에 힘썼다. 이 대간친회(大懇親會)는 남녀학생을 구분하여 따로 날을 잡아 행사를 했는데 고하 외에 이화여전 부교장 김활란, 유각경, 윤치호 옹, 오긍선 세브란스의전(醫專) 교장, 현상윤 중앙고보 교장 등 내빈이 격려사를 하고, 학교 자랑과 각종 장기자랑 외에 행운권 추첨 등으로 막을 내려서 장안의 인기를 독차지했다.

이러한 공개 기념사업이 진행되던 중 동아일보는 미국 〈네이션〉지의 빌라즈 주필이 보내온 '조선의 현상 밑에 귀보(貴報)의 사명은 중대하다'는 축하문을 4월 16일자 지상에 실었다. 총독부 경무국 당국은 이 글이 안녕 질서를 문란하게 했다는 구실을 내걸어 4월 17일 제3차 무기정간의 행정 처분을 내렸다.

조선의 현상 밑에 귀보(貴報)의 사명은 중대하다.

주간(週刊) '네이션'이 1865년 창간 이래로 주장해 온 것은 소수민족층의 자유, 각 인민의 생활양식의 자유, 어떠한 곳에서 발생함을 물론하고 군국주의에 대한 항의로 일관했습니다. 그러므로 귀 지(貴紙)가 대표하는 사업에 대하여 우리가 절대적 관심을 가지고 있는 것은 두말할 일이 아닌 듯합니다. (중략)

조선의 현상 밑에서 귀 지의 사명이 중대한 것을 우리는 압니다. 귀 지로 하여금 꿋꿋하게 하고 비이기적이며 공정하고, 결백하고, 사명을 위하여는 모든 것을 희생하려는 결심을 있게 하는 까닭입니다. 만일 귀 지가 읽힐 정책으로 일관한다면 조선민족과 그의 사명을 위하여 가장 힘있게 봉사할 수 있을 것입니다. 격언을 한마디 말씀드리겠습니다. 1831년에 나의 조부 되시는 윌리암 로이드 가릭스 씨가 '리버티'라는 신문을 창간했습니다. 이 신문이 흑인노예 해방에 지대한 공헌이 있는 것은 역사가 인정하는 바입니다.

이 신문 창간호는 이와 같은 말을 사용했습니다. 지성(至誠)을 다한다. …(중략)… 1촌이라도 퇴각치 않는다. 그리하여 초지를 관철한다. (중략)

끝으로 귀 지의 전도를 충심으로 빕니다. 앞으로 오는 10년에도 과거의 10년과 마찬가지로 민주주의의 사명과 국제적 진정한 평화를 위하여 전 세계에 민주주의를 수립하기 위하여 분투노력하시기 바랍니다.

(동아일보 1930. 4. 16)

동아일보가 1930년 4월 17일부터 무기한 정간처분을 받고 고하가 무료한 나날을 보내고 있을 때 월간지 〈철필(鐵筆)〉 7월호(1930년 7월 9일 간행, 제1권 제1호)는 '3대 신문의 거두'란 큰 제목 아래 동아일보의 고하, 조선일보의 신석우(申錫雨), 중외일보(中外日報)의 안희제(安熙濟)에 대한 인간상을 월단생(月旦生)이란 필명으로 게재한 바 있다. 당시 우리 언론의 단면을 볼 수 있는 것으로 신석우, 안희제 기사는 생략하고 고하 관련 내용을 여기에 옮겨 싣는다.

3대 신문의 기두(巨頭)

월단생(月旦生)

앞으로는 조선의 민간언론계가 얼마나 많은 발전을 보일는지 아직 의문이나 현금의 정세로 보아서는 금속으로 치면 전성(展性)과 연성(延性)을 함께 가지지 못한 조선의 언론계이나 조선·동아·중외의 세 신문이 조선 언론계의 전적(全的)이며 따라서 패자(霸者)들이라고 아니할 수 없다.

3사 공히 조선인 대중의 표현기관으로 자처하고 각각 자칭 10만의 독자를 옹(擁)하여 조선의 여론을 일반에게 소개도 하며 경우에 따라서는 대변도 한다. 그리고 그들 당로자(當路者)의 안중에서나 염두에서 언제나 조선이 사라지지 아니하는 것도 자기네의 변명을 기다릴 것 없이 우리 스스로도 능히 짐작하는 바이다.

이리하여 이 3대 신문은 한 '쩌날이스트'로서 존재하는 그 이외의 의미 깊은 역할을 맡아가지고 현실의 조선에서 존재해 있는 것이다. 이런 의미에서 우리는 이 세 신문을 일종 합법(?)적이나마 운동단체로 본다고 하여도 망론은 아닐 것이다. 그러면 우리 2천 3백만 민중의 표현기관이며 대변자이며 보도와 지도를 겸해 맡은 이 세 기관은 어떠한 사람들의 팔뚝을 빌어 키(舵)를 돌리는가? 를 알아둠도 매우 긴요한 일일 것이다.

〈여자라면 상부(喪夫)할 송진우씨〉

정간 중에 고독한 세월을 보내고 있는 동아일보 사장 송진우 씨부터 보자. 씨는 얼른 보면 내시같이 되고 어깨가 올라가지 아니한 것을 보면 씨(氏)가 과거에 대궐 출입이 없었던 것만은 누구나 잘 양해할 것이다. 그러나 그 평면이라도 과도히 평면적으로 된 씨의 얼굴과 여자로 되었던들 상부할 정도로 쑥 나온 양경골(兩頸骨) 그리고 '이루(離婁)의 명(明)'을 가진 사람이 현미경 쓴 후에 족집게를 들고 대들어도 찾아보기 어려운 수염 등으로 보면 추정하기는 어려울 것이나 그 널찍한 이마(額), 헌앙한 기상 거기에서 씨의 독특한 기백을 찾아볼 수 있는 것이다.

그러나 씨의 널찍한 이마와 헌앙(軒昻)한 기품을 간파하지 못하고 다른 점만을 보아 씨를 속속들이 짐작하지 못하는 사람이 있다면 그것은 사람을 몰라보는 데도 분수가 없는 사람일 것이다. 씨의 얼굴은 대체로 보면 외화의 인은 아니다. 그 대신 내실의 인이다. 일한합방 이후 세상일이 자기의 뜻과 어그러지매 몸을 상서(庠序)에 투(投)하여 백묵가루를 마시며 총준자제(聰俊子弟) 교양에 일념이 자자(孜孜)하였으되 항상 탈영(脫穎)할 기회를 보아 오다가 기미(己未 3·1운동) - 일과(一過)한 후에 민중의 움직이는 경향이 전과 다름을 보고는 탈영할 시기가 다다랐음을 간파하고 개연(慨然)히 일어나니 그때의 씨는 교단의 인, 학구의 사(士)를 벗어나 운동의 책사가 되었었다.

그러다가 동아일보가 제1기 창간자의 경영난이란 함정에 들었음을 보고 다시 씨는 평소에 교분이 두텁고 지기가 상합하는 김성수(金性洙) 씨와 천하사를 공론하다가 드디어 이것을 지킴으로써 방향 없이 움직이는 민중의 지남(指南)이 되기를 결의하고 나선 것이 10년 미만이나 그동안 조선으로 하여금 언론을 이해하고 대세에 합류케 하는 한편 또다시 동아일보 자체의 내용도 충실하여 완연 1개의 왕국을 이루게 하였으니 씨는 여태껏 지나온 바로 보아 능소능대하며 대세의 귀추를 알아 이로써 장래의 겪을 바를 아는 모양이다.

  그러나 필자의 보는 바로는 씨는 정치가라기보다는 책략가이다. 운주유악(運籌帷幄)의 모사(謀士)이다. 씨 자신으로서는 섭섭히 여길는지 모르지만 표면에 나설 정치가로는 외화(外華)에 무게가 적고, 연단에 올라서 정치연설 한마디 하기에 성량(聲量)이 적다. 그리고 씨는 물론 홀망(惚忙)한 사무와 기타 여러 가지로 정신을 너무 쓰는 탓이겠지만 건망증이 있는 모양이다.

  그리고 씨는 부하를 통제하는 데 역시, 어떤 묘방을 가진 모양이다. 그리하여 그렇게 많은 부하 중에서도 불평을 토하는 자가 없는 것을 보면 과연 씨가 부하통제를 잘하는 모양인지 수염 한개 없는 씨의 얼굴에 교태가 어떤 매력을 가지고 부하를 겸제(箝制)하는지 알기 어렵다.

5
애국가 대신 '조선의 노래' 제정

　1930년 4월에 제3차 무기정간을 당했던 동아일보는 그해 9월에야 겨우 다시 간행을 할 수 있었다. 동아일보는 더욱 민중 계몽운동을 통하여 민족운동을 활발하게 전개해 갔다. 그해 겨울 고하는 '조선의 노래' 제정을 계획했다. 해마다 동아일보에서 실시하는 신춘문예 현상모집 중 시가(詩歌) 부문에 '조선의 노래'라는 제목을 정하여 공모를 하게 된 것이다. 나라가 없어 국가를 제정해서 부를 수 없으나 민족의 노래로 민중이 다함께 부를 수 있는 노래를 제정하여 민족정신을 고취시킬 목적이었다. 정부 없는 겨레의 대변기관이요 정부 아닌 정부로서 스스로 책임을 다하는 동아일보로서는 당연한 기획이었다.

　그러나 이십게도 응모된 가사 중에는 민족의 노래로 평가할 만한 작품이 없었다. 할 수 없이 당시 심사위원의 한 사람이었던 노산 이은상(鷺山 李殷相)에게 위촉하여 공모된 여러 작품 중에서 좋은 구절을 하나씩 떼어 내어 새 가사를 만들게 하였다. 이것이

1931년 1월에 '작사 익명생(匿名生)'이라 하여 발표된 '조선의 노래'이다.

조선의 노래

백두산 뻗어나려 반도 삼천리
무궁화 이 동산에 역사 반만년
대대로 예사는 우리 이천만
복되도다 그 이름 조선이로세

삼천리 아름다운 이 내 강산에
억만년 살아갈 조선의 자손
길러온 재주와 힘을 모우세
우리의 앞길은 탄탄하도다.

보아라 이 강산에 밤이 새나니
이천만 너도 나도 함께 나가세
광명한 아침 날이 솟아오르면
기쁨에 북바쳐 노래하리라

가사가 결정되자 이것을 음악가 현제명(玄濟明)에게 위촉하여 작곡을 끝냈다. 이것이 일제시대는 물론 해방 후까지도 온 민족이 널리 불렀고 또 부르고 있는 〈조선의 노래〉인 것이다. 1934년 11월에는 〈조선의 노래〉의 자매 가요라 할 수 있는 〈조선청년의 노래〉, 〈조선학생의 노래〉, 〈조선가정의 노래〉 등이 잇달아 발표되었다.

6 / 이충무공 유적보존운동

1931년 5월에는 이충무공 유적보존운동이 동아일보를 중심으로 일어나 남녀노소 온 겨레의 관심을 드높였다. 5월 13일자 동아일보에 충무공 13대 종손이 빚 3,400원(원리 합계) 때문에 동일은행(同一銀行)에 잡혔던 충남 아산군 음봉면 사정리 소재 충무공 묘소의 위토(位土)[3]를 곧 경매에 붙이게 될 것이라는 보도가 일의 발단이 되었다. 이 보도 후 그 이튿날 동아일보는 '민족적 수치-채무에 시달린 충무공 묘소'라는 사설로 민족의 영웅인 이충무공의 묘소와 위토를 이 지경에 이르게 한 민족적 정열의 냉각과 민족적 자부심의 마비를 통탄하고 충무공 유적 보존에 앞장을 섰다. 고하는 민족 영웅의 묘소 위토가 경매되어 남의 손으로 넘어가는 것을 묵과하지 않았다. 고하는 정인보를 찾았다.

"삼성사(三聖祠) 안(案)이 실패한 후로 이런 일을 하나 하지 못해

---

[3] 문중의 제사 또는 이와 관련된 일에 필요한 비용을 충당하기 위하여 마련된 토지를 가리킨다.

서 늘 꺼림칙하던 차에 마침 잘 되었소. 그 산판을 후손들에게 도로 찾아주고, 거기다가 현충사(顯忠祠)를 짓는 것이 어떨까요? 삼척동자라도 이 나라 사람으로 임진왜란의 충무공을 모르는 사람은 없을 터이니 이 일을 하나 하면 동포들도 또 한 번 각성하게 될 것이고, 큰 등불을 켜 놓는 거요. 글은 위당이 써야겠소마는 은행이나 왜정을 공격해서는 도리어 화(禍)를 일으켜 일을 그르치는 결과를 가져올 염려가 있으니, 다만 그 산판을 잡혀먹은 충무공의 후손들을 치는 논조로 쓰도록 하시오. 여하간 죄는 그들에게 있는 것이니 그래야만 일이 될 거요."

고하는 이와 같이 말하고 위당에게 신문에 충무공의 후손을 공격하는 글을 쓰게 하고 은연중 사당 중건을 역설하도록 했다. 침체해 가는 민족혼을 이 기회에 일깨우면서 위토를 찾고, 현충사 건립을 겨냥한 것이었으니 일종의 양면 작전이었다. 그러나 처음 그 진의를 모르는 충무공 후손은 동아일보사로 고하를 방문하여 지나치게 자신들을 비난함에 대해 그 억울함을 호소하기도 했다. 위당의 글에 민세 안재홍(民世 安在鴻)의 반박문이 조선일보에 실렸다.

"이런 일이 있으면 마치 잔치 마당의 공론처럼 떠들기는 쉬워도 정신 차려 일이 되도록 하기는 좀체 어렵습니다. 내버려 두시오. 뭐라고들 하건. 우리가 하는 일은 될 것이고, 그러면 또 그만이 아닙니까?"

고하는 다시 위당에게 반박문을 쓰게 했다. 이것은 충무공에 대한 신문기사가 계속 노출되도록 하기 위한 방법이었다. 이와 같이 비등하는 여론의 뒤에서는 충무공의 사당 중건에 대한 노력과 실천이 착착 이루어지고 있었다. 일제의 훼방을 물리치면서, 후손들에게 각성하도록 하고, 국민들의 민족적 수치와 의분을 일으켜서 드디어 그해 6월 충무공유적보존회(忠武公遺跡保存會)가 결성되었다. 회장에는 윤치호(尹致昊), 부회장에 남궁억(南宮檍)과 유진태(兪鎭泰)를 추대하였다. 고하와 동아일보는 실무를 주관했다. 그리고 고하는 춘원에게 오래 전부터 집필할 것을 요청해 온 소설〈이순신(李舜臣)〉을 동아일보에 연재할 수 있도록 했다.

이와 같이 고하와 동아일보가 충무공 사업에 발 벗고 나서자 5월 15일 독자 최모씨 등 5인이 '우리들의 주머니를 긁어모아 그 위토를 찾자'는 투고와 함께 현금 5원을 보내온 것을 비롯하여 전국 방방곡곡에서 한푼 두푼의 성금이 답지하였다. 우선 2,277원 22전을 동일은행에 지급하고 10여 년 만에 충무공 묘소 위토의 문서를 다시 찾게 되었다.

그해 7월 11일, 제2단계의 사업으로 아산군 염치면 백암리 방화산(訪花山)에 현충사 건립 공사가 시작되었다. 고하는 몸소 위당과 함께 아산의 건축 현장에서 일주일을 묵어가면서 감독까지 했다. 그해 연말에 현충사는 준공되었다. 새로 꾸민 사당 안에는 후손이 보관하고 있던 검(劍), 금대(金帶), 일기(日記), 칙지(勅旨)[4] 등

---

[4] 임금이 내린 명령을 적은 것.

이충무공의 유물을 안치했다. 1년 동안에 전국 2만여 명과 4백여 단체로부터 걷힌 성금은 17,000원[5]이 넘었다.

이듬해 1932년 봄에 고하는 동아일보 전속 화가인 청전 이상범(靑田 李象範)에게 아산 현충사에 모실 이충무공의 영정을 그릴 것을 지시했다. 청전은 전국에 산재하는 동아일보 지국에 연락하여 대본(臺本)으로 삼을 만한 충무공 영정을 물색했다. 그러나 안타깝게도 신통한 것을 발견할 수 없었다. 이에 청전은 한산도(閑山島) 제승당(制勝堂)에 있는 영정을 직접 답사하여, 수채(水彩)로 그려진 소형의 영정을 베껴 오기도 하고, 통영, 여수의 사당에 모신 영정 몇 점을 보고 오기도 했다.

이와 같은 자료를 토대로 고하와 청전은 숙의한 끝에 의상은 구군복(具軍服), 전신좌상(全身坐像)이 들어갈 정도로 영정의 크기를 결정했다. 그 후에 청전은 3~4회에 걸쳐 초안을 잡아 고하를 비롯한 사내 간부들의 의견을 들은 후에 비로소 제작을 시작하여 약 2개월 만에 영정을 완성하였다. 1932년 6월 5일 아산의 새 사당에 충무공 영정을 봉안하는 의식이 거행되던 날, 하얀 옷을 입은 수만 명의 인파가 주변의 산야를 뒤덮었다. 천안 온양 간에는 임시열차가 운행되는 등 온 겨레의 잔치가 벌어진 양 성황을 이루었다.

충무공 유적보존운동이 시작될 무렵인 1931년 늦은 봄에 고하

---

5 당시 쌀 한 가마니 가격은 15원 정도였다.

1932년 6월 5일 이충무공 유적보존회위원들과 현충사 낙성식 참석,
신동아 시사화보, 1932년 7월호 (오른쪽 끝이 이길용, 세 번째가 송진우)

가 충무공 묘소 참배를 위해 온양에 왔다. 이때 온양 신정관(新井館)에 묵고 있던 사이토(齊藤) 총독은 그 비서를 보내어 충무공 묘소까지는 삼십 리나 되므로 자기 자동차를 내주겠노라고 제의해 왔다. 이때 고하는 일언지하에 거절했다고 충무공 15대손인 이재훈(李載勳)이 회고하기도 했다. 고하의 주도로 중건한 아산 현충사(顯忠祠)는 후일 1966년 박정희 대통령의 지시로 건립된 현충사와 다르다. 이때는 월전 장우성(月田 張遇聖)이 그린 영정을 모셨다. 박정희 대통령이 그 지역의 성역화 사업을 한 후 오랜 세월이 지난 2011년 충무공 이순신기념관이 건립되어 충무공의 충의와 호국정신을 느낄 수 있게 되었다.

임진왜란의 영웅인 권율(權慄) 도원수(都元帥)의 공적을 기리는 사당은 1842년 헌종(憲宗)의 명으로 그가 왜군과 싸워 이긴 행주산성(幸州山城)에 세워졌다. 이 사당은 제사와 강학 기능을 가지고 있었으나 너무 퇴락하자, 고하는 아산 현충사 건립이 끝나자마자 1932년 10월에 동아일보의 주관으로 이 사당을 크게 손질하여 고쳤다. 그러나 이는 6·25 때에 불타버렸고 그 후에 다시 복원되어 현재에 이른다.

고하는 현진건(玄鎭健) 기자를 전국에 특파하여 1932년 7월부터 2개월간 전국 단군성적(檀君聖蹟)을 순례 조사하도록 하였다. 이 사업은 1934년 초부터 평남 강동(江東)의 단군능(檀君陵) 수축기금(修築基金)을 모금하는 캠페인으로 이어졌다.

이 이외에도 고하는 1933년 6월 거금을 들여서 충무공 유적 중 한산도에 있는 제승당(制勝堂)을 보수하여 완공하고 성대한 낙성식을 거행함과 동시에 충무공 영정 봉안식을 거행하였다. 흰 한복을 입은 고하는 영정을 모시고 옛 진지(陣地)를 한바퀴 돌고나서 감격과 추모의 마음으로 기념 식사를 했다.

이즈음 〈동광(東光)〉, 〈삼천리(三千里)〉 등 각 월간지에 게재된 설문이나 담론(談論) 등을 참고삼아 옮겨 싣는다. 이들 글 속에서 당시의 시대적 배경을 엿볼 수 있다.

(설문)

1. 대일본경제봉쇄는 실현될까?
2. 미국이 단독으로 할까. 열국이 연합으로 될까
3. 만일 실현된다면 그 실행방법 여하
4. 일본의 대책 여하
5. 그 효과 또는 영향 여하
6. 조선에 미치는 영향 여하

(응답)

경제봉쇄 실현 불가능

동아일보 사장 송진우

열국(列國)이 연합하여 일본에 대해서 경제봉쇄를 단행하겠다구요? 그것은 그렇게 안됩니다. 여러 가지 이유가 있겠지만 만일 경제봉쇄를 한다고 할 것 같으면 일본이 받는 손해가 오직 큽니까. 일본이 그 손해를 예상하고 열국이 연합하여 국제연맹규약 제16조를 적용하기까지 행동을 하지 않을 것입니다.(談)

〈동광〉 총31호(제4권 3호) 1932.3.5 간(3월호)

국민당 정부 의연 계속

송진우

1. 중국은 이번 만주사건과 상하이사변으로 인하여 인명과 재정상 기타 여러 가지로 거대한 손실을 보았지마는 정신상으로는 그렇지 않다고 생각됩니다. 중국은 국민당과 광동파(廣東派), 공산당과의 대립, 군벌 간의 알력, 기타 여러 가지로 내쟁(內爭)이 많고 통일상 큰 문제였었는데 이번 사건으로 말미암아 일층 긴장한 자각을 일으키고 따라서 중국 진로에 많은 영향을 주리라고 믿습니다.

2. 중국은 중국 자신의 힘으로야 그 기초를 공고히 할 수 있겠지요. 정치상으로 보면 역시 친미, 친영의 경향을 가질 것입니다.

3. 국민당 정부가 계속될 것입니다. 왜 그런고 하면 만일 공산당이 성립된다면 그것은 자본주의국가 전부의 적이니까 그렇게 되게 두지 않을 것이오, 국가주의당이 갑자기 권력을 쥐게 되리라고도 생각되지 않습니다. 역시 4, 50년의 역사를 가진 국

민당정부가 계속될 것이오, 그것이 국가주의당의 색채를 띠게 될지도 모릅니다.
4. 중국 국민의 태도 여하에 의하여 결정될 문제입니다. 중국 국민이 자각하고 일치단결하여 선처하면 국제 관리나 분할이 안될 것이오, 그렇지 않으면 어떠한 운명에 이를지 모를 것입니다.

(인터뷰, 기사작성에 관한 책임은 기자에게 있음)

〈동광〉 총32호(제4권 4호) 1932.4.1간(4월호)

무풍적인 현하 국면타개책
문화운동과 소비운동에 주력

송진우

기자=오늘날과 같이 침체된 민족운동의 국면을 새로이 건전하고 활발하게 타개하자면 어떠한 방략을 취하여야 하겠습니까. 물론 우리들이 논의하자는 범위는 합법 운동에 한할 것이오, 그 방략도 현재 이 단계에 있어 필요한 그 점만을 취급하자는 것이올시다.

송=침체된 국면을 타개할 방략이 꼭 있지요. 그것은 제1착으로 또한 기준적으로 먼저 전 민족의 역량을 한곳에 뭉쳤다 할 강력한 중심 단체부터 결성시켜 놓는데 있지요. 그것이 없이는 정치운동이란 있을 수 없습니다. 어느 개인 개인끼리 백날 애쓴대야 그것이 무엇이 되겠습니까. 오직 전민족의 의사를 대표한 큰 단체를 통한 운동이 없이는 방대한 정치운동이란 일어날 수 없는 것이외다. 그런데 현재 우리 사회에는 이런 종류의 정치운동 단체가 아직 없다고 봅니다.

기자=그러면 그 중심단체의 결성이 가망이 없다고 보십니까?

송=굉장히 어려운 일로 압니다. 지금 현상으로는 중심단체가 만들어지기가 썩 어렵습니다. 그러니까 우리에게는 정치운동이 용이하게 있어지리라고 관측할 수 없습니다.

기자=그 이유로는?

송=중심단체가 이루어질 가능성이 없는 첫 이유로 조선 사람의 이상이 통일되지 못하고 분열되어있는 점이외다. 한쪽에는 민족주의가 성하고 한쪽에서는 사회주의가 있고 또 한쪽에는 무슨 주의 무슨 주의 하여 대소, 장단, 정반, 이합이 도무지 잡연(雜然) 불일치합니다.

그러니까 비록 결사를 이루어 놓았다 할지라도 그는 필연적으로 분열될 소인(素因)부터 내포하고 억지로 된 것이지요. 그래서 밤낮 내홍(內訌)이 일고 성장이 없다가 필경에는 그 수명이 길지 못하고 말지요.

기자=어찌해서 반드시 그러리라고 관찰하십니까?

송=신산회가 최근에 우리에게 보여순 가장 좋은 예이지요.(중략)… 자 보시오, 무슨 일을 하자면 우리들에게는 강력한 어떤 한 편이 엄연히 임박하여 있지 않습니까. 그에 대한 대책에 우리의 지혜와 힘을 다 부어야 할 터인데 이와 같이 내분이 일어나서야 오히려 그 내치(內治)하기에 바빠서 무슨 일이 이루어질 틈이 생기겠습니까. 누가 무슨 일을 한다면 그것을 싸고 덮어주는 것이 아니라 벌써 검사나 판사와 같이 조목조목 치켜들고 비판하고 추궁하고 질문하고 검토하기에 분주합니다. 이것은 전혀 사상이 불일치한데서 나오는 폐해이지요.

기자=그러면 그 사상의 불일치를 제거하려면?

송=오직 민중의 자각과 문화 정도가 향상되어야 하지요.

기자=다음으로 중심단체가 이뤄지지 못하는 둘째 이유로는?

송=유지(有志) 유력한 인사들이 자중부동(自重不動)하는 이유도 있겠지요.

기자=탄압이 무서워서일까요?

송=아니지요, 아직 무용한 희생을 피하기 위해서지요. 즉 현하의 분규(紛糾)된 사상 관계와 또는 복잡한 주위환경의 사정이 많겠지요.

기자=그러면 민족운동의 금후의 코-쓰는 어떠하여야 하겠습니까?

송=정치운동의 기본운동을 함에 있지요, 그 준비운동으로 문화운동을 부득이 일으켜야 하겠지요.

기자=문화운동이라면?

송=교육기관을 충실히 하고 신문, 잡지 강습회를 통하여 지식을 계몽시키고 또 소비조합, 협동조합운동을 일으켜서 경제적으로 지탱하여 나갈 길을 열어주어 그래서 문화적, 경제적으로 실제적 훈련을 하여야 되겠지요.

기자=그밖에는 또 길이 없겠습니까?

송=현하의 환경에 있어서는 더 할 말이 없습니다.

기자=무슨 운동을 일으키는데도 그렇겠고 무슨 국면을 타개하는데도 그렇겠지만 첫째, 단체, 둘째, 지도자, 셋째, 돈이 필요하지 않습니까? 그런데 단체 결성에는 선생의 뜻을 알았습니다만은 둘째의 지도자 문제는 어떻게 보십니까. 최고통제기관에서 민립대학 같은 것을 하루속히 재건하여 획일적 인재부터 양성하여 내놓는 것이 급무가 아니겠습니까?

송=물론 필요하지요, 그렇지만 민립대학이 용이하게 되겠습니까?

기자=김성수 씨가 다시 한 번 철석같은 결심을 갖고 궐기하여 준다면 밖에서도 그 사업을 능력 성원하여 완성시킬 수 있지 않겠습니까?

송=김성수 씨도 그런 생각이야 있겠지요, 그러나 그의 생각이 아직 공표되지 아니한 이상 나로서 무어라 말할 수 없습니다.

기자=셋째로 자금은? 지금 이렇게 가상할 수 있을 줄 압니다. 김성수(金性洙), 최창학(崔昌學), 박영철(朴榮喆) 등 제씨가 수백만 원의 신탁회사를 만들어서 금융조합, 식은(殖銀: 식산은행의 준말이고 산업은행의 전신), 동척(東拓: 동양척식주식회사의 준말), 기타 자금업자의 손으로부터 전선 각처의 토지가 싼값으로 마구 방매되어가는 이판에 그 땅들을 전기 신탁회사에서 사들이거나 구조방법을 열어주어서 그 농작물을 통하여 항구적 돈을 만들 수 있지 않겠습니까? 또 한편으로는 조선 농민의 경제파멸을 막아주기도 하고.

송=자본가의 이해가 일치한다면 그도 가능하겠지요. 그렇지만 돈 있는 사람들도 서로 입장이 다르고 이해가 불일치하니까 실현되기 어려울걸요.

기자=북미 이승만 박사는 돈을 얻기 위하여 연전에 큰 상선 여러 척을 사들여가지고 세계 각지로 돌아다니며 통상을 하고 싶다는 계획이 있었다고 들었습니다만은 어쨌든 특이한 방책이 있어야 하지 않겠습니까? 아일랜드에서는 과학자를 시켜서 금광을 많이 발견 채광하여 그것으로 자금을 썼다고 하지 않습니까?

송=그러나 그 점이 그렇게 기우(杞憂)할 거리가 아니리라고 보여집니다.

〈삼천리〉 총25호(제4권 4호) 1932.4.1. 간(4월호)

나의 팔인관(八人觀)

황석우(黃錫禹)

조선의 인물 중에서 이미 완성된 권위자를 골라내려면, ×옹 안창호, 정객 송진우(宋鎭禹), 사업가 김성수(金性洙), ××가 김한(金翰), 웅변가 박일병(朴一秉), 외교가 김규식(金奎植), 문호 이광수(李光

1931년 동아일보 사장 시절의 고하. 그해 가을 일본 도쿄 근교이 공원에서
신호균(申浩均)과 함께

洙), 호인물 안재홍(安在鴻)(후일의 호재상?) 등이 될 것이다. 정객 측 인물에는 신석우(申錫雨), 장덕수(張德秀) 군 등이 있으나 신 군은 좀 더 긴 시일의 현실 이력을 가져야 할 인물(그는 너무 빨리 은퇴한 감이 없지 않다)이며 장덕수 군은 의회정치가류의 인물이나 학계로 향해 가는 편(충실한 정치학자로서)이 더 좋은 길일까 한다. 이외에 또 빼어놓지 못할 인물로는 최린(崔麟)이 있으나 그는 새 시대 사람들의 신뢰하는 지지를 받기에는 너무나 음험하고 구식 인물인 듯싶다.

(전략)

송진우(觀)

씨는 이론가는 아니다. 그는 모략 종횡의 가장 활동적인 정객이다. 조선안의 인물로서는 정치가로의 그럴듯한 소질이 제일 풍부한 인물은 송 씨일 것이다. 그는 조선안의 젊은 인물로서는 벌써 정치가로의 급제점 이상을 돌파한 인물이다. 그러나 송 씨는 그 정객으로의 성격이 너무나 활동적인 것에 많은 실패와 또는 그에 따르는 많은 시비가 있을 것이다. 그는 그 앞날의 정치적 활동에 있어서 풍운이 자못 잦을 것이다.

장덕수 군과 같은 충실함과 굳센 곳이 없는 점이 그이의 큰 결점, 그러나 종인어인지술(縱人御人之術)에 있어서야 장군(張君)은 비할 바가 못된다. 장군은 그 점에 있어서는 송 씨의 발아래에 멀리 내려다보이는 순진한 보이일 것이다.

〈삼천리〉 총25호(제4권 4호) 1932.4.1 간(4월호)

7 / 브나로드운동

1931년 5월에 이충무공 유적보존운동이 힘차게 발족된 후 7월부터는 브나로드운동이 동아일보 주도로 전개되기 시작하였다. 이 운동은 이 땅의 젊은 남녀, 중학교나 전문학교 이상 학생들을 동원하여 이들이 민중 계몽을 이끌어가도록 봉사하게 하려는 것이었다. 브나로드(Vnarod)는 러시아어로 '민중 속으로'라는 뜻이다. 19세기 러시아의 지식 계급이 농민, 노동자의 세계로 파고들어 몸소 체험도 하고 지도도 하던 민중운동을 가리킨다. 이 중에서 '민중 속으로'라는 뜻을 계승하여 조선의 2천만 인구 중 80%에 가까운 1천 3백만 문맹자를 대상으로 전개된 운동이었다.

고하의 목적은 글 모르는 이들에게 글을 가르치고, 위생 지식이 없는 사람에게 위생 지식을 깨우쳐 주고, 그밖에 음악, 연극, 오락 등을 선전하고 계몽하여 일깨우자는 데 있었다. 고하는 브나로드운동을 좀 더 민중이 스스로를 깨우치고 이해할 수 있도록 춘원 이광수(春園 李光洙)에게 그 운동을 뒷받침하는 연재소설을 동아일보에 쓰도록 했다. 춘원의 소설 〈흙〉이 바로 그것이다. 당시 동아일보에 연재된 〈흙〉의 일부분을 인용하여 보기로 하자.

> (전략)…농민의 속으로 가자. 돈이 없으면 없는 대로 가자. 가서 가난한 농민이 먹는 것을 먹고, 가장 가난한 농민이 입는 것을 입고 그리고 가장 가난한 농민이 사는 집에서 살면서, 가난한 농민의 심부름을 하여 주자. 편지도 대신 써주고 주재소, 면사무소에도 대신 다녀주고, 그러면서도 글을 가르쳐 주고 소비조합도 만들어주고 뒷간 부엌 소제도 하여 주고 이렇게 내 일생을 바치자…
> (하략)
>
> (東亞日報 1932.4.25)

이 대목은 〈흙〉의 주인공 '허숭'의 입을 통해서 농촌 참여(農村參與)를 적극 부르짖는 장면이다. 그러나 이는 허숭의 부르짖음이나 춘원의 부르짖음만도 아니며, 이 운동을 기획하고 실천에 옮긴 고하의 부르짖음이 이처럼 간접적으로 표현되었던 것이다. 이와 같이 "흙으로 돌아가자! 농민의 속으로 파고들자"고 학생과 지식인 그리고 이 나라의 일꾼들에게 호소한 것이다.

앞에서도 말한 바 있듯이 이보다 앞서 1928년 4월에 고하는 동아일보 창간 8주년 기념행사의 하나로 문맹퇴치(文盲退治)운동을 사전에 예고 선전하였다. 이 운동을 대대적으로 전개하려다가 총독부 경무국의 금지 명령에 따라 이 사업은 중지된 바가 있었다.

그 이듬해 1929년 조선일보에서 '아는 것이 힘, 배워야 산다'는 슬로건을 내걸고 하기 방학을 이용하여 학생들에게 문맹타파운동을 펴게 되었다. 결국 조선일보에 기선을 빼앗겼지만 이에 자극을 받고, 주위의 정세가 완화되자 동아일보의 브나로드운동은 조선일보의 이 운동을 상대적으로 활용하여 더욱 그 효과를 거두는 데 성공하였다.

1931년 브나로드운동 포스터

농촌계몽운동으로서의 브나로드운동에서 학생은 '학생 계몽대'를 주축으로 '학생 강연대', '학생 기자대'의 세 분야로 나누어 조직되었다. 학생 계몽대원은 남녀 중학교 4, 5년 급에서 확보하고 일주일 이상의 조선 글자 강습과 숫자(數字) 강습을 담당하게 하였다. 학생 강연대원은 남녀 전문학교 학생이 위생 및 학술 강연을 전담하게 했다. 학생 기자대원은 남녀 중학교 4, 5년 급과 남녀 전문학교 학생이 주축이 되어 기행(紀行)일기,

피서 풍경, 고향 통신, 생활 체험 등을 투고하도록 하는 것이었다. 이밖에 '계몽 별동대'를 두어, 그 지방의 사회 유지 중의 자원자가 학생 계몽대의 요원과 동일한 임무를 담당하도록 하였다. 이리하여 첫해에는 담당 계몽 요원 423명이 동원되어 142개의 강습 장소에서 강습회를 개최하였다.

이들은 동아일보사가 발행한 교재인 이윤재(李允宰) 편 〈조선문〉 대본과 백남규(白南圭) 편의 〈숫자 대본〉을 배부받았다. 각자 강습 또는 강연 기간을 정한 뒤에 출신지 혹은 연고지 등 일선에서 활약했다. 교재는 첫 해에 30만 부를 인쇄하였다. 각지 강습회의 경비는 참가 대원의 자기 부담이 대부분이었다. 지방의 종교 단체, 수양 단체, 문화 단체, 기타 동아일보 지국 또는 사회 유지의 뒷받침에 의존하기도 하여 각지에서 예상외의 큰 성과를 보였다. 그리고 이들 동원된 대원중에서 실적이 우수한 학생에게는 학자금을 지원하는 시상을 하기도 하였다.

고하는 제1회 브나로드운동과 함께 조선어 강습회를 열었다. 강습회는 조선어학회(朝鮮語學會)의 후원을 얻어서 강사로 신명균(申明均), 권덕규(權悳奎), 이상춘(李常春), 이윤재(李允宰), 김윤경(金允經), 이병기(李秉岐), 최현배(崔鉉培), 이극로(李克魯), 김선기(金善琪) 등 조선어 및 한글학자들을 위촉했다. 조선어 강습회는 1931년 7월 25일부터 8월 8일까지 전주를 비롯하여 군산, 순천, 여수, 목포, 해주, 통영, 홍원, 마산, 청진, 부산, 회령, 밀양, 용정, 안성, 선천, 개성, 평양, 수원, 정주, 인천, 함흥, 신천, 김천, 대구, 원산,

대전, 진남포 등 전국 주요 도시에서 개최되었다. 고하는 이 운동에 앞장서서 "열성과 겸손으로 조선에 광명을 주라"는 취지의 격려사를 하는 한편 이 운동이 문맹 많은 조선농촌 계몽운동의 전주곡임을 강조하였다. 고하는 동아일보의 지면이 허용하는 대로 브나로드운동의 계획, 진행 및 성과를 대서특필함으로써 일제당국을 필요 없이 자극하지 않으면서도 문맹퇴치와 위생확보 및 생활여건개량에 온 힘을 기울였다.

제1회 브나로드운동이 성공하고 여름방학이 끝나 새 학기가 되면서 그해 9월에 이른바 만주사변이 일어났다. 제국주의 일본의 만주 침략을 위한 군사 행동이 시작된 것이다. 그러나 한번 점화된 국내의 운동은 쉽게 수그러들지 않았다. 이듬해도 또 그 이듬해도 브나로드의 불꽃은 더욱 확대되어 갔다. 1935년 동아일보가 제5회 브나로드운동의 준비를 갖추고 있던 중에 총독부 경무국은 돌연 강습회 중지 명령을 내렸다. 동아일보는 그해 6월 7일 '하기 계몽운동은 부득이한 사정으로 중지' 한다는 사고(社告)를 낼 수밖에 없었고 일제의 압력에 운동의 종지부를 찍게 되었다.

이리하여 운동 전후 4년간에 총 연일수 20,736일간(56년 9개월여에 해당)에 연인원 10만 명에 가까운 문맹을 어둠에서 광명으로 이끌어 주는 거대한 성과를 거두었다. 그뿐 아니라 이 운동에 참가한 계몽 요원 총 연인원 5,751명의 자각적(自覺的)인 젊은 일꾼들을 자연스럽게 민족운동의 대열 속으로 조직해 갔던 것이다. 브나로드운동 4년간의 총결산은 다음 표에서 보는 바와 같다.

	제1회 (1931)	제2회 (1932)	제3회 (1933)	제4회 (1934)
운동기간	62일 7.21-9.20	82일 7.11-9.30	81일 7.12-9.30	73일 7.2-9.12
개강 평균일수	18일 최장 42일 최단 6일	14일 최장 51일 최단 5일	29일 최장 50일 최단 6일	15일 최장 50일 최단 6일
개강기간 총일수	2,289일	8,282일	6,304명	3,962일
계몽요원	423명	2,724명	1,506명	1,098명
강습지	142개처	592개처	315개처	271개처 (만주 29개처 일본 7개처 포함)
강습금지지	11개처	67개처	67개처	33개처 (만주 1개처 포함)
강습중지지	없음	10개처	17개처	26개처
수강생평균 (1개처)	67명 최다 133명 최소 10명	69명 최다 905명 최소 7명	86명 최다 770명 최소 5명	76명 최다 581명 최소 6명
수강생 총인원수	9,492명	41,153명	27,352명	20,601명
교재배포수	30만부	60만부	69만부	60만부

대원(隊員) 총수 이천여
문맹타파 4만 명

임병철(林炳哲)

출동의 전주곡

　1932년도 동아일보사 주최의 제2회 브나로도운동 계몽대의 총결산보고를 보면 총 대원 2,724명이 출동하여 41,153명의 아동을 가르쳐 34,836명의 문맹을 타파했다.

　전 조선의 학령아동 수를 정확히는 알 수 없으나 쇼와(昭和) 5년도 총독부 학무국의 조사에 의하면 약 262만 명이라 한다. 학령아동 중 공립보통 취학 학생 48만 7천 명, 사립학교, 강습소, 서당 등에 취학하는 학생 약 21만 3천 명 합계 70만 명이 취학하고 있다.

　이제 이 전 조선 학령아동 수에서 70만의 취학생을 제하면 약 112만 명의 전 조선 미취학 아동수를 알 수 있다. 다시 말하면 7할이라는 아동이 눈뜬 소경이 되어 있다.

　전 조선 미취학 아동수와 제2회 브나로드 학생 수를 비교해보면 192만분지 4에 불과하니 금년과 같은 운동을 48년이라는 장구한 세월 동안(매년 미취학생만 가르치기) 계속하여야 겨우 가갸거겨나 알 형편인 조선이다. 제2회 총 결산보고를 하기 전에 이 숫자로써 운동의 필요를 역설하고 나갈 길이 급하고도 요원함을 한 번 더 말하는 바이다.

　대원들의 보고가 불충분하여 통계 자료가 다소 누락된 것이 많다. 그중 강사 수효가 없는 곳이 많은데 이것은 부득이 한 곳에 1

인으로 하고 강습일이 없는 곳은 10일로 정하여 통계를 정리한 것이지만 각 지역의 강사는 1인 이상이었다. 기일은 평균 14일 정도이나 10일로 일률적으로 정리하였다. 이런 점을 짐작해 볼 때 정확한 숫자는 이보다 많았을 것으로 추측된다.

제2회

대원총수	2,724명
강습지	592곳
금지	금지 67곳, 중지 10곳
수용학생수	남자 14,711, 여자 11,216, 남녀 함께 15,226, 총계 41,153명
강습생평균수	최소 7명, 최고 905명, 평균 69명
강습개최일수	최단일수 5일, 최장일수 51일, 평균 14일
총연일수	8,282일

이제 작년 제1회와 비교하기 위하여 1회 때 통계를 들면 다음과 같다.

제1회

대원총수	423명
강습지	142곳
금지	11곳
수용학생수	남자 4,822명, 여자 3,472명, 남녀 함께 1,198, 총계 9,492명
강습생평균수	최소 10명, 최고 133명, 평균 67명
강습개최일수	최단일수 6일, 최장일수 42일, 평균 18일
총연일수	2,289일

이상 1, 2회의 통계에서 우리가 바로 알 수 있는 것은 그 엄청난 진보이다. 제1회는 운동에 대한 선전도 잘되지 않았고 기일도 촉박해서 사실상 부진한 결과였다. 그러나 2회는 1회보다 참여 총인원이 6배 이상 증원되었고 강습 장소도 4배나 확장되었다. 따라서 그 수용 학생은 4만 1천 명, 즉 전년보다 4배 반 이상이었고 한여름 동안 조선의 방방곡곡에서 글소리가 흘러나왔다. 강습일 수도 전년보다 3배 반으로 그 총 연일수를 보면 22년 8개월 동안이라는 놀라운 성과를 보여주고 있다.

이것으로 1회보다 2회에서 더 많은 성과를 얻었다는 것을 알 수 있다. 그러나 우리는 2회의 성과로 도저히 만족할 수 없다. 출동 대원 2,724명 중에서 금지 등을 당하고 나머지 1,774명(세밀한 통계를 얻을 수 있었다면 더 많을 것이다) 밖에는 사실 일을 못하였다. 1,774명이 41,153명을 가르쳤으니 매인당 평균이 23인이다. 1인이 23인의 문맹을 타파했다면 만 명이 출동하면 23만 명의 문맹 타파는 가능한 일이다. 일생을 인류를 위하여 바치기도 하고 일생을 민족을 위하여 바치기도 하는데 불과 십여일의 하기휴가를 위하여 바치는 것쯤이야 하지 않는 것이지 못할 희생은 아닐 것이다. 조금이라도 깨달음이 있는 학생일진대 마땅히 하기휴가의 반분을 제공하여 사실에 합류하여야 할 것이라고 믿는다. 다음 이 운동에 참가한 학교별을 그 순위대로 들어본다.

중등학교(30명 이하는 생략)

교명	참가자수
배재고보	337
고창고보	176
숭인상업	77
전주신흥	62
송도고보	61
중동학교	54
보성고보	56
평양숭실	34

교명	참가자수
중앙고보	199
경신학교	156
협성실업	71
중앙기청	61
선천신성	59
양정고보	53
휘문고보	48
대동상업	38

전문교(6명 이하 생략)

교명	참가자수
연희전문	39
보성전문	14
중앙불전	9

교명	참가자수
숭실전문	32
법학전문	12

여학교(전부)

교명	참가자수
중앙보육	4
광명여고	8

교명	참가자수
광주 수피아	22

　위에서 총계 보고를 볼 때에는 붓에 힘이 있었으나 학교별 보고는 수줍고 부끄러움을 깨닫게 되었다. 그중에는 배재고보, 중앙고보, 고창고보, 경신학교 등과 같은 많은 참가도 있었거니와 그 외에는 참가성적이 불량하다.

조선의 중등학교 학생은 대개 5백 명 이상 천에 가까운 수이다. 천여 명 학생 중에서 심하기는 7, 8명의 참가자도 있다. 그리하여 30명 이하의 통계를 들기는 여기서 제외하였다. 이 빈약한 참가 수는 조선학생의 기력의 일단을 보이는 것인데 이 점에서 보면 낙제이다. 보다도 전문학생의 참가수를 보면 남이 알까 부끄러운 생각이 앞선다.

또한 전 조선 여학교 중 3교 참가, 34명의 가입을 보여주고 있으니 조선 여학생은 무엇을 하고 있는가?

여기서 더 길게 논하고자 하지 않는다. 여러 학생들은 조선농촌의 불쌍한 남녀 아동들이 여름 방학이 되기를 손꼽아 기다리는 것을 잊어서는 안 된다. 새로운 결심과 새로운 희망에서 우리의 적은 노력을 들여 많은 불쌍한 우리의 동생, 우리의 누이동생들의 그 감겨진 눈을 하루바삐 열어주어야 할 것이다. 더구나 조선의 여학생들의 책임이 중차대함을 스스로 깨달을 때가 이때인가 한다.

눈물겨운 애화(哀話)

나는 다음 여러 대원의 보고 중에서 잊혀지지 않는 두어 마디의 눈물거운 이야기를 하려한다.

대원중에는 경찰의 양해를 얻지 못하여 방학 동안에 행여나 허가가 나올까 기다리다 말은 대원도 있고 또한 자진하여 눈물을 머금고 중지힌 곳도 있다.

그들의 사정은 이러하다. 아동을 모으기는 하였으나 장소가 없어서 염천에 폭양을 쪼이며 뜰에서 가르치기도 하며 혹은 헛간에서 혹은 대문간에서 이같이 계속하다가 장마 때문에 중지한 곳, 또한 아동들을 모아놓기는 하였으나 모두 하루 이틀씩 굶주려서 뱃가죽이 등에 붙은 불쌍한 어린이들뿐인 까닭에 할 수 없이 눈물로 폐강한 곳 등도 있었다. 어떤 곳에서는 여직공들이 일을 마치고 밤에 브나로드 대원을 모셔다가 글을 배웠다. 하루라도 더 배우고자 다시 연기를 청하고 청하는 그 정경이 보지 않아도 눈에 선하다. 또 어떤 곳에서는 어린 아동을 가르치는데 수염이 검게 난 장년들, 거의 60에 가까운 노인들도 행여나 하고 와서 배우는 비장한 광경도 있었다.

그때그때 지면을 통하여 보았거니와 어린이들이 글을 배워 제 손으로 고맙다는 글을 쓴 것이라든지 어떻게 해서든지 영속적으로 가르쳐 달라고 해서 그 동리 청년들에게 부탁하고 온 것 등 가지각색 눈물겨운 일이 많았다.

이같이 조선의 불쌍한 아동들은 해마다 해마다 여러 학생들의 방학을 손꼽아 기다린다는 것을 꿈에라도 잊어서는 안 된다.

좋은 결실 고대

브나로드 계몽대원을 출동시킬 때에는 천 번이나 일러 보내는 말은 이것이다. 조금이라도 사상적, 정치적, 경제적 또는 어떤 주의적 색채나 선전은 일언일구도 섞지 말고 오직 이 운동은 순전히 글 모르고 숫자 모르는 것을 깨쳐주는 것만으로 유일의 목적을 삼으라고 부탁한다. 만일 이 목적과 추호라도 반대의 의사를 가졌다면 대원이 안 되기를 희망한다. 왜 그런가 하면 그는 조선의 현실과 이 운동의 입장과 의의를 이해치 못하는 자인 까닭이다. 브나로드 계몽운동은 자기의 맡은바 배역만 마치고 퇴장할 것을 나는 믿는다.

세간에는 이 운동에서 정치적, 사상적 내지 계급적 의의를 찾다가 이에 실망한 그들은 브나로드운동 무용론을 말한다. 그들은 벼를 심고 과실 맺기를 기다리는 사람들이다. 그들 가운데는 벼에다가 과실나무를 접하려는 사람도 있다.

과실을 구하는 자 - 마땅히 과실나무를 심을 것이오, 쌀을 구하는 자 마땅히 벼를 심어야 할 것이다. 벼와 과실을 접하면 둘 다 죽는 간단한 이치를 모르는가. 학생 브나로드 계몽운동은 단순히 학생들의 하계휴가를 이용하여 글 배울 기회가 없는 불쌍한 동생들에게 글의 씨를 뿌리는 운동에 지나지 않는다.

그 씨에서 움이 트고 좋은 꽃이 3천만리 방방곡곡에 피어 좋은 열매 맺기만 바랄 뿐이다. 그 열매가 또다시 백 천의 새로운 열매를 맺게 하여 보다 튼튼한 조선의 기초를 짓자는데 있는 줄로 나는 믿는다.

(1932년 10월 2일)

8 / 만보산(萬寶山)사건과 만주사변

고하가 동아일보를 거점으로 이충무공 유적보존운동과 브나로드운동을 추진하기 시작할 무렵 일본의 대륙 침략의 야욕과 마수는 북으로 뻗어갔다. 그 과정에서 만주사변(滿洲事變)의 전주곡이 된 만보산사건이 일어났다. 만보산사건은 1931년 7월 2일 만주 길림성(吉林省) 장춘현(長春縣) 만보산 삼성보(三城堡)에서 수전(水田) 개간 공사를 하던 조선인과 중국인 사이에 알력이 번져서 끝내는 중국인이 조선인 교포들을 집단으로 습격하여 폭행하고 살해했다는 데서 발단되었다.

이 사건의 진실 여부의 문제를 떠나 그 소문은 국내에 삽시간에 번졌다. 이 소문에 국내 인심은 극도로 흥분했고 동요되었다. 화교에 대한 불신과 보복이 곳곳에서 자행되었다. 인천과 전북 삼례에서 중국 거류민을 습격하여 폭행하고 학살한 사건을 비롯해서 전국 도처에서 화교에 대한 박해 운동이 일어났다. 그중 평양에서는 90~100여 명의 화교가 살해당하는 참변까지 발생했다.

여러 지역에서 일어나는 폭동을 피하여 당시 화교 8만 명 중 6천여 명이 본국으로 돌아갔다.

이에 일부 신문이 이성(理性)을 저버리고 흥분한 민중들의 편을 들어서 감정을 부채질하여 선동하기도 하였다. 이것은 간악한 일본인의 꾀임에 빠져 원래부터 중국인을 천시하여 오던 잠재의식이 드러난 것이었다. 좋게 해석한다고 해도 자존심의 과잉이었다. 이에 고하는 잠시 이 사건의 사실 보도에만 주력하도록 했다. 고하는 오래전부터 예상했던 바와 같이 이것은 일본이 중국 침략을 도모하기 위하여 중국인과 한국인을 이간시키는 것이라고 판단했기 때문이었다.

국내 여론이 물 끓듯 들고 일어나고 일부 신문사까지 부화뇌동하는 판에 동아일보만이 홀로 침묵을 지켰다. 사태의 추이만을 관망하고 있다고 판단되자 민중은 동아일보를 원망하기 시작했다.

"동아일보는 중국놈들에게 매수되었다."

욕설과 협박, 마침내는 신문사 앞에 군중들이 모여 욕설을 하고 돌을 던져서 사옥 유리창이 깨지는 일까지 벌어졌다. 지방의 여러 지국에서도 독자들의 성화에 못이겨 본사에 전보로 혹은 전화로 물어왔다. 또한 일부는 동아일보는 아예 망하는 것처럼 떠들어대었다. 그럴수록 고하는 더한층 침착함을 잃지 않았다.

"만보산사건은 중국인과 조선인 교포를 이간시키는 일본 군벌의 모략이요. 일본인들은 저들의 집 유리창 하나만 까딱해도 총칼을 들이대는 놈들인데 우리가 중국인을 무더기로 죽여도 가만히

1931년 7월 이후-만보산사건으로 내한한 중국 장유 조사단장을 위해
종로 명월관에서 연회를 베풂. 오른쪽 끝은 조병옥, 오른쪽에서 3번째 이상재,
4번째가 송진우, 신석우 조선일보 사장, 유진태, 이관용 등

1931년 장제스가 만보산사건의 진실을 취재한 것에 대해
경성화교협회장을 통하여 보내온
친인선린(親仁善隣)이라고 새겨진 감사 은패

앉아서 지켜보고만 있는 것을 보시오. 인도적인 면으로 보아서도 용서할 수 없소. 우리가 장차 일본을 물리치고 독립하자면 동양에서는 첫째 중국과 친선하여야 할 터인데 이 무슨 철없는 망나니짓들이요. 내려가거든 어떻게 해서라도 일본인들의 모략에 속지 말라고 잘들 좀 타일러 주시오."

이것은 고하가 전화로 말할 수 없어 부산지국장을 직접 불러서 한 말이다. 또한 이 말은 사태 수습을 위한 고하의 대책 방안이기도 했다. 한편 고하는 진상조사와 동포 위문을 겸하여 서범석(六峰 徐範錫)[6] 기자를 특파원으로 만주에 파견하고, 사흘 동안 일제의 눈치를 살폈다. 그들의 야만 정책은 변함이 없었다. 고하는 이대로 그냥 앉아서 볼 수 없어 고하 자신이 '만보산사건에 대하여 '냉정한 태도를 취하라'와 '이천만 동포에게 고합니다'라는 사설(社說)을 직접 써서 중국인 박해 사건을 폭도의 짓이라고 지탄하고 반성을 촉구했다.

만보산사건에 대하여

1

민보산 충돌 사건을 난순하게 중국인의 조선민 압박이라고 떠들어대는 것은 심히 생각이 깊지 못한 짓이다. 좀 더 냉정·침착

---

[6] 나중에 대한민국 국회의원을 역임하였다.

하게 사태의 진상을 포착하고 그 이면에 잠재한 여러 가지 미묘한 관계를 조용히 관찰한 뒤에 판단을 내려야 한다. 하물며 이 사건을 곡해하고 무고한 중국 재류민에게 폭행을 가하는 등의 일이랴.

백보를 양보하여 일의 잘못됨이 전혀 그들에 있다고 가정하더라도 그것을 계기로 하여 조선 재류의 중국인에게 보복적 폭행을 가하는 것은 일방 민족적 금도의 결여를 폭로하는 것인 동시에 일방으로 사태를 더욱 분규케 하고 자타의 손실을 확대하는 것뿐이다. 재외의 동포가 위난에 있다는 보도를 듣고 이를 염려하고 그들을 위하여 돕고자 하는 생각이 있음은 동포의 뜨거운 사랑을 표현한 것이라 할 것이나, 그 방도를 잘못하고 그 목표를 어그러뜨린다 하면, 본래의 목적을 달성하지 못할 것이니 어찌 삼가지 아니하랴.

작금 간에 인천과 경성 등 각지에서 생긴 불상사는 실로 통탄할 일이다. 동포 제위의 냉정하고 현명한 태도를 다시 촉구하고자 한다.

2

만주 조선인의 문제는 오지(奧地)와 만철연선(滿鐵沿線)과를 구분하여 두 가지로 볼 필요가 있는 것은 우리가 여러 번 말한 바다. 다시 말하면 오지의 농민 문제가 단순히 조선 농민 대 중국관민(中國官民)의 문제인 것의 반대로, 철도연선의 문제는 여기다가 일본 경찰력까지 가합한 삼각 문제가 되는 것이다. 이번 만보산 문제로 말하면 바로 이 둘째의 경우가 분명하다. 이미 일·중 양 경관대의 충돌이 있는 것을 보아 의심 없는 길이오, 따라서 금일에 와서는 문제의 중심이 중국인의 조선 농민 압박에 있다는 것보다도 일·중 경관의 충돌이라는 사실로 이전되었다 함이 사실일 것이다.

자세한 정보가 없으매 확실하게 판단을 내리기 어렵지마는 금일까지의 보도에 의하여 보건대, 원래 만보산 개간사업은 전하는 바에 의하면, 일·조·중·러 4개 민족의 합자로서 중국인 지주와 계약하여 수전개척(水田開拓)을 목적으로 생긴 일대 기업이라 한다. 이 기업가들의 손으로 2백여 명의 조선 농민을 이주케 하고 관개를 위하여 수로를 개척한 것인데, 수로개척 시에 중국인의 토지를 침범한 것이 분규의 시작이라 한다. 그리하여 결국 항쟁의 대상은 중국인 지주 대 기업가 간에 일어날 것이나, 현장에서 수로 개간에 종사하고 있는 것이 농민이매 자연의 형세로 조·중 양 농민이 대치하게 된 모양이다.

이 점에 있어서 먼저 우리는 중국의 당국자에게 항의할 것은, 이주 농민 200은 사실상으로 애매하다고 하는 것이다.

문제는 단순히 기업가 내 중국 관청의 문제일 것이요, 소작농인 조선 농민은 하등의 직접 책임이 없는 것이다. 사태가 악화하게 되매 일본 영사관의 보호를 원한 것도 물론 그들 기업가일 것이며 그리하여 마침내 양 경관대의 정면충돌까지 보게 된 것이다. 그러므로 양방 농민의 충돌은 그 여파에 불과하다고 볼 것이며, 사태에 대한 이해가 불충분한 맹목적 행동이라고 볼 수밖에 없다.

3

이와 같이 미묘한 관계를 가지고 있는 이 사건에 대하여, 경솔히 사태를 과장하고 항쟁을 확대케 하는듯한 언사를 함부로 함은 쌍방의 감정을 도발할 뿐으로 하등의 이익이 없는 일이다.

우리의 관심처는 오직 2백의 농민동포다. 한 두 기업가의 무모한 행동으로 인하여 애매하게 피해를 받는 그들의 애매함을 철저히 주장할 것뿐이다. 이에 대하여 조선인은 조선인의 입장에 있어서 신중한 대책을 수립할 필요가 있거니와, 오직 크게 삼갈 것은 사건의 진상을 알기도 전에 경솔히 행동한다거나 또는 문제의 정곡을 혼동 오인하여 화근을 장래에 남기지 않도록 크게 주의할 바다.

(동아일보 1931.7.5)

이천만 동포에게 고합니다.
민족적 이해를 타산하여 허무한 선전에 속지 말라.

1

만보산 2백 명 동포는 안전하고 평안합니다. 지금 만주와 그 밖의 중국 땅에 있는 우리 동포들은 무사하고 편안합니다. 중국 백성들은 지금 우리 동포들에게 손을 댄 일이 없습니다. 그리고 만주 기타 중국에 있는 우리 동포들의 가장 간절한 소원은,

"국내에 있는 동포들이 중국 사람들에게 폭행을 말아 달라"(어제 상하이 특전 참조) 하는 것입니다.

동포여, 우리가 조선에 와 있는 중국 사람 8만 명에게 하는 일은, 곧 중국에 있는 100만 명 우리 동포에게 돌아옴을 명심하십시오. 그리고 즉시로 중국 사람을 미워하고 그들에게 폭행을 가하는 일을 단연히 중지하십시오.

2

동포 여러분은 만보산에 있는 2백 명 동포의 생명이 위경에 든 것처럼 생각하고, 또 어떤 악의를 가진 자의 생각인지는 모르거니와, 그 2백 명 동포가 학살을 당한 것처럼 아는 이도 있는 모양이나, 이것은 전혀 무근지설입니다. 무뢰배의 유언비어입니다.

또 조선 안에서도 조선 동포가 중국인에게 학살을 당하였다는 풍설을 돌리는 자가 있다고 하거니와, 이것은 더구나 말도 되지 아니하는 거짓말입니다.

이 모양으로 무근한 유언비어를 돌려 이웃한 두 민족 사이에 틈을 내며 또 성군작당(成群作黨)하여 아무 죄도 없는 이웃나라 사람의 생명과 재산을 파괴하는 것은 진실로 민족을 해치는 폭민이오. 난민입니다. 우리는 이러한 무리를 민족의 죄인이라고 아니할 수 없습니다.

중국은 현재 100만의 조선 동포가 우접해 사는 나라요, 또 이 앞에도 그와 가장 밀접하고 친선한 관계를 유지하는 것이 조선민족 백년의 복리를 위한 것이어든 무책임하고 일을 좋아하는 자의 헛된 선전에 미혹하여 인천·경성·평양 등지의 대참극을 일으킨 것은 조선민족의 명예에 영원히 씻기 어려운 누명이 될뿐더러 중국에 있는 백만 동포의 목에 칼을 얹는 것이니 이런 통탄할 일이 어디 있겠습니까.

동포여! 정신을 차려 앞뒷일을 헤아리십시오. 악의를 가진 무리의 헛된 선전을 믿어 여러분이 생명보다도 더 사랑하는 민족의 전도에 칼과 화약을 묻는 일을 하지 마십시오.

3

비록 백보를 사양하여 만주에 있는 동포가 중국 사람들에게 폭행을 당하였다고 가정하더라도, 우리가 조선에 와 있는 중국 사람들에게 보복함으로 조금도 이로움이 없을뿐더러, 도리어 핍박받는 동포의 처지를 더욱 곤란하게 할 것이 아닙니까. 중국 땅에 있는 조선 동포가 핍박을 당한다는 소문을 듣고 우리가 이렇게 분개할진댄, 우리 조선 사람이 조선에 있는 중국 사람에게 폭행한 소문을 들으면 중국 사람들이 중국에 있는 조선 동포들에게 얼마나 분한 마음을 가지겠습니까. 또 인도상으로 보더라도 호떡장수, 노동자 같은 중국 사람이 무슨 죄이길래 우리가 그 생명과 재산을 위협하겠습니까. 이것은 도무지 불합리한 일이요 민족의 전도에 크게 해를 주는 일이니, 거듭 말하거니와 이러한 선전을 하고 폭동을 하는 이는 조선민족의 적이라고 하지 아니할 수 없습니다. 동포의 뜨거운 민족애와 굳센 민족의식을 이용하려는 검은 손이 여러 가지 탈을 쓰고 각 도시에 횡행하는 모양이니 선량하고 민족을 사랑하는 동포여! 삼가고 서로 경계하실지어다.

(東亞日報 1931.7.7)

그리고 고하는 총독 사이토(齋藤實)를 찾아가서 사회정의(社會正義)와 인도주의(人道主義)의 이름으로 사건 수습의 필요성을 역설했다.

"사태를 수습하지 않고 버려두는 것은 인도상 죄악이요, 또한 정치상의 실정(失政)이오."

고하는 그들의 죄악과 실정을 꼬집었다. 드디어 고하의 직접적이고 강경한 호소와 일본 경찰의 제지로 화교에 대한 감정과 흥분은 누그러지고 박해는 멈춰졌다. 그뿐만이 아니었다. 고하는 신문을 통하여 화교들에게 사과의 뜻을 표하고 화교구제회(華僑救濟會)를 만들었다. 전국 각지에서 서울의 중국영사관(中國領事館)으로 밀려들어오는 피난 화교들을 위문하고 구제하기에 노력했다. 화교구제회 상임위원은 고하를 비롯하여 윤치호(尹致昊), 이종린(李鍾麟), 원익상(元翊常), 현동완(玄東完), 홍병선(洪秉璇), 안재홍(安在鴻) 등 국내 각계 인사를 망라한 조직이었다.

이 사건의 초기에는 국내에서의 화교 박해에 중국 안에서도 분노의 여론이 비등하여 평양 출병설(出兵說)까지 생기게 됐다. 동시에 우리 동포에 대한 보복이 일어나려 했으나 국내의 민첩하고도 우호적인 조치에 중국은 감동과 호감을 갖기 시작했다. 또한 만주에서도 조선인 교포에 대한 보복설이 전해졌을 때 마침 동아일보가 배부되었다. 그래서 앞서 소개한 사설을 번역하여 중국인들에게 읽게 했다.

"보시오, 이것은 일본 군벌의 모략이오. 결코 우리들 진의(眞意)가 아니오."

이리하여 우리 동포들은 화를 면할 수 있었다.

만보산사건의 결과는 끝내 9월 18일 류탸오후(柳條湖) 폭파사건(爆破事件)으로 번졌다. 일본 관동군(關東軍)은 드디어 이른바 만주사변(滿洲事變)이라는 전쟁을 일으켰다. 만주에서 일본 관동군과 조선에 주둔한 일본 군대의 침략으로 중국 동북군(東北軍)은 여지없이 패퇴하였다. 퇴각하는 중국 동북군이 오지로 밀려들자 우리 동포들은 거처를 잃고 길가에서 곤경에 처하게 되었다. 그들은 철도연변을 따라 남으로 피난했다.

고하는 즉시 이 충격적인 사태의 보도 취재를 위하여 특파원으로 설의식(薛義植)과 서범석(徐範錫)을 현지로 보냈다. 조선일보의 신영우(申榮雨), 매일신보의 김을한(金乙漢), 사회단체 대표 서정희(徐廷禧) 등이 동행했다. 고하는 설의식 특파원에게 만주사변을 계기로 조선을 경유하여 만주에 출장 중인 일본 주재 중국대사 왕룽바오(汪榮寶)에게 보내는 만보산사건 진상에 관한 비밀 편지를 가지고 가게 했다. 이리하여 그 참담한 현지 광경을 고국에 타전하여 국내 동포들의 동정과 주의를 환기시켰다. 또한 고하의 비밀 편지도 무난히 왕롱바오(汪榮寶)에게 전달되어 조·중 두 민족의 우의도 두텁게 했다.

그 후 만주 문제는 국제연맹(國際聯盟)에서 논란 끝에 현지 조사를 위하여 조사단을 구성하고 1932년 4월 리튼을 단장으로 하는 국제연맹 조사단이 만주에 파견되었다. 중국 대표 구웨이준(顧維鈞)도 조사단의 일원으로 동행하였다. 이때 고하는 특파원 서범석에게 구웨이준(顧維鈞)을 만나도록 지령했다. 서범석은 온갖 방해와 감시를 하는 일본 경찰의 눈을 피하여 호텔 엘리베이터 속에서 구웨이준(顧維鈞)을 만나서 비밀리에 고하의 뜻을 전했다. 만보산사건은 조·중 두 민족 간의 불상사가 아니라 일본의 간계임을 국제조사단에게 전하게 된 것이다.

뒷날 한민족과 동아일보, 그리고 고하의 참뜻을 구웨이준(顧維鈞)에게서 전해들은 장제스(蔣介石)는 은패(銀牌) '친인선린(親仁善隣)'과 족자 '동아지광(東亞之光)'의 두 선물을 고하에게 보내어 조·중 친선을 굳게 했다. 이와 같은 고하의 사태 수습 처리와 민간 외교가 없었던들, 그리고 1932년 4월 상하이 홍구공원(虹口公園)에서 일왕 생일 경축 식장에 폭탄을 던진 윤봉길(尹奉吉) 의사가 없었던들 조·중간의 형제적 우의를 지키고 중국에 망명 중인 우리 임시정부가 보호를 받기는 어려웠을지도 모른다.

결국 만보산사건은 고하의 미래지향적 판단과 위험을 각오한 폭로로 평온하게 수습된 셈이었다. <혜성>(彗星, 제8호-1931년 11월 15일간 제1권 제8호)에 게재된 '신문월평'(新聞月評)은 이 사건 수습에서 동아일보의 눈부신 활동상을 엿볼 수 있다. 참고로 동아일보에 관한 부분만을 옮긴다.

신문월평(新聞月評)

벽상생(壁上生)

- 동아일보 -

요사이는 신문을 들면 먼저 눈이 정치면으로 간다. 동아일보의 남경특파원이 시시로 특종기사를 보내는 중 주전론(主戰論)과 상조론(尙早論)을 들어 통신한 것도 좋은 기사며 태평양회의에 관하여 어찌하여 조선을 초청치 아니한 것을 명문으로 제시하여준 것은 좋은 일이다.

국제적 회합에 대하여 다분의 희망과 기대를 가진 독자가 많은 조선에서는 기민한 일이라 아니할 수 없다.

한창 재만동포(在滿同胞)의 피해 문제가 시끄러웠을 때에 중국 재류 조선인의 분포상태를 표로 만들어 준 것도 시기에 적절한 일이다. 사회면 기사에 만주 조난동포(遭難同胞)를 위하여 간 특파원의 특전(特電)이 이채로우나 통신 기사가 조선일보보다 적은 것 같이 보이는 것은 유감이다. 다만 희생자의 성명을 알아서 발표한 것은 특종이다. 이것은 특파원의 공로에 돌릴 수밖에 없다.

조선일보를 이야기할 때에 잠깐 말하였거니와 만주동포협의회 기사에 비교적 냉담하였던 것은 조선에서 대신문으로 자타가 공인하는 동아일보로서는 섭섭한 일이다. 이것은 물론 사의 대방침이요, 편집기자가 관여할 바 아니다. 사회면 편집에 이르러서는 '뉴우스 밸류'의 측정으로나 체제로나 험잡을 곳이 적다고 할 만큼 노숙(老熟)하다. 학예면에 실린 천주교사는 한 문헌으로 볼만하며 가정면과 함께 기사의 정선(精選)이 조선일보보다 우월한 것 같다.

한글 기념일 전후에 좌담회를 개최한 것도 좋은 일이며 권덕규(權悳奎) 씨의 시조 기행은 근래의 새로운 시험이다. 경제면에 지난번도 평자(評者)가 잔소리하던 금본위제에 대하여 권위 있는 해설문이 나온 것은 반갑고 또 만주사변과 중국 은시세(銀時勢)에 관한 논문을 쓴 것은 시기에 적당한 것이다.

기자는 항상 들리지 않는 말을 듣고, 보이지 않는 일을 보며 무슨 일이 있을 때에 즉시 배후 영향을 뒤더듬는 예민한 재간이 필요한 것이다. 기자의 제6감(第六感)은 결코 외근에만 필요한 것이 아니다.

지방면 기사에는 부업으로 생활안정한 모범 농촌기사를 많이 썼다. 이런 것은 좀 매일신보로 양보함이 어떠한가? 왜냐하면 이런 것까지 동아일보가 다 써버리면 매일신보는 쓸 것이 없어지게 되니 일종 예양의 도덕을 발휘함이 여하?

하하 망언다사(妄言多謝).

또한 같은 잡지 혜성(慧星) 별란(別欄)에는 동아일보, 조선일보, 매일신보 등 3개 신문 월평에서 다음과 같이 기술하고 있다.

- 동아일보 -

(전략)

만주사건이 발생한 이래 '일본의 만몽 특수권익(滿蒙特殊權益)'에 대한 해설은 정치면에 실을 것이나 기사 폭주의 관계로 경제면에 실은 것 같다. 여하간 좋은 읽을거리이다.

만주사건이 일어나자 제일 활약한 것이 동아일보의 정치면이다. 하루에도 호외를 2, 3차씩 내고, 한참 동안 한 페이지 크기의 호외를 아침마다 배달하여 시시각각으로 변동되는 시국의 정세를 독자에게 충실히 보도한 것은 그 노고가 많다고 하지 않을 수 없다. 이렇게 보도에 충실하는 동시에 국제연맹 규약과 부전(不戰)조약 전문을 조선의 어느 신문보다도 먼저 적기(摘記)하여 독자의 궁금증을 풀게 하고 워싱턴 9개국 조약, 만몽문제의 해설, 국제연맹의 유래 같은 것은 모두 가치 있는 기사이다.

더욱 상하이에 주재한 동아일보 특파원이 시시로 특종재료를 제공하여 지면을 화려하게 하였으니 통일정부 수립에 대한 상보(詳報)와 민중운동의 수자는 좋은 기사이다. 편집 체재에 있어서 적수 조선일보에 비하여 우세인 것 같이 보인다.

기다리든 국제연맹 이사회가 열리든 날 '국련이사회(國聯理事會)'라는 대제하에 질서 있게 배열한 기사가 독자의 보기에 편리케 한 것은 그렇지 못한 조선일보에 비하여 우세하다. 그러나 어느 날 제네바의 국제회의장과 활약 인물을 따로따로 떼어놓은 것은 실수다. 당연히 한데 붙여놓을 것이다.

9 / 동아일보 사장 고하와 젊은 기자들

이 무렵 소설가 빙허 현진건(憑虛 玄鎭健)이 동아일보사 사회부장으로 있었다. 평소에 술을 즐겨서 취하면 곧잘 주정을 하는 것으로 유명했다. 고하가 동아일보를 운영하는 방침과 일관한 주장은 변함이 없었지만 변화하는 정세와 기회에 따라 편집 중심으로 추진하는 때도 있고 영업에 중점적으로 힘을 쓰는 일도 있었다. 이럴 경우 이따금 편집 측에서 불평을 하는 수가 있었는데 특별히 빙허는 기사 관계로 사장과 의견이 맞지 않을 때는 원골(지금 종로구 원서동)에 있는 고하의 납작한 오막살이로 밤늦게 찾아가서 고하에게 주정하는 일이 있었다.

주정의 내용은 고하의 신문기사에 대한 조정과 처리 방법은 독재자가 하는 식이며 그 방법은 우리 동아를 망치는 짓이라는 것이었다. 동아를 망치는 사람은 이완용이나 다름없다, 이완용이가 주는 술은 안 먹는다 하며 밤이 늦도록 주정을 하다가는 제풀에 지쳐서 자하문 밖에 있는 자기 집으로 돌아가곤 했다. 이럴 때마다 고하는 노하거나 책하지 않고 넓은 아량으로 그를 받아주었다.

일제 강점기의 동아일보 기자들은 대체로 한 직장의 평범한 월급쟁이라기보다는 배일사상을 품은 채 민족의 독립을 위하여 한 몸을 다 바칠 준비가 되어 있는 선도적 지식인들이 대부분이었다. 고하는 조선에서 기초 교육을 받은 후 일본에 건너가서 대학 교육을 받고 돌아온 젊은이들을 기자로 영입하기에 힘썼다. 고하는 일본 유학을 다녀온 당대 최고의 지식인들이 마땅히 갈 곳이 없을 때 신문사에서 한솥밥을 먹게 해 준 인연이 제법 많다. 이 호기롭고 자유로우며 가끔 엉뚱한 진보적 지식인들은 후일 유명한 정치인이 되었거나, 문인이나 예술가 등 각자의 분야에서 두각을 나타내면서 나라에 봉사하였다.

고하의 동아일보를 거쳐 간 많은 인물들이 다양한 일화를 남겼는데 그중 한두 가지만 기록하고자 한다. 수주 변영로(樹州 卞榮魯)는 당시 드문 미국 유학생으로 1933년에 기자로 동아일보에 입사하여 다음 해에 월간지 '신가정(新家庭)' 주간 등을 역임했다. 소설가 횡보 염상섭(橫步 廉尙燮)도 일본 유학생으로서 변영로보다 먼저 입사하여 많은 활약을 한 동아일보 기자이다. 염상섭은 시인 공초 오상순(空超 吳相淳) 등과 함께 잡지 〈폐허(廢墟)〉 동인이기도 하다.

하루는 당대의 주선(酒仙)이라고 할 만한 수주, 공초, 횡보 그리고 성재 이관구(誠齋 李寬求) 등 4인이 모였다. 딱한 노릇은 네 사람의 주머니를 다 털어도 불과 몇 푼밖에 안되어 술값이 턱없이 부

1935년 일민 김상만(전 동아일보 회장) 둘째 처남 결혼식 주례

족한 것이었다. 생각하다 못해 수주가 사는 동네의 아무개 집 심부름꾼 아이를 불러다가 몇 자 적어서 종로구 화동에 있는 동아일보사로 보냈다. 당시 동아일보의 주필인 고하가 받은 편지 사연은 좋은 기고를 해 줄 테니 50원만 보내달라는 술값에 관한 것이었다. 당시 쌀 한가마니 값이 3원 50전이고 면서기 월급이 20원 안팎이었으므로 상당한 거금이었다. 고하는 술값으로 탕진될 것을 뻔히 알면서 그 당시로는 거금을 군소리 없이 주선해 주었다. 그들은 소주 한 말과 고기를 준비하여 사발정 약수터(현 성균관 뒤편)에서 엄청나게 술을 마시다가 소나기를 만나자 흠뻑 젖은 옷을 모두 벗어던지고 대취한 4명의 벌거벗은 젊은이들이 부근에 있는 소를 잡아타고 시내로 들어온 일화도 있다.[7]

---

7   이 일화는 수주(樹州) 변영로의 "명정(酩酊) 40년-백주(白晝)에 소를 티고"를 정리한 것이다.

10 / 잡지 '신동아(新東亞)'와 '신가정(新家庭)'

만보산사건은 일본 군부의 대륙 침략 준비를 위한 연극의 한 토막이었음이 드러났다. 그 뒤 2개월 후에 일본은 마침내 류탸오후(柳條湖) 폭파 사건이라는 것을 조작하여 그것을 구실로 침략의 군사 행동을 벌였다. 이것이 일본 제국주의자들의 만주사변이다. 류탸오후 폭파 사건이란 1931년 9월 18일 새벽 봉천(奉天) 교외 류탸오후에서 일본군이 은밀히 남만주 철도의 선로를 폭파하고 이것이 중국군의 소행이라고 뒤집어씌운 사건이었다. 일본은 군사 행동 개시 후 5개월이 못되어 만주의 주요 도시를 거의 점령하고 이듬해 3월에는 일본의 괴뢰정권 만주국(滿洲國)을 건립하기에 이르렀다.

이 만주사변으로 일본 자체도 급격히 군국주의화되었고 이로 인한 국제 정세는 험악한 외길을 달리기 시작했다. 그로부터 한민족의 앞길도 더욱 암담하기만 했다. 이러한 정세 아래에서 고하는 민족운동의 투쟁 방법을 종전의 직접적인 운동에서 간접적인 운동으로 방향을 바꾸었으나 그 대신 아주 작은 뜻과 의지도 굽히지 않고 민족을 위한 사업에 손을 대었던 것이다. 고하는 만주사변이 일어나던 해인 1931년 11월 1일, 오래전부터 기획 중이던 동아일보의 자매지이며 월간 종합잡지인 〈신동아(新東亞)〉를 창간했다. 고하는 창간사를 통하여 이 잡지의 사명을 다음과 같이 말했다.

'신동아' 창간사

조선민족은 바야흐로 대각성, 대단결, 대활동의 효두(曉頭)에 섰다. 사업적 대활동의 전구(前軀)는, 사상적 대온양(大醞釀)은 민족이 포함한 특색 있는 모든 사상가 경륜가의 의견을 민족 대중의 앞에 제시하여 활발하게 비판하고 흡수케 함에 있다. 이러한 속에서 민족 대중이 공인하는 가장 유력한 민족적 경륜이 발생되는 것이니 월간 '신동아'의 사명은 바로 이것에 있는 것이다. '신동아'는 조선민족의 전도의 대 경륜을 제시하는 전람회요, 토론장이요, 온양소(醞釀所)다. 그러므로 '신동아'는 어느 일당 일파의 선전기관이 아니다. 명실공히 다 같은 조선의 공기(公器)다.(하략)

(신동아 1931년 11월호)

고하는 민족의 대각성과 대단결, 대활동을 호소하고, 이 나라의 모든 사상가, 모든 경륜가를 동원하여 민족을 계몽하고, 모든 지혜와 이론을 모아서 민족의 향빙을 제시하여 이 민족이 나아갈 길을 모색하자고 했다. 그러므로 이 잡지는 어느 일당이나 어느 일파의 전유물이 아니고 이 민족의 공기(公器)임을 밝혔다. '신동아'는 사실상 고하의 뜻을 받들어 국내외의 정치, 경제, 사회, 학예, 스포츠 등을 다루고, 때마침 유럽에서 등장한 파시즘, 나치즘을 비판하고, 일제의 군국주의를 간접으로 응징하는 등 기동성 있는 시사 해설로 생동하는 지면을 유지하여 이 땅의 지식층의 절대적 지지를 얻었다.

'신동아'는 또한 동아일보의 자매지로서 서로 소통하는 기능을 발휘하였다. 그러한 대표적인 예로 1935년 브나로드운동이 총독부의 중지 명령으로 계속하기가 불가능하게 되자, '신동아'의 주최로 그해 6월에 '제1회 하기대학(夏期大學) 강좌'를 열고, 이어 7, 8월에는 전국 주요도시 15개 장소를 순회하는 '제1회 전조선 하기 순회강좌'로 발전시켜 브나로드운동을 실질적으로 계승한 것을 들 수 있다.

그 후 고하는 '신동아'의 이념을 이어받아 여성의 교양과 계몽을 담당할 자매지 '신가정(新家庭)'을 1933년 1월 1일자로 창간했다. 그리하여 '신동아'와 '신가정'은 나란히 동아일보의 자매지로서 발전의 길을 달렸다. 동아일보의 월간지 간행은 잡지 저널리즘계에 큰 자극을 주어 1933년 1월에는 조선중앙일보에서 '중앙(中央)'을, 1934년 1월에는 조선일보에서 '조광(朝光)'을, 1936년 4월에 역시 조선일보에서 '여성(女性)'을 각각 발간하는 등, 한동안 잡지 저널리즘의 붐을 일으킨 것이었다.

신동아는 4년 2개월 동안 통권 50호를 발행, 신가정은 3년 9개월 동안 통권 45호를 발행하였지만, 동아일보가 일장기 말소 사건으로 1936년 8월에 제4차 무기정간을 당할 때, 그 여파로 두 잡지도 함께 정간되고 곧이어 폐간되고 말았다. '신동아'가 창간된 것은 만주사변의 직후 격변하는 시국에 민중은 자칫 그 올바른 방향을 잃을 위험성도 없지 않게 됨을 보고 고하는 1932년 벽두의 신년사에서 지난해에 이어 국민운동의 줄기찬 연장을 호소했다. '노력전진(努力前進) 갱일보(更一步)'라는 논설이 그것이다.

노력전진 갱일보(努力前進 更一步)

1

새해가 온다. 질주하는 시간은 새로이 다시 우리네 2천만을 환기하는구나. 세계를 진감(震撼)하는 성난 파도 속에 동요(動搖)·곤폐(困弊)·경악(驚愕)·난경(難境)의 1년은 예기(豫期)와 희망의 새 날에게 자리를 사양하고 물러앉는다.

오는 한 해는 과연 세계인이 갈망하는 해결과 안정의 신시대를 가지고 오는가. 그렇지 아니하면 난경은 다시 난경을 낳고 풍운은 다시 풍운을 토하여 저지할 바를 모르는 역사의 전환이 분마적(奔馬的) 속력으로 진전하려는가. 인류사회는 자칫하면 문명의 고삐를 똘라 잡지 못하고 내파문(大波紋)의 국변에까지 단숨에 굴러늘

지 아니할까. 이것이 현대인의 의구(疑懼)요, 고민이요, 공포다. 이것은 그러하려니와 돌이켜 우리의 고민은 그 무엇일 것이며, 그들의 희망은 또한 그 어디서 구할 것이냐. 사상의 격랑이 사면으로 우리 심경을 두드리고 이웃들의 제각기 살려는 활동이 우리의 안계(眼界)를 활기 띠게 할 이때에 우리는 무엇으로써 새해의 부름에 응하여야 할까.

2

우리가 원기 없으니 원기를 진작함도 좋다. 우리가 용력(勇力)이 부족하니 용력을 단련함도 가할 것이다. 우리가 단결력이 약하니 단결을 굳게 함도 필요하다. 우리가 소극적이라면 좀 더 적극적이 되자. 우리가 쇄침(鎖沈)하였으면 좀 더 능동적으로 움직이자. 우리가 신념이 엷었으면 좀 더 확고한 신념을 파악하자.

그리하여 이 모든 것을 통괄하고 이 모든 것의 전제로서 한마디로써 신년의 결심을 나타내자 하건대 오직 '일보'의 고귀한 가치를 파지(把持)하자 한다. 이 무엇을 말함이냐. 물러나 지키매 일보를 사양치 아니하며, 나아가 취하매 일보를 전심(全心)으로서 취하자는 것이다. 질식하는 퇴영적 분위기 속에 악전고투하는 사람에게 있어서 이 일보의 가치의 정당한 파지야말로 만세 반석의 강루(强壘)며 이 일보 또 일보의 불굴적 진취(不屈的 進取)야말로 바위를 가르는 나무 '엄'의 위대한 힘이다.

3

그렇다. 세계는 한 걸음씩 전진한다. 모든 동요와 반동에도 불구하고 그 행보는 능히 저지할 자가 없을 것이다.

경제적 곤란은 일층 그 혹심도(酷甚度)를 가하고 있다. 모든 위정가들의 '국민적', '거국일치적', '긴급적' 필사 노력에도 불구하고 실업은 증가하고 통상은 감축되며 개인의 빈곤과 국가재정의 간난은 아직도 그 부활의 전도가 묘연할 뿐이다. 마치 가혹한 채찍에 천리를 달린 역마와 같이 어떤 자는 이미 곤피(困疲)하였고 어떤 자는 바로 곤피의 순간에 도달한 듯하다. 이 여파는 본래부터 곤궁한 조선의 농촌이 아니라 농촌의 조선을 엄습하여 거의 부활의 여지를 의심하리만치 대중적 생활을 곤로(困勞)하게 하였다. 이것이야말로 재작년의 세계문제며, 작년의 세계문제며, 금년의 세계문제다. 이야말로 조선의 당면한 모든 문제 중에 가장 중요한 문제인 동시에 가일층 우리의 노력 정진으로써 국면의 타개를 요구하는 바이다.

4

정치적 갈등과 산업의 정지 상태로 신음하는 구주의 백색인이나, 내란과 기근에 고초를 겪는 아세아의 황색인이나 세계 어느 구석을 물론하고 인류 스스로 다스리지 못하는 문명의 고질은 백일하에 그 추태를 폭로하고 있다. 황금국 아메리카에도 실직자가 기리를 메우며 빈곤의 인도(印度)가 순교직 수난에 헐떡서린나.

그러나 우리는 믿는다. 이 시대는 노력 분투에 의하여 진전한다는 것을. 인류가 하루, 한 해, 한 세기에 진취하는 일보의 전진이야말로 역사상 영구한 기념탑으로 남는 것이다. 세계는 확실히 나아간다. 조선도 확실히 나아간다. 일약 구천(九天)의 야욕을 가지고 볼 때는 초조도 하려니와 꾸준한 노력으로 백년의 대계를 내다보는 자 일보의 무쌍한 가치를 크게 깨달을 것이다.

5

과연 우리는 지나간 한 해에 일보를 전진하였는가. 그렇다. 확실히 우리는 나아갔다. 수난 중에 있으되 그 수난과 그 인내를 통하여 우리의 의식은 일층 견고하여졌으며, 그 난중에 있어서 대중의 각성은 일층 철저하다. 엄동의 빙설이 두터움되 새로이 움트는 생명의 씨는 자라고 있나니 그 나아감이 더디다 하여 이를 근심할 것이냐. 오직 한 걸음 한 치의 걸음이 곧 인류사회의 대행진곡에 있어서도 그 역사적 사명을 충실히 하는 까닭인 것을 알 뿐이다. 우리는 한 걸음을 귀히 여기자. 한 걸음의 진취를 금일의 의무로 하여 새로 맞는 한 해에다 노력 전진 또 한 걸음 지보(地步)를 꾸준히 쌓아 나아가자.

(동아일보 1932. 1. 1)

11
새 한글맞춤법의 보급과 실행

일본의 대륙 침략이 갈수록 본격화하고 총독부 당국의 직간접적인 간섭과 박해가 계속되는 가운데에도 '이충무공 유적보존운동'은 1932년까지, 브나로드운동은 1934년까지 꾸준히 계속되었다. 이 기간에 민족적으로 가장 값진 업적의 하나는 한글의 새 표기법(表記法) 채택과 그 실용화에 과단성 있는 결정을 내린 것이었다.

한글이 표음문자(表音文字)로서 세계에서도 그 유사한 문자가 드문 조직적인 체계를 가진 글인 것은 누구나가 아는 일이다. 그런데 오랜 세월을 두고 사용해 오는 동안에 표기법이 무너져서 바르고 통일된 맞춤법이 절실히 요구되는 터였다. 이 운동은 1909년 정부의 국문연구소에서 주시경(周時經) 등이 시작하였다. 그러나 일본에 나라를 빼앗기며 그 표기법 정책은 일본 주도로 바뀌어

---

8   1929년 10월에 창립하여 나중에 조선어학회로 그 명칭이 바뀌었다. 지금의 한글학회이다.

버렸다. 그러나 표기법 제정의 필요성과 한글 연구는 조선어학연구회(朝鮮語學研究會)[8]에서 1929년 '조선어사전' 편찬 과업의 추진이 결정되면서 그 힘을 얻었다. 이 사전은 해방 후 1947년 조선말 대사전으로 발간되었다.

이 문제가 본격적인 과제로 등장하자 이에 앞서 통일된 맞춤법의 결정이 시급하게 되었다. 그러나 한글 표기법은 한두 가지 다른 시안(試案)이 있어서 학자들 사이에 서로 갈등하면서 난관에 부딪히게 되었다. 고하는 여러 차례 관계자들과 만나 단일안을 위해서 협조할 것을 종용했다. 1930년 12월부터 맞춤법 통일안의 제정 작업이 시작되고 1932년 12월에 조선어학회의 원안이 완성되었으며 이 시안은 거듭 검토를 마친 끝에 공포되었다. 이처럼 여러 개의 표기 법안이 단일안으로 확정되기까지는 고하의 적지 않은 노력의 결과였다. '한글맞춤법통일안' 머리말에도 다음과 같이 기술하고 있다.

"이 통일안이 완성함에 이르기까지 정신적 내지 물질적으로 많은 성원과 두터운 양조(襄助)를 주신 경향유지 인사에게, 특히 공탁(孔濯), 송진우(宋鎭禹), 김성수(金性洙) 기타 제씨와 각 보도기관 및 한성도서주식회사(漢成圖書株式會社)에 대하여 길이 감사의 뜻을 표한다."

막대한 노력과 적지 않은 재력을 들여 수년이나 걸려서 만든 표기법이었으나, 그것이 실용화 되기까지는 적지 않은 난관이 있었다. 새 맞춤법을 채택하면 모든 인쇄 시설들이 새 활자를 만들어야 하고 종전의 지형(紙型)은 쓸모가 없게 된다. 따라서 새로이 들여야 할 노력과 시간과 경제적 지출은 너무도 부담스러운 문제였다. 또한 일반 사람들에게 이미 배워서 익힌 맞춤법이 쓸모가 없게 되는 것은 고통스러운 일이며 여기에 따른 저항도 생각해야 했다. 더욱이 정부도 없는 조선인으로서 맞춤법을 강력하게 추진할 기관도 딱히 없는 형편이었다.

이와 같은 환경 아래에서 새 맞춤법을 채택하기로 결정한 고하의 단안(斷案)은 참으로 비장한 것이었다. 그러나 저항은 내부에서 먼저 나타났다. 많은 경비와 노력을 들여야 하는 거창한 사업을 동아일보가 감당하기에는 너무도 힘에 겨웠던 까닭이었다. 이처럼 숱한 난관 속에서 고하는 이것은 우리가 해야 할 민족 사업임을 역설하였다. 이에 새로운 맞춤법통일안이 정식으로 발표되기 몇 달 전인 1933년 4월 1일자 신문부터 솔선수범으로 이 맞춤법을 채택하였다. 우선 사회면과 학예면을 통해 한글 보급에 전력하는 한편 신철자법편람(新綴字法便覽)을 부록으로 발행하여 이에 대한 해설과 보급에 주력하였다.

동아일보가 이렇게 앞장서서 새 맞춤법의 보급에 전력하자 그해 10월 29일 제3회 한글날에 조선어학회는 정식으로 이를 발표하니, 다른 일간지나 잡지들도 뒤를 이어 이것을 채택하게 되었다. 이리하여 이 통일안(統一案)은 우리 국문자(國文字)의 유일한 표기법으로 다져진 것이다. 오늘날 국문 표기법이 통일적으로 사용되기까지에는 '조선어학회'의 통일안 제정과 아울러 이것을 사용하는데 앞장을 선 고하의 애국적 지도력과 비용 등의 출혈을 감당한 동아일보의 결정에 힘입은 바 크다.

언어, 문자가 민족문화에 끼치는 지대한 영향을 생각한다면 새 표기법의 채택이라는 용단은 실로 그 의의가 크다고 아니할 수 없다. 더욱이 일제 치하에서 일개 민간단체가 이와 같은 거창한 사업에 앞장섰다 함은 길이 역사에 빛날 공훈이다. 앞서 말했듯이 새 표기법의 채택은 곧 활자의 전면적 개편을 의미한다. 그러므로 이와 같은 사업이 완성되기까지는 6년이라는 긴 세월이 필요했고 7만 원이란 막대한 경비가 소요되었던 것이다.

국내에서 한글학회 다음으로 긴 연륜을 가진 학술 단체가 진단학회(震檀學會)이다. 이 학회는 민족적이고 학술적 논쟁을 벌이면서 한국 역사 정립에 중추적 역할을 했던 역사학, 고고학 등 전공자의 모임이었다. 이 학회는 이병도(李丙燾), 김상기(金庠基), 김두헌(金斗憲), 송석하(宋錫夏), 손진태(孫晋泰), 조윤제(趙潤濟) 등이 주동이 되어 1934년 5월에 발기되었다. 고하는 이 모임의 발족을 크게 격려하기 위하여 동아일보에 사설을 실어서 창립을 축하해주는 한편 스스로 진단학회의 찬조 회원이 되어 재정적 지원과 학보의 인쇄에 아낌없는 후원을 한 바 있다.

이 무렵은 만주사변 이후 직접적인 민족운동이 크게 제약을 받고 있었지만, 신문사의 재정은 점차로 안정되어 매일 조석간 10면을 발행하고 있는 때였다. 동아일보는 창간 당시 석간 4면으로 출발하여, 1925년 8월부터 6면, 1929년 9월부터 8면, 1932년 11월부터는 그 전에도 간혹 시도되었던 조석간제를 비로소 정착시키고 1933년 9월부터 10면을 발행하고 있었다. 신문 발행 체제가 확립되어 있었던 만큼 고하는 지면의 충실함을 위해서 많은 노력을 기울였다.

1934년 3월에는 주필에 김준연(金俊淵), 편집국장에 설의식(薛義植)을 임명하고, 그해 10월에는 객원사원(客員社員) 제도를 도입하여 보성전문(普成專門: 현 고려대 전신) 혹은 연희전문(延禧專門: 현 연세대 전신) 교수였던 정인보(鄭寅普), 오천석(吳天錫), 백남운(白南雲), 유진오(兪鎭午), 노동규(盧東奎) 등 평소에 가깝게 지내던 저명한 학자에게 혁신적인 논조를 전개하도록 독려하였다. 또 그해 11월 5일 동아일보 지령 5천호 기념일을 맞아 '조선도별 현세지도(朝鮮道別現勢地圖)'의 발행, '오천년 문화 재음미(五千年文化再吟味)'의 연재 등을 실현하기도 했다.

'조선도별 현세지도'는 50만분의 1로 전국 13도를 각각 신문 한 장 크기, 또는 신문 두 장 크기로 제작하고, 여기에 부도(附圖)와 도표로서 각 도마다 주요 도시, 시가지도, 도내 이정지도(里程地圖), 도내 구별 면적, 군별 인구, 읍면수, 도내 직업별 인구, 도내 명소 고적, 산업 생산, 문맹수, 학교 상황, 세금, 세입세출 등을 기재하여 이 국토와 이 민족의 현황을 자세하게 소개하였다. 이를 통해서 자연스럽게 조국애와 민족애를 고취하는 것이었다. 1934년 동아일보에서 작성한 이 지도는 현재 각 해당 지역 박물관에 보관되어 있다.

'오천년 문화 재음미'의 연재 기사는 이 민족 5천 년의 역사와 결부해 내 자랑과 내 보배, 조선심(朝鮮心)과 조선색(朝鮮色)을 드러내자는 것이었다. 이에는 이윤재(李允宰)의 '우리 독창과 발명', 정인보의 '우리의 명문과 명저', 고유섭(高裕燮)의 '우리의 미술과 공예', 현상윤의 '우리의 전공(戰功)과 훈업(勳業)', 김윤경(金允經)의 '이두(吏讀)로부터 한글까지', 백남운(白南雲)의 '조선독자(朝鮮獨自)의 사회제도(社會制度)', 김원근(金瑗根)의 '사상(史上)에 빛난 여성의 편모(片貌)', 권덕규(權悳奎)의 '이방(異邦)에 끼친 선인(先人)의 자취' 등이 각각 연재되었다.

  1935년에는 동아일보 창간 15주년 기념식을 성대하게 거행하였다. 그리고 목숨을 바친 사원을 추모하고 어려운 환경에서도 10년 근속사원 73인을 표창하였다. 또한 사원들은 고하에게 위로기념품을 증정하였다. 그리고는 신흥국을 시찰 보고하여 독자에게 세계의 새로운 경향을 알리기 위하여 태평양연구회에 고하를 특파하는 결정을 했다. 같은 해 9월에는 전조선여자정구대회를 성대하게 개최하는가 하면 다른 대학이나 기관이 주최하는 스포츠 행사를 적극 후원하였다.

12
신사참배 거부 문제

고하는 민족의 독립을 위한 줄기찬 활동 이외에도 학문과 예술과 종교의 자유를 부르짖고 과학기술을 진흥하는 데에 깊은 관심을 가지고 많은 노력을 아끼지 아니하였다. 그는 '학문의 세계란 자기의 경험과 착상만으로 무엇이나 해치울 수 있는 것 같은 안락한 세계는 아니다. 자기만의 경험을 여러 가지 다른 수많은 경험과 비교해서 음미되어야 하고 한계가 설정되어야 하며 이와 같은 다양한 경험적 사실을 통일적으로 이행하기 위한 이론적 작업의 시행도 거듭되어야 함'을 강조하였다.

또한 우리나라의 장래는 과학기술의 발전에 달려있다는 점을 강조하여 이공과 교육의 진흥을 부르짖었다. 교토제국대학에서 하학을 전공하여 노벨상 수상 후보자로 거론된 바 있던 이대규(李泰圭) 박사도 고하의 이러한 주장에 영향을 받은 바 컸다고 술회하였다.

1934년에 일어난 저항운동의 하나는 평양 숭실(崇實)전문학교의 신사참배거부운동(神社參拜拒否運動)이었다. 심지어 민중계몽운동까지도 탄압을 자행하던 일제는 교육계와 종교계에까지 간섭하기 시작하였다. 이때 일제의 신사참배 강요에 참다못해 들고 일어나서 정면으로 거부한 곳이 기독교 도시 평양이었다. 그리고 미국 선교사 윤산온(尹山溫 Dr. George Shannon McCune)이 교장으로 있는 평양 숭실전문학교의 저항운동을 옹호하고 나선 것은 고하였다.

평양의 숭실전문학교가 신사 불참배의 방침을 고수하자 총독부와 평안남도 당국은 숭실전문의 존폐 문제를 들고 나왔다. 윤산온은 이 문제에 대하여 일단은 의견을 청취했다. 그러나 교수들 간에 이견이 생겨 교수진도 신사참배와 신사참배 거부의 두 파로 나누어졌다. 일부 신사참배를 주장하는 교수 측에서는 학생을 선동하여 동맹휴학을 일으켰다. 그래도 윤산온은 처음의 의지를 굽히지 아니하였다. 학교를 폐쇄당해도 좋고 또한 동맹휴학을 하고 학생이 등교하지 않으면 문을 닫겠다는 것이었다.

윤산온의 강경한 주장에 일부에서는 실정을 모르는 처사라고 비난하는 사람들도 생겼다. 개인뿐 아니라 단체가 움직이고, 이에 일부 신문이 가담하여 동맹휴학에 동조하는 측도 생겼다.

"종교를 위해서 교육을 희생시킬 수는 없소"

이 주장에 대다수의 의견이 기울기 시작했다. 일부 여론과 신문, 지식인층이 윤산온을 비난할 때, 고하는 분연히 일어나 신문 사설을 써서 인간 본래의 권리인 신앙의 자유를 부르짖고, 사회면을 통해서 경솔한 행동을 질책했다. 윤산온은 암흑에서 광명을 찾은 것 같이 기뻐했다. 고하가 기독교 신자가 아니면서도 윤산온을 옹호하고 일어선 것은 종교와 신앙의 자유를 빌어서 민족정신을 높여보자는 속셈도 있었다. 고하의 생각은 그뿐만이 아니었다. 종교도 종교지만 일제의 쇠사슬에서 신음하는 이 민족에게 많은 재산과 힘을 들여 교육 사업에 종사하고 있는 외국 선교사들에게 민족을 대표하여 감사의 뜻을 표하자는 의도도 있었다. 고하의 판단은 민족을 위해서는 언제나 정확하고 정당했다. 그러나 정당함이 진리에 통하지 않는 시대에 너무 정당했기 때문에 모두들 놀랐다.

'동아일보는 폐간된다. 송진우는 구금된다.'

'전체주의자(全體主義者)와 미친개는 통한다.'

항간에는 동아일보의 폐간과 고하의 구금설이 떠돌았다. 고하는 전체주의자는 미친개처럼 언제 어디서 물고 덤빌지 모른다고 했다. 그러나 종교와 신앙의 자유를 부르짖는 고하와 동아일보는 구금과 폐간을 면했다. 그것은 단지 구금하고 폐간시킬 정당한 이유를 못 찾은 데서였다. 고하의 용단과 크나큰 결정은 많은 효과를 거두었다. 고하 한 사람과 동아일보가 신사참배에 항거하여, 이를 근절시키지는 못했지만 일제에 아부하던 학자와 유지들의 언동을 주춤하게 했다. 또한 종교가 무엇인지 모르고 떠들던 학생들을 깨우치는 계기가 되었다. 뜻있는 이에게 이 시대에 가장 올바르게 사는 길을 제시하도록 했다.

뒷날 이 사건은 우리 민족의 광복 운동에 많은 공헌을 했다. 일

1935년 동아일보 사장 시절의 고하.
일본 나라공원에서 동아일보 오사카지국장 김기범씨와 함께.

제는 끝내 윤산온을 굴복시키지 못했으며, 더욱이 외국인인 그를 체포할 수도 없었다. 정세는 점차 악화해서 일본 군국주의는 드디어 외국인 선교사 추방을 결정하고 모든 외국인에 대해서 발악적으로 탄압하기 시작했다. 일제는 인간의 정상을 벗어난 탈선의 길을 걷기 시작했다. 윤산온을 비롯한 추방당한 선교사들은 고국에 돌아가서 기회 있을 때마다 조선독립을 위하여 열변을 토했다. 제2차 대전 중에는 자진 종군하며 단파 방송을 통하여 한민족의 독립이 가까이 오고 있음을 알렸던 것이다. 추방 명령으로 조선을 떠나는 윤산온 교장에게 동아일보사가 준 석별(惜別)의 선물은화병(銀花甁)을 미국 플로리다에 사는 그 자손들이 현재 보관하고 있다.

3·1운동 전후로 우리나라에 끊임없이 동정과 협조를 아끼지 아니하던 스코필드 박사도 당시 세브란스 의학전문학교에 교수로 근무하던 중 일제의 미움을 받아 추방당하였다가 다시 한국에 돌아온, 한국을 이해하고 사랑하는 외국인 중의 한 사람으로 고하의 서거를 다음과 같이 애도하였다.

"송진우 씨는 용감하고 침착하며 의지가 굳은 분입니다. 3·1운동 전부터 교육계의 관계로 잘 알고 지내왔지만 그가 한국을 사랑하는 마음은 감탄할 만하였습니다. 송 씨가 감옥에서 나와서 신문사 일을 볼 때는 더욱 자주 만났고, 친한 친구가 되었습니다. 참 위대한 인물을 아깝게 잃었습니다."

스코필드 박사가 한국에 왔을 때에는 고하의 자취는 이미 세상에 없었다. 당시에 우정 어린 스코필드 박사의 애석해하는 모습은 주위 사람들의 마음을 숙연하게 했다.

13 일장기 말소사건

　1922년 10월에 독재 권력을 장악한 이탈리아의 무솔리니는 1935년 10월 아프리카의 에티오피아를 공략하여 다음해 5월 그 병합을 선언했다. 또한 1933년 3월에 독재 권력을 장악한 독일의 히틀러 역시 그해 10월 국제연맹(國際聯盟)에서 탈퇴하였고, 1935년 3월에는 베르사유 조약의 폐기를 선언하고 군대 무장에 들어갔다. 유럽에서 이와 같은 전체주의 세력의 등장은 중국 대륙에서 침략을 확대해 가고 있는 일본의 제국주의자들을 고무하고 자극했다.

　이 무렵 조선에서는 총독의 경질이 있었다. 1931년 6월 이래 총독으로 있던 우가키(宇垣一成)가 물러가고 뒤를 이어 1936년 8월 미나미(南次郞)가 제7대 총독으로 부임해 왔다. 미나미는 전에 조선군 사령관을 지낸 바 있고 일본 정부의 육군대신도 역임한 바 있는 지한파로 야심만만한 자였다. 미나미는 이른바 황도파(皇道派)의 구미에 맞추어 '국체명징(國體明徵)'을 조선 통치의 근간으로

밝혔다. 미나미는 부임하자마자 '국체명징', '내선일체'(內鮮一體) 등을 구호로 내세우고 신사참배, 궁성요배(宮城遙拜), 국어상용[9] 등을 강압으로 실천하도록 하였다. 급속한 한민족 말살 정책에 박차를 가했다. 또한 총독부는 광무신문지법(光武新聞紙法), 보안법(保安法), 치안유지법(治安維持法), 총독부제령(總督府制令) 등을 무제한으로 무차별적으로 남용했다. 우리 언론계는 날로 위축되어 갔고 민족운동이나 사상운동은 물론 문화운동까지도 탄압을 받게 되었다.

이러한 가혹한 탄압과 제약 때문에 한민족은 울분에 찬 민족

---

9   여기서 국어 상용은 당시 일본어의 공용화를 의미한다.

기개를 풀 곳이 없었다. 그나마 유일하게 뛰놀 수 있는 곳은 스포츠였다. 원래 동아일보는 스포츠의 보급과 발전에 힘을 기울여왔다. 경향 각지에서 개최되는 우리 젊은이들의 중요한 각종 운동 행사에는 거의 동아일보 또는 그 지사나 지국에서 주최하거나 후원해 왔다. 체육단체만 해도 그러했다. 맨 처음 동아일보가 이를 제안하였다. 변봉현(邊鳳現)은 '조선에서의 체육기관의 필요성을 논함'이라는 제목의 사설을 세 번 동아일보에 게재하면서 이를 독려하였다. 많은 간부들과 지국장들이 그 발기에 참여하여 1920년 7월에 조선체육회(朝鮮體育會: 현 대한체육회)가 발족되었다. 변봉현은 와세다대학 재학 시절 야구선수로 활약하다가 동아일보 창간과 함께 기자로 활약하였다.

우리 젊은이들이 일찍부터 두각을 나타낸 경기 종목으로는 축구, 농구, 역도, 권투, 정구 등이었다. 1932년 미국 로스앤젤레스에서 열린 제10회 올림픽대회에서 일본 대표선수로 출전한 김은배(金恩培)가 마라톤에서 6위, 권태하(權泰夏)가 9위를 차지하자 우리의 육상경기는 세계적인 각광을 받게 되었다. 고하는 경성방송국을 통하여 김 선수와 권 선수의 활약을 격려했다. 김 선수는 조선의 김은배인 동시에 세계의 김은배임을 자랑하고 체육을 통한 민족정기 앙양을 고취했다. 아무튼 이때부터 조선의 운동계는 활기를 띠고 운동경기 '붐'이 일어났다.

1936년 8월 독일 베를린에서 제11회 하계올림픽대회가 열렸다. 이때 축구에 김용식(金容植), 농구에 이성구(李性求), 염은현(廉

殷鉉), 장이진(張利鎭), 권투에 이규환(李奎煥) 선수 등이 일본 선수단에 끼어 출전하였다. 그 가운데서 손기정(孫基禎)은 마라톤 경기에서 2시간 29분 12초라는 세계 신기록으로 1위를 했고, 남승용(南昇龍)은 3위로 입상하였다. 마라톤 경기에서 두 선수가 3위 이내로 입상하리라는 것은 내외 전문가들이 이미 예상했던 일이어서 국내 민간신문들은 다투어 그 보도의 준비를 서둘렀다. 특히 동아일보는 독일로 가는 권태하(權泰夏=조선 육상경기협회 명예비서) 및 재독 유학생인 유재창(劉在昶) 등 3인에게 통신을 부탁하고, 베를린 체류 화가 배운성(裵雲成)에게는 화보를 청탁해 놓고 있었다.

손기정 선수가 1등으로 골인한 30분 후인 8월 10일 오전 2시경 마라톤 세계 제패라는 쾌보가 동아일보에 타전되었다. 동아일보에서는 때 아닌 만세소리가 요란하게 터져 나왔다. 동아일보사 속보판에는 이 기쁜 소식을 알리는 속보가 나붙었고 15분 뒤에는 호외가 거리에 뿌려지고 가정에 배달되었다.

"콩나물과 된장, 김치 깍두기를 먹어도 이겼어 이겨."

이날 새벽 동아일보사 속보판 앞에는 비를 맞아가며 수백 명의 군중이 모여 저마다 한마디씩 하면서 환성을 올렸다. '손기정 선수 만세', '남승용 선수 만세', '조선 만세'를 외치고 나중에는 '동아일보 만세'까지 불렀다. 비록 가슴에 일장기를 달았을망정 손기정의 승리로 한민족의 기개는 사뭇 충천했다.

이즈음 오랜 장마로 한강을 비롯한 모든 하천이 범람하여 곳곳에 큰 수재를 겪고 있었으나 각 신문들은 수해 상황과 함께 손 선수의 마라톤 세계제패에 관계되는 기사를 빼놓지 않고 연일 대서특필했다. 독일의 히틀러가 손기정 선수와 악수를 했다. 손 선수의 고향인 평북에서는 제등행렬(提燈行列)이 있었다. 기념체육관의 발의설, 축하 금품의 답지 등등 연일 손 선수 열풍은 전국을 휩쓸었다.

손기정 선수는 형식상 일본 선수단의 일원이었으므로 일본에서도 한동안은 많은 화제거리였다. 일본 각의에서는 대신들이 손 선수 자랑에 열을 올렸다. 때마침 조선 총독을 사임하고 돌아간 우가키와 부임 준비 중인 미나미가 도쿄에서 축배를 든 보도가 사진과 함께 일본 신문들에 실려 들어왔다. 그러나 조선에서 날이 갈수록 손기정 열기가 더해 가자 총독부는 차츰 경계의 눈으로 보기 시작했고 각 민간지의 편집 책임자를 불러다 주의하도록 경고하기도 했다.

이때까지도 우리 국내 민간신문들은 손 선수의 현지 모습을 보여주는 사진다운 사진을 입수하지 못했었다. 경기 당일부터 10여 일이 지난 8월 하순 오사카 아사히신문(大阪朝日新聞)이 발행하는 주간지 '아사히 스포츠'에 실린 손 선수의 수상 현황 사진이 입수되었다. 일장기 표지를 가슴에 단 운동복 차림의 손기정 선수가 월계관을 쓰고 시상대에 선 모습의 사진이었다. 동아일보는 25일자 (24일 발행) 1판에는 그 사진을 그대로 옮겨 게재하였다. 사진 한 장은 고하에게도 보내졌다. 사진을 물끄러미 보고 있던 고하는 체

1936년 8월 25일 일장기가 지워진 손기정 선수의 사진

육 담당의 이길용(李吉用) 기자를 불렀다.

"이군, 이거 어떻게 할 수 없소?"

고하는 손기정의 가슴에 달린 일장기를 손가락 끝으로 가리키면서 못마땅한 표정을 지었다.

"어떻게 해도 괜찮겠습니까?"

이길용은 고하의 두툼한 배짱에 어리둥절했다.

"이 군은 꼭 총독부가 괜찮다는 일만 골라서 할 작정인가? 말썽이 됐으면 됐지, 그걸 가지고 신문을 없애지야 않겠지."

고하의 지시를 받고 나온 이길용은 사진 담당 백운선(白雲善)과 제판 담당 강대석(姜大奭)을 찾았다.

"백형, 거 보기 싫다."

이길용은 넌지시 말문을 열었다.

"방법이 없지도 않지. 초산(硝酸)만 조금 강하게 치면 되지 뭐."

이길용과 백운선 그리고 강대석은 서로 얼굴을 쳐다보며 눈을 끔뻑거렸다. 옛말에 변죽을 치면 복판이 운다는 말이 있거니와 동아일보 사원들은 변죽을 치면 복판이 울만큼 훈련이 되어 있었다. 그로부터 잠시 후 초산을 강하게 친 원판이 어수선하게 보이자 도안과 삽화를 담당하던 청전 이상범(靑田 李象範)에게 보기 싫지 않게 수정하도록 하였다.

이리하여 8월 25일자 동아일보(2판) 지상에 실린 손기정 선수의 올림픽 시상 실황 사진은 그의 '유니폼' 앞가슴에 붙은 일본 국기 표지가 삭제된 채 수정되어 있었다. 집집에 배달된 신문의 독자들은 놀랐고 다음 순간 다른 신문과 비교하고 감탄했다.

"과연 동아일보는 달라."

그러나 이 25일자 동아일보 석간은 즉시 압수처분(押收處分)을 받았다. 이 사건에 대해 인촌 김성수전에서는 다음과 같이 술회하고 있다.

'보전(普專) 이사실에서 이 사실을 전화로 연락받은 인촌은 앞이 캄캄해지는 것을 느꼈다.(중략) 급히 동아일보사로 오는 자동차 속에서 인촌은 히노마루(일장기) 말소는 몰지각한 소행이라고 노여움과 개탄을 금할 수 없었다. 사진에서 일장기를 지워버리는 데서 오는 순간의 쾌(快)와 동아일보가 정간되거나 영영 문을 닫게 되는 데서 오는 실(失)을 생각하여 그 답은 분명했다.

산란한 마음을 억누르지 못하던 인촌은 도중에 문제의 신문을 구해서 그 사진을 보고는 생각이 달라지는 것을 느꼈다. 민족의 정기가 위축되어만 가고 변절하는 유명무실의 군상이 늘어가는 세태로 볼 때, 히노마루(일장기)의 말소는 잠자려는 민족의식을 흔들어 놓은 경종이 아닌가 하는 생각이 든 것이다. 그렇게 생각하니 마음이 다소 가라앉는 것 같았다. 그에 대한 탄압은 민족 대표지로서 쾌히 짊어져야 할 십자기리고 생각되기도 하였다. 신문사에 도착하니 밖에는 수많은 정·사복 경관들이 지켜 섰고 사내는 마치 독립만세를 부르고 난 것 같은 흥분에 싸여 있었다. 사장실에 들어선 인촌은 눈을 감고 침통한 표정으로 앉아 있는 고하에게 한마디 하지 않을 수 없었다.

"자네 거기서 뭘 하고 앉아 있나?"

그러나 고하는 딴소리를 했다.

"지금쯤 남차랑(南次郞)이는 부산에 도착했을걸."

이때 신임 총독 미나미는 부임 도중에 있었다. 이 미나미는 그 뒤 6년 동안 조선 총독에 재임하면서 조선민족 말살정책에 수단 방법을 가리지 않아 '제2의 데라우치(寺內正毅)'라는 칭호를 받게 되는 인물이었다.

고하는 이렇게 계속했다.

"새로 부임해 오는 남차랑이 폐간과 같은 극단적인 태도로 나오지는 않으리라고 생각하지만 일본 군벌은 미친개여서 마음을 놓을 수 없어"(하략)'

고하는 조선인의 가슴에 부착된 점 하나를 없앴기로 소동을 벌이는 총독부의 모습이 가관이라고 하면서 버티고 있었지만 여파는 심각했다. 26일 서울에 부임해 온 총독 미나미는 27일자로 동아일보에 무기정간(無期停刊) 처분을 내렸다. 이와 함께 동아일보사에는 검거 바람이 불었다. 사진 담당 기술원인 백운선과 서영호(徐永鎬), 사회면 편집기자인 장용서(張龍瑞)와 임병철(林炳哲), 사진부장 신낙균(申樂均), 미술담당 기자 이상범, 운동 담당 기자 이길용, 사회부장 현진건 등 8명이 경기도 경찰부에 연행되어 갔다. 모두들 무지막지한 협박과 고문에도 굳게 입을 다물고 불지 않았다.

주필 김준연은 연행되었다가 곧 석방되었고, 편집국장 설의식은 지방 여행 중이어서 화를 면했으나 둘 다 사장에게 책임을 지는 사표를 제출했다. 사건은 월간 '신동아(新東亞)'에도 비화했다. 이때 나온 '신동아' 9월호 화보에도 역시 일장기 표지가 지워진 문제의 손 선수 사진이 실렸던 것이다. 신동아 주간 최승만(崔承萬)과 사진부의 송덕수(宋德洙) 기자가 연행되어 갔고, '신동아' 편집인 겸 발행인인 동아일보사 영업국장 양원모(梁源模)도 연행되었다가 석방되었다. 9월호 '신동아'는 물론 압수되고 10월호부터는 총독부의 별도 지시가 있을 때까지 발행을 정지당했다. 동아일보 자매지인 여성잡지 '신가정(新家庭)'도 부분 삭제 처분을 받고 발간이 중단되었다. 이 두 월간지들은 그 후 영영 햇빛을 못 보다가 해방 후 복간하였으니 '신동아'는 그냥 '신동아'로, '신가정'은 '여성동아'(女性東亞)로 제호를 바꾸었다.

관계자들을 구금한 경기도 경찰부는 이른바 일장기 표지 말소의 책임을 사장인 고하나 인촌의 선으로 끌고 가려했다. 그것을 뒷받침할 수 있는 자백을 얻어내고자 무서운 고문을 가했다. 그러나 이길용은 끝내 자기의 독단에 의한 과실이라고 우겼고, 일장기를 아주 지워버리려고 한 것이 아니라 그것이 너무 선명해서 조금 흐리게 하려고 한 것이 지나쳐서 그렇게 된 것이라고 끝머디었다. '신동아'의 최승만도 신병으로 화보 제작을 못 보았으나 끝내 자기의 책임이라고 우겼다.

이리하여 구속되었던 기자들은 연행된 지 40일 만인 10월 초 모두 풀려 나왔다. 일본 형법에는 자국의 국기를 훼손했을 때의 처벌 조항이 없었기 때문이었다. 그 대신 이길용, 현진건, 최승만, 신낙균, 서영호 등 5명의 기자들은 ① 앞으로 언론기관에 참여하지 않는다. ② 시말서를 쓴다. ③ 만일 또 다른 운동에 참여하면 가중 처벌받을 것을 각오한다는 서약을 하고 풀려나온 것이다.

무기정간으로 문을 닫은 동아일보사는 사장인 고하 이하 전 사원이 매일 정시에 출퇴근을 하여 평정을 지켰다. 한편 고하는 총독 미나미를 비롯하여 미하시(三橋孝三郎) 경무국장, 오오노(大野綠一郎) 총감 등 관계 당국자들을 만나 조속한 정간 해제를 요청했다. 한편 일본 정계의 일부에서도 장기 정간이 일본에 유리할 것이 없다는 이유로 정간의 해제를 총독부에 권고하는 움직임도 있었다. 그러나 총독부는 완강했고 그들의 저의는 그렇지 아니했다. 그들은 민족주의의 최종 보루인 동아일보를 이 기회에 거세해 버리려는 데 있었다.

총독부는 우선 동아일보사 간부진의 총퇴진을 요구해 왔다. 이리하여 사건 직후 사장에게 제출되었던 주필 김준연과 편집국장 설의식의 사표가 정식으로 수리되고 11월 11일에는 사장 고하와 재미중인 부사장 장덕수가 사퇴했다. 11월 19일에는 인촌도 이사를 사임했다. 이에 동아일보는 영업국장 양원모(梁源模)가 전무이사 겸 사장 직무대리로 회사의 체제를 유지하게 되었다.

고하는 인촌과 상의 끝에 사태수습에 나섰다. 총독부와 절충을 계속하는 한편 일본 중앙정계와도 접촉을 시도했다. 도쿄에는 조선총독부의 고관을 지낸 사람들로 구성된 조선중앙협의회(朝鮮中央協議會)라는 것이 있어 조선 문제의 자문에 응하고 있었다. 고하는 이들에게 서신 또는 사람을 보내서 '나의 의사와 관계없이 일 기자의 독단으로 저질렀다는 것이 조사에 의하여 분명해진 일을 가지고 정간을 장기간 끌고 가는 총독부의 처사에는 명분이 없다'고 강조하였다.

조선중앙협의회의 회원 중 총독부 학무국장을 지낸 세키야(關屋貞三郞)나 정무총감을 지낸 미즈노(水野鍊太郞) 등은 일본 귀족원 의원이었다. 이들은 '동아일보의 정간 처분이 너무 길면 민족감정을 자극한다'고 역설하고 정부에 압력을 가했다. 또 한편 고하에게는 '동아일보'라는 제호를 고치라고 종용했다. 소식을 전해 들은 일부에서는 극동일보(極東日報)로 제호를 바꾸자는 측도 있었으나 고하는 '제호를 고치는 것과 정간 해제는 별개의 문제'라고 완곡하게 거절했다.

"동아일보가 동아일보인 것은 동아일보라는 이름 때문인데 그 이름을 버린다는 것은 동아일보를 제 손으로 죽이는 것과 같다."

고하는 제호 교체를 일언지하에 거절했다. 이때 항간에는 기관지로는 매일신보(每日申報), 민간지로는 조선일보만 양립시키려는 것이 총독부의 방침이라는 설도 있었으나 총독부가 이제 와서 폐간 처분을 내릴 수도 없었다.

총독부가 제2안으로 생각해낸 것이 친일파로 조직하자는 구상이었다. 그들이 동아일보사의 후임 사장 후보로 내세운 것은 전라북도 지사를 지낸 바 있는 중추원참의 고원훈(高元勳)이었다. 그러나 고하나 인촌은 차라리 해산할지언정 총독부가 미는 인물에게 동아일보를 넘겨줄 수는 없다고 배수진을 쳤다. 그리고는 근촌 백관수(芹村 白寬洙)를 사장 후보로 내세웠다.

백관수는 내소사(來蘇寺) 시절에 인촌과 더불어 셋이 같이 공부했고 고하나 인촌보다 늦게 도일하여 메이지대학에서 공부했다. 그는 대학 재학 중에 2·8독립선언 대표의 한사람으로 옥고를 겪은 바 있는 애국지사다. 귀국하여서는 조선일보의 상무 겸 영업부장을 지내기도 했고, 〈동방평론(東方評論)〉을 자영하기도 했으며 범태평양회의의 조선대표로 교토(京都)를 다녀오기도 했다.

총독부는 이러한 인물을 받아들이려 하지 않았다. 그리하여 또 상당 시일이 지체되는 가운데 비행사 신용욱(愼鏞項)의 중재안으로 조건부 수락을 받게 되었다. 그들이 추천하는 신일용(辛日鎔)을 편집국장으로 기용하라는 것이었다. 신일용은 조선일보에도 관계한 바 있는 공산주의자로서 이때는 전향하여 총독부와 긴밀한 사이였다. 고하는 편집국장 문제는 사장이 취임한 후에 논할 문제라고 주장하여 총독부의 종용을 꺾었다. 1937년 5월 31일 동아일보사 중역실에서 임시주주총회를 열고 결원 중인 이사로 백관수, 무송 현준호(撫松 玄俊鎬)를 선출하고 즉석에서 사장 겸 주필 및 편집국장에 백관수를 선출했다.

이리하여 동아일보는 9개월이 넘는 기록적인 장기 정간을 겪고 1937년 6월 3일자 석간(2일 발행)부터 속간을 하게 되었다. 사장 백관수가 편집국장을 겸하게 된 것은 총독부가 미는 신일용을 거절하기 위한 방편이었다. 그래서 그해 12월 경리부장이던 고재욱(高在旭)을 편집국 차장으로 전보 발령했고 영업국장에는 임정엽(林正燁)을 임명하였다. 또한 고하는 고문(顧問)직을 맡고 제2선으로 물러섰다. 그러나 장기 정간에서 온 동아일보사의 타격은 막중했다. 수만 원에 이르는 물질적 손실은 물론 많은 사우들이 뿔뿔이 흩어져서 재조직하는데 많은 난관을 겪었다. 또한 고하는 독립운동단체인 흥업구락부에 가입하여 활동했다는 이유로도 총독부 경무국의 요시찰인물로 보고되어 심한 감시와 사찰을 당하였다.

도전하는 조선일보, 응전하는 동아일보

석병정 기(石兵丁 記)

(전략)

동아일보의 대책

그러면 여기에 주목되는 것은 동아일보의 대책이다. 싸울 같이 짤라져 패전할 경우면 포로되기보다 차라리 자문(自刎)하여 버리는 용사와 같이 만일 자본력이나 인재 배치에 있어 부족하여서 다른 신문의 어깨 밑에 서게 된다면 동아일보는 스스로 폐문 정간하여 버리기는 할지언정 굴욕적 지위에 서 있지 않을 것이 동사(同社)의 긍지요, 배짱이요, 세인도 또한 동아일보의 진가를 그러리라 평하여오는 터이다. 환언하면 동아일보는 결코 제2위에 자감(自甘)할 신문이 아닙니다. 제1위가 못되면 적어도 동위에 서야 만족할 신문이다. 만일 돈을 내기 싫어서 주주 측이 제2위에 서라 하더라도 송 사장(宋鎭禹 社長)의 기골이 그를 인정하지 아니할 것이오, 송 사장도 막무가내라 할지라도 15년 친애한 십수 만 독자가 그를 인정하지 아니할 것이다.

그러므로 결국 응전하는 동아일보의 '대포'가 시급히 발사될 것인데 그 탄환은 어떤 것일고. 천기(天機)를 누설할 수 없으므로 고급 간부 수인과 최고 중역 사이에 쉬쉬하여 사람의 눈을 피하여 가며 비밀히 날카롭게 갈고 있는 중인데 이제 그 내용을 추측컨대 지면을 12면 또는 그 이상으로 증면하여 놓을 것은 불가피의 기정(旣定) 또는 기본적 사실이 되리라. 만일 10면지를 불변한다면 사대사상에 젖은 신문 독자는 딴 곳으로 가게 될 것이오, 그를 피하자면 동아는 정가 1원 하던 구독료를 90전이나 80전으로 내려야 된다. 내리는 날이면 동아지는 중앙일보 급에 편입되어 제2류지에 스스로 떨어질 수 밖에 길이 없는데 그러면 대신문지주의를 취하는 도쿄·오사카의 광고량이 훨씬 줄어들 것이오, 독자층도 도시에서 농촌으로 옮겨진다. 이리되면 혁혁한 과거 동아지의 역사는 진흙에 묻히고 그 후 발전은 극히 소극적이 되어 한마디로 말하자면 자살의 길에 오르게 된다. 동아일보는 12면 이상으로 증면해야 한다.

　그러나 여기 한 가지 스스로 파놓은 함정이 있다. 광고료 5할 인상설이다. 광고료의 인상이란 말은 지면은 없고 광고량은 폭주하고 하니 부득이 광고요금을 올리겠소 하는 것인데 이제 증면을 행한다면 현재 광고료 단가를 유지하기조차 고심초사할 판인데 그 반대로 도리어 지면 량은 늘었음에 불구하고 희소가치설을 부정하는 광고미증유의 어불성설 '로직'이 생긴다. 여기에 동아일보의 영업상 번민이 생긴다. 그러면 증면과 광고료 인상 관계에 대하여 조선일보는 어떠한가. 마찬가지로 동사 역시 여기에 모순을 싸안고 있다. 그러나 조선일보에는 정형(定型)이 없다. 신흥하는 곳이니만치 체면과 전통에 뭉개지 않을 것이니 무슨 길이든지 누이 좋고 매부 좋다 할 - 광고주 좋고 신문사 좋고, 체면은 체면대로 유지할 안을 발견키 그렇게 어려운 일이 아닐 것이다. 말하자면 저돌적인 점에서 무슨 활로인가 엿보고 있을 것이다.

　어쨌든 동아일보가 12면으로 증면하는 것으로 응전의 기본무기로 삼을 것은 기정의 사실이다. 그러나 세인의 눈은 살(肥)이 쪘다. 12면쯤으로 '동아일보' '동아일보'하고 떠들 때는 이제는 벌써 지나갔다. 만일 조선보다 선수(先手)로 그를 착수하였던들 효과 백퍼센트였을 것을….

　백전백숙(百戰百熟)한 동아 당국자 이것을 모르는 바 아니다. 조선일보에서 증면 발표 후 지방의 지국장으로부터 독자지반(讀者地盤)을 공세에 있는 조선지국에 다 빼앗길 염려기 있으니 하루바삐 증면을 단행하라고 항의 전보가 매일 다수히 들어오는 것을 보고 있는 동아 간부 흉중에는 백척간두(百尺竿頭) 갱진일보(更進一步)할 길이 닦이고 있으리라. 여기에 '덤'으로 내놓는 제2안이 없어서는 안될 그것이 무엇일꼬. 우리의 흥미는 여기에 쏠린다.

상상컨대 극동문제의 중요한 일면을 보여주는 의미에서 남북중국에 요미우리(讀賣)가 무로후시(室伏高信)를, 대매(大每=오사카 마이니치신문)가 마츠무라(松村)을 보내듯이 주간이나 편집국장급 인물을 보내서 장제스(蔣介石), 장군등(張群等)을 회견시켜 지상을 찬란하게 장식치 않을까. 또 중국이 아니면 필리핀으로 또는 하와이(布哇)나 남양으로 시찰단을 보내지 않을까. 이러한 안도 생각된다. 그렇지 않으면 인기 있는 외국 사상가를 — 후한민(胡漢民)이나 후쉬즈히(胡適之)나 혹은 타골, 아인슈타인 급의 인물을 수만금을 들이어 초빙하여오지 않을까, 요미우리신문의 지혜를 빌어 미국서 야구단을, 프랑스에서 음악가나 무용가를 초청하지 않을까. 어쨌든 인기를 한번 푹신 끌어놓을 안을 생각하고 있을 것 같다.

그리고 대외적으로 보아 사옥도 급하다. 서울 장안 신사숙녀의 집회를 상적(相敵) 이정(二町) 이내에 우뚝 선 '조선일보 강당'에 자꾸 빼앗기고 있는 것을 바라볼 때 인기장사인 동아는 전차 속에서 달음박질하고 싶도록 초조한 생각과 열탕을 마시는 듯한 고뇌를 맛보리라. 또 도쿄 오사카 광고주 앞에 남만 못한 사옥을 폭로시킬 때 단장(斷腸)의 괴로움이 생길 것이다. 그러니 급(急)하고도 긴(緊)요한 이 사옥을 짓자면 현재 있는 저금 10만 원 돈만으로는 부족하므로 결국 제 몇 회 납입을 새로 하여야 할 터인데 그러자면 대주주 김성수 씨의 현금출자가 1, 20만 원 정도로 새로 있어야 할 터인즉 김씨 부담이 커진다. 그러나 우리는 비록 외채를 얻어서라도 동아는 증축계획대로 올봄에 사옥이 서는 것도 중요한 무기가 될 줄 안다. 이밖에 광범위하게 독자층에 서비스할 안으로 매년 실시하는 '동아상' '동아박람회' '동아도서관' 등이 나오지 않을까….

양사 재정, 인적관계, 전략 등

요즘 항간에 떠도는 말이 있다. 동아일보는 새해부터 영업정책을 갱신하였던 까닭에 공돈으로 연 3만 원의 이익을 보게 되었는데 그 돈으로 큼직한 항구적 사업을 하리라 한다. 즉 종래 선일지물회사(鮮一紙物會社)에서 쓰던 신문권지를 이번에 동경 부근에 있는 북월(北越)제지회사에서 사 쓰기로 되었는데 동아일보의 1년 권지(卷紙) 사용량은 약 6천 본으로 그 가격은 24만 원에 이르는 바 이번 북월과의 반개년 계약에는 싼값으로 되기로 되어 종이값 3만 원이 절약된다 함이다. 이와 같이 공돈이 뜨는 것을 살핀 조선일보에서는 동아일보에 선착(先着)하여 돌차적(突嗟的)으로 12면을 단행한 것이란 말도 있는데 다시 선일계(鮮一系)도 들은 말에 의하면 북월 종이는 선일보다 1련(連)에 5전 정도로 쌀 뿐 제반 비용을 넣으면 조금도 싸진 폭이 아니라 하며 동이 송 사장의 말에는 직접간접으로 3만 원이 뜬다고 한다.

어쨌든 이번 싸움의 시초는 이 신문권지의 신계약에서 시작된 것으로, 싸우고 보니 그는 독자, 회사에 이로운 것이라 이 싸움이 더 커지고 더 지속되기를 바라는 경향이 있다. 금춘 3월에는 부사장 장덕수 씨를 맞는 동아일보는 인적 진용에 있어서도 좀 더 충전(充塡)할 것이오, 이에 따라 심파적 필자망 확대를 쓰는 조선일보 또한 그 대안을 강구할 것이니 천하의 주시가 다시 이 신문전(新聞戰)에 모일 것 같다.

〈삼천리(1936년 2월호)〉

동아일보의 금후의 코-쓰

나로 하여금 세 신문의 사상적 계열을 평하라면 동아는 민족주의, 조선은 자유주의, 중앙은 사회주의라 할 것이라. 물론 이 말은 엄격한 의미에서가 아니고 그저 가벼운 의미에서 그 태도도 갈 길이 바쁜 석양 과객이 연도풍광(沿道風光)을 한 두 마디 지적하고 가듯이 그러한 의미에서 하는 말이다.

중앙을 좌익계라 함은 여운형(呂運亨), 배성용(裵成龍), 임원근(林元根), 안병수(安炳洙), 이천진(李天鎭), 홍덕유(洪悳裕), 김복진(金復鎭) 등 과거의 색채가 그러하였던 분이 여럿인 점으로도 수긍되며 조선은 그 간부층에 아주 강렬한 '사회주의 아니면 못 산다' 하는 이도 많지 못한 대신, '민족주의 아니면 못 산다' 하는 식의 굳센 민족의식을 가진 이도 많지 못하다. 그래서 일언으로 요약하면 가벼운 의미의 자유주의 경향이 농후하다 할 것이오, 그에 반하여 동아는 창간 초의 사시에도 '이천만 민중의 표현기관'이라 공언하여 비교적 순일한 민족주의계 인물이 중추신경이 되어 신문사가 움직이고 있다.

송 사장의 신망도 이러한 의미로서의 신망이다. 이것이 동아일보로서는 무형의 힘임에 틀림이 없다. 그러나 동아일보사 간부가 잠자코 지키는 이 경향은 최근 격동하는 세계의 사조와 보조가 맞추어져 가는가 함을 일부 급진층들은 우려한다. 같은 민족주의면서 너무 보수적이 아닌가 한다. 지면에도 최근에는 과거의 생기를 잃는 듯한 감이 없지 않다.

어쨌든 동아일보의 근래의 큰 실수는 조선일보에 앞서서 12면 단행을 하지 못한 것이다. 동아일보는 금년 정월 초하루부터 오늘까지 꼭 12면 이상을 증면할 각오가 있었던 이상, 어째서 정월 초하룻날 모든 눈이 지면에 모일 때 주먹 같은 활자로 이 뜻을 공표하지 못했던고. 우물쭈물 일주일을 끌어오는 동안 타사에 기선을 주어 이 선구자적, 패자(霸者)의 명예를 빼앗기고 말았다. 이제 들리는 말에 중앙일보는 3월 중에 10면 80전을 공언할 듯하다고 한다. 또 매일신보까지 현재의 8면을 조선일보 이상으로 6면 늘려 14면으로 하기로 내정되어 그 공장 확장을 한 달 전부터 준비하고 있어 늦어도 6월부터는 발표 즉시 실행하리라 한다.

앞에는 '1원 12면'의 조선, 매신(每申)의 강적이 있고 뒤에는 '80전 10면'의 중앙의 추격이 있다. 동아지는 전후좌우의 협격에서 어디로 가려는고. 동아에 대하여는 '1월 7일'이 역사적 액일(厄日)이었다. 이날 이전에 대세를 살피고 증면 사고(增面社告)할 것을 애석하게도 간부층의 무기력, 보수의 죄로 장사(長蛇)를 일(逸)하고 말았다.

전 조선 내 3백의 분지국장은 이 때문에 비분의 암루(暗淚)를 흘리고 있다. 워털루의 대전도 그 승패는 극히 짧은 일순간에 달린 것을 잊었던가. 송 사장은 이에 대하여 다만 말없는 실행이 있을 뿐이라 한다. 그러나 어떻게나 빛없고 말없는 실행인고!

그러나 역시 동아일보다! 이것을 다른 모로 해석한다면 호호자적(浩浩自適)하고 호호탕탕(浩浩蕩蕩)하여 어디까지든지 자신 있는 배짱의 표현인 듯도 하다. '떠들지 마라, 내가 여기 있노라' 하는 듯한 기압도 느껴진다.

그래서 제1착으로 대사옥주의(大社屋主義)로 나가기로 되어 방금 현 사옥보다 2배 더 큰 증축을 하기로 되어 그의 설계 중인데 송 사장의 언명에는 앞으로 3개월 내에 기공하여 명년 춘 3월에 낙성하리라 한다. 또 지면도 '필요에 응하여는' 12면을 하여 나가리라 한다. 공약한 말이 아니기에 이 말은 14~5면을 낼 날도 있는 대신, 옛날의 10면지도 낼 수 있다는 말이 된다. 증자설도 있는데 이 증자가 되는 날이면 지극히 적극적인 방면에 약진할 것 같이 관측된다. 그러나 동아일보의 강점은 금성철벽(金城鐵壁) 같은 탄탄한 그 재정이라 신문사가 짊어진 빚이라곤 없다. 종이도 선일(鮮一)을 그만두고 북월(北越) 것을 갖다 쓰는 바람에 년 수삼 만원의 이득을 보고 있다 하며 도쿄·오사카·나고야의 광고량은 점점 늘고 있다 한다.

지국도 모두 5년, 10년, 요지부동할 지반이 다져지고 있은즉 무슨 필요 있어 수만금 거두자면 이 지국지반을 통하여서도 일조일석에 가능하게 보여진다. 이것이 더 말할 수 없는 힘이오, 보물이오, '강점'이다. 요컨대 대사옥이 완성되고 12면 단행을 공약하는 날 동아의 위세는 다시 일세를 떨치리라.

그리고 나의 관측으로는 10년을 사장의 한자리에 있어 심신이 피로하였을 송 사장은 한 1, 2년 작정하고 세계주유(世界周遊)에 오르지 않을까. 또 재미 장덕수(張德秀)를 맞아 발발한 새 기개를 보이지 않을까. (하략)

〈삼천리(1936년 4월호)〉

동아일보 정간 진상

손 선수 국기말소
사원 10명 경찰구금 취조 중

우선 동아일보가 정간되기까지의 진상은 답문한 바에 의하면 베를린으로 출정하였던 손기정 선수가 우승하여 전 세계가 절찬하는 속에서 월계관을 받고 올림픽 단상에 섰다. 이 좋은 뉴스의 앞에 동아일보도 다른 동업 신문인 조선일보니 중앙일보와 마찬가지 태도로 작약하여 매일 조석으로 센세이셔널하고 화려한 지면을 꾸미어 연일 발행하였다. 여기에는 히틀러가 손기정에게 악수를 하여 주었느니 향리 평북에서는 제등행렬이 있었느니 어디서는 기행렬(旗行列)이 있었고 연설회가 있었느니 누구는 돈을 내었느니 하는 기사가 만재(滿載)하였다.

신문에 이러한 보도 있음에 따라 손기정은 점차로 더욱 놀랐다. 그래서 송진우(宋鎭禹), 방응모(方應謨), 여운형(呂運亨)의 이름은 몰라도 손기정의 이름은 아동주졸(兒童走卒)이라도 다 알게 되었다.

그러나 서울 있는 신문들이 제아무리 떠든다 할지라도 오사카 신문 이상으로는 못 떠들었고 서울의 신문이 손을 아무리 치켜든다 할지라도 도쿄 방송국의 라디오 이상으로는 채 못 치켜들었으니 그것은 마이니치신문이나 아사히신문은 베를린 도쿄 간에 직통 전송사진과 무선전화를 가지고서 손기정의 일거일동을 눈에 보이듯 연일 전면지(全面紙)로 할충(割充)하여 감격적 사진과 기사로 만인을 울게 하였으니 베를린 매일신문 특파기자가 손 선수가 쾌승한 찰나에 만장이 발을 구르며 환호하였고 우리나라 응원단은 모두 울었노라 하는 류의 기사가 몇 번이나 되풀이되었는지 이는 지면이 증명하는 터이다. 마이니치신문 본사 편집국장은 베를린 회장(會場)의 손 선수를 일부러 무전으로 불러내어 온갖 고국의 감격적 소식을 전하고 그를 칭양(稱揚)치 않았던가? 그런데 서울에 있는 돈 없고 세력이 가난한 우리 신문들은 이런 멋진 일은 한 가지도 못하고 타지의 전재(轉載)로서 말하자면 아사히신문이나 마이니치신문의 뒤를 따라가면서 손 선수 손 선수하고 불렀을 뿐이오, 또 동경방송국 아나운서의 입을 좇아가며 다 들린 말을 되풀이하였다. 아무튼 보도에 있어서는 서울의 신문은 지리 관계로 오사카 도쿄에 있는 여러 신문을 따르지 못했다.

어쨌든 손 선수의 우승은 통쾌하고도 감격한 일이었다. 부임 초의 미나미 총독도, 사임하고 간 우가키 전 총독도 모두 기뻐 축배 드는 광경이 오사카 마이니치(大阪每日)에 실렸었고 각의에선 내각의 여러 대신이 또한 '손 선수 자랑'에 한동안 좋아했다고 도쿄 신문은 보도하였다. 이와 같이 모든 국민은 관민이든 노소든 모두 기뻐하였다. 그러나 여기에 문제가 생겼다. '조선의 특수성'이 이 축배를 민중적으로 들기를 꺼리게 하였으니 손 우승의 감정이 민족적 어떤 감정으로 전화(轉化)하기 쉬운 것을 간취(看取)한 경무 당국에서는 중도에 이르러 축하회도 금지, 기념체육관 설립 발기도 금지, 연설회도 금지로 손 선수 찬양을 금하였다. 따라서 경무국장과 도서과장은 격일에 한번쯤 신문사장이나 편집국장을 불러다가 손 기사에 격별 주의하기를 당부하였다.

이럴 즈음 8월 25일 동아 석간지가 압수를 당하였다. 손 선수 가슴에 있어야 할 일장기를 말소한 사진이 게재되있던 까닭이라 그 뒤 곧 경기도 경찰부에서는 고등과원이 출동하여 신문사로부터 사회부장 현진건(玄鎭健), 부원 장용서(張龍瑞), 임병철(林炳哲), 운동부원 이길용(李吉用), 하가 이상범(李象範), 사진빈 4인의 10씨를 검거하여 구류 취조한 결과 고의로 일장기를 말소했던 사실이 탄로되어 27일 저녁에 이르러 정간 처분을 당한 것이다.

전기 10명의 사원 외에 동사 주필 김준연(金俊淵) 씨도 일시는 검거되었으나 곧 석방되었고 편집국장 설의식(薛義植) 씨는 그 사건 전후하여 지방여행 중이었기에 하등 관련이 없었다. 들리는 말에 의하면 그날 지면에 낼 사진을 동사에서는 오사카 아사히(大阪朝日)로부터 전재했는데 사진반원과 운동부원과 사회부원 몇 사람이 흰 붓으로 가슴의 일장기를 지워버려 약간 알려지게 한 것이었다고 한다.

'신동아' 주간 구인(拘引)
양원모(梁源模) 씨도 일시는 소환

모지(母紙) 동아일보가 이런 불상사속에 끼어있을 즈음 불똥은 동사 경영의 월간 잡지 신동아에도 비화하여 동사 주간 최승만(崔承萬) 씨도 경기도 경찰부에 검거 취조 중이오, 동지 편집 겸 발행인이자 동아일보 영업국장 양원모 씨도 일시 검거되었으나 곧 석방되었는 바 신동아 9월호는 압수요, 10월호 이후는 당국에서 가타 하는 지령이 있기까지 발행치 못하게 되었고, 신가정은 부분 삭제 처분을 당하였는데 신동아가 처분된 까닭은 마찬가지로 권두 그림으로 낸 사진의 일장기를 같은 방법으로 말소하여 비국민적 태도를 취한 데 있었다.

동아일보 정간 이유

경무국장 담화로 발표

　동아일보는 금회 발행정지 처분을 당하였다.

　전일 베를린에서 개최된 세계올림픽대회의 마라톤경기에 조선 출신의 손기정 군이 우승의 월계관을 획득한 것은 일본 전체의 명예로 일본 내지(內地)와 조선 공히 함께 축하할 것이며 또 일본 내지와 조선 융화의 자료로 할 것이지 이를 역용하여 조금이라도 민족적 대립의 공기를 유치하는 일이 있어서는 안 될 것이다. 그런데 사실은 신문지 등의 기사는 자칫하면 대립적 감정을 자극함과 같은 필치를 취하는 것이 있음은 일반으로 유감시하던 바이다.

　동아일보는 종래 누차 당국의 주의가 있었음에도 불구하고 8월 25일 지상에 손기정 군의 사진을 게재하였는데 그 사진에 명료히 나타나야 할 일장기의 마크가 고의로 말소한 형적이 있었으므로 즉시 차압 처분을 하고 그 실정을 조사하였는바 이는 8월 23일부 오사카 아사히신문에 게재된 손기정 군의 사진을 전재함에 제하여 일장기가 신문지상에 나타남을 기피하여 고의로 기술을 사용하여 이를 말소한 것이 판명되었으므로 마침내 그 신문지에 대하여 발행정지 처분을 내리게 되었다. 여차한 비국민적 태도에 대하여는 장래에도 엄중 단속을 가할 방침인데 일반도 과오가 없도록 주의하기를 바란다.

김 주필, 설 국장 사표

= 송 사장 이하 사원 출근 근신 중 =

 이 정간사변이 일어나자 동사 주필 김준연(金俊淵)과 편집국장 설의식(薛義植) 씨는 송진우(宋鎭禹) 사장에게 인책의 사표를 제출하였는데 경찰 측 취조가 아직 일단락을 짓지 않고 있으므로 사건의 발전성과 또 그 진상을 명백히 알 수 없기에 아직은 동 사표를 수리치 않고 송 사장이 보류하고 있다고 전한다. 더욱 사장 이하 사원 일동은 근신의 뜻을 표하고 있으며 전과 같이 매일 사에 출근하여 독서에 열심하는 중이라고 전한다.

손해 십여만 원설
복구에는 거대한 힘이 들리라고

 이번 정간으로 동아일보의 손해는 얼마나 될른고. 직접 손해액을 적어보면 8월분 1개월 신문대 약 3만 원 중 미수를 3분지 2로 보아 약 2만 원, 도쿄 오사카로부터 들어오는 광고료 약 1만 원, 기타 잡수입 등 월 3~4만 원의 수입이 전혀 없어지는 반면에 사원의 생활비 지급 기타 비용으로 적어도 매월 수만 원의 직접 손해를 보고 있는 듯이 추측된다.

 전자(前者) 즉 제3차 정간 당시 4월 17일부터 8월 말일까지 약 5개월 동안 동아일보사의 손해액이 15만 원이라고 전하여 9월 1일 새 지면을 내보낼 때에는 겨우 잔액 3만 7천 원인가 하는 적은 돈을 가지고 속간 자본으로 삼았다고 한다. 그로 미루어 보면 그 당시보다 지금은 광고수입도 늘었고 독자 수도 많은 만큼 그 손해도 더 많을 것으로 관측된다. 정간 중도 정간 중이려니와 속간을 하게 되면 다 빼앗긴 독자 지반을 복구하기에 거대한 인력과 자금력이 들어야 할 것이요, 또 오사카 도쿄의 광고지반을 회복시키려면 도저히 단시일로 되어질 일이 아니다. 이일 저일에 생각이 미치면 동아일보는 금번 사고가 치명상에 가까운 중창(重瘡)인데 아마 복구하자면 사주로 대주주인 김성수 씨의 재정적 대영단이 있어야 할 것이오, 또한 해내 해외의 인재 다수를 망라하여 지면을 타지보다 정채(精彩) 있게 꾸미지 않으면 지난날의 동아일보에 돌아가기 힘들지 않을까?

동아일보 정간사(停刊史)

금월까지 동아일보는 네 번째나 정간을 당했다. 이제 사건별로 보면 이러하다.

1. 제1차는 사설 '3종의 신기' 사건으로

    다이쇼 9년 9월부터 다이쇼 10년 2월까지 약 6개월간

    (당시 총독 사이토(齊藤實), 경무국장 마루야마(丸山), 츠루코오(鶴光) 도서과장)

    (당시 사장 박영효, 편집국장 김덕수)

2. 제2차는 '러시아서 온 축사' 게재사건으로

    쇼와 2년 3월부터 4월까지 40일간

    (당시 총독 사이토(齊藤實), 경무국장 미츠야(三矢), 다나카(田中)

도서과장)

(당시 사장 겸 주필 송진우)

3. 제3차는 '10주년 기념 축사' 게재사건으로

쇼와 6년 4월부터 9월까지 약 6개월간

(당시 총독 우가키(宇垣), 경무국장 아사리(淺利), 다치다(立田) 도서과장)

(당시 사장 송진우, 편집국장 이광수)

4. 제4차는 손기정 흉간(胸間) 국기 말소사건

쇼와 11년 8월 27일부터

(당시 총독 미나미(南), 경무국장 다나카(田中), 야규(柳生) 도서과장)

(당시 사장 송진우, 주필 김준연, 편집국장 설의식)

동아일보의 해금(解禁)은?

8월 27일 정간 이래 벌써 한 달이 경과했다. 3백의 사원과 천여의 그 가족 생계를 앞에 둔 동아일보의 초조는 하루바삐 해금되기를 고대하고 있다. 그런데 소식통의 관측에 의하면 하나는 장기화되리란 비관설인데 그것은 시국이 예전과 달라 국가비상시의 차제에 이와 같은 비국민적 태도를 보였으며 더구나 과거에 황실 기사에 대한 태도와 총독정치에 대한 적극적 협조가 없었던 점으로 당국의 미움이 누누하였으니만치 이번에는 여간 근신치 않고는 해금되지 않을 것이란 설이 있고 또는 해금이 된다 할지라도 엄중한 내락 조건이 붙을 터이며 극단으로 관측하는 이는 상하이사변 같은 것이 동아 정국 어느 곳에서든지 다시 터지는 날이면 아주 멀어져서 수개월로는 가망이 없으리라고 한다.

둘은 단기에 해금되리란 설이 있는데 그 근거는 이번 사건은 사의 상층부는 전연 몰랐고 그 아래 사진반원 등 수인이 공모하고 한 사건인 바 이 때문에 큰 기관을 장기적 제재를 줌은 가혹하다 함이오, 또 미나미(南) 신총독은 은위(恩威) 병행의 정치를 할 터이므로 정간으로써 이미 십분 징치를 하였은즉 신총독의 온정이 머지않아 베풀어질듯하며 경무국장 또한 신임 직전의 일이라 미하시(三橋) 신국장의 방침이 아무쪼록 세력 있는 언론기관으로 하여금 하루속히 반성하여 시세에 배반함이 없도록 인도함에 있을 것이므로 충분히 계칙(戒飭)을 가한 뒤 속히 해금이 되리라고 함이다. 아지 못할 게라, 모든 것은 미나미(南) 총독, 오노(大野) 총감, 미하시(三橋) 국장, 야규(柳生) 과장의 흉중에 있음인저….

일반 여론은 어떠한가.

동아일보의 금반 태도를 가장 통렬히 꾸짖은 것은 경성일보가 사설로 혹은 기사로 연일 공격함이었고 동경서 발행하는 '신문의 신문' '신문의 일본'도 모두 필수(筆銖)를 가하였으며 그밖에 갑자구락부, 국민협회, 대동민우회 등에서 혹은 단체로 혹은 개인으로 공격하는 문서 및 언설(言說)이 있었다. 그런데 한 여론을 살피건대 국기를 말소한 행위는 더 논의할 여지없이 비국민직 행사라 한다. 이 한 건에 대하여는 여하한 제재를 가하여도 오히려 부족하다. 동아일보, 중앙일보 모두 이 건에 대하여는 무언으로 모든 제재를 받아야 한다고 한다.

그러나 이것이 과연 신문사의 태도였을까? 경찰에서의 검거 범위로 보아 이것은 수개 사원의 실행(失行)인 것이 판명되었다. 같은 손 선수가 사진을 지면에 내기 시작한 지 7, 8차, 늘 일장기가 가슴에 붙은 사진을 내던 동사가 무슨 마음으로 단 한번 국기말소를 하자고 했으리오. 그러므로 이번 실행은 사의 전체 의사가 아니오, 오직 한 두 사원의 실행일 것이 분명하며 또는 동아일보와 같이 유력한 민간지가 아직도 배일색채를 띠고 있다 함은 총독정치에도 영향 있는 일인즉 금번은 금후의 태도를 십분 계칙(戒飭)한 뒤 속히 해금하여 줌이 좋겠다고 일반은 희망하고 있다.

〈삼천리 (1936년 10월호)〉

제 6 장

일제의 최후 발악

1

중일전쟁

동아일보가 일장기 말소사건으로 제4차 무기정간 처분을 받고 9개월 만에 속간을 하게 된 다음 달인 1937년 7월 7일, 일제는 중일전쟁을 도발할 구실로 이른바 루거우차오(蘆溝橋) 사건을 조작하여 중국과 전면 전쟁에 들어갔다. 1931년 이른바 류탸오후(柳條湖) 사건을 조작하여 만주사변을 일으켜 만주국(滿洲國)을 세운 일제는 다음 단계로 중국을 굴복시킬 흉계를 꾸며낸 것이다. 베이징 서부 10여 킬로 지점에 위치한 루거우차오에서 훈련 중이던 일본군은 중국군의 사격을 받았다고 억지를 쓰면서 전쟁을 일으켰다. 전쟁에 응하지 말라는 지시에 따라 비무장이었던 중국군은 계획적인 일본군의 기습 공격을 받고 무참히 패퇴했다.

이보다 앞서 1935년 9월 일본은 대화기본요강(對華基本要綱)을 결정하였는데 그 골자는 만주를 확보하기 위해서 화베이(華北)를 중국에서 분리하여 일제의 세력권에 넣는다는 것이었다. 이와 같은 방침에 따라 이해 11월 그들은 허베이성(河北省) 동부 일대에 기동 자치정부(箕東自治政府)라는 괴뢰 정권을 만들었다. 1936년에는 허베이(河北), 차하르, 쑤이위안(綏遠), 산시(山西), 산둥(山東) 등 5성을 중국의 중앙 정부에서 이탈하게 하여 화베이에 제2의 만주국을 건설하려고 했다. 그러나 일이 뜻대로 되지 아니하자 우선 차하르성에 네이멍구(內蒙古) 차하르 자치정부를 세웠다.

일제의 이와 같은 화베이 침략은 중국인의 항일구국운동에 자극을 주었다. 더욱이 1936년 12월 중공군을 토벌 중이던 장쉐량(張學良)이 전쟁을 독려하러 시안(西安)에 온 장제스(蔣介石)를 일시 감금하여 내란의 중지와 국공공동(國共共同)의 항일을 요구한 시안 사건을 계기로 제2차 국공합작(國共合作)이 성립된 것이다. 개전 초에 일본은 강력한 일격을 가하면 중국은 굴복하여 자신들의 무슨 요구도 순순히 받아들일 것으로 보았다. 그러나 지리멸렬했던 중국의 항일 전선은 오히려 철저한 항전으로 맞서기 시작했다. 이에 일본은 장기 소모전의 수렁에 빠져들게 되었다.

중일전쟁이 일어나자 고하는 일본의 패망과 한민족의 해방이 가까워 오고 있음을 직감하고 있었다. 중일전쟁이 일어난 직후 얼마 지나지 않아 고하는 동지들과의 회식 자리에서 자신의 관찰과 예측이 정확할 것이라고 다시 확신했다.

"미구에 다시 한 번 세계대전은 나고야 말아. 이 사건이 영미와 충돌할 시발점이 될 것 같아. 이제야말로 정말 정신을 바짝 차려야 할 때가 왔어."

그리고는 큰 잔에 넘치는 술을 단숨에 마시고 나서 스스로 지은 한시를 읊었다.

시욕경인항고벽(詩欲驚人恒固癖)
주수병아갱다정(酒雖病我更多情)
(시는 사람을 놀라게 하려고 항상 고집하는 버릇이 있으나,
술은 비록 나를 병들게 하여도 다시 다정하구나.)

고하는 울분을 시에만 의탁하지 않고 간혹 옆에 앉은 친구를 부둥켜안고 그 살을 물어뜯는 때도 있었다. 물어뜯긴 친구는 뒷날 그 날을 회상하고 '함정미토(含情未吐)'의 경지라고 하였다. 그때의 심경이야말로 고하가 태어나서부터 쌓이고 뼈저리게 겪은 망국의 설움과 치욕, 울분과 원한 등을 한꺼번에 폭발시키는 순간이었다. 얼마 후 동지들은 고하를 가리켜 육미탕(六味湯)이라고 부르기 시작했다. 하루는 인촌이 위당을 보고 다음과 같이 말했다.
"이렇게 있을 게 아니라, 고하에게나 가봅시다. 무슨 '육미탕' 같은 시원한 소식이라도 있는지..."
일제의 중압에 허덕이는 여러 애국자들이 고하를 찾아가면 고하는 답답한 가슴을 시원하게 하고 희망에 넘치는 말을 해 주기 때문이었다. 한 마디로 고하의 말은 한약 '육미탕'과 같이 약효가 있다는 것이었다. 그것이 고하 별명의 내력이었다. 고하는 선각자요, 예언자였다. 일찍이 1931년 만주사변이 일어났을 때다. 일본군이 장쭤린군(張作霖軍)의 주둔지 북대영(北大營)을 불법으로 포

친구들과 (왼쪽에서 세 번째가 송진우)

격했다는 뉴스가 즉시 국내에 들어왔다.

"인제 일본은 망했다"

고하는 외신을 손에 든 채 단정적으로 일본 패망을 예언했다. 중일전쟁은 더욱 확대가 되면서 일본의 야망을 충족시키는 듯했다. 일본은 1932년 괴뢰 정권 만주국(滿洲國)을 세웠다. 침략 전쟁을 도발한 그들은 만주에 거주하는 30만 주민의 행복을 위해서 중국 군벌의 악정을 배제하고 왕도정치(王道政治)를 이룩한다는 핑계로 만주의 일대를 쉽게 손아귀에 집어넣었다. 다음 침략의 발판을 만들기 위함이었다.

화베이(華北), 화중(華中)에 전선을 확대한 일본은 수도 난징(南京)을 공략하여 1937년 12월 이를 함락했다. 난징에 입성한 일본군은 30만에 달하는 중국인을 무차별 학살하고 국민정부를 굴복시키려 했으나 오히려 중국의 적개심을 자극하여 중국인들의 항전 의식을 높이게 된 꼴이었다. 중국의 항전 태세에 초조해진 일본은 1938년 1월 15일 '앞으로 국민정부와는 상대하지 않는다'는 이른바 '고노에'(近衛) 성명을 발표하였다. 이것은 점령 지역에 괴뢰정권을 세우겠다는 암시였다. 실제로 그들은 1937년 12월에 베이징의 임시정부, 1938년 3월에는 난징(南京)의 유신정부(維新政府)를 수립했다. 장제스(蔣介石)가 이끄는 국민정부가 중국인의 절대적 지원을 받고 있는 때에 이것은 일제의 중대한 실책이었고 전국이 궁지에 있을 때 전쟁을 끝내는 실마리를 찾지 못한 원인이었다.

경술합방 이후 모든 사람을 하나로 평등하게 똑같이 대한다는 '일시동인(一視同仁)' 정책은 신임 총독 미나미(南次郎)가 부임하여서는 내선일체(內鮮一體)로 변하였다. 선만일여(鮮滿一如)와 오족협화(五族協和)로 변질되기까지 하였다. 실질적으로는 생활 등급을 일계(日系), 선계(鮮系), 만계(滿系)로 차등을 두고, 생활양식까지 커다란 차별을 강요하였다. 일본인과 조선인은 한마음 한뜻이 되어 만주 사람을 포섭하여 함께 지상낙원을 건설할 수 있다고 주장하기도 하였다.

이에 현혹된 일부 사이비 지도자급 인사들은 '선만일여'와 '오족협화'에 박수를 보내면서 만주제국의 허울 좋은 요직을 얻기에 급급했다. 그 반면 조선에서 지도적 입장에 있는 사람들에게 대한 감시는 날이 갈수록 심해졌다. 언론기관을 비롯한 단체의 결사, 대중의 집회 등에 대한 탄압은 말할 수도 없었다. 3·1운동 이후 팽창해 가던 민족진영의 분열을 조장하고 혹은 견제하는 방책으로 한때 방임해 두었던 사회주의와 공산주의의 인물에 이르기까지 '요시찰'(要視察)이란 명목 아래 감시가 극심해졌다. 더욱이 국내에 있어 민족진영의 총집결체인 동아일보와 사장 고하에 대한 감시는 말로 형용할 수 없는 정도였다.

이에 만주로 가서 허울 좋은 버슬을 얻고 일세의 수구(走狗)가 될 것인가 아니면 국내에서 지하로 들어가 소극적인 항일이나마 계속하면서 지조를 지킬 것인가 하는 판가름의 길목에 서게 되었다. 이 무렵 고하는 과거에 동지적 관계에 있던 사람들이나 만주에 가려는 후배들에게 다음과 같이 타일렀다.

"옆집 화재 난 데 가서 튀밥을 주워서는 안되오."

그는 여러 사람들의 만주행을 진심으로 만류했다. 자기가 직접 말하기 힘든 상대편에는 상대편과 친근한 관계가 있는 사람을 통해서 몇 번이고 가지 말기를 설득했다. 직장이 없어 허덕이는 이 나라 백성들이 생존과 끼니를 위해서 가는 것은 어찌할 도리가 없다고 하지마는 국내에서도 일자리를 가질 수 있고 장사나 사업을 할 수 있는 사람에게는 끊임없이 경고하고 만류했다. 고하는 한 사람의 동지라도 자기 곁에 새로이 집결되는 것을 갈망했기에 한 사람의 동지라도 이탈되어 가는 것을 슬퍼했다.

고하는 이들의 만주행을 막기 위해서 자주 동지들과 회식의 기회를 만들었다. 그들은 한자리에 모여 술을 마시며 한시도 짓고, 시국을 개탄하기도 했다. 한편 서로 서슴지 않고 세계정세의 변화에 대한 정보 교환과 장래 전망에 대한 의견도 나누었다. 이러한 자리에서도 고하는 일본이 멀지 않아서 패망한다는 그의 신념과 예측(日帝必亡論)을 그들에게 주장하지 않는 때가 거의 없었다. 이 모임에는 고하와 가장 밀접한 관계에 있던 동지 인촌 김성수(仁村 金性洙)를 비롯하여 가인 김병로(街人 金炳魯), 근촌 백관수(芹村 白寬洙), 위당 정인보(爲堂 鄭寅普), 유억겸(兪億兼), 김동원(金東元), 안동원(安東源) 등이 자주 참석했다. 그리고 가끔 지방에 흩어져 숨어서 사는 교육계, 종교계 등 각계 동지들이 상경하였을 때에도 기회를 놓치지 않고 회합했다.

1937년 9월 모리스 마텔 프랑스 영사와 함께

중일전쟁은 날이 갈수록 확대되고 있었다. 난징(南京)을 함락당한 중국 국민당 정부는 충칭(重慶)으로 수도를 옮겼다. 이와 같이 일본 군벌의 전쟁은 장기전의 양상을 띠기 시작했다. 그러자 일본 제국주의를 비판하는 여론이 거세게 세계로 번져 일본의 국제적 지위와 위상은 악화되기 시작했다.

일제는 전시를 핑계하여 더욱 압제를 강화하였다. 일본군을 아군(我軍) 혹은 황군(皇軍)이라고 부를 깃을 강요하였다. 1938년 2월에는 '조선 육군 지원병 제도'를 실시하여 한민족의 청년들이 중국 대륙의 침략전쟁에 출병하도록 강제했다. 3월에는 소위 '내선일체'라는 미명 아래 일본인 중등학교와 조선인 중등학교를 농일한 제도로 개편하면서 조선어 과목을 폐지하고 일어상용(日語常用)을 강요했다. 특히 조선어 과목의 폐지와 조선말 사용을 금한 것은 한민족의 문화말살(文化抹殺)을 위한 것이었다. 또한 3개조로 된 '황국신민의 서사(誓詞)'라는 것을 성인용과 어린이용의 두 가지로 만들어서 각급 학교의 조회나 모든 집회에서 제창하도록 했다. 이 모든 것이 곧 일제의 민족말살의 전주곡이었다. 이해 2월에는 동아일보 제호의 배경으로 되어 있는 무궁화 도안을 삭제하라는 명령을 내려 무궁화 도안이 사라지기도 하였다.

고하의 온 신경은 곤두섰다. 고하는 무슨 방책이 없을까? 여러 가지로 궁리해 봤으나 묘안이 떠오르지 않았다. 이미 이때는 총독부 기관지는 물론 기타 민간 신문까지도 일본의 침략 정책의 앞잡이가 되는 기사와 사설로 메워졌다. 이와 같은 판국에 고하는 전술을 바꾸어서 '파리를 잡자' '산보를 하자'는 등 어지러운 시국과는 거리가 먼 사설을 실었다.

"그따위 사설은 차라리 싣지 마시오."

고하를 나무라는 친구도 있었다. 고하는 그럴 때마다 빙그레 웃음을 지을 뿐, 이렇다 한마디 말대꾸도 하지 않았다. 이런 항의를 고하에게 하는 것은 그만한 이유가 있었다. 사장은 백관수였으나, 실질적인 경영권은 고하가 쥐고 있었으므로 동아일보의 모든 문제는 고하에게 그 책임을 묻는 것은 당연했다. 신문은 한 걸음 두 걸음씩 위축되어 그 이전과 같은 활발한 논조를 찾을 수 없게 되었다. 점차 시국은 어지럽게만 번져갔다.

이 무렵 1938년 3월에 도산 안창호(島山 安昌浩)가 별세했다. 도산은 그 전해 6월에 국내 흥사단(興士團)이 조직한 '수양동우회(修養同友會) 사건'으로 송태산장에서 일본 경찰에 검거되어 상하이에서 귀국 후 두 번째로 투옥되었다가 12월에 병보석으로 경성제국대학 병원에 입원하고 있었던 것이다. 도산은 정성 어린 간호의 보람도 없이 하루하루 쇠약해져 빈사 상태에 빠졌다. 병이 더해 갈수록 그의 병실에서는, "소화(昭和)야 이놈아, 소화야 이놈……" 하며 일왕에 대한 분노의 절규만이 흘러나왔다. 병자의 외침과 몸부림에는 일본인 의사도 일본 경찰도 펄펄 뛰기만 했지 속수무책이었다. 그들은 그 앙갚음을 환자를 간호하는 측근들에게 돌리기도 했다. 도산은 결국 간경화증으로 세상을 떠났다. 도산의 장례는 일본 경찰의 간섭으로 측근 20여 명만이 모여 극히 간소하게 치러야 했다.

이와 같은 일제의 비인도적 처사에 대하여 고하는 민족지도자를 잃은 울분이 겹쳐 누구보다도 서럽게 통곡했다. 그리고 장례비를 염출하고 손수 비용을 들여 비석 건립을 준비했다. 높이 넉 자 가량의 천연석의 단면을 다듬어서 위당의 글씨로 '도산 안창호지묘(島山安昌浩之墓)라고 새겨 망우리 묘지에 세웠다. 1973년 11월 10일 정부는 도산이 유해를 서울 강남구 정남동에 옮겨 모셨다.

도산이 1932년 5월 중국 상하이에서 잡혀 국내에 호송되어 4년형을 받고 복역 중 1935년 2월 병으로 가석방되었을 때의 일이다. 출옥 후 고하를 중심으로 동지들의 주선으로 도산은 옥고와 지병 치료를 위하여 잠시 병원에 입원했다. 도산은 가끔 병원에서 원서동(苑西洞)의 고하를 찾았다. 하루는 도산이 원서동에서 젊은 동아일보 기자들과 함께 마침 외출한 고하를 기다리고 있었다. 도산이 고하의 이야기 끝에,

"고하가 제법이야..."

무심결에 말한 것이 젊은이들의 비위를 건드렸다.

"그게 무슨 말씀이세요?"

도산과 젊은이들 사이에 설왕설래 오고 가는 말이 좋지 못했다. 이 말이 고하에게 전해졌다. 고하는 웃어른을 모실 줄 모른다고 노발대발하여 젊은이를 나무랐다. 그 후 고하는 젊은 사원의 언동에 대한 미안함으로 도산을 모시는 데 더욱 다심해졌다. 고하는 도산의 건강을 염려한 나머지 간호사에게 특별 편의를 도모하도록 하는가 하면 가끔 위로연을 베풀거나 도산을 강으로 바다로 또한 산으로 안내하여 요양에 힘쓰게 했다.

이 무렵 고하의 근황을 취재한 당시의 글을 여기에 소개한다.

송진우 씨는 무엇하고 계신가

동아일보사에 15년 가까이 계시던 선생이 신문사를 그만두신 지 이제 햇수로 2년, 그리 짧은 시일이 아니다. 그 짧지 않은 동안

선생의 소식은 너무도 적막한 감이 있다.

'조선형의 신사풍'을 갖춘 선생이라 전원으로 돌다가 한가하게 계시는가? 그렇지 않으면 두문불출, 독서삼매경에 드셨는가? 또한 그렇지도 않을진대 전부터 몸에 있는 병환 때문이신가? 오라 오라! 작년 가을 도쿄, 오사카로 여행하셨다지, 아마 틈 있는 대로 이곳저곳 산수따라 돌아다니시지나 않을까?

이런 생각에 갈피를 잡지 못하는 채로 기자는 대한(大寒)의 고개를 갓 넘은 지난 스무사흗날 이른 새벽 시내 원서동(苑西洞 74번지) 선생 자택으로 발걸음을 옮겼다. 간밤에 내린 눈이 장안을 곱게 덮었고 창경원 내의 마른 나무에 백화가 만발한 아침 아홉시 반이었다.

이 댁 하인을 불러 물으니 선생은 사랑방에 손님과 같이 계시다 한다. 첫새벽 추위를 참아가며 찾은 보람이 있구나 하는 생각이 들어 적이 마음이 놓였다. 조그만 대나무 문을 열고 돌층계로 올라섰다. 높다란 돌층계 위에 우뚝이 서 있는 집 한 채(사랑채), 이 집은 마치 어느 사찰의 '당우(堂宇)' 같은 감을 느끼게 한다.

방안에 들어서니 웬 젊은 청년 두 분이 선생과 자리를 같이하고 무슨 이야기를 하는 중이었다.

"이 군은 이제 내학을 갓 나왔을 뿐이므로 사회에 대해서는 아직 아무런 경험도 없습니다마는 선생께서 꼭 힘써주셔야 합지요.…"

"글쎄 신문사에서도 모든 것을 긴축하는 때이니까 어디 쉬워야지. 더구나 나는 신문사와는 아무 상관이 없으니까. 내 힘 있는 대로는 힘써 보겠지마는…"

간단한 대화만 들어보아도 한 분은 어느 중학교 교유로서 선생을 전부터 친히 아는 사이요, 또 한 분은 지금 신문사(동아일보사)에 직을 구하는 청년임을 알 수 있다.

동아일보와는 지금 어떤 관계이신가? 내 거동이 그리 속히 물러갈 것 같지 않은 것을 알았던지 두 청년은 자리에서 일어서 나간다. 실내에는 선생과 기자 단 두 사람뿐이다.

"신문사를 나오신 뒤, 선생이 딴 방면에 관계하시고 있는 일은 없으십니까?"

"아무 데도 상관하지 않습니다. 그저 이렇게 집에 꾹 박혀있는 것이 일이지요."

"세상에서는 선생의 그 뒤 소식을 궁금히 여기는 사람들이 많은 줄로 아는데 언제까지나 선생은 침묵만 지키시렵니까?"

"허허…. 침묵을 안 지키면 무얼 합니까? 나이도 먹을 대로 먹어서 이제는 아무런 일도 다 이 사회에 늙은 사람이 어디 소용이 있습니까?"

"선생이 신문사를 그만두실 때만 해도 건강이 좋지 못하다던가, 정력이 약하다던가 하는 그런 점은 별반 느끼지 않으셨겠지요?"

"왜요, 그렇지도 않지요. 내가 신문사에 15년 가까이 있었지만 지금 가만히 생각해보면 기적이었지요. 꿈같이 지나온 셈이지요.… 그러나 이제 생각해보니 또다시 그런 분주한 일을 감당해

나갈 것 같지가 않습니다."

"선생이 만일 신문사로 다시 들어가실 환경에 이른다면 어떻게 하시겠습니까?"

"신문사로는 아주… 말도 마십시오."(무슨 굳은 결심이 있으신지 두세 번 손을 내저으신다)

"선생님께서 지금은 신문사와 어떤 관계가 있습니까?"

"아무런 관계도 없습니다. 다만 십여 년 넘어 신문사에 있었던 관계로 사의 일에 대해서 간혹 물어오면 참고될만한 점을 일러줄 뿐이지, 그밖에는 전연 상관이 없습니다."

"그러시면 역시 간접으로는 많은 관심을 가지시고 늘 도우시는 보람입니까?"

"뭐 간접 운운할 것까지도 없습니다. 오랫동안 있던 데니까 정으로 보더라도 묻는 말쯤은 응답해야지요."

"신문사에는 자주 출입하십니까?"

"자주 간다고 할 수야 없겠지요, 요새는 늘 한가하니까 간혹 들러보곤 합니다."

"신문사 말씀은 그만하고 선생께서 요즘 지내시는 생활 상태나 좀 말씀해 주십시오. 나날이 무얼로 소일을 하십니까?"

"아무것도 하는 일이 없습니다. 최근에는 병으로 인해서 약도 먹었고, 틈 있는 대로 신문, 잡지나 뒤적이고 또 아침에는 일찍 산책하는 것뿐이지요."

"독서는 어느 방면의 것을 주로 하십니까. 물톤 시기가 시기인

만치 정치방면이나 시국에 관한 서적을 많이 보시겠지요?"

"아니오. 인제 정치방면의 책은 전혀 읽지 않습니다. 첫째 읽을 정력도 없을 뿐만 아니라 읽고 싶지가 않습니다. 그런 방면에는 아주 무관심 일관주의로 나갈 작정입니다. 몸도 건강한 편이 못되고 머리도 피로하고 해서 독서를 그리 정력적으로 못하고 틈나는 대로 조선 고대문헌류, 예를 들면 '동국보감' 같은 서적을 비교적 많이 읽게 됩니다. 그밖에도 이것저것 그때그때에 필요하다고 생각하는 것이면 어느 것이고 가리지 않고 읽습니다."(마침 선생의 책상을 살펴보니, 고대서류가 가득히 쌓여있고 또 당산방판(當山房版)인 백과대사전 30여 책이 가지런히 놓여있다. 이것을 보아도 선생의 독서하시는 부류를 짐작할 수가 있다)

"독서는 하루에 몇 시간쯤 하시며 어느 때쯤에 하십니까?"

"꼭 몇 시간이라고 말할 수는 없고 틈 있는 대로 두 시간이고 세 시간이고 계속하게도 되고 몇십 분하다가 마는 때도 있습니다. 또 대개는 조용한 밤 자리에 누워서 읽는 것이 제일 편하더군요"

"도서관에는 종종 다니시는지요."

"별로 가지 않습니다. 한 달에 겨우 두세 번쯤 가는 쪽이지요."

"한시는 조용한 때에 한 두수 적어봄직도 한데 그동안 읊으신 것이 있으시면 하나 주십시오."

"허허, 내가 무슨 시인입니까? 십여 세 전후에 서당에서 좀 지어보았으나 그 뒤 한 번도 없습니다. 나는 예술과는 아주 인연이 먼 사람입니다. 내게 다소라도 시재(詩才)가 있다면 지금의 심경을 시로써 읊을 만도 합니다마는…"

"요즘 선생께서 나다니시는 곳은 주로 어디이십니까?"

"어디라고 꼭 정해 놓고 다니는 곳은 없고 여러 친지들을 찾아 다닙니다."

"선생께서는 무슨 일로 작년에 도쿄엘 다녀오셨나요?"

"그저 도쿄, 오사카 등지를 두루 여행했을 뿐입니다"

"접촉하신 인물들은 어떤 층입니까?"

"내가 신문사에 십여 년 있었던 관계로 그동안 광고 거래하던 광고주들을 만나보는 것이 커다란 일이었으니까요"

"도쿄에 갔을 때의 감상은?"

"오사카에 약 1주일, 도쿄에서 약 1주일 간 있었는데 그때가 이번 사변의 초기였던 만큼 모두 긴장하여 역시 전시 기분이더군요. 그밖에는 매년 다녀오는 관계로 해서 별다른 감상이 없습니다.…"

"선생께서 이런 한가한 생활을 하실 바이면 안온한 전원으로 가시든지, 명산대찰을 찾아 조용한 생활을 하실 생각은 없으십니까?"

"그런 생각까지는 아직 없고 서울에 있으면서 여러 곳을 여행이나 할까 합니다. 십여 년의 신문사 생활에서는 시간의 여유가 있었나요. 늘 바빴지요. 그러기에 조선내만 해도 못 가본 곳이 많습니다. 금강산이나 부여 같은 데도 아직 못 가보았습니다. 참 경주는 중앙고보 시절에 생도들을 데리고 수학여행 다녀온 일이 있군요. 그중에도 남원의 광한루는 한번 가볼 만한 줄로 압니다. 어쨌든 차츰 따뜻해질 터이니 여장을 꾸려가지고 산 좋고 물 좋은 데나 고적으로 알려진 데를 찾아볼 작정입니다"

"요즘은 어떤 방면의 사람들과 많이 접촉하시며 청년들은 어떤 일로 선생 댁을 찾습니까?"

"내가 찾는 이는 대개 중년 이상 노년층이지마는 찾아오는 사람은 청년층이 많습니다. 이제도 보셨지마는 대개는 구직청년들입니다. 하루에도 몇 명씩 됩니다. 모두 전문, 대학을 나온 유위의 청년들인데 직업을 못 얻어 어깨가 축 처져 힘없이 다니는 것을 보면 한심합니다. 그들은 모두가 미목이 수려하고 씩씩하고 외모가 얌전한데 그렇게 쩔쩔매고 다니는 것을 보면 내 마음도 무거워집니다. 실로 조선사회는 한심합니다. 어떻게 해서든지 이런 청년들을 모두 받아들일 만한 기관이 필요한데 어디 지금 현상으로야 가능한 일입니까? 오늘날 우리에게 긴요하지 않은 것이 없지마는 그중에서도 산업방면이나 기업방면으로 좀 더 활동무대를 넓혀서 유위한 인재들은 모두 수용하도록 하는 것이 당장의 급무가 아닌가 합니다. 나도 그런 청년들이 가득히 쌓여있는 것을 볼 때 적지 않은 책임감을 느낍니다마는 내게야 어디 힘이 있어야지요. 참으로 딱합니다."

"김준연 씨와 자주 접촉하신다는데 그분은 무슨 사업을 하십니까?"

"그분은 지금 전곡이라는 시골에 가 있습니다. 한 달에 3·4차 올라오는데 어디 자주 만나게 됩니까? 전곡에는 보성전문학교 농장이 있는데 그 농장 총감으로 내려가 있습니다."

"김병로 씨 댁엔 자주 가십니까?"

"그분도 직업을 가진 이가 되어서 늘 바쁜 관계로 자주 만나지 못합니다."

"계동 김성수 씨 댁엔 자주 가십니까?"

"무슨 일이 있으면 가봅니다마는 거기도 자주 가는 편은 아닙니다."(선생이 가장 많이 접촉하실 분이 몇 분 있으련만 좀체 확답을 피하신다. 아무리 날카로운 질문을 던져도 끝끝내 실패. 입이 무거운 터인지라)

"거리에 나가셨다가 점심은 어디서 잡수십니까?"

"요즘은 점심을 대개 안 먹습니다. 먹는다 해도 집에 들어와서 먹지요."

"요즘 극동 풍운이 점차 사나운데 거기에 대한 감상을 말씀해 주십시오."

"아까도 말했지만 정치나 시사문제는 금후 전혀 무관심하렵니다. 그런 말씀은 물어주지 마십시오. 모릅니다."

"끝으로, 앞으로는 어떻게 하실 작정입니까?"

"뭐, 지금 이 상태대로 지내는 수밖에 없지요. 한 낭인이 된 셈입니다. 구태여 금후의 플랜을 말하라면 오랫동안 못 다닌 곳으로 여행하려는 것이 될까요? 물론 오랜 앞날의 일은 말할 수 없고…"

긴 시간을 말씀해보아도 별로 신통한 자료를 얻지 못했다. 기자는 실례를 사례하고 일어섰다. 송사장의 배웅을 받으며 뜰아래 내려서니 건너편으로 보이는 창경원 내의 봉황각이 꿈속에서 바라보는 듯하다.

〈삼천리〉(1938년 5월호)

신문출판계 인물론

우수산인(愚愁散人)

현금 조선의 출판계는 명실공히 활황을 보이고 있다. 양뿐 아니라 질에 있어서도 30년대 이전에 비하여 훨씬 발전하여 있는 것이 사실이다. 30년대 이전의 출판계는 정기적인 간행물이 거의

1936년 왼쪽부터 최승만, 송진우 한 사람 건너 신흥우, 여운형. 명월관에서.

전부였다. 무정기적인 단행본은 1년 1책이 있는 일도 드물었다. 그러나 성세(聲勢)만은 굉장하였다.

이와 반대로 현대의 출판계는 정기적인 간행물은 적어지고 무정기적인 단행본의 간행이 자못 성황을 이루고 있다. 성세는 예전같이 굉장하지 않으나 그 대신 허위성세의 폐는 없다. 그러나 두 손을 들어서 대환영할 기운이라고 하기에는 어려운 점이 적지 않다. 왜 그러냐?

현금의 단행본을 간행하는 사람들은 세 부류로 나눌 수 있으니 하나는 자비로 출판하는 사람이오, 두 번째는 상업으로 출판하는 사람이오, 세 번째는 순전히 문화향상 그것을 위하는 마음으로 출판하는 사람이다.

즉 첫 번째는 대개가 현실에 절망해서 이왕 문필을 업으로 삼아왔던 길이니 이 기회에 기념으로 무엇이든지 남겨두지 않으면 영영 유업(遺業) 없이 종생할지도 모른다는 자포 반, 과거사에 대한 애착 반의 심정에서 억지로 단행본 한 권이나마 간행하는 자이며

두 번째는 이러한 문화인의 심리를 이용하여 문화 정도가 다소 높아진 대중에게 책을 팔아먹으려는 생각 위주로 단행본을 발행하는 자이며

세 번째는 보다 더 의의 있는 일은 하기가 극난하니 부족하나마 허여된 조건을 최대한 최선으로 이용하여 문화의 지지한 진보를 비호하는 동시에 과거가 남겨놓은 것이나 잘 정리해서 새로운 제네레이션에 유산(遺産)하자는 심신으로 이윤불계(利潤不計)하고

단행본을 간행하는 자이다.(중략)

먼저 신문계를 보면 불행히도 조선중앙일보가 재난으로 파산한 뒤에 조선인 측 민간 신문은 동아일보와 조선일보 그리고 최근의 반민간화한 매일신보가 있을 뿐이다.

동아일보는 수차의 추상(秋霜)에도 불구하고 어찌어찌 연명은 해왔으나 지난날의 면모는 그 그림자도 볼 수 없게 변하여졌다. 조선일보 역시 그렇기는 하나 동아일보가 더 심하게 창백해진 것 같다. 시세관계도 있겠지만 인적 소재에도 다대한 원인이 있지 않은가 생각된다. 다른 사람들은 사장 백관수(白寬洙) 씨를 어떻게 생각하는지 모르나 내게는 송진우(宋鎭禹) 씨에 비견할만한 인물로는 보여지지 않는다. 신문에 의하면 송진우 씨가 지금도 후원을 하는 모양인데 힘을 빌리고서도 그만한 힘밖에 발휘 못하니 큰 인물로 볼 수는 없는 것이다. 편집국장 이하 각부의 수급인물도 인재를 얻었다고 하기는 퍽 어려우니 매일의 동아일보를 펴서 읽어보면 그 속에 역력히 나타나고 있는 사실이 증명한다.

조선일보는 사장 방응모(方應謨) 씨가 원래 아성적(俄成的) 인물이라 기묘한 풍설도 더러 있는 모양이나 씨의 뜻이든지 아니든지 간에 현재에 있어서는 인적 소재를 동아보다는 고르게 가진 편이다.

두 신문사의 하루바삐 고쳐야 할 악습은 지방적 파벌이다. 현상으로 보아서는 백 씨나 방 씨가 그것을 시정할 만한 인격을 가졌으리라고 하기는 어려우나 어쨌든 고치지 않아서는 안 될 절대 필요한 일이다.

　매일신보는 사장과 부사장을 둘 다 특이한 의외의 인물을 갖고 있다. 최린(崔麟) 씨와 이상협(李相協) 씨의 과거사를 아는 사람은 누구나 이러한 생각을 할 것이다. 그러나 동아와 조선보다는 인재를 얻은 것만은 사실이다. 그리고 각부의 수급인물도 상당히 선별 배치되어 있다. 인적, 물적으로 동아와 조선보다 훨씬 우위에 있음은 누구든지 부인치 못할 것이다. (중략)

　조선일보사 출판부 발행의 '조광', '여성', '소년'의 세 잡지도 없는 것보다는 좋은 책이다. 방응모 씨도 아주 생각 없는 사람은 아닌 것 같다.

　'삼천리'지의 김동환(金東煥) 씨는 꽤 끈덕진 사람이다. 어수선하게 벌려놓기 좋아하는 것이 좀 병이기는 하나-.

　'동양지광'은 국어잡지이다. 사장 박희도(朴熙道) 씨와 편집담당자 김용제(金龍濟) 씨와 객원 인정식(印貞植) 씨는 내선일체와 신동아주의를 위하여 쉬지 않고 활동하는 모양인데 기반이 튼튼히 되기 전에는 무어라고 비평할 수가 없다. (중략)

　인문사(人文社)에서는 새 잡지를 발간하고 서춘(徐椿) 씨는 무슨 출판사를 계획한다니 조선의 출판문화의 앞날은 아직도 다행한 때문에 이리한 현상이 섭송(接踵) 홍기(興起)하는 것일까? 그렇다면 작히나 좋으랴만 -- 비관이 무용(無用)이라면 낙관은 상조(尙早)일 것이다.

〈신세기〉 (1939년 9월호)

2 / 동아일보의 강제 폐간

확대된 중국 침략 전쟁은 일본군이 선전(宣傳)하고 있는 것과는 달리, 그들은 점(點)과 선(線)을 확보하기에 급급했다. 중국 영토 점령은 중요 도시와 도시를 연결하는 철도를 의미했다. 그 후 점령 지구의 중국 국민은 일본군이 저지른 포악한 만행에 저항하며 각지에서 끊임없이 게릴라가 될 수밖에 없었다. 결코 중국 국민은 일본군에 순종하지 않으려 했기 때문에 전쟁에 필요한 물적 손해와 군인 및 민간인의 희생은 이루 헤아릴 수 없게 되었다.

이른바 북지사변(北支事變)에서 지나사변(支那事變)으로 확대되면서 중일전쟁은 장기전으로 변하였고 일본을 궁지에 빠뜨리기도 하였다. 개전 초 일본 육군대신 스기야마(杉山元)는 일왕에게 2개월이면 중국을 굴복시킬 수 있다고 장담했었다. 그러나 난징을 빼앗긴 중국 정부는 우한(武漢), 삼진(三鎭)에 방위선을 쳤다. 1938년 10월에 우한을 잃은 뒤에도 이미 옮겨간 임시수도 충칭을 본거지로 일본에 맹렬하게 저항했다. 속전속결의 단기전이 주무기였던 일본군의 진격작전은 우한 공략에서 그 한계점에 이르렀다. 돌파구를 찾기 위해 일본 수상 고노에(近衛文麿)는 내각을 개편하고 중국 정부를 상대로 평화안을 모색했으나 먹혀들지 않았다.

전쟁이 장기화되면서 일제는 물자뿐만이 아니라 인적 자원까지도 조선에 요구했다. 1938년 2월 22일에 육군특별지원병령(陸軍特別支援兵令)이 공포되고 6월부터는 조선인 장정들을 그들의 침략 전선으로 끌어들였다. 이와 병행해서 총독부는 조선인 학생과 일본인 학생을 동등하게 취급한다는 미명 아래 4월 1일 새로운 교육령을 실시하여 보통학교를 소학교로, 고등보통학교를 중학교로 고쳐 부르게 하면서 동시에 학교에서 조선어 교육을 완전히 폐지하였다. 일본 본토에서는 4월 1일에, 조선과 대만, 가라후토(樺太) 등지에는 5월 10일에 국가총동원법(國家總動員法)이 제정 공포되었다. 이때부터 세상은 경제 통제 하에 들어갔고, 7월 7일에는 국민정신총동원 조선연맹(國民精神總動員朝鮮聯盟)을 결성하여 모든 분야의 통제를 강화하였다.

한편 1935년에 재무장을 선언한 히틀러의 독일은 1938년 3월 오스트리아를 병합하고 1939년 5월에는 체코슬로바키아도 집어삼켰다. 침략에 광분하는 히틀러는 1939년 8월, 일본의 가상 적국인 소련과 불가침조약을 맺고 9월 말에는 소련과 공모하여 폴란드를 침공하였다. 영·불 양국이 곧 폴란드의 편을 들고 독일에 대한 선전포고와 함께 제2차 세계대전이 일어나게 되었다.

총독부는 1939년 9월 27일 국민징용령(國民徵用令)을 공포하여 조선인의 노동력을 그들의 전력 증강에 몰아넣는 길을 마련하였다. 또한 여러모로 민족말살정책을 밀고 나온 끝에 마침내는 창씨개명(創氏改名)이라는 민족적 모욕을 강요하기 시작했다. 일본이 우리나라 사람의 성명을 일본식으로 변경할 것을 주장하기 시작한 것은 잡지〈일본 및 일본인(日本及日本人)〉1924년 9월호에서 나카야마(中山啓)라는 자의 글을 통해서이다. 그는 '조선의 독립과 자치는 불가하다. 조선인의 성명을 전부 명령에 의하여 일본식으로 변경하고 동시에 조선어는 어떻게 해서라도 완전 폐지하여야 한다. 국가 백년대계를 위하여 기발한 정책을 안출하여 이를 채용해야만 한다'고 주장하였다. 그 15년 후인 1939년에 이르러 이 동서고금에 볼 수 없는 기발한 창안을 국책으로 강요한 자는 총독부 학무국장 시오바라(鹽原時三郞)이었다. '황국신민(皇國臣民)의 서사(誓詞)'도 이 사람이 고안한 것이었다.

1940년 2월 11일, 그들의 이른바 기원절(紀元節)을 기해서 모든 조선인은 이제까지의 성(姓)을 버리고 일본식 성명으로 고치라는 것이었다. 말로는 강제는 아니라고 했지만, 경찰이나 각급 관리는 물론 학교 선생까지 동원하여 협박했다. 창씨를 하지 않으면 비국민으로 낙인찍혀서 출세나 취직은 고사하고 장사도 못하게 들볶았다.

그들은 창씨를 하지 않으면 입게 될 손해를 보복 조항까지 다음과 같이 명시했다. ① 자녀의 각급 학교의 입학 거부 ② 공사(公私) 기관에 채용하지 않고 현직자도 점차 해임 ③ 행정기관에 제출하는 서류의 접수거부 ④ 비국민 또는 불령선인(不逞鮮人)으로[1] 취급하고 사찰 대상이 되어 1차 징용 대상이 되어 각종 배급 대상에서 제외 ⑤ 철도국에서 화물을 받아주지 않는다는 등등이었다. 이 정책을 강행한 결과 4개월도 되지 않아 조선 전 호수의 87%에 이르는 326,105호가 창씨개명을 했다. 2년이 지난 42년 초까지는 사실 창씨개명을 하지 않은 사람은 극소수에 지나지 않게 된 것이다.

이와 같은 일제의 민족말살정책에 대하여 고하는 격분을 금치 못했다. 고하는 이들이 더한층 조선인들에게 고통스러운 악행을 저지를 것을 걱정했다. 그러나 그는 처서 뒤에 기승을 부리는 늦더위와도 같이 일제의 패망이 멀지 아니했음을 속으로 예감하고 회심의 미소를 금치 못했다. 고하의 민족 지키기 정신은 더욱 강렬했다. 이름 석 자를 지키는 일에도 흔들림이 있을 수 없었다. 그들은 고하에게 직간접적으로 창씨를 종용했고 나중에는 애걸하면서 권유하기도 했다. 계속되는 일제의 압력과 간악함에 고하는 경멸을 금치 못했다.

고하를 찾아온 친지들의 걱정은 태산 같았다. 자녀들이 학교에 가면 선생은 창씨를 아니했다는 이유를 들어 겁을 주고 혹은 꾸중하고 볶아친다고 했다. 아이들이 집에 놀아오면 울고불고 졸라대니 어떻게 하면 좋겠는가고 하소연했다. 이야말로 민족적 비극이

---

[1] 일제 강점기에 불온하고 불량한 조선 사람. 일본 제국수의자들이 자기네 말을 따르지 않는 조선인을 이르던 말이다.

었다. 이럴 때마다 고하는 일제의 패망이 멀지 않으니 동요하지 말 것과 어린이들에게 정신 교육을 시키라고 일러주었다. 민족불멸(民族不滅)의 긍지를 심어주고, 일제는 반드시 망하며(日帝必亡), 독립은 기어코 온다(獨立必至)는 굳은 신념을 갖도록 참고 견디어 나갈 수 있는 자녀들에게 정신력을 길러주라고 했다. 그들이 아무리 기승을 부려도 강제 퇴학시킬 수는 없을 것이고, 일단 마감 날이 지나면 어찌할 수 없을 터이니 얼마 동안만 참고 견디면 될 것이라고 말했다.

1940년경 일제의 창씨개명의 강요가 아주 심하던 시절 일제 총독부의 정무총감이 고하를 초청하여 직접 창씨개명을 권유한 바 있다. 권유가 아니라 사실상 강권이었다. 이를 거부할 경우의 여러 가지 불이익을 모를 리 없는 고하는 너털웃음을 웃으면서 다음과 같이 대꾸하였다.

"각하는 누차 창씨개명은 일본 정부가 일방적으로 강요하는 정책이 아니고 내선일체를 위하여 조선 민중이 자발적으로 참여하도록 권유할 뿐이라고 밝히신 바 있습니다. 저는 창씨개명이 권고사항이라고 누차 말씀하신 각하의 말씀이 진실임을 입증하기 위하여 일부러 창씨개명을 하지 않고 있으니 이해하여 주십시오."

동행한 김승문(金勝文) 전 동아일보 전무이사는 고하의 답변에 쾌재를 부르면서 과연 우리 선생님이 최고라는 말을 서슴지 아니하였다. 압력에 견디기 어려운 인사들은 창씨를 했지만 그래도 참을 만한 인사들은 끝까지 반대하여 우리 이름 석 자를 고수했다.

일부는 일제에 협력하면서도 창씨만은 하지 않은 인사도 있었으니 이는 고하의 민족 고수 정신에서 본받은 바가 적지 아니했다.

고하 외에도 인촌을 비롯하여 현상윤, 장덕수, 백관수, 김준연, 김연수 등 지도급 인사들은 직접 간접의 압박과 회유에도 끝까지 불응했다. 또 동아일보 사원 및 중앙학교 또는 보성전문학교의 교수들도 거의 창씨개명을 아니했다. 이는 고하나 인촌의 굳은 민족정신에서 연유된 것으로 보성전문의 경우 교수 30명중 단 5명만이 창씨개명을 했을 뿐이다. 이것은 보성전문과 쌍벽을 이루는 어느 전문학교의 교수들이 5명만 남고 모두 창씨개명한 것과 좋은 대조라고 하겠다.

1939년으로 접어들면서 미국, 영국 등은 중국에 대하여 경제적, 군사적 원조를 강화했다. 일제는 진퇴양난의 곤경에 빠지자 일본을 중심으로 한 대동아공영권(大東亞共榮圈)의 낙토(樂土)를 아시아에서 건립한다는 허울 좋은 선전을 표면에 내세웠다. 일본 군벌은 반(反)미·영 정책을 강행하여 일본국 내에 있는 자유주의자와 반전주의자(反戰主義者)들을 견제하는 한편, 한민족의 민족 문화기관을 송두리째 말살하려 했다. 그리고 우리 민족의 협조를 강요하여 지도층의 인물을 전쟁 수행에 동원하는 유혹의 손을 뻗쳤다. 지조가 굳지 못한 사람은 이에 굴하여 응하는 척하기도 하고, 실지로 응한 사람, 또는 자진 협력하는 사람의 가지가지 추태가 드러났다.

헤아릴 수도 없는 달콤한 유혹과 굴욕적인 협상이 끊임없이 고하를 괴롭혔다. 그럴수록 고하는 초연한 자세로 받아넘겼다. 가끔 중추원참의(中樞院參議)로 있는 일본 유학 친구가 고하를 찾아서 시국에 협조할 것을 요청해 올 때마다 도리어 고하는 그 친구에게 마음을 바꿀 것을 아래와 같이 촉구하고 간곡히 권유하기도 했다.

"일본은 앞으로 얼마 가지 못하오. 동시에 조선은 독립할 수 있을 거요. 지금이라도 늦지 않았으니 곧 참의 자리를 그만두지."

점차 전쟁이 치열해지자 일제는 사회주의자나 민족주의자로 한두 번씩 형을 받은 소위 불령선인(不逞鮮人)을 일괄적으로 감시 파악할 수 있는 시국대응 사상보국연맹(思想報國聯盟=나중의 大和塾)을² 조직하였다. 이곳에 흡수된 인사를 앞잡이로 전쟁 수행을 감행하기도 했다. 이와 같이 일제는 점차 수단과 방법을 가리지 아니하였다.

일제는 이 땅에서 민족적 색채가 짙은 기관의 폐쇄와 그 지도적 인물을 제거하여 전쟁의 서막을 장식했다. 이 첫 대상은 말썽 많은 동아일보였다. 1939년 12월 중순이었다. 총독부는 처음으로 동아일보와 조선일보에 대해서 비공식으로 자진 폐간을 권고해 왔다. 다음 해인 40년 2월 11일까지 폐간하라고 시한까지 붙어 있었다. 2월 11일은 그들의 건국기념일인 기원절이다. 그러나 1940년은 동아일보가 창간된 지 20주년이 되는 해였다. 동아일보사는

---

2   1941년에 일제가 조직한 사상교양 단체. 일제에 사상적으로 문제가 되는 독립운동가, 공산주의자 등과 같은 사람들을 집단적으로 관리하고 관찰하며 전향시키는 활동을 하거나 내선일체와 일본 천황에 대한 충성 등 일제의 논리를 홍보하고 전파하는 단체였다.

왼쪽부터 김성수, 송진우

이 폐간 종용에는 조금도 개의치 않고 20주년 기념행사를 성대하게 추진하였다.

폐간할 기색은 보이지 않고 창간기념 행사를 크게 준비하는 동아일보의 움직임을 본 총독부 경무국장 미하시(三橋孝一郎)는 1월 15일 사장 백관수와 고문직에 있는 고하 및 조선일보 사장 방응모를 자기 관저로 불러놓고 자진해서 폐간할 것을 거듭 강권했다. 그는 '현정세로 보아 언론통제는 불가피하게 되었으며 용지(用紙) 사정도 어려워지고 후빙의 전시보국체제(戰時報國體制)를 일원화할 필요가 있어 언론기관을 하나로 묶을 방침을 세웠다'는 논리를 앞세웠다. 이에 응하면 전사원의 일 년 분 봉급을 총독부에서 지급하고 윤전기 등 인쇄 시설 일체도 매입해 주겠다고 하였다.

고하는 즉석에서 자진 폐간의 부당성을 지적하고, 강제 명령을 받아들일 수 없다고 거부하고 돌아오는 길에 두 신문사 수뇌는 서로 약속하여 반대 투쟁할 것을 다짐하였다. 고하를 설득하려다 실패한 미하시는 인촌을 계동 자택으로 찾아가 같은 권고를 되풀이했다. 인촌은 동아일보사는 주식회사이고, 이사를 그만둔 지도 오래된 만큼 한 사람의 주주 이상의 아무 권한도 없다고 완곡히 거부하였다. 〈인촌 김성수 전(仁村 金性洙傳)〉에서는 계동 자택으로 찾아온 미하시와의 문답을 이렇게 기술하고 있다.

"시국에 부응하는 데도 한도가 있는 것이 아니겠습니까. 폐간이라고 하면 신문으로서는 죽는 것인데 죽은 다음에 무슨 부응입니까? 동아일보가 죽어야 시국에 부응되는 특별한 이유라도 있는가요?"

"그런 것이 있다면 이렇게 찾아오겠습니까? 그 점은 오해 마시고…"

"총독부의 명령이라면 따를 수밖에 없습니다마는 부탁이라면 따르고 싶어도 따를 수 없으니 양해하여 주십시오."

"따르고 싶어도 따를 수 없다는 것은 무슨 까닭인가요?"

"동아일보는 몇몇 간부나 기자들의 신문이 아니고 전 조선인의 신문입니다. 우리는 이들의 위임을 받아 관리하고 운영할 뿐 아침 저녁으로 동아일보를 기다리고 있는 독자가 있는 한, 제 마음대로 폐간할 수 없다는 말씀입니다"

"그렇다면 김 선생은 기어이 성전수행에 협력하지 못하겠다는 말씀이군요."

"이것은 나 개인의 문제가 아닌 줄로 압니다. 동아일보가 전쟁수행에 방해된다면 법에 의해서 폐간시키십시오. 그렇다면 아까도 말씀드린 대로 불가불 받아들일 수밖에 없지 않겠습니까?"

"우리는 여태까지 김 선생을 반도(半島)의 참다운 지도자로 보고 한몫 두고 있었는데 크게 실망했습니다. 고집이 센 송진우 씨와는 달리, 대세를 알고 어떻게 처신하는 것이 자신이나 반도의 행복을 위하는 것인지를 충분히 알고 계신 줄 알았는데… 크게 실망했습니다."

"……"

"오늘은 이만 돌아갑니다마는 동아일보의 폐간은 총독부의 기정방침이라는 것을 잊지 마십시오. 동아일보를 쑥밭으로 만들고 싶지는 않지마는 부득이 하지요."

총독부의 동태가 심상치 않은 것을 본 인촌은 고하와 상의하여 일본 중앙 정계를 움직일 필요를 느꼈다. 겨울방학으로 귀국 중에 있던 장남 상만(相万)에게 고하의 밀서를 가지고 이튿날인 16일 즉시 도쿄로 출발하게 히었다. 이 밀서는 소선숭앙협회 상무이사 나카지마(中島司)에게 보내는 것이었는데 동 협회는 총독부 고위 관료를 지낸 사람들의 친목단체였다.

동아일보의 운명이 곧 다가오지 고하는 직접 노교로 건너가 여러 면으로 접촉할 생각으로 극비리에 1월 하순 일본으로 건너갔다. 일본 귀족원의원(貴族院議員) 우사미(宇佐美勝夫, 전 총독부 경무국장), 마루야마(丸山鶴吉, 총독부 초대 내무국장), 세키야(關屋貞三郎, 전 총독부 학무국장), 호시나가(星永光郎, 전보통신 사장) 등과 일본 정계의 유명한 막후 인물 도오야마(頭山滿), 척무대신(拓務大臣) 고이소(小磯國昭, 나중에 조선총독), 다나카(田中武雄, 후에 총독부 정무총감), 나카지마(中島司, 조선중앙협회 상무이사) 및 잡지 〈내관(內觀)〉을 주재하는 가야바라(茅原華山) 등을 만나 동아일보가 당면하고 있는 실정을 호소하였다. 이에 일본 정계에서는 일대 파문이 일었다. 총독부의 불법 처사를 규탄하는 여론이 높아지고, 마루야마, 호시나가 등은 귀족원에서 정식으로 거론하기에까지 이르렀다.

사태가 이에 미치자 총독부는 그 방침을 잠시 유보했다. 그들이 설정한 폐간 시한인 2월 11일은 모면할 수 있게 되었다. 고하는 일이 우선 호전된 것을 보고 가벼운 마음으로 4월 초순 귀국하였다. 동아일보는 일단은 위기를 모면할 수 있었으나 총독부의 폐간 방침이 철회된 것은 아니었다. 총독부는 전술을 바꾸어 형사사건을 조작해 가지고 동아일보사 간부들을 대량 검거함으로써 신문사의 운영을 마비시키고 스스로 폐간하지 않을 수 없도록 하는 수법으로 나왔다.

그들이 머리를 짜서 조작한 것이 소위 경리 부정 사건이라는 것이었다. 6월 초의 어느 날이다. 일본 경찰 간부들이 명월관에서 회식을 하다가 요리상을 덮은 갱지(更紙)를 보고 그 출처를 물었다. 주인이 동아일보에서 사들인 신문 파지(破紙)라고 대답하자 구실을 찾으려고 혈안이 되었던 그들은 이 좋은 기회를 놓치지 않고 이것을 문제 삼았다. 통제 물자로 배급제를 실시하고 있는 신문 용지를 불법으로 유출하였다는 죄목을 뒤집어씌웠다. 우선 용도경리(用度經理) 사무를 담당하고 있던 김재중(金載重, 전 대법원장 김병로의 장남)을 종로경찰서에 연행하고 이어서 경리장부 일체를 압수하는 동시에 경리부장 김동섭(金東燮)도 구속하였다.

그러나 아무리 파고들어도 파지는 파지였고, 신문 용지를 유출한 것은 한 장도 찾아내지 못했다. 파지로는 사건이 성립되지 않자 수법을 바꾸어 경리 부정으로 조작하려고 했다. 경리는 자칫하면 계수의 착오라도 있게 마련인데 경리부장 김동섭은 어떻게나 치밀하고 정확하였던지 부정은 고사하고 단 1전의 계수 착오도 없었다.

경리 부정 조작 계획 역시 그들이 노린 과녁이 될 수 없자 경찰은 해동은행(海東銀行)에 고하의 명의로 저금되어 있는 몇만 원 외에 유휴 자금 2만 원을 보성전문에 대여한 것을 문제 삼았다. 그들은 동아일보사 상무 임정엽(林正燁)과 영업국장 국태일(鞠泰一)을 구속하고 경기도 경찰부의 경부 사이가(齊賀七郞)에게 이 사건을 전담하도록 하였다. 사이가는 '오니'(鬼) 경부라는 별칭을 들을 정도로 악독한 인간이었다. 많은 독립지사들이 이 자의 손에서 곤욕을 당했다. 이 자는 해방 후 서울 원남동에서 부명의 청년에게 피살된 인물이다.

　동아일보를 한 번에 없애려면 설립자인 인촌을 잡아야 한다고 착안한 사이가는 그를 연행하였다. 보성전문에 대여한 2만 원을 트집 잡아 배임 횡령이라는 죄목으로 구속하여 아주 매장해 버릴 생각이었다. 보성전문이 동아일보에서 2만 원을 차용한 것은 사실이고 이자도 매월 지급했으므로 아무런 불법도 하자도 있을 수 없었다. 그러나 사이가는 중역인 인촌이 중역회의의 동의도 얻지 않고 자의로 회삿돈을 자기가 경영하는 보성전문에 유출하였으니 배임 횡령이라고 몰아세웠다. 신문하는 과정에서 인촌이 중역이 아님을 알게 된 사이가는 '시맛다!'(아뿔사!)하고 탄성을 내뱉었다. 아침 8시부터 저녁 8시까지 12시간에 걸쳐서 구속할 구실을 찾으려던 그들의 시도는 실패하고 인촌은 무사히 귀가할 수 있었다.

　동아일보를 폐간하려고 광분하는 총독부의 태도를 본 고하는 다시 비밀리에 도쿄로 건너갔다. 일본 중앙 정계의 움직임을 살피기 위해서였다. 독재화한 일본 군벌에 대해 지식층은 어떤 자세를 취하고 있는가, 자유주의자와 친미영파(親美英派) 등은 어떻게 항거하며 어떻게 여론을 일으키고 있는가를 직접 눈으로 보기 위함이었다. 또한 고하는 이들 지식층과 자유주의자들을 움직여서 신문사 존속 운동을 펴 보았으나 가망이 없었다.

　고하가 도쿄에 갔을 때는 대세는 이미 기울어진 뒤였다. 속수무책, 손을 써 볼 길도 없이 한 달 만에 착잡한 심정으로 귀국길에 올랐다. 고하가 부산 부두에 상륙하자 대기하고 있던 일본 경찰 형사대에게 체포되어 서울로 압송되어 종로경찰서에 예비검속(豫備檢束)으로 즉각 구속되었다. 이날 영업국 차장 김승문(金勝文)도 함께 구속되었다.

경리 부정을 조작하려다가 도리어 경리의 정확과 결백만을 밝혀주었을 뿐 그들이 목적한 부정의 여지가 없자 이번에는 전술을 바꾸어 비밀결사 조직으로 몰고 갔다. 5월 초의 일이었다. 고하는 사장 근촌을 위시하여 신문사 간부 몇 사람과 명륜동에 있는 백운장(白雲莊)에서 회식을 하고 회식이 끝난 후 고하는 계동 자택으로 인촌을 찾아가 장시간 이야기하고 돌아간 일이 있었다. 경찰은 몇 달이 지난 후 이것을 트집 잡아 단순한 회식이 아니고 비밀결사의 조직을 모의한 것으로 몰아갔다. 고하의 명의의 은행 저금은 독립운동 자금이고, 전국 8백여 지사 지국은 이 비밀결사의 하부 조직으로 전국에서 독립자금을 모집해서 중국에 있는 임시정부로 보냈다고 우겨댔다. 이미 고등계에서는 회식에 참가했던 두 사람이 먼저 신문을 받고 있었다.

"며칠 전 요릿집에서 이 두 사람과 회식을 하고, 그 후 계동 김성수 집에서 비밀결사의 조직을 의논했다는데 어떤 결사인가?"

고하는 그들의 진의가 무엇인지 이미 알고 있는 터이다.

"그런 신문에는 일체 응할 수 없소."

"그러면 여기 있는 두 사람을 당신 눈앞에서 고문을 하고 실토시키겠소."

고하는 이들의 비인도적인 만행에 대하여 경멸을 금치 못하며 입을 열었다.

"당신들의 진의가 무엇이오?"

"……"

"신문을 그만두게 하려면 방법이 따로 있음직하오."

양심에 가책을 느낀 사이가는 하는 수 없이 실토했다.

"상부(총독부)에서는 무슨 방법으로든 동아일보를 이번에 폐간시키라는 지시가 있어서 이 사건을 다루는 것이니 도와주시오."

사이가는 애걸까지 하는 것이었다. 이제 동아일보를 구할 길은 없었다. 고하는 두 차례나 도쿄로 건너갔고, 국내에서도 할 수 있는 방법은 다하여 약 반년간은 연명할 수 있었으나 더 이상 어쩔 도리가 없었다.

종로경찰서 사찰과장실에서는 때아닌 약식 중역회의가 열렸다. 사장 백관수는 자기는 폐간계에 서명날인 할 수 없다고 끝까지 거부하였다. 이에 경찰은 중병으로 생명이 위독했던 임정엽을 협박하여 발행 겸 편집인을 백관수에서 임정엽의 명의로 변경하도록 하고 임정엽 명의로 강제 폐간계를 제출하게 하였다. 본사에서는 부득이 7월 26일 정식으로 중역회의를 열어 이를 추인하는 절차를 밟았다. 고하는 8월 초 백관수, 임정엽, 국태일과 함께 석방되고 폐간 일자는 8월 10일로 예정되었다. 그러나 자진 폐간을 위장하기 위해서 이 모든 사실의 보도는 일체 금지되었다. 김승문, 김동섭, 김재중은 폐간 후에도 계속 구금되었다가 9월 초순에야 풀려 나왔다.

결국, 1940년 8월 10일 동아일보는 조선일보와 함께 강제 폐간을 당했다. 사원들은 윤전기를 붙들고 통곡했다. 기약도 없이 헤어지는 회사 직원들은 서로 부둥켜안고 몸부림쳤다. 강제 폐간 당시의 간부 및 정식 사원은 다음과 같다.

백관수(白寬洙=사장), 임정엽(林正燁=상무),
고재욱(高在旭=편집국장), 국태일(鞠泰一=지배인겸 영업국장),
김승문(金勝文=영업국 차장), 이언진(李彦鎭=공장차장),
김유권(金有權), 김석중(金錫中), 김장환(金章煥), 김동섭(金東燮),
김권동(金權同), 김제영(金濟榮), 김우성(金禹聲), 김완기(金完基),
김관호(金觀鎬), 김용선(金容善), 김정실(金正實), 김재철(金在哲),
길광형(吉光衡), 김한주(金漢周), 김태종(金泰鍾), 김정주(金貞珠),
권인채(權麟采), 고영환(高永煥), 고재섭(高在燮), 고재환(高在煥),
곽복산(郭福山), 구재중(具齊重), 남익(南益), 노일환(盧鎰煥),
노수현(盧壽鉉), 민병기(閔丙琦), 박찬혁(朴贊赫), 박승호(朴承浩),
박범서(朴範緖), 백운선(白雲善), 백남규(白南圭), 송덕수(宋德洙),
신태익(申泰翊), 임봉순(任鳳淳), 임종우(任鍾宇), 임병철(林炳哲),
한승회(韓承誨), 이필헌(李弼憲), 이강성(李康成), 이근영(李根榮),
이치종(李致鍾), 이해방(李海邦), 이규봉(李圭鳳), 이원춘(李元春),
이규진(李揆晋), 이용구(李容九), 이상협(李相協), 이규일(李揆一),
양효손(梁孝孫), 양재히(梁在厦), 윤필구(尹弼九), 윤흥학(尹興學),

오남기(吳南基), 이하윤(異河潤), 엄옥진(嚴玉振), 유흥준(兪興濬), 조종헌(趙鍾憲), 조능식(趙能植), 조중옥(趙中玉), 장현칠(張鉉七), 장상룡(張相龍), 전홍진(全弘鎭), 정태흥(鄭泰興), 정운한(鄭雲翰), 정원영(鄭源永), 정균철(鄭均轍), 차기섭(車己燮), 최형종(崔衡鍾), 최재학(崔在鶴), 최익한(崔益翰), 한우식(韓佑式), 홍순준(洪淳俊), 홍원길(洪元吉), 홍익범(洪翼範) 등이다.

동아일보와 조선일보가 일제 탄압 정책의 제물이 되어 사라지던 날, 나라 없는 한민족은 또다시 언론 암흑기에 들어가게 되었다. 따라서 20년에 걸친 민족의 횃불 역할을 담당하던 동아일보의 폐간과 더불어 고하의 공적 생활도 여기에서 종지부를 찍었다. 고하는 지나간 20년의 온갖 수난과 고난의 세월을 회고하지 않을 수 없었다. 즐겁던 일, 괴로웠던 일, 슬펐던 일, 크고 작은 사건이 뇌리를 스쳐갔다. 검열에 걸려 삭제, 압수 그리고 발매금지를 당하던 일, 필화로 정간과 동시에 체형(體刑)을 받던 일, 광고면의 개척을 위하여 1년에도 몇 번씩 일본 도쿄나 오사카를 드나들면서 광고주를 찾아 신문 경영의 합리화를 꾀하던 일들이 주마등처럼 눈앞에 스쳐갔다.

동아일보와 인연이 깊은 동지들의 다정한 얼굴이 머리에서 맴돌았다. 고하 자신이 혹은 사장으로 혹은 고문으로 함께 경영을 의논해 오던 인촌(仁村), 남강(南岡), 근촌(芹村). 동아일보 초기에 주필 또는 편집국장으로 자기를 돕던 장덕수(雪山 張德秀), 이상협

1940년 8월 동아일보가 강제 폐간되어 쉬는 동안 금강산 여행 중인 고하

(何夢 李相協), 홍명희(碧初 洪命熹), 두 번째 사장이 되면서는 이광수(春園 李光洙), 김준연(朗山 金俊淵), 주요한(頌兒 朱耀翰), 설의식(小梧 薛義植), 고재욱(心崗 高在旭)… 경영 방면에서 자신을 도운 신구범(愼九範), 홍증식(洪璔植), 두 번째 사장 10년 임기를 함께 줄곧 지배인으로 일해 온 양원모(梁源模) 그리고 임정엽(林正燁)과 국태일(鞠泰一). 그리고 그의 뇌리에서 계속 떠오르는 수많은 동인(同人)들. 모두들 그립고 그리운 얼굴이었다.

동아일보에는 1920년 창간되어 1940년 폐간될 때까지 20년간 당대 우리나라 최고의 지식인들과 야심만만한 젊은이들이 구름같이 많이 모여 있어서 그야말로 최고급 인재의 총집결체였다. 일본이나 구미 유학생은 물론 국내에서 제국대학이나 전문학교를 졸업하였더라도 우리의 정부도 없고 기업 등도 거의 없어서 취직자리도 없던 시대였으므로 동아일보야말로 훌륭한 인사들이 모여서 고하의 탁월한 리더십 아래에서 필봉(筆鋒)으로 일제에 저항하여 나갔던 것이다. 해방 후 건국 과정은 물론 대한민국 정부나 기타 각계각층에 이들이 모두 중요한 자리에 나아가서 나라를 위하여 큰일을 하였음은 결코 우연한 일이 아니다.

고하의 마음은 아프고 괴롭기만 했다. 뿔뿔이 헤어지지 않을 수 없는 이별의 나날, 떠나가는 사람들은 작별의 아쉬움을 나누고자 모두 한 번씩 고하를 찾았다.

"잠시 시골 가서 농사를 짓고 있는 것이 어때?"

고하는 전날의 사원들을 맞아 쓸쓸히 타이르면서 멀지 아니한

1935년 앞줄 왼쪽부터 최린, 이광수, ○○, 허헌, 고원훈.
뒷줄 왼쪽부터 신흥우, 김성수, 송진우, 김연수

장래를 기약했다. 정든 사원을 한 사람 한 사람씩 떠나 보내놓자, 곧 고하는 청산인(淸算人) 대표로 선임되어 '주식회사 동아일보사'의 청산 사무의 뒷바라지 일로 바쁜 나날이 계속되었다. 동아일보의 채권과 채무들, 청산 사무 정리에 앞서서 고하는 또 한 가지 고민이 생겼다. 그것은 동아일보가 애초에 주식을 공모하여 '주식회사' 동아일보사로 발족할 때, 정관에 명시한 이익금을 주주에게 배당하지 않는다는 조문이었다. 주주의 주금(株金) 납입은 곧 민족 사업에 희사한다는 내용이었다. 이리하여 청산 사무를 어떻게 처리하느냐 하는 문제였다. 생각한 끝에 고하의 고민은 해소되어 결론을 얻었다.

청산되는 자리에서는 청산인으로서 주주의 이익을 돌보아줄 책임을 느꼈다. 더구나 '동아'의 주주였기 때문에 일제의 감시를 더 받아야 했고, 총독부의 불온분자로 낙인을 찍혀온 주주들에게 손해를 끼칠 수는 없었다. 고하는 누구보다도 주식이 많은 인촌을 비롯한 주주들과 접촉 상의하고, 채무의 정리와 채권의 회수에 착수했다. 여러 가지 곡절과 가지가지 시비와 크고 작은 파란을 거쳐서 청산 사무는 순조롭게 해결되었다.

청산 사무가 끝나자, 고하는 오래 근속한 사원과 지국장, 주주들에게 그가 뜻한 바 성의를 표한 바 있었으니, 한편 청산 배당을 꿈에도 생각지 않았던 주주들은 경영자로서의 고하를 다시 한 번 평가하고 인식하였던 것이다. 강제 폐간 뒤의 동아일보사의 잔무 처리는 충돌 없이 원만히 끝났다. 이리하여 고하는 1943년 1월 16일 명월관으로 주주를 소집하고 주주총회를 가졌다. 총회에서는 정관을 변경하여 주식회사 동아일보사를 해산하는 동시에 상호를 동본사(東本社)로 개칭하고 부동산 임대차 또는 이에 관련한 부대사업을 할 것을 결의했다.

총회는 동본사 사장에 고하를 호선하고 동본사 간판을 전 동아일보사에 걸고, 3층 한쪽 구석방을 사무소로 정했다. 이때 인촌은 자기가 가지고 있던 동아일보사 주식을 전부 고하에게 넘겼다. 고하로 하여금 소신대로 밀고 나갈 수 있도록 하기 위함이었다. 해방 후 고하는 이 주식을 고스란히 인촌에게 반환하였다. 동아일보의 폐간사는 장덕수의 지시로 김한주(金漢周)가 집필했다. 1937년 초 미국에서 귀국한 장덕수는 보성전문학교 교수로 재직하고 있었는데 동아일보 간부들이 모두 구속되자 잠시 신문사 일을 보살피고 있었다.

폐간사

본보는 자못 돌연한 것 같으나 금 8월 10일로써 주어진 보도사명에 바쳐오던 그 생애를 마치게 되었으니 오늘의 본지 제6819호는 만천하 독자 제위에게 보내는 마지막 지면이다. 회고하면 제1차 사이토 총독 시대의 문화정치의 일단으로 반도 민중에게 허여된 언론기관의 하나로서 다이쇼 9년 4월 1일 본보가 화동 일우의 누추한 사옥에서 고고(呱呱)의 성(聲)을 발한 이래 실로 춘풍추우 20년, 저간에 사회 각반(各般)의 진운과 함께 미력하나마 본보가 신문 본래의 기능을 발휘하여 조선 문화 운동의 일익의 임무를 다하여 왔음은 적이 독자 제위의 뇌리에도 새로울 줄 믿는 바이다. 그러나 이제 당국의 언론통제에 대한 대방침에 순응함에 본보는 뒤를 보아 한 됨이 없고 또 앞을 보아 미련됨이 없는 오늘을 맞이하게 되었으니 제위도 이 점에는 깊이 용서와 양해하는 바 있을 줄 믿는다.

무릇 보도기관으로서의 신문의 사명이 결코 뉴스의 제공에만 그치지 않고 일보 나아가서 변전하는 시류에 처하여 능히 엄연한 비판적 태도와 부동의 지도적 입장을 견시함에 있음은 주지의 사실이다. 그러나 이 같은 의의는 특히 과거 조선에 있어서 더욱 광범하였음을 볼 수 있으니 그것은 극도로 뒤진 이 땅의 문화적 수준에서 귀결되는 필연적 사실이었다. 이에 우리는 다시금 본사 주최 또는 후원의 방계적 제반 사업과 행사에까지 생각하지 않을 수 없으니 그중에는 이미 적으나마 결실된 것도 있고 또 아직 개화성육중의 것도 있다. 그러나 한번 뿌려진 씨인지라 오늘 이후에도 싹 밑엔 또 새싹이 트고 꽃 위엔 또 새 꽃이 필 것을 믿어 의심치 않는 바이다.

속담에 일러 10년이면 강산도 변한다 하거니와 20년의 세월은 과연 여러 가지 괄목할 변천을 보이고 있다. 더욱이 제2차 구주대전의 발발로 말미암아 국제정세의 명일은 거연(遽然) 역도(逆睹)키 어려운 바 있으니 이때 지난날을 반성하면 우리는 온갖 성의와 노력의 못 미침에 오직 스스로 부끄러워 마지않을 뿐이다. 그러나 또 그럼에도 불구하고 이날 이때껏 한결같이 연면된 독자 제위의 심절한 편달과 애호에 대해서는 충심의 사의를 표하는 동시에 그 마음 그 뜻에는 새로운 감격의 마음을 금할 수 없는 바이다. 끝으로 20년간 본보를 위하여 유형무형의 온갖 지도 원조를 아끼지 않으신 사회 각반 여러분의 건강을 심축하며 간단한 폐간의 말을 마치려 한다.

3 / 봄을 기다리며

1940년 8월 동아일보가 강제로 폐간을 당할 무렵만 해도 일본의 전세는 상당히 유리하였다. 1937년 7월 개전 이후 그해 12월 난징(南京), 이듬해 5월에 쑤조우(徐州), 10월에는 우한(武漢)과 광조우(廣州)가 차례로 함락된 뒤 중국군의 주력은 오지나 산악지대로 들어가서 게릴라전으로 저항하기 시작했다. 이보다 앞서 40년 3월에는 왕자오밍(汪兆銘)이 충칭을 탈출하여 일본의 영향력 아래 충칭과는 별도로 난징에 국민정부를 세웠다.

1939년 9월 독일은 2차 대전의 시발이 된 폴란드의 공격에 이어 다음해 4월에는 서부전선의 영·불군을 무찌르고 6월에는 파리를 점령하여 프랑스의 항복을 받았다. 이 무렵 이탈리아가 독일편으로 참전하자 발칸반도 및 아프리카로 전선이 확대되기 시작했다. 그러나 영국에서는 이해 5월 처칠이 수상이 되어 항전을 결의하였다. 영국은 독일의 공군과 잠수함의 공격을 받으면서도 본토의 제공권과 대서양의 제해권(制海權)을 지키는 데 성공했다. 녹

일은 끝내 영국 본토에 상륙하지 못하여 세계 2차 대전은 장기전으로 들어가게 되었다.

1941년 6월 독일과 이탈리아군의 소련 진격으로 전쟁은 새로운 국면으로 접어들었다. 독일은 영국 본토에 상륙이 불가능함을 알게 되자 장기전에 대비하려면 소련 남부의 자원, 특히 석유가 필요했기 때문이었다. 아시아에서 일본은 중일전쟁이 장기화됨에 따라 물심양면으로 궁지에 몰렸다. 유럽 전선에서 네덜란드와 프랑스가 독일에 패하여 동남아시아 일대의 그 식민지가 불안한 틈을 타서 일본은 새로운 자원을 구하고자 남방 진출을 결심했다. 이른바 '동아신질서(東亞新秩序)'라는 구호를 '대동아공영권(大東亞共榮圈)'이라 부르며 소위 'ABCD 포위진(包圍陣)'과 나날이 대립을 격화시켜 갔다. A는 미국, B는 영국, C는 중국, D는 네덜란드를

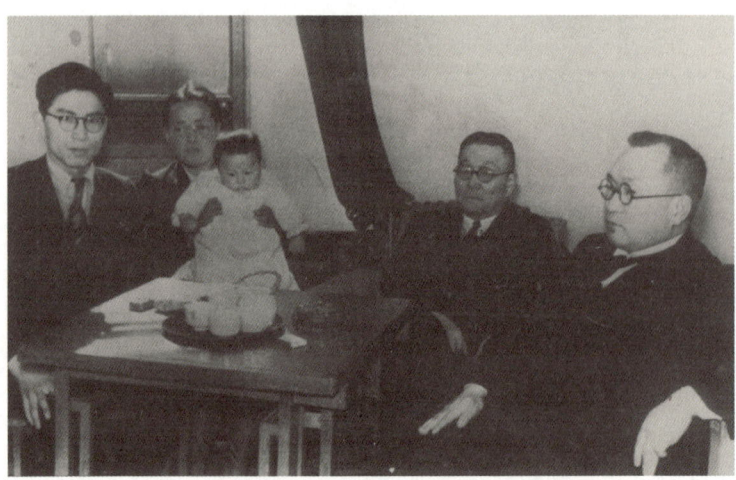

1940년 일본 도쿄 제국호텔에서 결혼 주례를 해준 남세분 씨 부부와 함께

가리킨다.

　일본군은 1940년 9월 프랑스령 베트남으로 진격해 들어갔다. 이것은 영국이나 미국과의 충돌을 무릅쓴 남진정책으로 사실상 태평양전쟁으로 한걸음 접근한 셈이었다. 다른 한편으로 일본은 독일 및 이탈리아와 함께 3국 군사동맹을 맺고 앞으로 있을 미·영과의 전쟁에 대비했다. 일본은 유럽 전선에서 독일과 이탈리아의 승리를 기정사실로 보고 있었으나 유럽 전선도 장기화의 양상을 띠기 시작했다.

　일본은 독일의 소련 침공 두 달 전인 1941년 4월 소련과 중립조약을 맺어 북방의 위협을 덜고 남방 진출에만 전념하려 하였다. 그러나 이러한 사태의 돌변에 따라 일본은 남북 양면으로 전쟁 전략 태세를 갖추지 않으면 안 되었다. 또 미·영 양국이 네덜란드와 손을 잡고 일본의 남방 진출을 막고 일본의 세력권을 만주사변 이전으로 환원시키려는 확고한 방침이었기 때문에 일본의 입장은 더욱 어렵게 되었다.

　일본은 미국의 재미 일본 자산 동결, 대일 석유 수출 금지 등을 타개하려고 외교 교섭을 벌였으나 실패하자 고노에(近衛) 제3차 내각은 물러났다. 그리고 일본 군대 중심의 도오죠오(東條英機) 내각이 들어서면서 미국과 전쟁에 돌입했다. 일본은 1941년 12월 8일 새벽 하와이 진주만을 기습으로 공격하여 제2차 대전은 미국이 참전하면서 마침내 태평양 방면으로 확대되었다.

　동아일보가 강제로 폐간되자 그 잔무 처리를 위하여 원서동 자택과 광화문의 신문사 사이를 나다니던 고하가 하루는 출근 도중에 청진동 애산 이인(愛山 李仁)의 집을 찾았다.

"이제는 동저고리 바람으로 나왔네. 애산도 몸조심하시오."

고하는 밑도 끝도 없이 말했다.

"고하 그것 무슨 말씀이오?"

애산이 의아하여 묻자 고하는 껄껄 웃으면서,

"그것도 몰라. 호외도 못 보았소?"

"호외라니 일본의 내각 개편밖에 더 있소?"

"그럼, 동조(東條)가 내각을 조직했단 말이야. 동조(東條)니 동저고리란 말이지."

우리나라 속담에 '급하면 두루마기도 안 입고 동저고리 바람으로 뛰어 나간다'는 말이 있는데 고하는 이 속담에 빗대어서 당시 일본 군국주의가 최후 발악을 하여 그 운명을 재촉하느라고 도오죠오(東條)가 직접 나서서 내각총리가 되었으니 이제 그들의 몰락이 멀지 않았다는 표현을 한 것이었다. 고하는 일제의 패망에 대한 신념이 투철했고 진행 중인 전쟁의 정세에 대한 분석이 정확하였다.

몰래 습격을 감행하는 것을 능사로 여긴 일본은 전쟁 초에 연이어 승리했다. 1942년 1월 2일에 마닐라를 점령하고, 2월 15일에는 싱가포르를, 3월 9일에는 네덜란드령 인도네시아를 점령하여 그 유전(油田)을 확보하였다. 5월 초순에는 버마 전역을 장악하고 남방 뉴기니의 북단을 포함하여 동남아 전역은 일본군 수중에 들어갔다. 여러 전선에서 수많은 미·영국군은 일본군의 포로가 되었다. 일본은 포로의 일부를 일본 본토, 또는 식민지로 압송하여 시민의 구경거리로 만들었다. 일부 영국 포로는 조선에도 이송되어 왔다. 그들은 자신들의 승리를 전시하고 대중들에게 과시하려는 의도였다.

조선민족에 대한 압박은 전쟁의 확대와 함께 갈수록 가혹해졌다. '동아' 폐간 직후인 1940년 10월에는 이른바 '국민총력연맹'이라는 것을 만들어 소위 황민화정책을 적극적으로 밀어부쳤다. 1941년 3월에는 1936년에 공포한 '조선사상범보호관찰령'이나 1938년에 전향자를 위해 설치한 대화숙(大和塾)에 이어 '조선사상범예비구금령'을 만들어 반일운동을 철저히 봉쇄했다. '국방보안법'이니, '개정치안유지법'이니, '조선임시보안령'이니 하는 것을 만들어 3중 4중으로 조선민족의 손발을 묶어 놓은 것도 이 1941년의 일이다. 미국과 전쟁을 시작한 뒤로는 42년 5월에 과거의 지원병제 이어 징병제를 실시하였다. 이 땅의 젊은이들을 모조리 침략 전쟁의 희생으로 몰아넣고자 하는 발악이었다.

그러나 머지않아 미군은 남양 일대에서 반격전에 나섰다. 그 결정적 계기는 '미드웨이 해전'이었다. 1942년 6월 5일, 이 해전에서 미국 기동힘대의 10배가 넘는 전력을 갖춘 일본 함대는 1척의 미국 항공모함을 격침한 반면에 일본 함대는 한 번에 4척의 항공모함이 격침을 당했다. 일본의 참패였다. 그러나 일본은 자기들이 승리했다고 히위로 발표하였고, 이후 항복할 때까지 일본은 이 허위 발표의 습성을 버리지 못하였다.

　미드웨이 해전 두 달 뒤인 8월 7일 미군은 뉴기니 동쪽 솔로몬 군도의 과달카날 섬에 상륙하여 반격 작전의 기지를 구축했다. 이것은 일본의 처음 예상을 1년 이상 앞지른 것이었다. 일본은 미국이 전쟁 초기의 패전을 회복하고, 반격 태세를 취할 수 있는 시기는 1943년 여름 이후가 될 것으로 예상했다. 그 사이에 자기들은 점령지의 석유와 고무 등 자원을 개발해서 불패의 장기전 태세를 구축해놓을 수 있다고 믿었다.

　과달카날에 상륙한 미군은 6개월의 전투 끝에 일본군을 격멸하고 1943년 2월 9일 이 섬을 완전히 점령하였다. 미드웨이에서 해군의 참패와 과달카날에서의 육군의 패퇴에 이어 4월에는 일본 연합 함대 사령관 야마모토(山本五十六)의 전사, 5월 '앗츠'섬의 전멸 등, 계속적인 패배로 말미암아 일본은 결코 지지 않는다는 그들의 신념에 금이 가기 시작했다. 일본군의 과달카날 패배 즈음에 유럽에서는 스탈린그라드에 포위되었던 독일군 30만 명이 2월 2일 소련군에게 항복하였다. 또 그해 7월 무솔리니의 실각과 더불어 9월에는 연합군이 이탈리아반도에 상륙하여 이탈리아의 항복을 받았다. 이보다 몇 달 앞선 1942년 11월 미·영군의 대병력이 북아프리카에 상륙하여 독일 기갑부대가 엘아라멘에서 영국군에게 대패하였다. 이것은 지금껏 막강한 군사력을 자랑했던 독일군 최초의 대패였다.

　일본이 미드웨이에서 참패하기 얼마 전인 1942년 5월 29일, 악명 높던 총독 미나미(南次郞)는 추밀원의관(樞密院議官)이라는 한직으로 밀려났다. 그리고 고이소(小磯國昭)가 제6대 조선 총독에 임명되었다. 이 몇 달 뒤인 1942년 11월 1일 일본 정부는 척무성(拓務省)을 폐지하고 조선, 대만 등의 통치 업무를 내무성에 이관하였다. 그와 동시에 새로 대동아성(大東亞省)을 설치하여 만주와 중국 점령 지역 및 태국과 월남 등을 통괄하도록 하였다.

이런 와중에 1942년 10월 이른바 조선어학회사건(朝鮮語學會事件)이 일어났다. 민족말살을 위해서 창씨개명을 감행하고, 우리말 교육을 금지하고, 일본어 상용을 강요하고, 동아일보와 조선일보를 강제로 폐간시킨 총독부가 가장 거슬려 한 것 중의 하나가 1929년 10월 이래 조선어학회가 추진하고 있었던 조선어사전의 편찬사업이었다.

이 사건은 함흥 영생여자고등보통학교(永生女子高等普通學校)의 모 학생이 홍원(洪原)에 있는 남자 친구에게 보낸 편지가 한글이었고, 그 내용이 그들의 비위에 거슬린 데서 발단된 것이었다. 경찰은 우선 조선어학회에서 사전 편찬 일을 보고 있던 정태진(丁泰鎭)을 소환했다. 그는 이 학교에서 교사로 근무한 일이 있고, 여학생의 편지에는 그의 이름도 언급되어 있었다. 마침내 그들은 이 아무것도 아닌 일을 확대하고 조작하였다. 조선어학회를 민족주의 단체로 규정하고 11월 1일 학회의 간부인 이윤재(李允宰), 한징(韓澄), 이극로(李克魯), 이희승(李熙昇), 정인승(鄭寅承), 정태진(丁泰鎭), 김법린(金法麟), 김도연(金度演), 이인(李仁), 서민호(徐珉豪), 김양수(金良洙) 등 30여 명을 검거하여 조선어학회를 말살하려고 들었다.

고하는 이들이 조선어학회사건으로 체포되기 10여 일 전에 권동진, 김병로, 서정희 등과 함께 일본 경찰의 만행을 규탄하는 연설대회를 서울기독청년회관에서 개최하기로 작정하고 선언서 및 취지문 등을 준비하고 있었다. 그런데 공교롭게 이것이 발각되어 김양수, 이인, 김법린 등이 서울에서 검거되고 말았다. 30여 명의 간부들은 일제의 혹독한 심문과 재판을 거쳐 함흥형무소에서 복역하다가 1945년 8월 15일 해방과 함께 풀려났다.

1943년 초부터는 '보국정신대(報國挺身隊)'라는 이름으로 징용을 강화하고 조선의 젊은 남녀들을 강제로 징발하여 토목 공사나 탄광 등의 중노동판으로 끌어내어 전쟁 수행의 도구로 삼았다. 그해 10월에는 전문학교 이상의 조선인 학생은 징병 연령 초과자라도 전부 군대로 몰아넣은 이른바 학병제도를 공포하기에 이르렀다. 전쟁 상황이 불리해지자 1943년 6월 학도전시동원체제요강(學徒戰時動員體制要綱)을 확립한 일제는 대학원에 연구과를 두고 여기에 특별연구생 제도를 신설하여 학문적 후계자를 남기도록 하였다. 그러나 그 외에 모든 학생들, 특히 문과계 학생들은 일제 징집에서 자유로울 수 없었다.

이른바 조선징병령(朝鮮徵兵令)은 1944년부터 실시하려 하였으나 약 반년을 앞당겨 1943년 8월 1일자로 단행되었다. 12월부터 우리 장정들을 징집해 가는 한편 같은 해 12월 20일에는 특별

지원병제(特別志願兵制)라는 것을 공포하여 학병으로 끌고 간 것이다. 일제는 사상이 불온한 학생 등은 제외하기로 하였으나 자진해서 지원하는 학생이 없었으므로 방침을 변경하여 학생들을 모조리 끌어가기로 하였다. 이에 신문, 잡지, 방송 등을 활용함은 물론이고 그들의 행정력을 동원해서 갖은 협박 공갈로 지원을 강요하였다. 그들의 말을 듣지 않으면 구금하는 것도 서슴지 아니했다.

이러한 징병과 병행해서 지도자들을 동원하여 각처에서 강연회를 열고 학도병 자원을 권유하도록 강요했다. 이때 사이비 민족 지도자와 일부 몰지각한 인사들은 일제의 협박과 회유에 못 이겨서 혹은 일제의 힘에 굴복하고 이른바 '황민화(皇民化)운동'의 앞잡이가 되었다. 조선민족이 전쟁의 희생물이 될 것을 문필이나 강연, 심지어는 몸소 행동으로 강권하고 돌아다녔다. 고하는 학병이나 근로보국대 등의 동원 참가 권유 연설을 끝끝내 거부하고 반드시 독립되리라는 신념을 굽히지 아니하였다.

고하는 정들었던 동아일보사를 잊지 못하고 가끔 소일 삼아 동본사(東本社) 사무실에 나와 있었다. 1943년 1월 동아일보의 청산 사무도 끝나고 동본사 사장이 되어 있었던 것이다. 이때 고하를 찾아온 친구들은 구석지고 어두운 방보다 밝은 방으로 옮길 것을 고하에게 권했다.

"이왕이면 사무실이나 좀 좋은 방으로 옮겨 봄이 어떻소?"

"이 사람, 지금 충칭(重慶)에 천도(遷都)하고 있는 숭이야."

고하는 자신의 입장을 장제스(蔣介石) 중국 국민당 정부의 충칭 천도에 비유했다. 그것은 일본인들이 장제스(蔣介石) 정부를 비방하는 것을 꼬집는 말이었다. 동본사 사업이 궤도에 오르자 전국에 흩어진 동지와 사원들을 찾았다. 친구와 친척도 찾았다. 고향을 비롯하여 평양, 대구, 함흥, 원산, 춘천 등, 그리고 지방 오지까지도 두루 다녔다. 지방에서 특산물을 생산하면서 가업을 이어가는 인사들을 찾아 격려와 칭찬을 아끼지 아니하였다. 경남 합천에서 돌가루로 눈박이 그릇을 생산하던 손병린(孫炳麟) 옹도 그중의 한 사람으로 당시 고하의 방문을 잊지 못한다고 했다.

한 바퀴 전국 순방을 하고 서울에 돌아온 고하는 원동(苑洞=원서동 74번지) 자택에서 칩거 생활을 시작했다. 간혹 소풍 삼아 경기도 연천과 전곡에서 농장 관리인으로 피신하고 있는 김준연을 찾아 나서는가 하면 서울 교외 창동(倉洞)의 김병로(街人 金炳魯), 정인보(爲堂 鄭寅普), 장현중(止軒 張鉉重) 등을 찾아나서는 것이 유일한 즐거움이었다. 하루는 김준연이 전곡에서 올라왔다.

"낭산, 인제 일제는 꼭 망하오. 그런데 저희들이 궁박하게 되면, 자치라는 미끼로 우리를 유혹할 거요. 형세가 악화해서 더욱 궁하게 되면 독립을 허락한다고 할거요. 우리는 '자치'를 준다고 해서 움직여서는 안 되오. 독립을 준다고 해도 응해서는 안 되오. 이때가 가장 위험한 때니까..."

고하는 일제필망론과 일제 항복 후의 질서 회복과 사태 수습 등 그 전망을 의논했다. 낭산은 고하의 집에 묵으면서 밤을 낮 삼아 가면서 그 이야기를 들었다. 이야기의 샘은 끝날 줄을 몰랐다. 고하는 창덕궁 쪽 산책길에 낭산을 동반했다.

"낭산, 대책(大策)은 무책(無策)이오."

'대책은 무책'이라는 말의 뜻은 조선민족을 위하여 그 독립의 길을 찾아가는 것이 대책이며 이러한 명백한 대책은 우리 전체가 실현시켜야 할 계획인 까닭에 특별히 다른 계책은 없는 것이라는 말이었다. 낭산이 다녀간 뒤 총독부 기관지인 매일신보 기자가 고하를 찾았다.

"선생님, 신문사도 그만두시고 가만히 댁에 계시니 심심하시겠습니다. 일반 사람들이 선생의 일을 궁금해 할 터인데 요즘의 심경은 어떠신지요?"

"내가 시인이라면 시라도 읊을 심경이오."

고하는 선선히 물음에 응할 뿐, 그를 별로 반겨하지 않았다. 매일신보 기자가 다녀간 뒤 또 하루는 총독부 경무국장이 고하와 인촌을 자기 관저로 초대를 했다. 고하와 인촌은 초대를 받고 퍽 의아스럽게 여겼으나 경무국장은 다음과 같이 부탁했다.

"시국도 중대해졌으니 두 분께서 한번 나오셔서 민중을 지도하고 협력해 주셔야 하겠소."

"오래간만에 덕택으로 맛있는 고기와 좋은 술을 잘 먹었소. 집에서는 늘 보미(寶米, 해초로 만든 대용식) 밖에는 구경을 못하고, 고기는 물론 생선이나 술도 먹어 본 적이 없는데 대단히 감사하오. 배도 부르고 술도 취했으니 이만 돌아가야겠소."

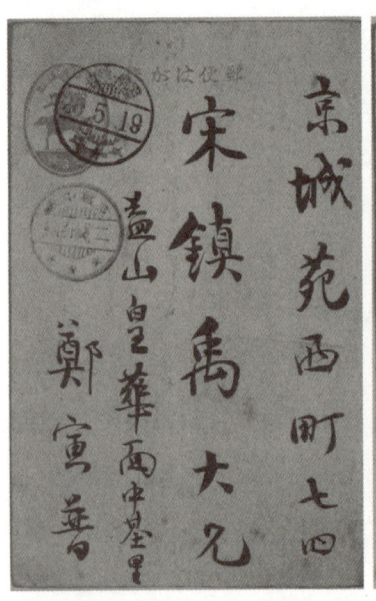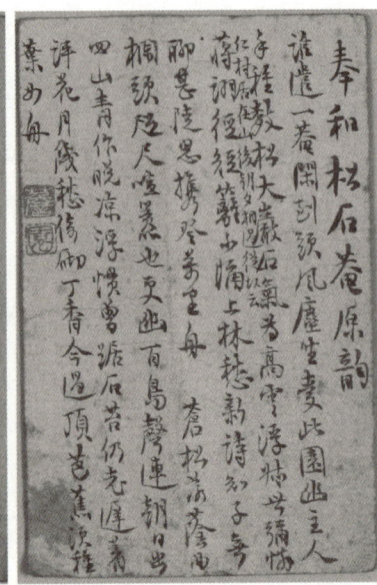

1945년 5월 19일 각별히 우의가 돈독했던 익산에 있던 위당이 고하에게 보낸 안부엽서

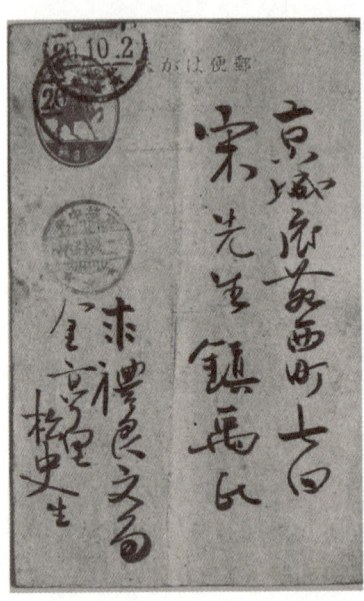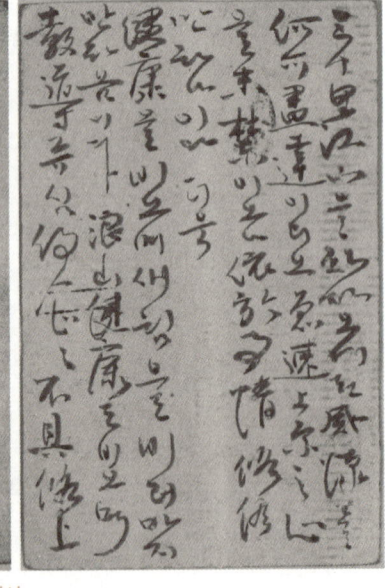

구례의 송사 노병권이 고하에게 보낸 안부엽서

고하는 주는 대로 술과 음식을 맛있게 먹고 인촌을 앞세워 자리를 털고 일어났다. 이런 일이 있은 뒤의 총독부는 직간접적으로 고하에게 사업 경영의 수완과 경험이 많으니 큰 국책 회사의 사장이 되어 달라든가, 외곽 단체의 책임자가 되어 달라고 유혹했다. 고하는 자신은 능력도 없을 뿐만 아니라, 건강이 극히 좋지 않다는 이유로 그들의 음흉한 제안을 언제나 주저함이 없이 거부했다.

"동아일보 폐간 후 댁에서 쉬고 계시는 고하 선생 댁을 찾아가니까 풍로에 한약을 달이고 있더군요. 어디 편찮으시냐고 묻자 고하의 대답이 '귀찮은 손님이 자주 찾아와서'라고 대답하시더군요. 조금 후에 안 사실이지만 총독부 관리들이 당시 일제의 패색이 짙어지자 학병 모집을 위해 고하를 연사로 동원하기 위하여 자꾸 찾아오니까 꾀병을 앓으시던 모습이었습니다. 그들에게 약탕기를 가리키며, 몸이 아파 불가능하다고 손쉽게 물리치시더군요."

해방 전후에 걸쳐 고하를 따르던 이상돈(李相敦)[3] 국회의원의 회고이다. 1944년 여름으로 접어들어서는 미군의 반격이 태평양 전체에 걸쳐 일본을 압도하고 있었다. 이해 7월 사이판도에서 일본군의 전멸이 전해지던 무렵, 경기도 평택의 진위(振威)면에 기거하고 있던 민세 안재홍(民世 安在鴻)이 고하를 찾아왔다.

"고하, 기왕 조선 사람들이 군인으로 나가서 피를 흘리고 있는 바에야 그 피 값을 받아야 할 것 아니오? 그러니 무슨 운동을 일으

---

[3] 천안 출신으로 제헌의회 의원을 역임하였다.

켜 다소의 권리라도 얻어야 하지 않겠소?"

"민세, 그 무슨 소리오. 긴박한 이 시국에서 오직 침묵 밖에는… 만일 우리가 움직이면 움직일수록 일본의 손아귀 속에 끌려 들어갈 뿐이오."

"고하는 참 로맨틱도 하시오. 침묵만 지키고 앉아 있으면 이승만 박사가 미국 군함이라도 타고 인천 항구로 들어올 듯싶소?"

"그건 안 될 말이오. 피는 딴 사람이 흘리고, 그 값은 당신이 받는단 말이오?"

민세의 말에 고하는 화가 난 표정으로 반문했다. 고하는 민세와의 논쟁이 있었던 날부터 약병을 머리맡에 놓고 이불을 펴고 드러누웠다. 그리고 중병(重病)을 가장하고 두문불출했다. 여기에서 우리는 그 당시의 국내에 있는 지도자들 중에서 현실적 이익에 집착하는 절망파와 민족의 장래에 무한한 희망과 이념을 가지고 나가는 투시파(透視派)의 두 종류의 인간을 볼 수 있다.

민세가 다녀간 뒤 전쟁의 국면은 급변하기 시작했다. 미군은 필리핀의 루손섬에 상륙을 감행하고, 다시 그 여세를 몰아 일본 본토의 남단 오키나와를 공격하기 시작했다. 이와 전후하여 유럽 전선에서도 독일군은 레닌그라드(현 상트페테르부르크), 프랑스 등에서 패전하고 연합국 측의 드골 임시정부가 파리에 세워졌다. 이 해 8월부터 미국 폭격기 B-29는 일본 본토와 만주의 중공업 지대를 본격적으로 폭격했다. 서울에서도 B-29의 정찰이 심해졌다. 남양에서 반격 작전이 치열해지고 폭격기의 왕래가 차차 빈번하면서 큰 도시의 주민이나 각 기관은 교외나 시골로 흩어질 것을 강요당했다. 총독부의 이런 등쌀을 견디다 못해 옛 동지나 친구들은 고하를 찾았다.

"서울은 폭격당할 리 없소. 부득이 내려가더라도 집은 그대로 두고 몸만 가는 것이 어떨까?"

고하는 서울 폭격설을 부인하고 지방으로 흩어져 살더라도 장차 생활 근거가 될 집만은 팔지 말 것을 권고했다. 소문은 분분해서 오래지 않아 미군이 곧 중국 남방과 대만에 상륙한다, 또는 일본 규슈(九州)에 상륙한다는 등, 저마다 입을 모아 한 마디씩 전쟁의 귀추에 관심을 가지기 시작했다. 끝내는 미군이 제주도에 상륙한다는 풍문이 돌기 시작했다.

"그런 말들은 다 소용없는 말이야. 싸움을 하면 머리나 심장을 노리지 무엇 때문에 손가락이나 발가락을 건드리겠나? 중간에 근거지만 되면 도쿄나 규슈에 상륙 작전을 하겠지. 무슨 소용으로 조선이나 대만에 상륙하겠나? 더욱이 사람을 아끼는 그들이…"

전쟁은 가을에 접어들면서 더욱 급변하기 시작했다. 이 무렵에 고하는 동본사 사원 김재중(金載重)의 방문을 받았다. 김재중은 사무 연락도 겸하여 소오 설의식(小梧 薛義植)의 심부름으로 고하를 찾았다. 설의식이 고하를 직접 찾지 못한 것은 고하가 요시찰인 갑(甲)이었고, 또한 그 자신도 요시찰인의 대상이었기 때문이다. 피차의 신변을 염려해서 어느 누구보다도 자유롭게 고하를 찾을 수 있는 김재중을 통하여 고하에게 백삼(白蔘)을 전하게 한 것이다. 김재중이 물러가자, 약속이나 한 듯이 고하에게 설의식의 전화가 걸려왔다.

"요새 선생님 건강이 좋지 않으시다기에 인삼을 몇 뿌리 보냈습니다. 큰 것부터 잡수세요."

고하는 그의 전화가 꼭 곡절이 있는 것만 같았다. 그래서 인삼 중에서 제일 큰 것을 골라서 부러뜨려 보았다. 예상한 대로 엷은 종이쪽지가 들어있었다. 쪽지에는 깨알 같은 글씨가 잔뜩 적혀 있었다. 돋보기를 쓰고 보니 단파 라디오로 얻어들은 연합국 측 카이로 회담 등의 내용이었다. 설의식은 동아일보 폐간 이후 광산에 종사하면서 꾸준히 단파 라디오를 빠짐없이 들었다. 그가 이 단파 라디오의 내용을 고하에게 보고한 것이다.

1944년이 저물고, 1945년이 밝아오면서 전쟁의 상황은 더욱 일제를 궁지에 몰아넣었다. 2월에는 유황도(硫黃島)의 일본군 수비대가 전멸하였다. 3월에는 오키나와에 결국 미군이 상륙하였고, 도쿄, 오사카 등 대도시와 군수 공장들에 대한 대폭격으로 일제의 심장부는 대부분 잿더미로 변했다. 5월에는 유럽에서는 독일군이 연합군에게 무조건 항복을 함으로써 전쟁은 더욱 일제를 불리하게 했다.

독일 항복을 전후해서 일본 외무성 사무관으로 있던 장철수(張徹壽)가 고하를 찾았다. 장철수는 전부터 고하를 존경하고 따르는 사이였다. 장철수는 품고 온 웬델 웰키의 저서 '하나의 세계(One World)'를 고하에게 선사하면서 읽을 것을 권했다. 이 책은 2차 대

1945년 2월 얄타회담

전 중 미국이 소련과 공동 전선을 펴기 위해서 루즈벨트 미국 대통령의 특사로 소련을 예방한 웰키의 소련 실태 조사 보고서이다. 또한 이 책은 일본 본토에서는 도저히 얻어 볼 수 없는 귀중한 정치·경제·문화, 그리고 외교·군사에 관한 연구 자료로 극비에 붙여진 것이었다. 고하는 이 책에서 얻은 바가 아주 컸다. 장철수는 웰키의 저서뿐만 아니라, 고하에게 세계정세와 전쟁의 전망 그리고 카이로선언, 포츠담협정, 얄타협정, 대서양헌장 등 구미 각국의 동향을 자세히 설명하기도 했다.

카이로선언이란 1943년 11월 미국 대통령 루즈벨트, 영국 수상 처칠, 중국 총통 장제스(蔣介石) 등 세 정상이 이집트의 카이로에서 정상 회담을 열고 채택한 선언이다. 전 세계에 발표된 이 선언은 '야만적인 적국에 대하여 가차 없는 압력을 가할 결의를 표명하면서 '1914년 제1차 세계대전의 개시 이후에 일본이 탈취하고 또는 점령한 태평양에 있는 모든 도서(島嶼)를 박탈하고, 아울러 만주, 대만, 팽호도(澎湖島) 등 일본국이 청국으로부터 탈취한 모든 지역을 중화민국에 반환'하게 하고, 아울러 '조선 인민의 노예 상태에 유의하여 장차 적당한 시기에 조선을 자유롭고 독립된 나라로 만들 것'을 공약한 것이다.

포츠담협정은 1945년 7월 26일 루즈벨트 미국 대통령, 장제스(蔣介石) 중화민국 총통 및 처칠 영국 수상이 포츠담에서 회합을 갖고 일본의 무조건 항복을 권하는 선언이다. 여기에서도 앞서 발표한 카이로선언을 재확인하는 동시에 연합군 포로를 학대한 자와 전쟁 범죄인에 대하여는 엄중히 처벌할 것임을 선언했다. 끝으로 일본의 군사 재무장의 제한과 책임 있는 정부가 수립되면 진주한 연합군의 철수도 약속했다.

내외 정세가 이와 같이 긴박함에 따라 이제는 고하나 장철수뿐만 아니라 누구나 다 제2차 대전이 얼마가지 않아 일본의 항복으로 끝날 것을 믿어 의심치 아니하게 되었다.

"독일도 항복했으니, 일본은 언제쯤 싸움을 그만두게 될까?"

일본의 침략 근성과 호전성 때문에 징병, 징용, 보국대, 공출 등에 시달려 온 조선의 국민들은 모두 전쟁에 대한 혐오를 각자 가슴속에 품고 있을 뿐이었다. 그러나 감히 입 밖에 발설은커녕 남에게 물을 수도 없는 시국이었다. 일상생활도 차마 눈을 뜨고 볼 수 없는 지경이었다. 국민들은 최하층의 생활을 유지해야 하는 실정이었다. 이런 현실에 고하는 시달릴 대로 시달렸다. 그의 생활도 엉망이었다.

"대세는 다 결정되었는데 뭘… 그래도 일본에도 정치가가 있을 것이니 국민을 더 죽이기 전에 끝을 내려고 할 게 아닌가. 6월, 7월은 더 넘지 못할 것이야."

고하는 전쟁의 끝이 가까워 오는 것을 분명하게 직감적으로 예언했다. 일제의 최후 발악이 극에 달하면 달할수록 고하도 병을 핑계로 두문불출이었다. 즐기지 않는 담배를 피워 물고 누워서 만사가 귀찮다는 듯이 담배 연기만 내뿜었다. 그렇지 않으면 종일 산 속의 정자 같은 사랑채 침실에 홀로 앉아서 골패(骨牌)를 만지면서 소일했다.

전쟁의 분위기가 일본에게는 급속도로 악화하자 그들의 감시는 더욱 심해졌다. 고하의 집 주변에는 밀짚모자를 쓰고 배회하는 감시원이 떠날 줄을 몰랐다. 얼마 전까지만 해도 고하 담당의 형사는 일주일에 한 번, 사흘에 한 번 정도로 찾아오던 것이 이즈음에는 하루에도 두세 번씩 고하를 찾았다. 때마침 고하 담당 형사는 중학교에 다니던 아들을 잃었다.

"참 든자니 그대기 침척(慘慼)을 당했다는데, 국사에 골몰하는 몸으로 얼마나 심중이 괴롭겠소."

고하는 넌지시 형사의 동정을 살피는 여유까지도 가졌다. 고하의 감시는 경찰 고등게뿐만이 아니었다. 용산에 자리 잡고 있

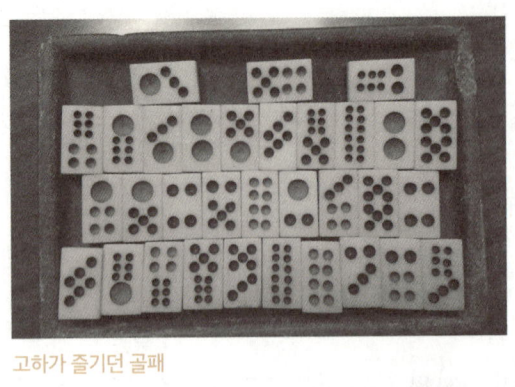
고하가 즐기던 골패

고하가 사용하던 바둑돌과 옥돌함

고하가 쓰던 낙관

고하가 애용하던 벼루와 벼루집

는 일제 조선군 사령부 참모 간사키(神崎)의 지휘 아래 있는 헌병과(憲兵課)도 고하를 감시했다. 경찰과 헌병의 감시로 모든 행동이 부자유스러웠다. 그뿐만 아니라 고하와 접촉하거나 왕래하는 친지나 친척까지도 경찰의 감시권에 들어야 했다.

고하는 평소에 친구나 친척에게나 편지 쓰는 법이 적었다. 분주해서 그런 것도 있었지만, 고하의 편지를 받는 것은 일본 경찰의 주목거리가 되는 것이며 받는 사람에게 괴로움을 주는 일이 많은 이유도 있었다. 일본이 만주를 침략한 이후로는 더욱 편지를 쓰는 데 조심하였다. 부득이 써야 할 경우에는 반드시 엽서를 사용했고 사연도 지극히 압축해서 두세 줄 정도 썼다. 친한 친구나 동지에게는 서두에 '귀체청안(貴體淸安)하시기를 바랍니다.'로 시작하기가 일쑤였다. 이것은 정세의 변화가 절망적으로 흘러가고 또 일제의 유혹의 손이 골고루 뻗어오고 있을 시기에 친구나 동지들이 혹시 일제에 물들지나 않을까 하는 걱정에서였다. 이러한 이유로 고하의 편지라도 받게 되면 다들 읽은 후 곧 불태워버렸다. 고하의 필적이 남아있는 것이 거의 없는 것은 이러한 연유에서이다.

고하의 간찰(簡札)

김덕(金悳) 교수 기증 (A letter donated by Professor Dr. Kim Duk)

심한 더위와 짜증나는 장마에 사람도 고통스러운 이때 보내주신 편지가 먼지낀 책상에 날아들어 열어서 재삼 읽으니 다시금 서늘한 맛을 그지없이 느끼게 되어 형의 고마움이 크오이다. 고맙소이다.

춘부장의 병환은 쾌차하여 나으셨는지요. 모시고 있는 형의 건강도 또한 끊임없이 평안하실 것을 비오이다.

나는 들고나고 하는 일이 지나치게 세속적이어서 심신을 갈수록 썩히고 있으니 이 또한 전생의 업연이라 여태껏 끝나지 않는 것인지.

스스로 서글프기만 하며 형의 뜻은 평범함에서 나온 것으로 편지로 간곡하게 나를 초청해 주시니 이를 생각하면 어찌 격려됨이 없겠소이까.

고하의 간찰, 해방직전에 쓰신 듯

천지사방을 돌아보아도 누구 하나 뜻을 같이 할 사람이 없으니 바로 형에게 달려가서 가르침을 청해야 하는데 내가 세상살이에 얽매어 있기 때문에 형의 가르침을 받지 못하고 있소이다. 다시 炳魯 형과 협의하고 일후에 때가 되면 편지하겠으니 이점 양해 바라오이다. 손님이 와서 시끌시끌하니 이만 주리오.

(서울대 법과대학 명예교수 박병호(朴秉濠) 번역. 1997.3.16.)

4 / 일축한 정권이양교섭(政權移讓交涉)

1940년 8월 10일 동아일보의 강제 폐간부터 1945년 8월 15일 일제의 쇠사슬에서 해방되기까지 고하는 병을 핑계대고 서울 원서동 자택에서 5년간 거의 두문불출의 세월을 보냈다. 일제는 8·15의 마지막 순간까지도 고하를 괴롭혔다. 8월에 접어들면서 고하도 갑자기 얼굴에 수심과 초조의 빛을 감추지 못했다. 그것은 고하가 평소에 신념으로 간직한 일제필망론의 '7월 예측'이 빗나간 데 있었다. 한편으로 한민족 전체가 생활에 지치고 쪼들린 나머지 허탈감에 빠져서 밝아오는 앞날의 희망을 잃고 자포자기나 하지 않을까 우려한 데 기인하기도 했다. 이리하여 고하도 마음의 동요가 일고 불안해 예언에 대한 자신마저 잃어갔다. 그러면서도 고하는 일본 위정자들의 양식을 의심하기에 이르렀다.

"일본에는 양식 있는 정치가가 한 사람도 없어. 정치를 조금만이라도 아는 자가 있다면 승산이 없는 이 전쟁을 이렇게 끌어서 무고한 백성을 떼죽음시킬 리가 없어. 국가는 한때 망해도 민족은 영원히 사는 거야. 민족이 살면 국가는 반드시 부흥할 수 있다는 것을 알아야지."

"아무리 강대한 권력을 움켜쥔 위정자라 할지라도 그의 말은 역사적 문서에 인쇄는 될지언정 국민의 마음에 남는 것은 무명의 한 사람에도 미치지 못하는 법이다. 역사에 그 이름과 업적이 남는다고 해서 그 주인공이 위대한 것은 아니다. 당대 시대와 사회에 얼마나 많은 유익하고도 필요한 업적을 남겼는가가 오히려 더 중요하다"

일제의 발악은 극에 달했다. 8월 6일 미군은 일본 히로시마에 원자폭탄을 떨어뜨렸고 도시는 한순간에 잿더미로 변했다. 20여만 명의 시민이 폭사했다. 인류 역사상 최초로 지구에 터진 이 핵폭탄은 전쟁에 신기원을 그었을 뿐만 아니라 일제의 항복을 촉진시켰다.

"전쟁을 할 동안보다도 끝날 임시가 더 무섭지. 만약 저자들이 항복할 계제가 되면, 우리 지식 계급이나 민족지도자를 하나도 남김없이 학살할 거야."

고하는 전쟁의 끝에 뒤따르는 일제의 만행을 적이 걱정했다. 일제는 고하의 예측대로 지식계급과 지도자 측에 속하는 인사들의 명단을 작성해 놓고 총독부의 지령만 기다리고 있었던 것이다.

이와 같이 일제가 소위 식민지 조선에서 학살을 준비하고 있을 무렵을 전후하여 그해 5월 일본 도쿄에서는 군벌의 눈을 피하여 전체주의를 의심하는 중신(重臣)들과 정치가들이 휴전을 모색하고 있었다. 그리하여 이해 6월 일·소 불가침조약을 서로 맺고, 일본 주재 소련 대사 말리크를 통하여 종전 교섭을 하기 시작했다. 그러나 소련의 속마음은 달라서 교섭은 지지부진했고 시일만 흘러갔다.

고하는 일련의 종전 교섭을 전해 듣고 일본에 좀 더 미래를 내다보는 정치가가 없음을 한탄했다. 결국, 소련을 통한 종전 교섭의 결과는 독일과의 전쟁에서 지친 소련의 대일 전쟁 참가의 결의를 굳게 하고 자극시킨 꼴이었다. 마침내 8월 9일 소련은 대일선전(對日宣戰)을 포고하고 이날 새벽 일부는 만주로 진격하고 일부는 두만강을 건너 한반도 북단의 경흥(慶興)을 침공했다. 그리고 나진, 웅기, 청진 등에 폭격을 가해 왔다. 군국주의 일본의 패전은 시간문제가 되었다.

급격하게 변하는 전쟁의 국면을 살펴보던 고하는 무슨 일이 일어날 것 같은 예감에 사로잡혔다. 예상한대로 8월 10일 새벽 4시경 총독부 경무국 차석 사무관 하라다(原田)의 돌연한 방문을 받았다. 하라다는 아직 먼동도 트기도 전에 원서동 고하의 집을 노크했다. 그는 자기 신분을 밝히고는 겸손한 어조로 "송 선생님을 급히 뵈러 왔으니 안내해 주기를 바란다."고 간청했다. 응접실에서 고하를 만난 하라다는 다음과 같이 말하고 고개를 떨구었다.

"명령을 받들고 선생을 찾아뵈러 왔습니다. 제가 오늘 선생께 말씀 올리는 것은 저 개인의 의사가 아니라는 것을 먼저 양해해 주셨으면 합니다."

하라다의 말에 고하는 한편으로 놀라고 적이 불안하기도 했다. 한국의 지도층이나 지식층을 학살하기 위해서 맨 먼저 자기를 찾아온 것으로 의심했기 때문이다. 그러나 뜻밖에도 '하라다'는 전날까지의 오만불손한 언동이 사라지고 겸손한 태도를 보였다. 이에 고하는 다소 안도의 숨을 내쉬었다. 묵묵히 하라다의 말을 듣고만 있던 고하가 딴청을 부렸다.

"뭐, 내가 징병 권유 연설을 안 해도 다들 끌려갔는데 그러오?"

"아니, 아니, 그런 이야기가 아니올시다. 기실은 일본이 미·영 측에 종전을 제의했고, 종전이 성립된 뒤의 뒷수습을 선생께서 해 주실 수 있는지 그 의향을 여쭈어보고 오라는 명령이올시다."

하라다는 고개를 떨어뜨렸다.

"종전? 아니 왜 항복을 하오?"

"아니올시다. 종전은 곧 성립될 모양이고 시간은 없고... 선생께서 사랑하시는 조선민족을 위해서 힘을 써 주셔야겠기에... 무슨 좋은 의견이라도 말씀해 주시면 상사에게 보고하겠습니다."

고하는 불안과 안도의 착잡함 속에서도 가증스럽고 비굴한 그들의 행위가 가소롭기만 했다. 총독부가 이처럼 다급해진 데에는 다음과 같은 사실에 연유한다. 1945년 8월 9일 심야에 열린 어전회의는 포츠담선언을 수락하자는 측과 이를 반대하는 측으로 양분되어 격론을 벌였고 최후로 일왕의 뜻에 따르기로 하였는데 그는 수락할 뜻을 밝혔다. 그러나 끝까지 항전을 주장하는 군부와 일부 각료 측의 극렬한 반발은 자칫하면 쿠데타 등 과격한 사태로

까지 몰고 갈 위험에 직면했다.

　일본 수상 스즈키(鈴木貫太郎)는 부임 초부터 강화책을 마음속에 구상하고 내각을 구성하였으나 군부의 서슬이 너무도 극렬하여 강화책이 성숙되기만 기다려왔다. 9일 밤에 개최된 어전회의의 결과는 일본 자신들의 무조건 항복이었다. 그리고 그 발표 시기도 또한 촉박했음을 알 수 있었다. 늦어도 오늘이나 내일 사이에 백기를 들 것으로 보인 총독부는 무엇보다도 초조하고 다급했다.

　그들이 이와 같은 급박한 상황 아래에서 일제가 가장 걱정한 것은 조선 안에 있는 60만 일본인의 생명과 재산의 안전이었다. 그들은 한시바삐 조선민족이 따를 만한 인사를 천거하여 통치권 일부를 맡기고 그 그늘 밑에서 그들의 안전을 도모하려는 조급한 생각에 사로잡혔다. 총독부는 사력을 다해서 이날 중으로 항복 후의 사후 수습을 맡아줄 인선을 끝내고자 고심한 끝에 여러 인사들을 그 후보로 올려놓고 검토했다. 그 결과 고하를 적임자로 지명하고 하라다를 파견한 것이다.

　한민족의 지도자라는 지도자는 전쟁 중에 거의 다 끌어내 혹은 이용해 먹고 혹은 지조를 꺾도록 하여 민족의 신망을 실추시켰다. 그러나 고하만은 끝까지 그들에 맞서 항쟁한 애국지사였고 또 지도 능력도 갖추고 있으므로 일제도 고하를 조선 사람들을 이끌어 갈 인물로 판단했다. "삶아 먹을 수도, 구워 먹을 수도 없는 자"라고 고하를 비난한 그들이었지만 다급해진 이제는 고하 말에 무릎을 꿇고 머리를 조아려 애걸하는 도리밖에 별 수가 없었다. 그러나 이 유일무이한 적임자는 이미 오래전부터 오늘이 있을 것을 예측하고 방파제를 높이 쌓고 농성 중이어서 그의 대답이 동문서답일 수밖에 없었다.

"보다시피 나는 병자가 아니오? 신문사가 문을 닫은 그날부터 이렇게 병이 나서 누워만 있는 사람이오."

"거 신문사 말씀만은 그만두어 주십시오."

"허… 그렇다면 또 그만두지. 하지만 나는 병자니깐 아무것도 못하오. 그 문제는 더 말씀할 것도 없소. 다른 얘기나 있거든 하시오."

"그러면 어떻게 하면 종전 후의 혼란이 수습되겠는지, 그 방책이라도 좀…"

머리를 숙이고 앉은 하라다의 모양은 처량하기만 했다. 고하는 하라다의 이 말에는 할 말이 있었다. 또한 말할 필요도 느꼈다.

"첫째, 나 자신이 자유롭게 활동할 수 있도록 내 주위로부터 모든 감시를 해제하시오. 둘째, 언론·집회·출판 및 결사의 자유를 주시오. 셋째, 정치범, 경제범의 명목으로 감금한 인사들을 석방하시오. 넷째, 군량미, 기타 양곡을 풀어서 굶주린 백성에게 분배하시오. 이러한 시책이 곧 실행되면 대일 감정은 다소 풀어질는지도 모르겠소."

고하가 말을 마치자 하라다는 면담 내용 일체를 극비에 붙일 것을 확약 받고 자기 상사에게 보고하기 위해 자리를 떴다. 그 이후로 고하 집 주변에는 밀짚모자이 청년과 사복 경찰이 자취를 감추었다. 하라다가 다녀간 다음날인 11일 아침 일찍 변호사 강병순(姜柄順)이 찾아왔다. 강병순은 일본이 무조건 항복한다는 정보를 전해 주었다. 이날 저녁 고하는 하라다의 두 번째 연락을 받고 그들이 지정한 본정(지금의 충무로) 어느 일본인 자택으로 갔다. 거기에는 하라다 외에 조선군 참모 간사키(神崎)와 경기도 경찰부장 오카(岡)가 기다리고 있었다.

이들은 소련군의 진격이 예상보다 빨라서 얼마 안가서 조선은 전쟁터가 될 것이고 그럴 경우에 제일 문제되는 것이 후방의 치안 문제라고 했다. 총독부로서는 조선의 치안을 신망이 두터운 조선인 지도자에게 맡기는 것이 상책이라고 판단하는데 고하가 맡아주면 상당한 권한을 넘겨주겠다는 것이었다. 일본의 항복에 관해서는 한마디도 없었다.

"소련군쯤은 천하무적인 관동군이 격퇴하여 버릴 것이니 후방의 치안 문제는 과히 걱정할 것이 없을 줄 아오."

고하는 딴전을 피고는 건강이 좋지 못해서 그런 일은 맡을 수 없다고 즉석에서 거절하고 돌아왔다. 이튿날인 12일 하라다는 경기도 보안과장과 함께 세 번째로 원서동 고하댁을 찾았다.

"이것은 우리를 위해서만 부탁하는 것이 아닙니다. 조선 민중의 생명과 재산을 위하는 것이기도 합니다."

"내가 맡지 못하겠다는 것은 건강도 건강이지마는 총독부의 심부름꾼으로 나선 사람의 말을 민중이 들어주겠느냐 하는 것입니다."

고하는 그들의 요구를 완강히 거절했다. 설득에 실패한 하라다 일행은 돌아가고 이틀 후인 14일 고하는 그들의 4차 방문을 받았다. 경기도지사 이쿠다(生田)가 면담을 요청해 왔다. 고하는 도지사실에서 그와 대면했다. 70세 노인인 이쿠다는 경찰부장 오카(岡)도 배석한 자리에서 처음으로 일본은 항복하니 한·일 두 민족의 충돌을 막고 일본인의 생명과 재산을 보호하는 일에 협력해 달라고 솔직히 털어놓았다.

"만일 당신이 승낙만 해 준다면 현재 총독부가 가지고 있는 권력의 4분의 3 즉, 헌병, 경찰, 사법, 통신, 방송, 신문 등을 넘겨주겠소."

묵묵히 앉아 이쿠다의 이와 같은 제안을 듣고 있던 고하는 장차는 한국과 일본이 이웃으로 가까이 지내야 하겠지마는 이 단계에서는 그들의 제의를 수락할 수 없음을 밝혔다.

"생각해 보시오. 내가 중국의 왕자오밍(汪兆銘)이나 프랑스의 페탕이 되고자 한다면 벌써 됐을 것이 아니오. 이것은 내가 사양한다느니 보다도 만일 내가 왕자오밍이나 페탕이 되어버린다면 당신네가 일본으로 떠난 뒤에 나는 조선민족에게 발언권이 없어지지 않겠소? 그리고 멀지 않아 조선은 일본과 국교도 맺어야 할 것인데, 지금 목전의 이익만 생각하다가는 도리어 앞으로 큰 경륜을 잃을 염려가 없지 않소. 올바른 지일(知日)하는 인사라도 한 사람은 남겨두어야 하지 않겠소?"

논리적인 고하의 이 말에 이쿠다는 말귀를 알아듣는 듯했으나, 들락날락하던 오카(岡)의 얼굴은 금세 붉으락푸르락해졌다. 오카는 고하에게 덤빌 듯이 대들며 지금 곧 총독과 정무총감을 만나보러 가자고 했다.

"당신은 지금까지 단 한 번도 우리에게 협력한 사실이 없으니까 마지막으로 한번 협력을 해 달라는데 거절하는 법이 어디 있단 말이오."

고하도 오카에게 경멸에 가까운 응수를 했다.

"나는 지금 당신하고 말하고 있는 것이 아니라, 지사와 이야기하고 있소."

"당신이 끝까지 거절한다면 좋소. 그러면 지금 조선 안의 청년 학생들에게 인기가 있는 김준연이 전곡에서 서울로 올라왔는데 당신은 연락이 될 것이니 좀 만나게 해주시오. 김준연도 사양할까요?"

이쿠다는 이 이상으로 고하하고 이야기해도 소용없음을 깨닫자 말머리를 돌려서 낭산과의 면담을 요청했다.

"김 군도 나와 같은 의견이리라고 생각하지만 정 의사가 그렇다면 연락은 해 주리다."

때마침 낭산은 소련 참전의 방송을 듣고 전곡 농장을 빠져나와 걸어서 연천의 박승철(朴勝喆) 집에서 하루를 쉰 뒤에 서울로 직행하였다. 고하 집에는 감시가 심할 것 같아 돈암동 서상국(徐相國)의 집에게 기식하면서 전화로 고하와 연락이 닿아 있던 중이었다.

낭산은 고하의 연락을 받고 곧 그길로 경기도 도청으로 이쿠다를 찾았다. 때마침 공습이 있어서 낭산과 이쿠다는 방공호에서 회담했다. 낭산도 고하와 의견이 같았다.

이쿠다를 만나고 나온 고하는 그 길로 계동으로 인촌을 찾았다. 지금까지 그들의 회담 요청을 할 때나 끝마치고 나와서는 인편이나 전화로 인촌에게 알려온 고하다. 이날은 직접 인촌을 만나 회담 내용을 말해 주고 이렇게 덧붙였다.

"오늘 내일이 고비가 될 것 같으니 자네는 연천에 내려가 있는 것이 좋겠네."

고하가 고비라고 한 것은 일본이 항복할 때 조선의 지도자들을 학살할 우려를 말한 것이다.

"지금까지 본 바로는 그들의 최대 관심사는 거류민의 보호인 것 같기는 하지마는 그런 일에는 워낙 치밀하고 독한 자들이라 알 수 없으니 자네는 가족이 가 있는 시골로 가는 것이 좋겠어."

인촌에게 연천(농장)으로 내려가기를 권했다.

"자네는 어떻게 할 생각인가?"

인촌 역시 고하의 신변을 염려해서 이렇게 물었다.

"나야, 세상이 뒤바뀌는 것을 지켜봐야 하지 않겠나?"

이와 같이 말한 고하의 말 뜻 중에는 인촌의 신변을 염려하는 두터운 우정이 담겨 있었다. 또 끝까지 일제를 압도하려는 고하의 굳은 패기가 그 안에 서려 있기도 했다. 이렇게 해서 인촌은 연천으로 내려갔고, 고하는 원서동 자택에서 일제의 패망하는 마지막 순간을 지켜보게 되었다.

드디어 일제는 8월 14일에 이튿날인 15일 정오에 중대 방송이 있음을 알렸다. 당시 총독부가 정권을 맡길 인물로서 고하를 지명하고 10일 새벽, 아직 어둠도 가시기 전인 오전 4시 하라다에게 고하를 방문하게 했던 다급했던 당시의 사정을 최근 발간된 일본경제신문(日本經濟新聞)에 게재된 스즈키 하지메(鈴木一=일본곡물거래소 이사장)의 회고담에 담겨 있다. 스즈키 하지메는 항복 당시 일본 수상 스즈키 간따로(鈴木貫太郎)의 아들로서 수상 비서관 직에 재직하고 있었다.

1945년 4월 초 일왕의 시종장(侍從長)이던 스즈키는 천황의 특명으로 고이소(小磯國昭)의 뒤를 이어 수상이 되었다. 그는 전쟁 종결이라는 대명제를 안고 중책을 맡았으며 7일 조각을 마치니 군 내부에서는 의혹의 눈초리로 보게 되었다. 당시 군부 내의 공기는 항전론(抗戰論)이 너무도 강해서 항복은 내란의 위협을 안고 있었다. 또 종전의 길로 이끌어 가려는 그는 항상 저격의 대상 인물로 위험이 뒤따랐다.

언제 어디서 저격탄이 날아올지 모르는 판국이었으므로 그 아들 하지메는 부친의 경호를 맡기 위하여 스스로 산림국장 직을 사임하고 수상 비서관이 되었다. 팔순에 가까운 노재상 스즈키 간타로는 한쪽 귀가 어두웠으므로 각의(閣議)에서도 제대로 듣기 위해 전례 없이 하지메 비서관이 수상의 뒷자리에 앉아 있었다. 그러므로 스즈키 하지메는 일본이 항복하기까지의 경위를 누구보다도 소상히 알고 있음을 밝힌다.

일본의 운명을 결정한 그날

아버지는 입 밖으로는 언제나 '성전관수(聖戰貫遂)'를 부르짖었다. 마음속으로는 생각하고 있지만 만일 '휴전' '강화' 혹은 '평화'란 한마디만 입 밖에 내었다가는 쿠데타는 필지의 사실이었기 때문이다. 그러기에 육군대신을 임명함에 있어서도 육군 3장관과의 회견석상에서 '완수'(完遂)의 조건이 붙었고 아버지는 "물론 성전을 완수하겠다."고 대답했으나 군내부에서는 스즈키 내각을 의혹의 눈초리로 보고 있었다.

4월 7일, 조각을 완료한 뒤 신내각의 시정연설 중에 "나가자 1억 국민이여, 나의 시체를 넘어서…" 란 구절이 있다. 78세의 노재상이 진두에 서서 성전완수를 부르짖는 말이라고 평범하게 생각할 수 있다. 그러나 아버지의 흉중에는 "자기는 매국노란 오명을 쓸 것이고, 자기의 시신은 발길에 부스러질지도 모른다. 그러나 종전(終戰)의 대업을 성취하기 위하여는…" 하는 각오를 이 글 속에 담은 것이었다.

아버지의 주위에는 진의를 담지하고자 각료 등 여러 사람들이 교대로 맴돌았으나 아버지는 언제나 태연한 자세로 평소 좋아하는 전국사(戰國史)를 장황하게 이야기하면서도(前略) 핵심만은 감추고 있었다. 오다(織田信長)와 다게다(武田信玄)가 어떻게 했다고 이야기하고는 결론으로 "대국과 소국이 싸울 때 대등한 강화를 맺으면 소국은 이긴 것이 된다"고 말하는 것이었다.

은연중에 흉중의 일단을 비친 것이었으나 그 뜻을 이해한 사람이 과연 몇이나 될까? 그리고 7월 26일 포츠담선언, 뒤이어 히로시마의 원폭 투하와 소련의 참전이 뒤따랐다. 각의에서도 "끝까지 항전하자, 국체(國體)는 보존될 수 있느냐" 등등으로 의견들이 분분했다. 아나미(阿南) 육군대신은, "구사회생(救死回生-죽음 속에서 삶을 구함)"의 일관통이었음에 반하여 요네우치(米內) 해군대신은 "수락해야 한다."고 말함으로써 두 사람은 정면으로 대립하게 되었다.

이때 내각 총사퇴를 주장하는 의견도 나왔으나 아버지는 "이 내각에서 결정한다"고 그 태도를 분명히 밝혔다. 최후의 단안을 위한 성단방식(聖斷方式)에 대한 각의도, 최고전쟁지도자회의도 격론으로 날을 지새고, 8월 9일 심야 이례적으로 어전회의를 열게 되었다. 이례적이라 함은 사무당국이 어전에 제시할 원안도, 의제도 결정된 것이 전연 없었음을 말한다. 적어도 어전회의라면 사전에 안건을 정리해서 폐하의 임석을 맞이하고, 정리된 의안을 읽은 후 형식적으로 한두 번 질문과 응답으로 끝내는 것이 통례였다.

이날 밤의 어전회의는 수상을 포함하여 7인, 추밀원의장, 외무대신, 육해군대신, 육군 참모총장, 해군사령부 총장 등이 정식 멤버로 열석(列席)하고, 포츠담선언 수락을 찬성한다는 도오고오(東

鄕) 외무대신의 의견 진술이 있었는데 여기에 대한 찬반격론으로 아무런 결론도 내릴 수가 없었다. 이때 수상이 '폐하의 성단(聖斷)으로써 결정하고자 한다'는 뜻을 주상(奏上)하니 폐하는

"도오고오 외무대신의 뜻을 찬성한다."

고 말씀하시고 이를 다짐하기 위하여 이유를 말하겠다고 설명을 부연했다. 그 내용이 그대로 옥음(玉音) 방송이 된 것이다. 그 후 많은 우여곡절이 있었고 14일 오전 재차 궁중 지하 방공호에서 전기 7인 외에 각료 전원이 합석한 어전회의가 열렸다. 마이크 앞에 서려는 폐하의 성단에 접한 참석자들은 소리를 내어 울음을 터뜨렸다.

이와 같은 성단이 내리기까지는, 8년간 시종장(侍從長)으로 봉직하여 폐하의 기분을 잘 알고 있었던 아버지(=수상)의 최후의 결단이었다. 8월 15일, 옥음방송을 저지하려는 반란군은 황궁을 점령하고 또 청년장교의 일대는 수상 관저를 습격했다. 사저에도 전화가 걸려왔다.

나는 양친을 모시고 차에 올랐다. 아버지는 고령이신데다가 이렇게 위급한 때에도 정장을 하느라고 20여 분을 지체했다. 설상가상으로 자동차 시동이 안 된다. 10명의 경찰관이 차를 밀어서 발동을 걸었다. 이때 저쪽에서 드럭 2대가 돌진해 오고 있었다. 거기에는 청년 장교들이 가득 타고 있었다. 단 1분만 늦었던들 우리 일가족은 어찌되었을까?

시골 친척집으로 피신한 나는 사태를 알고자 사저로 전화를 거

니 "네가 간타로(수상)냐!" 하는 성난 목소리만 들려왔다. 습격대가 사저를 점령하고 우리를 찾고 있었다. 이어 이들은 사저에 불을 질렀는데 후에 들은 바로는 소방대는 왔으나 물을 뿌리지는 아니했다고 한다. '나라를 팔아먹은 놈의 집에 왜 물을 뿌리느냐'는 것이라 했다.

어찌 되었던 대국적 견지에서 일사불란하게 종전으로 이끌어 간 일은 다행이라고 본다. 이것이 없었던들 나라는 분열하여 오늘의 일본은 있을 수 없다고 생각한다. 실로 8월 15일까지 관계자들은 목숨을 걸고 노력했다는 숨은 사실을 잊지 말아 주었으면 한다. 그리고 비통한 것은 육군대신을 비롯한 많은 사람들이 이날 자결했다는 사실이다. 33회 기일(忌日)을 빈다.

〈일본경제신문〉 (1977년 8월 15일)

제7장

해방된 조국

1 / 아아, 8월 15일

8월 6일 히로시마(廣島)에 이어 9일에는 나가사키(長崎)에 두 번째로 원자폭탄이 투하되었다. 또 이날은 소련이 일본을 상대로 선전포고를 하고 일본과 전쟁을 시작했다. 스즈키(鈴木) 수상이 이끄는 일본 정부는 어전회의를 열고 전쟁 종결 방안을 논의했으나 찬반양론의 격론만 일었다. 급기야는 포츠담선언을 무조건 수락한다는 일왕의 뜻에도 불구하고 일본 정부는 이를 결정짓지 못한 채 며칠이 흘렀다.

연합군 측은 연일 항복을 촉구하는 맹폭격을 계속했다. 하루에도 몇 개의 도시들이 잿더미로 변했다. 수만 명의 사상자가 나오고 국가 기능은 거의 마비 상태가 되었다. 이와 같은 폭격이 며칠만 더 지속된다면 일본의 초토화는 물론 민족이 멸망될 위기에 직면할 지경이었다. 더 이상 버틸 힘도, 용기도 상실한 일본은 전쟁을 더 수행할 수 없음을 깨닫고 14일 연합군 측에 무조건 항복할 뜻을 전달했다. 그리고 다음날 중대 방송이 있을 것을 예고했다.

고하는 8월 15일 정오에 중대 방송이 있다는 말을 듣고, 그 전날 밤에는 잠을 이루지 못했다. 내일 방송이 무엇이라는 것을 알고 있었기 때문에 더 머릿속이 어지러웠고, 더욱 초조했다. 내일이면 해방이 되고 멀지 않아 우리가 독립국가가 된다는 생각은 고하를 흥분시켰다. 한 몸과도 다름없는 인촌은 전쟁 막바지에 서울을 떠나 시골에 가 있었다. 이때 고하의 측근 중에서 낭산 김준연(朗山 金俊淵)이 연천에서 올라와 며칠째 고하의 집에 묵고 있었다. 고하는 낭산을 붙잡고 밤이 새는 줄도 모르고 이야기했다.

"그만 잡시다. 내일 정오면 다 결정날 것을 뭐…"

이렇게 고하는 낭산을 바라보고 말을 건네면서 여전히 누울 생각은 하지 않았다.

"그만 주무십시다."

이번에는 낭산이 고하를 재촉했다.

고하와 낭산은 서로 잠잘 것을 청했으나 두 사람 모두 잠이 올 리가 없었다. 낭산이 슬며시 잠이 들었나 싶었을 때 고하는 낭산을 깨웠다. 새벽 3시였다. 고하는 새벽 3시경이면 잠을 깨는 습성이 있었다. 이를 잘 알고 있는 낭산은 고하의 부름에 응했다. 고하는 낭산을 깨우고는 정치, 경제, 문화, 교육, 군사, 외교 등 그의 광범위한 정치적 포부를 이야기하기 시작했다. 이야기가 당면한 문제에 접어들자 고하는 몽양 여운형(夢陽 呂運亨) 이야기를 하면서 그를 아끼는 뜻에서 긴 한숨을 내쉬었다.

"몽양이 잘못하면 민족에게 큰 피해를 입힐지도 몰라."

1945년 8월 15일 일본 항복·광복

　드디어 날은 밝았다. 1945년 8월 15일은 왔다. 이날은 마침 목요일이었다. 목요일은 총독부 고관과 일본 실업가들이 모여서 간담회를 갖는 날로 명칭도 목요회(木曜會)라고 불렀다. 8월 15일 정오의 중대 방송이 일본의 무조건 항복이라는 것, 한민족이 독립된다는 것은 총독부 고관들도 극소수를 제하고는 알지 못했던 상황이었다. 그들은 뉴욕이나 워싱턴이 함락되었다는 중대 방송쯤으로 착각했던지 조선호텔에서 점심을 먹으며 환담하느라고 일왕의 울먹이는 방송도 듣지 못했다. 호텔 보이들은 울고 다니는데도 로비에서는 잡담들을 하고 있었다.
　"미친놈들이야. 그렇게도 모를까? 사실을 알고는 그럴 수는 없을 텐데."

무조건 항복 방송이 있은 지 두 시간만인 오후 2시. 원서동 고하 집에는 고하를 비롯해서 낭산 김준연(朗山 金俊淵), 설산 장덕수(雪山 張德秀), 근촌 백관수(芹村 白寬洙), 가인 김병로(街人 金炳魯), 춘곡 고희동(春谷 高羲東), 애산 이인(愛山 李仁) 등이 모여들었다. 냉수로 축배를 올리며 조선호텔의 일본인 실업가들 이야기로 폭소를 터뜨렸다. 뒤이어 순식간에 수많은 사람이 모여들었다. 이 날 고하 집에 모인 인사들은 샴페인이 아니라도 좋았다.

"냉수!"

"야! 냉수 더 떠오너라."

냉수를 찾아서는 잔을 치켜들며 해방의 축배를 들었다. 이제 건설될 새 나라의 빛날 장래를 축원하며 기쁨을 같이했다.

"페탕이 돼서야... 라우렐이 되다니... 몽양 그 사람... 쯧쯧쯧."

고하는 몽양을 진심으로 아꼈고 그의 오류를 진정으로 안타깝게 여겼다. 한편 이 기쁨을 함께 나눌 수 없는 애국선열의 추모, 향후의 정치 그리고 새로 이룩될 새 나라 건설에 관한 이야기로 서로들 웃음꽃을 피웠다.

"새 나라도 꾸며야 하겠지만 새살림부터 마련해야겠소."

고하는 동지와 손님을 대접할 쌀을 구하려고 사람을 보내는 등 마음과 몸이 바쁘게 돌아갔다. 그런데 16일에 송녹부의 종전(終戰) 수습 책임자 이쿠다(生田)가 갑자기 찾아왔다. 고하는 의아한 눈으로 그를 맞았다.

"오늘은 선생께 다른 청이 있어서 왔습니다."

이쿠다는 자기네 동포들의 생명과 재산의 안전에 대한 걱정을 하기 시작했다. 고하의 말이라면 조선 사람들은 누구나 다 들을 것이니 몽양과는 별도로 일본인들의 생명과 재산을 보호하도록 지시해 달라는 것이었다.

"거 무슨 말이오. 조금도 염려 마시오. 우리는 오랜 역사와 전통을 가진 문화민족이오. 쫓겨 가는 사람들에게 돌을 던지는 잔학한 민족은 아니오. 그런 만행은 절대로 없을 것이니까 안심하고 돌아가시오."

고하는 이쿠다를 타일러 보냈다.

16일 오전 10시 몽양(夢陽) 여운형은 민세 안재홍(民世 安在鴻)을 끌어들여 휘문중학교 교정(지금 현대건설 자리)에서 건국준비위원회(建國準備委員會-약칭 建準)를 정식 결성하였다. 몽양이 이렇게 하게 된 데에는 총독부로부터 치안유지권을 물려받은 데에서 비롯된다. 건준의 1차 조직을 보면 위원장 몽양, 부위원장에 안재홍, 총무부장 최근우(崔謹愚), 재무부장 이규갑(李奎甲), 조직부장 정 백(鄭栢), 선전부장 조동호(趙東祜), 무경(武警)부장 권태석(權泰錫) 그리고 치안대장 장권(張權) 등이었다. 이들 중 정백, 조동호, 권태석은 장안파(長安派) 공산주의자이다.

고하에게 행정권을 맡기려다가 뜻을 이루지 못한 총독부는 몽양에게 교섭하였고, 몽양은 몇 가지 조건을 붙여 이를 수락하였다. 15일 아침 정무총감 엔도(遠藤)는 몽양을 그의 관저로 초대하여 일본이 이날 정오를 기해서 무조건 항복한다는 것을 밝히고,

소련군이 17일 오후에는 서울에 입성할 가능성이 짙다고 그의 의견을 말했다. 이와 아울러 조선은 한강을 경계로 하여 미·소 양군이 분할 점령할 것으로 전망하면서 소련군이 들어오기 전에 정치범을 석방할 것이니 치안 유지에 협력해 주기를 당부했다. 이에 대해서 몽양은 5개 항목의 요구 조건을 제시한 바 합의를 보기에 이르렀다.

1. 전국을 통하여 정치범, 경제범을 즉시 석방할 것.
2. 8월, 9월, 10월 3개월분의 식량을 확보할 것.
3. 치안유지와 건국운동을 위한 정치운동에 대하여 간섭하지 말 것.
4. 학생과 청년을 훈련 조직하는 데 대하여 절대로 간섭하지 말 것.
5. 노동자와 농민을 건국사업에 조직 동원하는데 대하여 절대로 간섭하지 말 것.

몽양은 1944년 8월 10일에 조동호, 김진우(一洲 金振宇), 이석구, 현우현, 황운, 김갑문 등과 함께 '건국동맹'(建國同盟)이란 지하조직을 결성하고 있었다. 몽양은 이 조직을 주축으로 선국준비위원회의 결성을 서두르는 한편 원서동으로 고하를 찾아 협력해 줄 것을 요청했다. 그러나 고하는 몽양의 움직임을 타일렀다.

"일본이 항복을 했다고는 하나 군사력과 경찰권은 그대로 갖고 있소. 우리가 이것을 물리칠 힘이 없는 한 총독부를 상대로 행정권을 이양 받는다는 것은 결국 그들의 심부름을 하는 것밖에 되지 않으니 몽양은 가볍게 움직이지 마시오."

휘문중학교 교정에서 군중대회를 마친 '건준(建準)'은 서울역까지 시가행진하는 촌극도 벌였다. 몽양은 엔도가 말한 한강을 경계로 미소 양군의 분할 점령설을 믿었다. 또 이날 오후 1시에 소련군이 서울역에 도착한다는 조작된 풍문을 기정사실화했다. 몽양은 풍채도 좋고 웅변까지 능하여 대중적인 정치가로서의 풍모를 고루 갖추었으나 일관된 주관이 서지 못하여 정치적 좌표마저 흔들렸다. 결국 우왕좌왕 좌우(左右) 사이를 표류하다가 그가 지닌 경륜을 펴 보지도 못한 채 비명에 간 비극의 정치가였다.

서울역까지의 소련군 환영 시가행진은 한 편의 조작극이었으나 '건준'의 탄생을 알리는 효과는 있었다. 그날 오후 3시, 안재홍은 건준 부위원장의 자격으로 서울중앙방송국을 통하여 건준이 총독부로부터 행정권을 인수했다고 공포하였다. 그런데 아쉽게도 군대의 편성, 통화의 안정, 대일협력자에 대한 대책 등 성급한 언동으로 민심을 자극했다. 그리하여 시위군중의 일부는 난동을 일으켜 남대문 파출소를 파괴했다. 그 뒤에도 성북경찰서를 강제로 점령하는가 하면 총독부를 접수하려고 몰려가기도 했다.

사태가 이에 이르자 총독부는 치안 확보를 이유로 경찰과 군인을 동원하는가 하면 건준(建準)의 행동을 감시하기에 이르렀다.

"평소에 일본 놈 손가락 하나 건드리지 못하던 위인들이 이제는 내 나라 내 물건이 될 재산을 파괴하다니…"

고하는 계속 일어나는 난동으로 생긴 유혈 사태와 파괴에 개탄을 금치 못하였다. 유혈과 파괴 행위는 지방으로 번져나갔다. 공산분자가 주동이 되어 걷잡을 수 없는 사태로 발전했다. 일본이 패망한 후 다소의 진통이야 없을 수 없다 하더라도 질서를 유지하여 점차적으로 국권을 회복하고 건국을 해야 할 마당에 난동과 파괴 그리고 살육의 씨가 뿌려지고 있었다.

'건준'의 시위가 있은 날 오후 평양에서 고당 조만식(古堂 曺晩植)이 고하에게 장거리 전화를 걸어왔다. 도지사가 행정권을 받으라고 하는데 받아도 좋겠느냐는 문의였다. 그리고 조만식은 김동원(金東元), 안동원(安東源), 오윤선(吳胤善) 등과도 한자리에 모여 의논하고 있다고 했다.

"개인의 자격으로는 받지 말고 민중대회를 열어서 민중의 손으로부터 받아야 한다."

고하는 그의 소신을 잘라서 말했다. 고하가 총독부에서 주는 정권을 받지 아니한 것도 이와 같은 이념에 입각한 것이다. 그가 국민대회를 준비한 것도 민중이 승인하지 않는 지도자는 일종의 괴뢰나 다를 바 없다고 생각했기 때문이다. 조만식은 평양에서 고하의 방법을 취했기 때문에 지방이기는 했지만 아무런 잡음이 일어나지 않았다. 평양의 조만식에 이어 광주에서도, 대구에서도, 부산에서도 꼭 같은 전화가 걸려왔다. 그때마다 고하는 역시 같은 대답이었다.

이즈음 거리에서는 여러 가지 유언비어가 떠돌았다. 그중에는 '동진공화국(東震共和國)' 수립이라는 것이 있었다. 그것에 따르면 '대통령 이승만, 국무총리 김구, 육군대신 김일성, 외무대신 여운형...' 등등 뿌리도 없는 소문이었다. 이런 혼란이 가중되면서 해방이 된 지 5일이 지나 20일이 되었다. 이날 미국의 B-29 1대가 서울 상공에 날아와 웨드마이어 장군이 서명한 전단을 뿌리고 갔다. 미군이 곧 진주할 터이니 그때까지 일본 행정당국은 종전 당시의 상태로 질서를 유지하라는 내용이었다. 당시 미국 포고문 제1호는 다음과 같다.

"남조선 민중 각위에게 고함"
미군은 근일 중에 귀국에 상륙하게 되었다. 우리 군은 도쿄에서 금일 일본군의 항복문서에 조인하게 되었으므로 이에 의거하여 미군은 연합군 대표로서 상륙하는 것이다. 그 목적은 귀국을 민주주의 제도 하에 있게 하고 국민의 질서유지를 이룩하는 데 있다.
국가조직의 개선은 한꺼번에 이루어지는 것은 아니며 안녕질서에는 혼란과 유혈사태가 따르지 않게 해야만 한다. 우리는 이상의 목적을 조속히 이룩하기 위하여 조선 민중에게 다음 몇 가지 점에 대한 협조와 원조를 바라는 바이다

이 전단은 총독부로부터 정권을 인수하려던 몽양 여운형과 '건준'을 당혹하게 만들었다. 서울에 진주하는 것은 소련군이 아니

고 미군이 분명해졌기 때문이다. 몽양이 곤경에 빠진 것은 그뿐만이 아니었다. 조선총독부와 조선군관구(朝鮮軍管區)의 태도 표변이었다.

조선군은 그해 2월 11일자로 해체되고 대신 조선군관구와 야전부대로 대본영 직할(大本營 直轄) 제17 방면군이 신설되어 약 23만의 병력을 가지고 있었다. 38선 이북의 조선군은 관동군 총사령관 예하에 들어갔는데 그 병력은 약 18만이었다. 8월 16일 민세 안재홍의 방송에 격분한 조선군관구 사령부가 총독의 처사에 항의하여 아베 총독은 18일자로 행정권이양을 취소한다고 발표하였다. 이어 치안의 주도권을 장악하고 있던 조선군은 20일 B-29의 전단에 힘을 얻어 그날 오후 5시를 기하여 모든 정치 단체와 치안 유지 단체는 간판을 내리고 해산할 것을 명령하였다. '건준'의 간판만은 교섭 끝에 그대로 남았으나 정부를 수립하려던 몽양은 진퇴양난이 되어 공산주의자들의 손아귀에 빠져들어 갔다.

소련군의 북한 진주는 전광석화와 같이 빨랐다. 8월 9일 참전한 이래 15일 일본이 항복한 후에도 계속 진군하여 8월 말까지 북한 지역을 거의 장악했다. 이에 북한에는 소련 혹은 연안(延安)의 공산 세력이 재빠르게 따라 들어왔다. 이리하여 이 땅에는 38선이 그이지고 남한에는 미군, 북한에는 소련군이 진주한다는 사실을 알게 되었다.

소련군의 진주로 인하여 북한에서는 민족주의 진영이 심한 행동의 제약을 받았다. 8월 20일경 조만식의 비밀 명령을 허리춤에

끼고 김동원의 사위가 서울로 올라왔다. 바로 김동원도 따라 올라왔다. 이리하여 고하는 밤낮없이 기꺼워 몰려드는 방문객들에게 둘러싸였다. 고하는 8·15 전후 사정을 설명하고 이제부터 취해야 할 한민족의 자세를 설명하느라고 목소리도 쉬고 몸도 지쳤다.

2015년 7월 12일(일) 이른 아침 KBS TV의 "TV회고록 울림"에 출연한 김병기(金秉騏) 화백(1916~)이 평양에서 서울에 올라와 고하를 만난 회고담은 해방 직후 물밀듯이 고하를 찾아오는 방문객들의 모습을 보여주는 한 예라고 할 수 있다.

"나는 1945년 8월 16일 아침 기차를 타고 서울로 갔어요. 17일 전 동아일보 사장 송진우를 만나 독립된 정국에서 어떻게 힘을 합칠 것인가를 적은 평양 인사들의 밀서를 전달했어요. 그리고 이때 서울에 온 김에 화신백화점 옆에 있던 한청(韓靑) 본부에 들러 건준의 미술가운동본부에서 중심적 역할을 한 좌익미술가 이쾌대(李快大)도 만나 보았지요."

김병기 화백은 평양 김찬영 화백의 아들로 도쿄미술학교를 거쳐 귀국할 때까지 김환기, 이중섭, 유영국, 박수근 등과 함께 아방가르드 미술을 선도한 예술가이다. 그는 일시적으로 사회주의에 경도되어 평양에서 공산당 본부가 있던 숭실전문학교에서 북조선미술동맹의 서기장까지 역임한 경력이 있다. 그는 고당 조만식의 주례로 약혼식을 올렸고, 해방 후 그가 조선민주당을 창당했을 때 중앙위원 33인에 이름을 올렸다. 결국 민족주의를 앞세워 독립을 쟁취해야 한다는 생각에서 조선민주당에 참여했다고 한다. 그가 만난 김일성은 예상과 달리 할아버지가 아니라 보통 청년이었고 강한 함경도 사투리를 썼다고 한다. 강간과 약탈 말고도 급조된 공산주의의 권력 독점에 실망하여 그는 1947년 월남하였다.

2
고하와 몽양(夢陽)

　8월 14일 중대 방송의 예고를 듣고 시민은 제각기 다른 억측을 퍼뜨렸다. 어떤 시민은 소련에 대한 정식 선전포고라는 둥, 어떤 시민은 일본 항복이라는 둥, 또 어떤 시민은 자치 아니면 독립을 줄 것이라는 둥 추측은 실로 다양했다. 그러나 이 방송이 중대 방송이라는 것은 누구나 다 인정했다. 특수 직위에 있는 사람 외에는 일본이 무조건 항복을 하리라고는 꿈에도 생각하지 못했다. 고하가 이쿠다와 회담을 마치고 집에 돌아와 보니 낭산 김준연(朗山 金俊淵)이 와 있었다.

　"아마 내일 방송은 무조건 항복일텐데…"

　고하는 낭산을 보자마자 말했다. 낭산과 이런저런 내용을 의논하고는 저녁에 전 동아일보 기자 곽복산(郭福山)을 불렀다. 그를 부른 것은 서울 용산에 자리 잡고 있는 조선군 사령부의 분위기를 알아보기 위함이었다. 곽복산은 뜻밖의 소식을 전해왔다. 조선군 사령부 고급 군인들은 불을 밝히고 술을 먹고 있다는 것이다. 고하는 내일 항복을 한다면 오늘밤쯤 예비검속을 단행해서 조선인들을 학살하지 않을까 염려했는데, 저들이 술을 먹고 있다니 우선 안심이 되었다.

고하의 예상대로 이튿날인 15일 정오 일황 히로히토(裕仁)의 불투명한 목소리가 라디오 방송을 타고 흘러나왔다. '무조건 항복' 방송이 나오면서 전후 7년을 끌어온 제2차 세계대전은 종말을 고했다. 이로써 한국은 독립이 약속되었다.

여기서 8·15해방 직전의 고하와 몽양의 위치와 태도 그리고 정치적인 안목을 대비하여 밝혀 두고자 한다. 해방 전야의 일제와의 정치적 흥정에 관한 구구한 억측을 해소하고, 해방 후 왜곡된 8·15 전후사를 바르게 후세에 남길 필요가 있다. 일부에서는 당시 정무총감이었던 엔도가 나중에 작성한 문서에 고하와의 정권이양 교섭 사실을 기록하고 있지 않다든가 또는 설사 당시 경기도지사인 이쿠다가 고하를 접촉하였다고 하더라도 이는 정권이양 교섭이라고 보기 어렵다든가 또는 당시 조선인으로 가장 높은 지위에 있던 관료인 최하영(崔夏永)[1]의 회고를 들어보아도 고하를 접촉했다는 낌새를 못 챘다든가, 또는 고하에게 정권이양 교섭을 했다고 하는 견해는 낭산 김준연의 조작이라는 등등 잘못된 견해가 많기 때문이다.

그러나 위에서 지적하고 설명한 바와 같이 고하는 이해 8월 10

---

[1] 경기도 이천 출신. 후일 대한민국 심계원장(현재의 감사원장)을 지냈다.

일 이후 4차에 걸쳐 통치권 이양 문제로 총독부 측으로부터 교섭을 받았다. 총독부 측은 고하와 낭산이 거부하자 몽양에게로 갔다. 몽양과 총독부 측은 어느 정도의 타협이 이루어졌다. 일제가 항복 방송을 하던 8월 15일 아침의 일이었다.

이즈음 고하의 집에 묵고 있던 낭산이 '엠·엘(ML)당' 시대의 동지 정백(鄭栢)을 만났다. 정백은 낭산을 만나자 다짜고짜 일제가 넘겨주는 통치권 이양을 고하와 몽양이 합작해서 받는 것이 좋겠다는 합작론을 제의했다.

"몽양도 좋은 지도자요 고하도 좋은 지도자이니, 이 두 지도자가 합작을 하면 여기에 대항할 세력이 없을 거요. 그러니 낭산이 사이에 들어서 합작을 시켜 주시오"

합작 공작의 의뢰를 받은 낭산은 곧 고하에게 전했다.

"나는 그자들에게 이미 거절을 했는데, 몽양이 와서 합작을 하자고 한들 할 수가 있겠소? 거, 쓸데없는 소리 그만하시오"

고하는 일언지하에 거절하여 낭산은 무색해졌다. 즉시 낭산은 고하의 합작 거절을 전할 것을 겸해서 서울 계동 장일환(張日煥)의 집에 묵고 있는 정백을 찾아가는 길에 창덕궁 경찰서 앞에서 몽양을 만났다.

"고하는 어떻게 할 생각입니까?"

몽양은 고하의 의중을 낭산에게 물었다.

"안 나가겠다 합디다. 나 역시 고하와 같은 심경입니다"

"그럼 좋소. 나 혼자 나가겠소. 공산혁명으로 일로매진하겠소"

고하와 낭산의 거절에 몽양은 독단적인 정치 노선을 지향할 것을 낭산에게 알렸다. 낭산은 몽양과 헤어져 정백에게로 갔다. 정백은 고하의 거절을 듣고 고하에게 다시 한 번 합작할 것을 종용했다. 그러나 이날 오후 낭산은 고하에게 돌아와 몽양과 정백의 일련의 합작론을 주고받고 있는데, 마침 정백으로부터 낭산에게 전화가 걸려왔다.

"몽양을 만나서 이야기를 자세히 들었소. 고하에게는 다시 이야기할 필요가 없소. 낭산만이라도 꼭 같이 합시다."

그러나 낭산도 거취를 명백히 밝히면서 거절했다.

"그러면 좋소. 내일이면 소련군이 들어올 테니 우리는 정부를 곧 조직하겠소. 나중에 후회가 없겠소?"

정백은 낭산에게 이렇게 다짐하면서 중국 연안의 독립동맹(獨立同盟)과도 연락이 되고 있음을 자랑삼아 덧붙였다.

"나는 정부 조직에 참가하지도 않고, 후회하지도 않을 테니 안심하시오"

낭산은 정백의 요청을 일축했다.

이리하여 고하와 몽양의 합작은 무산되고, 몽양은 총독부 측과 정권을 주고받는 것을 단독으로 협상하고 드디어는 수락했다. 이어 몽양은 즉시 인재홍과 손을 잡고 '건국순비위원회를 조직한 것이다.

드디어 이 민족이 꿈속에서도 바라던 8월 15일은 왔다.

일제의 쇠사슬이 끊이지자 그동안 서로 찾기조차 어려웠던 동지들이 물밀듯이 고하를 찾아 들었다. 그중 몇몇 동지들은 고하가 총독부 측의 정권 인수 교섭을 받아들이지 아니하고 몽양에게 세력을 빼앗긴 것처럼 분개하여 그 거절 이유를 힐난하기까지에 이르렀다.

"아직 일본이 연합국 측에 항복하겠다는 것뿐이지. 일본의 세력은 국내에 엄연히 남아 있지 않소. 말하자면 우리에게는 일본군이나 경찰을 물리칠 힘이 없소. 이러한 때에 정권을 받는다는 것은 독일 점령 당시의 프랑스의 페탕 괴뢰정권이나 일본에 잡혀 있는 필리핀의 라우렐 정권과 무엇이 다른 것이 있겠소? 일본이 정식으로 항복을 이행하고 우리의 입장을 정정당당하게 주장할 수 있는 때가 왔어도, 우리는 국민의 뜻을 받들지 않고 자기 개인의 정치적 야욕에만 취해서는 안 되는 것이오.

연합군이 상륙하고 일본이 정식으로 항복한 후에 연합국과 논의해서 건국을 한다 해도 조금도 늦을 것은 없는 것이오. 더욱이 이 기회를 이용하여 국내에 있는 인사만으로 성급하게 정권을 세운다는 것은 오랫동안 국외에서 풍찬노숙(風餐露宿)하던 선배 동지들에 대한 의리가 아니라고 생각하오. 더구나 일본 세력이 엄연히 있는 이때, 그 세력을 이용해서 정권을 세운다는 것은 일본 세력의 연장이며 일본이 잘못한 것을 일본의 뜻을 받들어 뒤치다꺼리하는 데 불과한 것이 아니겠소. 오래지 않아 연합군도 들어오고 해외에 있는 선배 동지들도 귀국하게 될 것이니 그때까지 마음의 준비와 현상 유지를 하면서 기다립시다."

고하는 그의 정치적인 식견과 지론을 설명했다. 고하의 이 이론에 대하여 '건준' 측에서는 고하가 비겁하기 때문에 나서지 못한다 했다. 또한 일부 모략분자들은 고하가 몽양을 가리켜 페탱이라고 지적한 듯이 떠들어댔다.

불과 수일 후에 미군이 비행기로 삐라를 뿌려 일본 행정 당국은 연합군이 진주할 때까지 현상대로 질서를 유지하고 있을 것을 명령 지시하자 총독부에서 행정권을 인수한 몽양은 딱한 처지에 빠졌다. 일본의 꾐에 빠져 경솔히 행동을 개시한 몽양은 여기서부터 공산당과 합작을 더 굳게 하고, 또 공산당의 손에 꼭 쥐이게 되었다. 또한 몽양은 군정에 대한 배수진을 치기 시작했다.

해방된 지 이틀째인 17일 오후 2시 몽양은 긴히 할 이야기가 있다면서 원서동으로 고하를 찾았다. 몽양의 고하 댁 방문은 커다란 파장을 일으켰다. 일반은 물론, 신문기자가 떼를 지어 모여들었다. 고하와 몽양은 비밀리에 단독 회담을 가졌다.

"고하는 나를 페탱이라고 했다는데, 그것은 어떤 의미에서 한 말이었소?"

"몽양을 가리켜 한 말은 아니오. 이런 시기에 정권을 물려받으면 페탱이 되기 쉽다고 했소. 정권은 국내에 있던 우리가 받을 것이 아니라, 연합군이 들어와서 일본군이 물러나고, 해외에 있던 선배들과 손을 잡은 뒤에 절차를 밟아서 받는 것이 옳다고 생각했

1935년 영친왕의 보모이자 김천고등학교 설립자인 최송설당 동상 제막식에서 고하와 여운형

기 때문이오. 그때가 되어 몽양이 생각이 있다면 내가 극력 몽양을 추대할 것이니 지금 정권 수립은 보류했으면 싶소."

"어째서 꼭 해외에 있는 사람들과 함께 정권을 받아야 하오? 고하와 나 둘이 손만 잡는다면 그만한 세력은 없을 것이고, 해외에서 들어오는 세력도 우리들 속에 흡수될 것이며 해외 인사라고 해도 별로 문제될 만한 사람은 없소."

"의리상 나는 그렇게는 못하겠소."

"그러면 그동안은 국내를 진공 상태로 둘 생각이오?"

"내가 보기에는 몽양은 공산주의자가 아니오. 그러나 자칫하면 그들에게 휘감기어 공산주의자도 못되면서 공산주의자 노릇을 하게 될 위험성이 없지 않소. 내 말을 들으시오."

"내가 무엇이 되든 두고 보시오."

이리하여 고하와 몽양은 헤어지고 말았다. 회담이 끝나자 고하는 신문기자들 앞에 나타났다. 고하가 아무 말도 할 것이 없다고 말하자, 기자들이 불평을 늘어놓았다.

"아무 말도 없다는 것도 훌륭한 인터뷰야"

이번에는 고하가 기자들에게 응수했다.

고하는 몽양의 합작 요청 거절과 몽양의 방문을 전후하여 평소에 구상하고 있던 정권 인수 체제를 '국민대회준비회(國民大會準備會)'로 구성하여 몽양의 '건국준비위원회'와 정식으로 대립했다. 고하는 이해 9월 7일 국민대회준비회를 소집했다.

이에 몽양은 고하이 국민대회준비회에 앞질러서 박헌영 등 공산당과 합작하여, 하룻밤 사이에 '인민공화국(人民共和國)'을 급조해서 9월 6일 발표했다. 한마디로 말해서 인민공화국의 선포는 고하의 국민대회준비회 소집을 방해하고자 선수를 친 것이었다. 동시에 몽양의 건국준비위원회는 고하를 점차 반동으로 몰고 모략하기 시작했다. 그러나 몽양은 그 후에도 고하의 충고를 잊지 못했는지 여러 사람을 통해 제휴를 요청해 왔다. 몽양은 화가 일주 김진우(一洲 金振宇)를 중간에 넣고 고하에게 교섭을 시작했다. 일주는 이미 몽양의 건국준비위원회에 가담하고 있으며 고하와도 가까운 사이였다. 일주는 직접 또는 서면 권고를 하다못해 끝내는 나중에 민족 간의 서로 출혈이 있게 된다면 그것은 고하의 책임이라고까지 극언을 퍼부으며 압박했다.

이에 고하는 인민공화국의 불법성을 조목조목 지적하여 반박 성명을 냈다. 인민공화국을 해체하고 거기에 도장을 찍어 보내면 몽양과 제휴할 수 있다고 응수했다. 또 고하는 단념하지 않고 김병로, 백관수, 김준연 등을 여러 차례 몽양에게 보내어 자중할 것을 충고하고 민족주의 계열과 공산주의 계열 두 진영의 공평하고 균등한 조직과 협조로 독립운동을 하자고 강권하기도 했다. 그러나 몽양은 고하의 제의를 받아들이지 않았다. 이리하여 고하와 몽양은 물과 불이 되었고, 고하의 노선과 몽양의 노선은 우와 좌로, 그리고 끝내는 남과 북으로 갈리고 말게 된 것이다.

3

국민대회준비회와 한국민주당(韓國民主黨)의 결성

8월 28일 마닐라에 있는 미군 사령부의 명령에 따라 조선군관구 사령부는 조선은 북위 38도선을 경계로 미·소 양군이 분할하여 점령한다고 발표했다. '38선'이란 말도 이때 처음으로 생겼다. 이러한 남북 분할 점령은 일본군의 무장 해제가 끝날 때까지의 잠정적 조처일 것으로 보고 대수롭지 않게 생각했다. 연합군 최고사령부가 조선의 분할 점령을 정식으로 발표한 것은 9월 2일이었다. 한편 8월 22일 평양에 진주한 소련군은 적군사령부(赤軍司令部) 명의로 '조선인민에게 주는 포고문'을 발표하고 모든 도(道)에 인민정치위원회를 조직하여 이를 소련군 사령관 치스챠코프의 관할 아래 두고 공산화를 추진하는 한편 남한의 공산당에게 지령을 내리기 시작했다.

38선 이북에서는 소련군의 약탈과 강간·폭행으로 백성들이 공포에 떨고 있다는 소식이 매일 들려왔다. 시달리다 못하여 남으로 내려오는 대열이 줄을 이었다. 그런데도 남한의 공산주의자들은 이것을 중상모략이라고 잡아떼고 소련군을 약소민족의 해방자, 심지어는 구세주라고 떠들어대기도 했다. 연합군에 앞서 북한에 진주한 소련군에 힘입은 남한의 공산주의자들은 이에 의기양양했고 몽양은 이들의 수렁에 빠져 헤어나지 못했다. 그러나 고하는 총독부의 정권이양 교섭을 받았을 때와 평양 조만식이 행정권 인수에 관하여 문의하여 왔을 때 그리고 여러 지방에서 비슷한 질문을 받았을 때 그 답변은 한결같았다.

"개인이 받을 수 없소. 연합군과 민중만이 정권을 줄 수 있지, 일본 정부나 한 개인이 정권을 주고받고 할 성질의 것이 아니오."

이와 같은 고하의 주장과는 달리 몽양은 총독부와의 협상이 이루어지자 건국준비위원회를 조직하고 시위와 방송으로 소련군이 서울역에 입성하니 환영하러 가자고 민중을 선동하기에 이르렀다. '건준'은 8월 17일 삐라를 뿌려 갈피를 잡지 못하는 군중을 이끌고 서울역으로 환영을 나갔다. 몽양은 백상규(白象圭), 최근우(崔謹愚) 등을 시켜 미군이 인천에 상륙하니 고하도 같이 나가자고 권고해 오기도 했다.

"몽양은 영어도 잘하고 하니 혼자 가는 게 좋지 않은가?"

고하는 몽양의 권고를 뿌리쳤다. 물론 미군도 소련군도 오지 않았다. 미군 환영을 함께 나가자는 권고는 여러 가지 음모가 내포된 것이기도 했다. 그 음모는 냉철한 고하에 의해 가볍게 일축되었다. 이와 같은 크고 작은 선동과 모략이 계속 일어났고 해방의 기쁨에만 취해 있었다. 이에 근촌 백관수와 가인 김병로는 '건준'의 선동과 모략 등의 부당성을 지적하며 몽양 여운형과 민세 안재홍을 찾았다.

"지금 '건준'식으로는 아무것도 되지 않을 것 같으니 '건준'을 해체하고 민중대회를 열어서 위원 33명을 뽑아 이를 운영케 함이 어떻소?"

근촌과 가인은 몽양에게 타협안을 제출했다. 모든 민중에게 끼치는 영향이 너무도 걱정이 되어서 한 행동이었다. 이 타협안에 몽양과 민세는 즉석에서 찬성을 했다. 그들이 찬성한 이유는 그렇게 해서라도 고하를 포섭해 보자는 욕심에서였다. 이 계획에는 고하도 찬성의 뜻을 표했다. 그 대신 조건이 있었다. 그 33인의 인선을 이쪽에 맡기라는 것이었다. 그러나 몽양은 이미 공산당에 둘러싸여 이상한 방향으로 움직이고 있을 때였다. 몽양은 고하의 요구를 무시한 채 '건준' 중심의 33인 위원 명단을 제시했다. 그것을 고하가 들을 리 또한 만무했다.

근촌과 가인 등은 다시 타협안을 제출해서 위원을 70여 명으로 확대하여 구성하자고 했다. 몽양은 또 승낙했다. 몽양은 돌아가서 이번에도 그 70명의 대다수를 자기 사람으로 구성해 버렸다. 또 깨어지고 말았다. 그래도 가인은 단념하지 않고 고하에게 몽양과의 타협을 권유했으나, 끝내 듣지 않았다. 고하는 보수와 진보 두 세력을 합작하여 건국 대업에 이바지하게 하려는 가인과 근촌의 노력에 대하여 종지부를 찍도록 했다. 그리고 어떠한 조건이라도 건준 중심의 공산당과는 타협하지 않을 것을 결심했다. 고하는 몽

양의 두 번 배신에 지친 것이다

이렇게 몽양이 완전히 공산당과 합작해 버리자, 민세 안재홍은 몽양에게 불만을 토로하고 '건준'을 탈퇴하기에 이르렀다. 민세의 탈퇴에 일반 민중도 '건준'에 대하여 전과는 달리 의아하게 생각하게 되었고 비판하기 시작했다.

몽양이 공산당과 합작을 해서 이른바 인민공화국 정부를 조직하는 동안 고하는 국민대회를 개최할 준비를 갖추었다. 그가 이 국민대회를 계획한 것도 민중의 의사를 존중하여 민중의 총의와 신임을 토대로 정권 인수 요건을 갖추기 위해서였다. 몽양의 '건준'을 통한 선동 정치로 인해서 민심이 흉흉할 때 민족주의자와 일부 보수 세력 그리고 갈팡질팡하는 수많은 민중에게 행방의 지침을 주기 위한 실천이었다. 고하는 국민대회 결성 강령을 다음과 같이 내세웠다.

① 연합국에 감사를 드린다.
② 국민대회를 열어서 국내외 민족 총역량을 집결한다.
③ 중경에 있는 임시정부의 법통(3·1운동의 법통)을 지지한다.
④ 보수와 진보 두 갈래의 정당을 만들어 민주주의 방식에 의한 정당정치를 실현한다.

이와 함께 국민대회준비회의 첫 단계 사업을 제시했다.

① '건준'(인공)이 공산당과 그 동조자들의 모체(母體) 역할을 하는데 대하여 국민대회준비회는 민족진영의 모체 역할을 한다.
② 해외에서 환국하는 지사와 동포에게 편의를 베푼다.
③ 연합군정(聯合軍政)에 대하여 국민을 대변한다.
④ 민심 안정과 치안유지에 협력한다.

고하는 곧 국민대회 발기인 선정에 바삐 움직였다. 국민대회준비회 구성은 여기에 모일 수 있는 민족진영뿐만 아니라 진보적 진영의 대표적 인물도 총망라하기로 했다. 우선 3·1운동 이후 꾸준히 고난을 참고 지조를 지켜온 권동진(權東鎭), 오세창(吳世昌) 두 분을 준비회 고문으로 추대하여 승낙을 얻었다. 그리고 여러 지방에 흩어져 있는 지도층 인사를 서울로 불러들이기로 했다.

평양의 조만식(曺晩植)에게는 안동원(安東源)을 파견하려 했으나 실현되지는 못했다. 그러나 대구의 서상일(徐相日)에게는 서상국(徐相國)을 파견했다. 이번에는 고하 스스로 나서서 서울에 머물고 있던 유림의 대표적 지도자 심산 김창숙(心山 金昌淑)의 숙소를 방문하여 고문으로 추대하였다. 병원에 입원 중인 좌파의 홍명희(洪命憙)와 공산주의자 김철수(金綴洙) 등도 찾아 협력을 요청했으나 홍명희와 김철수는 이를 서설했다. 국내의 순비위원이 구성된 뒤 고하는 해외에서 아직 환국하지 못하고 있는 선배나 동지 중 이승만, 김구, 이시영, 김규식 등 대표적 지도자들이 귀국하는 대로 교섭하여 친동을 얻는다는 방침까지도 세웠다.

이러한 고하의 구상과 실천 방법에 민족주의 진영의 일부 인사는 의견을 달리할 뿐만 아니라, 의심을 품는 사람도 없지 않았다. 이에 대하여 고하는 점진적으로 포섭 방침을 세우고 연합군이 서울에 진주한 다음날인 9월 7일 국민대회준비회를 결성했다. 사실 고하는 이에 앞서 9월 4일 대한민국 임시정부 및 연합군 환영준비위원회를 조직하고 위원장에 권동진, 부위원장에 김성수와 허헌을 위촉한 바 있었다. 9월 7일 동아일보사 3층 강당에서 개최된 국민대회준비회는 9월 4일에 조직한 환영준비위원회의 발전적 확대 개편이라고 할 수 있다.

　국민대회준비회는 위원장에 고하, 부위원장에 서상일(발기인 총회 때의 의장), 고문에는 권동진(權東鎭), 오세창(吳世昌), 김창숙(金昌淑)을 선출했다. 부서 책임자는 총무에 김준연(金俊淵), 외교에 장택상(張澤相), 조사에 윤치영(尹致暎), 조직에 송필만(宋必滿), 정보에 설의식(薛義植), 경호에 한남수(韓南洙) 그리고 김동원(金東元), 안동원(安東源), 최윤동(崔允東), 이정래(李晶來), 이순탁(李順鐸), 고재욱(高在旭), 강병순(姜柄順), 김지환(金智煥) 등으로 각계각층에서 고하와 뜻을 같이 하는 인사가 망라되었다. 또한 정식으로 국민대회가 소집될 때까지 실행 책임자로 고하를 비롯하여 서상일(東庵 徐相日), 김준연, 장택상, 윤치영, 김창숙, 최윤동 등을 선출했다. 백상규(白象奎)도 몽양의 '건준'에서 전향하여 국민대회준비위에 참가하였다.

　국민대회준비회가 무사히 끝난 직후인 9월 7일과 8일, 양일에 걸쳐 중국 기자와 프랑스의 공산계 기자가 고하와의 회견을 요청해 왔다. 이들은 연합군을 따라서 종군한 외국 기자들이었다. 이때 정래동(丁來東)의 통역으로 진행된 중국 대공보(大公報) 기자와의 인터뷰 내용을 추려본다.

"우리 임정요인들께서 지금 어디 계신지 모르시오?"

고하의 물음에 기자는 임정요인의 거처에 대하여 아는 바 없다고 말했다.

"신문기자는 그만한 것쯤은 알고 있어야지.

고하는 기자를 나무랐다. 이에 기자는 화제를 바꾸어 고하에게 국내 문제를 물어봤다.

"선생께선 이 정국이 앞으로 어떻게 진전되리라고 믿으십니까?"

"난 하루 이틀에 안정이 되리라고는 믿지 않소. 그 이유로서는 국내에는 미·소 두 세력이 들어올 것이오. 국내에도 많은 분파가 있어서 동상이몽을 꿈꾸고 있으니까 더욱 그렇소. 귀국도 그렇지요?

"우리나라가요?"

"그렇지요. 귀국도 자리가 잡히자면 한동안 국·공(國·共) 사이에 미찰이 있을 거요. 마오쩌둥(毛澤東)은 지금까지 국민정부군만 싸움을 시켰지, 저희들이야 어디 싸움을 했던가요. 싸움합네 하고서는 저들의 실력만 길렀으니까. 또 귀찮게 되리다. 그러나 우리는 귀국보다는 간단히지요. 아직 무기가 없으니까."

"조선 안에서 민족주의와 공산주의의 두 세력이 알력이 심하고 또 공산 세력이 매우 우세한데, 이에 대한 귀견은?"

"우리나라의 공산 운동은 전통적으로 항일의 수단이었지, 공산화가 목적은 아니었소. 지금 일부 민중이 따라가고 있으나, 민족 진영이 한 개의 신문이라도 갖게 되면 곧 돌아서게 할 수 있소."

"조선은 오랫동안 식민지 생활을 했으니 얼마 동안 신탁통치를 받는 것이 어떨까요?"

"천만의 말씀이오. 우리에게는 비록 식민지 교육이라 할지라도 전문학교 이상 대학 교육을 받은 조선인이 많고 해외에서 항일 투쟁을 해 온 혁명세력이 있기 때문에 두려울 것이 없소. 그럴 필요는 조금도 없으니 염려 마시오."

고하는 이와 같은 자신의 정치적 식견을 일문일답으로 피력한 다음에 프랑스의 좌익계 통신 기자를 향해 프랑스 공산당의 위치와 자세를 묻기도 했다.

"귀국 공산당은 어디에 속하고 있소?"

고하의 물음에 프랑스 기자는 한참 만에 무슨 뜻인지를 알아채고 대답했다.

"프랑스에 속하고 있지요."

"아니 소련 공산당의 지휘를 받지 않소?"

"천만에 말씀. 우리 프랑스 사람을 좀 더 잘 살게 하기 위한 공산당이지 소련을 위한 공산당이 우리나라에 있을 수 없소."

고하의 이 질문은 소련을 조국으로 떠받드는 조선 공산당을 비유해서 한 말이었다. 고하는 그때 일본인이 소유했던 재산의 처리 문제에 대하여서도 자신의 견해를 피력하기도 했다.

"항간에서는 그러한 재산을 적산(敵產)이라고 하는데 이 말은 타당치 못하오. 우리 백성의 고혈을 뽑아서 세운 집이요, 시설인데 그것이 우리 것이지 어째서 적산이오? 멀지 않은 장래에 일본은 또다시 회복이 될 것이니 이런 것을 잘 이용해서 우리가 하루라도 먼저 경제적으로 독립을 해야 할 것이오."

한편 몽양은 국민대회준비회 결성식을 전해 듣고 그 전날 밤에 공산당과 합작해서 소위 '조선민주주의인민공화국(朝鮮民主主義人民共和國),' 약칭 인공을 급조하기에 이르렀다. 이리하여 몽양은 '인공(人共)' 조각(組閣)의 명단을 발표했다. 아래의 명단은 최초로 '인공'이 조각하여 발표한 소위 벽보 내각(壁報內閣)이었다.

▲ 주석=이승만(李承晚) 부주석=여운형(呂運亨) 수상=허 헌(許憲) ▲ 내무=김구(金九) ▲ 외무=김규식(金奎植) ▲ 군사=김원봉(金元鳳) ▲ 재정=조만식(曺晩植) 보안=최용달(崔容達) ▲ 사법=김병로(金炳魯) ▲ 문교=김성수(金性洙) 선전=이관술(李觀述) 경제=하필원(河弼源) 농림=강기덕(康基德) ▲ 체신=신익희(申翼熙) 노동=이위상(李胃相) 서기장=이강국(李康國) 법제국장=최익한(崔益翰) 기획국장=정백(鄭栢)

(▲는 당사자의 허락 없이 명의 도용한 경우)

"셋이 잘 만났군."

"이념이 아니고 이해관계로 모인 사람들은 언제든지 이해관계로 헤어진다."

고하는 '인공' 조각에 대해 못마땅해 했다. 셋이란 여운형과 안재홍 그리고 박헌영이었다. 안재홍과는 해방 직전 일본 정부와의 협조 문제로 언쟁을 한 사이였고, 박헌영은 일찍이 동아일보 판매부 사원으로 있은 일도 있어서 대개는 짐작하는 인물이었다. 고하는 몽양과 민세, 박헌영의 규합을 지적하기도 했다. 그로부터 '인공'은 더욱 치열하게 선전과 중상모략을 일삼았다. '인공'에 추종하는 문인과 논객들은 그들의 붓끝으로 고하를 헐뜯기에 바빴다.

"고하는 비겁하다. 그러니까 지도자로서 패망한 일본 뒤에 오는 진공 상태를 방치하여 무질서하게 만들었다. 이것은 '건준'과 합작을 거부한 반동 세력인 고하의 책임이다."

이렇게 그들은 신문이나 잡지 또는 선전 삐라로 고하를 모함하기에 이르렀다. 이와 같은 모략 선전을 통해 고하의 국민대회준비회(國民大會準備會)와 한국민주당(韓國民主黨)을 공격하기도 했다. 표면상 공산당이 없어진 나중에도 항상 그들이 입버릇처럼 내세운 소위 보수 '반동' 세력 때문에 건국이 늦어지고 나라가 분단된 것처럼 선전을 계속하였던 것이다.

8·15해방부터 9·7 미군 진주까지의 국내 정파로 뚜렷한 집단은 몽양의 건국준비위원회와 고하 중심의 국민대회준비회가 있었다. 그러나 미군이 진주하여 군정이 선포되고 사령관 하지 중장

이 군정만이 유일한 정부임을 밝힌 뒤, 정당과 사회단체의 대표자들을 만날 것을 요청하자, 하룻밤 사이에 수많은 정당과 사회단체가 생겼다. 공산주의 진영과 민족주의 진영 할 것 없이 또 중간노선을 표방하는 회색분자들도 많은 정당과 사회단체를 만들었다. 뒷날 고하가 하지와 친숙해지자 "장군은 '파티 메이커'(정당 제조자)가 아니냐"고 농담을 할 정도로 정당과 사회단체가 난립했던 것이다.

이 무렵 민족주의 진영에서는 대체로 네 개의 그룹이 있었다. 첫째는 백관수(白寬洙), 김병로(金炳魯), 홍성하(洪性夏) 등을 중심한 기호파(畿湖派)로 일명 원남동 내각(苑南洞 內閣)이라고도 불린 신간회 우파(新幹會 右派) 중심의 모임이었다. 둘째는 장덕수(張德秀), 김도연(金度演), 허정(許政), 조병옥(趙炳玉), 윤보선(尹潽善), 이영준(李榮俊), 윤치영(尹致暎) 등이 중심이 된 해외파(海外派)로 주로 미국과 영국 유학생 시절부터 이승만을 따르던 인사들의 모임이었다. 셋째는 원세훈(元世勳), 김약수(金若水), 박찬희(朴瓚熙) 등 북풍회(北風會)와 화요회(火曜會) 중심의 그룹이 있었다. 그리고 넷째로 백남훈(白南薰), 함상훈(咸尙勳) 등을 중심한 황해도 그룹이 있었다.

위의 네 그룹은 각기 별로 색다른 입장의 차이를 찾아볼 수 없는 모임이었다. 그래서 네 그룹을 합치면 큰 세력을 형성할 것 같다고 해서 하나로 뭉치는 운동이 전개되었다. 김병로가 동분서주한 끝에 연합에까지 이르렀다. 연합체를 구성하고 보니 지도자가 필요했다. 중론은 고하에게 집중되었으나 고하는 아직 정당 조직의 시기가 아니라고 강하게 거부했다. 국민대회 주류파에서도 반대의 기치를 드는 동지들이 있었다. 정당은 정부가 조직된 다음에 서서히 만들어야 한다고 주장했다.

그러나 소련이 이북에 진주하고, 미군이 이남에 진주한 뒤에 각각 미·소가 남북한에서 군정을 실시하면서 국내 정세는 급격한 전환을 가져왔다. 이에 고하는 공산당에 대항하기 위해서는 강력한 민족진영 정당의 필요성을 느끼게 되었다. 정치를 하기 위한 정당 조직에 앞서 조직을 통해 민족진영의 단결과 민중 계몽이 시급했기 때문이다.

이리하여 바쁘게 서두른 결과 드디어 9월 16일 서울 경운동(慶雲洞) 천도교 기념관(天道教 紀念館)에서 한국민주당(韓國民主黨)이 결성되었다. 백남훈의 개회사, 김병로의 임시의장 피선, 이인의 경과보고, 조병옥의 국내외 정세 보고, 원세훈의 정강정책 설명, 장덕수의 당원 선서 등을 거쳐 8·15해방으로부터 1개월 만에 민족진영을 통합한 큰 정당이 출범하였다.

각 그룹에서는 고하를 당수로 추대할 뜻을 내세웠으나 고하는 이를 고사하고 수석총무(首席總務)로 취임했다. 고하가 당수를 사양한 것은 아직 환국하지 못한 해외 망명객 중 구국운동의 선구자인 이승만과 김구를 추대할 목적에서였다. 그래서 정책적인 면을 주로 담당하는 수석총무의 임무를 맡을 것을 고집하였던 것이다. 그러나 고하는 실질적인 당수였다. 한국민주당은 이때 대표적인 정강 정책(政綱政策)을 다음과 같이 밝혔다.

① 민주주의 국가의 건설
② 토지제도의 개혁, 특히 경자유전(耕者有田)의 원칙을 기초로 하여 토지소유제도의 합리적 편성
③ 국민 경제생활의 균등화
④ 특수한 국가적 요청이 없는 한 자유주의 경제 정책의 채택
⑤ 언론·집회·결사·종교의 자유
⑥ 중소기업의 육성
⑦ 의무교육제도의 확립

등을 내세우고, 문화·교육·외교·군사 등 광범위한 정책도 내걸었다.

여기서 정치가로서 고하가 가졌던 생각의 일부를 소개하고자 한다. 그는 민주주의 제도 아래에서는 지도부(指導部)에 대한 끊임없는 감시가 밑으로부터 작용한다고 보았다. 따라서 지도부가 잘못하게 되는 경우에는 이 감시가 복원력(復元力)으로 기능을 다하게 된다고 생각했다. 그러나 소위 민주집중제(民主集中制)와 같은 무산자 독재 아래에서는 잘못된 지도부라고 해도 절대적 권력을 계속 행사할 수가 있다. 이렇게 되면 지도부 내의 궁정혁명(宮廷革命)에 의하여 복원되던가 아니면 조직 전체가 모두 와해되어 복원되지 못하든가 두 가지 길밖에 없다고 보았다. 따라서 고하는 민

주주의 제도의 우월성에 대한 확고한 신념을 가지고 있었다.

그는 또한 평등주의(平等主義)는 철학적 또는 사상적으로 환경주의이므로 그 의도하는 바가 인도적으로 아름다운 것임에는 틀림이 없다고 생각했다. 그러나 어느 정도를 초월하여 평등주의를 주장하는 경우, 예컨대 사회계급의 폐지를 넘어서 산술적 평등을 요구하게 되면 그것은 난센스가 되고 말 것으로 예측했다. 균등(均等)과는 근본적으로 다른 점이 여기에 있다고 본 것이다.

고하는 공산주의를 분명히 거부하면서도 정치적, 경제적으로 특정 계급이나 개인에게 힘이 집중되는 것을 막아야 한다고 보고 경제적으로 온건한 좌파들과도 공감대를 갖고 있었다. 비록 공산주의 세력에 대해 적대적인 태도를 보였지만 고하는 기본적으로 민족의 실력 및 문화 양성과 민주주의 원칙을 고수했던 원칙주의자라고 볼 수 있다.

고하가 별세하기 직전 1945년 12월 23일에 한 연설에서 그의 사상과 정책방향을 엿볼 수 있다.

"정치적으로는 민주 의정체(議政體)를 수립해야 합니다. 독립한 국가가 될지라도 그 권력이 한 사람의 것이 되고 일 계급의 독재한 바가 된다면 무엇으로써 우리의 생명재산과 자유가 보장될 수 있겠습니까. 이러한 국가나 사회에는 오직 마찰과 대립이 있을 뿐이니 우리는 만인이 기구하는 민주적 정치체제를 확립하지 않으면 안 될지니...(중략)

과거에 있어서는 자유에만 치중하고 균등에 있어서는 진실한 고려가 없었기 때문에 자본가가 이윤 추구에 방분한 나머지 경제적 균등의 기회는 파괴되고 따라서 근로 대중의 생활은 그 안정을 잃었던 것입니다. 그러므로 우리는 정치적 민주주의가 독재적 전횡을 타파하는데 있는 것 같이 경제적 민주주의는 독점의 자본을 제재하는데 있는 것이니 진정한 의미의 경제적 민주주의는 그 정책에 있어서 사회주의 계획 경제와 일치된 점을 발견치 못하리라고도 생각할 수 없습니다. 그러므로 대자본을 요하고 독점성을 띄운 중요 산업은 국영화 혹은 공영으로 해야만 할 것이오. 또한 토지 정책에 있어서도 종래의 불합리한 착취 방법을 단연 배제하기 위하여 일본인 소유 토지의 몰수에 의한 농민에게 경작권 분여는 물론이거니와 조선인 소유 토지도 소유를 극도로 제한하는 동시에 매매 겸병을 금하여 경작권의 전국적 시설을 촉진하여 민중의 생활을 권보하지 않으면 아니 될 줄 믿습니다."

고하는 대중연설방법과 그 전달기법을 일본 유학시절에 많이 공부한 나머지 중후하고 근엄한 인상을 주면서도 억양에 악센트가 없이 느릿한 속도로 발음을 분명하게 하도록 노력했다. 또한 고하는 생전에 목소리가 멋신 남자로 손꼽혔다.

고하는 당내의 인화(人和)와 인재(人材)의 균형적 배치에 힘을 썼다. 우선 당 고문에 권동진(權東鎭), 오세창(吳世昌), 김창숙(金昌淑)을 추대했다. 그리고 당 운영은 집단 지도세를 재백하고 각계

각층과 지방 당까지 총망라한 8인 총무제(總務制)를 구상하여 실천에 옮겼다. 수석총무에 고하, 그 외에 총무로 김도연(경기), 서상일(경북), 허정(경남), 백관수(호남), 백남훈(황해), 김동원(평안), 조병옥(충청), 원세훈(함경)과 감찰위원장에 김병로를 선임했다.

총무 이외에 각 부서 책임자에는 외무에 장덕수(張德秀), 당무에 이인(李仁), 문교에 김용무(金用茂), 노동에 홍성하(洪性夏), 조직에 김약수(金若水), 선전에 함상훈(咸尙勳), 재무에 박용희(朴容喜), 후생에 이운(李雲), 정보에 박찬희(朴瓚熙), 조사에 유진희(兪鎭熙), 연락에 최윤동(崔允東), 청년에 박명환(朴明煥), 지방에 조헌영(趙憲泳), 훈련에 서상권(徐相權) 그리고 윤치영, 이활, 구자옥, 최순주, 윤홍섭, 박용하, 이상은, 문장욱, 윤보선, 이영준, 송필만 등을 선임했다. 여러 뛰어난 인재들을 등용하여 민족진영의 젊은 인사들이 구름같이 모여들었다.

한편 고하는 국민대회준비회를 해체하지 않고 존속시켰다. 그것은 해외 망명 동지들이 환국한 다음에 완전 독립의 총협의체로 재편성하여 활용할 생각에서였다. 고하는 당의 자금 조달에는 이영준, 안동원 등 여러 인사를 통해 유지들의 찬조를 받았다. 이외에도 서상일 총무의 의견을 채택하여 백만 당원에게 한 사람당 연회비 10원 이상을 징수하고 최저 2천만 원의 당 기본금을 조달할 것을 계획하고 실시했다. 모아진 당비는 독립될 때까지는 독립운동 자금으로 간주했다. 이 제도와 구상은 고하 생전에는 큰 성과를 못 보았으나 이것은 어디까지나 정치 부패를 막기 위한 자주적

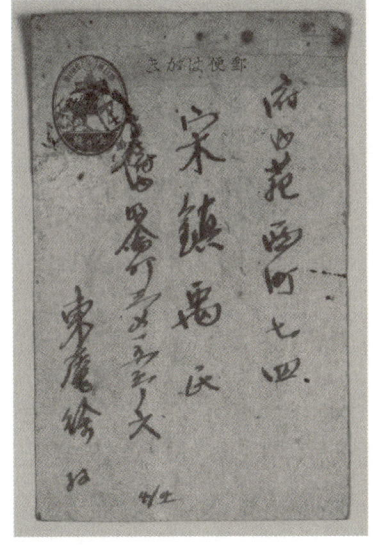 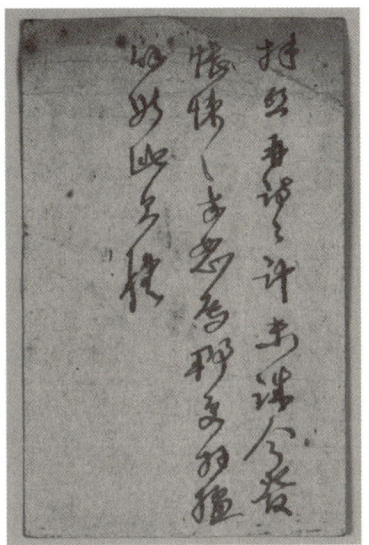

명륜동 동암 서상일이 고하에게 보낸 안부엽서

자금 조달 방법이었다.

재정의 기반이 서자 고하는 당사(黨舍)를 일본인 학교였던 종로 초등학교(지금 삼양식품주식회사 자리)로 정하고 사용하다가 그 학교가 개교를 하게 되자 서울 광화문 전 동아일보 사옥으로 옮겼다. 한국민주당이 창당된 뒤, 임영신(任永信)은 한국민주당의 이념에 동조하는 여성 참정권의 기치를 들고 여자국민당(女子國民黨)을 조직하여 그 본부를 한국민주당사 인에 두고 공동 전선을 폈다. 고하를 중심으로 한국민주당이 결성되면서, 국내 민족진영은 드디어 하나의 단결된 힘을 갖고 점차 활발한 움직임을 보이기 시작했다.

이러한 움직임을 전후하여 10월 10일 미군정은 '인공' 부인(人共否認)의 성명서를 발표했다. 이에 '인공'이 무너지면서 몽양 여운형을 중심으로 인민당(人民黨)과 민세 안재홍을 중심으로 한 국민당(國民黨)이 조직되었다. 이리하여 박헌영 등의 '공산당(共産黨)'을 포함하여 이 땅에는 8·15 이후 4대 정당이 형성되었다.

이에 언론 기관에서는 4대 정당의 대표가 방송을 통해서 각자의 정강 정책과 주장을 국민에게 밝혀서 국민의 계몽과 이해 증진을 도모하자는 제의가 있었다. 이것은 혼란과 위기를 극복하자는 현상 타개책이기도 했다. 언론 기관의 방송 제의에 정당 사회단체는 대찬성이었다. 이리하여 몽양은 인민당을, 민세는 국민당을 각각 대표해서 방송했다. 공산당은 박헌영을 대신하여 정태식이 방송했다. 정태식의 방송은 소련 예찬과 한국민주당 공격으로 시종일관하였다.

한국민주당을 대표해서는 고하가 방송했다. 고하는 허락된 30분간 차근차근 민족의 대의와 민족의 향방을 제시하고, 이 나라의 난맥을 파헤쳤다. 고하가 방송하는 동안 뜻밖의 일이 일어났다. 방송국 안에 '인공' 계열이 있어 전파를 흐리게 하는가 하면 청취자가 알아듣지 못하게 잡음을 섞는 일도 있었고 또한 배정된 시간을 단축시키는 등 갖은 방해를 다했던 것이다.

한국민주당을 조직하면서 고하는 사상이나 주의 또는 일제시대의 행적을 초월한 민족대동(民族大同)에 역점을 두고 있었다. 일본에 협력한 어느 인사의 아들이 입당을 자원했다. 당내 일부에서는 반대했으나 고하는 다음과 같이 말하고 그를 받아들였다.

"적 치하에서는 본의 아니게 과오도 있을 수 있다. 모두 한데 뭉쳐서 독립에 힘써야 할 때에 거절할 이유가 없다."

그로부터 얼마 후 당에서는 당보(黨報) 발행 준비를 위하여 거액의 자금이 필요했다. 누구도 그 많은 금액을 갑자기 염출할 수는 없었다. 모두 고민하고 있을 때 고하는 일본에 협력한 일로 말썽이 된 바 있던 그 인사에게 편지를 보내 급히 필요한 거액을 얻어올 수 있었다. 그제서야 반대하던 인사들도 고하의 깊은 사려에 감복했다.

한국민주당 시절의 고하의 별명은 '호랑이'라고 불렸다. 주장의 확고함, 먼 앞을 내다보는 통찰력, 옳다고 생각되는 일에 대한 실천력, 그리고 과단성 있는 지도력 등 고하의 깊이 있는 정치 역량에서 연유한 별명이라고 할 수 있겠다.

4
미군정과 동아일보 복간

　8·15 직후부터 진주한다던 미군은 9월 6일 인천에 상륙하여 즉시 경인가도를 달려 서울에 입성했다. 고하는 광화문 전 동아일보 사옥에서 미국 진주의 광경을 회심의 미소로 맞이했다. 당일 오후 2시 조선 총독 아베(阿部信行)와 재조선 일본군 대표로부터 항복 조인을 받은 미군 사령관 하지 중장은 조선호텔에 여장을 풀고 국내외 기자 회견을 가졌다. 그리고 다음날인 8일 하지는 한국의 정당 및 사회단체 지도자들을 조선호텔로 초청하고 회담을 가졌다. 고하도 초청을 받았다.
　막상 고하가 조선호텔에 나가보니 회의장은 건준 계통의 유명 무명의 정객으로 득실거렸다. 이 광경을 본 고하는 비위에 거슬려서 그대로 돌아오고 말았다. 하지 중장 휘하의 제24군단은 원래 일본 본토에 진격할 예정이었으나 일본의 항복으로 조선에 진주한 만큼 조선에 관한 지식은 거의 백지였다. 행정에 대한 준비도 전혀 돼 있지 않았다. 거기다가 그는 정치적 소양도 부족했다. 고하가 조선호텔에서 돌아온 뒤 몽양과 민세 등은 하지 중장과 회담을 가졌다.

"송진우 씨가 오거든 내게 좀 소개해 주시오."

하지는 몽양에게 고하를 소개해 줄 것을 의뢰했다. 하지는 이미 한국 지도자들에 관한 예비지식을 갖고서 몽양에게 부탁한 것이었다. 고하는 수일 후에 하지와 연락이 잦은 임영신(任永信)을 중간에 세워 만남을 희망했다. 고하와 하지와의 회담은 설산 장덕수의 통역으로 비밀리에 이루어졌다. 고하는 하지에게 군정의 성격에 대하여 물었다. 하지는 고하에게 한국 정세를 타진하고 자신의 포부와 의견을 제시했다. 첫 회담에서 하지는 고하의 의견에 찬동하고 심취하기에 이르렀다. 또한 하지는 고하에게 자주 접촉할 수 있는 기회를 요청했다.

고하와 하지와의 회담 이후 그때까지도 하지의 정치 고문 버취 중위(中尉)를 싸고돌던 '건준'과 미군정과의 관계는 점차로 무너지기 시작했다.

"'인공'은 송진우 씨도 승인한 것입니까?"

하지는 몽양을 불러 비꼬아 묻기도 했다.

이에 '인공'과 공산당은 서울을 비롯한 지방조직 등을 통하여 고하와 민족진영 그리고 미군정을 강하게 비난하기 시작했다.

"미군정은 물러가라. 인민의 총의로 이룩된 '인공'을 승인하라. '인공'에 정권을 넘겨라."

인공은 그들의 요구와 결의, 또는 통고문 등으로 삐라를 만들어 도시와 시골에 뿌렸다. 그들은 직간접으로 미군정을 방해하고 고하와 한국민주당 그리고 민족진영에 대한 중상모략을 일삼았다. 이러한 '인공' 측의 반미 행동이 노골화되자 군정 장관 아놀드 소장은 10월 10일 '인공'부인 성명을 발표하기에 이르렀다.

"남한에는 오직 군정부(軍政府)가 있을 뿐이다. 조선인민공화국이니, 가칭 내각이니, 혹은 국민 전체를 대표했다고 선전하는 사기 행동을 조종하는 연극을 묵인할 수는 없다. 더욱이 1946년 3월 1일에 18세 이상의 남녀에게 선거권을 주도록 인민회의에서 결정하겠다고 발표한 것 등은 자유민에게 신성한 투표권을 조롱거리로 만들고 있다. 이러한 무책임한 언동을 일삼는 사이비 정치가들에게 엄중히 경고한다."

아놀드의 성명에 '인공'은 치명적인 타격을 받았다. '인공'은 여러 차례 미군정에 협상을 제의했으나 그때마다 거절을 당했다. 그리하여 일어난 것이 반미운동(反美運動)과 반군정 항쟁(反軍政抗爭)이었다. '인공'의 반미운동과 반군정 항쟁이 치열해지자 미군정 측은 '인공' 계열 중심에서 고하의 한국민주당과 민족진영 중심으로 정책을 바꾸기 시작했다. 고하에 대한 미군정의 신임은 점차 두터워가기만 했다.

이에 고하는 미군정의 고문이 되고 미군정에 협력하기로 했다. 고하의 미군정에 대한 협력은 미군정을 도와서 정부 수립에 필요한 행정과 사법·입법의 민주주의 절차를 배우자는 데 있었다. 그래서 고하는 동지들의 군정 참가를 지지하고 후원했다. 동시에 해외에 있는 망명 정객들의 환국(還國) 편의를 위하여 군정과 절충하기도 했다.

이즈음 하지는 그의 군정 고문 윌리엄스 대령을 통하여 고하에게 군정 요직 중 가장 중책인 경찰 책임자의 추천을 요청해 왔다. 이튿날 고하는 윌리엄스를 자택으로 초대하고 유석 조병옥(維石 趙炳玉)과 원세훈(元世勳)을 불러 저녁을 같이 하면서 시국 수습책을 종합 검토한 후에 조병옥에게 경무부장(警務部長) 취임을 종용했다. 이리하여 조병옥은 치안 책임자로서 대한민국 정부가 수립될 때까지 파란 많은 대공(對共) 투쟁을 선두에서 지휘하게 되었다.

후일 미군정 기간 동안에 한국민주당에서 군정 요직을 전부 맡은 것 같은 인상을 일반이 갖게 된 것은 '인공' 등 반민족 계열의 왜곡 선전에 기인한다. 사실 한국민주당에서 군정 요직을 차지한 것은 조병옥뿐이었다. 기타는 거의 미국이나 영국 등에 유학하여 그들의 사정을 알고 영어를 하는 인물들이었다. 조병옥의 경무부장 취임 직후인 10월 10일, 고하는 한국민주당 주최로 연합군 환영회를 중앙청 광장에서 가졌다. 시간적으로 늦은 느낌이 없지 않았지만 '인공'과의 투쟁 때문에 어찌하는 수 없었다. 하루는 고하를 만난 하지가 정치자금 문제를 제기하고 나왔다.

"정치운동에 자금이 필요하시면 자금을 제공해도 좋겠는데 어떠시오?"

인공 측은 정치자금이 풍부한데 한국민주당 측은 '인공' 같이 넉넉지 못한 것이 아니냐고 고하에게 물었다. 인공에 정치자금이 풍부한 것은 일제하에서 친일 축재자들이 집중적으로 헌금했기 때문이다. 인공 측은 여운형의 행정권 이양, 인공 내각 조직 등 당장 공산당 천하가 된 양 기고만장했다. 그들은 친일 축재자들을 협박하기도 했고, 축재자들은 보신책으로 자진해서 헌금하기도 했다. 투명하지 못한 정세의 전망은 축재자들을 더욱 허약하게 했다. 그에 반비례하여 우익 진영에게는 너무도 비협조적이었다.

독립운동의 자금은 넉넉하고 조선사람은 독립운동의 자금이라면 얼마든지 제공할 것이라면서 고하는 하지의 정치자금 원조 제의를 첫마디에 거절하였다. 이번엔 하지가 헌법 문제를 가지고 그의 의견을 개진했다.

"지금 우리는 한민족의 군정 참여를 정치 훈련의 기회로 봅니다. 오래지 않아 독립이 될 테니 중요한 법률안을 기초하여 두는 것이 좋을 줄 압니다. 특히 헌법 초안을 기초해 두시면 어떻습니까?"

하지의 권고로 고하는 곧 헌법 기초(憲法 起草)를 김병로(金炳魯), 김준연(金俊淵), 이순탁(李順鐸), 강병순(姜柄順) 등에게 위촉했다. 이 헌법 초안은 고하가 별세한 후 반년을 지나서 완성을 보게 되었다. 나중의 대한민국 최초의 헌법 초안과 큰 차 없는 것이었다.

당시 미군 진주를 전후하여 큰 도시에서는 재빠른 일부 실업가들 중에 종래에 국내에서는 볼 수 없는 카바레, 댄스홀 등의 위안업 등의 영업 개시를 꾀하는 이가 있었다. 유지들 사이에는 풍기단속상 그 곤란한 점을 들어 반대 의견을 들고 나오는 이가 많았다. 그런데 고하는 반대 의견에 대해 다음과 같이 받아넘겼다.

"전쟁을 하러 온 군인에게 성인군자가 되기를 요구하는 것은 무리한 것이오. 차라리 일반 시민들의 출입을 제한하더라도 그들에게 위안과 오락을 주도록 하는 것이 필요하고 또 폐단이 적을 것이오."

정치가로서 고하의 일면과 인간으로서 그의 모습을 엿볼 수 있는 말이었다. 이와 같이 고하는 미군정을 적극 돕는 한편 서울 주재 소련 영사 싸부신을 초대하여 한국민의 의사를 대변하기도 했다. 고하가 하지나 싸부신 또는 외국 기자를 만났을 때의 통역은 영어에 장택상(張澤相)과 윤치영(尹致暎), 중국어에 정래동(丁來東), 러시아어에 고창일(高昌一)이 담당하였다.

이 무렵을 전후해서 고하는 대공 투쟁의 선봉 역할을 담당할 민족진영의 언론 기관의 필요성을 절감했다. 시급한 과제였다. 해방을 맞자 좌익계열은 재빨리 경성일보(京城日報)와 근택인쇄소(近澤印刷所)를 점령하여 좌익계 신분늘이 이 나라의 언론계를 휩쓸고 있었다. 경성일보의 시설은 총독부 기관지 경성일보와 매일신보(每日新報)를 찍어내던 곳으로 당시는 유일무이한 신문사 시설이었다. 근택인쇄소는 일본인이 경영하던 최대의 빈간 인쇄시설이었다.

　해방과 함께 건준은 매일신보를 접수하여 적색신문(赤色新聞)을 발간하니 사원들은 과거 총독부 기관지에 근무한 전력의 죄책을 느끼고 맹목적으로 충성을 다했다. 그러나 본격적인 좌익 신문이 등장한 것은 9월 8일 인공기관지(人共機關紙)로 창간된 조선인민보(朝鮮人民報-金正道)와 9월 19일에 창간된 조선공산당 기관지 해방일보(解放日報-공산당중앙위원회)였다. 그 밖의 좌익 신문으로는 영자 신문 서울타임즈(9월 6일 발간, 민원식·남정린), 경성일보(10월 4일 발간), 자유신문(10월 5일 발간, 이정순·정인익·이원영), 조선문예신보(10월 24일 발간, 고태만) 및 중앙신문(11월 1일 발간, 김형수·박종수·황대벽·이상호) 등이 있었다.

　이처럼 좌익이 기선을 잡고 이 나라 언론을 장악한데 반해서 우익 신문은 영자 코리아 타임즈(9월 5일 발간, 이묘묵·김영의), 민중일보(9월 22일 발간, 장도빈), 신조선보(10월 5일 발간, 양재하·남상국·김제영), 대공일보(11월 3일 발간, 손태극·신경호), 조선일보(11월 23일 복간, 방응모) 및 대동신문(1월 25일 발간, 이종영) 등이 있었으나 그 영향은 너무도 미미했다.

　매일신보는 좌익을 선택한 사원자치위원회에서 운영하여 오다가 10월 2일 미군정청에 접수되어 그 관리 아래에 11월 25일자로 제호를 '서울신문'으로 고쳐서 속간하였다. 실질적인 운영권은 여전히 좌익의 수중에 있었다. 이 무렵 언론계에 침투한 좌익분자들은 수적으로 우익계보다 월등히 우세했다. 당시 각 신문사에는 기자 중에 공산당 프락치 또는 좌익을 선택한 기자가 곳곳에 끼어 있어서 경영진이나 회사의 방침과는 상관없이 기사를 그들 나름대로 썼던 것이다. 경영진의 동조 여부는 알 수 없고 다만 기사 논조에서 색채를 말하는 것이다.

10월 23~4일 양일간에 걸쳐 YMCA 강당에서 24개 신문사, 250명의 기자가 참석한 이른바 전조선신문기자대회(全朝鮮新聞記者大會)가 열렸다. 조선통신(朝鮮通信) 이종모(李鍾模)의 사회로 진행된 개회 첫날은 아놀드 군정 장관 축사의 대독도 있었고, 이승만도 우레와 같은 박수를 받으면서 축사를 했다. 그러나 그들은 좌익 주도하에 강령과 규약 등을 채택했다. 그리고 예정된 각본대로 조선신문기자회(朝鮮新聞記者會)를 결성했다. 또 다음날은 이른바 인민공화국 지지를 일사천리로 결의했다. 반년 후의 2차 대회에 때에는 북한 땅에 진주한 소련군의 만행을 보도한 신문을 규탄하는 결의까지 하는 형국이었다. 이에 대항하여 민족진영의 조선기자협회(朝鮮記者協會)가 결성되기도 하였다.

이와 같은 정세 아래에서 고하는 그해 11월 중순 하지와 회견하는 자리에서 동아일보의 복간(復刊)을 요청하여 허가를 얻었다. 강제로 폐간된 지 5년 만에 다시 간행을 하게 된 동아일보사는 흡사 적군 앞에 상륙(上陸)하는 것과 다름이 없었다.

동아일보가 이렇게 복간이 늦어진 것은 인쇄시설을 얻지 못했기 때문이었다. 서울시내의 신문인쇄 시설들은 좌익계가 독점하여 버렸다. 그들은 동아일보의 복간을 방해하고자 직접 산섭석으

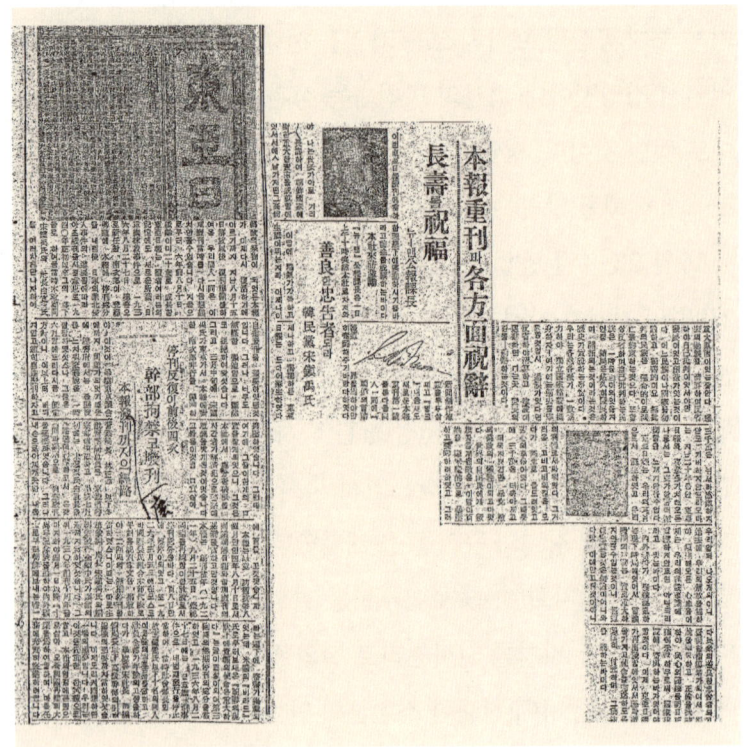

1945년 12월 2일 본보중간과 각방면 축사-장수를 축복, 동아일보

로 비협조적이었기 때문이다. 그렇다고 활판(活版)으로 만들어 낼 수도 없었다. 늦게나마 나오게 된 것도 경성일보사가 군정청의 관리 하에 들어간 후 그 일부 시설을 빌려 쓸 수 있었기 때문이다. 고하가 하지와 아놀드에게 경성일보 시설을 이용할 수 있도록 교섭한 결과였다. 동아일보는 6·25 사변이 일어날 때까지도 자체의 인쇄 시설을 갖추지 못하였다.

복간 당시 8대 사장에는 고하, 주간(主幹) 및 법정 발행인 겸 편집인 설의식(薛義植), 편집국장 고재욱(高在旭), 영업국장 김승문(金勝文), 공장장 이언진(李彦鎭) 등이 중심이 되어 전 동아일보 사원의 동인체(同人體)로 구성하였다. 그해 1945년 12월 1일 동아일보는 1920년 창간 당시의 3대 사시(社是 -민족주의, 민주주의, 문화주의)를 내걸고 석간 타블로이드판 2면의 복간호를 발행하게 되었다. 5년하고도 3개월 20일 만에 다시 햇빛을 보게 된 것이다.

동아일보는 그 전통과 이념을 살려서 공산당의 허(虛)를 찌르는가 하면 미군정의 시책 비판은 물론이고 한국민주당의 행동에도 냉철한 비판을 하기도 하였다. 이에 고하를 사장으로 추대하고 있는 동아일보와 고하를 수석총무로 옹립하고 있는 한국민주당 사이에 견해 차이가 생겨서 나중엔 직접 충돌하기도 하였다. 한국민주당은 동아일보를 자기들의 기관지로 생각했고 동아일보는 동아일보대로 신문의 사명을 다하려고 하는 데서 오는 불가피한 마찰이었다. 그래서 주간 설의식은 고하에게 이 사정을 보고하고 그 상황을 정돈해 줄 것을 바랐다.

"정당은 언제나 이합집산(離合集散)할 수 있고 또 때가 오면 이합집산하는 것이 정당이지만 신문은 정당하고는 달라서 하나의 사업체이니 신문은 신문대로의 사명에 충실해야 하오. 다만 시나치게 자극적인 비판을 위한 비판은 삼가는 것이 좋겠소."

고하의 이 말에 설의식 주간은 용기를 얻었다. 그 후 한국민주당은 당보를 별도로 발행하기에 이르렀다. 동아일보 복간으로 고하는 한시름을 놓았다. 이제 민족의 대업(大業)을 위한 계획이 하나둘 착착 성취된 셈이다.

1945년 12월 초 고하는 소련영사관으로 알렉산드르 폴리안스키 영사를 방문하여 북한지역에서의 소련군과 공산주의자들의 거친 행동과 북한지역 주민들을 탄압하는데 대하여 항의하며 소련군 철수를 요구하였다. 이에 대해 폴리안스키는 고하의 의견을 자기나라에 잘 전달하겠다고 답했다. 당시 북한의 소련군정 및 공산주의자들의 인권유린문제, 소련군 병사들의 부녀자 겁탈, 민간재산약탈 및 소련군의 산업시설 소련반출문제 등이 심각했고, 이런 소식이 남한에도 많이 알려졌음에도 불구하고 남한의 정치인 그 누구도 고하처럼 문제제기를 하고 항의의사를 공개적으로 표명한 경우가 없었다.

다사다난했던 그해도 저무는 12월 27일, 외신을 타고 뜻밖의 소식이 날아 들어왔다. 그것은 전후 사태 수습을 위해 모스크바에서 열린 미국, 영국, 소련의 3개국 외상으로 구성된 이른바 삼상회의(三相會議) 결과, 앞으로 조선을 최장 5년 동안 미국, 소련, 영국, 중국 등 4대국의 공동 관리 아래에 신탁통치(信託統治) 한다는 내용이었다. 이 외신의 소식은 서울을 비롯하여 도시에서 지방으로 퍼져가서 맹렬한 반탁시위가 벌어졌다. 고하도 12월 29일 동아일보에 신탁통치를 반대하여 최후까지 투쟁하자는 성명을 발표했다. 처음에는 공산당까지도 반탁 대열에 합세했으나 1주일이 지난 1946년 1월 3일 태도를 바꾸어 찬탁으로 돌아섰다. 이들은 끝까지 신탁통치를 지지하였다.

　반탁시위가 요원의 불길처럼 전국으로 번지자 미군정은 강압적인 태도로 나왔다. 특히 임영신이 이끄는 여자국민당이 주동이 된 28일의 반탁시위는 눈 덮인 서울 거리를 휩쓸었다. 시위 행렬이 군정청(현 경복궁 자리에 있던 중앙청) 앞에 이르자 미군 헌병은 이를 저지하고 강압적으로 해산시켰다. 미군정의 이와 같은 처사에 격분한 고하는 군정 장관 아놀드를 방문하고 항의하였다.

　"군정부는 군정에 그쳤으면 좋겠소. 반탁운동은 이 나라 국민의 의사이며 국민운동인데, 국민운동에 군정이 개입한다는 것은 현명한 행동은 아니라고 생각되오. 장관의 의견은 어떠시오."

　이리 하여 미군정은 한민족의 국민운동에는 일체의 간섭을 하지 않고 치안 확보에만 전념하기에 이르렀다.

5
고하와 우남(雩南)

일제의 탄압이 심해질수록 한민족의 마음속에는 그림자처럼 따라다니는 몇몇 지도자가 있었다. 3·1운동 직후 임시정부를 조직하고 초대 대통령으로 추대되었다가 다시 미국으로 망명한 우남 이승만과 중국 충칭에서 대한민국 임시정부의 법통을 지키고 있는 백범 김구를 중심으로 한 임정요인(臨政要人)들이 그러한 지도자들이었다. 8·15 해방이 되자 일반 국민은 물론 특히 정당과 사회단체에서는 우남과 백범 등 임정요인들의 환국을 몹시 기다렸고, 또 그들의 입국을 재촉하는 소리가 높아져 갔다. 그러나 공산당 측에서는 우남이나 백범 등의 환국은 물론 그 존재 가치조차 인정하려 들지 않았다.

이에 고하는 국민에게 우남이나 백범 등에 대한 관심을 불러일으키게 하고, 몸소 미군정을 방문하면서 해외 망명객의 조속한 환국을 힘을 다해 주선하여 줄 것을 강력히 요청하였다. 고하가 동분서주한 보람은 있었다. 드디어 우남은 10월 16일 하지 장군의 손님으로 해방된 고국에 돌아왔다. 한민족의 한결같은 경의와 기대 속에 우남은 70의 노구로 34년 만에 귀국하였다.

이에 앞서 우남의 귀국을 계기로 전국의 정치 단체가 초당적 자주독립 기관의 설립 문제 등을 협의하기 위하여 한국민주당, 국민당, 건국동맹, 재건파 공산당이 창신동 백낙승(白樂承)의 집에서 10월 초 회합을 가졌으나 공산당 측이 인민공화국을 내세우자 결의를 하지 못하고 10월 12일 다시 모였다. 처음에는 한국민주당에서 고하, 백관수, 김병로, 장덕수가 참석했으나 2차부터는 고하는 참석하지 않았다. 주로 김병로와 장덕수가 참석했는데 10월 14일에는 결국 정당과 사회단체에서 대표들이 천도교 기념관에 모여 '정당통일위원회'를 결성하였다. 그 이틀 후 우남이 귀국한 것이었다.

고하와 우남의 재회는 고하가 1925년 범태평양회의 참석 이래 20년만이었다. 고하는 노구의 애국자 우남이 들어오자 성대한 귀국 환영연을 베풀었다. 이에 호응하여 우남은 환영연에서 귀국 첫 연설을 하였다.

"국민은 모두 나를 따르라. 나를 중심으로 뭉쳐서 나가면 우리 목적은 달성될 것이다."

이 연설은 그의 독재지적 성격을 단적으로 표현하는 말이기도 하거니와 국내에 있는 뜻있는 인사들의 빈축을 사기도 하였다. 고하는 우남의 그러한 발언에 개의치 아니하고 우선 그의 거처를 마련하는데 동분서주하였다. 오랜 망명 생활에서 돌아온 우남은 우선 조선호텔에 묵고 있었다. 고하는 한국민주당 간부들과 상의해서 돈암동에 있는 한국민주당원 장진섭(張震燮)의 집을 그의 숙소로 정하고 말끔히 수리하였다. 그 후 살림살이 일체는 임영신과 협의하여 준비하고 우남을 이곳으로 옮기게 하였다. 이곳이 뒷날 돈암장(敦岩莊)이라고 불린 집이다. 우남은 돈암장에서 첫 정치 활동을 시작했다.

고하는 우남을 찾아서 한국민주당의 창당 경위와 이념을 설명하고 애초의 계획대로 우남에게 한국민주당 총재 취임을 요청했다. 그러나 우남은 건국을 위한 큰 사업 설계가 있다면서 총재 취임을 거부했다. 우남은 한국민주당과 '인공'을 자기중심으로 합작해 보자는 계획이 있어서인지 한국민주당으로부터 물심양면의 도움을 받으면서도 한국민주당에 대한 태도를 분명히 하지 아니하였다.

우남의 재정 형편은 대단히 어려웠다. 윤치영 비서실장이 전용순(全用淳), 박흥식(朴興植), 박기효(朴基孝), 공진항(孔鎭恒), 권영일(權寧一) 등 경제인을 초청해서 저녁을 대접하며 모금을 했으나 그 자리에서는 겨우 20여만 원 밖에 모을 수 없었다. 이러한 상황에서도 고하는 매월 5만 원 내지 15만 원씩을 돈암장 경비로 보내며 우남의 뒷바라지를 했다.

고하는 합작 가능성이 전혀 없음을 여러 가지로 설명했으나 우남은 듣지 않고 '초당파 총단결'이라는 슬로건 하에 독립촉성중앙협의회(獨立促成中央協議會, 약칭 獨促)를 구성하고 실행하려다가 무참히 실패했다. 우남이 이 단체를 구성하기까지에는 우남을 추종하여 무조건 싸고도는 일부 미국 유학생들의 조언과 장막에 싸여서 자기에게 대한 국민의 인기만을 믿고 독주하려는 그의 고집 때문이기도 했다.

처음에는 독립촉성중앙협의회는 모든 정파와 사회단체를 총망라해서 민족의 단일 의사를 표시하기 위한 기구라는 취지였기 때문에 한국민주당도 기꺼이 이에 참가하였고 그 조직을 강화하는데 노력하였다. 그러나 그것을 점차 우남에 대한 무조건 복종과 그의 절대적인 세력 기반 구축을 위한 도구로 삼아 그 성격이 드러나게 되었다. 한국민주당의 당사에는 한 번도 나와 본 일이 없었던 우남이 '독촉(獨促)'의 중요 회의에는 빠짐없이 참석하여 독재적 스타일로 회의를 주재하였다.

우남은 좌우 합작이 실패하자 진퇴유곡에 빠졌다. 우남의 주위는 쓸쓸해졌다. '인공' 측에서는 우남을 중상모략하기 시작했다. 그동안 고하와 우남 사이는 한국민주당 총재 추대 문제와 좌우 합작 문제의 이견 때문에 서로 서먹서먹해져 있었다. 그러한 어느 날 우남은 비서 윤치영을 통해서 고하와의 회담을 요청해왔다. 두 사람은 조용한 일요일 밤에 만났다.

우남은 고하에게 사기가 사리에 어두웠음을 인정하고 피차 앞으로 협력을 요청했다. 그리고 우남은 자기는 이미 늙은 몸이니 고하가 중심이 되어 일을 하면 자기는 힘껏 뒤에서 밀 것도 약속했다. 또한 자기 부인은 외국인이시만 누구보다도 한국을 사랑하니 어려운 외교 문제가 있으면 한국을 위하여 도울 것이라고 덧붙였다. 고하도 우남에게 지금 시국으로는 우남밖에 정국을 담당하여 처리할 인물이 없으니 사소한 일에 낙심 말고 꿋꿋이 나가기를 희망했다. 또한 고하는 우남을 전과 다름없이 섬기겠다고 언약했다. 그로부터 고하와 우남 사이는 전보다 더욱 가까워졌다.

이즈음을 전후해서 우남은 비서 송필만을 통해서 고하에게 고하 중심의 국민대회준비회를 우남 중심으로 바꾸어서 독립운동 추진 중심체로 개편함이 어떠냐는 의견을 전해왔다. 고하는 즉각 찬성의 뜻을 표했다. 그러나 국민대회준비회를 개편하려는 구상은 실현되지 못했다. 고하가 세상을 떠난 뒤 고하의 국민대회준비회는 우남을 중심으로 결성된 독립촉성국민회(獨立促成國民會)에 의하여 계승된 형식으로 남았던 것이다. 이와 같이 고하와 우남의 정치 노선이 다시 접근하기 시작할 무렵에 충칭에 망명 중이던 임시정부 요인들의 입국이 실현되었다.

6
고하와 임정(臨政)

 우남의 환국보다 한 달 늦은 이해 11월 23일, 임시정부 주석 백범 김구를 비롯한 임정요인들이 귀국했다. 1919년 3·1운동 직후 중국 상하이에서 조직된 대한민국 임시정부는 중일전쟁이 발발한 다음해인 1938년 7월 광둥(廣東)으로 이전했다가 10월에는 다시 광시(廣西)로 옮겨갔다. 이어 국민정부가 있는 충칭(重慶)으로 이전하여 일제가 패망할 때까지 이곳에 있었다.
 임정은 중국전구(中國戰區)의 웨드마이어 장군과 환국을 교섭한 결과 개인 자격으로 입국이 허용되어 11월 5일 충칭을 떠나 상하이로 돌아왔다. 주한 미군은 임정요인들의 환국을 위해서 2대의 공군기를 보냄으로써 1945년 11월 23일 김구 주석과 김규식 부주석을 비롯하여 이시영(李始榮), 김상넉(金尙德), 유동열(柳東悅), 엄항섭(嚴恒燮) 등 정부 요인과 시종무관 유진동(柳振東), 백범의 자부 안미생(安美生) 등 제1진으로 15명이 환국했고, 제2진도 12월 2일 한국했다. 임정요인들은 국내정세를 파악하고자 한

국민주당 수석총무 고하와 국민당의 안재홍 등 중요 정당지도자들과 회견을 했다. 회견내용을 묻는 기자들의 질문에 개인자격으로 귀국했다는 것은 대외관계일 뿐 우리는 모두 3·1운동 이래 최고유일의 정부인 임정을 절대 지지해야 함을 강조하였다. 고하가 1945년 12월 19일에 발표한 임시정부 환영사에는 임정의 투쟁기록을 높이 평가하고 이제는 임정을 중심으로 하루 빨리 자주독립을 달성하여 연합국의 승인을 받아야 함을 강조하였다.

고하는 임정요인들의 입국을 어느 누구보다도 학수고대했다. 고하는 이들의 입국 전에 환국지사후원회(還國志士後援會)를 조직하고 있었던 것이다. 이 후원회는 이역만리에서 풍찬노숙하며 조국 광복을 위해서 싸운 애국지사들의 생활을 돕기 위해서 만들어진 것으로서 후원회 기금은 제1차로 금융단과 실업계 인사로부터 9백만 원이 모아졌다. 후원회까지 만들어서 기다리고 있는 고하에게 국민대회준비회 사무를 담당하던 해위 윤보선(海葦 尹潽善)에게서 전화가 걸려 왔다. 임시정부 요인들이 김포 비행장에 내려서 오후 5시경 서울에 들어온다는 소식이었다.

이튿날 아침 일찍 고하는 당시 침식을 같이하던 낭산 김준연을 대동하고 서울 서대문의 경교장(京橋莊)으로 임정요인들을 찾아갔다. 그리고 고하는 그날 오전 11시 국민대회준비회 대표 자격으로 창랑 장택상을 대동하고 임정요인들을 정식 예방하는 동시에 고하는 후원회 기금을 전달했다.

그 얼마 후에 임정요인들 사이에는 후원회 기금 중에 깨끗하지 않은 돈이 들어있다 하여 이것을 받느냐 안 받느냐로 논의가 분분했다. 이 돈의 처리를 어떻게 하느냐 하는 문제로 국민대회준비회 사무실에서 회의가 열렸다. 주최 측인 임정에서는 재정부장 조완구(趙琬九)를 비롯한 임정요인들이 참석했다. 회의는 왈가왈부로 격론이 벌어졌다. 폭언이 오가고 수라장이 되었다. 이 회의에서 찬성과 반대의 이유만을 묵묵히 듣고 있던 고하는 참다못해 단상에 올라갔다.

"정부가 받는 세금속에는 양민의 돈도 들어있고 죄인의 돈도 들어있는 것이오. 이런 큰일에 그런 것을 가지고 왈가왈부할 필요가 없을 줄 아오."

고하의 한 마디로 장내가 수습되고 후원회 기금 문제는 일단락되었다. 서로 간의 미묘한 알력과 사소한 감정적인 대립이 곧 해소되자 정당과 사회단체 일반 국민들 사이에서 민족진영의 대동단결을 부르짖는 소리가 높아져갔다. 38선으로 양분된 민족의 비극을 국민의 대동단결로 종식시키자는 외침이 곳곳에서 일어났다.

그 반면에 인공과 공산당은 곳곳에서 고하와 미군정, 고하와 임정 사이를 갈라놓을 계획으로 심한 중상모략으로 민족진영의 분열을 부채질했다. 이에 고히는 국민의 소리에 보답하는 한편, '인공'과 공산당의 중상모략을 분쇄하는 방법으로 민족진영을 규합하여 일대 국민운동을 일으킬 것을 모색했다. 고하는 우선 임정요인들의 환국 환영 준비회를 겸한 간담회를 서울 관수동 국일관에서 개최했다. 12월 중순의 일이었다. 여기에는 김구, 김규식, 이시영, 조소앙, 신익희, 조완구, 엄항섭을 비롯한 임정요인이 모두 초대된 자리였다.

이 환영회 석상에서 뜻밖의 일이 일어났다. 환국 후 임정요인들이 입버릇처럼 내세우던 국내 인사 친일론이 터져 나온 것이었다. 지금까지 국내에서 친일을 하지 않고서는 어떻게 생명을 부지해 왔겠느냐 하는 임정 내정부장(內政部長) 신익희(申翼熙), 지청천(池靑天), 조소앙(趙素昻) 등의 국내 지도자 숙청론으로 자리는 흐려졌다.

"그러면 나는 숙청이 되겠군."

장덕수가 신익희에 맞섰다.

"설산뿐인가?"

"……"

고하와 설산 그리고 해공은 지난날 일본 유학시절부터 잘 알고 있는 사이다. 이러한 해공의 거리낌 없는 발언은 취중의 말이라고는 하지만 임정 입국 이후 국내 민족진영에 쓸데없는 파문을 일으켰던 소위 '친일파 숙청론'의 정면 발언이었다.

"여보 해공. 국내에 발붙일 곳도 없이 된 임정을 누가 오게 하였기에 그런 큰 소리가 나오는 거요. '인공'이 했을 것 같으오? 해외에서 헛고생들 했군. 더구나 일반 국민에게 모두 떠받들도록 하는 것이 3·1운동 이후 임정의 법통 때문이지 노형들을 위해서인 줄 알고 있나. 여봐요, 중국에서 궁할 때 뭣들 해 먹고서 살았는지 여기서는 모르고 있는 줄 알아? 국외에서는 배는 고팠을 테지만 마음의 고통은 적었을 거 아니야, 가만히 있기나 해. 하여간 환국했으면 모든 힘을 합해서 건국에 힘쏠 생각들이나 먼저 하도록 해요. 국내 숙청 문제 같은 것은 급할 것 없으니 임정 내부에서 이러한 말들을 삼가도록 하는 것이 현명할 거요."

고하가 말끝을 맺자 해공은 할 말을 잃었다. 고하는 임정요인들의 가장 아픈 곳을 찔렀다. 그로부터 임정 측의 숙청론은 고개를 숙였다. 고하는 임정 측의 후원회 기금에 대한 왈가왈부와 친일파 숙청 운운으로 종전과는 다른 임정에 대한 태도를 갖게 되었다. 그뿐만 아니라 임정은 16개 연합체로서 거의 일인일당(一人一黨)식으로 구성된 수많은 정당의 연립 내각이었고, 그것도 입국 즉시 행동 통일을 잃어 기대에 어긋나게 되었다. 그 뒤로 가깝게 모시게 된 백범을 비롯하여 성재 이시영(省齋 李始榮), 우사 김규식(尤史 金奎植), 해공 신익희(海公 申翼熙) 등 이외의 임정 인사에 대해서는 환국 이전에 받들던 임정에 대했던 것과는 다른 인식을 갖게 되었다.

사실, 고하의 임정추대론(臨政推戴論)은 해방 후 건국 과정에서 식민 통치가 해체된 이상 한국의 통치권은 1919년 고종황제가 세상을 뜬 이후 황제에 이어 통치권을 계승한 유일한 통치기관은 대한민국 임시정부뿐이라고 하는 통치권원(統治權源)의 정통성에 관한 해석에 입각해서 임정의 민족사적 정통성을 역설한 것이다. 사실 아베 총독이 고하에게 접근하여 통치권을 받아날라고 간청했을 때 이를 거절한 이유 중의 하나도 충칭에 있는 임시정부가 당시의 국권 회복 과정에서 정치권력을 맡아야 한다는 법통 때문이었다. 고하가 임정을 잘 몰라서 막연한 환상을 가지고 임정을 지지한 것은 아니었다.

그러나 임정의 법통을 아끼는 고하는 임정 기구를 이용해서 국민운동 기구의 창설을 계획했다. 국민운동의 목표는 정치를 배우는 기간인 미군정을 하루빨리 끝내기 위해서 민족 정부 수립을 전제로 정당과 사회단체의 협의회 구성이었다. 좌파든 우파든 간에 민주주의 노선에 순응하면 어느 정파를 막론하고 흡수하여 국민의 기대에 보답하자는 구상이었다.

찬반이 있었으나 격론 끝에 국민운동안(國民運動案)은 채택되어 추진되기에 이르렀다. 고하는 첫 단계로 고하의 '한국민주당', 민세 안재홍의 '국민당', 몽양 여운형의 '인민당' 그리고 장안파(長安派) 공산당, 이 4개 정당의 협의체를 시도했다. 이때 민세는 '건준'이 공산당 중심으로 변질됨을 계기로 '건준'을 탈퇴하고 이규갑(李奎甲), 백홍균(白弘均) 등을 이끌고 국민당을 조직했다. 몽양은 우남과 임정이 환국하고 미군정에서 '인공' 부인 성명이 발표된 이후 '건준'을 해체하고 인민당을 조직했다. '장안파 공산당'은 박헌영의 반대파인데 종로2가 장안빌딩에 자리 잡고 있던 공산주의자 클럽으로 비교적 온건파에 속하여 고하나 우남과도 자주 연락이 있었다.

이 4대 정당을 임정의 테두리 안에 뭉치게 하여 국민대회를 여는 것은 물론이고 국민의 요구에 행동 통일을 보여서 독립 쟁취의 밑거름이 되고자 한 것이다. 몽양 중심의 인민당이 이에 제일 먼저 찬성을 해 오고 이어서 민세의 국민당 등도 뒤따라 찬성해 왔다. 그러나 고하는 그중 몽양의 인민당만은 국민대회 참가의 성명서를 국민에게 발표하는 동시에 그 원문에 몽양의 도장을 찍어 제출할 것을 요구했다. 그것은 8·15 후 '건준'을 중심으로 일어났던 그들의 태도를 경계하자는 의미에서였다.

12월 초순 4대 정당 대표들은 우여곡절 끝에 마침내 첫 예비회합을 명월관에서 가졌다. 그러나 예측한 바와 같이 인민당의 불참으로 이 회합은 무산되고 말았다. 고하는 4대 정당의 행동 통일에 차질이 생기자 이번에는 실질적으로 국민운동에 찬성하는 정당과 사회단체만으로 실행할 것을 제안하였다.

이즈음 12월 27일 신탁통치안이 외신으로 전해왔다. 해방의 기쁨과 건국의 희망에 들떠있던 온 국민에게 찬물을 끼얹는 것이었다.

"또 한동안 법석하게 됐군."

고하는 혼잣말을 하고는 군정 장관을 방문한 뒤 다시 임정요인들을 찾아 나섰다. 이른바 신탁통치안은 모스크바에서 열린 3상회의에서 결정된 것이다. 전후 문제를 도의하기 위해서 12월 16일부터 모스크바에서 회담을 가진 미국, 영국, 소련 3개국 외상들은 조선의 장래에 대해서 다음과 같이 결정했다.

① 조선에 주둔하는 미·소 양국군의 사령관은 2주 이내에 회담을 개최하여 공동위원회를 설치한다.
② 공동위원회는 조선의 민주주의 제 정당 및 사회단체와 협의하여 정부의 수립을 원조한다.
③ 공동위원회는 임시정부와 협의하여 5개년을 기한으로 하는 미·소·영·중 4개국에 의한 신탁통치 협정을 작성함에 있어서 미·소·영·중의 공동심의를 받아야 한다.

1943년 11월 카이로선언에서 '조선인민의 노예상태에 유의하여 적당한 시기에 조선을 자유독립케 한다'의 '적당한 시기'가 5개년 기한의 신탁통치로 나타난 것이다. 조선에 대한 신탁통치가 거론되기는 카이로선언이 있은 직후부터였다. 1943년 11월 26일 테헤란에서 열린 미·영·소 회담에서 미국 대통령 루즈벨트와 소련 수상 스탈린이 대화하는 가운데 20년 내지 30년 기한의 조선 신탁통치가 논의되었다는 설도 있다. 그러나 우리 국민이 신탁통치라는 말을 들은 것은 해방 두 달 후인 10월 20일 미국무부 극동국장 빈센트가 미 외교협회 석상에서 발설한 때였다. 독촉중앙협의회(獨促中央協議會)는 이를 절대로 반대한다는 결의도 했었다.

신탁통치는 제1차 대전 후에 성행한 위임통치의 복사판으로 이 통치를 받게 된 지역은 아프리카나 남태평양의 몇몇 지역이었다. 자치능력이 없는 인종에게 실시한 바 있는 신탁통치를 반만년 역사를 가진 우리 민족에게 실시한다는 것은 큰 충격이었다.

이는 해방 전 간교한 일제의 조선에 대한 악선전에 연유한 것이라 하겠다.

독립이 눈앞에 온 것으로 믿고 있는 국민은 실망과 분노를 감추지 못하였다. 국민감정은 극도로 악화 일로를 걸었다. 각 정치단체와 사회단체는 남과 북, 좌와 우를 막론하고 일제히 반대운동을 벌였다. 경술국치(庚戌國恥)에 이은 제2의 국치라 하여 누구의 지시도 없이 서울은 28일 밤부터 시장이 문을 닫았고 유흥가에서는 음주가무가 정지되고 영화관도 문을 닫았다. 29일부터는 전국적으로 앞을 다투어 반탁시위에 들어갔다. 중앙청을 비롯하여 각 관공서의 조선인 관리들은 사무 집행을 거부했다. 언제 어디서 무슨 일이 벌어질지 예측할 수 없이 사태가 악화되어 갔다. 반탁운동이 너무도 거세자 미군정은 당황했다.

"탁치는 침략이 아니라 독립 정부가 수립될 때까지의 원조와 후견을 의미하는 것이니 한민족은 냉정하기를 바란다."

미군정은 요지의 사태 수습 성명서를 내기에 이르렀다. 그러나 흥분된 국민감정은 수그러지지 않았다.

"우리는 탁치도 싫고 후견도 원치 않는다. 우리가 바라는 것은 오직 독립이다. 자주 독립이다. '포츠담·카이로 선언'을 이행하라."

국민들은 소리 높여 자주독립을 부르짖었다. 이에 호응하여 임정은 즉각 대한민국 임시정부의 명의로 탁치 반대의 성명서를 미·소·영·중 4개국에 보낼 것을 채택하고 비상국민회의(非常國

民會議)를 소집하여 반탁투쟁위원회(反託鬪爭委員會)를 결성했다. 그리고 임정은 직접 군정으로부터 정권을 인수하려고 했다. 임정은 3·1운동 이후 법통을 이어온 정부이므로 우선 주권 행사의 첫 공식 지시로 대한민국 내정부장 신익희의 명의로 포고문을 내고 거리마다 방을 붙이는가 하면 서울 시내 9개 경찰서장은 금후 임정 내정부장의 지시에 움직일 것을 훈령했다.

임정의 주권 행사에 미군정은 질서교란을 이유로 임정요인들을 국외로 추방하겠다고 위협했다. 또한 임정 훈령에 움직인 경찰서장은 미군정에 의하여 파면을 당하기도 했다. 고하는 이 소식을 전해 듣고 크게 놀랐다. 임정의 몰지각한 처사에 놀라기도 하고, 미군정의 가혹한 처벌 방침에도 경악했다. 즉시 고하는 하지와 아놀드 등 군정 요로를 찾아서 사태가 악화되기 일보 전에 경색된 정국을 수습하기에 노력한 결과 임정과 미군정 사이의 알력은 원만히 해결되기에 이르렀다.

7 / 운명(殞命), 최초의 정치 암살

신탁통치설이 전해진 후 국내는 물 끓듯 떠들썩하고 시끄러웠다. 일반 국민은 물론 정당, 사회단체 할 것 없이 저마다 각기 다른 억측과 주장을 내세우며 곳곳에서 시위와 성토를 벌였다. 그리고 이성을 잃은 삐라와 성명서, 테러가 정국을 혼란스럽게 했다. '인공'과 공산당 좌익분자의 준동은 더욱 심했다. 그들은 고하가 하지로 하여금 '인공'을 부인케 하고, 미군정 연장을 획책한다고 중상모략을 하는가 하면 수단을 가리지 않고 고하와 임정 간의 이간을 획책했다. 이에 부화뇌동한 일부 민족진영에서도 시기하기 시작했다.

8·15해방의 기쁨도 미처 사라지기 전에 한민족의 정치적 위기는 급속도로 다가왔다. 한편 이와 같은 소용돌이 속에서 지도자 암살설이 시중에 떠돌았다. 12월 중순께부터 원서동 고하 집 주변에서는 이상한 공기가 감돌았다. 송진우 타도 등의 괴벽보가 나붙기도 했다. 우양 허정(友洋 許政)은 그의 신변이 걱정스러워서 혹

시 변을 당할 염려는 없겠느냐고 물었더니 관상가는 그럴 염려는 없다고 단호하게 말했다고 회고한 바 있다. 미군정에서도 이 기미를 알아채고 미군 헌병을 파견할 것을 제의해 왔다.

"대단히 고마운 일이지만 한국 사람으로서 나를 해칠 사람은 없을 테니 안심하시라고 하지 장군에게 말씀드려 주시오."

고하는 신변 경호의 호의를 거절했다. 이즈음 고하는 정국 안정을 위해 암살이니 신변 경호 같은 극한 사태 따위에는 아랑곳없이 먹고 자는 것을 잊고 동분서주했다. 미군정을 찾아 신탁통치안의 철회만이 정국을 수습하는 지름길임을 강조하는가 하면 임정을 찾아 국난 타개책을 강구하기도 했다.

12월 28일 고하는 낭산 김준연을 대동하고 경교장에 있는 임정을 찾아가 신탁통치 문제를 의제로 일련의 비상대책회의를 가졌다. 이 자리에는 임정 국무위원 전원과 좌우를 막론하고 정당과 사회단체 대표들이 모였다. 이 자리에 참석한 전원은 모두 신탁통치를 반대한다는 데에는 이견이 없었다. 다만 반탁의 방법에는 고하와 임정 간에 상당한 견해 차이가 있었다.

이때는 좌우익을 막론하고 혼연일체가 되어 탁치를 반대했으나 3상회의의 결정에 따라 미·소 공동위원회가 열리기 1주일 전인 1946년 1월 3일 소련으로부터 지령을 받은 좌익 계열은 별안간 신탁 지지로 돌변했다. 끝끝내 민족진영에 맞서 찬탁 노선을 고수했다. 임정 측은 반탁의 방법으로 즉시 미군정을 부인하고 민족독립을 선포하는 동시에 군정을 접수하자고 주장하는 반면에 고하는 한민족은 자주능력이 있는 만큼 국민운동을 통하여 반탁을 부르짖음은 당연하지만 반미와 반군정 운동을 전개하여 미군정과의 충돌함을 피해야 한다고 주장했다.

요컨대 고하는 미국은 여론의 나라이니만큼 국민운동 등 민주적 방법으로 의사를 표시하면 충분히 신탁통치안이 취소될 수 있다고 믿었다. 그리고 우리의 독립을 열렬히 지지하는 중국이 있음을 상기시켰다. 만일에 군정을 부인하고 임정의 이름으로 독립을 선포하면 반드시 큰 혼란이 일어날 뿐더러 결국은 공산당이 어부지리를 취할 우려가 있다고 주장했다.

그리고 고하는 만일 임정의 주장과 방식대로 사태를 밀고 나가려면 우선 미군정과 충돌해야 하고 그들과의 충돌은 미국 및 민주주의 제국과의 충돌을 일으킬 염려가 있다고 역설했다. 국토 분단의 가능성이 컸던 당시의 정세와 사태를 고하가 심히 우려한 것도 사실이지만 여러 나라에 의한 탁치만은 한사코 반대하였던 것이다.

"그러면 고하는 찬탁파요?"

"찬탁이 아니라, 방법을 신중하게 하자는 것이지요. 반탁으로 국민을 지나치게 흥분시킨다면 뒷수습이 곤란할 것이니 좀 더 냉정하게 생각해서 시국을 원만히 수습해야 하지 않겠소."

"무슨 소리요? 짚신감발을 하고라도 전국 방방곡곡에 유세를 펴서 찬탁하는 미국을 반대하고 군정을 배척하여 당장 독립을 쟁취해야 하오. 반탁 뒤에 오는 모든 사태는 우리가 맡지."

신중론을 주장하는 고하와 초강경론을 펴는 임정 간에는 격론이 벌어졌다. 고하는 그의 주장을 조금도 굽히지 아니하고 임정의 무모한 초강경적 태도를 설득하려 했으나 이견을 조정하지 못했다. 밤을 지새우고 29일 새벽 4시경, 낮에 다시 논의하기로 하고 산회했다. 당시 수라장이 되었던 경교장 회의에 참석했던 청년 강원용 목사의 회고에 따르면,

"(전략) 그러니까 지금도 내가 그 사람(고하 송진우)을 참 정치가였다고 생각하는 것은 첫째로는 그 양반의 판단이 과연 지도자다운 판단이었습니다. (중략) 둘째로는 그런 분위기에서는 그런 말은 못하는 겁니다. (중략) 그런데 사실에 있어 송진우라고 하는 사람에 대해서는 백그라운드도 모르고 다른 것도 모르고 그랬지만, 내게 지금 세월이 흘러갈수록 가장 강한 인상을 남겨준 사람은 그 사람이고.... 모두들 소리소리 지르고 난장판이 벌어지는데, 그저 흥분해가지고 서로 욕설을 하고 이렇게 야단치는데 이 양반이 가만히 앉았다가 일어서서 정중하게 얘기를 하는데 그 얘기가 지금도 나는 머리에서 떠나지 않아요. 일어나서 얘기를 하는데 우리가 국가에 대한 일을 이렇게 감정적으로 해결해서는 안 된다. 민족의 대계(大計)가 아니냐. 그런데 우선 여기서 모스크바 삼상회의의 결의문 원문을 읽은 분이 있느냐. 그래 적어도 민족의 영수들이 모여서 철시를 하는 것도 좋고 무슨 미 군정청을 배척하고 협조를 안 한다고 사보타주하기로 전부 그랬거든. 그런데 다 좋으

나 그래 청년들이라면 몰라도 민족의 영도자들이 그 원문내용을 지금도 모르고 있지 않느냐....(하략)"

강원용에 의하면 당시 경교장 회의에는 각 정당대표들, 좌익, 우익, 중간파는 물론 남로당 사람들까지 모두 200여명 참석한 지도자들의 격하고 흥분된 분위기에서도 고하만이 침착하고 신중하게 대처하기를 주장하면서 미국을 적으로 돌리면 공산당만이 어부지리를 얻는다는 주장을 폈다. 감정이 격한 분위기에서 고하의 정중하고도 침착한 항변에 모두 놀랐고 그를 비난했으나 고하는 자신이 반탁입장임을 분명히 하면서도 무력으로 미군정을 접수하려 해서는 승리할 수 없다는 이유를 명료하게 설파하였다.

우리는 언제나 사태를 신중하게 이성적으로 냉정하게 파악하자는 고하의 신중형 또는 심사숙고형 인물됨을 발견할 수 있다. 심신이 피로한 고하와 낭산은 집에 돌아와 자리에 들어 두어 시간쯤 눈을 붙였다. 아침 7시경 낭산이 자리를 털고 외출한 뒤를 이어서 송필만을 비롯한 몇 손님이 차례로 고하를 찾아왔다.

"박헌영 군에게 이번만은 제발 영웅적 태도를 취해 달라고 전해 주시오. 내가 그러더라고."

고하는 아침상을 받으면서 공산당 측에 연락이 닿는 측근에게 말하기도 했다. 고하는 상을 물린 뒤 곧 한국민주당사로 발길을 옮겼다. 한국민주당에서 신탁통치 문제를 토의하기 위하여 긴급 간부회의를 소집히였기 때문이다. 12월 29일 동아일보 사장실에 모인 이날 회의에서 고하는 신탁통치를 절대 반대할 것과 우리 민족의 독립을 실현하기 위해서는 임시정부를 중심으로 굳게 뭉쳐야 한다는 것을 강조하였다. 고하는 미군이 적어도 2년 동안은 머물러있기를 원한다고 하면서 만일 미군이 지금 떠나게 되면 공산주의자들이 권력을 잡게 될 염려가 있다고 했다. 왜냐하면 그들은 우리보다 조직이 더 잘 되어있기 때문이라고 주장했다. 고하는 해방직후의 혼란한 현상이 수습되기 전에 미군이 빠져나가버린다면 한반도는 혼란의 도가니로 가거나 공산세력에 의해 통일될 것이라고 판단하여 미군정의 단계적 미군철수주장에 강력하게 반대했다. 당시 고하를 도와 한국민주당에서 활약하던 신도성(愼道晟)의 회고담이다.

"송진우 수석총무는 매우 격앙된 어조로 탁치 반대와 임정 중심의 단결을 역설했습니다. 그러나 이무렵 어디서 난 소문인지 모르나 고하는 신탁통치를 찬성하였다는 풍설이 나돌았습니다. 이런 소문을 들었을 때 나의 눈앞에는 그처럼 열렬히 탁치 반대와 임정 지지를 부르짖던 고하의 마지막 모습이 떠올랐습니다. 고하가 암살된 후 나는 실망과 환멸을 느껴 나의 도쿄대학 선배이며 연희전문 교장이던 유억겸 씨에게 교직에 대한 희망을 말씀드렸더니 얼마 후 조교수 발령을 받았지요."

29일 오후에는 원세훈, 서상일, 김준연을 대동하고 경교장에서 열리는 임정회의에 참석했다. 이 자리에서는 신탁통치반대 국민총동원위원회가 결성되고 30일 서울운동장에서 대대적인 시민 궐기대회를 개최할 것과 31일에는 전국적으로 궐기대회를 열기로 함과 동시에 41인의 중앙위원을 선출하여 탁치 반대운동을 전개하기로 결정했다. 고하는 돌아오는 길에 감기를 치료하려고 병원에 가는 낭산을 보내 놓고 당에 들려서 반탁시위 행렬 때 부상을 당한 변희용(卞熙鎔)의 위문을 원세훈에게 부탁한 다음 자동차로 원서동 자택으로 돌아왔다. 마침 여러 날 묵고 있던 사촌동생 양중묵(梁仲黙)이 외출 중이어서 고하는 홀로 저녁상을 받았다. 저녁 7시경 원세훈에게서 고하에게 전화가 걸려왔다.

"고하와 임정 사이에 의견이 달라졌다는데 그것이 사실이오?"

"글쎄 임정에서는 모두 짚신감발을 하고 걸어 다니면서라도 반탁을 한다고 합디다. 반탁이 문제가 아니라 군정과 충돌을 일으켜 놓고 임정이 뒷수습을 어떻게 하려는 것인지 나도 알 수가 없소."

고하와 원세훈 간의 전화가 있은 지 얼마 후에 양중묵이 돌아오고 강병순이 찾아와 중요한 이야기를 한 후 돌아갔다. 고하는 밤 10시가 넘어서 잠자리에 들었다.

"안으로 문을 걸까요?"

"문은 왜 거느냐, 내버려 둬."

아들 영수(英洙)는 정국이 극도로 흐려지고 이상한 풍문이 돌뿐이니라 집 주위가 어수선해서 문단속을 제의했었는데 고하는 응하지 않았다. 원래 고하 집은 문을 안으로 잠그지 않는 것이 관습으로 되어 있었다.

이튿날 새벽, 돌연 고하의 원서동 사랑채 침실의 미닫이문 여

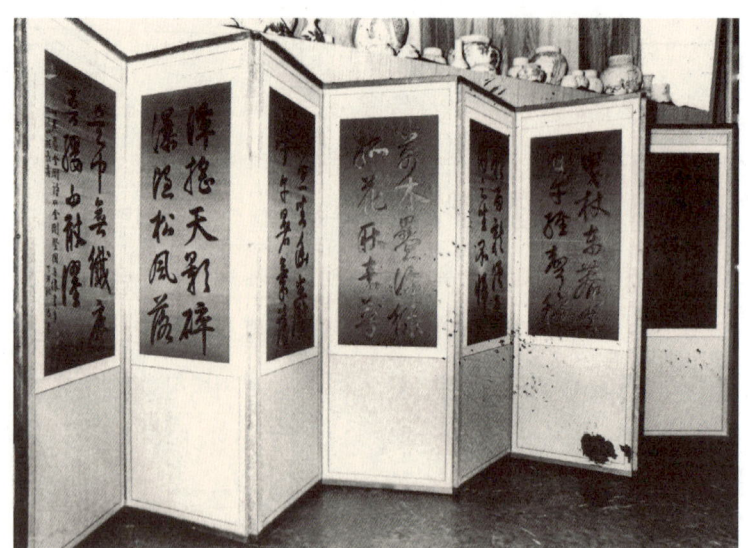

1945년 12월 30일 고하 암살시 침실에 쳤던 병풍(핏자국이 보임)

1945년 12월 30일 고하가 저격당한 원서동 산정별채. 종로구 원서동 74번지

1945년 12월 31일 고하 암살 신문 기사, 동아일보

는 소리와 함께 요란한 총소리가 들렸다. 여러 발의 총성은 새벽의 고요한 공기를 찢어댔다. 뜰아랫방에 기거하던 아들 영수와 호위 경관 정종근(鄭鍾根)이 놀라 황급히 고하의 침실에 뛰어갔을 때에는 고하는 이미 흉한의 총탄에 쓰러져 있었다. 담장을 넘어온 흉한은 6명으로 연속 13발을 쏘았다. 그중 6발이 고하에게 명중했다. 고하는 1945년 12월 30일 오전 6시 15분, 56세를 일기로 자객의 흉탄에 쓰러진 것이다.

일제 암흑시기를 통하여 민족불멸(民族不滅)·일제필망(日帝必亡)·독립필지(獨立必至)의 굳은 신념과 불굴의 투지로 일제에 항거하며 겨레를 이끌어온 불세출의 위인 고하는 이렇게 갔다. 그의 신념과 같이 민족은 해방되고 건국을 바로 눈앞에 둔 때에 적이 아닌 동족의 검은 손에 쓰러진 것이다. 비보를 듣고 달려온 친지와 시민들은 오열을 금치 못했다.

이날 오후 2시부터 서울운동장에서 열린 신탁통치 반대 서울시민 궐기대회에서는 대회장(大會長) 서정희(徐廷禧)가 이 흉보를 공식적으로 알렸고 고인의 명복을 비는 묵념을 올렸다. 원서동 빈소에는 추운 겨울날인데도 연일 조문객이 줄을 이었다. 고하의 투철한 애국심과 언행이 일치했던 그의 예지를 못내 아쉬워했고 어렵고 험난한 많은 일들이 중첩한 때에 민족의 지도자이며 한국민주당의 당수를 잃은 정계는 침통하기만 했다. 또 시가는 철시를 했고, 음주가무를 삼가는 등 지도자를 잃은 시민들은 스스로 조의를 표했다.

哭 古下先生

林炳哲

지금 가시렵니까,
險한 山길, 다리도 쉴새없시
다시 못오실 먼 길을?

새벽이라해도 이밤길을
겸겸이 싸힌 山길
달도 없는

기어히 가서야 합길이 음거든,
이 지평이를 집흐서요,
이 겨레에게 길 가르치시든 그

지평이 표주박도 가지고 가서요
그만흔 災民에게, 손수
물 떠 먹이시든 표주박을.

그 가슴우에, 붉은 「傷處우에,
이히 꼿을 달고 가서요
한송이, 히, 무궁화, 사랑하시든, 꽃

그보다 무거운 그 입
다시 말씀 없으시니
이 나라 일을, 뉘게 무료 오리까

─ 四二七九 · 二 · 三○

故宋鎭禹先生永訣式

今五日十一時、東亞日報廣場에서

鎭禹先生

고하 송진우선생 (古下宋
鎭禹先生) 영결식은 금五
일(東亞日報) 광장에서
한국민주당 국민대회준비

本黨首席總務故古下宋鎭禹先
生의 永訣式을 五日 上午
十一時 本黨本部前에서
舉行하오니 本黨員은 來
前 十時까지 黨本部로
參集하심을 바라나이다
회 동아일보사와 합동장
을 거행하는데 장지는 시
외 망우리 (忘憂里) 라
하였다. 韓國民主黨本部

1946년 1월 5일 고 송진우선생 영결식, 동아일보

1946년 새해로 접어들어서도 경향 각지에서는 반탁시위로 소란했다. 그러한 속에서 7일장으로 1월 5일 한국민주당, 국민대회준비회 및 동아일보사 등 3단체의 합동장(장의위원장 원세훈)으로 장례를 모셨다. 망우리 유택으로 장례 행렬이 지날 때 연도에는 수많은 시민이 도열하여 마지막 가는 고인의 명복을 빌었다.

　　여기 우남 이승만의 만시(輓詩)가 있다. 비운에 간 고하를 애도하는 뜻으로 이곳에 옮겨 싣는다.

　　　의인자고석종희(義人自古席終稀)
　　　(의인은 예로부터 자기 명에 죽는 경우가 드물고,)
　　　일사심상시약귀(一死尋常視若歸)
　　　(한번 죽는 것을 대수롭지 않게 여겨 마치 제 집으로 돌아가듯 하네.)
　　　거국비상처자곡(擧國悲傷妻子哭)
　　　(나라 안이 모두 슬퍼하고 처자들도 우는데,)
　　　납천우리설비비(臘天憂里雪霏霏)
　　　(섣달그믐 망우리에는 눈만 부슬부슬 뿌리는가.)

　　끝으로 길이 고하 송진우(古下 宋鎭禹)의 명복을 삼가 빈다.

고하 송진우 선생
연보(年譜)

연대	고하선생 및 동아일보 관계사항	국내외 일반사항
1890 경인 고종 27년 1세	• 음력 5월 8일 전남 담양군 고지면 손곡리(현재 금성면 대곡리)에서 송훈(宋壎)의 4남으로 출생. 어머니 제주 양(梁)씨. 아명 옥윤(玉潤), 애칭 금가지.	
1893 계사 고종 30년 4세	• 한문공부를 시작함.	• 동학도들, 보은에 집결하여 척왜양창의(斥倭洋倡義)의 기치를 세움. • 4월 청국으로부터 신식 총포를 구입함.
1894 갑오 고종 31년 5세		• 1월 고부군민, 전봉준(全琫準)의 영도하에 동학란 일으킴. • 2월 김옥균, 상하이에서 암살됨. • 6월 김홍집, 영의정에 임명, 갑오경장 시작됨. • 7월 청·일 양국 선전 포고.
1895 을미 고종 32년 6세	<이상 음력·이하 양력>	• 3월 청·일 마관(馬關)조약 체결. • 7월 일본공사 미우라(三浦梧樓) 부임. • 7월 소학교령 공포. • 8월 을미사변(민비시해사건) 일어남. • 11월 단발령 내림.
1896 병신 건양 원년 7세	• 이 무렵부터 성리학자이며 의병장 이었던 기삼연(奇參衍)에게서 수학.	• 1월 전국 각 지방에서 의병봉기. (제1차 의병봉기) • 2월 아관파천(俄館播遷). • 4월 서재필(徐載弼), 독립신문 발간. • 10월 제1회 올림픽 경기, 아테네에서 개최. • 11월 독립협회의 발기로 영은문(迎恩門) 자리에 독립문(獨立門) 세움.

연대	고하선생 및 동아일보 관계사항	국내외 일반사항
1897 정유 광무 원년 8세		• 3월 인천 우각동(牛角洞)에서 경인철도 기공식, 공사착수. • 10월 황제즉위식 거행. 국호를 대한제국(大韓帝國)이라 고침.
1898 무술 광무 2년 9세		• 2월 흥선대원군(興宣大院君) 사망. • 5월 서울 종현(鍾峴) 천주교회당 (현 명동성당) 준공. • 6월 미국 하와이를 합병. • 8월 제국신문(帝國新聞) 발간. • 10월 황성신문(皇城新聞) 발간. • 10월 독립협회 주최로 만민공동회(萬民共同會) 개최. 시국에 관한 6개조의 개혁안을 황제에게 헌의. • 12월 서대문·청량리간 전차궤도 공사 착수.
1902 임인 광무 6년 13세		• 1월 영일공수동맹 조약 체결. • 1월 시베리아 철도 완성. • 3월 경성·인천 간 전화 가설. • 5월 일본 제일은행, 우리나라에서 은행권을 발행. • 8월 국가(國歌)를 제정. • 10월 콜레라(전염병) 창궐.
1904 갑진 광무 8년 15세	• 고흥 유 차(高興 柳 次)와 결혼.	• 2월 일본, 대러(對露) 선전 포고. • 2월 한일의정서(韓日議定書) 성립. • 8월 제1차 한일협약 (외국인 용빙(傭聘) 협정) 성립. • 9월 이용구의 진보회를 송병준의 유신회와 합하여 일진회(一進會)라 개칭함.

연대	고하선생 및 동아일보 관계사항	국내외 일반사항
1905 을사 광무 9년 16세	• 장성 백양사에 들어가 김직부(金直夫)에게 수학.	• 4월 경의선 철도 전구간 개통. 보성전문학교(普成專門學校) 설립됨. • 8월 대한매일신보(大韓每日新報) 발간. • 9월 러·일(露日) 강화조약 체결. • 11월 제2차 한일협약(乙巳保護條約) 체결. • 12월 대한적십자병원 창립. 세브란스 의학전문학교 창설.
1906 병오 광무 10년 17세	• 4월 담양 창평의 영학숙(英學塾)에 들어가 신학문을 배우기 시작하였고, 김성수(金性洙)를 알게 됨.	• 2월 일본 통감부(統監府) 설치. • 3월 초대통감 이토 히로부미(伊藤博文) 부임. • 3월 일본 흥업은행으로부터 1천만 원을 차관. • 9월 일본, 최익현을 대마도에 감금 -12월 별세. • 10월 강원·경북 등지에서 항일의병 일어남.
1907 정미 융희 원년 18세	• 변산 내소사 청련암에 들어가 수학하고 백관수(白寬洙)를 알게 됨. • 일본 유학을 결의하여 하산. • 위계후(魏啓厚)에게서 일어를 배움.	• 1월 경향각지에서 국채보상운동 일어남. • 6월 헤이그(海牙) 밀사사건. • 7월 보안법·신문지법 공포. • 7월 황제, 황태자에게 양위. • 7월 한일신협약(丁未 7條約) 체결함. • 8월 한국군 해산.
1908 무신 융희 2년 19세	• 10월 군산에서 삭발 후 김성수와 함께 도일(渡日). • 동경 세이소쿠영어학교(正則英語學校) 입학.	• 3월 친일 미국인 스티븐스, 샌프란시스코에서 재미교포 전명운·장인환에게 사살됨. • 10월 최남선, '소년'지 창간. • 12월 동양척식주식회사 설립.

연대	고하선생 및 동아일보 관계사항	국내외 일반사항
1909 기유 융희 3년 20세	• 동경 긴죠중학교(錦城中學校)에 편입학.	• 2월 출판법(出版法) 공포. • 3월 민적법(民籍法) 공포. • 6월 제2대 통감에 소네 아라스케(曾彌荒助). • 10월 안중근, 하얼빈 역두에서 이토 히로부미를 사살. • 12월 일진회장 이용구, 한일합방을 정부에 건의. • 이재명, 이완용을 찌르다.
1910 경술 융희 4년 21세	• 4월 김성수와 함께 와세다(早稻田)대학에 입학. • 합방에 충격을 받고 여름에 귀국. 옛 스승 기삼연(奇參衍)을 찾음.	• 5월 제3대 통감에 육군대신 데라우치(寺內正毅) 겸임. • 6월 경찰권을 일본정부에 넘김. • 8월 한일합방조약 조인, 초대 조선총독에 데라우치(寺內正毅).
1911 신해 22세	• 와세다(早稻田)대학 재학(귀향 중). • 이른 봄 동경으로 돌아가 메이지대학(明治大學) 법과로 전입학. • 유학생친목회(留學生親睦會)를 조직하고 그 총무에 취임. 동시에 호남유학생 다화회장(茶話會長)으로 선임. '학지광(學之光)'을 편집.	• 1월 105사건, 검거 개시. • 4월 조선의학회(朝鮮醫學會) 창립. • 8월 교육령 공포. • 10월 압록강 철교 완성. • 10월 중국 무창에서 혁명군 일어남(辛亥革命).
1912 임자 23세	• 메이지대학 재학.	• 1월 쑨원, 혁명정부 대통령에 취임. • 3월 조선민사령 및 형사령 공포. • 6월 윤치호 등 신민회원 120여명, 데라우치 총독 암살음모혐의로 기소됨(105인 사건).
1913 계축 24세	• 메이지대학 재학.	• 5월 재미한국인의 조국광복운동단체로 LA에서 흥사단 조직됨.

연대	고하선생 및 동아일보 관계사항	국내외 일반사항
1914 갑인 25세	• 메이지대학 재학.	• 1월 호남선 철도 개통. • 7월 제1차 세계대전 일어남. • 8월 경원선 전구간 개통.
1915 을묘 26세	• 7월 메이지대학 법과 졸업. • 동경유학 중에 김병로(金炳魯), 장덕수(張德秀), 현상윤(玄相允), 조만식(曺晩植), 신익희(申翼熙), 김준연(金俊淵), 현준호(玄俊鎬), 조소앙(趙素昻) 등과 교우.	• 5월 총독부 관제 개정. • 9월 조선물산공진회(朝鮮物産共進會) 개최.
1916 병진 27세	• 김성수와 함께 중앙학교(中央學校)를 인수. 동교 학감.	• 7월 총독부 청사 기공. • 10월 제2대 총독 하세가와(長谷川好道) 취임.
1917 정사 28세	• 단군·세종대왕·이충무공의 삼성사(三聖祠)건립기성회를 조직.	• 10월 한강 인도교 완성. • 11월 케렌스키정부 붕괴, 레닌이 소비에트 정부 수립(11월 혁명).
1918 무오 29세	• 중앙학교 교장. • 이 해 김성수(金性洙), 현상윤(玄相允) 등과 중앙학교 숙직실을 중심으로 조국독립운동을 계획. • 한편 유사시에 대비하여 학생조직에 주력.	• 1월 미국대통령 윌슨, 14개조의 평화 의견 발표. • 4월 수원 농림전문학교 설립. • 10월 식산은행 설립. • 11월 총독부의 토지조사사업 완료. • 11월 제1차 대전 끝남.
1919 기미 30세	• 중앙학교 교장. • 1월 송계백(宋繼白)이 중앙학교로 고하 및 현상윤을 찾아 동경의 정세를 보고한 전후부터 3·1운동의 준비는 급속하게 진척됨. • 2월 최린(崔麟)을 통하여 천도교, 이승훈(李昇薰)을 통하여 기독교의 궐기가 확정되고 24일, 양 교계의 합동이 이룩됨.	• 1월 광무황제(이태왕) 승하. • 1월 파리 평화회의 개최, 국제연맹(國際聯盟) 창립 결정. • 2월 동경 유학생 6백여 명이 모여 독립선언. • 3월 3·1독립운동 일어남.

연대	고하선생 및 동아일보 관계사항	국내외 일반사항
	• 3월 상순 중앙학교에서 피검. • 7월 중순 김성수를 중심으로 유근(柳瑾), 진학문(秦學文), 이상협(李相協), 장덕준(張德俊) 등 민간지 발행을 논의하기 시작. • 10월 9일 김성수 등 총독부 경무국에 신문발행 허가원을 제출, 제호는 동아일보(東亞日報).	• 4월 상하이에 대한민국임시정부 수립. • 5월 김규식(金奎植)을 파리평화회의에 파견하여 독립청원서를 제출. • 5월 중국에 반제 5·4운동 일어남. • 6월 베르사유 강화조약 조인. • 9월 강우규(姜宇奎), 서울 역전에서 신임총독 사이토(齋藤)에게 폭탄을 던짐.
1920 경신 31세	• 옥중(獄中). • 1월 6일 동아일보 발행 허가. • 1월 14일 동아일보 발기인 총회. 사장에 박영효(朴泳孝), 편집감독에 유근(柳瑾), 양기탁(梁起鐸), 주간에 장덕수(張德秀), 편집국장에 이상협(李相協), 사옥은 서울 화동 138 옛 중앙학교 교사. • 4월 1일 동아일보(東亞日報) 창간. • 7월 1일 박영효 사임하고, 후임(제2대) 사장에 김성수. • 8월 14일 모친 양 씨(梁 氏) 서거함. • 9월 25일 일본 3종 신기(神器)를 비판한 사설(9.24-25)로 제1차 무기정간(無期停刊) 처분. • 10월 30일 경성복심법원의 무죄 판결(적용법조문 관계)로 출옥. 즉시 하향 정양. • 11월 훈춘(琿春)사건 취재차 정간 중에 특파한 장덕준(張德俊) 기자 실종.	• 1월 안창호(安昌浩), 여운형(呂運亨), 한형권(韓馨權)을 모스크바 특파외교원으로 선정. • 1월 국제연맹 정식 성립. • 3월 조선일보(朝鮮日報) 창간. • 3월 블라디보스토크에 한인사회당 조직됨. • 5월 서로군정서(西路軍政署), 신흥학교를 개편하여 신흥무관학교(新興武官學校)로 고침. • 6월 봉오동(鳳梧洞) 전역(戰役). 북간도 국민회 소속 독립군(총사령 洪範圖) 왕청현(汪淸縣) 봉오동에서 일본군 대부대 격파. • 6월 '개벽(開闢)'지 창간. • 7월 잡지 '폐허(廢墟)' 창간. • 8월 미국의원단 내한, 서울 등지에서 만세시위 일어남. • 9월 청산리(靑山里) 전역(戰役). 김좌진(金佐鎭)의 북로군정서(北路軍政署), 길림성 화룡현(吉林省和龍縣) 청산리에서 일본군 대부대 격파.

연대	고하선생 및 동아일보 관계사항	국내외 일반사항
1921 신유 32세	• 전 해 10월 출옥 후 고향에서 정양중(靜養中). • 1월 10일 '동아' 정간 해제. • 2월 21일 '동아' 속간. • 봄 주식회사 동아일보사 설립을 위한 주식공모 및 창립총회 준비 등을 위해 활동 시작. • 8월 '동아' 백두산 탐험차 민태원(閔泰瑗) 기자 특파. • 9월 14일 주식회사 동아일보사 성립. • 9월 15일 동아일보 제3대 사장취임. 부사장 겸 주필에 장덕수(張德秀), 전무에 신구범(愼九範), 상무 편집국장에 이상협(李相協), 영업국장에 홍증식(洪增植), 서무국장에 양원모(梁源模). • 10월 제2회 만국기자대회(호놀룰루)에 국내 최초로 '동아'의 김동성(金東成) 기자를 특파.	• 2월 한족공산당(韓族共産黨), 하바로프스크에서 조직됨. • 5월 잡지 '계명(啓明)' 창간. • 6월 흑하사변(黑河事變), 러시아당국(露國當局), 흑룡강 자유시에 있는 대한혁명군에 무장해제를 통고, 이에 불응한 독립군과의 교전이 벌어져 결정적 타격을 받음. • 9월 미국에서 개최한 태평양회의에 이승만, 서재필 박사를 대표로 파견함. • 9월 의열단원 김익상(義烈團員 金益相), 총독부청사에 폭탄 던짐. • 11월 워싱턴 군축회의 개최.
1922 임술 33세	• 동아일보 사장. • 8월 일본 니이가타사건(新瀉事件)에 '동아' 이상협 특파. • 10월 상하이통신원에 여운형(呂運亨) 임명. • 12월 '동아', 안창남(安昌男) 비행사(飛行士)의 고국방문비행을 주최.	• 2월 조선교육령 공포. • 2월 문예지 '백조(白潮)' 창간. • 무산자·청년회·노동연맹 조직. • 10월 무솔리니, 로마로 진군, 파시스트 내각을 조직. • 12월 조선호적령 공포. • 12월 잡지 '신천지(新天地)', '신생활(新生活)', '조선지광(朝鮮之光)' 발간. • 12월 소비에트 사회주의 공화국연방 성립.

연대	고하선생 및 동아일보 관계사항	국내외 일반사항
1923 계해 34세	• 동아일보 사장. • 1월 물산장려운동(物産獎勵運動)에 이어 '민립대학(民立大學)' 운동을 제창하고 추진. • 2월 '동아', 제1회 지국장회의(支局長會議). • 2월 '동아', '재외동포위문회(在外同胞慰問會)' 조직하여 국내 각지를 순강하며 위문금품 모집운동 개시. • 3월 민립대학 기성회(民立大學期成會) 중앙집행위원에 선임. • 4월 '동아' 부사장 겸 주필 장덕수, 미국특파 (~ 1936). • 5월 '동아' 지령 1000호 기념으로 문학작품 첫 공모. 또 어린이를 위한 첫 사업으로 제1회 전국 우량어린이 선발. • 5월~7월 재외동포 위문회 운동 직접 참가. 호남(湖南), 호서(湖西), 관서(關西) 각지에서 50여회 시국강연. • 6월 '동아', 국내 최초의 여성공개 스포츠로 제1회 여자 정구대회 주최(해방 후 부활하여 계속). • 6월 '동아', 처음으로 일요부록 발행. • 9월 동경대진재에 이상협 특파, 이재민구호운동(罹災民救護運動) 시작.	• 1월 김상옥(金相玉), 종로서에 폭탄 투척. 일경과 응전 수명을 살상코 자결. • 1월 블라디보스토크의 신한부(新韓府)에 고려공산당(高麗共産黨) 중앙총국 조직. • 1월 일본 동경유학생 일부 북성회(北星會) 조직. • 8월 조선여자기독교청년연합회 결성. • 9월 조선노농대회 준비회 조직. • 9월 일본 관동대진재(關東大震災), 조선인 동포 다수가 학살됨. • 10월 무정부주의자 박열(朴烈), 음모 사건으로 동경 경시청에 피검.

연대	고하선생 및 동아일보 관계사항	국내외 일반사항
1924 갑자 35세	• 동아일보 사장. • 4월 처음으로 지방판(地方版) (중부·서부·삼남) 발행. • 4월 친일파 박춘금(朴春琴) 등 사설에 대한 항의로서 송진우 사장, 김성수 이사를 권총으로 협박. • 4월 편집국장 이상협 사임. • 4월 25일 동아일보 사장 사임. 감사역 허헌(許憲)을 사장직무대리. • 5월 '동아'사장(4대)에 이승훈(李昇薰), 주필 겸 편집국장에 홍명희(洪命熹). • 9월 동아일보사 고문에 김성수. • 10월 '동아'사장(제5대)에 김성수, 고문에 송진우, 이승훈, 편집 겸 발행인에 김철중(金鐵中). 이 주주총회에서 '주주는 조선인에 한함'의 정관조항(定款條項)을 신설. • 10월 '동아', 제1회 전조선학생 웅변대회(全朝鮮學生雄辯大會) 개최.	• 1월 의열단원 김지섭(義烈團員 金址燮), 동경 궁성(宮城) 2중교에 폭탄투척. • 1월 중국 제1차 국공합작(國共合作). • 1월 레닌 사망. • 3월 시대일보(時代日報) 창간. • 4월 조선청년총동맹 (朝鮮靑年總同盟) 성립. • 10월 '조선문단(朝鮮文壇)' 창간. • 11월 북풍회(北風會), 선언서와 강령을 발표. 신사상연구회(新思想硏究會), 화요회(火曜會)로 개칭. • 12월 '상해평론(上海評論)' 발간.
1925 을축 36세	• 동아일보사 고문(顧問). • 2월 러시아에 이관용(李灌鎔) 특파. • 3월 전조선 기자대회 (全朝鮮記者大會) 준비위원에 선임. • 4월 2일 사임한 홍명희의 후임으로 동아일보 주필(主筆)에 취임.	• 1월 남북만주 독립운동단체 합동하여 정의부(正義府)를 조직. • 3월 김혁(金赫), 김좌진(金佐鎭) 등 영안(寧安)에서 신민부(新民府)를 조직. • 3월 쑨원(孫文) 북경서 사망. • 4월 김재봉(金在鳳), 조봉암(曺奉岩) 등 서울에서 조선공산당(朝鮮共産黨) 조직.

연대	고하선생 및 동아일보 관계사항	국내외 일반사항
	• 6월~8월 제1회 범태평양회의 (汎太平洋會議)에 신흥우(申興雨), 유억겸(兪億兼), 김양수(金良洙), 서재필(徐載弼), 김활란(金活蘭) 등과 함께 참석. • 8월 하순 사설 '세계대세(世界大勢)와 조선의 장래' 12회 연재. • 9월 광화문에 신사옥 착공. • 10월 조덕진(趙德津)을 상하이특파원에 임명. • 이해 '동아'에서 처음으로 여기자 채용.	• 5월 조선 프롤레타리아 예술가동맹(藝術家同盟) 발족. • 5월 중국에 5·30 사건 일어남. • 6월 중국, 열강에 불평등조약의 수정을 요구. • 11월 제1차 공산당사건, 박헌영(朴憲永), 김약수(金若水) 이하 공산당 간부 다수 검거됨.
1926 병인 37세	• 동아일보 주필(主筆). • 1월 '동아', 사가(社歌) 제정. • 3월 7일 국제농민본부(國際農民部)에서 '조선농민에게' 보낸 3·1절 기념사 게재(3.5)로 제2차 무기정간(無期停刊) 처분. 이때 주필(主筆) 송진우(宋鎭禹), 발행인(發行人) 김철중(金鐵中)에 징역 각 6월, 4월 실형선고. • 4월 21일 속간(續刊). • 6월 융희황제 승하에 정인보와 '유칙(遺勅)' 위작(僞作)을 획책하였으나 이루지 못함 • 11월 13일 이해 3월의 정간관계 사건으로 징역 6월형이 확정되어 수감(收監). • 11월 '동아', 공석중인 편집국장에 이광수(李光洙), 지배인에 양원모.	• 4월 융희황제(隆熙皇帝) 승하. • 4월 양기탁(梁起鐸) 등 길림서 고려혁명당(高麗革命黨)을 조직. • 4월 경성제국대학(京城帝國大學) 의학부 및 법문학부 개설. • 6월 6·10만세 사건(萬歲事件). • 7월 중국 장제스(蔣介石) 북벌(北伐)을 개시. • 10월 총독부 청사 완성. • 11월 경성방송국(京城放送局) 설립. • 12월 의열단원(義烈團員) 나석주(羅錫疇), 식산은행 및 동척회사에 폭탄 투척. • 12월 제2차 공산당사건(共産黨事件). • 12월 일 쇼와천황(昭和天皇) 즉위.

연대	고하선생 및 동아일보 관계사항	국내외 일반사항
	• 12월 10일 광화문 3층 신사옥 준공(新社屋 竣工). 화동 사옥으로부터 이사.	
1927 정묘 38세	• 동아일보 주필(獄中). • 2월 일본 천황(裕仁) 즉위기념 특사로 출옥. • 7~8월 '동아' 전조선수리조합답사 (全朝鮮水利組合踏査) 특별기획. • 10월 동아일보 사장 김성수의 뒤를 이어 사장(제6대) 취임. • '동아' 편집국장 이광수를 편집고문, 편집국장에 김준연(金俊淵) 임명. • 12월 '동아', 재만동포(在滿同胞) 사정 조사 시작. • 이해 동아일보 함북지국장 회의에 참석 중, 신간회 내의 공산계 조종으로 집단폭행을 당함. • 이해 장진강(長津江) 수전공사(水電工事)에 따른 토지강제 수용 반대 운동을 지지.	• 2월 민족·공산 양주의자들이 합동해서 신간회(新幹會)를 조직. • 3월 대한민국 신임시약헌 (新臨時約憲) 공포. • 6월 미·영·일 군축회의 개최. • 10월 난징정부(南京政府) 성립. • 12월 육군대장 야마나시 (山梨半造)를 제4대 총독에 임명.
1928 무진 39세	• 동아일보 사장(社長). • 4월 '동아', 문맹퇴치운동 (文盲退治運動)을 제창, 총독부의 금지로 중단. • 5월 김준연 편집국장 비밀결사 사건으로 피검 (ML당 사건). • 10월 장제스 국민정부 주석 취임 취재차 주요한(朱耀翰)을 난징에 특파.	• 3월 이동녕(李東寧), 이시영(李始榮), 김구(金九) 등 상하이에서 한국독립당(韓國獨立黨)을 조직. • 3월 제3차 공산당사건, 신간회 좌익 검거됨. • 3월 난징정부 제2차 북벌(北伐)결행 성명. • 6월 장쭤린(張作霖) 황고둔(皇姑屯)에서 폭사.

연대	고하선생 및 동아일보 관계사항	국내외 일반사항
		• 9월 함경선 철도 완성. • 10월 장제스 정부 주석이 됨.
1929 기사 40세	• 동아일보 사장(社長). • 4월 타고르의 특별기고 〈빛나는 아시아의 등촉〉 게재. • 9월 제1회 전국학생수상 경기대회(해방후 부활하여 계속). • 9월 제1회 전조선남녀학생작품전. • 10월 교토(京都)에서 열린 제3회 범태평양회의에 윤치호(尹致昊), 유억겸(兪億兼), 김활란(金活蘭), 백관수(白寬洙)와 함께 참석. • 11월 김준연 피검 후, 공석중인 편집국장에 주요한. • 12월 주요한 편집국장, 광주학생사건으로 피검 복역.	• 1월 원산 부두노동자 대파업. • 3월 국민부(國民府)를 모체로 길림에 조선혁명당(朝鮮革命黨) 조직함. • 8월 사이토(齊藤實) 제5대 총독 취임. • 10월 뉴욕 주식폭락, 세계 대공황(大恐慌) 시작됨. • 11월 광주학생사건(光州學生事件).
1930 경오 41세	• 동아일보 사장(社長). • 4월 제1회 동아마라톤대회 (해방 후 부활되어 계속). • 4월 16일, 창간 10주년 기념호 (4. 1)에 미 '네이션'지 주필 축사 게재로 제3차 무기정간(無期停刊) 처분. • 9월 2일 '동아' 발행 겸 편집인 명의를 이어받음. • 9월 2일 '동아' 속간(續刊).	• 3월 북만주에 신한농민당(新韓農民黨) 조직됨. • 3월 간디, 배영(排英)운동을 시작. • 4월 남강 이승훈 별세. • 9월 부전강(赴戰江) 수력발전소 저수지 완성.
1931 신미 42세	• 동아일보 사장(社長). • 1월 신춘 현상문예 당선작으로 '조선의 노래' 제정. • 5월 '동아', 이충무공 유적 보존운동 (李忠武公遺跡 保存運動) 시작.	• 3월 상하이에 국우회(國友會) 및 공평사(公平社) 조직됨. • 5월 신간회(新幹會) 해산(解散). • 6월 우가키(宇坦一成) 세6대 총녹 취임.

연대	고하선생 및 동아일보 관계사항	국내외 일반사항
	• 7월 학생 하계방학 브나로드 운동 시작(이로부터 4년간 계속). • 7월 만보산사건(萬寶山事件)에 서범석(徐範錫) 기자를 특파. • 9월 소위 만주사변에 설의식(薛義植), 서범석 특파. 피난동포 구호운동. • 10월 '동아', 모금으로 행주에 권율 도원수(權慄都元帥) 사당 중수. • 11월 월간 '신동아(新東亞)' 창간.	• 7월 만보산사건(萬寶山事件) 발발. • 9월 9·18 만주사변(滿洲事變) 일어남.
1932 임신 43세	• 동아일보 사장(社長). • 1월 1일 사설 '노력전진갱일보(努力前進更一步)' 발표. • 7월 '동아' 모금으로 된 아산 이충무공(李忠武公) 현충사(顯忠祠) 낙성, 영정(影幀 李象範 그림) 봉안. • 7월-9월, 전국 단군성적(檀君聖蹟) 순례에 현진건(玄鎭健) 기자 특파.	• 1월 애국단원 이봉창(李奉昌), 동경 사쿠라다몬(櫻田門) 밖에서 일황에게 수류탄 던졌으나 실패. • 1월 상하이에서 중·일 양군 충돌(上海事變). • 3월 만주국(滿洲國) 독립선언, 부의(溥儀) 집정(執政). • 3월 김성수, 보성전문(普成專門)을 인수. • 4월 애국단원 윤봉길(尹奉吉), 상하이 훙구공원에서 거행된 일황 생일 경축식장에 폭탄을 던져 시로가와(白川) 대장 등 10여 명을 사상. • 5월 일본 이누카이(犬養) 수상 암살.
1933 계유 44세	• 동아일보 사장(社長). • 1월 월간 '신가정(新家庭)' 창간. • 4월 '동아' 6년간의 준비 끝에 신철자법(조선어학회안 새맞춤법)에 따른 신활자를 제조하여 사용. • 8월, 편집국장 이광수 사임.	• 1월 독일 히틀러 수상 취임, 3월 독재권 장악. • 2월 이승만(李承晩) 박사, 제네바에서 열린 국련(國聯)에 한국대표로 참석. • 2월 '중앙', 조선중앙일보(朝鮮中央日報)로 개편 속간 (사장 여운형).

연대	고하선생 및 동아일보 관계사항	국내외 일반사항
		• 3월 일본, 국련(國聯) 탈퇴. • 3월 미국 루스벨트 대통령 취임. 뉴딜정책 채택. • 10월 한글맞춤법 통일안 발표.
1934 갑술 45세	• 동아일보 사장(社長). • 1월 '동아', 강동(江東) 단군릉 수축기금(檀君陵修築基金) 모집. • 3월 '동아', 제1회 남녀전문학교 졸업생 대친목회 주최. • 9월 6일 지령 5000호. • 이해, 사설로 숭실전문학교(崇實專門學校) 학장 맥큔의 신사 불참배(神社不參拜)를 옹호 지지.	• 5월 학술단체 진단학회(震檀學會) 설립. • 8월 독일 대통령 힌덴부르크 사망, 히틀러 총통이 됨. • 10월 소련의 국련가입(國聯加入) 승인됨. • 11월 부산·장춘간 직통 열차 운행 개시.
1935 을해 46세	• 동아일보 사장(社長). • 3월 송진우 사장 취임 후 공석중이던 주필에 김준연(金俊淵), 이광수 사임 후 공석중이던 편집국장에 설의식(薛義植). • 6월 4년간 계속된 '동아'의 '학생하기계몽운동(學生夏期啓蒙運動)' 중단. • 6월 '신동아' 주최로 제1회 하기대학강좌(夏期大學講座). 이어 제1회 하기순회강좌(夏期巡廻講座).	• 3월 독, 베르사유 조약의 군사조항 폐기를 선언. • 10월 이탈리아, 에티오피아에 개전. • 12월 제2차 런던 군축의회 개최.
1936 병자 47세	• 동아일보 사장(社長). • 1월 동아, 10면에서 12면 (조간 4면, 석간 8면)으로 증면.	• 2월 일 쿠테타 발생(2·26 사건). • 8월 미나미(南次郞) 제7대 총독 취임.

연대	고하선생 및 동아일보 관계사항	국내외 일반사항
	• 8월 29일 손 선수 사진의 일장기(日章旗) 말소(抹消)사건(8·25)으로 제4차 무기정간(無期停刊). '신동아'·'신가정' 폐간(廢刊). • 11월 11일 총독부의 압력으로 동아일보 사장 사임(社長辭任). 전무 양원모, 사장직무대리가 됨.	• 8월 손기정(孫基禎) 선수, 베를린올림픽대회 마라톤 경기에 우승. • 10월 한강 인도교 개통. • 12월 조선사상범 보호관찰령 공포. • 12월 장쉐량(張學良), 장제스(蔣介石)를 감금(西安事件).
1937 정축 48세	• 5월 31일 '동아일보' 사장(제7대)에 백관수(白寬洙) (발행인·편집인 겸 편집국장) 상무 겸 지배인에 임정엽(林正燁). • 6월 2일 '동아' 속간(續刊). • 6월 9일 동아일보 고문(顧問)에 취임.	• 2월 일어사용(日語使用)을 강제함. • 2월 백백교(白白敎) 사건. • 6월 수양동우회(修養同友會) 사건. • 7월 중일전쟁 일어남. • 8월 일군 상하이 상륙. • 9월 제2차 국공합작(國共合作).
1938 무인 49세	• 동아일보사 고문(顧問). • 2월 '동아' 제호의 무궁화 도안 삭제 명령(無窮花圖案削除命令).	• 2월 조선 육군 특별지원병 제도 창설함. • 3월 도산 안창호 별세. • 3월 중등학교에서 조선어 과목 폐지. • 7월 장고봉(張鼓峯)에서 일·소 양군 충돌, 8월 정전협정 성립.
1939 기묘 50세	• 동아일보사 고문(顧問). • 11월 편집국장에 고재욱(高在旭). • 12월 총독부, 다음해 2월까지 시국에 부응하여 '동아' 자진 폐간(自進廢刊) 강요.	• 4월 문예지 '문장(文章)' 창간. • 4월 경성광산전문학교 (京城鑛山專門學校) 및 숙명여자전문학교 (淑明女子專門學校) 설립. • 5월 노몬한 사건. • 5월 독·이 군사동맹. • 9월 제2차 세계대전 일어남. • 12월 '인문평론(人文評論)' 발간.

연대	고하선생 및 동아일보 관계사항	국내외 일반사항
1940 경진 51세	• 동아일보사 고문(顧問). • 7월 동경에서 일 정객들에게 '동아' 강제폐간의 부당성을 역설, 귀국도중 부산서 피검(被檢). • 7월 일경, 백관수(白寬洙) 사장, 임정엽(林正燁) 상무, 국태일(鞠泰一) 영업국장 등을 경리부정 사건 있다는 구실로 구금하고 폐간 강요. • 8월 총독부의 강제로 발행인 겸 편집인을 임정엽으로 변경. • 8월 10일 '동아' 강제폐간 (强制廢刊) (지령 6천819호). • 8월 주식회사 동아일보사 대표 청산위원(代表清算委員)에 선임.	• 2월 창씨제도(創氏制度) 시행. • 3월 임정(臨政), 건국강령(建國綱領)을 제정. • 5월 독군(獨軍) 마지노선 돌파. • 6월 파리 함락, 프랑스 페탕 내각 성립. • 8월 '동아(東亞)'・'조선(朝鮮)' 폐간(廢刊). • 9월 임정, 충칭으로 이전. • 9월 일・독・이 삼국동맹 성립. • 10월 국민총력연맹 조직, 황국신민화운동(皇國臣民化運動) 강행. • 11월 미국 루스벨트 대통령 3선.
1941 신사 52세	• 동아일보사 대표 청산위원(代表清算委員).	• 3월 사상범 예비구금령 (思想犯豫備拘禁令) 공포. • 4월 일소 중립조약 성립. • 5월 스탈린 수상 취임. • 6월 독소 개전(獨蘇開戰). • 6월 중앙선 전구간 개통. • 8월 임정(臨政), 루스벨트・처칠 선언에 대한 성명 발표. • 10월 일, 도오죠오(東條英機) 내각 성립. • 12월 일, 대미・영 선전 포고.
1942 임오 53세	• 동아일보사 대표 청산위원(代表清算委員).	• 1월 일・독・이 군사협정 성립. • 5월 익찬정치회(翼贊政治會) 창립. • 5월 제8대 총독에 고이소 (小磯國昭). • 6월 미드웨이해전에서 일군 패퇴.

연대	고하선생 및 동아일보 관계사항	국내외 일반사항
		• 7월 김두봉(金枓奉) 일파, 조선독립동맹(朝鮮獨立同盟) 조직. • 10월 조선청년특별연성령(特別鍊成令) 공포. • 11월 소군(蘇軍) 스탈린그라드서 반격 개시. • 1월 조선어학회(朝鮮語學會) 사건. 최현배 등 30여 명 피검 투옥됨.
1943 계미 54세	• 동아일보사 대표 청산위원(代表淸算委員). • 1월 주식회사 동아일보사 청산위원회 해체되고 주식회사 동본사(東本社) 설립. 동본사 사장(社長) 취임.	• 5월 조선해군특별지원병제 실시. • 8월 징병제(徵兵制) 실행. • 9월 진단학회, 강제로 해산. • 9월 이탈리아 연합국에 항복. • 10월 미·영·소 삼국외상 모스크바 회담. • 11월 22일-27일 카이로 회담. • 11월 28일 미·영·소 3거두 테헤란 회담 개최.
1944 갑신 55세	• 동본사 사장(東本社 社長). • 가을, 설의식을 통하여 카이로선언의 내용을 들음.	• 1월 학병제(學兵制) 실시. • 3월 임정국무위원 개선, 주석에 김구(金九), 부주석에 김규식(金奎植). • 7월 일본 도오죠오(東條)내각 총사퇴, 고이소(小磯), 요네우치(米內)협력내각 성립. • 8월 파리의 독군 항복함. • 11월 B-29기 북규슈(北九州)와 도쿄(東京) 폭격. • 11월 미국 루스벨트 대통령 4선.
1945 을유 56세	• 동본사 사장(東本社 社長). • 5월경 장철수(張徹壽)를 통하여 구미 측 동향을 자세히 들음. • 8월 10-15일 총독부, 전후 4차에 걸쳐 정권인수(政權引受)를 교섭해 왔으나 불응.	• 2월 임정(臨政), 일본과 독일에 대하여 선전포고(宣戰布告). • 2월 미군, 유황도 상륙, 일군 전멸. • 4월 일본 스즈키(鈴木) 내각 성립. • 5월 독군 항복. • 6월 오키나와 일본군 전멸.

연대	고하선생 및 동아일보 관계사항	국내외 일반사항
	• 8월 15일 일황 항복방송(降服放送), 일제침략으로부터 해방(解放)됨. • 8월 17일 여운형의 '건준(建準)' 협조 요청에 대하여 해외망명선배들과의 합체를 역설하고 결별. • 9월 7일 '국민대회준비회(國民大會準備會)' 조직. • 9월 9일 하지 미군사령관과 첫 회담. • 9월 16일 한국민주당(韓國民主黨) 결성. • 11월 중순 이승만(李承晩)과 국민총동원(國民總動員) 방법을 협의. • 11월 24일 김준연과 함께 임정요인을 첫 예방. • 11월 하순 환국지사후원회(還國志士後援會) 결성. • 12월 1일 동아일보 중간(重刊). 제8대 사장 취임(社長就任). 주간 겸 편집인에 설의식, 편집국장에 고재욱, 총무국장에 김동섭(金東燮), 발행인 겸 영업국장에 김승문(金勝文), 공장장 겸 인쇄인에 이언진(李彥縝). • 12월 28일 신탁통치문제로 아놀드 미 군정 장관과 회담하고 반탁시위(反託示威)의 정당성을 강조. • 12월 28일-29일 경교장 임정위원들과의 회담에서 반탁의 방법문제를 논의.	• 7월 미·영·소 3국 거두, 포츠담선언 발표. • 8월 일본 히로시마(廣島) 원폭투하. 나가사키(長崎)에도 투하. • 8월 9일 소군(蘇軍), 북한에 진격 개시. • 8월 15일 일본 항복(降服), 태평양전쟁 종결(太平洋戰爭終結). • 8월 15일 여운형(呂運亨), 조선건국준비위원회(朝鮮建國準備委員會) 조직. • 9월 2일 38선 분할 점령 공표(分割占領公布), 이북엔 소군이, 이남에는 미군이 진주함을 뜻함. • 9월 6일 '건준', 이른바 '조선인민공화국(朝鮮人民共和國)'을 날조. • 9월 7일 미군 남한에 진주. • 10월 16일 이승만, 미국에서 환국. • 10월 UN 창립. • 11월 23일 김구 등 임정요인들 충칭에서 환국. • 12월 27일 모스크바 삼상회의(三相會議), 한국의 최장 5년간 신탁통치(信託統治)를 발표.

연대	고하선생 및 동아일보 관계사항	국내외 일반사항
	• 12월 30일 상오6시, 한현우(韓賢宇), 유근배(劉根培) 등 흉한 6명의 저격으로 서울 원서동 자택에서 서거(逝去).	
1946 병술 57세	• 1월 5일 서울 망우리에 안장.	• 4월 제1차 미·소공동위원회 개최. • 7월 김규식·여운형 좌우합작위원회 결성. • 8월 북조선노동당 결성. • 10월 남조선노동당 결성.
1963	• 3월 건국훈장 독립장 추서.	• 10월 민정이양을 위한 제5대 대통령 선거에서 박정희 당선.
1966	• 11월 11일 서울특별시 양천구 신정동 산 43-2번지 지향산 기슭에 천장(遷葬). 천묘장의추진위원장(遷墓葬儀推進委員長)에 최두선(覺泉 崔斗善).	• 5월 중국 문화대혁명. • 7월 한·미 행정협정 조인(SOFA). • 8월 주월(駐越) 한국군 야전사령부 설치. • 9월 세계은행, 한국 1인당 국민소득 120달러라고 발표. • 10월 대한민국 간호사 251명 최초로 서독(西獨)에 파견.
1967	• 10월 20일 위당 정인보의 한문 비석을 한글로 번역한 국문비석을 추가하여 묘소에 건립 제막.	• 5월 제6대 대통령 선거 (박정희 후보 당선). • 7월 제2차 경제개발 5개년 계획 (1967-1971).
1983	• 9월 23일 서울특별시 광진구 능동 서울 어린이대공원에 고하 동상을 건립하여 제막함. 건립위원장에 유진오(玄民 俞鎭午).	• 6월 KBS 이산가족 찾기 생방송 시작. • 9월 KAL기 피격 참사. • 10월 아웅산 묘소 폭탄 테러 사건.

1983년 9월 23일 서울 광진구 능동 서울어린이대공원에서 고하 송진우 선생의 동상 제막식

1983년 9월 23일 동상 제막식에서 축사하는 김상협 국무총리

1983년 9월 23일 서울어린이대공원 동상 제막

연대	고하선생 및 동아일보 관계사항	국내외 일반사항
1988	• 5월 3일 국가보훈처와 국방부의 협조를 얻어 서울 동작동 소재 국립서울현충원 독립유공자묘역으로 천묘장의 의식을 거행함. 천묘장의위원장(遷墓葬儀委員長)에 윤보선(尹潽善). • 6월 11일 중앙교우회(회장 蔡文植)로 부터 "자랑스러운 중앙인"으로 선정되어 기념패를 받다. 기념패에는 "선생님께서는 모교의 전임교장으로서 1919년의 3·1민족운동과 1926년의 6·10만세운동의 기초를 닦으셨습니다. 누차의 옥고에도 꺼지지 않은 선생님의 애국혼과 탁월한 영도력을 추앙하여 이 패를 드립니다." 라고 기록되어 있음.	• 2월 제6공화국 노태우 정부 성립. • 7월 정부 7·7선언 발표 (모든 분야에서의 남북한 교류). • 8월 이란·이라크 종전. • 9월 제24회 서울올림픽 개최. • 10월 정부, 7개항의 대북경제개방조치 발표.
1990	• 5월 3일 고하 송진우 선생 탄신 100주년 기념 출판기념회. • 5월 8일 담양 관어공원에 애국지사 고하 송진우 선생 추모비 건립.	
1994	• 12월 30일 재단법인 고하송진우선생기념사업회(古下宋鎭禹先生紀念事業會)가 재조직. 초대이사장에 권이혁(權彛赫), 2대 이사장에 김창식(金昶植) 각 추대.	• 1월 북미 자유무역협정(NAFTA) 출범 • 7월 북한 김일성 사망. • 8월 정부, 민족공동체 통일방안 발표. • 10월 성수대교 붕괴.

1988년 5월 3일 국립서울현충원 독립유공자묘역에서 가진 천묘장의식

1988년 5월 3일 국립서울현충원
독립유공자묘역에서 가진
천묘장의식에서 추모사를 하는
장의위원장 윤보선 전 대통령

1988년 5월 3일 천묘장의식에 참석한
각계 요인들.
왼쪽부터 이홍구 전 국무총리,
김상협 대한적십자사 총재,
김상만 동아일보 명예회장,
유홍 전 의원, 윤치영 전 내무부 장관,
윤보선 전 대통령

1988년 5월 3일 천묘장의식에서 분향하는 유가족들

1988년 5월 3일 국립서울현충원에 자리 잡은 고하의 유택

1990년 5월 8일 담양 관어공원의 송진우 선생 추모비

애국지사 고하 송진우 선생 추모시비 (담양공고 앞)

1990년 5월 3일 고하 송진우 선생 탄신 백주년 출판기념회
(김학준, 김상만, 이강훈, 김상형, 김상준, 송상현)

1994년 12월 30일 고하 송진우 선생 추모 및 기념재단 설립
(왼쪽 끝부터 시계 방향으로 김창식, 기세훈, 권이혁, 김상협, 김병관, 송상현, 보훈처 관계자 2인, 김학준, 홍일식 재단 이사진)

연대	고하선생 및 동아일보 관계사항	국내외 일반사항
1997	• 12월 23일 정부로부터 '97년도 12월의 문화인물(文化人物)'로 선정되어 유품 전시, 학술세미나 등 다양한 추모행사를 거행함.	• 10월 김정일, 북한 권력 승계 공식화. • 12월 제15대 대통령 선거 (김대중 후보 당선). • 12월 한국, IMF 구제 금융 신청.
2005	• 12월 27일 담양군 금성면 대곡리(潭陽郡 金城面 帶谷里) 소재 선생의 생가(生家)를 전라남도 문화재자료(全羅南道文化財資料) 제260호로 지정, 초가(草家) 형태로 중수·복원함.	• 2월 헌법재판소가 호주제에 대해 헌법 불합치 선고. • 4월 교황 요한 바오로 2세 선종.
2010	• 선생의 생가 근처에 '고하 송진우선생 기념관(古下宋鎭禹紀念館)'인 근대역사문화교육관을 건립함.	• 4월 천안함 침몰. • 11월 G20 서울 정상회의 개최.
2012	• 5월 6월 서울특별시는 선생이 서거 시까지 24년여 동안 거처하셨던 종로구 원서동 74번지 집터와 창덕궁 앞길에 '송진우 집터'라는 표석과 이정표를 설치함으로써, 일제하에서 독립운동과 해방정국에서 건국을 위해 많은 요인들이 회합하였던 곳임을 기리다.	• 3월 한미 FTA 발효. • 6월 대한민국 인구가 5천만을 돌파하다. • 6월 국제형사재판소가 소년병을 강제징집한 콩고의 토마스 루방가에게 징역 14년 선고. • 11월 오바마 미국 대통령 재선. • 11월 시진핑이 중국공산당 주석 취임.

2010년 담양 선생의 생가 근처에 고하송진우선생기념관 건립

2012년 5월 원서동 고하 선생 집터 이정표

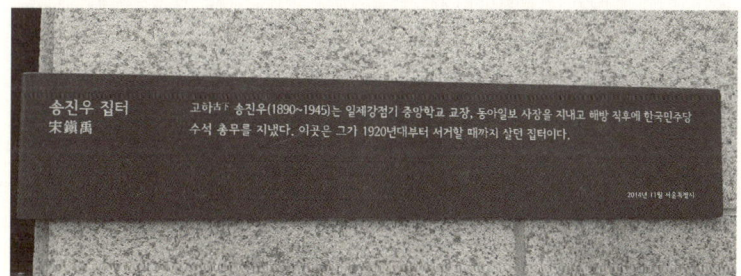

2012년 6월 원서동 송진우 집터 표석

연대	고하선생 및 동아일보 관계사항	국내외 일반사항
2014	• 5월 26일 서울 도봉역사문화길 7코스에는 "도봉현대사인물길"에 고하 선생을 소개하는 안내판이 건립됨.	• 4월 세월호 침몰 사고. • 8월 프란치스코 교황 방한. • 9월 제17회 인천 아시안게임.
2015	• 4월 2일 "항일독립과 민주건국의 등불 고하 송진우"라는 제목의 만화(漫畫)를 출간(200쪽, 글 유경원, 그림 김재연, 감수 홍일식). • 10월 20일 광복 70주년과 고하 선생 서거 70주기에 즈음하여 정부 지원으로 한국프레스센터에서 "고하 송진우 선생의 항일독립운동과 건국에 관한 이념과 사상"에 관한 추모 학술행사를 거행함.	• 2월 간통죄 폐지. • 3월 김영란법 통과. • 4월 한미 원자력협정 타결. • 5월 메르스 사태. • 6월 유엔인권사무소가 서울에 개소. • 10월 남북한 이산가족 상봉. • 11월 역사교과서 국정화.
2016	• 10월 28일 그동안의 연구발표와 추모식의 기념강연을 모아서 "고하 송진우의 항일독립과 민주건국활동에 관한 연구"라는 단행본(406쪽)을 출간. • 11월 23일 서울 종로구 계동 중앙고등학교에서 송진우 선생 추모특별강연회를 개최. "중앙학교의 독립운동과 고하 송진우(古下 宋鎭禹)선생의 역할"이라는 대주제로 단국대학교 김학준 석좌교수가 "3·1운동에서 건국운동으로 이어진 고하 송진우의 이념과 행동-중앙학교와 동아일보에서 키운 한국의 미래상-" 이라는 제목으로 강연을 함.	• 1월 북한, 수소탄 핵실험 발표. • 3월 오바마 미국 대통령 88년 만에 쿠바 방문. • 7월 한국과 미국이 북한의 핵과 미사일 도발에 맞서 고고도 미사일 방어체제(thaad) 배치 결정. • 7월 헤이그 국제상사중재재판소에서 중국의 남중국해 대부분의 영유권을 주장함은 법적 근거가 없다고 패소판결. • 9월 경주 5·8의 지진. • 12월 박근혜 대통령 탄핵소추안 가결.

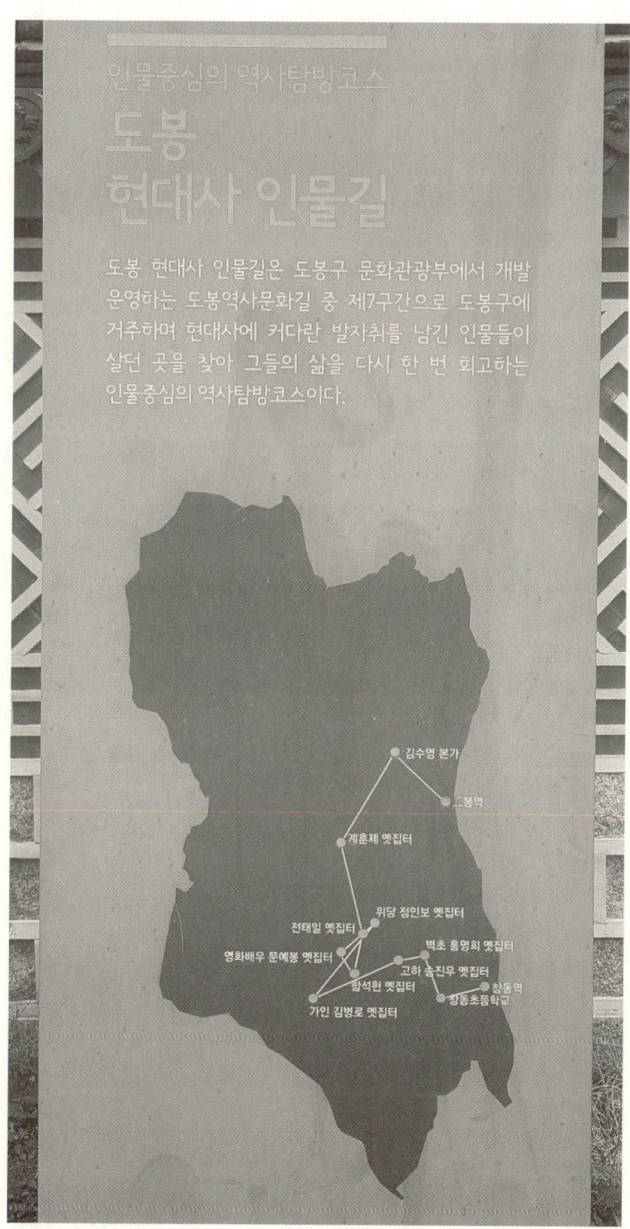

2014년 5월 26일 도봉역사문화길 7코스-도봉 현대사 인물길

연대	고하선생 및 동아일보 관계사항	국내외 일반사항
2017	• 4월 10일 (재)서재필기념회주관으로 일제강점기의 언론인 중 첫 번째로 선생을 '2017년 민족언론인(民族言論人)'으로 선정하여 그 업적과 존영을 담은 동판을 한국프레스센터 20층 내셔널프레스클럽에 헌정함. • 4월 19일 국가보훈처로부터 고하 선생 생가를 현충시설(顯忠施設)로 지정받음. • 5월 12일 서울 종로구로부터 명예도로명 '고하길'을 부여받음. (구간 : 원서동 집터-가회동) • 6월 2일 전남 담양군으로부터 명예도로명 '고하송진우길'을 부여받음. (구간 : 담양관어공원-송진우 생가) • 8월 15일 서울 도봉구는 '도봉을 빛낸 근현대사 인물'을 선정하여 창동역사문화공원에 창동 3사자 동상(倉洞三獅子銅像)을 제막. (창동3사자란 일제강점기 말 부일협력을 거부하고 감시와 탄압을 피해 창동에 은둔했던 김병로(金炳魯), 송진우(宋鎭禹), 정인보(鄭寅普) 세 분을 말함) • 서울 도봉구는 고하송진우 집터 표지판을 창동 281번지 옛 집터에 세움. • 서울 도봉구가 연산군묘 부근 북한산 둘레길 입구에 송진우 현대사 인물안내판 설치.	• 1월 미국 제45대 대통령 도널드 트럼프 취임. • 2월 김정은 북한 국무위원장의 이복형인 김정남이 쿠알라룸푸르 공항에서 피살. • 3월 박근혜 대통령 파면. • 5월 제19대 대통령 선거 (문재인 후보 당선). • 9월 북한 6차 핵실험 감행. • 9월 중동호흡기증후군(메르스) 전파. • 11월 미국정부가 북한을 테러지원국으로 재지정.

2017년 4월 10일 (재)서재필기념회가
일제강점기의 언론인 중 첫 번째로 선생을
2017년 민족언론인으로 선정, 존영 동판
(한국프레스센터 20층)

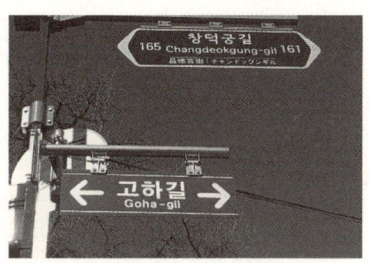

2017년 5월 17일 서울 종로구 명예도로명
고하길, 중앙고 앞

2017년 6월 2일 담양군 명예도로명
고하송진우길, 송진우 선생 생가 입구

2017년 8월 15일 도봉구는 광복절을 맞이하여 도봉을 빛낸 근현대사 인물로 선정,
창동 3사자 동상 제막 (왼쪽부터 김병로, 송진우, 정인보)

연대	고하선생 및 동아일보 관계사항	국내외 일반사항
2019	• 7월 5일 전남 장성군 조계종 백양사의 협조 아래 백양사(白羊寺)입구와 청류암(清流庵)에 송진우 선생과 청류암에 얽힌 사연을 기록한 안내판을 세움.	• 2019년 말 신종 바이러스 코로나-19 인체 감염 확인. • 1월 시진핑 중화인민공화국 주석과 김정은 북한 국무위원장의 베이징회담. • 1월 트럼프 미국 대통령과 김영철 북한노동당 중앙위 부위원장의 백악관 면담. • 2월 베트남에서 북미정상회담 (트럼프와 김정은). • 4월 워싱턴 한미정상회담(문재인과 트럼프). • 10월 나루히토, 제126대 일본천황 즉위.
2021	• 5월 7일 고하 선생 탄신 131주년 추모식, 코로나 19로 인해 소수의 인원만 초청해서 거행. • 8월 국가보훈처와 광복회, 독립기념관이 주최하는 이달의 독립운동가 프로그램 중 8월의 독립운동으로서 일장기 말소 사건을 선정하고 그 주동인물의 한 분으로 송진우 선생을 현창(顯彰)하다.	• 1월 미국 제46대 대통령 바이든 취임. • 1월 서울중앙지법이 피고인 일본정부가 원고인 한국의 위안부 피해자 12인에게 1인당 1억 원씩 지급하라는 판결 선고. • 5월 문재인 대통령과 바이든 미국 대통령이 워싱턴에서 정상회담.

독립을 향한 집념
고하 송진우 일대기

제1판 제1쇄 발행일 2023년 8월 1일

편저 _ 재단법인 고하송진우선생기념사업회
윤문 편집 _ 이상혁
디자인 _ 토가 김선태

펴낸곳 _ 이야기숲
등록번호 _ 제 2019-000044호
주소 _ 서울특별시 종로구 세종대로23길 47, 603호
전화 _ 02-980-7300

ⓒ 재단법인 고하송진우선생기념사업회 2023

재단법인 고하송진우선생기념사업회
서울특별시 서초구 서리풀길 23(서초동)
전화 _ (02)723-2632
팩스 _ (02)723-2633
홈페이지 _ www.goha.or.kr

* 이 책에 실린 사진 및 내용 일부나 전부를 다른 곳에 쓰려면 반드시
  재단법인 고하송진우선생기념사업회의 동의를 받아야 합니다.

ISBN 979-11-89674-30-4 03990